Das Rolandslied
des Pfaffen Konrad

Das Rolandslied des Pfaffen Konrad

Mittelhochdeutsch / Neuhochdeutsch

Herausgegeben, übersetzt
und kommentiert von
Dieter Kartschoke

Philipp Reclam jun. Stuttgart

Umschlagabbildung:
Zernubele erhält den Oberbefehl über eine Heerschar der Heiden. Miniatur aus der Heidelberger Handschrift P (fol. 52^r^)

Universal-Bibliothek Nr. 2745

Durchgesehene Ausgabe 1996
Gesamtherstellung: Reclam, Ditzingen. Printed in Germany 1996

ISBN 3-15-002745-4

semper idem
für Peter Wapnewski
zum 7. 9. 1992

Vorwort

Die altfranzösische »Chanson de Roland« ist ein Schlüsselwerk der europäischen Literatur des Mittelalters. Mit ihr beginnt eine volkssprachliche Epik nicht mehr nur geistlichen Interesses. Ein Abglanz dieser Geltung fällt auch auf die deutsche Übersetzung, deren Verfasser, der Pfaffe Konrad, im Auftrag des Welfenhofs gearbeitet und mit dem »Rolandslied« das erste in diesem Sinn höfische Epos der deutschen Literatur geschaffen hat. Das »Rolandslied«, das eigentlich ein ›Karlslied‹ ist, fand noch im 12. Jahrhundert erstaunlich weite Verbreitung und wurde seit dem 13. Jahrhundert in der Bearbeitung durch den Stricker in Deutschland so populär wie nur wenige Erzählstoffe des Mittelalters.

Die vorliegende Neuausgabe des deutschen »Rolandsliedes« tritt nicht in Konkurrenz mit der weiterhin unentbehrlichen Edition von Carl Wesle / Peter Wapnewski. Sie ist als Leseausgabe gedacht, die den Zugang zum Wortlaut der Überlieferung erleichtern will und deshalb einen vorsichtig normalisierten und kritisch bearbeiteten Text bietet, alle inhaltlich relevanten Überlieferungsvarianten verzeichnet und in einem knappen Kommentar die wichtigsten Forschungsergebnisse zusammenfaßt. Die Übersetzung ist als Verständnishilfe gedacht und hat keinerlei Anspruch auf stilistische Eigenständigkeit.

Für vielfältige Hilfe danke ich Jörg Feuchter, Harald Haferland, Michael Mecklenburg und Renate Zutz.

D. K.

Das Rolandslied

Schephære aller dinge,
keiser aller küninge,
wol du oberester êwart,
lêre mich selbe dîniu wort.
dû sende mir ze munde
dîn heilege urkunde,
daz ich die lüge vermîde,
die wârheit scrîbe
von eineme tiurlîchem man,
wie er daz gotes rîche gewan.
daz ist Karl, der keiser.
vor gote ist er,
want er mit gote überwant
vil manige heideniske lant,
dâ er die cristen hât mit gêret,
alse uns daz buoch lêret.

Karl der was Pipines sun.
michel êre unde frum
hât der hêrre gewunnen,
die grimmigen heiden betwungen,
daz si erkanten daz wâre liecht.
sîne wessen ê nicht,
wer ir schephære was.
ie baz unt baz
steic der hêrre ze tugente
von kintheit ze jugente,
von der jugent in daz alter.
nû hât in got gehalten
in sîneme rîche,
dâ wont er iemer êwichlîche.

---

12 vor gote salec *G*

Schöpfer aller Dinge,
Kaiser aller Könige,
Du höchster Priester,
lehre Du selbst mich Deine Worte.
Lege mir in den Mund
Dein heiliges Zeugnis,
daß ich die Lüge meide
und die Wahrheit schreibe
von einem edlen Mann,
wie er das Himmelreich gewann.
Es handelt sich um Kaiser Karl.
Er ist vor Gott,
weil er mit Gottes Hilfe
sehr viele heidnische Länder eroberte
und damit den Ruhm der Christen vermehrt hat,
wie uns das Buch berichtet.

Karl war der Sohn Pippins.
Große Ehre und Gewinn
hat der Fürst erkämpft,
die wilden Heiden besiegt,
so daß sie das wahre Licht erkannten.
Vorher hatten sie nicht gewußt,
wer ihr Schöpfer ist.
Weiter und immer weiter
stieg der Kaiser zur Vollkommenheit auf,
von der Kindheit zur Reife,
von der Reife bis in das Alter.
Nun hat Gott ihn aufgenommen
in seinem Reich;
dort ist er für alle Ewigkeit.

Dô der gotes dienestman
von Yspaniâ vernam,
wie unkiusclîchen si lebeten,
die apgot an beteten,
daz si got niene vorchten,
harte sich verworchten,
daz clagete der keiser hêre.
er mante got verre,
daz er durch mennisken geborn würde,
an deme criuze erstürbe,
daz er die sîne erlœste,
daz er getrœste
die manicvaldigen haidenscaft,
den diu nebelvinstere nacht
den tœtlîchen scate bære,
daz er si dem tiuvel benæme.

Karl bette dicke
mit tiefen herze blicken,
sô daz liut allez entslief.
vil tiure er hin ze gote rief
mit trânenden ougen.
dô sach er mit flaisclîchen ougen
den engel von himele.
er sprach zuo dem küninge:
'Karl, gotes dienestman,
île in Yspaniam!
got hât dich erhœret,
daz liut wirdet bekêret.
die dir aber wider sint,
die heizent des tiuveles kint
unt sint allesamt verlorn.

---

34 beteten] betten P 45 scate] scat P 61 verlorn] uirlorin P

Als der Diener Gottes
von Spanien Kunde erhielt,
wie unrein sie lebten,
Götzen anbeteten,
daß sie Gott nicht fürchteten
und sich so schwer versündigten,
beklagte das der edle Kaiser.
Er bat Gott inständig
um seiner Menschwerdung
und seines Kreuzestodes
zur Erlösung der Seinen willen,
er möge auch
die zahllosen Heiden retten,
denen die nebelfinstere Nacht
den Schatten des Todes bringe,
und möge sie dem Teufel entreißen.

Karl betete unablässig,
aus tiefem Herzen aufblickend,
als alle Menschen eingeschlafen waren.
Inbrünstig rief er zu Gott
mit Tränen in den Augen.
Da sah er mit seinen leiblichen Augen
den Engel des Himmels.
Der sprach zum König:
»Karl, Diener Gottes,
eile nach Spanien!
Gott hat dich erhört:
Das Heidenvolk wird bekehrt werden.
Die sich dir aber widersetzen,
werden Kinder des Teufels heißen
und alle verdammt sein.

die slehet der gotes zorn
an lîbe unt an sêle.
die helle bûwent si iemermêre.'

Karl an sîneme gebete lac
unz an den morgenlîchen tac.
dô ladet er zwelf hêrren,
die die wîsesten wâren,
die sînes heres phlegeten.
vil tugentlîche si lebeten.
si wâren guote cnechte,
des keiseres vorvechten.
ir van si gewanten
nie ze dehein werltlîchen scanten.
si wâren helde vil guot.
der keiser was mit in wol behuot.
si wâren kiuske unde reine.
den lîp fuorten si veile
durch willen der sêle.
sine gerten nichtes mêre
wan durh got ersterben,
daz himelrîche mit der martire erwerben.

Der keiser in dô sagete,
daz er willen habete,
die haidenscaft zestœren,
die cristenhait gemêren.
er sprach: 'wol ir mîne vil lieben,
nû scul wir gote dienen
mit lûterlîchem muote.
wol ir helde guote,
jâ hât iu got hie gegeben
ein vil volleclîchez leben.
daz hât er umbe daz getân,

---

86 cristenhait] cristin P 89 lûterlîchem] luterlichin P

Sie wird der Zorn Gottes treffen
in diesem und jenem Leben.
Sie werden ewig in der Hölle wohnen.«

Karl lag betend auf den Knien
bis zum Morgengrauen.
Dann lud er zwölf Fürsten,
die die erfahrensten waren
und sein Heer anführten.
Die zeichneten sich in allem aus.
Es waren tapfere Männer,
Vorkämpfer des Kaisers.
Nie hatten sie die Fahne
zu schmählicher Flucht gewandt.
Sie waren überaus tapfere Helden.
Der Kaiser hatte einen sicheren Schutz in ihnen.
Sie waren keusch und rein.
Sie gaben das Leben preis
um ihres Seelenheils willen.
Nichts wünschten sie mehr,
als für Gott zu sterben
und durch das Martyrium das Himmelreich zu gewinnen.

Da sagte der Kaiser ihnen,
daß er entschlossen sei,
das Heidentum zu vernichten
und das Christentum auszubreiten.
Er sprach: »Auf denn, meine sehr Geliebten,
nun wollen wir Gott dienen
mit reinem Herzen.
Auf, edle Helden,
Gott hat euch hier
ein Leben in Fülle geschenkt.
Das hat er deshalb getan,

sîn dienest wil er dâ von hân.
swer durch got arbeitet,
sîn lôn wirt ime gereitet,
dâ der keiser aller himele
vorderet hin widere,
daz er iu verlihen hât.
frœlîchen ir vor im stât.
swer durch got erstirbet,
ich sage iu, waz er dâ mit erwirbet:
eine künînclîche crône
in der marterære chôre,
diu liuchtet sam der morgensterne.
iuweren willen west ich gerne.'

An der rede wâren
herzogen unde grâven.
dâ was der helt Ruolant
unt Olivier, der wîgant.
Samsôn, der herzoge,
der was in grôzem lobe.
dâ was der hêrre Anseîs,
der was küene unde wîs.
Gergers, der mære,
der was küene unde wortspæhe.
dâ was zewâre
Wernes, der grâve.
der fuorte Waschonier van.
er was ein helt lobesam.
Engelirs was dâ
ûzer Brittaniâ.
der hêt tugentlîch gemüete.
er was ein helt guote.
dâ was Anshelm,

---

116 unde *erg. BW*

weil er dafür euern Dienst will.
Wer für Gott wuchert,
dem wird sein Lohn zuteil werden
dort, wo der Himmelskönig
zurückfordern wird,
was er euch geliehen hat.
Fröhlich werdet ihr vor ihm stehn!
Wer für Gott sein Leben hingibt,
hört, was der damit gewinnt:
eine Königskrone
im Chor der Märtyrer,
die wie der Morgenstern funkelt.
Nun möchte ich eure Meinung hören.«

Der Ansprache wohnten
Herzöge und Grafen bei.
Der Held Roland war da
und der Streiter Olivier;
Herzog Samson,
dessen Ruhm groß war;
der edle Anseis war da,
ein tapferer und kluger Mann;
der berühmte Gergers,
der kühn war und der Rede mächtig.
Da war fürwahr auch
Graf Berenger anwesend.
Der trug die Fahne der Gascogner
und war ein preiswürdiger Held.
Engelirs war da
aus der Bretagne.
Der war tapfer gesinnt
und ein edler Held.
Da waren auch Anshelm,

ein helt küene unde snel
von Môringen.
mit sînen snellen jungelingen
Gotefrit, des kaiseres vanere:
daz wâren die ûzerwelten zwelfe,
die dem keisere nie geswichen ze neheiner nôt.
si dienten im alle unz an den tôt.

Alsô diu rede was getân,
die hêrren sprâchen ir man.
si berieten sich besunder,
ob ieman wære dar under,
der in nicht helfen wolde.
si sprâchen, daz er scolte
in ze stete widersagen.
welhen trôst si zuo im mächten haben?
si redeten alle gemeinlîchen,
si ne wolten in niemer geswîchen.
swaz si durch got wolten bestân,
des ne wolten si nicht abegân.
daz lobeten si mit ûfferhabener hant.
dô sprach der helt Ruolant:
'wie sælec der geborn wart,
der nû dise hervart
gevrumet williclîche!
dem lônet got mit sîneme rîche,
des mag er grôzen trôst hân.
ist ave hie dehein man,
der guot nemen wil,
man gît im sîn vil.
er hât iemer des kaiseres willen.
daz merket, snelle jungelinge.'

---

130 die *erg. GBW*

ein kühner und tapferer Held
aus Moringen,
und mit seinen tapferen Männern
Gottfried, des Kaisers Fahnenträger.
Das waren die zwölf Auserwählten,
die dem Kaiser in keiner Gefahr von der Seite wichen.
Sie dienten ihm bis in den Tod.

Als die Ansprache beendet war,
befragten die Fürsten ihre Leute.
Sie berieten sich einzeln,
ob irgendeiner unter ihnen wäre,
der sie nicht unterstützen wollte.
Sie sagten, derjenige solle
ihnen auf der Stelle die Treue aufkündigen.
Was hätten sie sonst schon von ihm?
Alle beteuerten gemeinsam,
daß sie ihnen nicht von der Seite weichen wollten.
Was sie für Gott auf sich genommen hätten,
davon wollten sie nicht abgehen.
Das beeideten sie mit erhobener Hand.
Darauf sprach Roland, der Held:
»Wohl dem,
der sich diesem Kriegszug jetzt
freiwillig anschließt!
Ihm wird Gott mit dem Himmelreich lohnen,
dessen kann er ganz sicher sein.
Ist aber einer hier,
der eine Belohnung haben will,
so wird man sie ihm reichlich geben;
der Kaiser wird ihm stets geneigt sein.
Das wißt, tapfere Männer.«

Alsô der keiser vernam,
daz im wâren willic sîne man,
die boten strichen in daz lant,
ir iegelîch dar er wart gesant.
si sageten starke niumære.
diu lant bestuonten aller maist lære.
jâ wart diu selbe botscaft
lieb unde lobehaft.
er wære frî oder eigen,
si kêrten ûf die heiden.
si zeichenôten sich mit criuzen.
jâ wart unter den liuten
daz aller meiste lob.
si riefen alle an got.
si manten in verre,
daz in nicht möchte gewerre
der michelen heiden craft.
er tete si lobelîchen sigehaft.

Mit michelem magene
kom daz her zesamene.
die durh got ûz komen wâren
unt si im vernâmen,
diu zucht alsô grôz wart.
der keiser ûf eine hœhe trat,
er sprach: ‘alle, die ûz komen sîn,
den lône selbe mîn trechtîn,
alsô er uns geheizen hât.
swer wîp oder kint lât,
hûs oder eigen,
daz wil ich iu bescaiden,
wie in got lônen wil:
er gît ime zehenzec stunt sam vil,
dar zuo sîn himelrîche.
nû scul wir frœlîche
im opheren den lîb.

Sobald der Kaiser gehört hatte,
daß seine Vasallen ihm folgen wollten,
eilten Boten ins Land;
jeder, wohin er ausgeschickt wurde.
Sie verkündeten die große Neuigkeit.
Die Länder entvölkerten sich größtenteils.
In der Tat war diese Nachricht
willkommen und wurde gepriesen.
Freie und Unfreie
zogen gegen die Heiden.
Sie hefteten sich das Kreuz an.
Unter den Menschen erhob sich
ein großes Lobpreisen.
Alle riefen Gott an.
Sie baten ihn inständig,
es möge ihnen
die Übermacht der Heiden nichts anhaben können.
Er ließ sie ruhmvoll siegen.

Mit großer Kampfkraft
sammelte sich das Heer.
Die für Gott ausgezogen waren,
als sie seinen Ruf vernommen hatten,
machten den Zuzug sehr groß.
Der Kaiser trat auf eine Anhöhe
und sprach: »Allen, die aufgebrochen sind,
lohne Gott selbst,
wie er uns verheißen hat:
Wer Weib oder Kinder verläßt,
Haus oder Besitz,
wahrlich ich sage euch,
wie Gott ihm lohnen wird:
Er wird ihm hundertfältig geben
und dazu sein Himmelreich.
Nun wollen wir ihm fröhlich
unser leibliches Leben hingeben.

ez ist ime gereit in alle zît.
daz er unsich entphâhe,
nû scul wir heim gâhen
an unser alt erben.
daz wir hie erwerven,
daz wir daz himelrîche bûwen,
des scul wir gote wol getrûwen.

Nû wil ich iu clagen,
die heiden tuont uns grôzen scaden.
si rîtent in diu lant.
si stiftent roub unde brant.
diu gotes hûs si stœrent.
daz liut si hin füerent
unt opherent si den apgoten.
daz ist des tiuveles spot.
ir martir der ist vil.
si sezzent si ze ir zil
unt schiezent dar zuo.
möchte wir dâ widere icht getuo,
des wære uns nôt.
ich bit iuch alle durch got,
daz irz williclîchen tuot.
habet stætegen muot.
habet zucht mit güete.
weset dêmüete.
weset got untertân,
iuwer meisterschefte untertân.
welt ir alsô vol komen,
sô vindet ir dar ze himele daz lôn
der êwigen genâden.'
si sprâchen alle: 'âmen.'

---

192 ez] er P

Es ist ihm bestimmt für alle Zeit.
Damit er uns aufnehme,
laßt uns heimeilen
in unser angestammtes Erbe.
Daß wir uns hier verdienen,
im Himmelreich zu wohnen,
darauf sei unsere Zuversicht in Gott gerichtet.

Nun will ich vor euch Klage führen:
Die Heiden setzen uns böse zu.
Sie fallen in unsere Länder ein,
rauben und brandschatzen,
zerstören die Gotteshäuser,
entführen die Menschen
und opfern sie den Götzen.
Das ist des Teufels Hohn.
Ihr Martyrium ist vielfältig.
Sie nehmen sie zur Zielscheibe
und schießen auf sie.
Könnten wir etwas dagegen ausrichten,
müßten wir es tun.
Um Gottes willen bitte ich euch alle,
daß ihr es bereitwillig tut.
Haltet fest an der Beständigkeit,
haltet fest an Zucht und guter Gesinnung,
seid demütig,
seid Gott untertan
und euerm Herrn.
Wenn ihr das befolgt,
so werdet ihr im Himmel den Lohn
der ewigen Gnade erlangen.«
»Amen«, sagten alle.

Vf stuont der erzebiscof.
er zierte wol des keiseres hof.
er was der zwelve einer,
die sich niene wolten gescaiden.
si ne vorchten viur noch daz swert.
got hât si wol gewert,
des si an in gerten,
die wîle si hie lebeten.
an der martir si beliben.
ze himele sint si gestigen.
nû mügen si vrœlîche leben,
dâ sint si gotes râtgeben.
daz habent si umbe got erworben,
daz si lebent iemer âne grôze sorgen.
swâ ez ze der nôte gescah,
dâ man sluoc unde stach,
sô ne gesamnôten sich nie zwelve
sô ûzerkoren helde.
man vant si zaller vorderôst.
si wâren der cristen trôst.

Dô redete der biscof,
des fröute sich aller der hof:
'wol ir heiligen pilgerîme,
nû lât wol schînen,
durch waz ir ûz sît komen
unt daz heilige criuze habet genomen.
daz ist des tiuveles ungemach,
want im nie sô leide gescach.
alsô er des wirdet innen,
sô muoz er entrinnen.
ez truoc selbe unser hêrre.

---

234 gotes *BW, vgl. Str. 686, Km. 398,20*] *fehlt* P 253 unser *BW, vgl. Str. 695, Km. 398,41*] im (un?) selbe P

Nun erhob sich der Erzbischof.
Er war eine Zierde des kaiserlichen Hofes.
Er gehörte zu den zwölf Pairs,
die sich niemals trennen wollten.
Sie fürchteten weder Feuer noch Schwert.
Gott hat ihnen gewährt,
worum sie ihn gebeten haben,
solange sie hier am Leben waren:
Sie erlitten das Martyrium.
In den Himmel sind sie aufgestiegen.
Nun können sie fröhlich leben,
dort sitzen sie in Gottes Rat.
Im Dienst Gottes haben sie sich verdient,
für ewig aller großen Sorge ledig zu sein.
Wo immer in einer Schlacht
mit Speer und Schwert gekämpft wurde,
da kamen nie zwölf
ähnlich ausgezeichnete Helden zusammen.
Man sah sie in der vordersten Linie.
Sie waren der Christen Schutz.

Nun begann der Bischof zu sprechen,
darüber freute sich der ganze Hof:
»Wohlan, ihr heiligen Pilger,
laßt sichtbar werden,
weshalb ihr aufgebrochen seid
und das heilige Kreuz genommen habt.
Es geschieht zum Verdruß des Teufels,
denn nie ärgerte ihn etwas mehr.
Sobald er es sieht,
muß er fliehen.
Unser Herr selbst hat es getragen.

die sîne vil süeze lêre
hât er uns vor getragen.
wir sculn ime allez nâch varen,
lernen den selben ganc.
trinket den kelh, den er tranc.
êret daz vil heilige criuze.
mîne vil lieben liute,
minnet siben tagezît.
das rætet der küninc Dâvîd.
ir scult spæte unt fruo sîn,
sô erhœret iuch mîn trechtîn.
iuwer spîse sî gemeine.
daz herze machet reine.
ze wâre sagen ich ez iu:
der brœde lîchename ist diu diu,
die sêle ist diu frouwe.
ir scult gote vil wol getrûwe.
welt ir mit guoten werken nâch gên,
sô stê über iuch der gotes segen.'

Daz her sich dô braite.
die cristen sich bereiten,
si sigen vaste in diu lant.
die heiden huoben selbe den brant,
selbe si sich wuosten,
wande sine getorsten
des keiseres nicht erbîten.
si herten alsô wîten
unz an die Gerunde.
zuo des wazzeres grunde
wolten si dô trôst hân.
si betrouc harte ir wân.

Haiden, die tumben,
bliesen ir trumben.
tanz unde rîterscaft
unt ander manige hôchvart –

Seine göttliche Botschaft
hat er uns vorgelebt.
Wir wollen ihm treulich nachfolgen
und den gleichen Weg zu gehen lernen.
Trinkt den Kelch, den Er getrunken hat!
Ehrt das hochheilige Kreuz!
Meine Geliebten im Herrn,
lobt Gott des Tages siebenmal.
So spricht der König David.
Lobsingt des Morgens und des Nachts,
so wird der Herr euch erhören.
Teilt eure Speise
und schafft euch reine Herzen.
Wahrlich, ich sage euch:
Der vergängliche Leib ist die Magd,
die Seele ist die Herrin.
Vertraut gänzlich auf Gott.
Wenn ihr mit guten Werken nachfolgen wollt,
so sei Gottes Segen über euch.«

Da breitete sich das Heer aus.
Die Christen rüsteten sich
und zogen zahlreich in die Länder.
Die Heiden legten selbst Brände
und verwüsteten ihr eigenes Land,
weil sie nicht wagten,
den Kaiser herankommen zu lassen.
Sie verheerten das Land weithin
bis zur Garonne.
Auf die Tiefe des Wassers
setzten sie ihre Zuversicht.
Ihre Hoffnung trog sie gänzlich.

Die unwissenden Heiden
bliesen ihre Trompeten.
Tanz, Turnierspiele
und vielerlei übermütige Dinge –

si fuorten grôz übermuot,
sô ie der unsælige tuot.
unz an der erde ende
hêten si sich besendet
ûz allen heidenisken rîchen.
vil harte vermezzenlîchen
fuoren si ir strâze.
si wolten sich gebenmâze
dem aller meisten volke,
daz sich ie gesamte unter disem wolken.

Dô stuont ez unlange,
unz ein heiden wart gevangen.
er zaicte in ain guoten furt.
er wîste si an eine burc,
diu heizet Tortolôse.
ir gote wâren vil bœse.
dô nam der helt Ruolant
sîn horn in sîne hant.
er blies ez mit vollen,
daz dem got Apollen
unt Machmet, sînem gesellen,
geswaich ir ellen.
sich verwandelet ir stimme.
ein vorchte wart dar inne.
diu stain hûs irwageten.
die heiden verzageten.
diu erde erbibete.
die viske die erspileten.
die vogele scône sungen.
die berge alle erclungen.
vil manige für tôt lâgen.
dâ wart michel jâmer.

---

296 sich gebenmâze(n) *BW*] geben maze P 313 stain *BW*] stan P
316 erspileten] erspilten P

sie zeigten großen Hochmut,
wie nur je der Verdammte tut.
Bis ans Ende der Welt
hatten sie nach Hilfstruppen
aus allen heidnischen Reichen gesandt.
Überaus vermessen
zogen sie ihre Bahn dahin.
Sie wollten so viele sein
wie das größte Heer,
das je unter diesem Himmel zusammenkam.

Es dauerte nicht lange,
da wurde ein Heide gefangengenommen.
Der zeigte ihnen eine sichere Furt.
Er wies sie zu einer Stadt
mit Namen Tortolose.
Ihre Götter waren sehr schwach.
Der Held Roland nahm
sein Horn zur Hand.
Er blies es mit voller Kraft,
daß dem Gott Apollo
und seinem Gefährten Mahomet
der Mut schwand.
Die Stimme versagte ihnen,
Furcht breitete sich aus.
Die Steinhäuser zitterten,
die Heiden verzagten.
Die Erde bebte.
Die Fische wurden unruhig.
Die Vögel erhoben ihre Stimmen.
Die Berge hallten alle wider.
Viele lagen vor Schreck wie tot.
Ein großes Wehklagen erhob sich.

Ein alter heiden dô dâ was,
geheizen Josias.
er rafte sîne gesellen.
er sprach: 'wert iuch, helde snellen!
daz erbe iuch iuwer vorderen an brâchten
unt mit ir herscilte ervâchten.
welt ir dâ von entrinnen,
sône scult ouch ir niemer mêre gwinnen
lêhen noch eigen.'
zesamne liefen dô die heiden.
si bliesen ir wîchorn.
in wart vil zorn,
daz in die cristen wâren sô nâhen.
si begonden harte gâhen.
si îlten sich gerechten.
si wolten mit in vechten.
Gotefrit den van nam,
er kêrte an den burcgraben.
helde, die jungen,
daz bürgetor si errungen.
die heiden fluhen in diu apgothûs.
jâ wart dar în unt dar ûz
ain vil michel gedrenge,
der heiden grôz gevelle.
vil manige heiden sâhen,
daz die tiuvele dâ wâren.
der sêle unterwunden si sich.
daz was mînes trechtînes gerich.
die heiden sich dô ergâben
in des keiseres genâde.
dô toufte si der biscof –
so stât ez gescriben ienoch –
'In nomine patris et filii et spiritus sancti.'

---

348 daz *W*] da P *B*

Da war dort ein alter Heide,
der hieß Josias.
Der schalt seine Kameraden
und sagte: »Wehrt euch, tapfere Helden!
Das Land vererbten euch die Väter
und haben es mit ihrem Heerbann erkämpft.
Wenn ihr jetzt daraus flieht,
werdet ihr nie wieder
Land oder Lehen erringen.«
Da sammelten sich die Heiden
und bliesen ihre Kampfhörner.
Sie ergriff große Wut darüber,
daß die Christen ihnen so nahe waren.
Sie hatten es sehr eilig.
Sie rüsteten sich hastig.
Sie wollten mit ihnen kämpfen.
Gottfried ergriff die Fahne
und ging gegen den Festungsgraben los.
Die jungen Helden
eroberten das Stadttor.
Die Heiden flohen in die Götzentempel.
Drinnen und draußen
fand ein dichtes Handgemenge
und ein großes Niedermetzeln der Heiden statt.
Viele Heiden sahen,
daß die Teufel da waren.
Die bemächtigten sich ihrer Seelen.
Da erging Gottes Strafgericht.
Darauf ergaben sich die Heiden
in die Gnade des Kaisers.
Der Bischof taufte sie
mit den Worten der Schrift:
»In nomine patris et filii et spiritus sancti.«

si geloupten an die namen drî.
si minnten alle gotlîche lêre
unt lobeten in iemer mêre,
daz er diu wunder zuo in hête getân.
beide wîb unde man,
swaz in der creftigen stete was,
si sungen alle: ‘deo gratias.’

Alsô wonete dô dâ *1–3*
der keiser in Yspaniâ *1–3*
vil harte gwaldeclîche *1–3*
in allem dem rîche. *1–3*
dorf unde bürege *4–5*
heret er al garewe. *4–5*
türne unde mûre *4–5*
veste unde tiure *4–5*
muose zuo der erde, *4–5*
sine wolten cristen werde.
im ne dörfte nieman bieten
neheiner slachte mieten.
wæren die berge alle guldîn,
daz ne möchte in vrume sîn,
diene hêt er alle nicht genomen,
sine wæren in die cristenheit komen.
unze an Sarragûz, *6*
dâ was diu heidenscaft grôz.
dâ was gesezzen
ein küninc vil vermezzen, *7*
geheizen Marsilie. *7*
hôch was daz gebirge.
daz lant was veste.
daz sûmte die cristen.

Dô ne wolte der kaiser hêre
nicht wider kêre
durch neheiner slachte nôt.
er ne vorchte neheinen tôt.

Sie bekannten sich zu dem dreieinigen Gott.
Sie hielten eifrig alle Gebote
und priesen Ihn von nun an,
daß Er diese Wunder an ihnen getan hatte.
Frauen und Männer,
alle, die in der großen Stadt waren,
sangen: »Deo gratias.«

So verfuhr also damals
der Kaiser in Spanien
mit strenger Gewalt
in dem ganzen Reich.
Dörfer und Städte
zerstörte er gänzlich.
Türme und Mauern,
so stark und fest sie auch waren,
wurden dem Erdboden gleichgemacht,
wenn sie nicht Christen werden wollten.
Es wäre zwecklos gewesen, ihm
irgendwelche Tributzahlungen anzubieten.
Wären die Berge alle aus Gold gewesen,
es hätte ihnen nicht helfen können;
die alle hätte er nicht genommen
anstelle ihres Übertritts zum Christentum.
Nur Sarraguz hielt sich noch,
dort waren viele Heiden zusammengezogen.
Dort herrschte
ein sehr anmaßender König,
der Marsilie hieß.
Hoch war das Gebirge,
geschützt das Land.
Das hielt die Christen auf.

Aber der große Kaiser
wollte nicht umkehren
wegen irgendeiner Gefahr.
Er fürchtete keinen Tod.

die heiden entsâzen in daz,
daz in der keiser sô nâhe was.
Marsilie sich besante
ûz vil manigen lanten.
an eineme velde *13*
erbaizten sîne helde. *13*
der tac was vil heiz.
harte muote si der swaiz.
der küninc wart gewar,
dâ ein öleboum den scate bar. *11*
dar unter gesaz er eine *11*
ûf einem marmelstaine. *12*
er dâchte in manigen ende.
zesamene sluog er die hende.
er hiez vür sich komen *13*
sechs wîse herzogen, *13*
dar zuo sechs grâven, *13*
die sînes râtes phlâgen.
er sprach: ‘mîn herze ist bevangen *15*
von angesten manigen. *15*
nû habet ir wol vernomen,
der keiser ist dâ her komen, *16*
daz er mich wil scenden. *(17)*
daz ne mac ich nicht erwenden. *18–19*
er hât sô getân volc, *18–19*
unser vechten ne touc. *18–19*
gesamente sich elliu heidenscaft, *18–19*
daz ne vrumete nicht wider sîner craft. *18–19*
komt er über berge,
er geweltiget unser erbe,
daz liut gemachet er cristen.
wie mac ich mich gevristen?
wol ir helde guote,

---

392 lanten *BW*] lante P 419 er *GB*] *fehlt* P W

Die Heiden aber erschraken darüber,
daß ihnen der Kaiser so nahe war.
Marsilie zog sein Heer
aus zahllosen Ländern zusammen.
Auf einer Ebene
saßen seine Krieger ab.
Es war ein sehr heißer Tag.
Die schweißtreibende Hitze quälte sie sehr.
Der König erblickte eine Stelle,
wo ein Ölbaum Schatten spendete.
Er setzte sich allein darunter
auf einen Marmorblock.
Er dachte hin und her.
Dann schlug er in die Hände.
Er befahl zu sich
sechs erfahrene Herzöge
und dazu sechs Grafen,
die seine Ratgeber waren.
Er sprach: »Mein Herz ist
von vielen Sorgen niedergedrückt.
Nun wißt ihr selbst ja schon Bescheid:
Der Kaiser ist eingefallen,
um mich zu verderben.
Das kann ich nicht abwenden.
Er hat eine solche Streitmacht,
daß unser Kämpfen zwecklos ist.
Wenn sich auch alle Heiden zusammenschlössen,
so nützte das doch nichts gegen seine Macht.
Wenn er das Gebirge überschreitet,
so wird er unser Erbland an sich reißen
und seine Bewohner zu Christen machen.
Wie kann ich mich retten?
Wohlan, tapfere Helden,

râtet mir ze der nôte 20
durch iuwer selber êre, (20)
iuwers râtes volge ich gerne.'

Vf spranc ein heiden. 23
vor alter muos er neigen.
sîn bart was im gevlochten,
alsô er ze hove wole tochte.
er sprach: 'ne zwîvele dû nicht, hêrre, 27
ich gerâte dir dîne êre.
sîn wirt vil guot rât,
dîn marke wol mit vride stât.
wilt dû mir volgen
unde andere dîne holden,
sô behalte wir den lîb,
dar zuo kint unde wîb
unde alle unse êre.'
dô dankete ime sîn hêrre.
die heiden nigen alle samt,
si sprâchen, liut unde lant,
swaz er dar übere geriete,
daz wære allez stæte.

Dô sprach Blanscandîz:
'Fundevalle mir mîn vater liez. (23)
dâ wolte ich gerne belîben.
der keiser wil uns dâ von vertrîben.
daz müet mich sêre.
ich sage dir, lieber hêrre,
wir ne mügen dâ widere nicht getuon.
dîn vechten ist nehein vrum.
swâ wir sîn gebeiten,
dâ ist der tôt gereite.
ze sorgen ist ez uns gewant.

---

452 gereite *BW*] gereiten P

ratet mir in der Gefahr
zu eurer eigenen Ehre.
Euern Rat werde ich bereitwillig befolgen.«

Ein Heide sprang auf.
Das Alter hatte ihn gebeugt.
Er trug den Bart geflochten,
wie es bei Hofe üblich war.
Er sagte: »Herr, verliere nicht den Mut,
ich rate dir zu deiner Ehre.
Noch ist nichts verloren,
noch hat dein Grenzland Frieden.
Wenn du mir folgen willst
und deine übrigen Getreuen es wollen,
so werden wir das Leben behalten,
dazu Kinder und Frauen
und all unsere Ehre.«
Da dankte ihm sein Herr.
Die Heiden verneigten sich alle.
Sie sagten, was er für Land und Leute
als richtig erachte,
das solle unverbrüchlich befolgt werden.

Darauf sagte Blanscandiz:
»Fundeval hat mir mein Vater hinterlassen.
Darauf möchte ich Herr bleiben.
Der Kaiser aber will uns davon vertreiben.
Das schmerzt mich tief.
Ich sage dir, lieber Herr,
dagegen können wir nichts tun.
Dein Kämpfen nützt gar nichts.
Wo immer wir ihn erwarten,
dort ist uns der Tod sicher.
Es sieht schlimm aus für uns.

wir verliesen liut unde lant
unde den lîb dar zuo.
ich sage dir, hêrre, wie du tuo.
wele dir ûz dînen heleden
der aller wîsesten zwelve.
enbiut dem keisere dîn dienest. *29*
swie ime sî aller liebest, *(29)*
sô wellest du sîne hulde gewinnen. *29*
biut deme keisere ze minnen *30*
beidiu lewen unde beren, *30*
al daz er ir welle nemen,
vorloufte âne zal, *30*
der guoten marhe die wal,
tûsent mûzære,
die sint ze hove mære,
siben hundert mûle *31*
guot unde tiure,
siben hundert olbenden, *31*
die wilt du ime senden,
mit golde geladen, *32*
sô die meist mügen getragen,
dar zuo vünfzich karren *33*
ûf sînen hof ze vüeren
der rôten bîsanten,
ze êren den Vranken,
dar zuo dîne gîsel. *40*
unde râten ez sîne wîsen,
du werdest gerne sîn man, *39*
daz rîche wellest du von ime bestân.
du gemachest ime zinshaft
her nâch von dîner craft
vil manige heidenische rîche.
daz râte ich dir getriuwelîche.'

---

481 du *GBW*] do P

Wir werden Leute und Land
und dazu unser Leben verlieren.
Ich sage dir, Herr, was du tun sollst:
Wähle dir aus deinen Kriegern
die zwölf Erfahrensten aus.
Entbiete dem Kaiser deinen Dienst.
Ganz wie er es wünsche,
wollest du seine Huld erringen.
Biete dem Kaiser zur Versöhnung
Löwen und Bären an,
so viele er haben wolle,
Jagdhunde in unbegrenzter Zahl,
die besten Schlachtrösser zur Auswahl,
tausend Jagdfalken,
wie sie bei Hof beliebt sind,
siebenhundert Maultiere
von Brauchbarkeit und Wert,
siebenhundert Kamele,
die du ihm senden wollest
beladen mit so viel Gold,
wie sie gerade tragen können,
dazu fünfzig Wagen,
um an seinen Hof
rote Goldmünzen bringen zu lassen
als Geschenke für die Franken,
und dazu auch Geiseln.
Wenn seine Ratgeber es für richtig halten,
so wollest du bereitwillig sein Vasall werden
und das Reich von ihm als Lehen nehmen.
Zinspflichtig werdest du ihm
aus deinem Machtbereich danach noch
viele heidnische Reiche machen.
Das rate ich dir in aller Treue.«

Der küninc Marsilie
redete dar widere:
'wie samfte unsich der keiser twinget.
sô er die gîsel gwinnet,
er ist alsô grimme. *56*
unde wirdet der keiser inne,
daz wir niene leisten,
al daz wir ime geheizen,
die gîsel heizet er hâhen. *57*
sô muoz unsich wole âmern,
daz wir ie kint gewunnen.
scule wir in der êren gunnen,
sô wirdet ez bœser, denne ez ê was.
über alle die heiden redent si daz,
wir haben unrechte gevaren.
wir sculn uns nu wole vor ime bewaren,
daz wir icht werden verrâten.'
Blanscandîz antwerte ime drâte: *47*
'sô mir dirre mîn bart, *48*
wir zestœren sîne herevart. *49*
wir müezen mit listen
unser êre vor ime vristen.
unde komet der keiser in diu lant,
er nimt ez allez ensamt.
er nimt uns den lîb,
beide kint unde wîb
unde aller unser êre.
nu volge dû mir, hêrre,
unde enbeite nicht langer.
daz liut ist dir gevangen.
die bürge sint gwunnen.
wir birn harte betwungen.

---

497 daz *GBW*] da P 503 icht *BW*] ich P 515 – 838 P = 1–323 A
515 enbeite P] ne bite A

Der König Marsilie
widersprach:
»Wie leicht der Kaiser uns bezwingt!
Wenn er die Geiseln in seiner Gewalt hat,
wird er nicht besänftigt sein.
Merkt aber der Kaiser,
daß wir nicht halten,
was wir ihm alles versprechen,
wird er die Geiseln hängen lassen.
Dann werden wir mit Grund beklagen,
daß wir je Kinder hatten.
Wenn wir ihnen den Ruhm lassen,
wird es schlimmer werden, als es bis jetzt war.
In allen heidnischen Ländern wird man sagen,
wir hätten falsch gehandelt.
Wir müssen uns jetzt sehr vor ihm hüten,
damit wir nicht hintergangen werden.«
Blanscandiz entgegnete ihm unverzüglich:
»Bei meinem Bart,
wir bringen seinen Kriegszug durcheinander.
Wir werden mit Klugheit
unsere Ehre gegen ihn verteidigen.
Denn wenn der Kaiser in unsere Länder eindringt,
wird er uns alles rauben.
Er wird uns das Leben nehmen,
unsere Kinder und Frauen
und unser aller Ehre.
Höre auf mich, Herr,
und zögere nicht länger.
Dein Volk ist in Gefangenschaft geraten,
Städte sind erobert.
Wir sind in großer Bedrängnis.

ich hân selbe driu kint,
diu mir vil lieb sint.
wie gerne ich einen sun gæbe, *43*
daz die andern mit vride wæren. *(45)*
ich sage dir, hêrre, wie du tuo.
dînen sun gib gerne dâ zuo, *(42)*
daz uns der keiser entwîche.
daz râte ich dir getriulîche.'

Dô sprach der alte:
'der keiser vert mit deme gwalte,
dâ wir nicht widere mügen getuon.
mînen sun gib ich gerne dâ zuo,
daz der keiser widere kêre.
nû volge du mîner lêre,
jâ geriche ich dînen anden.
die gîsel vüer er ze lande,
unze wir geleisten,
al daz wir geheizen.
wir komen nâch ime zuo Ache. *(36)*
dâ gebiete er sîne sprâche. *(36)*
mit vünf hundert heleden,
küenen unde edelen,
kumst du dare gewisse *37*
ze sente Michahêles misse, *37*
die cristenheit zenphâhen *38*
unde leben in sînen genâden.
dâ wirdest dû sîn man. *39*
du machest ime undertân
vile manigen heiden rîchen,
ze dienen vorchtlîchen.'

---

519 ich han selue thriu A *GW*] ylaban unde andriu P 526 rât P] gerate A getrůliche P] getruwelike A 527 *Initiale fehlt* A 528 mit deme gwalte P] mit gewalt A 529 da wir P] Thaz wir tha A 532 minir lere P *GW*] mir herre A 533 geriche P] geroh A

Ich selber habe drei Söhne,
die ich sehr liebe.
Wie gern gäbe ich einen Sohn hin,
damit die andern in Frieden leben könnten.
Ich rate dir, Herr, wie du handeln solltest:
Liefere auch du deinen Sohn freiwillig aus,
damit sich der Kaiser von uns zurückzieht.
Das rate ich dir in aller Treue.«

Der Alte fuhr fort:
»Der Kaiser kommt mit großer Macht,
gegen die wir nichts ausrichten können.
Ich liefere meinen Sohn bereitwillig aus,
damit der Kaiser umkehrt.
Folge du meinem Beispiel,
ich werde die dir angetane Kränkung rächen.
Die Geiseln möge er mit sich führen,
bis wir alles erfüllt haben,
was wir geloben.
Wir werden ihm nach Aachen folgen.
Dort möge er seinen Hoftag einberufen.
Mit fünfhundert
kühnen und edlen Kriegern
werdest du auf Ehre hinkommen,
um am Michaelstag
die Taufe zu empfangen
und dich seiner Huld zu unterstellen.
Dort werdest du sein Vasall.
Du wollest ihm als Untergebene
viele mächtige Heiden zuführen,
die ihm in Furcht dienen werden.«

Dô redete der widerwarte,
der got niene vorchte:
'unde gevellet dir, hêrre, mîn rât,
sô sage ich dir rechte, wie ez ergât.
der keiser kêret widere.
koment si von deme gebirge,
dâ scheident si sich. *50*
jâ vert mannegelîch *51*
in sîne heimlîche. *51*
sô geweltige dû sîne rîche.
die er hie lâze,
den irleide dû die strâze.
sô heiz du dîne gâhen,
die tumben alle hâhen,
vâhen die wîsen.
sô erlœsen wir die gîselen
unt leben iemer mêre mit gnâden.'
daz lobeten alle, die an deme râte wâren. *61*

Der rât was getân. *62*
Marsilie hiez komen sîne man. *63*
aller êrest vorderet er
Clargis von Parguel, *63*
dar nâch Estropiz *64*
unde sînen sun Stramariz, *64*
Priamur von der warte, *65*
Gerglant mit deme barte. *65*
dar kom Baiziel
unde Malbrant von deme mer, *67*
unde Matheus, sîn œheim, *66*
der was der wîsesten ein.

---

566 lobeten P] geloueten A 570 clargis P, *vgl. Str. 1153*] elargis A 574 gerglant P] gerglano A 575 baiziel P] balziel A *B*, *vgl. Str. 1159* Palziel

Dann sagte der teuflische Mensch,
der Gott nicht fürchtete:
»Wenn mein Rat deinen Beifall findet, Herr,
so kann ich dir genau sagen, wie es weitergeht.
Der Kaiser wird umkehren.
Wo sie das Gebirge überschritten haben,
werden sie sich trennen.
Jeder zieht
in seine Heimat.
Dann überfalle du sein Herrschaftsgebiet.
Die er hier zurücklassen wird,
denen verlege du den Weg.
Dann laß deine Leute losstürmen,
die einfachen Krieger alle hängen,
die Anführer aber gefangennehmen.
So lösen wir die Geiseln aus
und haben für immer Ruhe und Frieden.«
Das lobten alle, die an der Beratung teilnahmen.

Die Versammlung wurde aufgelöst.
Marsilie ließ seine Vasallen kommen.
Als ersten rief er
Clargis von Parguel,
dann Estropiz
und dessen Sohn Stramariz,
Priamur vom Turm,
Gerglant mit dem Bart.
Hinzu kamen Baiziel
und Malbrant vom Meer,
dessen Oheim Mattheus,
ein sehr erfahrener Mann.

. . . Iomel, *67*
ein heiden küene unde snel.
dâ was Blanscandîz. *68*
der küninc in reden hiez. *68*
er sagete in des küniges willen.
daz gelobten die gesellen.

Marsilie ûf stuont.
sîne rede er huop.
er sprach: 'wole ir helede guote, *70*
helfet uns ûzer nôte.
müget ir ez gesceiden, *74*
dar ist umbe veile, *75*
als daz ich iemer gewinne. *75*
handelt ez mit sinnen. *(74)*
durch iuwer selber güete
machet iuch dêmüete. *(73)*
nemet palmen in die hant *72, 80*
– ez ist uns ze sorgen gwant –,
zehene blanke mûle *89*
scœne unde tiure,
mit golde geladen, *(91)*
sô die meiste mügen getragen,
deme keiser ze minnen.
ich wil gerne dingen
mit allen mînen liuten,
swie er mir gebiutet.
die cristenheit wil ich ane gân. *85*
ich wirde gerne sîn man. *86*
suochet sîne vüeze,
daz wir vride haben müeze.

---

579 *vgl. Str. 1163* der niunde was Jômel, thare kom Jômel *B* 590 uaile A *W*] ueilen P 591 gewinne A *W*] gewinnin P 600 die P] si A

. . . Jomel,
ein starker, tapferer Heide.
Auch Blanscandiz war da.
Der König erteilte ihm das Wort.
Da teilte er ihnen den Beschluß des Königs mit.
Die Gefährten legten darauf einen Eid ab.

Marsilie erhob sich.
Er hielt eine Ansprache.
Er sagte: »Wohlan, tapfere Helden,
helft uns aus der Gefahr.
Wenn ihr den Ausgleich schafft,
so gehört euch alles,
was je in meinen Besitz gelangt.
Führt es mit Klugheit aus.
Für euer eignes Wohl
demütigt euch.
Nehmt Palmwedel in die Hand –
es steht schlecht für uns! –,
(nehmt) zehn weiße Maultiere,
schön und kostbar,
mit so viel Gold beladen,
wie sie nur gerade tragen können,
als Geschenk für den Kaiser.
Ich bin bereit, einen Vertrag zu schließen
mit allen meinen Leuten,
so wie er ihn mir diktiert.
Ich will das Christentum annehmen.
Ich begehre, sein Vasall zu werden.
Werft euch ihm zu Füßen,
damit wir Frieden erlangen mögen.

er liget vor Corderes, der stete. *71*
bitet in durch den got, den er ane bete, *82*
daz er sich erbarme *82*
über die vil armen,
die nû sint lange
mit grôzeme getwange.
unde heizet er enphâhen die gebe,
sô saget ime die rede,
waz ich imo sende:
mûle unde olbende,
vorloufte unde mûzære
unde andere gebe mære.
karren mit bîsanten
bietet ir den Vranken,
daz si mir helfen dinge,
des keiseres hulde gewinne.'

Die boten dô kêrten, *92*
dar man si lêrte, *(94)*
zuo der cristen lande
mit vil hêrlîcheme gwande.
die berge stigen si ze tale.
si sâhen über al
manigen helt küenen,
manigen van grüenen,
manigen rôten unde wîzen.
diu velt sâhen si glîzen,
sam siu wæren rôt guldîn.
die boten redeten under in,

---

609 uor corderes P] ze corderes uor A, *vgl. Str. 1201* 614 mit P] an A 615 er A] *fehlt* P 617 sende P] wille senden A 620 andere gebe mere P] tharzuo menege gifte mere A 623 Thaz A W] da P 625 *Initiale fehlt* A 628 gwande P, *vgl. Km. 426,60*] gesande A

Er lagert vor der Stadt Cordova.
Bittet ihn im Namen des Gottes, den er anbetet,
daß er sich erbarme
über die höchst Unglücklichen,
die nun schon lange
arg bedrängt werden.
Wenn er die Geschenke akzeptiert,
so richtet ihm aus,
was ich ihm noch alles schicken will:
Maultiere und Kamele,
Hunde und Falken
und weitere kostbare Gaben.
Wagenladungen voll Goldmünzen
bietet den Franken,
damit sie mein Bemühen unterstützen,
des Kaisers Gnade zu erringen.«

Die Boten zogen
in die angegebene Richtung
ins Land der Christen
mit prächtigen Gewändern.
Sie kamen vom Gebirge herab.
Überall sahen sie
viele streitbare Männer,
viele grüne,
rote und weiße Fahnen.
Sie sahen die ebenen Flächen in einem Glanz,
als ob sie aus rotem Gold gewesen wären.
Die Boten sprachen zueinander,

daz der keiser wole wære
über alle dise werlt mære.
wider sîner herscephte
ne dörfte sich nieman behefte.

Die boten sâhen ze deme gesezze
manigen helt vermezzen.
si kômen zuo einem boumgarten, *103*
der was gezieret harte.
dâ vunden si inne
die lewen alsô grimme
mit den beren vechten.
si sâhen guote knechte *113*
schiezen unde springen. *113*
si hôrten sagen unde singen,
vil maniger slachte seitspil.
aller wunne was dâ vil.
die küenen vorkemphen *(113)*
von ein ander wenken. *(113)*
si hiewen mit den swerten
ûf den stâl vlins herten,
daz daz viur dâ obne ûz bran.
si sâhen, daz die adelarn
dar zuo gewenet wâren,
daz si scate bâren.
si hôrten die phaht lêren
die edelen junchêrren
unde schermen mit den schilten,
wie die valken spilten
unde ander manic vederspil.

---

640 ne A] en ne P dorfte P] dorste A 643 bomgarte A] bougarten P *W* 651 vil *fehlt* A 653 vorkemphen] urachemphen P, uronekempen A *B*, vramchemphen *W* 656 stâl *fehlt* PA 657 pran *W*] spranc P, vlovch A 658 adelarn] adelaren P *W*, adelaren ouch A 660 thaz A *W*] da P

der Kaiser sei sicher
noch herrlicher als alle diese Erscheinungen.
Gegen seine Macht
könne sich keiner auflehnen.

Die Boten erblickten im Lager
viele stolze Helden.
Sie kamen zu einem Baumgarten,
der sehr hübsch angelegt war.
Darin sahen sie
Löwen wütend
mit Bären kämpfen.
Sie sahen edle Ritter
schießen und springen.
Sie hörten Lieder
und vielerlei Saitenspiel.
Alle Kurzweil wurde da geboten.
Mutige Vorkämpfer,
Kampfgetümmel.
Sie schlugen mit Schwertern
auf den steinharten Stahl,
daß die Funken hoch aufstoben.
Sie sahen, wie Adler
dazu abgerichtet waren,
Schatten zu spenden.
Sie hörten, wie das Recht
jungen Edelmännern gelehrt wurde
und sie sich im Schildkampf übten,
wie Falken durch die Luft jagten
und viele andere Greifvögel.

aller werlt wunne was dâ vil.
vile manic edele wîb
zierte wole ir lîb
mit phellel unde mit sîden,
mit guldînem gesmîde.
sît Salomon erstarp,
sô ne wart sô grôz hêrschapht
noch newirdet niemer mêre.
Karl was aller tugende ein hêrre.

Die boten vüre giengen – *120*
vil dicke si nider vielen –
in phellelînem gwande,
die palmen in den handen.
ie mêre unde mêre
vielen si zuo der erde.
si vunden den keiser zwâre
ob deme schâchzable. *(111)*
sîn antlizze was wunnesam.
die boten harte gezam,
daz si in muosen schouwen.
jâ lûchten sîn ougen
sam der morgensterne.
man erkante in vile verre.
nieman ne dorfte vrâge, *119*
wer der keiser wære. *119*
nieman ne was ime gelîch.
sîn antlizze was zierlîch.
mit volleclîchen ougen
ne mochten si in nicht gescouwen.

---

668 ir P] then iren A 672 wart so P] wart nie so A 674 herre P] rehter herre A 682 ob P] uffe A 684 die P] then A gezam P] wolgezam A 687 sterne P] sterre A 694 nicht gescouwin P] niht noh bescowen A

Alle Freuden der Welt waren da versammelt.
Viele edle Frauen
hatten sich schon gemacht
mit kostbaren Seidenstoffen
und Goldschmuck.
Seit der Zeit König Salomons
hat es keine so große Pracht gegeben,
und es wird sie auch nie wieder geben.
Karl war Herr aller Vollkommenheit.

Die Boten traten vor
und warfen sich wiederholt nieder
in ihren kostbaren Gewändern
und mit den Palmzweigen in Händen.
Immer öfter
fielen sie auf die Knie.
Sie erblickten den Kaiser
am Schachbrett.
Sein Antlitz war von großer Schönheit.
Die Boten kam es schwer an,
daß sie ihn ansehen mußten.
Seine Augen leuchteten
wie der Morgenstern.
Schon von weitem erkannte man ihn.
Niemand mußte fragen,
wer denn nun der Kaiser sei.
Keiner war ihm gleich.
Sein Antlitz war herrlich.
Mit ungeschützten Augen
konnten sie ihn nicht ansehen.

diu liuchte gab in den widerslac
sam der sunne umbe mitten tac.
den vîanden was er gremelîch.
den armen was er heimelîch.
in volcwîge was er sigesælic.
wider übel was er gnædic.
ze gote was er gewære.
er was recht richtære.
er lêrte uns die phachte,
der engel si imo vore tichte.
er konde elliu recht.
zuo deme swerte was er ein guot knecht.
aller tugende was er ûzerkorn.
milter hêrre en wart in die werlt nie geborn.

Blanscandîz dare vore stuot. *122*
die rede er alsus huop: *122*
'heil sîst du, keiser hêre, *123*
minne unde êre
sî dir erboten
von deme lebendigen gote, *(124)*
der himel unde erde
von nichte hieze gewerden,
der von himele her nider sî komen,
von einer megede würde geborn,
in deme Jordane getouft wart
unde an deme criuze erstarp,
die werlt erlôste von der helle.
anebete wir in wellen
unde leben an sînen gnâden.

---

695 lûchte P] liehte A den *fehlt* A 704 tichte P] rihte A 705 chonde P] erkunde A 706 gut *fehlt* A 708 in die werlt *fehlt* A, vgl. Str. 1275 709 stut P] stunt A 710 er alsus hup P] hob er alsus A 713 irboten P] geboten A 718 wurde P] wart er A, wart *B*

Der Glanz blendete sie
wie die Sonne am Mittag.
Den Feinden war er feind.
Den Bedürftigen war er eine Zuflucht.
Im Kampf war er siegreich.
Der Bosheit gegenüber war er gnädig.
Gott gegenüber war er aufrichtig.
Er war ein gerechter Richter.
Er hat uns das Gesetz gelehrt.
Ein Engel hat es ihm diktiert.
Er kannte alle Rechtssätze.
Mit dem Schwert war er ein tapferer Krieger.
In allen Fähigkeiten war er ausgezeichnet.
Freigebiger war nie ein Fürst auf Erden.

Blanscandiz stand vor ihm.
Er fing folgendermaßen zu sprechen an:
»Heil sei dir, großer Kaiser.
Liebe und Ehre
mögen dir zuteil werden
durch den lebendigen Gott,
der Himmel und Erde soll
aus dem Nichts haben entstehen lassen,
der vom Himmel herabgestiegen,
von einer Jungfrau geboren sein soll,
im Jordan getauft wurde
und am Kreuz starb,
alle Welt von der Hölle erlöste.
Auch wir wollen ihn anbeten
und in seiner Gnade leben.

die cristenheit welle wir entphâhen.
nû bite wir dich, hêrre,
durch des selben gotes êre.
wir birn heiden,
leider von gote gescheiden.
nu hilf uns sîne hulde erwerben,
daz wir in den sünden icht ersterben.'

Der keiser allez swîcte.
dô redete aber der alte:
'ô wol dû keiser edele,
dir entbiutet der künc Marsilie *125*
sîn dienest vil willeclîche,
dar nâch in sînem rîche
alle sîne vürsten,
ob si, hêrre, getürsten,
si entbietent dir die toufe,
den zins von ir houbte.
des en sezzent si nehein zil,
wan alsô dû gebiutest unde wil.
si bietent schaz âne zale, *127*
der besten marhe die wale,
vorloufte unde vederspil, *128 – 129*
al daz dû es, hêrre, wil.
mûle unde olbenden, *129 – 130*
die wil er dir senden, *129 – 130*
mit golde geladen, *130*
swaz vünfzic karren mügen getrage *131*
der guoten bîsantinge, *132*
dînen edelen Vranken ze minnen, *(133)*
daz wir dar bî erzeigen,

---

731 alliz swicte P] suihte allez an A 732 der alte P] ther alte man A 738 getorsten P] dorsten A 745 uederspil P] uehterspil A (*verlesen aus* uetherspil?) 746 su waz herre thu thes wil A 750 garren P] karren A 753 irzeigen P] erzaichen A

Wir wollen die Taufe empfangen.
Nun bitten wir dich, Herr,
im Namen dieses Gottes:
Wir sind Heiden,
zu unserm Unglück fern von Gott,
hilf uns, seine Gnade zu erringen,
damit wir nicht im Zustand der Sünde sterben.«

Der Kaiser schwieg stille.
Da fuhr der Alte fort:
»Heil dir, edler Kaiser,
dir entbietet König Marsilie
freiwillig seinen Dienst.
Sodann bieten dir aus seinem Reich
alle seine Fürsten an,
wenn sie es nur wagen dürften, Herr,
sich taufen zu lassen
und dir zinspflichtig zu werden.
Sie haben dafür keine Summe festgesetzt,
sondern (warten), was dein Wille und Gebot ist.
Sie bieten unbegrenzte Reichtümer,
die besten Schlachtrösser zur Auswahl,
Hunde und Jagdvögel,
alles, was du, Herr, davon willst.
Maultiere und Kamele
will er dir schicken
beladen mit Gold,
was fünfzig Wagen fassen
an guten Byzantinermünzen,
als Geschenk für deine edlen Franken,
um damit zu beweisen,

daz wir dich mit triuwen meinen.'
er sprach: 'ôwol dû keiser hêre,
nu tuo ez durch des wâren gotes êre.
heiz in disen zîten
dîne vürsten rîten,
daz si uns entwîchen *135*
widere in ir rîche. *135*
gebiut dîne sprâche
an dîneme stuole ze Ache. *135*
dar kumet Marsilie, mîn hêrre. *136*
er wil dâ getoupht werde
mit tûsent sînen heleden *84*
küenen unde edelen.
dâ wirdet er dîn man,
er machet dir undertân
vile mangiu rîche.
sô dienet er dir getriuwelîche.'

Der keiser sich allez enthielt, *138–139*
alsô ime sîn wîstuom riet, *(140)*
unze er die rede getichte. *(140)*
daz houbet er wider ûf richte, *142*
er sprach: 'lob unde êre
nû unde iemer mêre
sage wir dir, heilige crist,
wande dû aller sculde ein süenere bist.
nû tuo dise heiden
von ir sünden heile,
daz si dich erkennen
unde dîne werc minnen.'
er sprach zuo deme alten:

---

755 owol du P] ô thu A 758 ritẽ P] wither riten A 765 heleden P] helege A 766 unde A] *fehlt* P 773 getichte P] al wole wiste A

daß wir dir gegenüber aufrichtig sind.«
Er sagte: »Wohlan denn, großer Kaiser,
tu es zur Ehre des wahren Gottes.
Befiehl sogleich
deinen Fürsten, aufs Pferd zu steigen,
daß sie von uns
in ihre Länder zurückkehren.
Rufe auf zu einem Hoftag
an deinem Thronsitz in Aachen.
Marsilie, mein Herr, wird hinkommen.
Dort will er sich taufen lassen
mit tausend seiner
tapferen und edlen Krieger.
Dort wird er dein Vasall werden.
Er wird deiner Herrschaft
viele Reiche unterstellen.
So wird er dir treu dienen.«

Der Kaiser sagte nichts,
wie seine Weisheit ihn lehrte,
bis er sich die Worte zurechtgelegt hatte.
Dann hob er sein Haupt wieder
und sagte: »Lob und Preis
jetzt und immerdar
sagen wir Dir, heiliger Christ,
denn Du tilgst alle Schuld.
Rette nun auch diese Heiden
aus ihren Sünden,
daß sie Dich erkennen
und Deine Werke lobpreisen.«
Zu dem Alten gewandt sagte er:

'daz dîn got walte.
du schînest in scœnen gebæren. *(143)*
wie wilt du mir daz bewæren? *146*
der rede wil ich gewisheit haben.'
'daz wil ich dir, hêrre, sagen',
sprach dô der alte,
'mich selben habe dû ze walte.
jâ hât mîn hêrre Marsilie
drî süne edele.
râten ez dîne wîsen,
nim ir einen ze gîsel.
dar zuo gib ich mînen. *149*
hêrre, du ne scolt nicht zwîveln,
man gît dir elliu diu kint, *148*
diu under den vürsten sint, *148*
unze wir geleisten
al daz wir geheizen.'

Dô sprach der wâre gotes dienestman: *155*
'welt ir alsô volvarn,
sô müget ir iuwere sêle wole gewegen *(155)*
unde müget iemer vrœlîche leben.
iuwer gote, die ir anebetet,
Appollo unde Machmet,
die sint vile bœse.
üppic ist ir gecôse,
die tiuvele wonent dar inne:
ir hœret ir stimme.

---

784 got walte A *W*, *vgl. Str. 1372*, *Km. 430,24*] walten P 785 sconen geberen P] sconerne gebere A 787 gewisheit P] wisheid A 788 herre *fehlt* A 790 ze walte P] behalten A *W*, *vgl. Str. 1380* daz man mich selben behalte 795 minin P] then minen A, *vgl. Str. 1390* 796 zwîveln] zwiuelen PA 800 wir P, *vgl. Km. 430,42*] wir thir A 803 gewegen P] wegen A 804 un̄ *fehlt* A 806 machmot P] Mahumet A

»Gott sei mit dir!
Du trittst höflich auf,
welche Sicherheit kannst du mir geben?
Ich will eine Garantie für deine Worte haben.«
»Das will ich dir, Herr, beweisen«,
antwortete darauf der Alte.
»Nimm mich selbst gefangen.
Mein Herr Marsilie hat
drei herrliche Söhne.
Wenn es deine Ratgeber für richtig halten,
nimm deren einen als Geisel.
Dazu gebe ich dir den meinen.
Herr, besorge nichts,
man wird dir alle Söhne
der ersten Familien ausliefern,
bis wir alles erfüllt haben,
was wir versprechen.«

Darauf antwortete der wahre Diener Gottes:
»Wenn ihr das einlöst,
könnt ihr eure Seele retten
und könnt ewig fröhlich leben.
Eure Götter, die ihr anbetet,
Apollo und Mahomet,
sind sehr schlecht.
Ihr Geschwätz ist eitel,
Teufel wohnen in ihnen,
deren Stimme vernehmt ihr.

die wâren ie lügenære.
gloubet an den rechten heilære,
der iuch von nichte gescaphen hât,
sô wirdet iuwer guot rât.

Marsilie hât vile wider mir getân. *144*
er hiez mir houbten zwêne mîne man,
die ich zuo ime sande,
dâ er mich mite scande.
alsô solt ich iu tuon.
selbe der wâre gotes sun,
fürste aller güete,
durch sîne dêmüete
ein esel er zuo Iherusalem reit,
dâ er die martir durch uns leit.
einen palmen vuorte er in der hant.
nu birt ir her zuo mir gesant
unde vüeret daz selbe zeichen.
mînem zorne muoz ich entwîchen.
diu palme bezeichenôt den sigenunpht.
ôwî ob ez hernâch sô komt,
daz sich Marsilie bekêret,
sô wirdet diu cristenheit wole geêret.
swaz Marsilie hât wider mir getân,
durch got scholt ir vride hân.
varet zuo iuweren herbergen. *(159–160)*
habt ir neheine sorgen,
ich antwerte iu mit minnen.
got lâze iuch sîne hulde gewinnen.'

---

812 glůbit P] gelofet ir A 821 guote A, *vgl. Str. 1425* güete] goete P 824 dâ] du P, Tho A 826 her *fehlt* A 828 muz ich P, *vgl. Str. 1432*] wil ih A 831 daz sich Marsilie P] Thaz Marsilie wirt A, *vgl. Str. 1437, Km. 431,16* 833 Marsilie hat widir mir P] er wither mir hat A 836 ir *fehlt* A 838 *mit* gewinnen *endet* A

Stets waren sie Lügner.
Glaubt an den wahren Heiland,
der euch aus dem Nichts geschaffen hat,
so wird euch geholfen werden.

Marsilie hat schlimm gegen mich gehandelt.
Zwei meiner Vasallen hat er enthaupten lassen,
die ich zu ihm gesandt hatte,
und mich damit verhöhnt.
So sollte ich mit euch verfahren.
Der wahre Sohn Gottes,
der Friedensfürst,
ritt in seiner Demut selbst
auf einem Esel in Jerusalem ein,
wo er den Tod für uns erlitt.
Einen Palmwedel hielt er in der Hand.
Nun seid ihr zu mir entsandt
und führt das gleiche Zeichen.
Ich muß von meinem Zorn lassen.
Die Palme bedeutet Sieg.
Ach, wenn es dann wirklich geschähe,
daß sich Marsilie bekehrt,
so triumphiert das Christentum.
Was immer Marsilie gegen mich unternommen hat,
in Gottes Namen sollt ihr Frieden haben.
Geht in eure Unterkünfte.
Fürchtet nichts,
ich werde euch gnädig Bescheid geben.
Gott schenke euch seine Gnade.«

Under diu wart ein michel scal.
die heiden wâfenten sich über al,
ûz der burc si drungen.
ir wîcliet si sungen.
si kêrten über den burcgraben,
dâ wart michel nôt erhaben.
dô vacht in mite zwâre
Diepolt der marcgrâve.
ze helfe kom ime Anseîs.
Otto unde Gergirs,
Gotefrit mit deme vanen,
Ivo unde Ingram
sluogen si vaste widere.
die heiden gelâgen dâ nidere,
daz die helede guote
wuoten in deme bluote.
die heiden werten in daz phat.
dâ wart manic helm schart,
manec schilt verhowen.
dâ muosen touwen
die tiuveles geverten
tôt under den swerten.
die heiden vluhen zuo der burc.
vil enge wart in der vurt,
vil michel wart daz gedranc.
manigen angestlîchen wanc
tâten die heiden.
dicke vielen die veigen.

Vnder diu kom der helt Ruolant.
er vuorte in sîner hant
einen golt gewundenen gêr.

---

839 – 904 *fehlt* A 859 die tiuveles geverten] geuerten P, vile kuoner sciltgeverten *B*

Unterdessen hatte sich ein großer Lärm erhoben.
Die Heiden griffen allenthalben zu den Waffen.
Sie machten einen Ausfall aus der Stadt.
Sie stimmten ihre Kampflieder an
und setzten über den Befestigungsgraben.
Ein heftiger Kampf entbrannte.
In der Mitte kämpfte
der Markgraf Diepold.
Ihm kam Anseis zu Hilfe.
Otte und Gergers,
Gottfried mit der Fahne,
Ivo und Ingram
schlugen sie tapfer zurück.
Die Heiden fielen so zahlreich,
daß die tapferen Helden
im Blut wateten.
Die Heiden versperrten ihnen den Weg.
Viele Helme wurden zerbeult
und viele Schilde zerhauen.
Ihr Leben mußten da
die Teufelsjünger
unter den Schwerthieben lassen.
Die Heiden flohen zur Stadt zurück.
Der Zugang wurde ihnen eng,
sehr groß wurde das Gedränge.
Viele gefährliche Ausfälle
machten die Heiden.
Viele Todgeweihte fielen.

Unterdessen war der Held Roland gekommen.
Er trug in seiner Faust
einen goldumwundnen Ger.

dâ mite vrumt er
manigen zuo der helle.
Olivier, sîn geselle,
den schilt warf er ze rücke.
er kêrte über die brücke.
si gewunnen leide geste.
diu ire burc veste
wart in underdrungen.
daz bürgetor si gwunnen.
dâ muosen sich gemischen
die heiden mit den cristen.
sie riefen alle: ‘Monsoy.’
in die burc drungen si.
Ruolant züchtigete si harte
mit deme guoten Durindarte,
Olivier mit Alteclêre.
dâ wart manic helt vil sêre.
ir blicke wâren vreissam.
mit swerten kolten si die man,
mit fiure kint unde wîb.
dâ wart verendet der strît.

Aines morgenes vruo *163*
der keiser vorderôte dar zuo *166, 169*
biscove unde herzogen.
vile manic vürste ze hove kom. *166, 169*
der keiser in sînen wizzen
die fürsten vor ime hiez sizzen.
er sprach: ‘ôwole ir fürsten alle, *180*
nû vernemet, wie iu dise rede gevalle.
der heilige geist gebe iu den muot,
daz ir daz beste dar ane getuot.
Marsilie, mîn vîant, *181*
hât sîne boten dâ here gesant. *181*

---

886 dâ] dar P

Mit ihm beförderte er
viele zur Hölle.
Sein Gefährte Olivier
warf den Schild zurück.
Er drängte über die Brücke.
Sie empfingen böse Gäste.
Ihre befestigte Stadt
wurde von ihnen abgeschnitten.
Sie erreichten das Stadttor.
Dort gab es ein Durcheinander
von Heiden und Christen.
Sie riefen alle: »Monjoie.«
Sie drangen in die Stadt ein.
Roland ging sie hart an
mit dem scharfen Durndart,
Olivier mit Alteclere.
Viele Tapfere wurden schwer verwundet.
Ihr Aufblitzen verbreitete Schrecken.
Mit den Schwertern marterten sie die Männer,
mit Feuer die Frauen und Kinder.
Dann endete das Gefecht.

Am folgenden Morgen
berief der Kaiser
Bischöfe und Herzöge zu sich.
Viele Fürsten kamen an den Hof.
Der Kaiser ließ in seiner Weisheit
die Fürsten vor ihm Platz nehmen.
Er sprach: »Nun, ihr Fürsten alle,
hört also, wie euch diese Geschichte gefällt.
Der Heilige Geist erleuchte euch,
daß ihr richtig entscheidet.
Marsilie, mein Feind,
hat seine Boten hergesandt.

er biutet cristenlîche ze lebene, *189*
vile goldes ze gebene, *(182)*
ze gîsele sînen sun.
nû râtet, waz wir dar umbe tuon.
nû râtet gotes êre.
jâ ne suoche ich nicht mêre,
wan daz wir sô gedingen,
daz wir gotes hulde gewinnen.'

Vf spranc der helt Ruolant. *194*
er sprach: 'Marsilie hât durch liste here gesant. *196*
er biutet grôzez gedinge.
jâ mac man dâ gwinne
maniger rîcheite vil,
swer ez dâ nemen wil.
jâ vürchte ich vile harte,
daz der alte mit deme barte
uns dâ mite beswîche.
alsô wir in entwîchen,
sô richtent si ûf Mahmeten,
sô geweldigent si lant unde stete.
sô rîchsenôt Marsilie,
diu cristenheit geliget nidere.
sô müge wir iemer wole klagen.
daz wir lange ervochten haben,
daz verwandelôt sich in einer wîle.
nu vernemet die rede mîne.
goldes hân ich genuoc.
dô ich mich aller êrste ûz huop,
dô ophert ich den lîb.
swanne nu komet daz zît,

---

905 – 1843 geuaztem P = S 1 907 nu P] vñ A 913 grozzez P] groz S 915 uil S] uile P 917 ich *fehlt* P 922 so geweldigent si P, *vgl. Km. 432,65*] si geweltigent A 925 můge wir P] moze wer S klagen S] glagen P 932 daz P] die S

Er bietet an, Christ zu werden,
viel Gold zu geben
und seinen Sohn als Geisel.
Sagt, wie wir darauf reagieren sollen.
Ratet zur Ehre Gottes.
Ich will fürwahr nichts mehr,
als daß wir so verfahren,
daß wir Gottes Gnade gewinnen.«

Roland, der Held, sprang auf.
Er sagte: »Marsilie hat aus List Boten gesandt.
Er macht große Versprechungen.
In der Tat kann man
viele große Schätze gewinnen,
wenn einer bereit ist, sie anzunehmen.
Ich fürchte aber sehr,
daß der Alte mit dem Bart
uns damit hintergehen will.
Sobald wir ihnen den Rücken gekehrt haben,
so setzen sie Mahomet wieder ein
und nehmen Land und Städte in Besitz.
Dann herrscht Marsilie wieder,
und mit dem Christentum ist es aus.
Dann haben wir allen Grund zu klagen.
Was wir in langem Kampf errungen haben,
das geht in einem Augenblick dahin.
Hört nun also meine Überlegung.
Ich habe Gold genug.
Als ich einst aufbrach,
brachte ich mein Leben als Opfer dar.
Wenn nun der Zeitpunkt kommt,

daz ich den verwandelen scole,
sô getriuwe ich gote vil wole,
ob ich in sînem dienest ersterbe,
daz der sêle etlîch rât werde.'

Olivier, der helt guot,
vür den keiser gestuont.
er sprach: 'getorste ich nu wole, hêrre,
sô riete ich dir dîn êre.
dû hâst gote wole gedienet –
diu cristenheit ist mit dir gezieret –
sam daz durchsotene golt.
ich sage dir, hêrre, wie du nu tuon scholt.
verende wole dîn arbeite.
lâ dîn here leite
allenthalben unz an daz mere.
sî ieman, der daz were,
den gerefsen wir harte
mit unseren guoten swerten.
si müezen einen wâren got erkennen.
heiz brechen unde brennen
ir vile unreine betehûs.
die tiuvele müezen dar ûz
über allez Sarraguz.
den ir guldînen vluz
heiz si selbe stœren
gote ze lobe unde ze êren.
sô saget man niuwe mære,
wie der rœmische voget wære
in Marsilien rîche.

---

934 uil *fehlt* S 938 gestůnt P] gestůt S 939 wole *fehlt* S 947 unz an daz P] zo den S irkennen P, *vgl. Str. 1605, Km. 433,28*] bekennen S 953 uile unreine P] uil unreinez S 957 stoeren P] zestoeren S, *vgl. Km. 436,36* 959 nuwe] niwez S 961 marssilien P] marsibilien S

da ich es verlassen soll,
so steht meine Hoffnung bei Gott,
daß, wenn ich in seinem Dienst sterbe,
meine Seele nicht ganz verloren sein wird.«

Olivier, der tapfere Held,
trat vor den Kaiser.
Er sprach: »Herr, dürfte ich es wagen,
so gäbe ich dir einen ehrenvollen Rat.
Du hast Gott vorbildlich gedient.
Die Christenheit ist durch dich geziert
wie geläutertes Gold.
Ich will dir sagen, Herr, wie du handeln sollst:
Vollende dein mühseliges Werk.
Laß dein Heer in alle Richtungen
bis ans Meer führen.
Wer immer Widerstand leistet,
den züchtigen wir streng
mit unsern guten Schwertern.
Sie müssen den einen, wahren Gott anerkennen.
Niederbrechen und verbrennen laß
ihre greulichen Tempel.
Die Teufel müssen sie räumen
in ganz Sarraguz.
Ihre goldnen Standbilder
laß sie selbst zerstören
zu Gottes Preis und Ehre.
Dann wird man die Nachricht verbreiten,
wie der Vogt von Rom
im Reich des Marsilie vorgegangen ist.

daz râte ich getriuwelîche.
Blanscandîz ist ein nâchrætiger man.
geweltiget er widere Yspaniam,
sô ne gesamnet sich der cristenheit êre
hinne vüre niemer mêre,
die wir nœtlîche haben gewunnen.
die heiden jehent, wir sîn in entrunnen.'

Uf stuont der erzebiscof Turpîn.
er sprach: 'hêrre got, schephe mînem munde ein türlîn,
daz ich hiute sô gerede,
alsô ez dîneme namen gezeme.
ôwol du voget von Rôme,
jâ nîgent dîner crône
alle cristen künige.
mir gevellet vile übele,
der des morgenes in den wîngarten gêt,
daz er vor vesper ûz vert.
ôwol ir fürsten edele,
ir wâre gotes helede,
iuwer wîngarte ist wole gebûwen.
ir schult wole getrûwen,
daz iu der himelische wirt,
in des namen ir hie birt,
lône nâch iuwereme dinge
mit einem phenninge.
daz ist daz hîmelrîche.
deist uns allen gemeinlîche

---

962 getruweliche P] tríwicliche S 963 naretiger P] nahretich S 966 hinne uure nimir P] nu v̄n iemer S 967 noetliche P] nodigen S 968 jehent] gehent PS in *fehlt* S, *vgl. Str. 1618, Km. 433,51* 979–1607 sere P = 324–954 A, *davor zwei Überleitungsverse mit Initiale* Der Kaiser besprach sich drate Mit des riches rate A 981 gebuwen P] gebuwet S, gebuet A 987 de (The) ist P, A] daz ist S 988 uns allen *fehlt* A

Das ist mein treuer Rat.
Blanscandiz ist ein hinterlistiger Mann.
Wenn er in Spanien die Macht zurückerobert,
so ist es mit dem Ansehen der Christenheit
für alle Zeiten vorbei,
das wir im Kampf errungen haben.
Die Heiden werden sagen, wir seien vor ihnen
davongelaufen.«

Da erhob sich Erzbischof Turpin.
Er sprach: »Herr Gott, öffne meinen Mund,
daß ich heute so spreche,
wie es Deinem Namen geziemt.
Wohlan, Vogt von Rom,
deiner Krone sind
alle christlichen Könige untertan.
Den verachte ich tief,
der des Morgens in den Weinberg geht
und schon vor der Vesper wieder herauskommt.
Wohlan, edle Fürsten,
ihr wahren Gottesstreiter,
euer Weingarten ist wohlbestellt.
Glaubt fest daran,
daß der himmlische Hausvater,
in dessen Namen ihr hier seid,
euch nach euren Werken
mit einem Schatz lohnen wird.
Das ist das Himmelreich.
Das ist uns allen gleichermaßen

ûf gestecket ze eineme zile.
dar loufet, swer der wile.
ist diu gruntveste in gote erhaben,
sô wil ich iu wærlîche sagen,
daz überzimber enmac nicht gewîchen.
uns nâhet daz gotes rîche.
volgen wir nicht deme swarzen raben,
die müezen die sete haben.
dâ mane ich iuch alle bî:
nemet daz grüene ölezwî
mit den turteltûben.
vestent iuweren glouben,
dienet iuwerem schephære.
lât iu wesen ummære
die gebe Marsilien.
ervülte er dizze gebirge
von rôtem golde,
ich ne weiz, waz ez mir solde
vüre den êwigen lîb.
nu bedenket iuch in zît.
des verlîhe der wâre gotes sun,
qui regnat in eternum.'

Naimes von Beieren, *230*
der was der râtgeben eine,
der aller hêrsten in deme hove, *231*
ein tugentlîch herzoge.
des leben was sô lobesam,

---

989 uf PA] us S 990 dar P, Tha A] dar zo S 993 zimber PS] zinder A 995 uolgen wir P] Ni uolge wir A, uollen ge S 996 muzen PA] muoz *B* sete SA] site P sine sete ne sule wer nicht haben S 998 daz P, thaz A] ein S 999 den P] der S, there A 1001 schephere PS] scaffare A 1005 uon PA] mit S, *vgl. Km. 434,28* 1009 des P] daz (Thaz) PA 1012 eine PA] ein S 1015 lobesam PS] gelobesam A

zum Ziel gesteckt.
Wer will, läuft hin.
Wenn der Grund in Gott gelegt ist,
so versichere ich euch,
kann das Haus nicht fallen.
Das Himmelreich ist uns nahe herbeigekommen.
Folgen wir nicht dem schwarzen Raben.
Die (Raben) suchen nur ihre Sättigung.
Damit ermahne ich euch alle:
Nehmt den grünen Ölzweig
mit den Tauben.
Stärkt euern Glauben,
dient euerm Schöpfer.
Verschmäht
die Geschenke des Marsilie.
Wenn er auch dieses ganze Gebirge
mit Gold bedeckte,
ich weiß nicht, weshalb es mir lieber sein sollte
als das ewige Leben.
Bedenkt euch, solange noch Zeit ist.
Das gebe der wahre Sohn Gottes,
qui regnat in aeternum.«

Naimes von Baiern
war einer der Ratgeber,
einer der Allervornehmsten am Hof,
ein vorzüglicher Herzog.
Sein Leben war so ruhmvoll,

sô er dem keiser wole gezam
zuo allen sînen êren.
der sprach zuo dem hêrren: *232*
'dô ich mich von Beieren huop,
dô vuorte ich manigen helt guot.
dô erwelte ich vier tûsent mîner manne,
die ne sint noch erslagen noch gevangen.
si sint guote knechte.
ze der marter vindet man si gerechte.
verhenget es uns mîn trechtîn,
sô schult ir vile gewis sîn,
daz wir iu niemer geswîchen,
noch ze neheiner nôte entwîchen.
ich enruoche umbe ir rede.
waz mære ist mir Marsilien gebe?
wir schulen in daz ire lant.
wir gevrumen bluotigen rant.
wir schulen volherten
mit den unseren guoten swerten.
ich wirde gerne ellende *246*
an des meres ende.
wir schulen Machmeten vertrîben
unde alle, die mit ime blîben,
Appollen, sînen gesellen.
die sich ze gote gehaben wellen,
die entphâhen wir mit grôzen êren,
gevallez mînem hêrren.

1018 der PA] er S deme P] den (then) A 1020 uûrte PS] hete A 1021 dusent (thusent) SA] tusent helde P 1022 geuangen PA] eruangen S 1024 uindet SA] uundet P 1028 ze *fehlt* A 1030 waz PA] wie S 1031 in PA] dare in S, *vgl. Km. 434,54* 1033 uol PA] uullen S 1034 mit den PS] Mit A 1040 gehaben PA] haben S 1042 minem (mineme) PA] minen S

daß er dem Kaiser
in jeder Hinsicht zur Ehre gereichte.
Der sprach zu seinem Herrn:
»Als ich aus Baiern aufbrach,
nahm ich viele tapfre Krieger mit.
Ich hatte viertausend Mann ausgewählt,
die bisher weder getötet noch gefangen wurden.
Es sind tapfere Ritter,
zum Martyrium findet man sie bereit.
Wenn Gott es uns zubestimmt,
so könnt ihr ganz sicher sein,
daß wir euch niemals im Stich lassen
noch in einem Kampf den Rücken kehren.
Ich höre nicht auf ihre Worte.
Und was kümmern mich die Geschenke des Marsilie?
Wir müssen in ihr Land einfallen,
unsre Schwerter in ihr Blut tauchen.
Wir müssen bis zum bitteren Ende gehen
mit unsern guten Schwertern.
Ich will ins feindliche Land
bis an die Meeresküste.
Wir müssen Mahomet vertreiben
und alle, die ihm anhangen,
dazu Apollo, seinen Nebengötzen.
Die sich aber zu unserem Gott bekennen wollen,
werden wir sehr ehrenvoll aufnehmen,
wenn es meinem Herrn gefällt.

in sînen gnâden stât
beidiu wîstuom unde rât
ze lîbe unde ze sêle.
sîn gebot ervülle ich iemer gerne.'

Der keiser geswîgete vile stille.
er marcte ir iegelîhes willen.
getruobet was sîn gemüete,
iedoch vertruogenz sîne michele güete,
daz er sich es nicht erzeigete. *216*
daz houbet er nider neigete, *214*
daz sîn nieman innen wart.
einer stille er dô bat,
der biscoph sante Iohannes.
ze deme kaisere gerte er des urloubes
unde zuo allen den hêrren,
die in deme hove wâren.
er sprach: ‘wære ez in mînes hêrren willen –
ûf sîne gnâde wil ich dingen –,
sô wolt ich über Valchart
zuo Almarîe in die stat,
künden daz gotes wort.
ich ne vürchte neheinen ir tôt:
wolde got unde wære ich es wert,
daz mich viur oder swert
geliuterete an deme lîbe,
sô wære ich ân zwîvel,
daz mîn got ruochte.'
sîne venige er suochte
zuo des keiseres vüezen.

1043 sinen SA] sinem P 1046 iemir *fehlt* A 1049 sin PS] thaz sin A 1050 sine michile (michelen) gůte PS], sin gůte A, *vgl. Km. 435,12* 1053 sin *fehlt* S 1056 des *fehlt* SA 1064 ir *fehlt* A, *vgl. Km. 435,31* 1065 is P] des (thes) SA, *vgl. Km. 435,33*

In seiner Gnade stehen
sowohl Weisheit wie Hilfe
für dieses und jenes Leben.
Sein Gebot werde ich stets erfüllen.«

Der Kaiser sagte kein einziges Wort.
Er hörte die Meinung jedes einzelnen an.
Sein Herz war in Aufruhr,
doch seine große Güte verbarg es ihnen,
so daß er sich nicht verriet.
Er senkte das Haupt,
daß ihm keiner ins Gesicht sehen konnte.
Um Gehör bat darauf
der Bischof St. Johannes.
Er ersuchte den Kaiser um folgende Erlaubnis
und alle Fürsten,
die bei Hof waren.
Er sprach: »Wenn es meinem Herrn gefällt –
ich hoffe auf seine Gnade –,
so wollte ich über den Guadalquivir
nach der Stadt Almeria ziehen,
um das Wort Gottes zu verkünden.
Ich fürchte keine ihrer Todesdrohungen.
Wenn Gott will und ich es verdiene,
daß mich Feuer oder Schwert
an Leib und Leben läuterten,
so wäre ich sicher,
daß Gott mit mir ist.«
Er fiel demütig
dem Kaiser zu Füßen.

'ich wil gerne', sprach er, 'büezen,
swaz ich wider got hân getân.
ich huop mich ûz in gotes namen.
ich ne wil die vurch nicht krump machen.
mächte ich gotes dienestes icht geschaphen,
den tiuvel geschenden.
ir mûle unde ir olbenden
enruoche ich nicht mêre
wider der armen sêle.
die heiden bietent gwisse,
zuo sancte Michêlis misse
wellen si sich toufen.
daz en schol in nieman glouben.
diu toufe ist daz aller hêrest,
daz solte sîn daz aller êrest.
daz solte mîn hêrre an sehen
unde solde ordenen ir leben,
sô wüechse diu gotes lêre.'
dô sprâchen die zwelf hêrren,
wære ez in des kaiseres hulden,
des râtes wolten si gerne volgen.

Genelûn ûf spranc. *217*
er sprach: 'die fürsten haben alle undanc, *220*
daz si edele unde wîse sint.
wie man die tumbesten vernimt! *(229)*
die sint nû ze hove râtgeben.
die wîsen læt man alle underwegen. *(229)*
die in wole töchten

1075 uurch S] uurech PA 1076 icht S, iet A] ich P 1083 wellen P, willen S] So wellen A 1084 daz P] des (Thes) SA 1085 daz *fehlt* S 1086 sin S] si P, wesen A daz aller P] aller S, all der A 1089 wůchse P, wochse S] wesse A 1092 wolten si PS, *vgl. Km. 436,1*] wolde ich A gerne *fehlt* S 1097 sint PA] sin S 1098 alle PS] al A

»Es drängt mich«, sagte er, »zu büßen,
was ich wider Gott gesündigt habe.
Ich zog in Gottes Namen aus.
Ich will keine krumme Furche ziehen.
Könnte ich doch Gott so dienen
und dem Teufel schaden!
Ihre Maultiere und Kamele
brauche ich nicht mehr,
wo es um die arme Seele geht.
Die Heiden haben zugesichert,
sie wollten sich zu Michaeli
taufen lassen.
Das soll ihnen keiner glauben.
Die Taufe ist das Allerhöchste
und sollte ganz am Anfang stehen.
Das sollte mein Herr bedenken
und sollte ihr Leben danach einrichten,
so fände Gottes Wort Verbreitung.«
Darauf sagten die zwölf Fürsten,
wenn es dem Kaiser gefiele,
wollten sie diesem Rat gern Folge leisten.

Genelun sprang auf.
Er sagte: »Fluch über die Fürsten alle,
daß sie edel und erfahren sind.
Wie man hier auf die größten Toren hört!
Die sind heutzutage Ratgeber bei Hofe.
Die Erfahrenen beachtet man durchweg nicht.
Die ihnen wirklich nützlich wären

ze râte unde ze vechten,
die sint nû gare verkoren.
war ist nû komen
diu manecvaltiu wîsheit?
dînen fürsten ist ez allen leit,
daz dû in dînen grôzen wizzen
uns alle læst sizzen.
ez gêt uns an die êre.
nu ne zimt nicht, lieber hêrre,
dîn neve Ruolant
überruofet uns alle samt.

Naimes vone Beieren,
der kan in wole ze wege zeigen.
dô wir zuo deme bürgetor drungen,
dô hêten si die burc gwunnen.
daz zurnete Ruolant,
daz er die Beier vor ime vant,
helede ûzerkorne.
man sach si ie dâ vorne,
swaz uns her noch geschach.
dâ man sluoc oder stach,
dâ wâren ie die recken
mit ir scharphen ecken,
sô ez guoten knechten wole gezam.
dar umbe wolt er si erslân,
wære ez nicht undervaren.
die getorsten ime wole gestaten,
die Beire wâren sîne gaten.
nû strebet er über den Valchart –

1100 rate PA] raten S 1104 iz (ez) *fehlt* A 1107 uns PS] uns allen A 1108 zimt (cimet) PA] zemt iz S 1112 chan (kan) PA] kam S zeigen PS] zeichen A 1115 daz (Thaz) PA] do S 1116 uor ime P] uor ime da S, tha uore ime A 1119 her PS] hir A 1120 ůder P] vn̄ (unde) SA

in Rat und Kampf,
die werden heutzutage ganz und gar verschmäht.
Wo ist denn nun
alle Weisheit hin?
Deine Fürsten sind alle gekränkt,
daß du in deiner großen Weisheit
uns alle sitzen läßt.
Unsre Ehre ist in Gefahr.
Es ist nicht richtig, Herr,
daß dein Neffe Roland
uns alle zusammen überstimmt.

Naimes von Baiern
kann ihnen besser den Weg weisen.
Als wir gegen das Stadttor vorrückten,
waren sie es, die die Stadt einnahmen.
Roland geriet in Wut darüber,
daß er die Baiern vor sich sehen mußte,
die tapferen Helden.
Stets sah man sie in vorderster Linie,
was immer uns bisher zustieß.
Wo man kämpfte,
da waren stets diese Helden
mit ihren scharfen Schwertern,
wie es guten Kriegern wohl ansteht.
Er hätte sie deshalb am liebsten getötet,
wäre man nicht dazwischengetreten.
Sie wagten ihm standzuhalten,
die Baiern waren ihm gewachsen.
Nun drängt es ihn über den Guadalquivir –

mennisken bluotes en wart er nie sat –
unde ander sîne gesellen.
war ane versuochent si ir ellen?
si heven sich an die heiden!
die ne wil ich niemer geleidigen,
wande si an got jehent
und der touphe vlîzeclîche gerent
unde der cristenheite gehôrsam sint.
ze gîsel bietent si ir kint.
Ruolant zestœret dir alle dîn êre.
die zwelve râtent dir vil übele, hêrre.'

Vf spranc der helt Ruolant.
er sprach: 'Marsilie hêt ouch ê here gesant
vünfzehen grâven,
die der touphe alle jâhen.
si swuoren maniger slachte gebe,
die noch hiute sint underwegen.
dare widere sante mîn hêrre *207*
sîner manne zwêne. *207*
Marsilie hiez in diu houbet abe slahen. *209*
swer nu golt welle haben,
der entphâhe ez dar übre.
der rât gevellet mir üble.
man nimt ez âne gotes êre,
unde geriuwet uns hernâch vile sêre.'

Der keiser zurnte harte.
mit gestreichtem barte, *215*

1130 sine PS] ire A 1132 si heuen sich P] heuent si sich S, Heven sih A heiden P] heidenen S, heithene A 1139 ůbele (ubele) PS] uble thine salte A 1145 underwegen PS] ungewegen A 1149 nu PS, *vgl. Km. 436,47*] noh A haben PA, *vgl. Km. 436,47*] untfahen S 1150 vbere S] ůbre PA 1153 uns hernach uile P, *vgl. Str. 1720, Km. 436,51*] uns her nach alle S, uns alle hir nach A

sein Blutdurst wurde nie gestillt –
und auch seine Gefährten.
Wo denn wollen sie ihren Mut erproben?
Mögen sie gegen die Heiden ziehen!
Ich will nichts gegen sie unternehmen,
denn sie bekennen sich zu Gott,
wünschen innig die Taufe
und unterwerfen sich dem Christentum.
Ihre Söhne bieten sie als Geiseln an.
Roland schädigt dein ganzes Ansehen.
Die Zwölf raten dir sehr schlecht, Herr.«

Auf sprang der Held Roland.
Er sagte: »Marsilie hat schon einmal
fünfzehn Grafen hergesandt,
die sich taufen lassen wollten.
Eidlich versprachen sie vielerlei Geschenke,
die bis heute nicht angekommen sind.
Umgekehrt schickte mein Herr
zwei seiner Dienstleute zu ihm.
Marsilie ließ sie enthaupten.
Wer Gold haben will,
soll es im Überfluß bekommen.
Dieser Rat dünkt mich schlecht.
Jetzt nähmen wir es, ohne Gott zu dienen,
und später reut es uns dann schmerzlich.«

Der Kaiser war sehr erzürnt.
Er strich sich den Kinnbart,

mit ûf gewunden granen
hiez er die phacht vüre tragen.
‘ir stêt mit unzüchten.
daz wil ich’, sprach er, ‘richten,
wirdet ez iuweht mêre.
tuot ez durch gotes êre
unde gesamnet iuch einer rede,
die uns der heilige geist gebe,
daz wir des besten râmen.’
si sprâchen alle: ‘âmen.’

Die Franken gesament sich drâte.
mite gemeinem râte
giengen si ûf einen bühel grüene.
der sunne schein wole schône. *157*
si rieten al umbe,
ir iegelîch besunder.
dâ riet mannegelîch
mit grôzen sorgen vüre sich,
daz in dûchte daz beste.
si besanden die geste.
ze deme râte dô kom
vone Beieren der herzoge,
Oigir vone Denemarke, *170*
Dierrîch der starke,
Wido vone Wasconie,
Ivo vone Albonie,
Gotefrit vone Ajûne,
Ritschart von Tortûne, *171*
Diebalt von Remis, *173*

1161 tůt PS] Rot A 1163 geist *fehlt* P 1166 gesament P] gesamnent S, samenoten A 1169 wole (wol) PS] uile A 1171 ir *fehlt* A 1178 oiger uon denemarke SA] Oigir uone tenemarche P 1182 aiůne P] Aiuno A 1183 tortůne (tortune) PS] Virtune A 1184 diebalt PS] Teibat A

zwirbelte die Barthaare
und ließ das Gesetz bringen.
»Ihr benehmt euch schlecht«,
sagte er. »Ich werde es bestrafen,
wenn es noch einmal vorkommt.
Tut es zur Ehre Gottes
und einigt euch auf eine Meinung,
die der Heilige Geist uns eingeben möge,
damit wir das Beste beschließen.«
»Amen«, sagten sie alle.

Sogleich versammelten sich die Franken.
Zur gemeinsamen Beratung
gingen sie auf einen grünen Hügel.
Hell schien die Sonne.
Der Reihe nach sagte
jeder einzelne seine Meinung.
Jeder sagte auch
hinsichtlich der eigenen Bedrohung,
was er für das Beste hielte.
Dann zogen sie die Landfremden hinzu.
Darauf kamen zur Beratung
der Herzog von Baiern,
Oigier von Dänemark,
der gewaltige Dietrich,
Guido aus der Gascogne,
Ivo aus Albonien,
Gottfried von Anjou,
Richart von der Dordogne,
Diepold von Remis,

Heinrîch von Garmes, *171*
Turpîn von Raines, *170*
Milun von Aschalbaies, *173*
Olivier unde Ruolant *175 – 176*
unde Walthêre, der wîgant,
Gergirs unde Gergis *174*
unde der mære Anseîs.
Ansgir was dâ,
Reimunt vone Brittaniâ.

Genelûn gestuont in almitten. *178*
die fürsten begonde er bitten:
'wole ir edele hêrren,
ir tuot ez gote zêren.
üebet iuwer wîsheit.
gedenket an die langen arbeit.
râtet alle dâ zuo,
daz mîn hêrre einweder tuo,
neme dere heiden gedinge,
vrüme die boten hinnen,
sô ez der cristenheit gezeme,
versmâhe nicht ir gebe,
neme die gîsel ze hant
unde besezze daz lant,
behüete sîne bürge,
habe neheine sorge,
daz er si gewerlîche vinde.
Nables unde Morinde, *198*
Valterne unde Pîne, *199*

1191 anseis PS] Griseis A 1194 gestunt P] stunt S, ther stunt A 1196 wole PS] Alle A 1197 ir *fehlt* S 1199 gedenchet (gedenket) PS] Uben A 1202 neme P] er neme SA 1203 urůme (Uroume) PA] oder man uůre S 1205 uersmahe P] vñ ne uersmahe S, Ne uersmahe A 1209 habe P] Ne haue A, vñ ne habe S, *vgl. Km. 437,37* 1211 nables PS] Mables A

Heinrich von Garmes,
Turpin von Reims,
Milon von Aschalbaies,
Olivier und Roland
und der Held Walther,
Gergers und Gergis
und der berühmte Anseis.
Ansgir war da
und Reimund aus der Bretagne.

Genelun stand in ihrer Mitte.
Er begann die Fürsten zu bitten:
»Wohlan, edle Herren,
ihr tut es zur Ehre Gottes.
Macht von eurer Einsicht Gebrauch.
Denkt an die lange Mühsal.
Ratet alle dazu,
daß mein Herr sich entscheide:
Er nehme das Angebot der Heiden an,
schicke die Boten heim,
wie es Christen geziemt,
weise ihre Geschenke nicht zurück,
nehme die Geiseln an
und das Land in Besitz,
stelle seine Städte unter Schutz
und sorge dich nicht,
daß sie etwa Widerstand leisten.
In Nables und Morinde,
Valterne und Pine

dâ beiten die sîne.
lâze uns ze disen zîten
zuo unseren kinden rîten.
versûme sich Marsilie,
so heven wir uns here widere,
zestœren al ir krapht.
sô ne müet uns diu heidenscapht
hinnen vüre nicht mêre.
daz râte ich mînem hêrren.'

Dô sprach der biscoph Turpîn: *264*
'die rede verbiete selbe mîn trechtîn.
sô vüeren wir âne ende.
mîn hêrre sol dare sende,
waz die heiden wellen tuon. *(270)*
unde râtet alle dâ zuo:
erkieset iu einen wîsen man,
der uns widere künne gesagen
Marsilien gemüete. *270*
ich engetrûwe ime neheiner güete.
wil er werden christen,
daz versuoche wir mit listen.
wir müezen in sô versâzen,
ê wir in vrî lâzen,
daz wir niene zwîvelen mêre.
daz râte ich mînem hêrren.'
alle, die die rede vernâmen,
herzogen unde grâven,
si sprâchen, ez wære daz aller beste.
dô kêrten die nôtvesten

1221 minem PS] minen A 1223 selbe *fehlt* A 1229 gesagen PS] sagen A 1231 engetruwe PS] ne truwe A 1234 uersazen P, *vgl. Str. 1805, Km. 438,2*] uersezzen S, uersochen A 1235 urí PS] urithe A, *vgl. Str. 1806, Vb. 38,35* 1237 minem PS] minen A 1238 *fehlt* A

sollen seine Leute zurückbleiben.
Uns aber lasse er ohne Verzögerung
zu unseren Kindern heimkehren.
Wenn Marsilie wortbrüchig wird,
kommen wir zurück
und vernichten sie alle.
Dann können uns die Heiden
nie mehr etwas anhaben.
Das rate ich meinem Herrn.«

Darauf entgegnete Bischof Turpin:
»Das verhüte Gott!
Dann kehrten wir unverrichteter Dinge heim!
Mein Herr soll erkunden lassen,
was die Heiden vorhaben.
Dazu solltet ihr alle raten:
Wählt einen erfahrenen Mann,
der uns nach seiner Rückkehr sagen kann,
wie Marsilie gesonnen ist.
Ich traue ihm nichts Gutes zu.
Ob er wirklich Christ werden will,
sollten wir mit List in Erfahrung bringen.
Wir müssen ihn so ausspähen,
ehe wir ihn in Ruhe lassen,
daß wir sicher sein können.
Das rate ich meinem Herrn.«
Alle, die das gehört hatten,
Herzöge und Grafen,
sagten, das sei das allerbeste.
Darauf kamen die Krieger

wider zuo des keiseres gesidele.
si geleiten nidere
den rât Genelûnes.
dannen bekorten si sît alle des tôdes.

Die fürsten bâten alle
den biscoph sante Johannen,
daz er ze hove wære
ir vorredenære.
wole wessen si daz,
daz er deme kaiser liep was.
er linte über sîne krucken
mit sînen grawen locken.
er sprach: ‘gruntveste der cristenheit,
houbet unser arbeit,
bluot des heiligen glouben,
nu scolt du mir erlouben
in dîner michelen süeze,
daz ich reden müeze,
daz mir dîne fürsten geboten hânt,
alsô si hie vor dir stânt.’

Der kaiser in sînen wizzen
die fürsten hiez er sizzen. *(272)*
den biscof er ane sach,
daz wort er smîlende sprach:
‘si mächten einen sterkeren man
dar zuo wole erwelt hân.
ir habet lützele gerastet
mit venie joch mit vaste,

1243 geleiten P] lehten S, lageten A 1245 bechorten PS] vorhten A 1247 sante iohannen (johanne) PS] Santum Johannem A 1251 er *fehlt* A 1256 blůet (Bloet), flos *übergeschrieben* PA] blůme S, *vgl. Str. 1851, Km. 438,25* 1257 irlouben P, *vgl. Str. 1852*] gelovben (gelouven) SA 1260 dine PS] thie A, *vgl. Str. 1855, Km. 438,29* 1267 erwelt PA] gewelt S

zurück zum Thron des Kaisers.
Sie lehnten
den Rat Geneluns ab.
Dafür erlitten sie später alle den Tod.

Die Fürsten forderten alle
den Bischof St. Johannes auf,
bei Hofe
ihr Sprecher zu sein.
Sie wußten genau,
daß er dem Kaiser lieb war.
Er stützte sich auf seinen Stab,
mit seinem grauen, gelockten Haar.
Er sagte: »Du Fundament der Christenheit,
Oberhaupt unserer Mühsal,
Zierde des heiligen Glaubens,
gestatte mir nun
in deiner großen Gnade,
daß ich ausspreche,
was mir deine Fürsten aufgetragen haben,
wie sie hier vor dir stehen.«

Der Kaiser bat in seiner Weisheit
die Fürsten, sich zu setzen.
Er sah den Bischof an
und sprach lächelnd folgendermaßen:
»Sie hätten einen kräftigeren Mann
dafür wählen können.
Nie habt Ihr abgelassen
von Gebeten und Fasten

mit anderen guoten werken.
dâ müeze iuch got ane gesterken.
ir scholt habe ruowe.
gêt zuo iuwerme stuole.
alse ir gesizzet danne,
sô redet, al daz iu gevalle.'

Dô redete der biscof,
daz hôrte aller der hof.
er sprach: 'küninge unde herzogen
sint mit râte zesamne komen,
biscove unde grâven,
die in deme râte wâren,
du vrümst die boten hinnen,
unde wil Marsilie dingen,
sô sende dînen boten dare,
der uns rechte ervare,
waz die heiden wellen tuon.
selbe sih ouch dû dar zuo.
wele dir ûz in allen,
der dir beste gevalle,
der durch sîne güete
daz rîche behüete.
er bedarf grôzer wîsheit.
mîn rede ne scol niemanne wesen leit.
swen mîn hêrre sendet,
ist daz er ez wole verendet,
sô lônet ime mîn hêrre
unde dienent ez die fürsten alle gerne.'

1273 get PA] get sizzen S, *vgl. Km. 438,46* 1283 wil *fehlt* P 1284 so sende PS, *vgl. Km. 438,63*] Thu sende A 1295 er iz P, *vgl. Str. 1892*] er daz (thaz) SA 1297 dinent P, thienet A] uerdienent S, *vgl. Km. 439,12*

und andern guten Werken.
Gott stärke Euch darin.
Ihr sollt Euch schonen.
Geht an Euern Platz.
Wenn Ihr Euch gesetzt habt,
so sagt alles, was Euch gut dünkt.«

Da nahm der Bischof das Wort,
alle am Hof hörten es.
Er sagte: »Könige und Herzöge
haben sich auf den Rat geeinigt,
Bischöfe und Grafen,
die an der Beratung teilgenommen haben,
du mögest die Boten zurückschicken;
und wenn Marsilie wirklich verhandeln will,
so sende einen eignen Boten zu ihm,
der für uns in Erfahrung bringe,
was die Heiden vorhaben.
Du selbst sorge dafür.
Wähle unter allen den aus,
der dir am besten geeignet scheint,
durch seine Tüchtigkeit
das Reich vor Schaden zu bewahren.
Viel Erfahrung muß er haben.
Ich will damit niemandem zu nahe treten.
Wen immer mein Herr entsenden wird,
wenn er es zu einem guten Ende bringt,
so wird ihm mein Herr lohnen
und alle Fürsten werden es ihm danken.«

Vf spranc Ruolant.
vaste er dare vüre dranc.
er sprach: ‘nû sende mich dare. *254*
mîn ouge ist alsô geware,
sîne mügen mich nit betriegen.
wellent si uns liegen,
si ne hilfet nehein ir list,
ich en sage dir, al daz dar ane ist.’
der keiser wincte mit der hant:
‘swîc dû, neve Ruolant. *259*
des ne habe neheinen gedanc,
ich ne gesende dich dar jârlanc.’ *260*

Uf spranc Olivier, *255*
er sprach: ‘hêrre, nû erloube dûz mir.
ich wirve dîne boteschaph, *258*
sô ich allerbeste mac,
durch des rîches êre.
ê ich widere kêre –
wil dû mir sîn getrûwen –
swie inner si rûnen,
alles ir willen
wirde ich schiere innen.’
der kaiser sprach: ‘Olivier, *259*
vile wole getrûwe ich dir.
nu habe michelen danc,
siz widere an dînen banc.
du bist mir ze allen êren vile lieb,
ze boten wil ich dîn niet. *260*

1304 si ne hilfit P, Sie ne hilf A, *vgl. Str. 1903*] in ne gehilfet S 1308 ne habe (haue) SA] *fehlt* P gedanc (gedanch) PS] thang A 1309 gesende PS] sende A 1311 erloube P, vrloube S] gelofe A 1318 alles ir PS] Ires A 1319 schiere PS, *vgl. Km. 439,42*] wole A 1321 getruwe PS] trowe A 1323 dinen P] dine S, thie A, *vgl. Str. 1924, Km. 439,46* 1325 niet SA] nicht P

Roland sprang auf.
Er drängte sich vor
und sagte: »Sende mich hin!
Mein Auge ist so scharf,
sie können mich nicht täuschen.
Wenn sie uns belügen wollen,
wird ihnen keine List verhindern helfen,
daß ich dir berichte, wie alles steht.«
Der Kaiser winkte ab:
»Schweig, Neffe Roland!
Daran ist nicht zu denken,
nie werde ich dich hinschicken.«

Olivier sprang auf.
Er sagte: »Herr, dann gestatte es mir.
Ich führe deinen Auftrag aus,
so gut ich kann,
zum Ruhm des Reichs.
Ehe ich zurückkomme –
wenn du mich damit betraust –,
werde ich, wie heimlich sie auch tun,
ihre Pläne alle
schnell erkannt haben.«
Der Kaiser antwortete: »Olivier,
du hast mein ganzes Vertrauen.
Ich danke dir sehr,
setze dich wieder auf deinen Platz.
Du bist mir für jedes Ehrenamt sehr willkommen,
aber als Boten will ich dich nicht.

du bist ze gæhe mit der rede,
unde Ruolant, mîn neve,
mit zornlîchen worten. *(256)*
daz ist mir ze vorchten,
si stœrent grôze êre.
gewähene dere rede nicht mêre.'

Vf stuont Turpîn. *264*
er sprach: 'hêrre, nû lâ mich den boten sîn. *268*
mit des heiligen geistes gebe
wie ob ich etwaz dâ gerede?
ich sage in die prophêten,
daz si uns vone gote lêrten.
ich künde in den heiligen Crist,
– wie ob ez nüzze ist? –
daz heilige evangelium.
wie macht dû iemer baz getuon?
ist ieman, der sie lêrte,
waz ob si sich bekêrten?
sô kan ich dir daz ende iedoch wole gesagen,
wie dû dich, hêrre, scolt bewaren.
die Franken habent michel arbeite erliten, *267*
mit den heiden gestriten.
si sint lange müede.
lâ si mit ruowe. *265*
gebiutest dûz, hêrre,
sô vare ich vile gerne *269*
unde versuoche ez mit deme vlîze,
daz mirz nieman mac verwîze.'

1330 stoerent P] zestorent S, stourent A 1331 gewaehne P] ne gewehne S, Ne gewah A 1332 stunt PA, *vgl. Str. 1933, Km. 439,57*] spranch S 1339 wie ob P] herre wie ob SA 1342 ist PA] were S 1344 daz ende iedoch P] iethoh then ende A, daz ende S 1349 mit *fehlt* A růwe P, rowe A] gode S 1352 iz mit deme P] iz mit S, iz thir mit theme A

Du bist zu schnell fertig mit dem Wort,
wie mein Neffe Roland
mit seinen Zornausbrüchen.
Ich fürchte nämlich,
sie machen großen Ruhm zunichte.
Sprich also nicht mehr davon.«

Turpin erhob sich.
Er sprach: »Herr, laß mich den Boten sein.
Könnte nicht ich mit der Gnade des Heiligen Geistes
durch mein Wort vielleicht etwas ausrichten?
Ich bringe ihnen die Propheten,
was sie uns von Gott geweissagt haben.
Ich verkündige ihnen Christus –
vielleicht gelingt es –
und das heilige Evangelium.
Wie kannst du je besser handeln?
Gäbe es jemand, der sie unterwiese,
wie, wenn sie sich bekehrten?
Dann kann ich dir schließlich auch sagen,
wie du dich, Herr, absichern sollst.
Die Franken haben große Anstrengungen hinter sich,
sie haben mit den Heiden gekämpft.
Schon lange sind sie erschöpft.
Laß sie sich ausruhen.
Wenn es dein Wille ist, Herr,
so ziehe ich bereitwillig hin
und werde mir solche Mühe geben,
daß man mir keinen Vorwurf machen kann.«

Der kaiser antwerte ime mit unminnen: *271*
'wenne læst du die Karlinge
handelen ir sache?
unde lebe dû mit gemache!
waz hâst dû dâ mit ze tuone?
ganc zuo dînem stuole, *272*
hœre ez alsô ein ander man,
ich ne heize dich an den rât gân.
gewähene es nicht mêre, Turpîn, *273*
alsô liep dir mîne hulde sîn.'

Uf spranc der helt Ruolant. *277*
er sprach: 'gevellet ez den fürsten allen samt
unde wil es mîn hêrre gestaten,
sô ist Genelûn, mîn stiefvater, *277*
der aller tiuresten boten einer,
den ich in deme rîche kan gezeigen.
er ist wîse unde küene, *279*
redehaft genuoge.
er ist ein helt lussam.
wâ vünde man nû deheinen man, *279*
der deme rîche baz gezæme?
er ist ein fürste alsô mære,
man en scol ins nicht erlâzen.'
die fürsten, alsô si sâzen,
vestenden alle under in,
ez ne mächte nieman sô wole sîn,
er gezæme wole deme rœmischeme vogete,
sware er in sende wolde.

Genelûn erbleichte harte. *280*
hin ze Ruolante er warte.

1354 unminnen] minnen PSA 1368 turisten PA] tiwesten S 1373 men (man) SA] me P 1378 uestenden PS] Sprahen A, *vgl. Str. 1983, Km. 440,22*

Der Kaiser antwortete ihm unwillig:
»Warum läßt du die Franzosen nicht
ihre Angelegenheiten allein regeln?
Du aber lebe in Frieden.
Was hast du damit zu tun?
Geh zu deinem Platz,
beschränke dich wie andre aufs Zuhören,
ich will deinen Rat nicht.
Sprich nicht mehr davon, Turpin,
wenn dir an meiner Gunst gelegen ist.«

Roland, der Held, sprang auf.
Er sagte: »Wenn die Fürsten alle einverstanden sind
und auch mein Herr nichts dagegen hat,
so ist Genelun, mein Stiefvater,
einer der allerbesten Boten,
die ich im Reich vorweisen kann.
Er ist erfahren und tapfer,
überaus redegewandt.
Er ist ein prächtiger Kriegsmann.
Wo fände man heute irgendeinen,
der das Reich würdiger verträte?
Er ist ein so berühmter Fürst,
daß man ihn nicht übergehen sollte.«
Die Fürsten auf ihren Plätzen
beteuerten sich alle gegenseitig,
keiner wäre geeigneter;
er tauge durchaus für den Vogt von Rom,
wohin immer der ihn schicken wolle.

Genelun wurde sehr blaß.
Er sah zu Roland hin

er sprach: 'nu hât mich der hêrre Ruolant *288*
ûz disme rîche versant, *288*
daz ich unter den heiden ersterbe *(289)*
unde ime daz erbe werde.
ach unde wê geschehe dir!
waz wîzest dû mir?
mit bœsen geisten bist du gemuot.
nû ist ez aller êrist her ûz erbluot,
daz dû mir ie riete an den lîb.
dîn muoter ist mîn wîb. *(312)*
mîn sun Baldewîn *313 – 314*
scholde dîn bruoder sîn.
vergezzen hâst dû der triuwen.
ez scol dich vil sêre geriuwen, *290*
scol ich mînen lîb hân, *289*
des du nû zuo mir hâst getân,
ez wirt dir vile swære. *290*
du gehœrest niuwe mære. *336*
des gât mich ane michel nôt,
in deme ellende lige ich ungerne tôt.' *311*

Karl, der rîche,
der manete in gezogenlîche:
'Genelûn, geswige mîn,
lâ dise unrede sîn.
du bist ein wîse hêrre.

1386 heiden (heithenen) PA] *fehlt* S 1387 erbe P, *vgl. Str. 1992, Km. 440,30*] erbe allez SA 1388 ach P] huch S, Oh A geschehe P, gesche S, *vgl. Km. 440,31*] sie A, *vgl. Str. 1993* werde 1393 ist PA] ist idoch S, *vgl. Km. 440,36* 1396 der (there) PA, *vgl. Str. 2001, Km. 440,39*] diner S 1397 dich P, *vgl. Km. 440,40*] ouch dir S, oh thih A 1398 minen PS, *vgl. Str. 2003, Km. 440,41*] then A 1399 nu *fehlt* A, *vgl. Str. 2004, Km. 440,41* 1402 des (Thes) gat mich PA] iz tot mir S, *vgl. Str. 2007* 1406 geswige PS] ther swager A

und sagte: »Jetzt hat mich Herr Roland
aus diesem Reich verbannt,
damit ich bei den Heiden den Tod finde
und ihm das Erbe zufalle.
Ach und Weh über dich!
Was habe ich dir getan?
Von bösen Geistern bist du besessen.
Jetzt erst ist offenbar geworden,
daß du es schon immer auf mein Leben abgesehen hattest.
Deine Mutter ist meine Frau.
Mein Sohn Baldwin
sollte dein Bruder sein.
Aber du kennst keine Treue.
Es wird dich noch bitter schmerzen.
Wenn ich mit dem Leben davonkomme,
wird dich das, was du mir jetzt angetan hast,
noch teuer zu stehen kommen.
Du hörst noch von mir.
Dazu habe ich allen Grund,
denn ich will nicht in der Fremde sterben.«

Der mächtige Karl
redete ihm besänftigend zu:
»Genelun, mein Schwager,
sprich nicht so.
Du bist ein weiser Fürst,

nune zürne nicht sô sêre. *327*
genc here nâher, *319*
mîne botscaph zenphâhen. *320*
vare vrœlîchen hinnen.
handele ez mit sinnen.
erwirvest dû deme rîche dehein êre,
al dîn künne vröuwet sichs iemer mêre.'
Genelûn werte sich gnuoc.
der kaiser bot ime ie den hantscuoch. *331*
er tete die wülvîne blicke.
er rief vile dicke:
'ditze hâst dû, Ruolant, getân. *322*
üble müez ez ime ergân
unde sînen zwelf gesellen.
nû habent si allen ir willen.'

Der kaiser ime ave zuo sprach:
'habe nehein ungemach.
vone grôzeme rechte bist du mir liep.
durch Ruolanden enverest du nie,
diu botescapht ist mîn. *328*
nu lâ dîn ungebæren sîn.' *327*
den hantscuoch er ime ave reichte. *(331)*
Genelûn erbleichte,
er wart vile üble gevare.
die fürsten warten alle dare.

1411 zenphahen PS] intphahen A 1415 urŏwit sichs P] urowet es sich S, urowet sich A 1416 genelun werte sich gnuch (genůh) PA] genůh werete sich genelun S 1417 hantscuch (hantscoh) PA] hantschůn S 1420 hast du P] hat SA, *vgl. Str. 2027, Km. 440,61* 1424 *Initiale fehlt* S 1425 habe P, Ne haue A, *vgl. Str. 2034*] nu ne habe S, *vgl. Km. 440,66* 1427 ne ueretu niet A, *vgl. Str. 2036*] enuirste du nicht P, neuristet niet S 1428 ist PA] diu ist S, *vgl. Str. 2037, Km. 440,69* 1429 ungebaren P] ungebare SA, *vgl. Km. 441,1*

laß also diese Wut.
Komm heran,
um meinen Auftrag entgegenzunehmen.
Ziehe hin mit Zuversicht,
führe ihn klug aus.
Wenn du dem Reich Geltung verschaffst,
werden die Deinen ewig stolz darauf sein.«
Genelun sträubte sich sehr.
Der Kaiser reichte ihm den Handschuh.
Er aber blickte mit Wolfsaugen um sich.
Immer wieder rief er aus:
»Roland, daran bist du schuld!
Schlimm soll es ihm ergehen
und seinen zwölf Gefährten.
Nun haben sie ihren Willen durchgesetzt.«

Der Kaiser wandte sich wieder an ihn:
»Beunruhige dich nicht.
Mit gutem Grund bist du mir lieb.
Nicht Rolands wegen wirst du gehen,
sondern meinem Auftrag folgend.
Laß also dein Jammern.«
Zum zweitenmal reichte er ihm den Handschuh.
Genelun wurde bleich,
er verlor alle Farbe.
Alle Fürsten sahen auf ihn.

der kaiser bevalch ime sînen stap. *(320)*
alsô er ime den hantscuoch gab,
er liez in nider vallen. *333*
daz misseviel in allen,
daz man in dicke muose reichen.
si sprâchen, ez wære ein übel zeichen, *334–335*
daz ime ze aller êreste missegienge
unde des kaiseres botescapht unwirdeclîche
enphienge.

Genelûn viel deme kaiser ze vüezen:
'hêrre', sprach er, 'mächte ich noch geniezen,
dîn swester ist mîn wîb.
unde verliuse ich den lîb,
sô nimt Ruolant
al mîn erbe zuo sîner hant.
er verstœzet dîner swester sun.
waz mächte ein wîb wider ime getuon?
sô muoz der lüzzele Baldewîn *316*
iemer mêre weise sîn, *316*
dû ne gesehes mich niemer mêre.'
den mantel warf er ûf die erde. *281*
'Basanzi unde Basilie *330*
dine koment noch nicht widere,
den hiez er diu houbet abe slâhen.
ich muoz in den wissen tôt varen.' *311*
er begonde heize weinen.

1436 liez (lies) in SA] liezen P 1438 man in PA] man ime S, mann ime *B*, *vgl. Str. 2045* man ime (*var.* man in ime) 1440 ze *fehlt* S 1441 unwirdecliche (unwirdeckliche) PA] unwetlichen S 1445 unde (vn̄) PS]*fehlt* A 1448 uirstoezet (uerstǒzet) PA, *vgl. Str. 2059, Km. 441,24*] bestrovfet S 1452 gesehis P] gesiest S, gesehest A 1454 basanzi S, pasanzi P] Bazanza A basilie PS] Basile A 1457 wissen P] gewissen SA 1458 heize P] harte S, sere A, *vgl. Km. 441,39*

Der Kaiser reichte ihm den Stab.
Als er ihm den Handschuh gab,
ließ der ihn fallen.
Es gefiel ihnen allen nicht,
daß man ihn mehrfach reichen mußte.
Sie sagten, es sei ein schlechtes Zeichen,
daß ihm schon zu Beginn dieses Mißgeschick passierte
und er des Kaisers Auftrag nicht geziemend empfinge.

Genelun fiel dem Kaiser zu Füßen.
»Herr«, sagte er, »könnte ich doch darauf bauen,
daß deine Schwester meine Frau ist!
Wenn ich sterbe,
reißt Roland
das ganze Erbe an sich.
Er wird deinen Neffen verstoßen.
Was könnte eine Frau gegen ihn ausrichten?
Dann muß der kleine Baldwin
als Waisenkind aufwachsen.
Mich siehst du nicht wieder.«
Er ließ den Mantel fallen:
»Basanzi und Basilie
sind bis heute nicht zurückgekehrt.
Er ließ sie enthaupten.
Ich gehe in den sicheren Tod.«
Tränen stürzten aus seinen Augen.

'jâ muoz ich ouch', sprach er, 'scheiden
vone deme aller schœnesten wîbe,
die ie dehein man gwan ze sînem lîbe.
Ruolant hât harte missevaren.
er zestœret alle Yspaniam.
ez komt noch diu stunde,
unde læt mich got gesunden, (289)
si geriuwet der rât,
den si über mich gevrumt hânt.'

Ruolant sprach dô:
'ich ne vürchte nehein drô.
tæte mîner rede ieman deheine ware,
ich vüere ienoch vore iuch dare.
mit den wîsen sal man râten,
mit den tumben vechten.
iuwer wîstuom hât ez getân,
ir en dürfet nehein angest hân.
mir ist mîn bruoder Baldewîn sô liep,
sînes erbes en gere ich niet.
mîner muoter lieben
scol ich gerne dienen.
ich ne phlege nicht untriuwen.
sô mächte den kaiser riuwen,
daz er mich gezogen hât
unde nimt mich dicke an sînen rât.
daz ime nicht gezæme,
ob ich ein roubære wære.'

1459 ia PS] Nu A 1461 gwan (gewan) PS] wan A 1468 *Initiale fehlt* A 1471 ienoch *fehlt* A 1475 ir S] er PA 1476 so PA] also S 1481 maehte (mehte) PS] mohte ih A 1484 gezeme PS] ne zeme A 1485 ob ich ein roubere were P, *vgl. Str. 2086* ungetriwe wære, *Km. 442,8* verreder were] ob iz (ih) were ein rovbere (roubaere) SA

»Ich muß mich«, sagte er, »auch
von der allerschönsten Frau trennen,
die je ein Lebender für sich gewann.
Roland hat übel gehandelt.
Er wird ganz Spanien zerstören.
Aber es wird die Stunde kommen,
wenn Gott mich am Leben läßt,
da sie den Beschluß bereuen werden,
den sie über mich gefällt haben.«

Darauf sagte Roland:
»Ich fürchte keine Drohung.
Hörte man auf mich,
noch jetzt zöge ich an Eurer Stelle hin.
Doch man soll die Erfahrenen zu Rate ziehen
und die Unerfahrenen kämpfen lassen.
Eure Erfahrung hat alles entschieden.
Ihr braucht nicht in Sorge zu sein,
ich liebe meinen Bruder Baldwin sehr,
sein Erbteil begehre ich nicht.
Meiner lieben Mutter
bin ich aufrichtig ergeben.
Ich bin nicht treulos.
Dann müßte ja den Kaiser reuen,
daß er mich erzogen hat
und mich oft zu seinen Beratungen hinzuzieht.
Das dürfte er nicht tun,
wenn ich ein Räuber wäre.«

Karl, der rîche,
sprach gezogenlîche:
'ir irret ez allen disen tac,
daz ich vore unzüchte ne mac
des rîches êre ze vrümene.
daz zimt fürsten übele.
ich warne iuch dâ bî,
alsô liep iu mîne hulde sî,
sô ne sûmet uns nicht mêre
unde ne irret des rîches êre.'
er sprach zuo Genelûne: *339*
'bedenke dich, helt tiure,
zorn ist nehein guot.
nim widere mannes muot.
habe nehein angest,
die wîle dû mich lebende weist.
nim dizze insigel –
brinc ez Marsilie –
mit guldînen buochstaben.
dû macht ime zwâre sagen,
wil er got êren,
zuo der cristenheit kêren,
ich lîhe ime halbe Yspaniam,
wirdet er deme rîche undertân,
Ruolande daz ander teil.
sô gebe in got sælde unde heil.
alsô wis mîn zunge unde mîn munt
unde gestætege ez an dere stunt
mit gîselen unde mit gebe.
sî, daz er dâ widere icht rede,

1487 sprach PS] Ther sprah A 1493 liep (lief) PA] liep so S 1500 habe P] nu ne habe S, Ne haue A 1502 insigel (insigele) PS] ingesigele A 1511 heil PA, *vgl. Km. 442,44*] gut heil S 1512 also PS] Unde A

Der mächtige Karl
sagte tadelnd:
»Ihr haltet uns schon den ganzen Tag auf,
so daß ich durch den Streit gehindert werde,
die Ehre des Reiches zu fördern.
Das steht Fürsten schlecht an.
Ich warne Euch:
Bei meiner Huld,
haltet uns nicht länger auf
und schadet nicht der Ehre des Reichs.«
Zu Genelun gewandt sagte er:
»Bedenke dich, teurer Held,
Zorn ist von Übel.
Kehre zu männlicher Gesinnung zurück.
Fürchte nichts,
solange du mich am Leben weißt.
Nimm dieses Siegel –
bring es zu Marsilie –
mit den goldenen Buchstaben.
Damit kannst du ihm glaubhaft machen,
daß ich ihm, wenn er Gott ehrt
und zum Christentum übertritt,
eine Hälfte Spaniens als Lehen geben werde,
wenn er sich dem Reich unterwirft,
und Roland die andere Hälfte.
Dann möge Gott ihnen Heil und Segen schenken.
In diesem Sinn sei meine Zunge und mein Mund
und mache alles sofort
durch Geiseln und Tribut fest.
Sollte er etwas dagegen haben,

durch des rîches êre
tuo, alsô ich dich lêre:
sage Marsilie,
ich ne kêre niemer widere,
ê ich Sarragûz zestœre
unde in gebunden vüere
ûf einem esele hin ze Ache.
dâ nim ich die râche,
daz houbet heize ich ime abe slahen.
swederhalp er sich welle haben,
des macht du schiere innen werden.
got lâze dich sîne hulde erwerven.
in gote dû vare. *339*
nim vile wole ware,
unde behüete dich diu gotes crapht.
unde helfe uns alliu himlischiu hêrscapht,
daz wir got dâ gêren
unde die cristenheit gemêren.
lieber geswige mîn,
der heilige engel müeze dîn geverte sîn
und beleite dich her widere gesunt.'
der kaiser kuste in sâ ze stunt.

Dô sich die hêrren schieden,
die trähene dicke vielen *349*
vone Genelûne.
daz wort sprach er kûme.
dâ wart michel wuofen,
weinen unde ruofen.

1524 ih *fehlt* A ime PA] in S 1525 er PS] so er A 1526 macht (maht) du PS] mohte A 1530 uñ (v̄n) PS] Nu A 1531 alliu P, alle S] al thiu A 1532 daz SA] da P 1534 geswige P] man geswige S, geswager A, *vgl. Km. 442,65* swager 1536 beleite P] geleite S, lite A 1537 sa PA] da S 1543 weinin (Weinen) PA] claien S

dann verfahre zur Ehre des Reichs
so, wie ich dir sage:
Richte Marsilie aus,
ich werde nicht umkehren,
ehe ich nicht Sarraguz zerstört habe
und ihn gebunden
auf einem Esel nach Aachen bringe.
Dort vollstrecke ich dann meine Rache.
Ich werde ihn enthaupten lassen.
Wie er sich entscheidet,
wirst du bald herausgefunden haben.
Gott schenke dir Seine Gnade.
Geh mit Gott.
Sei selbst auf der Hut,
und möge Gott dich schützen.
Uns aber mögen alle Seine Engel helfen,
daß wir Gottes Ruhm vermehren
und das Christentum ausbreiten.
Mein lieber Schwager,
Gottes Engel sei mit dir
und bringe dich unverletzt zurück.«
Darauf küßte ihn der Kaiser.

Als die Fürsten auseinandergingen,
stürzten die Tränen
aus Geneluns Augen.
Er war der Sprache nicht mehr mächtig.
Großes Wehklagen erhob sich,
Weinen und Rufen.

siben hundert sîner manne
die wâren gereit alle
ze dienen ir hêrren,
ob si bî ime scholden sterben.
jâ wâren die hêrren alle
mit phelle wole behangen,
mit golde joch mit berelen.
gestaine die vile edelen
lûchten sam die sterren wider âbent,
der jaspis unde der jâchant,
smaragde die grüenen,
topâzien die scœnen,
onichilus unde sardîn.
wie mächte ez dâ wünneclîcher sîn?
in lûchte dar obene
chrisolîte unde calcedonie,
berillen die besten
unde die guoten ametisten,
sardonix unde sardius.
die hêrren redeten alsus,
daz die boten gezæmen
wole Karle, deme mæren,
deme rœmischen vogete.
sîne hêrschapht si wole lobeten.

Der herzoge Genelûn legete an sich *343*
einen roc harte zierlîch *344*
vone guotem cyclâde,

1544 siben PA] van siben S 1545 gereit P, *vgl. Str. 2135*] gereht S, gerete A 1547 sterben P] ersterben (ersteruen) SA 1551 gestaine PA] mit steinen S 1552 luchten (Luhtent) PA] die luchten S wider (wither) PA] engegen S 1557 maehte iz P, mehtez S] mohte tha A 1558 luchte P] luhten SA 1564 gezemen P] wole zemen (zeme) SA 1565 wole karle P] karle SA 1568 legite P] lehte SA

Siebenhundert seiner Männer
waren alle bereit,
ihrem Herrn zu dienen,
auch wenn sie mit ihm sterben müßten.
Die Edelleute waren alle
kostbar geschmückt mit Seide,
mit Gold und mit Perlen.
Die seltensten Edelsteine
funkelten wie die Sterne am Abendhimmel:
Jaspis und Hyazinth,
grüne Smaragde,
schöne Topase,
Onyx und Sardin.
Was hätte solche Pracht übertreffen können?
Obenan erstrahlten
Chrysolithe und Chalzedone,
die kostbarsten Beryllsteine
und echte Amethyste,
Sardonix und Sardius.
Die Herren versicherten,
daß die Boten durchaus
dem berühmten Karl Ehre machten,
dem Vogt von Rom.
Hoch priesen sie seine Herrlichkeit.

Der Herzog Genelun legte
ein überaus prächtiges Gewand
aus echtem Brokat an,

mit golde vile wæhe *(345)*
gesmelzet dar under
diu tier al besunder.
dâ woneten liechte vogele
unden unde obene,
si schinen sam der liechte tac.
umbe sînen hals lac
ein bouc vile wæhe.
daz werc was seltsæne
ûzer golde unde ûzer gimme.
den sante ime ze minnen
der künc von den Britten.
jâ begurte in enmitten
Mulagir, daz beste sachs, *346*
sô über al Franken en was
sîn tiurer nehein.
vonem houbte dô schein
ein edel karvunkel.
des tages was er tunkel.
er lûchte alle die nacht
sam der sunne umbe mitten tac.
ez enwart nie nehein keiser sô hêre
geboren an der erde,
er enzæme ime wol ze tragene.
lanc wære iu ze sagene,
waz man wunders dar ane vant.
Naimes, der wîgant,

1571 wahe (waehe) PA] menige S 1576 si *fehlt* SA 1579 was SA] *fehlt* P 1580 gimme PA] gemmen S 1581 minnen PS] minne A 1583 in inmitten (en mitten) PS] ine mitten A 1584 mulagir PS] Mugelar A beste P, *vgl. Str. 2153*] mere SA 1585 al P] alle SA 1587 uonem P] uon sinem (sineme) SA houbte (hovbete) PS] *fehlt* A 1589 tunchel P] tuncker (tunker) SA 1592 niehein (nehein) PS] *fehlt* A 1597 der wîgant] der beiere wigant PSA

herrlich mit Gold
durchwirkt
in verschiedenen Tiermustern.
Bunte Vögel
bedeckten es ganz,
die wie der helle Tag glänzten.
Um seinen Hals trug er
einen sehr kunstreichen Reif,
eine fremdartige Arbeit
aus Gold und Edelsteinen.
Den hatte ihm als Geschenk
der König der Bretonen geschickt.
Gegürtet trug er
Mulagir, das beste Schwert,
das in ganz Frankreich
durch kein zweites übertroffen wurde.
Am Knauf glühte
ein echter Karfunkel.
Am Tag war er dunkel,
aber die ganze Nacht über leuchtete er
wie die Sonne am Mittag.
Niemals hat ein so edler Kaiser
auf dieser Erde gelebt,
dem er nicht wohl angestanden hätte.
Noch viel könnte ich euch erzählen,
welche wunderbaren Eigenschaften es hatte.
Naimes, der Held,

vuorte ez vone Beieren.
daz urkunde wil ich iu zeigen.
der smit hiez Madelgêr.
daz selbe swert worchte er
in der stat zuo Regensburc.
ez wart mære unde guot.
dô sîn Naimes, der herzoge, phlac,
waz der heiden dâ vore erstarp!
er gab ez Karle, sînem hêrren.
ez rou in sît sêre.
Genelûn brâchte ez in der heiden gwalt.
vile manic cristen des sît engalt.

Ist ez, sô daz buoch zalt,
Genelûn vuorte einen blîalt, *282*
ûz golde geweben.
dâ machte man wole sehen
die tiuren goltborten,
wæhe geworchte.
zobel was dar under,
diu lîste nidene umbe
durchsoten guldîn.
die schellen clungen von ime
sam daz süeze seitspil.
ander wunder vuorte er vil.
umbe spien man deme herzogen
zwêne guldîne sporen. *345*
der kaiser hiez ime ze liebe
ein march vüre ziehen. *347*

1599 daz (Thaz) SA] da P û (ir) PS] in A 1604 der (ther) herzoge PA] *fehlt* S 1605 erstarph P] starp S, starf A 1607 *nach* sere *bricht* A *ab* 1610 *Initiale fehlt* S 1619 uon ime P] dar in S 1620 seitspil S] seitspile P 1621 ander] andere P *BW* uil S] uile P

hatte es aus Baiern mitgebracht.
Den Beweis kann ich euch liefern.
Madelger hieß der Schmied.
Eben dieses Schwert hat er
in der Stadt Regensburg geschmiedet.
Es gelang und wurde berühmt.
Als Herzog Naimes es führte,
wie viele Heiden mußten da unter ihm sterben!
Er aber schenkte es Karl, seinem Herrn.
Das reute ihn später sehr,
denn Genelun brachte es in den Besitz der Heiden.
Viele Christen mußten seither dafür zahlen.

Wenn unsere Quelle zuverlässig ist,
so trug Genelun also
ein golddurchwirktes Seidengewand.
An ihm konnte man
kostbare Goldborten sehen,
kunstreich gearbeitet.
Es war mit Pelz besetzt
und der untere Saum
aus reinem Gold.
Die Schellen erklangen daran
wie süße Musik.
Er trug aber noch weit mehr Kostbarkeiten.
Man schnallte dem Herzog
zwei goldene Sporen an.
Der Kaiser ließ für ihn
ein Reitpferd herbeiführen.

ein Romære hiez Mantel,
ein helt küene unde snel,
der gab ez deme kaisere ze minnen.
under al Karlingen
was nehein ros sô gezale,
über berc unde über tale,
swenne er dar ûf gesaz,
daz er âne angest was.
dar ûfe lac ein guldîn satel.
Karl was aller tugende vater.
Genelûn geneic sînem hêrren.
er sprach: ‘nû lône ime got maniger êren,
mînem hêrren lieben
wil ich gerne dienen.
er getet mir nie nehein leit.
die zwelve sint nu vile gemeit,
die mich hine habent gegeben.
unde gevristet mir got daz leben,
ich bringe ez ûz deme spile.
ich gesezze in ein zile,
sô mir dirre mîn bart,
si geriuwet al dise hovevart.’

Dô saz der herzoge Genelûn
ûf ein ziere march, hiez Taskprûn. *347*
von den herbergen er reit. *(342)*
er was drîer ellen breit
eneben sîner achsel.
lanc was er gewachsen,
grôz sîn gebeine.
dô sprâchen die heiden,

1626 mantel P, *vgl. Str. 2162, Km. 443,38*] mantiel S 1629 al P] allen S 1634 guldin P, *vgl. Km. 443,53*] silberin S, *vgl. Str. 2157* 1644 uz P] uzer S 1647 al P] alle S 1648 *Initiale fehlt* S 1651 drier S] dri P 1652 siner P] sine S

Ein Römer mit Namen Mantel,
ein mutiger und tapferer Streiter,
hatte es dem Kaiser als Geschenk verehrt.
In ganz Frankreich
gab es kein gleich schnelles Pferd,
ob es nun bergauf oder bergab ging,
daß, wenn immer er aufgesessen war,
er nie in Bedrängnis kam.
Es trug einen goldenen Sattel.
Karl war der allergütigste Fürst.
Genelun dankte seinem Herrn.
Er sprach: »Vergelte ihm Gott die vielen Ehrenbeweise.
Meinem lieben Herrn
will ich freudig dienen.
Er hat mich nie verletzt.
Die Zwölf freuen sich jetzt sehr,
die mich geopfert haben.
Wenn Gott mich am Leben läßt,
werde ich noch Ernst machen.
Ich bereite ihnen ein Ende,
bei meinem Bart,
daß sie diese ganze Hofversammlung bereuen werden.«

Danach bestieg Herzog Genelun
ein schönes Pferd, das Tachebrun hieß.
Er verließ die Zeltstadt.
Drei Ellen betrug
seine Schulterbreite.
Er war hoch gewachsen,
mit starken Knochen.
Da sagten die Heiden,

sine sæhen in dirre werelte
neheinen sô starken lebenten.
sîn antlizze was hêrsam.
sîn varwe, diu bran
sam die liechten viures flammen.
siben hundert manne
volgeten ir hêrren.
si wuoften alle sêre. *349*
enurteile sazten si den lîb,
bêdiu kint unde wîp
durch ir triuwe.
si hêten grôze riuwe.

Genelûn neic deme kaisere schône.
er kêrte an eine wise grüene.
er gehabete under sînen mannen.
diu rede was alsô lange: *(358)*
'dizze ist', sprach er, 'ein hêrlich scare.
ir birt alle zuo deme tôde wole gare.
iuwers guoten willen
bin ich dicke wole worden innen.
iuwer dienest ist schœne.
nû müeze iu got lône
unde ich iemer gerne gesculde.
disiu triuwe ist übergulde
aller werlt êre,
daz ir durch iuweren hêrren
birt gerecht unze an den tôt.
nû habt ir alle grôze nôt.
nû ist michel bezzer, wizze Crist, *359*
nû ez uns dar zuo komen ist,

1663 wůften P] weineten S 1670 gehabete under S *B*] gedachte mit P 1673 zu deme tode P, *vgl. Str. 2210, Km. 444,51*] *fehlt* S 1678 gesculde P] wile uerschulden S, *vgl. Str. 2213, Km. 444,2*

sie hätten in dieser Welt noch nie
einen so kraftvollen Menschen gesehen.
Prächtig war sein Anblick.
Er strahlte einen Glanz aus
wie helle Feuerflammen.
Siebenhundert Mann
folgten ihrem Fürsten.
Alle klagten laut.
Sie setzten ihr Leben,
Frauen und Kinder aufs Spiel
um ihrer Treue willen.
Ihr Kummer war groß.

Genelun verneigte sich förmlich vor dem Kaiser.
Er ritt auf einen grünen Plan
und blieb inmitten seiner Leute stehen.
Seine lange Rede lautete folgendermaßen:
»Dies ist eine prächtige Schar«, sagte er.
»Ihr seid alle bereit zu sterben.
Eure Dienstwilligkeit
habe ich schon oft kennengelernt.
Euer Dienst ist vorbildlich.
Gott möge euch lohnen,
und ich will es euch stets vergelten.
Diese Treue ist mehr wert
als alles Ansehen vor der Welt,
daß ihr für euern Fürsten
bereit seid zu sterben.
Nun seid ihr alle in großer Bedrängnis.
Nun ist es, weiß Gott, besser,
da es einmal dazu gekommen ist,

daz ich eine ersterbe *359*
denne ich iuch alle lâze verloren werde. *359*
nû rîtet zuo mînem hêrren,
dâ ne mag iu niet gewerre.
verdienet umbe den kaiser
daz der mîn arme weise,
swie ez umbe mich ergê,
in sînem willen bestê.
mîn lieber sun Baldewîn, *363–364*
der scol iu wole bevolhen sîn. *363–364*
zieht in iu ze êren. *363–364*
zucht scholt ir in lêren.
heizet in hêrlichen lebe.
er mac wole mildeclîchen gebe,
habe willic sîne man.
an iuweren gnâden scol ez stân,
der sînen nôtvesten,
sô mag ime üble gebresten.
bûwe denne wole sîn lant,
were roub unde brant,
habe sîn gerichte
al nâch der phachte,
lâze nicht underwegen.
got lâze in gesunt leben.

Nû bitte ich iuch ouh mêre,
volstætiget iuwer êre.
ob ich dâ ze den heiden belîbe,
mînem lieben wîbe
bevelhet mîne sêle.
râtet ire ir êre.
alles guotes wil ich ir wole getrûwen.

1691 der P] er S 1693 in sinem willen beste P] sinen willen willih besten S 1695 wole *fehlt* S 1700 habe P] er habe S 1710 íuh ovch S] ouh uch P 1715 ire ir S] ir P

daß nur ich allein sterbe,
statt euch alle ins Verderben zu stürzen.
Reitet zu meinem Herrn,
dort kann euch nichts geschehen.
Verpflichtet den Kaiser,
daß mein armer verwaister Sohn,
was immer mein Schicksal sei,
in seiner Huld bleibe.
Mein geliebter Sohn Baldwin
sei euerm Schutz anvertraut.
Erzieht ihn so, daß er euch Ehre macht.
Bringt ihm standesgemäßes Verhalten bei.
Seht zu, daß er wie ein Herr lebt.
Er hat die Möglichkeit, freigebig zu sein
und seine Leute dienstwillig zu halten.
Ihr sollt die Verantwortung übernehmen,
seine tapferen Krieger,
so wird ihm nichts mangeln.
Später möge er sein Land gut verwalten,
Raub und Brand wehren,
Recht sprechen
allein nach dem Gesetz
und nichts außer acht lassen.
Gott schenke ihm ein langes Leben.

Nun bitte ich euch weiter,
tut ein Letztes um eurer Ehre willen.
Wenn ich dort im Heidenland bleibe,
befehlt meiner lieben Frau
mein Seelenheil an.
Helft ihr, ihre Stellung zu wahren.
Meinen ganzen Besitz lege ich in ihre Hand.

jâ lâze ich ire wole erbûwen
manige breite huobe,
scazzes gnuoge.
bringet ire ditze vingerlîn.
ruochte es mîn trechtîn,
ich gesæhe si vile gerne.
unde manet si vile verre
durch ire tugentlîche site,
daz si guote liute umbe mich bite
nâch dirre zwîvellîchen widerkêre.
jâ ne gesehe ich si leider niemer mêre.'

Dô sich die gelieben
vone einander geschieden,
der jâmer tet in vile wê. *349*
weder sît noch ê
endorfte nie grœzer clage werden.
si vielen zuo der erden.
daz hâr brâchen si von der swarte.
si wuoften alle harte.
ummâze was ir clage,
grôz was ir ungehabe.
vil dicke si ime nâch sâhen.
si begonde harte jâmeren.
mit weinen unde mit wuofen
si begonden ime nâch ruofen.
si sprâchen: 'der wâre got von himele,
der sende dich gesunt widere,
sô ne schach uns nie sô liebe.'
von ein ander si schieden.
jâ kêrten sîne helede
widere an die selede,

1726 zwiuellichen *W*] zwiuelliche P, ...licher S 1727 gesehe P] sie S 1734 uon P] vz S 1740 wůffen S] wůften P 1742 ware P] herre (?) S 1744 schah P] gesc̣ḥẹgẹ S

Ich hinterlasse ihr, wohl bebaut,
viele Hufen weiten Landes
und große Schätze.
Bringt ihr diesen Ring.
Wenn Gott nur wollte,
sähe ich sie mit Freuden wieder.
Und erinnert sie immer wieder
im Namen ihrer Vortrefflichkeit daran,
daß sie Klosterleute für mich beten läßt,
wenn ich nicht zurückkehre.
Ach, ich werde sie nie wiedersehen.«

Als die Freunde
voneinander schieden,
war ihr Schmerz sehr groß.
Niemals gab es Grund
zu größerer Klage.
Sie warfen sich zur Erde.
Sie rissen sich das Haar aus
und jammerten alle laut.
Grenzenlos war ihr Wehklagen,
groß ihr Leidwesen.
Lange sahen sie ihm nach.
Laut wehklagten sie.
Weinend und schreiend
riefen sie ihm nach.
Sie sagten: »Gott im Himmel
bringe dich gesund zurück,
nichts könnte uns lieber sein.«
Sie trennten sich.
Seine Kriegsleute
kehrten in ihr Lager zurück,

Genelûn zuon heiden.
si wâren unsanphte gescheiden.

Genelûn trûreclîchen reit,
daz was den heiden vile leit.
si huoben kurzwîle.
si sageten ir favelîe.
si sagten ein ander underwegen
manige seltsæne rede.
si lachten unde wâren vrô.
Genelûn erbalte sich dô.
der alte Blanscandîz wart sîn geware. *368*
er huob sich neben ime dare, *368*
er sprach: ‘enwære ez dir, hêrre, nicht swære, *370*
ich wolde dich ein lüzzele vrâge.
ich enzwîvele dar ane niet,
dû bist deme kaisere vil liep.
dir entwîchent alle sîne râtgeben,
daz hân ich selbe wole ersehen.
swaz dû gebiutest, daz ist getân.
dû hâst die hêrlîchen man.
nu wundert mich dîner grôzen wîsheit,
war zuo lîdest dû die ummâzen arbeit?
nu habt ir betwungen *371*
Griechen unde Ungeren,
Ruzzen unde Polan,
die grimmen Sachsen alsam,
Beieren unde Swâben
unde alle, die in diutisker erde wâren.
Wascônie unde Engelant *372*

1752 churzwile P] ir kurzwile S 1756 uro P, *vgl. Str. 2267, Km. 444,66*] uil uró S 1757 erbalte P, *vgl. Str. 2267*] erhalte S 1759 ime P] in S 1765 ich P, *vgl. Km. 445,11*] ich ovch S 1769 *ab* mazen *bis* 1869 grozer P = T 1772 Boelan PS] Beheịṃ T

Genelun (zog) zu den Heiden.
Schwer hatten sie sich getrennt.

Traurig ritt Genelun dahin,
das paßte den Heiden gar nicht.
Sie begannen, sich die Zeit zu vertreiben.
Sie trugen ihre Märlein vor.
Sie erzählten einander unterwegs
viele wunderbare Geschichten.
Sie lachten und waren unbeschwert.
Da faßte auch Genelun wieder Mut.
Der alte Blanscandiz beobachtete ihn.
Er ritt an seine Seite
und sagte: »Wenn du nichts dagegen hast, Herr,
möchte ich dich einiges fragen.
Ich zweifle nicht daran,
daß du dem Kaiser sehr lieb bist.
Vor dir stehen alle seine Ratgeber zurück,
das habe ich selbst genau gesehen.
Was du befiehlst, wird ausgeführt.
Du hast adlige Vasallen.
Ich wundere mich über deine große Erfahrung.
Warum nimmst du so außerordentliche Mühsal auf dich?
Besiegt habt ihr doch
die Griechen und Ungarn,
die Russen und Polen
ebenso wie die grausamen Sachsen,
die Baiern und Schwaben
und alle andern deutschen Stämme.
Gascogne und England

stêt in sîner gwalt.
Hyspanien, unser rîche,
dienet ime vorchtlîche.
wenne er sich es welle glouben? *528*
nû ist er dicke verhouwen *526*
unt ist komen an sîn alter. *523*
nû mächte er sich noch behalten
unde scônte sîner wizze
unde lieze iuch dâ heime sizze,
ob ez der fürsten wille wære.
des wolte ich dich gerne vrâge.'

Der herzoge dô sprach: *375*
'ez enist mir nicht ungemach.
ez ist ein vröude der heiligen kristenheit
unde ist ein süeze arbeit.
ez ist ein trôst der sêle,
diu ne komt niemer mêre
zuo neheinem hellewîze,
swer ime dienet mit flîze.
wænest dû, daz ez der kaiser tuo?
got vordert ez ime zuo.
sînen boten von himele
sendet er zuo deme künige,
der gebiutet ime die herevart.
sô ne ist des nehein rât,
wir enhelfen ime dâ zuo.
ungewizzen ist ez dir nû.
der wârheit wirdest du wole innen,

1777 stet PS] ṣṭạṇṭ ḅẹḍạḷḷẹ T 1780 wenne P] swanne (suenne) ST er sich is welle glouben P] ers sich wil erlovben S, er sich des wolde gẹḷọụḅẹṇ T 1786 were PS] werre T 1787 urage (uragen) PS] vragen herre T 1790 heiligen *fehlt* T, *vgl. Str. 2297, Km. 455,25* 1794 zu (zo) PS] in T 1795 ime PS] gode T, *vgl. Str. 2302, Km. 444,30* 1796 du PS] du nu T

sind in seiner Gewalt.
Spanien, unser Reich,
ist ihm unterworfen.
Wann wird er davon abstehen?
Oft ist er verwundet worden
und nun schon alt.
Nun könnte er sich doch schonen
und sollte seiner Einsicht folgen
und Euch zu Hause bleiben lassen,
wenn es auch die Fürsten wollen.
Das wollte ich dich gerne fragen.«

Der Herzog antwortete darauf:
»Es ist keine große Mühsal für mich.
Der heiligen Christenheit ist es eine Freude
und eine fromme Anstrengung.
Es hilft der Seele;
die nämlich wird nicht
mit der Hölle bestraft werden,
wenn man Ihm mit Eifer dient.
Glaubst du, es hänge nur vom Kaiser ab?
Gott hat ihm den Auftrag erteilt.
Seinen Himmelsboten
sendet Er zum König,
der ihm den Kriegszug befiehlt.
Da hilft nichts,
wir müssen ihn unterstützen.
Jetzt verstehst du es noch nicht.
Aber du wirst die Wahrheit klar erkennen,

wilt du die kristenheit minnen.
ich wil dir wærlîchen sage,
deme kaiser ne mac nieman geschaden.
got ist selbe mit ime.
er gît ime crapht unde sin
unde sterket in dâzuo
beidiu spâte unde vruo.
Karl ist der tiureste man, *376*
dann abe ich ie gehôrte sagen. *376*
scaz ist ime ummære,
er versmæhet lügenære.
er hazzet alle bôsheit.
er schaphet der sêle gewareheit.
den lîb vüert er veile
uns allen ze heile.
behalten wir die sêle,
er en gert alles mêre.'

Blanscandîz, der alte, *377*
vil listeclîchen er sich erhalte: *(369)*
'du redest wole', sprach er, 'hêrre.
wir schulen dir sîn danken verre,
daz dir dîn hêrre liep ist
unde daz dû ime getriuwe bist.
scolde ich die wale hân,
sô ne erkunte ich nie deheinen man,
der ich sô gerne wære.
wie gerne ich in noch gesæhe!
er hât manige tugent guote. *370*
er hât hêrlich gemuote.

1806 wil *fehlt* S 1808 ime PT] im S 1809 sin PS] sinne T, *vgl. Km. 445,50* 1810 sterchet (sterket) PS] gesterket T 1813 dannabe P] den S, uon deme T 1819 uns allen PS] allen T 1821 alles PS] niht T 1823 sich erhalte PS, *vgl. Str. 2328*] sich konde ...ḷḍẹn T, *vgl. Km. 445,54* erbalde 1830 der PS] des (?) T

wenn du dich zum Christentum bekennst.
Ich versichere dir,
niemand kann gegen den Kaiser an.
Gott selbst ist mit ihm.
Er gibt ihm Macht und Verstand
und macht ihn stark für seine Aufgabe
Tag und Nacht.
Karl ist der vortrefflichste Mensch,
von dem ich je gehört habe.
Besitz ist ihm gleichgültig,
Lügner verachtet er
und haßt alle Niedrigkeit.
Er schafft der Seele Heil
und opfert sein Leben
für unser aller Rettung.
Wenn wir unser Seelenheil wahren,
so verlangt er darüber hinaus nichts mehr.«

Blanscandiz, der Alte,
besann sich auf eine List:
»Deine Rede ist schön, Herr«, sagte er.
»Es ist sehr dankenswert,
daß du deinen Herrn liebst
und daß du ihm treu bist.
Wenn ich die Wahl hätte,
so wüßte ich keinen Menschen,
dem ich eher gleichen möchte.
Wie gerne hätte ich ihn noch vor Augen!
Er hat alle guten Eigenschaften.
Er hat herrscherliche Gesinnung,

er hât ein küninclîch leben.
er hât wîse râtgeben,
si behertent ime grôze êre.
nu sage mir ouch mêre,
waz meinet ave daz?
dô unser rede wole verendet was,
dô kom Ruolant –
er hête einen aphel in sîner hant – *386*
mit micheler hôchverte, *389*
mit gevaztem swerte.
er sprach zuo deme edelen künige: *387*
“hêrre, lâz uns dar übere
hin ze Marsilien.
ich gelege in dâ nidere.
alle irdische krône *388*
geweltige ich dir ze Rôme.
sie müezen dîne man werden
oder under diseme guoten swerte ersterben.”
wer hilfet ime dar zuo? *395*
oder waz mag er eine getuon?
sîne krapht wesse ich gerne.
nu ne zürne nicht mêre, lieber hêrre,
daz ich dich sîn gevrâget hân.
ich bin leider ein alt virwizzer man.’

Genelûn dô sprach: *396*
‘wir haben grôz ungemach
von Ruolante unde Olivier.

1834 ein PS, *vgl. Str. 2337, Km. 445,63*] *fehlt* T 1835 er hat PS, *vgl. Km. 445,65*] unde hat T, *vgl. Str. 2238, Vb. 42,42* 1841 in siner P, *vgl. Km. 446,2*] in der S, andir T 1843 *mit* geuazetem *endet* S 1848 alle P, *vgl. Km. 446,13*] al T krone P] cronen T, *vgl. Km. 446,13* 1853 er eine T, *vgl. Str. 2351*] er P 1855 mere *fehlt* T 1856 sin *fehlt* T 1857 alt uirwizzer P] wizic alt T 1860 uon *fehlt* T

er hat königliche Majestät,
und er hat kluge Ratgeber,
die ihm große Ehre erringen.
Doch erkläre mir jetzt weiter,
was das Folgende bedeutet:
Als unsere Botschaft ausgerichtet war,
da kam Roland –
er hielt einen Apfel in der Hand –
überaus hochmütig
und mit gezücktem Schwert.
Er sagte zu dem edlen König:
›Herr, laß uns hinüber
gegen Marsilie ziehen.
Ich werde ihn bezwingen.
Alle Kronen der Erde
mache ich dir in Rom untertan.
Sie müssen deine Vasallen werden
oder unter diesem scharfen Schwert sterben.‹
Wer unterstützt ihn dabei?
Oder was vermag er selbst?
Ich wüßte gerne, wie es um seine Macht steht.
Zürne nicht länger, lieber Herr,
daß ich dich danach gefragt habe.
Ich bin eben ein neugieriger alter Mann.«

Genelun antwortete:
»Wir erleiden große Unbill
von Roland und Olivier.

zwâre sag ich ez dir,
si sint des muotes,
sine gesatent sich niemer menneschen bluotes.
die zwelve helfent in alle dar zuo,
swaz si zwêne wellent tuon,
unde alle Karlinge *(396)*
habent zuo in minne, *397*
alte unde junge.
si phlegent grôzer zerunge,
si drônt deme künige *(401)*
von Babilonie. *(401)*
sô si den erslâhent dâ, *(401)*
sô varent si hin ze Persiâ, *(401)*
dannen ze Luvîn. *(401)*
daz muoz allez unter in sîn. *(401)*
si habent ez nû geteilet.
wie ob ez got sô gescheidet,
die sich dâ zesamme habent gesellet,
daz ir hôchvart würde gevellet,
sô vröute sich mîn sêle,
unde mächtet ir iemer mêre
mit vride Hyspaniam bûwen.
unde woldet ir mir dar zuo getrûwen,
ich geriete iu eine list,
daz ez in vil kurzer vrist
næme bœse ende.
si müesen in dem ellende
vûlen unde erstinken.
des en darf mich nieman verdenken,
des gât mich ane grôz nôt.

1861 iz *fehlt* T 1864 alle *fehlt* T 1869 *mit* grozer *endet* T 1879 wurde *BW, vgl. Str. 2382, Km. 446,36*] *fehlt* P 1882 mit vride *BW, vgl. Str. 2385, Km. 446,11*] *fehlt* P 1883 mir *BW, vgl. Str. 2386, Km. 446,12*] *fehlt* P

Ich versichere dir,
sie sind so gesonnen,
daß sie nicht satt werden von Menschenblut.
Die Zwölf unterstützen sie alle dabei,
was immer die beiden vorhaben.
Und alle Franzosen
lieben sie,
alle ohne Ausnahme.
Sie treiben großen Aufwand.
Sie bedrohen den König
von Babylonien.
Sobald sie ihn getötet haben,
werden sie nach Persien ziehen
und von dort nach Luvin.
Das alles soll ihnen unterworfen sein.
Sie haben es schon jetzt aufgeteilt.
Was aber, wenn Gott es fügte,
daß der Hochmut dieser Gesellen
zu Fall käme?
Dann wäre ich in der Seele froh
und ihr könntet auf immer
in Spanien bleiben.
Wenn ihr mir vertrauen wolltet,
riete ich euch zu einer List,
daß es in kürzester Zeit
ein schlimmes Ende nähme.
Sie müßten in fremdem Land
verfaulen und in Gestank sich auflösen.
Das braucht mir niemand zu verdenken,
denn ich habe allen Grund dazu:

mîne man ligent hie tôt,
sô müezen dâ heime
diu kint lange weinen.
von diu sage ich iu, wizze Krist,
daz ez michel bezzer ist,
daz die zwelve ersterben,
denne wir alle verwerden.'

Dô ervröute sich der alte.
daz herze in ime spilte.
er iteniute sich an der stunt.
daz alter kêrte sich in die jugent.
er rekucte sich rechte ûzen unde innen.
sîn ros liez er springen,
er vlouc mit den gebæren
sam der guote mûzære.
er neic ime unz an den satelbogen,
er sprach: 'daz ich daz wort von dir hân vernomen,
daz diene ich iemer gerne.
dû unde mîn hêrre
werdet gesellen guote.
unde ist es dir alsô ze muote,
sô scolt dû gebieten
in lande joh in dieten
über al mînes hêrren rîche,
daz wir dir niemer geswîchen
an deheinen dînen sachen.'
der herzoge begonde suoze lachen.

1897 verwerden] uůre werden P 1900 iteniute *bis* 2727 dů hiz P = 955–1781 A 1902 rechuchte P] hugete A rechte *fehlt* A 1904 den geberen P] theme gebere A, *vgl. Km. 446,67* 1906 unz *fehlt* A 1910 gesellen P *B*, *vgl. Km. 447,9*] hergesellen A 1911 is *fehlt* A *B*, *vgl. Km. 447,10* dir AB *W*, *vgl. Km. 447,10*] iu P also P, *vgl. Km. 447,10*] so A 1913 dieten P, *vgl. Str. 2470, Km. 447,12*] thiete A 1915 ne geswichen A, geswichen *W*] *fehlt* P 1917 suzze P] so ze A

Meine Vasallen werden hier ihr Leben lassen,
und so müssen zu Hause
die Kinder lange weinen.
Deshalb versichere ich euch bei Gott,
daß es viel besser ist,
wenn die Zwölf sterben,
als daß wir alle untergehen.«

Da freute sich der Alte.
Das Herz klopfte ihm.
Er verjüngte sich auf der Stelle.
Das Alter verwandelte sich in Jugend,
er belebte sich äußerlich und innerlich.
Er gab seinem Pferd die Sporen
und flog dahin, als ob er
ein schneller Falke gewesen wäre.
Er verneigte sich vor ihm bis zum Sattelbogen
und sagte: »Daß ich dies Wort von dir gehört habe,
werde ich dir ewig danken.
Du und mein Herr
werdet gute Freunde werden.
Wenn dir der Sinn danach steht,
so wirst du herrschen
über Land und Leute
im ganzen Reich meines Herrn,
so daß wir dich nie verlassen werden
in allen deinen Angelegenheiten.«
Der Herzog lachte freundlich.

Blanscandîz wincte sînen gnôzen. *(368)*
zesamne si gesâzen *367*
under einem öleboume. *366*
si rieten mit Genelûne *369*
den aller wirsesten rât,
der under disem himele ie gevrumt wart.
Genelûn geriet michel nôt.
den armen Judas er gebildôt.
dô unser hêrre ze merde gesaz
unde er mit ime tranc unde az,
in den triuwen er in verriet
wider die meintætige diet.
er verkouphte in mit gedinge
umbe drîzic phenninge.
daz ime sît vil üble ergienc,
wand er sich selben erhienc.
des en was alles nehein rât,
ez was lange vore gewîssaget.
unde verkouphte Judas in einen,
Genelûn verkouphte wider die heiden
mit ungetriuwen listen
manigen hêrlichen kristen.
mit gedinge man wac
den schaz, den man ime dar umbe gab,
des goldes einen vil michelen last.
wie starke diu untriuwe ûz brast!

In deme râte sâzen
ungetriuwe hûsgnôze.
si rieten alsô lange
vone manne ze manne,

1920 eineme oeleboume A *W*] einen oele boum P 1921 Genelune A *W*] genelun P 1922 wirsisten P] wirresten A 1932 uil *fehlt* A, *vgl. Km. 447,37* ergienc *BW*] irgen P, ergie A 1940 wac P] ime wac A, *vgl. Km. 447,49*

Blanscandiz gab seinen Gefährten ein Zeichen.
Sie setzten sich zusammen
unter einen Ölbaum.
Sie schmiedeten mit Genelun
den bösesten Plan,
der je unter dem Himmel ausgeführt wurde.
Geneluns Rat entsprang großes Unglück.
Er ist ein Abbild des elenden Judas.
Als unser Herr beim Abendmahl saß
und er mit Ihm trank und aß,
da hatte er Ihn in Wahrheit schon verraten
an das verbrecherische Volk.
Er verkaufte Ihn vereinbarungsgemäß
um dreißig Silberlinge.
Das hatte bald darauf sehr schlimme Folgen für ihn,
denn er erhängte sich.
Es mußte alles so kommen,
es war längst prophezeit.
Während aber Judas den einen verriet,
verkaufte Genelun den Heiden
durch Treuebruch
viele edle Christen.
Man verhandelte und wog
den Schatz, den man ihm dafür gab,
eine sehr große Menge Goldes.
Wie deutlich trat da die Untreue zutage!

Es war eine Beratung
von Bösewichten.
Sie sagten so lange
reihum ihre Meinung,

unze si alle samt swuoren, *403*
daz si Ruolanden slüegen, *404*
Olivieren, den snellen,
unde andere ir gesellen
mit Genelûnes volleiste.
wande in sîneme geiste
was nehein triuwe.
von ime kom michel riuwe.
er ervolte daz altsprochene wort.
jâ ist gescriben dort:
'under scœnem schade liuzet,
ez en ist nicht allez golt, daz dâ glîzet.'
Genelûn was michel unde lussam,
er muose sîne natûre begân.
michels boumes schœne
machet dicke hœne.
er dunket ûzen grüene,
sô ist er innen dürre.
sô man in nider meizet,
sô ist er wurmbeizec.
er ist innen vûl unde üble getân.
daz bezeichenet den man,
der ûzen wole redet
unde valsches in deme herzen phleget.
er dunket ûzen vol,
sîn muot ist innen hol.
den hât der wurm gehecket.
swer der triuwen gesmecket,

1948 alle samt P] also samen A 1956 iruolte P] rorte A 1965 er *fehlt* A 1966 meizzet P] smeizzet A 1968 innen P] binnen A 1969 daz bezeichenet P] ther bezeinet A 1972 er P] ther A 1973 sin mût ist innen P] unde ist binnen A 1974 gehechet P] gebehchet A, *vgl. Str. 2513* verezzen, *Km. 448,20* geswechet 1975 swer P] so wer auer A, *vgl. Km. 448,21*

bis sie alle schwuren,
Roland zu töten,
den tapferen Olivier
und ihre andern Gefährten
mit Geneluns Hilfe.
Denn in dessen Geist
war keine Spur von Treue.
Er verursachte großes Leid.
Er machte ein altes Wort wahr.
Es steht nämlich geschrieben:
›Der schöne Schein trügt!
Es ist nicht alles Gold, das glänzt!‹
Genelun war stattlich und schön
und mußte doch seiner inneren Anlage folgen.
Die Schönheit eines mächtigen Baumes
täuscht oft.
Außen sieht er grün aus,
innen aber ist er abgestorben.
Wenn man ihn fällt,
ist er wurmzerfressen,
ist er innen faulig und morsch.
Das ist ein Bild des Menschen,
der öffentlich Gutes spricht,
im Herzen aber Betrug hegt.
Äußerlich wirkt er unversehrt,
innerlich aber ist sein Herz hohl.
Ihn hat die Schlange gebissen.
Wer den Glauben kennengelernt hat,

der hüetet ir iemer gerne.
die müeze wir von deme heiligen geiste lerne.
Genelûn saz mitten under in,
der tiuvel gab ime den sin.
durch nît unde durch gebe
er gevestente sîne rede.
si wonten dâ allen einen tac.
Genelûn sîne triuwe dare gab, *403*
er gevuogte in ze handen
den helt Ruolanden *404*
unde andere sîne genôze –
des swuor er eide grôze –
unde Olivieren, den snellen,
unde ander ir gesellen.
daz si der neheinen genesen liezen,
vil stæte si ime daz gehiezen.

Der rât der was getân.
sich vröuten Marsilien man.
si kômen ze den stunden, *414*
dâ si den küninc vunden. *414*
dô sprach Blanscandîz, der alte: *416*
'daz dich, hêrre, gehalte *416–417*
Machmet unde Apollo. *416–417*
die geben dir den vollen
alles dînes gemüetes,
unde daz du dich behüetes,
alsô ire wille sî,
unde gemachen dir noch vrî
elliu dîne rîche.
ich hân williclîche

1982 wonten da P] gewoneten A 1984 geuůgte P] gelouet A 1991 state P] tiure A ime *fehlt* A 1997 gehalte P, *vgl. Str. 2544*] Got behalte A, *vgl. Km. 448,43* 1999 Thie geuen A, *vgl. Str. 2547, Km. 448,45*] unde gebe P W 2003 dir P] thih A

wird ihn niemals wieder aufgeben.
Wir wollen ihn vom Heiligen Geist lernen.
Genelun saß in ihrer Mitte.
Der Teufel gab es ihm ein.
Aus Haß und Habgier
beschwor er alles.
Einen ganzen Tag blieben sie dort.
Genelun gab sein Wort,
er werde ihnen
den Held Roland ausliefern
und seine Kampfgenossen –
darauf schwur er feierliche Eide –
wie den starken Olivier
und andere ihrer Gefährten.
Daß sie keinen von ihnen am Leben lassen wollten,
versprachen sie ihm fest.

Die Beratung war zu Ende.
Die Leute des Marsilie freuten sich.
Bald darauf kamen sie
an den Aufenthaltsort des Königs.
Der alte Blanscandiz sagte:
»Herr, mögen dich
Mahomet und Apollo beschützen
und dir alles schenken,
was dein Herz begehrt,
daß du dich rettest
nach ihrem Ratschluß,
und mögen dir schließlich
alle deine Reiche befreien.
Ich habe bereitwillig

erworve dîne boteschapht, *418*
alse ich ûz gesendet wart.
nû scolt dûz volenden.
dar umbe hât here gesendet *421*
Karl, der rœmische voget,
unt ist der fürsten aller wort.
nû vernim dû, hêrre, selbe, *423*
waz die bote rede welle.'
'ich hœre ez allez vile wole, *424*
swaz er hie reden scol',
sprach der künic Marsilie.
'nû rede dû selbe.' *424*
der bote sprach ze Marsilie: *428*
'künic aller himele, *428*
der uns von der helle erlôste
unde die sîne alle getrôste,
der gebe dir die gnâde,
daz dû besizzest sîne râwe,
unde erledige dich von deme êwigen tôde.
dir enbiutet der keiser von Rôme, *430*
daz dû got êrest *431*
unde in die kristenheit kêrest, *431*
daz dû dich touphest,
an einen wâren got geloubest.
des wil er gwisheit haben.
er heizet dir wærlîchen sagen,
enphâhest dû die cristenlîchen ê,
daz dîne marke alle mit fride stê.

2007 wart A *W*] was P 2013 bote P] boten A welle P] willen A 2016 sprach A *W*] du sprach P 2018 *Initiale* A 2021 alle *fehlt* A 2025 keiser P] kuning A, *vgl. Km. 448,58* 2029 waren *fehlt* A geloubest P] lŏuest A 2031 er P] ther A 2032 di P] then A kristenlichen A *W*] cristinheit P, *vgl. Str. 2576* 2033 alle P] al A ste P] sten A

deinen Auftrag erfüllt,
mit dem ich ausgeschickt worden bin.
Nun mußt du es zu einem Abschluß bringen.
Dazu hat Karl einen Boten hergeschickt,
der Vogt von Rom;
und das haben alle Fürsten gelobt.
Höre also selbst, Herr,
was der Bote sagen will.«
»Ich werde alles sehr gern anhören,
was er hier ausrichten wird«,
sagte König Marsilie.
»Sprich also selbst.«
Der Bote sprach zu Marsilie:
»Der Himmelskönig,
der uns von der Hölle erlöst
und die Seinen alle gerettet hat,
schenke dir Seine Gnade,
daß du Seinen Frieden hast,
und befreie dich von dem ewigen Tod.
Der römische Kaiser läßt dir sagen,
du sollest Gott ehren
und zum Christentum übertreten,
du sollst dich taufen lassen
und an den einen, wahren Gott glauben.
Dafür will er ein Pfand.
Er läßt dir die feste Zusage machen,
daß, wenn du das Christentum annimmst,
dein Grenzland Frieden haben wird.

er lîhet dir halbe Hyspaniam, *432*
daz ander teil scol Ruolant hân. *473*
unde werdest dû sîn man,
sô muost du wole fride hân, *(423)*
sô behabest dû grôz êre.
der keiser enbiutet dir ouch mêre.
sezzest du dich ze deheiner were, *433*
er suochet dich mit here.
er zestœret elliu dîne hûs,
er vertrîbet dich dar ûz.
weder en erde noch in mere
macht du dich ime erweren.
er heizet dich vâhen, *434*
von einem esele vüeren *435*
an sînen stuol ze Ache. *435*
dâ nimt er die râche, *436*
daz houbet heizet er dir abe slahen. *437*
daz hiez mich dir mîn hêrre, der keiser, sagen.'

Marsilie al umbe warte. *438*
er erbleichte harte. *441*
er gwan manigen angestlîchen gedanc. *438*
er gesaz kûme ûf die banc.
ime wart kalt unde heiz.
harte muote in der sweiz.
daz houbet wegte er.
er spranc hine unde her.
sînen stap begreif er, *442*
mit zorne er in ûf huop,
nâch Genelûne er in sluoc. *440*
Genelûn mit listen

2038 behabest du P] behaldestu A, *vgl. Str. 2085* 2045 ime *fehlt* A 2047 uon P] offe A, *vgl. Str. 2597* 2052 Marssilie P] Marsilies A 2053 erbleichte P] bleihte A 2054 gwan P] wan A 2060 begreif P] greib A

Er wird dir halb Spanien zum Lehen geben,
die andere Hälfte soll Roland bekommen.
Wenn du sein Vasall wirst,
ist dir der Friede sicher;
so behältst du große Ehre.
Aber auch das läßt dir der Kaiser sagen:
Wenn du dich irgend zur Wehr setzt,
wird er dich mit seinem Heer heimsuchen.
Er wird alle deine Häuser zerstören
und dich daraus vertreiben.
Weder zu Land noch zu Wasser
kannst du ihm Widerstand leisten.
Er wird dich gefangennehmen
und auf einem Esel
zu seinem Thron in Aachen führen lassen.
Dort wird er Rache nehmen
und dir den Kopf abschlagen lassen.
Das befahl mein Herr, der Kaiser, dir auszurichten.«

Marsilie blickte um sich.
Er erbleichte gänzlich.
Große Angst ergriff ihn.
Er vermochte sich nicht zu setzen.
Ihm wurde kalt und heiß,
ihm brach der Schweiß aus.
Er schüttelte den Kopf
und lief hin und her.
Dann ergriff er seinen Stab,
holte wütend aus
und schlug mit ihm nach Genelun.
Genelun wich geschickt

deme slage er entwiscte.
von deme küninge er entweich.
daz swert er umbe greif. 443
er sach hine widere.
er sprach zuo deme küninge Marsilie:
'nu tuost du dînen gwalt.'
er zuchte daz swert über halp.
er sprach: 'Karle, mînem hêrren,
diente ich ie mit êren.
in volcwîgen herten
gevrumte ich mit mînem swerte,
daz ich nie alsô glastert wart.
ich hân dich mit êren here brâcht, 446
ich hân dich gevuoret lange. 446
ich ne bin noch gebunden noch gevangen.
unde gevrümest dû den slac,
ez ist dîn jungester tac.
ich getuon lîchte veigen *(449)*
etlîchen heiden, *(449)*
den du niemer überwindest.
ich wæne, du tobest oder winnest.
nû muoz mich wole riuwen,
daz ich dînen ungetriuwen
ie gevolget an die strâze.
nû habent si mich üble gelâzen.
nû stên ich alterseine.
ware kômen die eide,
die si mir swuoren,
dô wir uns ûz huoben?'
die fürsten ûf sprungen, 450

2064 er *fehlt* A 2068 Marsilie *fehlt* A 2074 mit *fehlt* A 2075 also *fehlt* A 2078 bin noch gebunden P] bin bunden A 2081 ueigen P] weinen A 2083 ůberwindest P] uberwinnest A 2093 *Initiale* A

dem Schlag aus.
Er lief vom König weg.
Er ergriff sein Schwert
und sah sich um.
Er sprach zum König Marsilie:
»Nun greifst du zur Gewalt.«
Er zückte das Schwert zur Hälfte
und sagte: »Ich habe Karl, meinem Herrn,
immer ohne Schande gedient.
In erbitterten Schlachten
habe ich mit meinem Schwert so gekämpft,
daß ich nie derart entehrt wurde.
Ich habe dich bisher ehrenvoll geführt
und trage dich schon lange.
Noch bin ich nicht gefangen und gebunden.
Wenn du den Schlag ausführst,
so hat dein letztes Stündlein geschlagen.
Ich töte mit Sicherheit
viele Heiden,
deren Verlust du nicht verschmerzen wirst.
Ich glaube, du bist rasend oder ganz von Sinnen!
Nun muß ich wahrlich bedauern,
daß ich deinen wortbrüchigen Leuten
auf den Weg hierher gefolgt bin.
Nun haben sie mich im Stich gelassen.
Nun bin ich ganz allein.
Wo sind die Eide hin,
die sie mir geschworen haben,
als wir aufbrachen?«
Die Fürsten sprangen auf.

dare inzwischen si drungen. *450*
si verwizzenz deme künige.
sie sprâchen: ‘hêrre, du tuost übele *(453)*
daz du den keiser sô schendest.
sô du zuo ime sendest,
sô wirt dîn botschapht
lobsam unde enthapht.
si sprechent uns an die triuwe –
nû muoz uns harte riuwe,
daz der vride ie wart getân –,
dû hieze ime houbten sîne man.
nû gestille dînen zorn.
wir wellen gerne dar under komen,
unde tuon daz mêre,
hêrre, durch dîn êre
denne durch sînen willen.
lâ dizze ungemüete stillen.’

Dô brach der küninc Marsilie *486*
des keiseres insigle. *486*
selbe er den brief las, *486*
wande er wole gelêret was.
er begunde heize weinen.
er sprach ze den heiden:
‘nû vernemet, ir fürsten alle,
wie iu dirre brief gevalle.
Karl enbiutet mir tumplîchen, *487*
er zestœre diz rîche,
er heize mich ze Ache vüeren,
gebunden mit snüeren
ûf sînem soumære.
diu botschapht ist mir swære.
er wil ze harte gâhen.

2111 prach P] sprah A 2112 insigle P] ingesigele A 2117 ir P, *vgl. Str. 2631*] *fehlt* A 2125 ze P, *vgl. Str. 2639*] iz A

Sie warfen sich dazwischen.
Sie tadelten den König
und sagten: »Herr, es ist nicht richtig,
daß du den Kaiser so verhöhnst.
Wenn du ihm Boten schickst,
wird dein Auftrag
zu einem guten Ende gebracht.
Sie werfen uns Wortbruch vor –
jetzt müssen wir sehr bedauern,
daß der Waffenstillstand vereinbart wurde –,
du habest seine Boten köpfen lassen.
Besänftige deinen Zorn.
Wir wollen die Vermittlung übernehmen
und werden es mehr,
Herr, deiner Ehre wegen
als ihm zuliebe tun.
Laß deinen Verdruß fahren.«

Darauf brach König Marsilie
des Kaisers Siegel.
Er las selbst den Brief,
denn er hatte Schulbildung.
Er weinte bitterlich
und sprach zu den Heiden:
»Nun hört, ihr Fürsten alle,
wie euch dieser Brief gefällt.
Karl droht mir grob,
er werde dieses Reich zerstören,
und mich nach Aachen bringen lassen
mit Stricken gefesselt
auf einem seiner Maultiere.
Die Botschaft kränkt mich.
Er hat es allzu eilig.

ê ich mich lâze vâhen,
ez wirt vile herte.
wir scholen mit den swerten
daz velt mit in geteilen,
daz alle die heiden
iemer mêre dar vone sagen,
ê ich mich den soumære lâze tragen.'

Dô antwerte ime sîn œheim, *(495)*
der was der wîsesten ein:
'hêrre, erloube mir übern man.
er hât ungezogenlîchen getân, *496*
daz er ze dîner antwerte *496*
mit gevaztem swerte
greif an sîne were,
sam er al dîn here
eine mächte verswenden.
dû ne scolt dich niemer sô geschende,
daz er sîn icht genieze,
swenne er dâ heime sæze
in sînem ruome,
daz er vor dînem küninclîchen stuole
dir alsô hêrlîchen gedrôt hât.
wilt du es, hêrre, haben mînen rât,
ez wirt schiere gerochen,
swaz er dir, künic, hât ze leide gesprochen.'

Der alte mit deme barte, *(503)*
der erzurnte harte.
ime viureten diu ougen.
er sprach: 'du ne scholt dîn laster niemanne erlouben.

2129 geteilen P] teilen A 2131 mere *fehlt* A 2136 getan P] geuaren A 2137 diner P] einere A 2145 rûme P] Rome A, *vgl. Str. 2658* daz er sichs iht rüeme 2147 dir *fehlt* A gedrot P] throt A 2148 is herre P] *fehlt* A, *vgl. Str. 2659* 2152 irzurnte P] zornte A

Ehe ich mich gefangennehmen lasse,
kommt es noch hart auf hart.
Mit den Schwertern werden wir
das Schlachtfeld mit ihnen teilen,
daß die Heiden alle
noch lange davon zu erzählen wissen –
ehe ich mich auf das Maultier setze.«

Darauf antwortete ihm sein Oheim,
einer der erfahrensten Männer:
»Herr, übergib mir den Mann!
Er hat sich ungebührlich verhalten,
als er in deiner Gegenwart
mit gezücktem Schwert
sich verteidigen wollte,
als ob er dein ganzes Heer
alleine vernichten könnte.
Laß die Schande nicht auf dir sitzen,
daß er etwa noch belohnt wird,
wenn er in der Heimat
sich rühmen dürfte,
er habe vor deinem Königsthron
dir so herrisch gedroht.
Wenn du, Herr, meinem Rat folgst,
so wird es auf der Stelle gerächt,
womit er dich, König, beleidigt hat.«

Der Alte mit dem Bart
wurde sehr wütend.
Seine Augen funkelten.
Er sagte: »Keinem darfst du erlauben, dich zu beleidigen.

scholte man in in den triuwen erslahen,
von dem wir alle unser êre mügen haben?
von Genelûne einem
gevröuwent sich alle heiden.
volge unserm râte
unde besente in vile drâte.
hab in mit êren.
er kan dich wole gelêren,
ist daz dus in ergezzest,
wie du dîn dinc rechte gesezzest.
lâze in mit minnen.
vrüme in wole hinnen.
gib ime hêrlîchen.
ez gevrumt allem disem rîche.'

'Du rætest mir mîn êre.
jâ wil ich dîner lêre
vil gerne volgen.
mînes muotes was ich ime erbolgen.
nû handelt ez mit sinnen,
kort in here widere bringen. *508*
ich versüene ez gerne.'
fürsten, die hêrren,
giengen nâch Genelûne.
eine stuont er under eineme pineboume. *500*
sîn antlizze was alsô hêrsam,
si sprâchen, si ne wessen neheinen man,
der sô vorchtlîch wære.
si sprâchen, daz er deme rîche wole zæme.

2156 alle P] all A unser A] unse P 2157 Genelune A] genelun P 2158 geurouwint P] urowent A 2159 unserm P] unse reine A, unsereme *B* 2164 din P] thine A 2172 ime *fehlt* A 2173 sinnen P] sinne A 2176 fůrsten die herren P] thie fürsten unde die herren A 2178 eine *fehlt* A bineboume P] boume A 2179 also *fehlt* A 2182 riche *fehlt* A zeme P] gezeme A

Sollte man aber wortbrüchig den töten,
von dem unser ganzes Ansehen abhängt?
Allein in Geneluns Hand
liegt das Glück aller Heiden.
Höre auf unsern Rat
und lasse ihn sogleich holen.
Behandle ihn ehrenvoll!
Er kann dir genau sagen,
wenn du es ihm lohnst,
wie du deine Sache richtig führst.
Entlasse ihn freundlich,
schicke ihn heil zurück,
beschenke ihn fürstlich,
es kommt deinem ganzen Reich zugute.«

»Du rätst mir zu meiner Ehre.
Deinem Rat will ich
bereitwillig Folge leisten.
Ich war in Zorn geraten über ihn.
Nun handelt bedacht,
versucht, ihn wieder herzubringen.
Ich möchte den Streit beilegen.«
Hochadlige Fürsten
begaben sich zu Genelun.
Er stand allein unter einer Pinie.
Sein Anblick war so gebieterisch,
daß sie sagten, sie kennten keinen Mann,
der solche Achtung einflößte.
Sie sagten, er sei des Kaisers würdig.

si lobten in gnuoc.
si sprâchen, er wære ein helt guot,
daz er deme künige nicht wolte vertragen,
dô er in über daz houbet wolde slahen.

Dô Genelûn vüre gie, *(510)*
der künic in wole enphie.
sîne hêrscapht er wæchte,
die hant er ime raichte. *509*
er sprach: ‘Genelûn, lieber man, *512*
swaz ich wider dir hân getân, *513*
des ergezze ich dich gerne.’
er vordert zwelf hêrren
in sîne kemenâten,
die ime aller beste kunden gerâte.
zuo deme râte dô kom
Algaphiles unde Valsaron, *505*
Valdebrun unde Orphalis,
Glibon unde Clargis,
der herzoge Gersîz,
der alte Blanscandîz unde Plangirz. *503*
die sâzen dar inne.
‘nu râtet mir in iuwerme sinne,
wie ich Genelûnen ze einem innern vriunde gewinne.
daz laster wil ich ime wandelen.’
er gab ime einen guoten mantel *515*
mit golde beslagen. *(516)*
er sprach: ‘den salt du durch mînen willen tragen.
ouch solt du mîn golt nemen,
âne zale unde ungewegen.

2190 die P] sine A raichte *W*] rachte P *B*, rehte A 2196 aller beste P] wol A 2198 Falsaron] walsaron P, Valsaron A 2199 ualdebrun P] Waldebrun A 2200 clargis P] Clargirz A 2205 innern *fehlt* A *zwei Verse G B* Genelunen: gewinne

Sie priesen ihn hoch
und sagten, er sei ein großer Held,
daß er vom König nicht habe hinnehmen wollen,
aufs Haupt geschlagen zu werden.

Als Genelun vortrat,
empfing der König ihn ehrenvoll.
Er kam seinem Stolz entgegen
und reichte ihm die Hand.
Er sagte: »Genelun, lieber Mann,
was ich dir angetan habe,
dafür will ich dich entschädigen.«
Er lud zwölf Fürsten
auf sein Zimmer,
die ihm am allerbesten raten konnten.
An der Beratung nahmen teil
Algafiles und Falsaron,
Valdebrun und Orphalis,
Glibon und Clargis,
Herzog Gersiz,
der alte Blanscandiz und Plangirs.
Das waren die Anwesenden.
»Nun ratet mir nach eurer Einsicht,
wie ich Genelun zu einem engen Freund machen kann.
Die Beleidigung will ich an ihm wiedergutmachen.«
Er schenkte ihm einen kostbaren Mantel
mit Goldstickereien.
Er sagte: »Trage ihn mir zuliebe.
Außerdem sollst du Gold von mir bekommen,
ungemessen und ungewogen.

gebiut gwalteclîche
über al mîn riche.
ich selbe bin dir gereite.
die fürsten macht du leiten
al nâch dînem willen.
wir werden noch guote gesellen.'
mit umbeslozzenen armen
si kusten ein ander.
behanden si sich viengen.
diu suone begonde in beiden lieben.

Dô sprach der künic Marsilie: *520*
'Genelûn, du bist stæte und biderbe.
ich wil an dich dingen,
daz ich mit dînen minnen *(521)*
mînen willen müeze reden. *(522)*
wer hât Karle den gwalt über mich gegeben, *(522)*
daz er sô gewalteclîche
verbiutet mir mîn rîche
unde sich underwindet,
daz er die werlt alle twinget,
daz siu ime werde undertân?
nu hât er lange sô gevarn. *523, 525*
er ist ein alt hêrre. *523*
er mächte hinnen mêre *(528)*
von grôzen arbeiten muoden *(528)*
unde lieze die fürsten ruowen,
lieze mir daz mîn.
ez ne sol dir nicht leit sîn.'

2213 gwaltechliche P] waldihliche A 2220 ein ander P] sih einander A 2221 si *fehlt* A 2222 in beiden P] then heithene A 2225 dingen P] gethingen A 2228 gegeben P] geuen A 2229 gewaltechliche P] waldihliche A 2231 unde sich P, *vgl. Str. 2781*] thaz er sich A 2233 werde P] werthen A

Übernimm die Herrschergewalt
in meinem ganzen Reich.
Ich selbst stehe dir zur Verfügung.
Du kannst die Fürsten anführen
ganz nach deinem Gutdünken.
Wir wollen gute Freunde werden.«
Sie umarmten
und küßten sich
und schüttelten sich die Hände.
Die Versöhnung war ihnen beiden lieb.

Darauf sagte König Marsilie:
»Genelun, du bist treu und tapfer.
Ich will doch hoffen,
daß ich mit deinem Einverständnis
reden darf, wie mir zumute ist.
Wer hat Karl die Macht über mich verliehen,
daß er so gewaltsam
mir mein Reich abspricht
und es unternimmt,
die ganze Welt zu zwingen,
daß sie ihm untertan werde?
Lange hat er danach gehandelt.
Nun ist er ein Greis.
Er sollte fortan doch eigentlich
genug haben von den großen Anstrengungen
und sollte die Fürsten in Ruhe lassen,
mir aber mein Eigentum nicht streitig machen.
Aber das soll dich nicht kränken.«

Dô sprach Genelûn: *529*
'hêrre, du scholt mir ouch erlouben,
daz ich nû reden wil.
Karl hât tugende vil. *(530–531)*
er ist tiure unde mære. *(530–531)*
alle wîse scrîbære *(534)*
mächten niemer volscrîbe *(534)*
die manigen tugent von sînem lîbe.
er ist der aller sælegeste hêrre. *(536)*
durch got stürbe er gerne.
er en hât sîn neheinen rât,
wan ime ez got selbe geboten hât,
daz er die heiden bekêre.
wir helfen ime dar zuo gerne.'

Dô sprach Marsilie: *537*
'dâ ne rede ich niet widere,
swâ er got gêret,
sîn dienest gemêret.
Karl ist selbe ein guot knecht.
mich endunket ave nicht recht,
daz er mir mîn rîche neme
unde ez einem andern gebe
unde ez habe der mit gwalt.'
'daz tuot allez Ruolant', *(544)*
sprach Genelûne, *(544)*
'er enbeitet vile kûme.
Olivier unde Turpîn, *546*
die wellent vile gwis sîn,

2241 genelun PA] Genelune *BW* 2248 manigen *fehlt* A, *vgl. Str. 2798 (aber 2802)* 2249 aller *fehlt* M saelegiste herre PM] selegisten er hærre A 2252 selbe P, *vgl. Vb. 45,34*] *fehlt* A, *vgl. Str. 2804* 2257 geret P] eret A 2261 mir P, *vgl. Str. 2813*] *fehlt* A 2263 habe der P] thir haue A 2264 *Initiale* A 2265 genelune P] Genelun A 2266 enbeitet P] beitet A

Genelun antwortete:
»Herr, erlaube auch du mir,
was ich nun meinerseits sagen will.
Karl hat alle Vollkommenheit.
Er ist ausgezeichnet und berühmt.
Alle gelehrten Schreiber
kämen an kein Ende, sollten sie
die Vorbildlichkeit seiner Person beschreiben.
Er ist der allergesegnetste Herrscher.
Für Gott gäbe er bereitwillig sein Leben hin.
Er hat auch gar keine andere Wahl,
denn Gott selbst hat ihm den Auftrag erteilt,
die Heiden zu bekehren.
Wir unterstützen ihn freiwillig dabei.«

Darauf sagte Marsilie:
»Ich habe nichts gegen ihn,
wo er Gott ehrt
und dessen Dienst mehrt.
Karl selbst ist ein tapferer Mann.
Aber mich dünkt nicht recht,
daß er mir mein Reich nehmen
und es einem andern geben will,
damit der es in seiner Gewalt habe.«
»Daran ist nur Roland schuld«,
antwortete Genelun,
»der kann es kaum erwarten.
Olivier und Turpin
sind sich ganz sicher

unt ander ir gesellen, *547*
si habent grôzen willen,
daz si dich selben erslahen,
unde alsô ze Babilônie varen,
daz si die werlt alle under sich teilen.
ir muotes sint si umbescheiden.'
'wolde mîn hêrre Machmet,
den ich dicke anbet',
sprach dô der heiden,
'nû si sint umbescheiden,
hête ich si zwelve erslagen,
daz ich vride mächte haben.
der mir den keiser slüege,
sô wæne ich überwürde
aller mîner sorgen,
die mir noch dâ vore sint verborgen.'

Genelûn sprach: *567*
'den keiser Karlen en mac
nieman erslahen.
got wil in selbe bewaren.
sîn hüetent zweinzic tûsent man. *548, 561*
der site ist sô getân,
daz si sich niemer gescheident.
si habent sich in vieriu geteilet
unde habent sich gevestent
ôstert unde westert,
sundert unde nordert.
si habent sich sô geordinet
mit den aller besten wâfen,

2273 alle P] al A 2274 ir P] thes A 2275 *Initiale* A 2279 Hete A] hette P si PA] di M 2280 maechte P] mose A 2284 noch *fehlt* A 2286 Karlen *fehlt* A 2288 selbe A *BW*] selbin P 2291 gescheident P] nesceithent A

und ihre übrigen Gefährten.
Sie sind fest entschlossen,
dich selbst zu töten
und danach nach Babylonien zu ziehen,
um die ganze Welt unter sich aufzuteilen.
Sie sind von ruchloser Gesinnung.«
»Wollte Mahomet, mein göttlicher Herr,
den ich häufig anrufe«,
sagte darauf der Heide,
»daß ich, da sie so maßlos sind,
alle zwölf erschlagen hätte,
damit ich Frieden haben könnte.
Wenn mir einer den Kaiser erschlüge,
dann wäre ich sicher
aller meiner Sorgen ledig,
die mir jetzt noch unbekannt sind.«

Genelun sagte:
»Kaiser Karl kann
niemand töten,
Gott selber schützt ihn.
Zwanzigtausend Mann bewachen ihn,
deren Gewohnheit es ist,
sich niemals zu trennen.
Sie haben vier Abteilungen gebildet
und sich verschanzt
nach Osten und Westen,
Süden und Norden hin.
Sie haben sich so formiert
mit den allerbesten Waffen,

der keiser wache oder slâfe,
si hüetent alumbe.
ez ne wirt niemer zeheiner stunde,
si ne haben warnunge.
swelhe dar under drüngen,
den wære gereite der tôt,
wande si durch neheine werltlîche nôt
deme keiser entwîchent.
si wervent tagelîchen,
wâ si daz erwerven,
daz si durch got ersterben.'

Der künic redete listeclîche: *(563)*
'wol du herzoge rîche, *563*
du scholt dich iemer nieten
in lande unde in dieten
vile micheler êren.
nû salt dû mich lêren,
ich hân sîn gerne dînen rât.
mîn dinc verre an dir stât.
ich hân vile guoter knechte. *564–565*
mag ich mit Karle vechte? *566*
vil michel ist mîn gwalt.
mîn hêrschapht ist manecvalt.
unde werdent mir zehenzic tûsent erslagen,
wil ich den heiden heizen sagen.
drîzec künige mit here
von den inseln ûz deme mere,
swie drâte ich si wil,
sô hân ich zwire sam vil.

2298 wache oder slafe P] slafe other wahche A 2300 ze heiner P] thiu A 2303 gereite P] reite A 2305 entwichent P] untwichen AM 2311 nieten P] genieten A 2312 unde P] ioh A 2314 mich P] uns A 2322 den P] thenne A sagen *fehlt* A 2325 swie drate P] so wie thrate so A

daß sie, ob der Kaiser nun wacht oder schläft,
nach allen Seiten hin auf der Hut sind.
Es wird keinen Augenblick geben,
da sie unaufmerksam sind.
Denen, die sich an sie wagten,
wäre der Tod sicher,
denn sie lassen um nichts in der Welt
den Kaiser im Stich.
Sie handeln unablässig danach,
wie sie es erreichen,
für Gott zu sterben.«

Listig sprach der König:
»Wohlan, mächtiger Herzog,
du sollst dich stets
bei Land und Leuten
größten Ansehens erfreuen.
Belehre mich nun also,
ich möchte deinen Rat haben.
Meine Sache liegt ganz bei dir.
Ich habe viele tapfere Streiter,
darf ich den Kampf mit Karl wagen?
Meine Macht ist sehr groß,
meine Herrschaft reicht weit.
Wenn ich hunderttausend Mann verliere,
werde ich den Heiden Nachricht zukommen lassen.
Dreißig Könige (kommen) mit ihren Heeren
von den Inseln im Meer
so schnell, wie ich sie brauche.
So habe ich dann doppelt so viele.

die künige von den landen,
wil ich ez mir enblanden,
der sint niune in deme kreize.
swaz ich si tuon heize,
sô kument si mir in drîzec tagen.
der mag ieglîcher wole here haben.
helt, nu rât du mir dar zuo,
âne dich en wil ich nicht tuon,
want ich dir wole getrûwe.
nu sprich du, hêrre Genelûne,
unde lâ mich dînen rât hœren.
ich wil sîn dir iemer lônen.'

Dô sprach der ungetriuwe râtgebe: *(567)*
'lâ dîne tumplîche rede. *569*
ob sich an ein velt
gesamnôte elliu dise werlt,
sine mächten nicht erherten
vor den guoten swerten,
dei in des keiseres hove sint.
si zevüerten si sam der wint
an der dürre tuot den stoup.
ir vechten daz entouc.
sich en darf nieman mit in beheften,
dâ vichtet selbe mîn trechtîn.
deme keiser en mag nicht gewerren,
die wîle er got wil vlêhen.
wir schulen ez anders teilen. *(569)*
mächten wir si gescheiden,
Ruolanten unde die sîne!

2329 nûne P] funue A 2332 der P] ire A iegelicher P] iegelih A 2335 getruwe P] truwe A 2338 sin P] iz A, is *B* 2342 elliu dise P] alle thiu A 2346 der P] then A 2347 den P] ther A 2351 nicht gewerren P] niwet werren A 2354 gescheiden P] sceithen A 2355 rǒlanten P] Rolante A

Wenn ich mich um die Könige
des Festlandes bemühe,
gibt es derer neun im Umkreis.
Was immer ich ihnen zu tun befehle,
sie sind in dreißig Tagen bei mir.
Jeder von ihnen kann ein Heer aufbieten.
Nun, Held, rate du mir,
ohne dich will ich nichts unternehmen,
denn ich vertraue dir ganz.
Nun also sprich, Fürst Genelun,
und laß mich deinen Rat hören.
Ich will dir dafür immer lohnen.«

Der treulose Ratgeber antwortete:
»Laß deinen ahnungslosen Plan fallen.
Wenn sich auf einer Ebene
alle Menschen der Erde versammelten,
sie könnten nicht standhalten
den scharfen Schwertern,
die um den Kaiser versammelt sind.
Sie würden sie zerstreuen, wie der Wind
es bei Trockenheit mit dem Staub macht.
Ihre Kampfkraft ist zu schwach.
Niemand soll sich mit ihnen einlassen,
Gott selber kämpft mit ihnen.
Nichts kann dem Kaiser etwas anhaben,
solange er Gott um Beistand bittet.
Wir müssen es anders anfangen.
Wenn wir sie trennen könnten,
Roland und die Seinen!

die sint âne zwîvel,
daz in dirre werlte lebe dehein man,
der si türre bestân.
tuon ave ich dir deheinen rât
unde daz ez underwegen bestât,
sô saget man von mir niuwiu mære.
si redent, daz ich ungetriuwe phlæge.'

Der künic hiez sîne man *(610)*
Apollen dare vüre tragen. *(610), (611)*
der tiuvel gab ime den sin,
Genelûn swuor sich zuo ze in. *608*
Marsilie unde die sîne man, *612*
die tâten ime alsam. *612*
si swuoren al gemeine *615*
ûf Ruolanden eine. *615*
der künic unde alle sîne holden
swuoren ûf Apollen
ûf Ruolandes tôt.
si kômen sîn alle in grôze nôt.

Nu müezen wir alle wole klagen.
swenne wir hœren sagen
die grôzen untriuwe,
sô muoz uns balde riuwe,
daz ie dehein kristen man,
der touphe an sich gwan,
ie geriet den mort.

2357 dehein P] sohein A 2359 deheinen P] soheinen A 2360 unde *fehlt* A 2362 si redent *fehlt* A ungetruwe PA] untriuwe *B* 2363 chůnich *fehlt* A hiz P] hiez tho A 2364 uûre P, *vgl. Str. 2870* dar] *fehlt* A 2367 die *fehlt* A 2368 die *fehlt* A 2369 si *fehlt* A 2371 alle *fehlt* A 2374 sin alle P, *vgl. Str. 2882* des quâmens alle] alle sint A 2376 swenne P] so wanne so A 2378 můz P] mah A, *vgl. Str. 2886* 2379 diehein P] sohein A

Sie sind ganz sicher,
daß in dieser Welt kein Mensch lebe,
der mit ihnen zu kämpfen wagt.
Wenn ich dir nun einen Rat gebe
und er führt nicht zum Erfolg,
so wird man mich beschimpfen.
Man wird sagen, ich hätte Verrat begangen.«

Der König befahl seinen Leuten,
die Apollostatue zu bringen.
Der Teufel gab Genelun ein,
sich ihnen eidlich zu verpflichten.
Marsilie und seine Leute
taten ihm gegenüber desgleichen.
Ihrer aller Schwur
war allein gegen Roland gerichtet.
Der König und alle seine Getreuen
schworen bei Apollo,
Roland zu töten.
Das sollte sie alle noch teuer zu stehen kommen.

Nun haben wir alle Grund zu klagen.
Wenn wir erzählen hören
von diesem großen Verrat,
so muß uns sehr schmerzen,
daß jemals ein Christ,
der die Taufe empfangen hatte,
zu dieser Untat riet.

von ime stêt gescriben dort.
Dâvîd, ein künic vil hêre,
sprichet von deme verrâtære:
'er hât sîne zungen gewezzet,
er hât mîne vîande ûf mich gehezzet.
wider guote hazzet er mich.
hêrre, habe du selbe den gerich.
dû kürze ime sîne tage,
ein anderer sînen rîchtuom behabe.
sîniu kint werden weisen
unde komen niemer ûzer vreisen.
sîn wîp müeze witwe werden.
in sînen sünden müeze er ersterben.'
sô du komst an dîn gerichte
ze aller liute gesichte,
dâ werde er verteilet,
deme tiuvele bemeinet
in die swebelbrinnenten schare.
diu helle sî ime iemer gare,
daz er ungetriuwelîche
verriet zwei rîche,
sîne ebenkristen zuo der martir gab,
dô der keiser sînen stap
bî ime sande
zuo der heiden lande
ze suone unde ze gnâden,
unde si der touphe willic wâren.
daz er si in den triuwen beidenhalben verriet,
ouch ne genôz er sîn niet.

2383 here P] mere A, *vgl. Str. 2891* mære 2385 sine *fehlt* A 2387 guote P] gote A *W*, *vgl. Str. 2895* 2390 anderer P *B*] ander A *W* 2394 irsterben P] sterben A 2400 ime A *W*, *vgl. Str. 2919*] *fehlt* P 2401 ungetruweliche P] untruweliche A 2407 gnaden P] nathen A 2408 si *fehlt* A 2410 gnoz P] noz A

Von ihm ist in der Schrift die Rede.
Der edle König David
sagt von dem Verräter:
»Er hat seine Zunge gewetzt,
er hat meine Feinde auf mich gehetzt.
Er vergilt Güte mit Haß.
Herr, richte du selbst.
Kürze du ihm seine Tage,
ein anderer möge seine Stelle einnehmen.
Seine Kinder mögen Waisen werden
und niemals wieder der Not entgehen.
Sein Weib möge zur Witwe werden,
er aber möge in seinen Sünden sterben.«
Wenn du zum Jüngsten Gericht
den Menschen sichtbar erscheinst,
da möge er verdammt
und dem Satan zugesellt werden
und den im Höllenfeuer brennenden Sündern.
Die Hölle sei ihm auf ewig bereitet,
daß er treulos
zwei Reiche verriet,
seine Glaubensgenossen dem Martyrium auslieferte,
da der Kaiser seinen Stab
durch ihn ausgesandt hatte
ins Land der Heiden
als Zeichen der Aussöhnung und der Gnade,
wenn sie die Taufe empfangen wollten.
Daß er trotz solcher Zusicherungen beide Seiten verriet,
davon sollte er selbst nichts haben.

dizze heizet der pinrât,
wande ez allez gevrumet wart
under einem pineboume *407, 500*
mit samt dem ungetriuwen Genelûne.

Dô sprach der ungetriuwe man: *567*
'nû ich die gewisheit hân, *567*
hêrre, nû wil ich iu râten. *582*
besendet iuch vile drâte *(588)*
baidiu in lante unde in mer,
bringet zesamne iuwer her.
sendet deme kaiser iuwer gebe – *570*
hüetet, daz er iuch icht gesprechen mege –,
iuweren sun ze gîsele. *572*
sô sprechent sîne wîsen,
daz er mit grôzen êren
ze lande müge kêren. *573*
sô si den scaz ze sich genement,
urloubes si alle gerent.
die verre her komen sint,
die gesehent gerne wîp unde kint.
sô ne mag der keiser des nicht gewaigeren.
er muoz hin scaiden,
want erz selbe gelobet hât.
sô sage ich dir rechte, wie ez ergât.
sô nimt sîn neve Ruolant *(575)*
die bürge alle ze sîner hant.
er sprichet, er habez allez von rechte.
sô ertailent ime die guoten knechte,
daz er des landes hüete.
durch sîn übermüete

2414 mit samt P] mit A, samet *B* 2418 besendet A] besent P
2419 uñ P] ioh A 2422 hûtet *fehlt* A 2423 gisele P] giselen A
2425 grozzen *fehlt* A 2436 alle P] al A 2437 uon P] mit A, *vgl. Str. 2961* 2438 ime P] in A

Man nennt das den ›Pinrat‹,
weil das alles
unter einer Pinie
mit dem Verräter Genelun ausgehandelt wurde.

Der Verräter sagte:
»Da ich nun Sicherheit habe,
Herr, hört meinen Rat.
Schickt sogleich Boten
über Land und Meer
und versammelt Euer Heer.
Schickt dem Kaiser Euern Tribut –
seht zu, daß er keine Forderungen mehr stellen kann –
und Euern Sohn als Geisel.
Dann werden seine Ratgeber sagen,
daß er mit großem Ruhm
heimkehren könne.
Wenn sie den Tribut empfangen haben,
werden alle um Entlassung bitten.
Die von weit her gekommen sind,
möchten Frau und Kind wiedersehen.
Das kann der Kaiser dann nicht verweigern.
Er muß abziehen,
weil er selbst es versprochen hat.
Ich will dir sagen, was dann passiert:
Darauf wird sein Neffe Roland
die Städte alle besetzen.
Er wird sagen, ihm stehe das alles zu.
Die tapferen Krieger werden ihn beauftragen,
über das Land zu wachen.
In seinem Hochmut

wil er eine haben,
dâ dîne helde sint inne erslagen, *(591)*
drîzic tûsent unde mêr.
sô wirt er sîn sô hêr.
die zwelve varent allez mit,
daz ist lange ir sit.
si habent alle ain muot.
swer ir eineme icht getuot,
der hât si alle bestanden.
würde ez in enblanden,
des fröute sich mîn sêle
unt fraist ez ouch vil gerne.'

Dô sprach der ungetriuwe man,
der dem tiuvel manige sêle gwan:
'wilt du, hêrre, rât der zuo,
ich sage dir rechte, wie du tuo.
île, daz du liute gewinnest.
sô du dîn her zesamne bringest,
sô hüete der zîte,
sô der keiser wider über gerîte.
niemer geoffen dich sîn ê,
daz dir icht missegê.
ensûme dich nicht ze lange,
sô werdent si dir alle.
ich ne lâze daz niet,
ich ne sende dir mînen brief.
sô schaffe dû dîne spê,
swaz ie unt ie geschê,
die dich warnen.
lâ dich si nicht erbarmen.

2442 inne *fehlt* A 2443 drizzich *fehlt* A 2444 sin *fehlt* A 2445 allez P] alle A 2448 icht getůt P] iwet duot A 2452 fraist P *W*] uraischete A 2455 rat P] ih rate A 2456 dir *fehlt* A 2460 so P] also A uber gerite P] rite A

wird er allein zurückbleiben wollen,
wo deine Helden den Tod gefunden haben,
mehr als dreißigtausend.
Darauf wird er sehr stolz sein.
Die Zwölf werden bei ihm bleiben,
wie sie es stets getan haben.
Sie sind unzertrennlich.
Wer einem von ihnen etwas zufügt,
der hat sie alle angegriffen.
Würde es ihnen einmal zuviel,
freute ich mich in der Seele darüber
und empfinge begierig die Nachricht.«

Weiter sagte der Verräter,
der dem Teufel viele Seelen zuführte:
»Wenn du Rat suchst, Herr,
kann ich dir genau sagen, was du tun mußt.
Suche eilig Leute zu gewinnen.
Wenn du dein Heer gesammelt hast,
so achte auf den Zeitpunkt,
da der Kaiser über die Berge zurückkehrt.
Verrate dich nicht vorher,
damit es dir nicht mißglückt.
Warte aber auch nicht zu lange,
dann werden sie alle dir in die Hand fallen.
Ich werde nicht unterlassen,
dir meine Nachricht zuzusenden.
Du aber schicke Kundschafter aus,
die dich über alles, was vorgeht,
auf dem laufenden halten.
Habe kein Erbarmen mit ihnen.

schaffe dîne hâlschar,
sô geligent si al gar.
werdent die denne erslagen, 596
der keiser en mac sich niemer erhalen. 599
er erstirbet vor laide.
sô ne gesuochet er dich niemer mêre haime.' 600

Der künic antwirte ime dô:
'dîner rede bin ich vile frô.'
er kust in an den munt. 601
er swuor selbe an der stunt, 612
ob ez Apollo wolte,
daz der zwelve ne scolte
niemer nehainer dannen komen.
'mit aiden wil ich ez loben,
obe sîn Machmet verhancte.' (611)
der künc im dô dancte,
unt alle, die mit im wâren,
herzogen unde grâven,
si fröuten sich der rede.
mancvalt wart diu gebe.
der künc hiez ime für tragen
manigen bouc wole beslagen,
schüzzel unde napfe,
die wol gestainten kopfe,
manc werc spæhe,
die phellele vil wæhe,
bisse unde purpur.
man gab im ein culter
mit golde beslagen.

2472 al P] alle A 2474 erhalen P] erhaben A 2475 erstirbet P] steruet A 2476 gesůchet P] soket A niemir mere P] niet mer A 2480 selbe *fehlt* A, *vgl. Str. 3006* 2484 loben P] gelouen A 2487 alle *fehlt* A 2492 beslagen P] geslagen A

Lege einen Hinterhalt,
so werden sie alle fallen.
Wenn sie erschlagen werden,
kann sich der Kaiser nicht mehr davon erholen.
Er wird vor Kummer sterben.
Dann wird er dich niemals mehr heimsuchen.«

Der König antwortete ihm darauf:
»Ich bin sehr froh über deine Worte.«
Er küßte ihn
und schwor selbst sogleich,
wenn es Apollos Wille sei,
solle keiner der Zwölf
mit dem Leben davonkommen.
»Mit Eiden will ich es geloben,
wenn Mahomet es so fügt.«
Der König dankte ihm,
und alle seine Gefolgsleute,
Herzöge und Grafen,
freuten sich über das gegebene Wort.
Vielfältig waren die Geschenke.
Der König ließ ihm
viele kostbar besetzte Reife bringen,
flache und tiefe Schalen,
mit Edelsteinen besetzte Trinkbecher,
viel kostbares Gerät,
überaus köstliche Stoffe,
Byssus und Purpur.
Man schenkte ihm eine Decke,
mit Gold durchwirkt.

ienoch hiez er im für tragen
die tiuweren mantel harmîn,
sô si bezzer ne mochten sîn,
die lîste von zobele.
daz gestaine lûchte dar obene
sam daz brinnende ölevaz.
ienoch gab er im baz.
er hiez ime für ziehen
die marh bevollen ziere
unt vorloufte tiure,
olbenten unde mûle,
manigen soumære
unt geladen vil swære.
die gebe wâren lussam.
dô fröute sich der ungetriuwe man,
daz er ie kom an die vart.
ôwê daz er ie geboren wart!

Alsô er des küniges gebe enphie,
Valdebrûn hin zuo ime gie. *617*
er sprach: ‘Genelûn, lieber man, *619*
ditz swert scoltu von mir hân. *620*
daz gab mir der künc von Tielsarke.
er herte mir mîne marke,
dô sluoc ich ime ze der stunt
vier unt zwainzec tûsunt.
die ander fluhen danne,
selbe wart er gevangen.
daz gab er mir ze minnen.
nu füere dûz samt dir hinnen.
ich wil dirz hie ze stete bewæren,

2512 unt geladen P] Gelachen A, geladen *BW* 2518 ualdebrun P] Waldeprun A 2521 daz P] iz A, *vgl. Str. 3029* 2522 er P] ther A, *vgl. Str. 3030* 2523 ze P] an A 2524 tusunt *BW*] tusent (thusent) PA 2529 ze stete *fehlt* A

Darüber hinaus ließ der König ihm
wertvolle Hermelinüberwürfe bringen,
die nicht besser hätten sein können,
mit Zobelbesatz.
Edelsteine glitzerten darauf
wie das Licht einer Öllampe.
Und noch mehr schenkte er ihm.
Er ließ vor ihn führen
vollkommen schöne Pferde
und kostbare Jagdhunde,
Kamele und Maultiere,
viele Saumtiere
und sie schwer beladen.
Die Geschenke waren herrlich.
Da freute sich der Verräter,
daß er hergekommen war.
Ach, daß er je geboren wurde!

Nachdem er die Gaben des Königs empfangen hatte,
ging Valdebrun zu ihm
und sagte: »Genelun, lieber Mann,
empfange dieses Schwert von mir.
Mir gab es der König von Tielsarke.
Er verheerte mein Grenzland,
da erschlug ich ihm auf einen Schlag
vierundzwanzigtausend Krieger.
Die übrigen entflohen,
er selber wurde gefangen.
Er gab es mir zur Versöhnung.
Nimm du es jetzt mit dir.
Ich will dir hier auf der Stelle beweisen,

daz nehein swert sô mære 620
unter deme himele nie wart geslagen.’ 620
er hiez im ain helm dare tragen,
er sluoc in almitten ze tal.
daz swert netete sîn nehain war.
dô sprach der ungetriuwe herzoge:
‘ich hân friunt in diseme hove.
daz mir ire got müeze gunnen!
dû hâst mich iemer gwunnen.’
er bevalch ime umbe Ruolanten: *(623)*
‘bringestu mirn ze hanten’,
sprach der herzoge Valdebrûn,
‘daz diene ich iemer, friunt Genelûn.’

Oliboris hiez ime für tragen 627
ein helm harte wol beslagen. 629
diu lîste was rôt guldîn.
er sprach: ‘Genelûn, lieber friunt mîn,
disen helm scoltu tragen.
dune darft nehaine angest hân, *(629)*
swâ du in des kaiseres scar *(629)*
unter disem helme rîtest gar, *(629)*
daz dîn dehein wâfen gewinne. *(629)*
ich wil an dich gedinge,
daz dû Ruolanten 630
bringest mir ze hanten, 630
daz ich den ruom erwerbe.
ez ne sî, daz er niemer scule ersterben
von neheiner slachte wâfen,
ê ich in denne lâze,

2534 netete sin nehain war P] ne weih nie ware A 2537 mirre P] mir A 2541 ualdebrun P] waldeprun A 2542 ich *fehlt* A 2543 oliboris PA] Cliboris *B* ime P] ime tho A 2544 wol beslagen P] lussam A 2549 swa du in P] so war thec an A 2550 ritest A] ristest P 2551 din P] thiz A, thih *B*

daß kein berühmteres Schwert
je unter dem Himmel geführt wurde.«
Er ließ sich einen Helm bringen
und schlug ihn mitten durch.
Das Schwert merkte ihn gar nicht.
Darauf sagte der treulose Herzog:
»Ich habe Freunde an diesem Hof.
Gott möge sie mir erhalten!
Du hast mich auf ewig für dich gewonnen.«
Roland betreffend gab jener ihm folgenden Auftrag:
»Wenn du ihn mir herbeischaffst«,
sagte der Herzog Valdebrun,
»werde ich dir ewig dafür danken, Freund Genelun.«

Oliboris ließ ihm
einen schönen Helm bringen;
die Spange war aus rotem Gold.
Er sagte: »Mein lieber Freund Genelun,
diesen Helm sollst du tragen.
Du brauchst nicht zu befürchten,
daß, wo du im Heer des Kaisers
geschützt von diesem Helm reitest,
irgendeine Waffe dir etwas anhaben könne.
Ich setze meine Hoffnung auf dich,
daß du Roland
mir herbeischaffst,
damit ich den Ruhm erringe.
Wenn er nicht
gegen jede Waffe gefeit ist,
wird, ehe ich von ihm ablasse –

wil ez Machmet, mîn hêrre,
mîn lant hât iemer vor ime fride mêre.'

Genelûn vienc in bî hanten.
er sprach: 'ich gemache dir Ruolanten. *(632)*
ich gewîse in an die stat,
dâ er hin noch her ne mac,
ist daz ich gesunt lebe.
dise hêrliche gebe
dienet noch mîn sun Baldewîn.
ich scol dir iemer ungeswichen sîn.'

Vf stuont dô Brechmunde, *634*
diu kust in dâ ze stunde.
si gab ime ain gesmîde. *637*
si sprach: 'nu bringez dînem wîbe. *637*
Karl ist ein künc rîche, *640*
er ne gwan nie nehain samlîche, *640*
noch ne wart ûf der erde
nie geworcht mêre.
ich hân dîn gerne minne. *635*
kor mir Ruolanten gewinne.
scolt ich in tœten mit mîner hant,
ich gæbe liut unde lant.'
dô sprach der ungetriuwe man:
'wolt got, hêtestu si alle nu erslagen,
des fröute sich mîn sêle.
ir hôchvart müet mich vil sêre.'

Der künc hiez îlen,
sîne brieve scrîben.
er hiez künden in diu lant,

2560 iemir *fehlt* A 2562 gemache P] mache A 2569 Brechmunde G] brachmunt (Brahmunt) PA *BW* 2570 diu G] er PA *BW* 2571 si G] er PA *BW* 2572 si G] er PA *BW* 2579 scolt P] scol A 2582 nu *fehlt* A .

ist es der Wille meines Herrn Mahomet –,
mein Land für alle Zeit vor ihm Ruhe haben.«

Genelun ergriff seine Hand
und sagte: »Ich bringe dir Roland.
Ich führe ihn an eine Stelle,
wo er weder aus noch ein kann,
wenn ich am Leben bleibe.
Für dieses fürstliche Geschenk
wird noch mein Sohn Baldwin Dank wissen.
Nie werde ich dich im Stich lassen.«

Brechmunda erhob sich.
Die küßte ihn sogleich,
schenkte ihm einen Schmuck
und sprach: »Bring ihn deiner Frau.
Karl ist ein mächtiger König,
aber dergleichen besaß er nie,
noch wurde auf Erden
je ein zweiter dieser Art gemacht.
Ich erweise dir gern meine Freundschaft.
Versuche, mir Roland herbeizuschaffen.
Könnte ich ihn eigenhändig töten,
ich gäbe Land und Leute dafür.«
Darauf sagte der Verräter:
»Wollte Gott, daß du sie alle schon erschlagen hättest,
ich wäre in der Seele froh.
Ihr Hochmut kränkt mich tief.«

Der König ließ nun eilig
Briefe schreiben.
Er schickte die Nachricht hinaus,

Corders wære verbrant,
daz liut wære verkêret.
Machmet wære entêret.
alle, die in rechen wolten,
daz ime die komen scolten.
die heiden samnôten ir her
von lande unt von mer,
ûz vil manigen rîchen.
dar kom vermezzenlîchen
Alrich von Pande.
er fuort ûz sînem lande
zwainzic tûsent helde,
die er selbe ûz erwelte,
mit stâle umbeslozzen.
die wâren haiden vermezzen.
von Ulter Ilmar
huop sich williclîchen dar
mit fünfzehen tûsent mannen,
mit horne beslozzen alle.
Ilaz von Zamne,
der hêt drîzic tûsent manne.
Antelun von Horre,
doch er wære verre,
er fuort fünfzehen tûsent hornbogen.
ouch was ime komen
der künc von Calariâ,
der fuort ime dâ
fünfzehen tûsent unde mêre

2592 ime *fehlt* A 2595 uz P] uz uon A 2598 uz P, *vgl. Str. 3072*] uon A 2602 haiden P] helthene A 2603 *Initiale* A Ulter A, *vgl. Str. 3080* von Ultor der künic Limar] wlter P 2604 hůp P] ther hůb A 2607 zamne P] zamme A, *vgl. Str. 3083* Zammen 2609 antelun P] Antelin A, *vgl. Str. 3089* 2613 calaria P] salaria A, *vgl. Str. 3097* Alerie 2615 mere *BW* mer PA]

Cordova sei in Flammen aufgegangen,
das Volk sei verführt,
Mahomet sei geschändet.
Alle, die ihn rächen wollten,
sollten zu ihm kommen.
Die Heiden sammelten ihre
Land- und Seetruppen
aus vielen Herrschaftsgebieten.
Voll Kampfesmut kam
Alrich von Pande an.
Er brachte aus seinem Land
zwanzigtausend Helden mit,
die er selbst ausgesucht hatte,
mit Stahlrüstungen.
Es waren kühne Heiden.
Von Ultor Ilmar
kam freiwillig an
mit fünfzehntausend Männern,
die alle Hornrüstungen trugen.
Ilaz von Zamne
hatte dreißigtausend Männer.
Antelun von Horre,
obgleich von fern her gekommen,
führte fünfzehntausend Bogenschützen an.
Seinem Ruf Folge geleistet hatte auch
der König von Calaria.
Der brachte ihm
mehr als fünfzehntausend Mann

dem sînem gote zêren.
vil dicke riefen si Machmet,
iedoch er übel sît zuo in tet.
der künc von Tarmarke,
der fuorte von sîner marke
vierzehen tûsent in sîner scar.
die fuorten horn unde gar.
der künc Maglirte,
der fuort vermezzen diete,
zwelf tûsent hornbogen,
der nie deheiner wider kom.
der herzoge von Philêne,
zwelf tûsent unde mêre
fuort er dem künige –
ez ergienc in vil übele –
ûf Ruolanten.
ez wart in harte enblanten.
der künc von Marsilien
fuort ûz sîner îselen
niun tûsent buckelære.
iedoch in misseschæhe.
der künc von Philê,
der gebôt in sîner ê,
swer gewâfen trüege,
daz er die hervart füere.
der künc von Lagiure,
der brâcht ime ze stiure
fünfzehen tûsent guoter knechte
ze aller nôte gerechte.
von Tebeselîne,

2616 gote *fehlt* A 2618 sit P] siht A 2620 furte *fehlt* A 2622 horn unde gar PA] hurnîne gare(?) *B, vgl. Str. 3082* 2634 furt P] ther uuorte A 2639 gewaffen P] wafen A 2641 Lagiure] lagúre P, Lagure A, *vgl. Str. 3111* Laziure 2645 uon PA] die von (?) *W* tebeseline P] thebeseline A

zur Ehre seines Gottes.
Immer wieder riefen sie »Mahomet«,
obwohl er ihnen später schlecht half.
Der König von Tarmarke
brachte aus seinem Grenzland
vierzehntausend Mann in seinem Heer
mit Kriegshörnern und Rüstungen.
König Maglirte
brachte kühne Scharen,
zwölftausend Bogenschützen,
von denen keiner heimkehren sollte.
Der Herzog von Philene
führte über zwölftausend
zum König –
es sollte ihnen noch schlimm ergehen –
und gegen Roland.
Es bekam ihnen sehr schlecht.
Der König von Marseille
brachte von seiner Insel
neuntausend Schildträger.
Trotzdem sollte es ihnen schlecht ergehen.
Der König von Phile
befahl nach seinem Landesrecht,
daß alle Waffenfähigen
sich an dem Kriegszug beteiligten.
Der König von Lagiure
brachte ihm zur Unterstützung
fünfzehntausend gute Krieger
in Kampfbereitschaft.
Die von Tebeseline

die kômen ûf die galîne.
die fuorten alle atihgêre
in ir hanten Machmet zêren.
der künc von Alerîe,
der hêt sîner gote drîe:
daz was Mars unt Jovînus,
der dritte hiez Saturnus.
si opherôten der trügehait,
si lônten in rechte nâch ir arbait.
der künc von Funde –
ir houbet scain sam der hunde.
die fuorten alle geschüzze,
sît wart ez unnütze.
der künc von Tûse,
der fuort ûz sîner clûse
manigen helm brûnen.
dâ machte man scouwen
manigen helt lussam.
die wâren küene unde vorchtsam.
der künc von Campanie –
mit michelm magene.
der künc von Lebere –
daz liut ist uns fremede.
der künc von Galesprîze –
acht ecke spieze
fuorten si in den handen.
si drôten alle Ruolante.

2647 alle atihgere P] al ethgere A 2648 in ir hanten *fehlt* A 2650 het P] uurte A, *vgl. Str. 3116* brahte 2655 *vgl. Str. 3121* dar quam der 2657 alle P] al A 2658 sit wart iz P, *vgl. Str. 3130*] iz wart A 2660 uz P] uz uon A 2661 *fehlt* P 2662 *fehlt* P 2665 *wohl* dar chom *zu ergänzen W* 2670 acht ecke P] hahgete A

hatten Schiffe bestiegen.
Alle trugen Wurfspeere
im Dienst ihres Gottes Mahomet.
Der König von Alerie
hatte drei Götter:
Das waren Mars und Jupiter,
der dritte hieß Saturn.
Trugbildern brachten sie ihr Opfer dar,
die ihnen ihre Mühen nach Verdienst lohnten.
Dann der König von Funde –
seine Leute hatten Hundsköpfe.
Sie alle trugen Schußwaffen,
aber es sollte ihnen wenig nützen.
Der König von Tuse
brachte aus seiner Bergheimat
viele kupferfarbene Helme.
Dort konnte man
viele herrliche Helden bestaunen,
die mutig und furchterregend waren.
Der König von Campanie –
mit großer Heeresmacht.
Der König von Lebre –
der Volksstamm ist uns fremd.
Der König von Galesprize –
Spieße mit acht Spitzen
führten sie in den Fäusten.
Sie alle bedrohten Roland!

Dar kom Margarîz. *955*
der fuorte manigen fraissamen spiez,
manigen helt êrlichen,
gevaren von zwain rîchen,
daz aine haizet Sibiliâ, *955*
daz ander Taceriâ.
daz liut was fraissam.
dâ ne was nehain sô scœner man.
dar kômen manige künige.
dar kom ouch Zernubele, *975*
des liutes got nicht ruochet.
diu erde ist gar verfluochet,
in ne geschain nie dehain sunne, *980*
der nebel ist ir gwunne.
daz korn ist übel vaile, *980*
swarz sint ir staine. *982*
dâ ist walt unt mos.
si ezzent diu ros.
si lebent mit grimme.
der tiuvel wont dar inne. *983*
der künc was ein starc man.
swaz siben mûle mächten getragen, *977*
daz zuct er ûf mit einer hant. *977*
daz hâr an den füezen erwant. *976*
ienoch kom ir vil,
der ich nu nennen niene wil,
künige gnuoge,
die die crônen truogen,
Adelrôt unde Falsarôn. *(860), 879*
sô vil was der herzogen,
daz ir daz buoch nehaine zal ne hât,
dâ ez allez an gescriben stât.

2685 geschain P] scein A nie *fehlt* A dehain P] nehein A 2686 gwunne P] wnne A 2698 nu *fehlt* A 2701 adelrot P] Aldarot A

Margariz kam dorthin.
Er brachte viele schreckliche Spieße,
viele vortreffliche Krieger,
die aus zwei Reichen gekommen waren;
das eine heißt Sibilia,
das andere Taceria.
Das Volk war schreckenerregend.
Dort gab es keine schönen Menschen.
Viele Könige kamen hin.
Zernubele traf ein,
dessen Volk Gott haßt.
Auf dem Land liegt ein Fluch –
nie schien ihnen die Sonne –,
Finsternis liegt auf ihm.
Es gibt kein Korn.
Schwarz ist das Gestein.
Nur Wald und Moos gibt es.
Sie essen Pferde
und führen ein wildes Leben.
Dort ist der Teufel zu Hause.
Der König war ein starker Mann.
Was sieben Maultiere tragen können,
das hob er mit einer Hand.
Sein Haar fiel bis auf die Füße herab.
Es kamen noch viele,
die ich nicht mehr aufzählen will,
viele Könige,
gekrönte Häupter
wie Adelrot und Falsaron.
Es waren so viele Herzöge,
daß keine Zahl in dem Buch steht,
in dem alles aufgeschrieben ist.

Dô si geredeten
unt in der künc gegebete,
Marsilie gebôt den kameræren, *(602), 642*
daz si gereite wæren
der vil hêrlîchen gebe. *602, (643)*
er mant in dicke mit rede,
er beswief in mit den handen. *647*
er sprach: ‘mache mir Ruolanten. *656*
dîn sun Baldewîn
scol iemer nâch mir der obereste sîn
in mînem rîche,
daz gehaize ich dir wærlîche.’
er kuste in dicke an den munt,
er bevalh ez ime ave ander stunt.
er swuor bî Machmet, sînem hêrren,
bestætiget er im sîn êre,
er wolt im sîn iemer lônen.
man hiez die gebe vrône
schiere antraiten.
man hiez für laiten
ir mûzære
unt manige gebe seltsæne.
dô hiez er ouch die gîsel *646*
schiere vür wîsen.
er bevalch ime sînen sun –
er sprach: ‘dû macht übel unde wol ze mir tuon’ –, *(650)*
der fürsten kint aller samt.
‘nû bevilhe ich in dîne gwalt
baidiu lîp unt êre.
waz mac ich reden mêre?’

2710 in P] in (Genelune) A 2714 scol P] ther scal A 2718 ander P, *vgl. Str. 3202*] an there andere A 2723 antraiten *GBW*] an raiten P, gereiten A 2727 *mit* hiez *bricht* A *ab*

Als sie gesprochen hatten
und der König sie beschenkt hatte,
befahl Marsilie den Kämmerern,
Vorsorge zu treffen
für die fürstlichen Geschenke.
Er ermunterte ihn mit Worten,
legte die Arme um ihn
und sagte: »Schaffe mir Roland.
Dein Sohn Baldwin
soll in Zukunft nach mir der Höchste sein
in meinem Reich,
das verspreche ich dir fest.«
Er küßte ihn immer wieder auf den Mund
und wiederholte noch einmal seinen Auftrag.
Er schwor bei seinem Gott Mahomet,
wenn er ihm seine Ehre bewahre,
wolle er es ihm stets lohnen.
Man ließ die herrschaftlichen Gaben
sogleich aufreihen.
Man ließ
ihre Falken bringen
und viele kostbare Geschenke.
Da befahl er, auch die Geiseln
sogleich herbeizuführen.
Er befahl ihm seinen eigenen Sohn an –
»Du hast mich in deiner Hand«, sagte er –
und alle Fürstensöhne.
»In deine Hand lege ich nun
Leben und Ehre.
Was soll ich mehr sagen.«

er viel ûf den banc.
den mantel er umbe daz houbet want.
er rewainte vile harte,
daz er ime niene antwirte.

Genelûn nâher gie,
mit den armen er in umbevie:
'wie tuostu sô', sprach er, 'hêrre?
ich setze dir mîne sêle
durch dich in urtaile.
dâ ist umbe veile,
swaz ich von deme kaiser hân,
ez ne müeze nâch dînen êren ûz gân.
ich verswüere Karlingen,
mächt ich anders nicht gedingen.
ich beraite si dir widere,
ich gelige ê tôt dâ nidere.
ich behalte selbe dînen sun.
jâ ne mächten si alle wider mir nicht getuon.
elliu dise kint,
diu mir bevolhen sint,
ich bestætige siu an die stat,
dâ in nicht gewerren enmac.
ne zwîvel nicht, hêrre,
ich beherte dîn êre
unt wil dir iemer gerne dienen.'
die hêrren sich dô schieden.

Genelûn urloup nam. *(660)*
frô schiet er dan.
die sîne verrâtgenôze,
die dienten ime sô grôze.
si belaiten in an die strâze.

2751 selbe] selbe selbe P 2762 fro P] *vgl. Str. 3250* vrœlîche, *Vb. 47,26* 2763 uerratgenoze P] *vgl. Str. 3251* râtgenôze

Er sank auf eine Bank
und verhüllte das Haupt.
Er brach in Tränen aus
und konnte ihm nicht antworten.

Genelun kam heran
und umarmte ihn.
»Warum denn das, Herr«, sagte er.
»Meine Seele setze ich
für dich aufs Spiel.
Ich setze alles ein,
was ich vom Kaiser habe,
damit deine Ehre keinen Schaden nimmt.
Ich würde mich von Frankreich lossagen,
wenn ich anders keine Hoffnung hätte.
Ich bringe sie dir zurück
oder lasse selbst mein Leben.
Ich nehme mich selbst deines Sohnes an.
Sie alle vermöchten nichts wider mich.
Alle diese Knaben,
die mir anvertraut sind,
bringe ich an einen Ort,
wo ihnen nichts passieren kann.
Fürchte nichts, Herr,
ich schütze deine Ehre
und will dir stets gerne dienen.«
Damit gingen die Fürsten auseinander.

Genelun nahm Abschied.
Froh schied er von dannen.
Seine Brüder im Verrat
erwiesen ihm große Ehre.
Sie begleiteten ihn auf den Weg

sine wolten in nie verlâze
zwêne tage unde zwô nacht.
vil grôz was sîn hêrschapht.
sîne boten er dô vür sante.
vil dicke er si mante.
er bôt dem herzogen von Baieren,
daz er in gespræche altersaine.
unter ainem ölboume
gesaz er mit Genelûne.

'Naimes, du bist ein getriuwer hêrre. *(673)*
der kaiser hœret dich gerne.
er ist dir gnædic unde holt.
nim du, helt, mîn golt,
disen soumære.
lâ dirz nicht wesen swære.
durch dîne tugentlîche site
tuo, helt, des ich dich bite.
sprich dû mînen hêrren.
jâ hân ich sînen werren
allen zefuoret,
daz urliuge versuonet,
nâch sînen êren verendet.
die gîsel sint ime gesendet *679*
unt vil maniger slachte scaz. *678*
Karl mac sîn iemer deste baz.
nu sprich dû mînen hêrren,
rât ime, daz er wider kêre,
daz er hin entwîche
haim in sîn rîche.
des hân ich mîne triuwe gegeben.
wellent siz denne wider reden,
daz der kaiser nicht wil erwinden,

2769 sine *BW, vgl. Str. 3261*] sinem P   2771 Baieren] baigeren P

und wollten ihn
zwei Tage und zwei Nächte nicht verlassen.
Es war ein prächtiger Zug.
Dann sandte er seine Boten voraus
und trieb sie wiederholt an.
Er ließ dem Herzog von Baiern ausrichten,
er wolle ihn allein sprechen.
Unter einem Ölbaum
ließ er sich mit Genelun nieder.

»Naimes, du bist ein treuer Fürst,
der Kaiser hört bereitwillig auf dich,
er ist dir gnädig und gewogen.
Nimm, Held, mein Gold,
dieses Lasttier.
Fühle dich nicht gekränkt.
Bei deiner Vortrefflichkeit
tue, Held, worum ich dich bitte.
Sprich mit meinem Herrn.
Ich habe die Gefahr für ihn
ganz abgewendet,
die Fehde beigelegt
und für ihn ehrenvoll beendet.
Die Geiseln sind auf dem Weg zu ihm
sowie die verschiedenartigsten Schätze.
Dadurch vergrößert sich Karls Macht.
Sprich also mit meinem Herrn,
rate ihm umzukehren
und abzuziehen
heim in sein Reich.
Dafür habe ich mein Wort gegeben.
Wenn man jedoch widerspricht
und der Kaiser nicht heimkehren will,

mînen ait ich enbinde.
ich bringe hin widere
. . . .
dem künige Marsilie.
dâ nist nicht widere,
er ne welle getoufet werden.
daz sage dû mînem hêrren.
unt warne dû mich, helt balt,
ê die gîsel komen ûz mîner gwalt,
alsô ich dir getrûwe,
daz ez mich hernâch icht geriuwe.'

Naimes der herzoge
îlte zuo des kaiseres hove.
'mächt ich dîn urloup hân,
ich scolte dir aine botscaft sagen.
gebiutest dûz, hêrre,
zefuoret ist dîn werre,
sô ist daz urlouge besuonet.
Genelûn sich rüemet
grôzer gebe von den heiden.
er ist frœlîchen dan geschaiden.
Marsilie hât ez wol verendet,
er hât dir diu gîsel her gesendet. *679*
al daz dir die boten gehiezen,
ne habent si nicht gelâzen.
er ne mac nu nicht gewenken.
nu scoltu, hêrre, gedenken
dîner kaiserlîchen worte.

2800 *Lücke vor oder nach 2801, vgl. Str. 3299 ff.* beidiu guot unde kint, diu mir dort bevolhen sint, wil ich Marsilie wider bringen, *Vb. 48,12 ff.* so wil ich daz guot und die kind, die nun ze gisel gesant sind, Marsilius widerumb hein füerend 2803 welle *GBW*] wellet P 2819 *Initiale* P 2821 dir di *W*] di di P, *vgl. Str. 3328* iu die, thie *B*

löse ich meinen Eid.
Dann bringe ich
(Tribut und Geiseln)
dem König Marsilie zurück.
Dort gibt es keinen Widerstand dagegen,
daß er sich taufen lassen will.
Das richte meinem Herrn aus,
kühner Held, und halte mich auf dem laufenden,
solange die Geiseln noch in meiner Hand sind,
so wie ich dir traue,
damit ich es später nicht bereuen muß.«

Herzog Naimes
eilte zum kaiserlichen Hof.
»Könnte ich auf deine Erlaubnis rechnen,
ich hätte dir eine Botschaft zu bringen.
Wenn du befiehlst, Herr,
ist die Gefahr gebannt
und der Konflikt beigelegt.
Genelun rühmt sich
großer Geschenke von den Heiden.
Fröhlich ist er zurückgekehrt.
Marsilie hat es zu einem guten Ende gebracht
und hat dir seine Geiseln geschickt.
Alles, was die Boten dir versprochen haben,
haben sie gehalten.
Er kann nun nicht mehr zurück.
Nun mußt auch du, Herr,
deiner kaiserlichen Worte gedenken.

Genelûn fürchtet im harte,
daz etwer dar under kome.
er hât den haiden gesworen,
daz du hinnen entwîchest.
er kumet dir haimlîchen
unde lebet iemer mêre,
alsô dû gebiutest, hêrre.'

Der kaiser hin ze himele sach. *(698)*
sîn gebet er inneclîchen sprach: *(698)*
'gelobet sîstu, hêrre. *698*
dise mancvaltigen êre
scule wir von dînen gnâden hân.
dû scolt Genelûn sagen,
ich ne hân nieman sô lieben,
durch den ich welle liegen.
ich ne lâze in nicht unterwegen,
swâ er sîne triuwe hât gegeben.
er hât dem rîche wol gedienet. *699*
er wirt gêret unt geliebet
von allen den mînen.
dar an ne darf er niemer gezwîvelen.'

Genelûn kom ze hove. *674*
enphangen wart er vile wole.
der kaiser von sînem stuole gie,
vil wirdeclîche er in enphie.
fürsten, die hêrren,
enphiengen in mit grôzen êren.
Genelûn inmitten gestuont.
trüebe was ime sîn muot
mit lachenten ougen.
sînes herzen tougen
newesse nieman innen.

2827 chome *BW*] chomen P 2841 unterwegen *BW*] untergen P
2851 herren P] hêren *B*

Genelun fürchtet sehr,
es könne einer dazwischentreten.
Er hat den Heiden geschworen,
daß du abziehst.
Er kehrt vertrauensvoll zu dir zurück
und wird sich stets so verhalten,
wie du befiehlst, Herr.«

Der Kaiser blickte zum Himmel.
Andächtig betete er:
»Sei gelobt, Herr.
Diesen großen Sieg
verdanken wir Deiner Gnade.
Richte Genelun aus,
niemand steht mir so nahe,
daß ich seinetwegen zum Lügner werden wollte.
Ich lasse ihn nicht im Stich,
wo er sein Wort gegeben hat.
Er hat sich um das Reich verdient gemacht.
Ehre und Liebe wird ihm
von uns allen entgegengebracht werden,
dessen kann er sicher sein.«

Genelun kam an den Hof.
Er wurde sehr freundlich empfangen.
Der Kaiser erhob sich von seinem Thron
und empfing ihn sehr ehrenvoll.
Die edlen Fürsten
bezeigten ihm große Ehre.
Genelun stand in ihrer Mitte.
Sein Herz war finster,
während seine Augen lachten.
Die Heimlichkeiten seines Herzens
kannte niemand.

dâ wurzelt der tiuvel inne.
er sprach: 'nu grüeze dich der himeliske hêrre *676*
unt gefriste alle dîn êre.
heiliger kaiser,
voget witwen unde weisen,
dir enbiutet Marsilie, *680*
ain künc wîse unt biderbe, *(680)*
sîn dienest williclîche,
unt alle die fürsten von sînem rîche
unt aller der geslächte.
zuo dîner hêrschaphte
habent si gesendet ir kint, *679*
want si gerne gehôrsam sint
aller götlîchen lêre.
baidiu lîp unt sêle
setzent si zuo dînen gnâden.
si wellent die cristenhait enphâhen. *695*
Marsilie wirt dîn man. *696*
er nimt halp Yspaniam. *697*
er suochet gerne dînen hof. *694*
swaz dû gebiutest ienoch,
des sint flîzec ze frümene
die fürsten mit deme künige.
si sint alle komen enain
wan Algafiles, sîn œhaim. *681*
der sluoc dir dîne man.
er wolt dir in ingegen gesendet hân. *691*
laider er ist ûf daz mer entrunnen. *685*
er ne macht sîn nicht gewinnen.
Marsilie ist vil bescaiden.
er ist der aller wîseste haiden,
danne ich ie hôrte gesagen.
zuo allen dînen ræten macht du in gerne haben.'

2882 Algafiles *GBW*] algasiles P 2886 macht *W*] mach P

Der Teufel hatte darin Wurzeln gefaßt.
Er sagte: »Der Herr des Himmels sei mit dir
und erhalte all deine Ehre.
Heiliger Kaiser,
Beschützer der Witwen und Waisen,
dir entbietet Marsilie,
ein weiser und tapferer König,
seine Dienstwilligkeit
und mit ihm alle Fürsten seines Reichs
und deren Familien ohne Ausnahme.
An deinen Hof
haben sie ihre Söhne geschickt,
da sie sich unterwerfen wollen
allen christlichen Geboten.
Leben und Seelenheil
geben sie deiner Gnade anheim.
Sie wollen die Taufe empfangen.
Marsilie wird dein Vasall.
Er nimmt die eine Hälfte Spaniens als Lehen.
Er will freiwillig an deinen Hof kommen.
Was du sonst noch befiehlst,
sind zu erfüllen bereit
die Fürsten mit dem König.
Sie haben sich alle darauf geeinigt
mit Ausnahme seines Oheims Algafiles.
Der hat dir deine Boten getötet.
Er hätte ihn dir gern geschickt,
aber zum Unglück ist er auf das Meer entkommen.
Er konnte seiner nicht mehr habhaft werden.
Marsilie ist voll Einsicht.
Er ist der allerweiseste Heide,
von dem ich je gehört habe.
Du kannst ihn zu allen deinen Beratungen mit Nutzen hinzuziehen.«

Dô lobete der kaiser verre *698*
den himelischen hêrren, *698*
deiz alsô wol versuonet was.
vil dicke sprach er: ‘deo gracias.’ *698*
‘Genelûn, lieber man,
du hâst getriuwelîchen wider mich getân. *699*
lêhen unde aigen
ist iemer dar umbe vaile.
dû unt al dîn künne
habet mich iemer gewunnen.’
er sprach: ‘wol ir Karlinge,
ain hêrren scult ir uns gewinne, *742*
ain ûzerwelten man, *742*
der daz lant mit van *(742)*
von mîner hant bestê. *742*
swiez hernâch ergê,
dem lâze ich veste bürge.
er ne habe nehaine sorge.
er mac wol erbeiten,
daz wir her wider rîten.
unt komet uns dehain ander mære,
daz wirdet den haiden vil swære.
ich gefrüme die hervart,
daz in vil wê wart,
daz si ie geboren würden.
si müezen alle scantlîchen ersterben.’

Dô erfulte Genelûn sînen rât,
der unter dem pinboume gefrumt wart.
si rieten mislîche.
jâ sprâchen sumelîche,
Genelûn wære ein helt guote,

2893 deiz *GBW*] diz P, *vgl. Str. 3411 var.* 2909 erbeiten P] erbîten *B*, *vgl. Str. 3425* gebîten 2914 wart P, *vgl. Str. 3430*] wirt *G*

Wieder pries der Kaiser
den Herrn des Himmels dafür,
daß es ein so gutes Ende genommen hatte.
Immer wieder sagte er: »Deo gratias.«
»Genelun, lieber Mann,
du hast mir treu gedient.
Lehen und Eigenland
stehen dir dafür zur Verfügung.
Du und dein ganzes Geschlecht,
ihr könnt immer auf meine Gunst rechnen.«
Er sagte: »Nun, ihr Franzosen,
ihr sollt uns einen Fürsten gewinnen,
einen vortrefflichen Mann,
der das Land als Fahnlehen
aus meiner Hand empfangen soll.
Was noch immer geschehen mag,
ihm übertrage ich die befestigten Städte.
Er braucht keine Bedenken zu haben
und kann leicht darauf warten,
daß wir zurückkehren.
Wenn uns irgend etwas anderes zu Ohren kommt,
wird das die Heiden teuer zu stehen kommen.
Ich werde einen Kriegszug unternehmen,
daß sie noch sehr schmerzen soll,
je geboren worden zu sein.
Sie werden alle einen schändlichen Tod finden.«

Da ging Geneluns Plan in Erfüllung,
der unter der Pinie geschmiedet worden war.
Die Meinungen gingen auseinander.
Ja, sagten einige,
Genelun sei ein tapferer Mann,

er mächte des landes wole hüete.
si redeten von deme herzogen von Baieren,
der wære der küenesten ainer.
mit sînen guoten swerten
mächt er daz lant wol erherten.
si rieten alsô wîten,
daz si begonden under in strîten.
Genelûn mit listen
in den rât er sich gemiste.
er sprach: 'wol ir edelinge,
die küenen Karlinge,
ir wâret ie guote knechte,
iuwer herschilte gerechte.
Yspaniam habet ir gewunnen,
ze der christenheit getwungen.
nu welt ir den fremeden die êre geben.
müget ir unter uns ainen welen.
nemet Ruolanten, *743*
er ist ein helt zuo sînen hanten. *744*
die haiden fürchtent in harte.
in disem mergarten
ne lebet nehain man
den vîenten alsô vorchtsam.
swen in die haiden hœrent nenne,
si fliehent, sam man si brenne.
er hât menlich gemuote.
er gezimet dem kaiser wol ze huote.
er hât die hêrlîchen man.
dem lîhe mîn hêrre den van,
daz dünket mich daz beste.
die sîne nôtvesten,

2933 guote *B*] gůten P 2941 fürchtent *B*] furchten P 2950 min *BW*] man P

er könne das Land durchaus beschützen.
Vom Herzog von Baiern sagten andere,
er sei einer der Mutigsten.
Mit seinen tapferen Schwertkämpfern
könnte er das Land gut verteidigen.
Sie berieten so lange,
daß sie in Streit miteinander gerieten.
Genelun mischte sich listig
in die Beratung ein
und sagte: »Nun, ihr Edelleute
und kühnen Franzosen,
ihr wart stets tapfere Krieger
und zum Kampf bereit.
Ihr habt Spanien erobert
und unter den christlichen Glauben gezwungen.
Nun wollt ihr Landfremden das Ehrenamt übertragen.
Wählt doch lieber einen von uns!
Nehmt Roland!
Er ist ein tapferer Held.
Die Heiden fürchten ihn sehr.
In der ganzen Welt
gibt es keinen Mann,
den die Feinde ebenso fürchten würden.
Wenn die Heiden seinen Namen nennen hören,
fliehen sie wie vor dem Feuer.
Er hat ein tapferes Herz
und ziemt dem Kaiser durchaus als Statthalter.
Auch hat er fürstliche Vasallen.
Ihm übertrage mein Herr das Fahnlehen,
das schiene mir das Beste.
Seine Kampfgenossen

diene geswîchent ime niet.
sîn êre sint mir vil liep,
die fürder ich gerne, swâ ich mac.
jâ naiget sich der tac.
wir sûmen uns al ze lange.'
jâ sprâchen die fürsten alle,
er hæte wole gerâten.
den kaiser si alle bâten,
daz er Ruolanten dâ lieze.
vil tiure si ime gehiezen,
geschæhe ez zuo der nôte,
si kœmen ime alle drâte.

Der kaiser harte erblaichte.
daz houbet er nider naicte.
daz gehœrde von ime flôch.
daz gesiune im enzôch.
vil trûrlîchen er saz.
sich verwandelôte allez, daz an im was,
trüebe wâren sîniu ougen.
er sprach zuo Genelûne: *746*
'mîn neve Ruolant
was mîn zesewe hant. *597*
nû habet ir in mir benomen.
ich ne weiz, wie ich ze lande scol komen. *(748)*
wie scol ez umbe mîn houbet gestân?
ez nist durch nehain guot getan.
Genelûn, hæt ir mîn gescônet,
iuweres dienestes würde iu vil wole gelônet.
ir ne getâtet mir nie sô laide.
nâch der Franken urtaile
sô muoz er ez sîn.
nû beschirme in mîn trechtîn.'

Der sunne ze âbent verscain. *717*
die fürsten îlten alle samt haim.

weichen nicht von seiner Seite.
Sein Ansehen liegt mir sehr am Herzen,
das möchte ich nach Kräften fördern.
Der Tag geht zur Neige,
wir säumen viel zu lange.«
Ja, sagten die Fürsten alle,
er habe mit seinem Vorschlag recht.
Alle baten sie den Kaiser,
er möge Roland zurücklassen.
Hoch und heilig versprachen sie ihm,
daß sie, sollte Gefahr drohen,
alle sofort wieder bei ihm sein wollten.

Der Kaiser wurde sehr bleich.
Er senkte das Haupt.
Es rauschte in seinen Ohren,
ihm wurde schwarz vor den Augen.
Tief niedergeschlagen saß er da.
Er veränderte sein Aussehen,
seine Augen wurden trübe.
Zu Genelun sagte er:
»Mein Neffe Roland
war meine rechte Hand.
Nun habt Ihr ihn mir genommen.
Ich weiß nicht, wie ich heimkehren soll.
Wer wird mich schützen?
Das ist nicht in guter Absicht geschehen.
Genelun, hättet Ihr meiner geschont,
es wäre Euch reichlich gelohnt worden.
Nie habt Ihr mir solchen Schmerz zugefügt.
Doch nach dem Beschluß der Franken
ist er gewählt.
Nun schütze ihn Gott!«

Die Sonne ging unter.
Die Fürsten eilten zu ihren Zeltplätzen zurück.

ez wart ein vinsteriu naht. *717*
der kaiser an sînem bette gelac. *718*
vil michel was sîn hêrscaft.
zwanzic tûsent manne
mit stâle bevangen,
die wâren helde guote,
die den kaiser behuoten.
iedoch hêt er ain site,
dâ warne wir die fürsten mite.
sô si alle wolten wænen,
daz er an dem bette læge,
sô kniete er ûf der erde.
er mante got dicke verre
aller sîner tougen.
die zaher sîner ougen
stiegen von herzegrunde.
nehain houpthafte sünde
wolt er ûf ime nicht tragen.
daz urkunde wir von sent Egidien haben,
daz er unseren hêrren umbe in bat,
daz er im aine sculde vergab.
er gedâchte an die brœde,
sô der botich liget œde,
diu sêle hin zücket,
der arme lîchename sich stüppet.
daz wizzen die hêrren,
die nâch werltlîchen êren
tagelîchen ringent,
daz si got dar unter minnent
unt ir ougen kêrent ze gote.

2987 wart *BW*] war P *G vermutete Fehlen eines Verses, vgl. Str. 3527 f.* dar nâch wurden si bedaht mit einer vinsteren naht, *dagegen BW* 2994 *vgl. Str. 3533* dannoch, *vielleicht* ienoh *B* 2999 *W streicht* dicke

Eine dunkle Nacht brach an.
Der Kaiser lag auf seinem Bett.
Seine Hofhaltung war fürstlich.
Zwanzigtausend Männer
in Eisenrüstungen –
es waren tapfere Streiter,
die den Kaiser beschützten.
Dennoch hatte er eine Angewohnheit,
die wir den Fürsten vor Augen stellen wollen.
Als alle glauben mochten,
er läge im Bett,
da kniete er auf der Erde.
Inständig berief er sich auf Gottes
wunderbare Heilstaten.
Die Tränen seiner Augen
stiegen aus tiefstem Herzen auf.
Keiner Todsünde
wollte er schuldig sein.
Wir haben das Zeugnis von St. Ägidius,
daß er für ihn bei Gott Fürbitte tat,
damit Er ihm eine Sünde vergäbe.
Er dachte an die Vergänglichkeit,
wenn der Leib leblos liegt,
die Seele auffährt
und der elende Leichnam zu Staub wird.
Daran mögen die Fürsten denken,
die um weltliche Ehre
sich Tag für Tag bemühen,
daß sie darüber Gott nicht vergessen,
sondern zu Gott aufblicken.

so kumt in der himelische bote
unt erlœset sie von allen nœten,
suochent si in mit diemüete.

Der kaiser sîn gebet
vil dicke hin ze gote tet.
vil inneclîchen er dar unter nante
sînen neven Ruolanten
unt alle, die cristen wâren,
die enphal er zuo den gotes gnâden.
von den venien begonde er muoden.
dô wolt er gerne ruowen,
der slâf in bezuchte.
aine wîle er entnuchte.
dô troumte im vil gewis, *719*
wie er wære in porta Cesaris, *719*
mit ime hêrren gnuoge,
wie er ain scaft in der hant trüege, *720*
Genelûn nâch ime sliche
unde den scaft ainhalp begriffe *721*
unt wolt im in ûz der hant zücken. *722*
der scaft brast ze stücken, *(723)*
der kaiser ain tail behabete,
Genelûn verzagete.
sîniu stücke warf er widere.
diu fuoren gegen dem himele *723*
in die lüfte vil hôch, *723*
daz im daz ouge enzôch,
daz si ne sach niemen.
die lüfte si enphiengen.
die berge alle der von erkracheten.
der kaiser unsamfte erwachete. *(724)*

3039 uirzagete *BW*] uirzaigete P

Dann wird der Engel auch zu ihnen kommen
und sie aus aller Not erlösen,
wenn sie ihn demütig bitten.

Der Kaiser schickte sein Gebet
immer wieder zu Gott.
Tiefinnig schloß er
seinen Neffen Roland ein
und alle Christen,
die er der Gnade Gottes anbefahl.
Die kniefälligen Gebete ermüdeten ihn.
Da wollte er sich zur Ruhe begeben,
der Schlaf übermannte ihn.
Er fiel in einen kurzen Schlummer.
Da träumte ihm ganz deutlich,
wie er in Porta Caesaris wäre
und viele Fürsten mit ihm;
wie er einen Speer hielte,
Genelun ihm folgte
und das eine Ende ergriff
und ihn ihm entreißen wollte.
Der Schaft zerbrach,
die eine Hälfte behielt der Kaiser in der Hand.
Genelun bekam Angst.
Er warf seine Stücke hinter sich,
die himmelhoch hinauf
durch die Luft flogen,
daß sein Auge nicht folgen konnte
und niemand sie mehr sah.
Sie lösten sich in Luft auf.
Alle Berge hallten davon wider.
Der Kaiser wachte verstört auf.

Der kaiser viel zuo der erde.
er sprach: ‘gnædeclîcher trechtîn, hêrre,
ich hân garnet dînen zorn,
ê müez er über mich komen,
der mîner manigen sünden
lâ daz liut nicht entgelten.
richt über mich, hêrre, daz ist recht.
ich bin dîn entrunnener knecht.
dû erlôstest mich vil tiure,
beschirme mich vor dem êwigen fiure.
richt über den brœden lîchenâmen.
lâ daz liut in dînen gnâden.
lâ si des geniezen,
daz si dîne boten alle hiezen,
hêrre, dîn selbes kint,
unt hie in dînem dieneste sint.
swaz ich wider dir hân getân,
diu râche scol billîchen über mich gân.’

Dô er got vil tiure ane rief,
der kaiser ander stunt enslief.
in dûchte, wie er ze Ache wære *726*
unt ain bere vor im læge
mit zwain keten gebunden.
sâ ze den stunden
der bere in vaste ane sach,
die keten er bêde zebrach.
an lief in der bere.
die fürsten wolten in were.
der kaiser en macht sich sîn nicht erhaln.
er geweltigôt im den arm. *727*
daz flaisc er ime allez abe brach,

3049 herre P] hêre *B* 3055 entrunnener] entrunner P 3061 boten *BW*] bote P hiezen *BW*] hieze P

Der Kaiser fiel zur Erde
und sprach: »Gnädiger Herr Gott,
ich habe Deinen Zorn verdient.
Er möge zuvörderst über mich kommen,
laß meine vielen Sünden
nicht das Volk entgelten.
Richte nach Deinem Recht über mich, Herr.
Ich bin Dein treuloser Diener.
Du hast mich durch Dein kostbares Blut erlöst,
schütze mich vor dem ewigen Feuer.
Richte den sterblichen Leib.
Dem Volk aber sei gnädig.
Halte ihnen zugute,
daß sie alle Deine Boten hießen,
Herr, Deine eigenen Kinder,
und hier in Deinem Dienst stehen.
Was ich gegen Dich gesündigt habe,
soll gerechterweise an mir gestraft werden.«

Nachdem er sehr andächtig zu Gott gebetet hatte,
schlief der Kaiser abermals ein.
Da kam ihm vor, er wäre in Aachen
und ein Bär läge vor ihm,
an zwei Ketten gebunden.
Es dauerte nicht lange,
da starrte der Bär ihn an,
zerriß die beiden Ketten
und stürzte sich auf ihn.
Die Fürsten wollten ihn schützen,
denn der Kaiser konnte sich seiner nicht erwehren.
Er packte seinen Arm
und zerfleischte ihn,

daz bain er gar nacket sach.
von den sachen
der kaiser begonde aber wachen. *(736)*

Der kaiser gab sich in gotes gewalt.
sîn ....
....
'... in da nennet,
dâ machtu âne angest sîn.
sô helve mir mîn trechtîn,
unt wæren die gîsel dâ haime,
alsô lange sô si sint haiden,
daz si mit allen ir creften
sich niemer ne geturren beheften
wan nâch dînen êren.
fürsten, die hêrren,
die sô lange ûze sint,
den wartent wîp unde kint.
des sint die fürsten zesamene komen,
wir setzen ze herzogen
Ruolanten, dînen neven. *743*
sô mac er iemer frœlîchen lebe.'

Der kaiser in an sach. *745*
vil trûreclîchen er sprach: *746*
'jâ dû vâlantes man, *746*
warumbe hâst du sô getân?
waz wîzestu mir?
ain übel gaist ist mit dir. *(747)*
hêt ich dir nicht wol gelônet,
mächtestu gotes haben an gescônet.
ez ist vil wætlîche,

3082 kaiser *BW*] gkaiser P   3091 wan *W*] war P, var *B* 3092 herren P] hêren *B*   3106 *G streicht* an, *BW ergänzen* an mir   3107 watliche *GB*] watlich P *W*

daß der Knochen bloßlag.
Davon
erwachte der Kaiser abermals.

Der Kaiser befahl sich in Gottes Macht.
Sein ....
....
»... seinen Namen nennt,
mußt du dich nicht fürchten.
Bei Gott, ich sage dir,
daß sie, wären die Geiseln erst daheim,
solange sie noch Heiden sind,
mit all ihrer Macht
nichts wagen werden zu unternehmen,
als was dir zum Ruhm gereicht.
Die hohen Fürsten,
die schon lange von zu Hause fort sind,
werden von Frauen und Kindern zurückerwartet.
Die Fürsten sind übereingekommen,
wir sollten als Herzog
deinen Neffen Roland einsetzen.
So kann er immer vergnügt leben.«

Der Kaiser sah ihn an.
Tieftraurig sagte er:
»Wahrlich, du Diener des Teufels,
warum hast du das getan?
Was wirfst du mir vor?
Ein böser Geist spricht aus dir.
Selbst wenn ich dich nicht genügend belohnt hätte,
solltest du wenigstens Gott geschont haben.
Denn es ist sehr wahrscheinlich,

du getrüebest allez rœmische rîche.
von dir scol michel übel komen.
war umbe hâst du mir mîne huote benomen? *(748)*
des trûret mîn sêle.
ich ne vergibe dirz ouch niemer mêre.'

Ruolant ûf spranc. *(751)*
vil vaste er dare für dranc. *(751)*
'hêrre, nu lîhe mir daz lant, *(767)*
des gerent die fürsten alle samt.
want si mich nennent dar zuo,
scol ich ez willeclîche tuon.
ich enphâhe hiute den van
in den drîn namen,
dâ wir an gelouben.
den wil ich dar zuo wole getrûwen,
ob ich durch die cristen icht garbaite,
daz ich daz lôn vinde geraite
zuo der zesewen sîner kinde.
ôwî wære ich dâ ingesinde!
er wart durch mich gemarterôt.
ich bin gerecht unze an den tôt
der sêle ze gelaite,
daz der lîp gearbeite,
daz ich an der jungesten wîle
unter den rechten belîbe.'

Dem kaiser wurden diu ougen naz. *773*
dâ erwainte allez daz dâ was.
den van er im bot.
'scolt ich', sprach er, 'dise nôt
hie samt dir lîden.
dar umbe wolt ich verzîhen
der gebe Marsilien.

3138 wolt (wolde) *GBW*] wol P 3139 Marsilien] marsilie P

daß du das ganze Römische Reich in Trauer stürzen wirst.
Durch dich wird großes Unglück kommen.
Warum hast du mich meines Schutzes beraubt?
Darüber ist meine Seele betrübt.
Ich werde es dir nie verzeihen.«

Roland sprang auf.
Schnell drängte er sich nach vorn.
»Herr, belehne mich mit dem Land,
die Fürsten wollen es alle.
Da sie mich dazu bestimmen,
will ich es gern auf mich nehmen.
Noch heute will ich die Fahne empfangen
im Namen des dreieinigen Gottes,
an den wir glauben.
Auf Ihn setze ich mein Vertrauen,
daß, wenn ich für die Christen etwa leiden muß,
ich den Lohn bereitet finde
bei den Kindern zu Seiner Rechten.
Ach, gehörte ich zu ihnen!
Für mich wurde Er gemartert.
Ich bin bereit bis in den Tod,
daß um des Seelenheils willen
der irdische Leib leide,
damit ich am Jüngsten Tag
zu den Gerechten gehöre.«

Dem Kaiser wurden die Augen feucht.
Alle, die dabei waren, weinten.
Er reichte ihm die Fahne.
»Könnte ich doch«, sagte er, »diese Not
hier mit dir auf mich nehmen!
Verzichten wollte ich dafür
auf die Geschenke des Marsilie.

ungerne rîte ich widere,
wan daz ich ez ze vaste gelobet hân.
mit êren mag ich hie nicht bestân.
ich fürchte grôzer arbaite.
got selbe sî dîn gelaite,
Ruolant, vil lieber neve.
ich newaiz, ob ich dih iemer gesehe.'

Die fürsten zuo drungen.
vil grôz lob si im sungen.
Ruolanten si hôhten.
über Yspanie si in krônten
dem heiligen Criste ze êren.
dô mante er die hêrren:
'wol ir Karlinge,
ûf iuwer aller gnâde ich dinge.
obe mir iuwer hernâch durft werde,
sô mane ich iuch verre.
die rede wil ich bescaiden.
toufent sich die haiden,
swiez mîn hêrre bescaidet,
sône werdent si niemer von mir gelaidet.
wellent si an got gelouben,
sône scol si niemen rouben,
sunter friden unte vristen
sam unsere lieben ebencristen.
unte belîbent si haiden,
ich gemache dâ vaigen.
ich gerîte in sô nâhe,
swelhes ich dâ gerâme,
daz erz niemer überwindet.
ist, daz si der tiuvel gescendet,

3142 nicht bestan *BW*] nich beste. bestan P 3164 unsere *B*] unseren P 3166 uaigen P] uaige *W*, manigen uaigen *G*, si da uaige *Sch. bei W*

Ich würde nicht zurückreiten,
wenn ich es nicht fest versprochen hätte.
Ehrenvoll kann ich nicht hierbleiben.
Ich fürchte aber das Schlimmste.
Gott selber schütze dich,
Roland, geliebter Neffe.
Ich weiß nicht, ob ich dich jemals wiedersehe.«

Die Fürsten umringten ihn
und priesen ihn hoch.
Sie erhöhten Roland
und setzten ihm die spanische Krone auf,
zur Ehre Christi.
Darauf mahnte er die Fürsten:
»Wohlan, Franzosen,
ich rechne auf euer aller Unterstützung.
Wenn ich euch künftig brauchen sollte,
werde ich euch daran erinnern.
Ich will euch erklären, was ich meine.
Wenn sich die Heiden taufen lassen,
wie mein Herr es bestimmt,
so lasse ich sie in Frieden.
Wenn sie an Gott glauben,
so wird sie niemand berauben,
sondern schützen und schirmen
wie unsere lieben Mitchristen.
Bleiben sie aber heidnisch,
lasse ich ein Blutbad anrichten.
Ich werde sie so bedrängen,
daß keiner, den ich treffe,
mit dem Leben davonkommt.
Für den Fall, daß der Teufel sie verwirrt,

sô bedarf ich iuwer helve,
daz ir mir vor deme rîche
entriuwen gehaizet,
daz ir mich aine icht verlâzet
in dem ellende.'
in des kaiseres hende
lobeten si getriulîchen,
sine wolten im niemer geswîchen,
geschæz im ze der nôte.
des erfröute sich der helt guote.

Ruolant enphie den van. *782*
er sprach: 'wânu, mîne vil lieben man,
die mir helven wellen?
wânu, liebe gesellen,
wânu, friunt unt mâge?
nû stêt ez an der wâge.
hie scol man friunte erkenne,
den ich etwenne
hân liebe getân.'
er zucte ûf sînen van,
er rant ûf an aine hœhe.
dâ was ain bühel scœne. *708*
jâ riten die zwelf nôtgestallen
mit zwainzec tûsent mannen. *789*
die wâren guote knechte,
ze allen nœten gerechte,
die im niemer wolten geswîchen
ze dehainen sînen sachen,
sine betwunge nehain nôt.
si wâren im gerecht, unz an den tôt
bestætigen sîn êre.
Genelûn sach daz ungerne.

3175 in *BW*] im P 3192 da P] daz *BW*, *vgl. Str. 3932* 3193 ia P] dar *W*, *vgl. Str. 3954* 3198 dehainen] hainen P, nehainen *B*

brauche ich eure Hilfe,
daß ihr mir vor dem Kaiser
das feste Versprechen gebt,
mich nicht im Stich zu lassen
im fremden Land.«
In die Hand des Kaisers
versprachen sie fest,
ihn nicht zu verlassen,
wenn er in Gefahr geriete.
Darüber war der edle Held froh.

Roland empfing die Fahne.
Er sagte: »Wo sind meine treuesten Gefolgsleute,
die mir helfen wollen?
Wo sind meine lieben Kameraden,
wo meine Freunde und Verwandten?
Nun entscheidet es sich!
Jetzt wird man die Freunde erkennen,
denen ich selbst vormals
Gutes getan habe.«
Er hob die Fahne empor
und lief auf eine Anhöhe.
Es war dort ein schöner Hügel.
Die zwölf Kampfgefährten ritten hinzu
mit zwanzigtausend Mann.
Das waren tapfere Streiter,
zu jedem Waffengang bereit,
die ihn nicht verlassen wollten
in allen seinen Auseinandersetzungen,
wenn sie nicht dazu gezwungen würden.
Sie waren bereit, bis in den Tod
seine Ehre zu verteidigen.
Genelun sah das ungern.

Ruolant sprach zuo dem kaiser: *787*
'hêrre, rît an dîne reise *790*
harte vrœlîchen *790–791*
haim zuo Francrîche.
den van scol ich füeren,
hêrre, al nâch dînen êren.
gotes hulde hâstû hie erworben.
habe dû dehaine sorgen, *791*
daz ich iemer entrinne dannen.
der van ne scol mir nicht sô lîchte enphallen *769*
sô der hantscuoch Genelûne. *770*
dîne fürsten du niene sûme.
got spar dîn êre.'
der kaiser wainte vil sêre.
vil dicke er in kuste,
er druhte in an sîne bruste,
er beswief in mit den armen.
er sprach: 'nû müeze ez got erbarmen,
daz ich dich hie muoz lâzen.
jâ ne mag ich nicht dar zuo gebenmâzen,
daz ich dâ füre næme,
helt, daz ich dich tagelîchen sæhe.'

Dô sich die gelieben
von ain ander schieden,
der jâmer wart vile grôz. *816*
der wuoft von in dôz *817*
über zwô mîle. *817*
dô schiet daz liebe ingesîde,
der vater von sînem lieben sun,
der bruoder muose sam tuon,
dâ schiet sich michel friuntscaft.

3211 entrinne *BW*] entrinnen P 3225 *bis* uillihte ge 3839 P = 1782–2486 A 3226 schieden P] geschiethen A 3230 f. *ein Vers* A 3230 dô schiet *fehlt* PA ingeside P] in sio A

Roland sagte zum Kaiser:
»Herr, mach dich
fröhlich auf den Weg
heim nach Frankreich.
Ich werde die Fahne,
Herr, zu deinem Ruhm führen.
Gottes Gnade hast du hier verdient.
Fürchte nicht,
daß ich je zurückweichen werde.
Die Fahne wird mir nicht so leicht aus der Hand fallen
wie Genelun der Handschuh.
Halte deine Fürsten nicht länger auf.
Gott schütze deine Ehre.«
Der Kaiser weinte bitterlich.
Immer wieder küßte er ihn.
Er drückte ihn an seine Brust
und legte die Arme um ihn.
Er sprach: »Nun möge Gott Erbarmen haben,
daß ich dich hier zurücklassen muß.
Nichts scheint mir groß genug,
was ich dafür eintauschen wollte,
dich, Held, täglich zu sehen.«

Als die, die einander liebten,
voneinander Abschied nahmen,
wuchs die Trauer ins Unermeßliche.
Ihr Wehklagen ertönte
über zwei Meilen weit.
Da trennte sich die einander liebe Gefolgschaft,
der Vater von seinem lieben Sohn,
dem Bruder erging es nicht besser,
da trennten sich enge Freunde.

ôwî, wie dâ geclaget wart!
dâ was wuoft unde wê.
ne weder sît noch ê
sône gehôrte nie dehain man
clage alsô fraissam.
si muosen alle wol wainen, *(822)*
si liezen dâ manigen helt vaigen.

Der kaiser kêrte ze lande. *829*
die aller küenesten wîgande, *(826–828)*
die ûf der erde
ie geboren dorften werde,
die kêrten unter Ruolantes van. *(826–828)*
si hêten zwainzec tûsent man, *802*
an den nichtes gebrach.
swâ ez in dar zuo geschach,
dâ si gote scolten dienen,
dâ ne gesunderôte si niemen.
si fuorten vaile den lîp.
si gerechten sich in alle zît,
durch den heiligen gelouben ersterben.
durch got wolten si gemarteret werden.
fürsten, die dâ bestuonden,
die mit Ruolante huoten,
ouch ne gerten si nehainer gewinne
niuwan die wâren gotes minne.
daz bewære wir mit der lebentigen buoche,
daz man si scol suochen
unter allen mînes trechtînes kinden.

3234 owi P] o A   3235 wůft P] wof A   3237 gehorte P] horte A nie *fehlt* A   3243 uf der P] ere A   3247 gebrach P] ne brah A   3250 gesunderote P] sunderote A   3252 gerechten P] geraiten A alle P] allen A   3253 gelouben P] louben A   3257 gewinne P] winne A   3258 niuwan] ni wan PA   3259 wir *fehlt* P   der lebentigen buoche] den (then) lebentigen bu(o)chen PA   3261 mines *fehlt* A   kinden AW] chinde P

Ach, wie da geklagt wurde!
Weinen und Weherufe ertönten.
Niemals zuvor und nie wieder
hat irgend jemand
solch bitterliche Klagen gehört.
Sie hatten allen Grund zu weinen,
denn sie ließen viele todgeweihte Helden zurück.

Der Kaiser zog ab.
Die tapfersten Recken,
die auf Erden
je geboren wurden,
sammelten sich unter Rolands Fahne.
Sie hatten zwanzigtausend Mann,
an denen kein Tadel war.
Wo immer sie Gelegenheit dazu hatten,
Gott zu dienen,
da konnte sie keiner trennen.
Ihr Leben setzten sie ein.
Sie waren jeden Augenblick bereit,
für den heiligen Glauben zu sterben.
Für Gott wollten sie das Martyrium auf sich nehmen.
Die Fürsten, die zurückgeblieben waren
und mit Roland die Schutzmacht bildeten,
begehrten keinen anderen Lohn
als allein die Liebe des wahren Gottes.
Wir können es mit dem Buch des Lebens beweisen,
daß sie zu finden sind
unter allen Kindern Gottes.

der sündære mac dâ zuo in vinden
baidiu helve unde rât
über alle sîne missetât.

Alle, die mit Ruolante beliben,
die sint an der lebentigen buoche gescriben.
daz ist Gergirs unde Engelris, *794*
Ekerich unt Gernis. *794*
dâ was Berngêr unt Atto, *795 – 796*
Ansis unt Ivo, *796*
Gerhart unt Walther, *797, 800*
Samson, ain helt snel,
Olivier unt Turpîn. *793, 799*
Ruolant unt die mit in sîn, *792*
unt alle, die mit in wâren,
dâ si den gaist wider gâben
ir urlœsære –
ir tôt ist tiure unt mære.

Ruolant sich geraite.
mit flîze er sich bewarte *(1154)*
mit aime liechten roc vesten,
daz unter dem himele neweste
sînen bezzeren nehain.

3262 da *fehlt* A 3265 die mit *bis* der beliben P 3350 = E di PE] thie sind A 3266 der lebentigen buoche] den (then) lebentigen (leuendigen) bůchen (buochen) PA, dem ...ndige bůche E 3267 gergirs P] Gergeis A, gergis E 3268 gernis PA] garniers E 3269 da (The) was PA] *fehlt* E Atto *BW*] alto P, Ato A 3271 walter (Walther) PA] waltel E 3272 Vnde (*Lücke*) helt snel E 3274 in *fehlt* A Vn̄ (*Lücke*) Růlant Nv gesegene si di gots hant E 3277 ir (Ire) urlosare PA] Vndugede warin si lere E 3278 ir (Ire) tot ist ture (tivre) unt (unde) PA] Des sint si widene E 3279 *Initiale fehlt* A sich (sih) geraite PA] nit insparte E 3281 Bit eime E] ain PA, in einen (ain) *BW* 3282 daz (Thaz) PA] Dad man E 3283 bezzeren nehain (nehein) PA] gelichin ịṇgeinen E

Der Sünder kann bei ihnen
Hilfe und Fürsprache finden
über alle seine Missetaten hinaus.

Alle, die bei Roland ausharrten,
stehen im Buch des Lebens.
Es sind Gergers und Engelirs,
Eckerich und Gergis.
Dort waren Bernger und Hatte,
Anseis und Ivo,
Gerhart und Walther,
Samson, ein tapferer Held,
Olivier und Turpin.
Roland und alle Seligen,
alle, die dort mit ihnen waren,
wo sie den Geist
ihrem Erlöser zurückgaben –
deren Tod ist kostbar und ruhmvoll.

Roland machte sich bereit.
Sorgfältig legte er
ein schimmerndes Gewand an,
das unter dem Himmel
seinesgleichen nicht hatte.

von sînen brüsten vorne scain
ain trache von golde,
sam ûz im varen scolde
die funken fiures flammen,
mit gesmelze bewallen,
daz gestaine alsô edele,
sôz wol gezam deme helede.
der helm hiez Venerant,
den der helt ûf bant,
mit golde beworchten,
den die haiden harte vorchten.
mit guldînen buochstaben
was an der lîsten ergraben:
'elliu werlt wâfen,
die müezen mich maget lâzen.
wilt du mich gewinnen,
du füerest scaden hinnen.'
sîn swert hiez Durendart,
wan unter dem himele nie gesmidet wart
nicht, des im gelîch wære.
sîne site wâren seltsæne.
in swelh ende man ez bôt,
dâ was geraite der tôt.
alle die ie smiden begunden,
die ne wessen noch ne kunden,
wie daz swert gehertet was.
sîniu ecke wâren was.

3284 uorne scain PA] írschein E 3286 uz PA] uzzir E 3290 soz (So iz) PA] So E 3291 Ther (Der) AE] den P uenerant PE] Venerat A 3293 beworchten P] gewrhten (geworhtin) AE 3296 ergraben (ergrauen) PA] gegrauín E 3300 fuorest (furis) AE] furet P 3301 hiz (hiez) PE] thaz hiez A, *vgl. Str. 4043* 3303 nicht des (Nicht thes) PA] Dad E gelih A] gelichte P 3304 seltsane (selzene) PA, *vgl. Str. 4046*] louebere E 3306 geraite (gereide) PE] reite A 3310 was] wahs P, uast A

Auf seiner Brust glitzerte
ein Drachen aus Gold,
als ob aus ihm
die lodernden Flammen des Feuers herausführen,
umgeben mit Emailschmuck
und so kostbaren Edelsteinen,
wie diesem Helden zukam.
Venerant hieß der Helm,
den der Held aufband,
verziert mit Gold,
den die Heiden sehr fürchteten.
Mit goldenen Buchstaben
stand auf dem Bügel:
»Alle Waffen dieser Welt
können mir nichts anhaben.
Wenn du mich erbeuten willst,
trägst du den Schaden davon.«
Sein Schwert hieß Durndart,
weil in der ganzen Welt nie eines geschmiedet worden war,
das ihm gleichgekommen wäre.
Es war von besonderer Art:
Wohin immer man damit schlug,
dort war der Tod zur Hand.
Alle, die sich je des Schmiedehandwerks annahmen,
wußten nicht und konnten nicht herausbringen,
wie das Schwert gehärtet worden war.
Seine Schneiden waren scharf.

ez vorchten alle, die wider im wâren
unt die ez ouch nie gesâhen.
ez vorcht elliu haidenscaft.
der stâl ne hêt dâ wider nehaine craft,
ne weder bain noh horn,
ez was allez verlorn,
joch die herten vlinsstaine.
durch nôt entsâzen ez die haiden.

Zwô hosen er an leite,
die wâren gantraitet
von golde unt von berlen.
die lûchten sam die sternen,
daz edele gestaine.
er ne vorcht wâfen nehaine.
ainen spiez nam er in die hant, *1156*
ain wîzen van er an bant. *1157*
dâ wâren tiere unt vogele
mit golde unterzogene. *(1158)*
vil manc wunter dar an was.
ûf ain march er gesaz, *1153*
daz was genamet Velentich. *1153*
daz criuze tet er für sich,
ze rücke unt ze sîten.
dô kêrt er an aine lîten.
er sprach zuo sînen gesellen:
'lât iuch sîn nicht erlangen.
ich wil gerne ersinnen,

3314 der P] Thes A, Dad E wider (wither) nehaine PA] ṿạṇẹ ịṇgẹịṇẹ (?) E 3317 ulinstaine A] ulinstain P 3318 entsâzen] uersazen P, etsazen A, infforhtẹṇt E 3319 *Initiale fehlt* A 3324 ne uorcht P, ịnvoṛḥṭẹ E] ne untuorhte A 3326 an (ane) PA] darane E 3327 da (Tha) PA] Dar ane E 3331 uelentich P] Velenthih A, ualentic E 3332 tet (tete) er PA] warhte E 3336 *fehlt* E lat P] Ne lant A sin nicht P] niet A 3337 ersinnen PA] gesinnen E, *vgl. Str. 4079*

Alle fürchteten es, die ihm entgegentraten,
auch wenn sie es noch nie gesehen hatten.
Alle Heiden fürchteten es.
Stahl hielt ihm nicht stand
und auch nicht Bein oder Horn,
alles ging entzwei,
selbst harte Kieselsteine.
Die Heiden hatten allen Grund, es zu fürchten.

Er legte zwei Beinkleider an,
die verziert waren
mit Gold und Perlen.
Wie Sterne funkelten
Edelsteine daran.
Er fürchtete keine Waffen.
Er nahm einen Speer
und band eine weiße Fahne daran.
Auf ihr waren Säugetiere und Vögel
mit Goldfäden eingewirkt.
Viele fremdartige Dinge waren darauf.
Er bestieg ein Pferd,
das Velentich hieß.
Er hatte sich das Kreuz auf die Brust,
auf den Rücken und an die Seiten geheftet.
Darauf ritt er an einen Hang
und sprach zu seinen Gefährten:
»Werdet nicht ungeduldig.
Ich will versuchen herauszubekommen,

obe die unseren widerwinnen
sîn mit samnunge.'
dô kêrt der helt junge *1017*
ûf aine hœhe der alben. *1017*
dô sâch er allenthalben *(1018)*
die molten ûf stieben,
vil manigen wîzen vanen fliegen, *999*
mit manigem helme brûner varwen *1022*
manigen schilt goltgarwen. *1031 – 1032*
baidiu berc unt tal *1084 – 1085*
was bevangen über al. *1084 – 1085*
goldes fuorten si genuoc. *1031*
der widerschîm im daz entruoc,
daz er si mit nichte
geachten ne machte.
baidiu golt unt gestaine
scain von den haiden
sam die sternen unter den wolken.
von volke ze volke
sigen si zesamene
mit dem aller maisten magene, *1040*
daz sich ûf der erde *1040*
ie gesamnet machte werde. *1040*
si fuorten grôz übermuot,
diu nist niemanne guot,
si geliget ie nidere.
der richtære dâ ze himele
haizet si selbe vallen.

3340 iunge PA] iungir E 3342 allenthalben (allinthalbin) PE] an allen haluen A 3343 di (Thie) molten PA] Den melṃ E, *vgl. Str. 4093* 3344 uil manigen P] Manigen (Manichin) AE 3348 beuangen (beuange) AE] geuangen P 3350 daz P] thaz gare A 3356 ze uolke A] zeuolch P 3359 sich PA] *streichen GB*, *oder* sichein her (?) *G* 3363 ie nidere P] ianithere A, *oder* ie danidere (?) *W*

ob unsere Gegner
sich schon sammeln.«
Der junge Held ritt
auf einen Berggipfel.
Da sah er überall
Staubwolken aufsteigen,
viele weiße Fahnen flattern,
mit vielen kupferfarbnen Helmen,
viele goldbeschlagene Schilde.
Berg und Tal
waren ganz bedeckt.
Viel Goldzeug trugen sie.
Der Glanz blendete ihn so,
daß er ihre Zahl
nicht schätzen konnte.
Gold und Edelsteine
funkelten an den Heiden
wie die Sterne zwischen den Wolken.
Aus allen Ländern
waren sie zusammengeströmt
mit der größten Heeresmacht,
die auf Erden
je aufgeboten werden konnte.
Sie zeigten große Hoffart,
die keinem nützt,
da sie immer zu Fall kommt.
Der Himmelsrichter
läßt sie zuschanden werden.

den diemüetigen allen
gehaizet er selbe sînen segen,
die in sîner gehôrsam wellent leben.

Dô fröute sich der helt Ruolant,
daz er der haiden samnunge vant.
er sprach ze Walthêre: *803*
'nu île dû, helt mære,
wel dir tûsent manne *804*
unt sûme dich nit ze lange.
vâh uns die berge, *805*
ê sîn die haiden innen werden,
daz wir die hœhe begrîfen,
ê uns die haiden underslîchen.
die ander du warne,
hie ist des tiuveles geswerme,
daz si sich wâfen schiere.
sage Turpîn unt Oliviere,
den helden allen samt,
sem mir disiu zesewe mîn hant,
ich ne kome niemer von dirre herte,
unz ich geslahe mit mînem swerte. *1055*
sine hilvet nehain ir grôzer scal.
ir wirdet hiute sô getân val,
daz man ez wole sagen mac
unz an den jungesten tac.
mir ne geswîche der guote Durendart,
si geriuwet al ir hôchvart.'

3367 gehaizet P] then heizet A *B*   3368 in siner gehorsam wellent P] an sinere horsam willen A   3371 zo A, *vgl. Str. 4103*] *fehlt* P   3374 unt P] ne A   3381 sich *fehlt* A   3384 sem mir disui P, *vgl. Str. 4110*] seme min A   zesewe min P] zeswer A   3386 geslahe P] slage A   3388 ir P, *vgl. Str. 4112*] hi A   3391 geswiche P] swike A

Allen Demütigen aber
verspricht er selbst seinen Segen,
wenn sie nach seinem Gebot leben wollen.

Da freute sich der Held Roland,
daß er das Aufgebot der Heiden entdeckt hatte.
Zu Walther sagte er:
»Schnell, heldenhafter Mann,
wähle dir tausend Leute aus.
Halte dich nicht lange auf,
besetze die Berge für uns.
Ehe die Heiden es merken,
daß wir uns der Höhenzüge bemächtigen,
und ehe sie uns zuvorkommen können,
warne die übrigen –
die Teufelshorden sind da –,
damit sie sich sogleich bewaffnen.
Richte Turpin und Olivier
und allen Helden aus:
Bei meiner Rechten,
ich werde diese Schlacht nicht verlassen,
ohne mein Schwert eingesetzt zu haben.
Ihre ganze Prahlerei wird ihnen nichts helfen,
so viele von ihnen werden heute fallen,
daß man davon zu erzählen haben wird
bis zum Jüngsten Tag.
Wenn der gute Durndart mich nicht im Stich läßt,
wird sie ihr ganzer Übermut noch reuen.«

Dô die helde vernâmen,
daz die haiden mit samnunge wæren,
si bâten ir êwarte,
daz si sich garten.
zuo ir ambachte si fiengen.
den gotes lîchenamen si enphiengen.
si vielen ir venie,
si riefen hin ze himele.
ze vil manigen stunden
manten si got sîner wunden,
dâ er die sîne mit erlôste,
daz er si getrôste,
daz er in ir sünde vergæbe
unt selbe ir urkundære wære.
mit bîchte si sich bewarten,
ze dem tôde si sich garten
unt wâren iedoch guote knechte,
zuo der marter gerechte,
der sêle ze wegene.
die wâren gotes degene
wolten nicht entrinnen.
si wolten gerne wider gewinnen
daz unser alt erbe.
dar nâch strebeten die helede.
jâ wâren die hêrren edele
in cristenlîchem lebene.
si hêten alle ain muot.
ir herze hin ze gote stuont.
si hêten zucht unt scam,
kiuske unt gehôrsam,

3397 fiengen P] giengen A, *vgl. Str. 4132* gâhten 3398 den *fehlt* A 3399 uielen P] sohten A 3402 siner *fehlt* P wunden P] wnde A 3403 di *fehlt* A 3406 urkundære] unchundare P, urkunde A, *vgl. Str. 4142* urkünde 3413 wolten P] sie ne wolten A

Als die Helden hörten,
daß die Heiden sich schon gesammelt hatten,
baten sie ihre Priester,
ihre Gewänder anzulegen.
Die begannen die heilige Handlung.
Sie empfingen die Hostie,
fielen zum Gebet nieder
und beteten zum Himmel.
Immer und immer wieder
baten sie Gott um Seiner Wunden willen,
mit denen er die Seinen erlöst hat,
daß Er ihr Trost sei,
ihnen ihre Sünden vergäbe
und selbst für sie Zeugnis ablegte.
Mit der Beichte rüsteten sie sich,
bereiteten sich auf den Tod vor
und waren dennoch mutige Kämpfer,
bereit, das Martyrium auf sich zu nehmen
und die Seele zu retten.
Die wahren Gottesstreiter
wollten nicht davonkommen.
Sie wollten im Kampf
unser Erbteil zurückgewinnen.
Danach strebten die Helden.
Wahrlich, die edlen Fürsten
führten ein Leben in Christo.
Sie waren alle einmütig.
Ihr Herz war zu Gott erhoben.
Sie hatten Zucht und Scham,

gedult unt minne.
si brunnen wærlîchen inne
nâch der gotes süeze.
wegen si uns müezen,
daz wir dirre armuote vergezzen,
want si daz gotes rîche habent besezzen.

Dô sich die gotes degene
mit salmen unt mit segene,
mit bîchte unt mit gelouben,
mit trahenden ougen,
mit grôzer dêmüete,
mit maniger slachte güete
sich ze gote habeten,
die sêle gelabeten
mit dem heiligen brôte
unt mit dem vrônen bluote
zuo dem êwigen lebene,
dô wâfenôten sich die helede.
got lobeten si dô.
si wâren alle samt frô,
sam die ze brûtlouften sint.
si haizen alle gotes kint.
die werlt si versmâheten,
daz raine opher si brâchten,
dô si daz criuze an sich nâmen.
ze dem tôde begonden si harte gâhen,
si kouften daz gotes rîche.
sine wolten ain ander nicht geswîche.
swaz ainen dûchte guot,
daz was ir aller muot.

3427 wir dirre P] wirre A 3430 segene A] sagene P 3437 heiligen brote P] himel broude A 3444 haizen P] haizent A 3448 gahen P] nahen A

Keuschheit und Gehorsam,
Geduld und Liebe.
Sie verzehrten sich wahrlich
nach Gottes heiliger Gegenwart.
Sie mögen uns helfen,
dieses armselige Leben zu verachten;
denn sie haben ihren Platz in Gottes Reich.

Als die Gottesstreiter
mit Psalmensingen und Bekreuzigen,
mit Beichte und Glaubensbekenntnis,
mit heiligen Tränen,
mit großer Demut,
mit vielen frommen Bezeugungen
sich Gott zugewandt
und die Seele gestärkt hatten
mit der heiligen Hostie
und dem Blut des Herrn
zum Empfang des ewigen Lebens,
da wappneten sich die Helden.
Sie lobten Gott
und freuten sich alle
wie auf eine Hochzeit.
Sie sollen alle Gottes Kinder heißen.
Sie verschmähten die Welt,
brachten das reine Opfer dar,
als sie das Kreuz nahmen.
Sie eilten schnell in den Tod
und erkauften das Reich Gottes.
Sie wollten einander nicht verlassen.
Was einem gut dünkte,
das wollten sie alle.

Dâvîd psalmistâ
hât von in gescriben dâ:
'wie grôze in got lônet, mîn trechtîn,
die brüederlîchen mit ain ander sîn!
er biutet in selbe sînen segen,
si scolen iemer vrœlîchen leben.'
ain zuoversicht unt ain minne,
ain geloube unt ain gedinge,
ain triuwe was in allen.
ir nehain entwaich dem anderen.
in was allen ain wârhait.
des fröut sich elliu die christenhait.

Haiden, die verworchten,
die got niene vorchten,
ir apgot si ûf huoben, *(853)*
mit grôzer hôchvart si fuoren.
si vielen vor Machmet. *854*
daz was ir aller gebet,
daz er in erloupte,
daz si Ruolanten houpten,
unt sô si in erslüegen,
daz si sîn houbet für in trüegen.
si gehiezen im ze êren
sîn lop iemer ze mêren.
mit tanze unt mit saitspil
aller übermüete was dâ vil.
si versâhen sich zuo ir krefte.
dône wessen si nicht rechte,
daz er allez wider got strebet,
swer âne got lebet.
si versmæhent ir rechten schephære,

3455 groze in got lonet P] grozzen lon A 3456 mit *BW*] *fehlt* PA 3460 geloube P] loube A 3468 grozer P] groz A 3472 hopten P] gehofeten A

Der Psalmist David
hat von ihnen geschrieben:
»Wie herrlich wird ihnen Gott lohnen,
die brüderlich bei einander wohnen.
Er selbst verheißt ihnen seinen Segen,
sie werden ewig in Freuden leben.«
Eine Zuversicht und eine Liebe,
ein Glaube und eine Hoffnung
und einerlei Treue erfüllten sie.
Keiner wich dem andern von der Seite.
Sie hatten alle eine Wahrheit.
Darüber freut sich alle Christenheit.

Die verfluchten Heiden,
die Gott nicht fürchteten,
nahmen ihre Götzen auf.
Sie waren voller Hochmut.
Vor Mahomet fielen sie zur Erde.
Sie baten ihn alle darum,
daß er ihnen gewähren möge,
Roland zu enthaupten
und, wenn sie ihn erschlagen hätten,
ihm sein Haupt darbringen zu dürfen.
Sie gelobten, zu seiner Ehre
seinen Ruhm stets zu mehren.
Mit Tanz und Saitenspiel
überhoben sie sich auf vielerlei Weise.
Sie verließen sich auf ihre Stärke.
Damals wußten sie noch nicht,
daß der wider Gott handelt,
der ohne Gott lebt.
Sie achten ihren wahren Schöpfer gering,

den unseren wâren heilære,
den unseren oberesten êwart,
der niemen âne trôst enlât,
swer mit diemüete
suochet sîne güete.

Nu hœren wir diu buoch sagen,
ain antwerc hêten si erhaben *853*
alnâch der künige gebot.
dâ wâren siben hundert apgot,
Machmet was der hêrest unter in.
dar kêrten si allen ir sin.
daz lob si im sungen. *854*
siben tûsent horn dâ vor klungen.
siben tûsent golt vaz –
zue êren buten si im daz –,
diu lûchten tac unt nacht.
der liute was sô grôziu craft,
daz diu velt wâren bedecket,
daz diu erde niene blecket,
daz si niemen mächte gesehen,
daz wir für wâr mügen jehen,
daz sulch her nie gesamnet wart. *1040*
dâ gelac michel hôchvart.
dâ bewâret unser hêrre sîniu wort:
sent Johannes hât gescriben dort,
daz diu diemuot hin ze himele stîget,
daz diu übermuot nider nîget
in die vinsteren helle.
dâ bî bezzer sich, swer der welle.

3484 waren P] rehten A 3490 antwerk A] hantwerc P *W* 3491 gebot P] gebote A 3492 apgot P] afgote A 3493 herest P, *vgl. Str. 4207*] aller herst A, *vgl. Vb. 53,32* aller obrist 3494 allen P] alle A, *vgl. Str. 4208* (*aber var.*) 3500 groziu P] groz A 3502 di erde nine P] there erthe niht ne A 3506 da P] tho A 3509 hin *fehlt* A 3510 daz *fehlt* A 3512 der P] so A

unseren wahren Heiland,
unseren höchsten Priester,
der keinen ungetröstet läßt,
der demütig
um seine Gnade bittet.

Nun hören wir unsere Quelle erzählen,
sie hätten eine Plattform errichtet
nach Anweisung der Könige.
Auf ihr standen siebenhundert Götzen,
als höchster unter ihnen Mahomet.
Dorthin wandten sie all ihre Gedanken.
Sie sangen ihm Preislieder.
Siebentausend Hörner erklangen davor.
Siebentausend goldene Lampen –
zu seinem Ruhm machten sie das –
leuchteten Tag und Nacht.
So viele Menschen waren dort,
daß die ganze Ebene bedeckt
und der Erdboden darunter verschwunden war,
daß ihn keiner hätte sehen können,
so daß wir mit Recht behaupten dürfen,
daß ein solches Heer noch nie aufgeboten worden ist.
Dort wurde der große Stolz gebeugt,
dort bekräftigte unser Herr seine Worte.
St. Johannes hat geschrieben,
daß die Demut zum Himmel aufsteigt,
und der Hochmut niederfährt
zur finsteren Hölle.
Dies beherzige, wer guten Willens ist.

Haiden, die vertânen,
bî dem halse si sich ergâben
in des tiuveles gewalt.
si bâten die gote alle samt,
daz si in füre wæren
unt in sælde gæben,
daz si ir nôt bedæchten
unt selbe vor væchten,
daz si alle gesunde
von Vallefunde
belaiten si ze Salveterre.
si getrûweten in ze verre,
des gelâgen si alle dâ nidere.
der gote ne kom nie nehain widere.
die gote wurden alle zeslagen,
in bruoch unt in graben
wurden si geworfen.
sine machten in selben nichtes gehelfen.

Uz huoben sich die vaigen,
die unsamfte wurden geschaiden.
michel wart der herscal.
si fulten berge unt tal *856*
unt al daz gevilde.
die vogel unter dem himele
muosen tôte nider vallen.
von dem ummâzen scalle
geswaich in daz gevidere.

3520 uor uahten P] uore uvheten A 3523 belaiten *BW*] pelaite (Belaite) PA 3524 getruweten A] getrůten P 3526 nine hain P] nehainer mer A 3527 zeslagen P, *vgl. Str. 4263*] erslagen A 3528 unt in P] unde an thie A 3530 selben nichts P] selue niht A 3534 berge P] berh A 3537 musen tote P] muser tote A 3538 ummazen *BW*] ummaze P, unmaren A

Die verruchten Heiden
ergaben sich mit Leib und Leben
in die Gewalt des Teufels.
Sie baten die Götter alle,
sie sollten sie führen
und ihnen Glück geben,
sie sollten ihre Kampfesnot nicht vergessen
und selbst an ihrer Spitze kämpfen,
damit sie sie alle unversehrt
von Valfunde
nach Salveterre geleiteten.
Sie setzten ihr Vertrauen allzu sicher auf sie,
deshalb war das ihr Untergang.
Kein einziger der Götter kam zurück.
Die Götzenbilder wurden alle zerschlagen.
In Sumpf und Graben
wurden sie geworfen.
Sie konnten nicht einmal sich selbst helfen.

Die Todgeweihten zogen los,
die schwer zu trennen waren.
Groß war das Feldgeschrei.
Sie bedeckten Berge und Täler
und die ganze Ebene.
Die Vögel unter dem Himmel
fielen tot zur Erde.
Der mächtige Lärm
lähmte ihre Flügel.

Alterôt, der wilde, *860*
fuort ain stap in der hant. *861*
er îlte, dâ er den künc vant.
er sprach: ‘Marsilie hêrre, *862 – 863*
Mahmet spar dîn êre.
ich hân für wâr vernomen,
die cristen sîn sô harte erkomen,
daz si nehaine wîle nemügen gestân.
mir sageten mîne man,
si vallen ûfe die erden.
si wæren nû gerne
von uns hinnen.
nu wil ich an dich gedingen,
durch dîne tugentlîche site
tuo, des ich dich bite:
lîch mir daz ze lêhen *866*
ûz allen disen hêrren –
ich hân vile guote knechte –,
daz ich mit den dâ vore vechte, *866*
daz ih Ruolanten erslahe *866 – 867*
unt man daz mære von mir sage.
sô hâstû sîn êre,
unt dien ich ez iemer mêre.’

Dô sprach der küninc Marsilie:
‘nu sente dich mir widere
Machmet, unser hêrre,
ich getrûwe im sîn vil verre.
wie wol ich dir dîner êren gan.
machtu Ruolanten erslân,
daz houbet für mich bringen,

3540 *Initiale* A 3546 erkomen A] erchom P 3550 gerne A] gernin P 3555 ce lehen P] ze lene A 3557 gůte P] goter A 3562 ih *fehlt* P 3564 widere (withere) A] machmet widere P 3565 Mahmet A] *fehlt* P 3566 sin *fehlt* A, *vgl. Str. 4324*

Der zornmütige Adalrot
trug einen Stab.
Er eilte zum König
und sagte: »Marsilie, Herr,
Mahomet erhalte deine Ehre.
Ich habe verläßlich gehört,
daß die Christen so erschrocken sind,
daß sie sich nicht mehr auf den Beinen halten können.
Meine Leute berichteten mir,
sie fallen auf die Erde nieder.
Sie wären nichts lieber
als weit weg von uns.
Nun setze ich meine Hoffnung auf dich.
Um deines Edelmutes willen
gewähre, worum ich dich bitte:
verleihe mir als besondere Gunst
vor allen Fürsten hier –
ich habe viele tapfere Streiter –,
daß ich mit ihnen den Kampf eröffne,
damit ich Roland töten kann
und mein Ruhm sich verbreite.
So wirst auch du dadurch Ruhm ernten,
und ich werde dir dafür ewig danken.«

Darauf antwortete König Marsilie:
»Nun geleite dich zurück zu mir
Mahomet, unser Herr,
das erhoffe ich von ihm zuversichtlich.
Wie sehr gönne ich dir deinen Ruhm!
Gelingt es dir, Roland zu töten
und mir seinen Kopf zu bringen,

sô saltu hie ze mir gewinnen
iemer alle werltwünne.
du gêrest al dîn künne.
die christen habent zwelf scar,
nu warnet ir iuch wol dar.
erwelt ir mir zwelf man, *877*
die guoten willen dar zuo hân.
der helde iegelîch
neme zwelf tûsent zuo sich.
wol beraitet iuwer scar,
komet vermezzenlîchen dar.
scaffet iuwer huote,
wesent ainmuote,
rîtet mit scaren zuo.
sine mügen nicht wider iu getuon.
erslahet si allesamt.
Olivier unt Ruolant
habent mir sô herzelaide getân,
komet der zwelve dehainer dan,
sône gescach mir nie sô laide.
die selben gesellen baide
scolten billîchen hangen.
sô wære mîn wille wol ergangen.
daz bedenken alle dise guote hêrren,
unt dien ich ez iemer mêre.'

Der herzoge Falsaron, *879*
mit grôzer crefte er ze hove kom.
er sprach: 'ich hân achtzehen tûsent man,
die volgent hiute mînem van,

3571 imer *fehlt* A, *vgl. Str. 4331* 3574 ir *fehlt* A 3576 di P, *vgl. Str. 4338*] ther A 3587 so P, *vgl. Str. 4347*] *fehlt* A 3588 dehainer P] so heiner A 3589 gescach P] sca A 3593 herren *W*] here PA, heren *B* 3596 er ze houe kom A] kom er ce houe P *W*

so sollst du von mir alles bekommen,
was dir zum irdischen Glück fehlt.
Dein Geschlecht hat teil an deinem Ruhm.
Die Christen haben zwölf Abteilungen,
dagegen trefft entsprechend Vorsorge.
Wählt für mich zwölf Männer aus,
die dazu bereit sind.
Jeder der Helden
übernehme zwölftausend Mann.
Rüstet eure Truppen gut aus
und greift dann tapfer an.
Seid vorsichtig,
haltet zusammen,
greift sie gemeinsam an.
Sie werden gegen euch nichts ausrichten können.
Erschlagt sie alle.
Olivier und Roland
haben mir solchen Schmerz zugefügt –
entkommt auch nur einer der Zwölf,
so ist mir nie größeres Leid geschehen.
Die beiden Waffenbrüder
sollten billig gehängt werden;
dann wäre mein Wille geschehen.
Daran mögen alle edlen Fürsten hier denken,
ich aber werde ewig dafür dankbar sein.«

Herzog Falsaron
kam mit großem Heer zum Hof
und sagte: »Ich habe achtzehntausend Mann,
die heute meiner Fahne folgen werden,

swâ ich hin kêre.
nu erloube dû mir, hêrre –
mîn marke ist mir verbrunnen,
mîne bürge sint mir an gewunnen,
mîn liut ist mir gevangen –,
daz ich hiute vor in allen
Ruolanten müeze erslahen. *(884)*
sô vergiz ich alles mînes scaden.
unt ist, daz ez Machmet wil,
ir gevellet hiute sô vil,
daz Portaspere *870*
wol muoz rasten
unz an Urstamme *870*
vor Ruolante unt vor sînen mannen.
sô hâstû sîn êre,
unt dien ichz iemer mêre.'

Der kuninc antwirt im dô:
'mîn herze ist mir iemer mêre frô,
ob dir Machmet daz heil gît,
daz der zwelve einer von dir gelît.
in allem mînem rîche
mache ich dich gelîche
mînem lieben kinde.
dû scolt hie ze mir gewinne,
daz al dîn künne gêret,
dîn rîchtuom zwîspilde gemêret.'

3599 hin P] hinnen A 3602 sint mir *fehlt* A, *vgl. Str. 4380* (*aber var.*) 3611 urstamme A] urstamne P 3614 din iz P] ich thiene iz A, thiene ich iz *B* 3615 antwirt(e) *WB*] hantwirt P, antworte A 3616 mir *fehlt* A 3617 gít P] gif A 3618 uon P] uor A gelit P] geliget A 3621 minem liebin kinde P] Minen lieuen kinden A, *vgl. Str. 4390* mînen kinden (*aber var.*)

wohin immer ich mich wende.
Erlaube du mir, Herr –
mein Grenzland ist mir durch Feuer verwüstet,
meine Städte sind mir geraubt worden,
mein Volk wurde mir gefangengenommen –
daß ich heute vor allen andern
Roland das Leben nehme.
So werde ich alle meine Verluste vergessen.
Wenn Mahomet will,
dann werden heute so viele fallen,
daß Port Aspere
zur Ruhe kommt
bis Urstamme hin
vor Roland und seinen Gefolgsleuten.
So wird es dir Ruhm bringen,
ich aber werde dir ewig dankbar sein.«

Der König antwortete ihm:
»Mein Herz wird für alle Zeit froh sein,
wenn dir Mahomet das Glück schenkt,
daß einer der Zwölf durch dich den Tod findet.
In meinem ganzen Reich
werde ich dich
meinem lieben Sohn gleichsetzen.
Du sollst hier von mir erhalten,
was deinem ganzen Geschlecht Ehre bringt
und deine eigne Macht verdoppelt.«

Dô kom der künc Cursable *885*
gevaren ûf sînem marhe:
'hail sîstû, kuninc Marsilie.
ich hân ains min drîzic tûsent helede
ze beherten dîn êre,
swâ dû hin wil kêren.
die rechent gerne dînen anden.
erloube mir über Ruolanden.
des rechtes wil ich dich manen.
ich hân den oberesten vanen
unter allen dînen mannen.
daz scol dir nicht missevallen.
ich scol in hiute vor vechten
von adele unt von rechte.
ouch scolt dû mir lônen,
ich sluoc den kuninc Philônen,
hêrre, durch dînen willen.'
der künc antwirte im mit minnen:
'dû bist mîn vil lieber man,
dû hâst vil dicke getân,
daz mîn wille was.
wol weiz ich daz,
dû füerest die ûzgenomen helede.
erslahe mir si alle zwelve,
der êren wil ich dir wole gunnen.
dû hâst mich iemer der mit gewunnen.'

Malprimis von Ampregalt, *889*
'hêrre', sprach er, 'durch dînen künclîchen gewalt,
Ruolant hât mir vil ze laide getân.

3625 Cursable A] cursabile P 3628 ains min P] eines min A, *vgl. Str. 4406* einz unt, *Vb. 55,5 XXXI* 3633 rechtis P, *vgl. Str. 4412*] *fehlt* A 3634 uanen A] uán P 3637 in P] in allen A 3640 philonin P] philonem A 3651 *Initiale fehlt* P Malprimes (Malprîmis) *WB*, *vgl. Str. 4430*] malwil P, Malwir A

Darauf kam König Cursabile
auf seinem Streitroß angeritten:
»Heil dir, König Marsilie!
Mir folgen neunundzwanzigtausend Helden
zur Verteidigung deiner Ehre,
wo immer du dich aufhältst.
Die brennen darauf, dein Leid zu rächen.
Gib mir freie Hand, was Roland betrifft.
Ich muß dich an mein Recht erinnern.
Ich trage die erste Fahne
unter all deinen Gefolgsleuten.
Möge es dir also nicht mißfallen,
daß ich heute vor ihnen den Kampf eröffne
mit Rücksicht auf meinen Adel und mein Amt.
Du schuldest mir auch noch einen Lohn:
Ich habe den König Philon,
Herr, auf deinen Befehl hin getötet.«
Freundlich antwortete ihm der König:
»Du bist mein treuer Gefolgsmann
und hast sehr oft
meinen Willen vollstreckt.
Ich weiß sehr gut,
daß du ausgezeichnete Kämpfer anführst.
Töte sie mir alle zwölf,
ich gönne dir den Ruhm.
Meine Gunst hast du damit auf ewig gewonnen.«

Malprimis von Ampelgart
sagte: »Herr, bei deiner königlichen Macht,
Roland hat mich schwer beleidigt.

mîn bruoder hât er mir erslagen,
dar zuo mîne lieben man.
dîn urloup wil ich hân,
daz ich daz müeze rechen, *(893)*
durch sîn herze stechen *(893)*
mînen golt garwen spiez.'
der kuninc ime vil gwislîchen gehiez,
unt geræche er in an Ruolante,
er machet in gewaltic
in sînem rîche maniger grôzen êren.
dô naig er sînem hêrren.

Ammirat von Palvir: *894*
'nû erloube, hêrre, mir.
ich bin verre her gestrichen.
mîn craft, diu ist michel, *(898)*
ich bin ein vil starker man. *(898)*
Ruolant ist unerslagen *(902)*
von allem künne der haiden,
ich irslahe in aine.' *902*
dô sprach der künc Marsilie: *908*
'dû bist starc unt biderbe,
ain helt zuo dînen handen.
erslehes dû Ruolanten,
ob des Machmet gewerde,
elliu palwischiu erde
sî iemer dîn aigen.
dîne tugent scoltu uns erzaigen.'

3654 irslagin P] geslahen A 3656 han A] haben P 3660 gwislichen *W*] gwillichen P, swrslichen A, wislîchen *B*, swaslichen *L* 3661 unt *fehlt* A 3663 in sinem riche *fehlt* A, *vgl. Str. 4444* in sinen landen 3665 *vgl. Str. 4465* dô quam von Balvier Amirât 3666 *vgl. Str. 4465* er sprach: ich wil *etc.* 3668 diu *fehlt* A 3670 unerslagen P] iemer erslagen A 3679 si A *GW*] sin P iemir *fehlt* A 3680 uns erzaigen P] mir zaichen A

Er hat mir meinen Bruder erschlagen
und überdies liebe Vasallen.
Ich bitte dich um Erlaubnis,
dafür Rache nehmen zu dürfen
und ihm meine goldumwundne Lanze
durchs Herz zu bohren.«
Der König versprach ihm fest,
wenn er ihn an Roland räche,
werde er ihm
in seinem Reich viele große Ehren zuteil werden lassen.
Er dankte seinem Fürsten.

Ammirat von Palvir (sagte):
»Nun erlaube mir, Herr,
ich bin von weit her gekommen.
Ich habe ein großes Heer
und bin selbst ein sehr starker Mann.
Erschlagen wird Roland
von keinem andern Heiden
als von mir allein.«
Darauf antwortete König Marsilie:
»Du bist stark und tapfer,
ein großer Held.
Solltest du Roland töten,
wenn (dich) Mahomet dessen würdigt,
soll das Land Palvir
für immer dir zu eigen sein.
Beweise uns deine Tapferkeit.«

Dô kom von Tortulose Targîs. *916*
er sprach: 'wol du künc hêre unt wîs, *920*
dîn tohter ist mîn wîp.
wie ob Machmet mir hiute gît,
daz ich den ruom gewinne,
daz ich für dich bringe
daz houbet Ruolantes,
dînes vîantes.
ich gelege sînen hôchmuot.
dô er vor deme kaisere gestuont,
sîn swert er zuhte,
dînen künclichen namen er verdruchte
unt vermaz sich ze verre,
er wolte mere unt erde
zinshapht bringen,
unter des kaiseres vanen dingen.
ich wil mit mîner hende *925*
den guoten Palswenden *925*
in sînem herzebluote berennen. *(926, 928), 950*
dû scolt wizzen unt erkennen,
alsô liep sint mir dîn êre
sam Ruolante sînes hêrren.
dû bist alsam edele unt alsô rîche,
daz dû gewalteclîche
dîne marke vor im scolt befriden.
sîn houbet scol hiute dar umbe beligen. *935*
ez ist hiute mîn ban,
oder ich irledige alle Yspaniam.'

3681 tortulose P] Tortulos A targis P] Thargis A 3682 wol du chunc here P] wiltu Herre A 3689 sinen A] sine P hochmůt P] hon muot A 3690 gestuont P] stuont A 3703 alsam P] also A 3708 irledige P] gelethege A alle P] al A

Darauf kam Targis von Tortulose
und sagte: »Wohlan, großer und weiser König,
deine Tochter ist meine Frau.
Wie, wenn Mahomet mir heute gönnt,
daß ich den Ruhm erringe
und dir
den Kopf Rolands bringe,
deines Feindes?
Ich bringe seinen Stolz zu Fall.
Als er vor dem Kaiser stand,
zog er das Schwert,
setzte deinen königlichen Namen herab
und maßte sich allzuviel an:
Er wolle Meer und Land
tributpflichtig machen
und der kaiserlichen Fahne unterstellen.
Mit eigner Hand will ich
das gute Schwert Palswende
in seinem Herzblut baden.
Du sollst wissen und erkennen,
mir liegt deine Ehre genauso am Herzen
wie Roland die des Kaisers.
Du bist genauso edel und genauso mächtig,
daß es dir im Kampf gelingen sollte,
dein Grenzland vor ihm zu schützen.
Dafür soll heute sein Kopf fallen.
Es ist heute mein Untergang,
oder ich befreie ganz Spanien.«

Marsilie ersmielte dô,
der rede antwirt im sô:
'ich en zwîvele an dir niet,
dirne sî mîn êre vil liep.
ich getrûwe dir sô wol,
sô ich von rechte mînem kinde scol.
Machmet gebe dir die sælde,
daz dû mir diu niumære
bringest vrœlîchen widere.
gelæge Ruolant dâ nidere,
umbe Karlen würde sîn guot rât. *(951)*
wir gefrümen aine herevart
unter die Karlinge.
si gewinnent bœse gedinge.
si werden alle deme tôde ergeben, *948*
sine wolten an Machmet jehen.'

Margarîz von Sibiliæ, *955*
der rait zuo dem künige.
er was scœne unde lussam. *957*
die haiden harte gezam,
daz si in muosen scouwen.
harte minnôten in die frouwen. *957*
vil maniger lante habete er gewalt. *956*
daz swert zucht er über halp. *(966)*
er sprach: 'Marsilie, hêrre, *962*
thaberiske erde
hân ich hie mit gewunnen,
zinses betwungen.
dîn liut heiz dû beraiten.

3710 antwirt P] antworte er A 3712 si P] sin A ere A] here P 3719 Karlen A] karelen P wurde sin P] wrde A 3720 gefrumen P] gegrumeten A 3722 gewinnint P] winnent A 3723 werden A] wurden P 3725 *Initiale fehlt* A margariz P] Gargaris A sibiliæ P] Sibilia A 3729 in *fehlt* A

Marsilie lächelte daraufhin
und antwortete folgendermaßen:
»Ich zweifle nicht,
daß dir meine Ehre am Herzen liegt.
Ich vertraue dir so unbedingt
wie meinem eignen Sohn.
Mahomet sei mit dir,
daß du mit froher Botschaft
fröhlich zu mir zurückkehrst.
Wenn Roland fiele,
sollten wir auch mit Karl fertig werden.
Wir werden einen Kriegszug
gegen die Franzosen unternehmen.
Schlimm wird es ihnen ergehen.
Dem Tod sollen sie alle verfallen,
wenn sie sich nicht zu Mahomet bekennen.«

Margariz von Sibilia
kam zum König geritten.
Er bot eine prächtige Erscheinung.
Die Heiden ergötzten sich
an seinem Anblick.
Die Damen waren ihm sehr gewogen.
Er herrschte über viele Länder.
Er zückte das Schwert zur Hälfte
und sagte: »Fürst Marsilie,
das Land von Taberie
habe ich damit erobert
und zinspflichtig gemacht.
Gib deinen Leuten Befehl zum Aufbruch.

dîn her wil ich laiten
zuo sent Dyonisien hûs. *973*
Karl entrinnet dar ûz
oder er wirt dîn man.
dirne mac vor nicht gehaben,
al daz der lebet unter wolken,
alsus getânem volke.
dîne helde sint küene unt vermezzen.
der kaiser ist hie gesezzen
siben jâr unt mêre. *(2)*
niemer du wider kêre,
unze du al Francrîche *972*
sam gewalticlîche *972*
in dîne gewalt gewinnest, *972*
zinses betwingest,
sam Karl tet dîn Yspaniam.
ich hân zwai unt drîzec tûsent man,
mit den ich dir niemer geswîche.
daz gelobe ich dir getriuwelîche,
daz ich niemer wider kêre,
dune behertest ê al dîn êre.'

Dô kom der künc Zernubiles. *975*
harte trôst er sich des,
daz er alsô starc was. *(977)*
daz buoch bewæret uns daz,
swaz siben mûle mächten getragen, *978*
daz huop er ûf an sînen arm. *977*
er was swarz unt übel getân.
sîn lant, daz was fraissam,
daz liut, daz ist grimme.

3741 er wirt P] werthet A 3743 unter P] under then A 3751 gewalt P] walt A 3758 al P] alle A 3759 Cernubiles *BW*] cenubiles PA 3766 daz *fehlt* A

Ich will dein Heer
zur Kirche von Saint-Denis führen.
Entweder Karl entflieht,
oder er wird dein Vasall.
Nichts kann dir Widerstand leisten,
was unter dem Himmel lebt,
einem so tapferen Kriegsvolk.
Deine Krieger sind mutig und stolz.
Der Kaiser ist schon
über sieben Jahre im Land.
Kehre nicht um,
bis du nicht ganz Frankreich
genauso gewaltsam
unter deine Herrschaft gezwungen
und zinspflichtig gemacht hast,
wie es Karl mit deinem Spanien gemacht hat.
Ich habe zweiunddreißigtausend Mann,
mit denen ich dir unbedingt beistehen werde.
Ich verspreche dir feierlich,
nicht umzukehren,
ehe du nicht all deine Ehre behauptet hast.«

Danach erschien König Zernubele.
Der verließ sich ganz
auf seine große Stärke.
Die Quelle gibt uns den Beweis dafür:
was sieben Maultiere gerade zu tragen vermochten,
das hob er mit einer Hand hoch.
Er war von dunkler Hautfarbe und häßlich.
Sein Land war greulich,
die Menschen darin sind wild.

der sunne, der ne gescain nie dar inne, *980*
die tiuvele bûwent dar in werde. *983*
ez ist diu verfluochet erde.
die got selbe verfluochet hât,
des liutes en wirt niemer rât.
er sprach ze deme küninge: *984*
'mir gevellet vile übele,
daz wir sô lange hie bîten.
lâz unsich zuo in rîten.
ich bringe dir Ruolanten *986*
mit îsenînen banten.
swie du in haizest tœten
oder mit wîzen des nœten,
daz Karl müez dingen,
sô machtu mit im wider gewinnen
aller dîner fürsten kint,
die in grôzen nœten sint.
wirdet der kaiser übeles muotes,
ich ne getrûwe ime nehaines guotes.
dîn sun haizet er hâhen.
von diu wil ich Ruolanten vâhen
unter allen sînen mannen.
umbe die ander ist ez schiere ergangen, *989*
die zebriche ich sam daz huon.
wider mîner craft ne mac nieman niet getuon.'

Marsilie antwirt im des:
'jâ du künc Zernubiles,
kor mir Ruolanten gewinnen,
sô hân ich allen mînen willen.
im ne gefristet nieman daz leben,

3768 der ne gescain P] ne scain A 3769 in werde P] an den werthe A, thîr in werthe *B*, unwerde *W* 3772 niemir P] nehainen A 3786 getruwe P] truwe A 3792 nít getun P] niht tuon A 3794 Cernubiles *BW*] cenubiles PA 3797 gefristet P] fristet A

Nie schien je darin die Sonne,
die Teufel fühlen sich dort wohl.
Es ist ein böses Land.
Auf denen Gottes Fluch lastet,
für die gibt es keine Rettung.
Er also sprach zum König:
»Es mißfällt mir sehr,
daß wir hier so lange zögern.
Laß sie uns angreifen.
Ich werde dir Roland
in Eisenketten bringen.
Auf welche Weise du ihn töten heißt
oder durch Foltern zwingen,
daß Karl sich zu verhandeln bereit erklärt,
auf jeden Fall wirst du mit ihm
die Söhne aller deiner Fürsten zurückgewinnen,
die in großer Gefahr schweben.
Wenn der Kaiser zornig wird,
traue ich ihm nichts Gutes zu.
Er wird deinen Sohn hängen lassen.
Deshalb will ich Roland gefangennehmen
aus allen seinen Gefolgsleuten heraus.
Die andern sind schnell erledigt,
die rupfe ich wie Hühner.
Meiner Kraft hat niemand etwas entgegenzusetzen.«

Marsilie antwortete ihm darauf:
»Wohlan, König Zernubele,
versuche, mir Roland zu fangen,
so habe ich alles, was ich will.
Niemand wird sein Leben schützen,

des hân ich mîne triuwe gegeben.
aine vrist lâze ich in gesunt.
Karl vergiltet mir drîe stunt,
swaz er des mînes dâ hin füeret,
swâ er sich rüemet,
daz er scaden unt laster hât.
vil guot ist der dîn rât.
Machmet spar dîn êre,
ich ne getrûwe niemen sô verre.
nu unterwinde dich der scar.
daz her füere dû dar
unt hantel ez mit sinnen
unt entlâz ir nehainen hinnen.
ich gibe dirz lop unt die êre
unt lône dir sîn iemer mêre.'

Dô nam der zwelfe iegelîch *990*
zwelf tûsent zuo sich. *991*
zwelve wurden der scar,
Machmeten fuorten si dar,
daz iegelîchem vanen
volgôten zwelf tûsent man.
siben tûsent horn dâ vore clungen. *1004*
ir wîcliet si sungen.
dâ wart alsô getân scal, *1005*
sam berge unt diu tal
allez enwage wære.
daz dûhte si harte seltsæne,
daz in die cristen vor gehabeten.
Falsaron si mante.
er sprach: ‘welt ir sîn mîn rât haben,
sô werdent si alle erslagen.

3806 niemen P] minen A   3810 enlaz P] ne liez A   3812 dir sin P] is thih A, *vgl. Str. 4668*   3822 diu *fehlt* A   3823 in wage P] in wege A   3828 alle P] allesamt A

darauf habe ich mein Wort gegeben.
Eine Weile nur lasse ich ihn noch leben.
Karl wird mir dreifach vergelten
für alles, was jener von meinem Besitz wegschleppt,
wie er sich rühmt,
so daß er den Schaden und die Schande hat.
Dein Rat ist sehr gut.
Mahomet schütze dich,
du hast mein volles Vertrauen.
Übernimm also die Leute,
führe das Heer hin,
handle mit Überlegung
und laß keinen entweichen.
Ich verspreche dir Ruhm und Ehre
und werde dich dafür ohne Ende belohnen.«

Jeder der zwölf übernahm
zwölftausend Mann.
Es wurden also zwölf Blöcke gebildet,
die Mahomet mit sich führten,
so daß jeder Fahne
zwölftausend Mann folgten.
Siebentausend Trompeten erklangen an der Spitze.
Sie stimmten ihre Kampfgesänge an.
Es erhob sich ein solcher Lärm,
als ob Berge und Täler
in Bewegung geraten wären.
Sie hielten es für sehr merkwürdig,
daß die Christen ihnen Widerstand leisteten.
Falsaron spornte sie an
mit den Worten: »Wenn ihr auf mich hört,
so werden sie alle erschlagen.

daz wir si vil lîchte gewinnen
unt ir nehain ne mac entrinnen,
sô tailet iuch in vieriu.
zewâre sage ich ez iu,
sô wartent si den ainen.
jâ müezen si sich scaiden,
si müezen brechen ir scar.
sô erslahe wir si gar
âne allen unseren scaden.
in iegelîchem taile scult ir haben
sehs unt drîzec tûsent man.
wir treten si in den graben,
daz ir unraine gebaine,
daz ir lebentic nehaine
ûf unser erde
niemer mêre gesehen werde.'

Olivier sprach zuo Ruolant: *1006*
'wir haben an der hant
ain vil starkez volcwîc. *1007*
aller mannegelîch wer sînen lîp.
nû wil ich sîn iemer got loben,
daz ez dar zuo ist komen.
nû gesterket iuch, helde, in got. *1008*
uns kumet allen sîn gebot,
diu helve von himele,
daz ir grôziu menige *1049*
ne mac uns nicht gewerren. *1050*
si müezen alle samt ersterben,
swaz wir ir hiute erraichen.
swem got wil helven,
der mac lîchte gevechten.
ôwol ir guoten knechte,

3829 *nach* ge *bricht* A *ab*   3850 komen] chom P

Damit wir sie um so leichter überwältigen
und keiner entkommen kann,
teilt euch in vier Blöcke.
So werden sie, versichere ich euch,
nur auf die einen achten.
Sie werden sich trennen
und ihren Kampfverband auflösen müssen.
Dann werden wir sie alle
ganz ohne eigene Verluste erschlagen.
In jedem Block sollt ihr
sechsunddreißigtausend Mann haben.
Wir werden sie in den Burggraben werfen,
ihr unreines Gebein,
damit keiner von ihnen lebend
auf unserer Erde
weiterhin gesehen werde.«

Olivier sagte zu Roland:
»Uns steht
eine fürchterliche Schlacht bevor.
Jeder einzelne kämpfe um sein Leben.
Ich will Gott ewig dafür loben,
daß es nun so weit ist.
Stärkt euch, Helden, in Gott!
Uns allen kommt sein Befehl
und seine Hilfe vom Himmel,
so daß ihre Übermacht
uns nichts anhaben kann.
Alle werden sie sterben müssen,
auf die wir heute treffen.
Wem immer Gott helfen will,
der kann unbesorgt in den Kampf gehen.
Nun, tapfere Männer,

welt ir ainmüete sîn,
jâ hilvet iu selbe mîn trechtîn.
si habent den tôt an der hant.
ôwi, geselle Ruolant, *1051*
wan blâsestu noch dîn horn? *1051*
dîn neve mächte uns ze helve kom, *1052, 1061*
daz wir frœlîchen scaiden hinnen.
nu tuoz durch mîner swester Alden willen,
gefriste dîne hêrlîche man.'
'daz müez nu allez an gote gestân', *(1062)*
sprach der helt Ruolant.
er bôt ûf sîne hant:
'unt ne wære ez dir, lieber geselle, nicht lait,
ich swüere dir ain offen ait,
daz ich ez niene blâsen wil.
der haiden nist nie sô vil, *(1058)*
ez ne sî ir aller vaictage. *1058, 1069, (1081)*
für wâr ich dir sage,
die haiden sint vor gote vertailet.
sô werdent aber mit bluote gerainet
die hêren gotes marteræere.
wolt got, daz ich des wert wære,
daz ich verdienete den namen,
dar wolt ich gerne gâhen.
wie sælic der ist geborn,
den got dâ zuo hât erkorn,
daz er in sînem dieneste beliget,
want er im daz himelrîche ze lône gibet.
zuo disen fûlen âsen *(1073 – 1075)*
ne wil ich niemer nicht geblâsen. *(1073 – 1075)*
si wânten, daz wir uns vörchten
oder helve zuo in bedörften.

3881 marterare *BW*] martere P 3884 gahin P] gan *BW* 3889 disen *WB*] disem P

wenn ihr einmütig seid,
wird euch der Herr selbst helfen.
Ihr Tod steht unmittelbar bevor.
Ach, Roland, Geselle,
warum bläst du nicht dein Horn?
Dein Oheim könnte uns zu Hilfe kommen,
damit wir siegreich abziehen.
Tue es meiner Schwester Alda zuliebe,
rette deine fürstlichen Vasallen.«
»Das soll alles bei Gott stehen«,
antwortete der Held Roland.
Er hob seine Hand auf:
»Wenn es dir, lieber Freund, nicht leid wäre,
wollte ich dir öffentlich schwören,
daß ich es auf keinen Fall blasen werde.
Die Heiden sind nicht so zahlreich,
als daß dies nicht ihrer aller Ende wäre.
Ich versichere dir,
vor Gott sind die Heiden verurteilt.
Dagegen werden noch einmal mit Blut getauft
die erhabenen Märtyrer Gottes.
Wollte Gott, daß ich dessen würdig wäre,
daß ich den Namen verdiente,
mit Freuden eilte ich dorthin.
Selig der,
den Gott dazu auserwählt hat,
in seinem Dienst zu sterben;
denn er lohnt ihm mit dem Himmelreich.
Vor diesen schon stinkenden Kadavern
werde ich das Horn auf keinen Fall ertönen lassen.
Sie könnten glauben, wir fürchteten uns
oder brauchten Hilfe gegen sie.

jâ sint si die aller bœsesten zagen.
ir botech gelege ich hiute den raben.
daz ir frôsangen
ist vil schiere ergangen.
got wil sîniu wunter hie erzaigen,
der guote Durndart sîne tugent
erscainen.' *1055, 1065, 1079*

Turpîn was dâ wole nütze. *1124*
mit scœnem antlütze,
sîn herze was liuter unt gar,
er fuor von scar hin ze scar.
al umbe er rante, *(1125)*
die helede er wol mante. *1126*
er sprach: ‘gehabet iuch vrœlîchen.
jâ nâhet daz gotes rîche.
volstêt an deme rechten.
hiute mügen wir gerne vechten. *1130*
der tiuvel vert dâ her
unt hât gesamnet sîn her.
des heiligen gelouben *1129*
wolt er uns berouben.
wol ir gotes helede,
vechtet umbe iuwer erbe, *1135*
daz iu lange geheizen sî: *1135*
venite benedicti.
nâch disem süezen segene,
ir tiuren volcdegene,
müget ir gerne vechten.
jâ vorderet iuch mîn trechtîn *1134*
zuo sînen zesewen kinden. *1134*
wâ mächt ir nû gewinnen
alsô guoten soldât,
sô er selbe gehaizen hât?
volstêt ir an deme gelouben,
mit vlaisclîchen ougen

Dabei sind sie selbst die größten Feiglinge.
Ihre Leichen werfe ich heute den Raben vor,
so daß ihr Freudengeheul
sehr bald verstummt sein wird.
Gott wird seine Wunderkraft hier erweisen
und der gute Durndart seine Schärfe zeigen.«

Turpin machte sich unentbehrlich.
Mit glänzenden Augen –
sein Herz war rein und bereit –
ging er von Gruppe zu Gruppe.
Er lief herum
und feuerte die Helden an.
Er sagte: »Seid fröhlich,
denn das Reich Gottes ist nahe herbeigekommen.
Harrt aus in der gerechten Sache.
Wir haben heute allen Grund zu kämpfen.
Der Teufel kommt einher
und hat sein Heer versammelt.
Den heiligen Glauben
hätte er uns am liebsten genommen.
Auf denn, ihr Gottesstreiter,
kämpft um euer Erbe,
das euch schon lange verheißen ist.
Venite benedicti –
mit diesem Segen Gottes,
tapfere Krieger,
könnt ihr getrost in den Kampf ziehen.
Der Herr hat euch gerufen
zu den Kindern an seiner Rechten.
Wo könntet ihr nun
so großen Lohn erringen,
wie Er selbst ihn verheißen hat?
Wenn ihr ausharrt im Glauben,
werdet ihr mit leiblichen Augen

scult ir sîn antlütze gesehen
unt iemer mit im vrœlîchen leben.
mit den worten sprechen wir iu antlâz.
in der wârheit sage wir iu daz,
vor gote birt ir enbunten *1133*
von allen werltlîchen sünden *1133*
sam ain niuborn westebarn.
swaz ir der haiden hiute müget erslân, *1138*
daz setze ich iu ze buoze.' *1138*
nach dirre rede süeze
vielen si alle zuo der erde. *1136*
dô segenôt si der hêrre. *1137*
er sprach in indulgentiam. *1140*
der antlâz was vor gote ze himele getân.

Die helede wider ûf sâzen. *1142*
dô hêten si verlâzen
allez ir künne
durch die gotes minne,
aigen unt bürge.
si hêten alle ir sorge
geworfen zerücke.
si sint unser brücke
zuo dem gotes rîche,
swer si suochet inneclîche
umbe dehaine sîne nôt.
nu helven si uns umbe got
von dirre werltlîchen brœde.
swâ unser herze œde
in dehainem zwîvel bûwen,
daz wir in samelîchen riuwen
an unseren jungesten stunden
in rechten buozen werden funden

3933 niuborn *BW, vgl. Str. 4812*] ainborn P 3949 zuo *BW, vgl. Str. 4839*] im P

Sein Antlitz schauen
und ewig in Freuden mit Ihm leben.
Mit diesen Worten geben wir euch die Absolution.
Wahrlich, wir sagen euch:
Vor Gott seid ihr frei
von allen weltlichen Sünden
wie ein neugeborener Täufling.
Soviel Heiden wie möglich zu töten
fordere ich von euch als Buße.«
Nach diesen frommen Worten
fielen sie alle auf die Knie.
Der Bischof segnete sie
und erteilte ihnen Vergebung.
Der Ablaß hatte Gültigkeit vor Gott im Himmel.

Die Helden saßen wieder auf.
In dem Augenblick hatten sie
ihre Familien verlassen
um der Gottesliebe willen,
dazu Land und Stadt.
Alle zeitlichen Sorgen
hatten sie von sich abgetan.
Sie sind unsere Brücke
zum Reich Gottes,
(jedem) der sie herzlich angeht
in irgendeiner Not.
Mögen sie uns in Gottes Namen
aus dieser irdischen Vergänglichkeit erretten.
Daß wir, wo immer unsre dürren Herzen
wankelmütig sein mögen,
in ähnlicher Reue
in der Stunde unseres Todes
und in wahrer Buße gefunden werden

unt unsich ze gotes hulden bringen,
daz sculen wir an si gedingen.

Dô der helt Ruolant
ûf ainer hœhe daz rechte ervant,
daz si sich in vieriu hêten getailet:
'ich waiz wole, waz si mainent.
si wellent uns vierhalben anrenne.
nu warne wir uns dar engegene.
lieber geselle Olivier,
nim du drîe scar zuo dir.
wol trœste ich mich dîn.
sam tuo dû, helt Turpîn.
ich erkenne wol dînen sit.
nu tuot ir, alsô ich iuch gebit.
kêret die rücke an ain ander.
unt lebete der wunderlîche Alexander,
wolt er dâ durch dringen,
er mächte lîchte scaden gewinnen.
Gergers, der hüete mîn,
der scol hiute mîn nôtgestalle sîn.
ez ne lebet nehain haidenischer man,
wil er dâ enzwischen durch varen,
er muoz unsanfte erbaizen.
daz wil ich entriuwen gehaizen.
got sal uns gnâden,
die vîente sint uns harte nâhen.'

Ruolant, der milte,
ain lewen fuort er an sînem schilte *(1111)*
ûzer golde ergraben.
jâ ne kan iu nieman gesagen,
wie grôz fröude unter den cristen was.

3959 unt P *B*] unt si *W*, *vgl. Str. 4847* daz si 3977 *Initiale* P hûte P] huotære *Sch. bei* W 3982 ich P] ich iu *B*, *vgl. Str. 4922*

und uns der Gnade Gottes würdig erweisen,
das wollen wir von ihnen erbitten.

Als Roland, der Held,
von einer Anhöhe aus erkannt hatte,
daß sie sich in vier Blöcken aufgestellt hatten,
(sagte er): »Ich weiß genau, was sie im Schilde führen.
Sie wollen uns von vier Seiten aus angreifen.
Dagegen müssen wir Vorsorge treffen.
Lieber Freund Olivier,
übernimm drei Scharen.
Ich verlasse mich ganz auf dich.
Das gleiche tue du, tapferer Turpin,
deinen Mut kenne ich.
Tut, wie ich euch sage:
Kehrt die Rücken zueinander.
Selbst der wunderstarke Alexander
könnte, wollte er durchbrechen,
schnell zu Schaden kommen.
Gergers soll mir Schutz gewähren
und heute an meiner Seite kämpfen.
Kein Heide lebt, der nicht
bei dem Versuch, einen Keil zwischen uns zu treiben,
böse vom Pferd kommen wird.
Das verspreche ich.
Möge Gott uns beistehen,
die Feinde sind uns ganz nahe.«

Der freigebige Roland
führte einen Löwen auf seinem Schild
aus getriebenem Gold.
Niemand vermöchte euch zu sagen,
wie groß die Freude bei den Christen war.

(die haiden entsâzen in daz.)
si fuoren in den creften,
sam si ze wirtsceften
alle geladet wæren,
mit egeslîchem gebæren.
haiden, die dâ ze vordereste wâren
unt der cristen vermezzenhait ersâhen,
si riten widere zesamene.
si wæren dâ ze dem zagele
alle gerne gewesen.
ir nehain trûwete genesen.
die ê zuo ir hêrren
vorderôten lêhen,
daz si Ruolanten slüegen
unt daz houbet für in trüegen,
die wurden alle swifte.
si wæren gerne von deme strîte.
die ê wâren sam der lewe ergramt,
die wurden senfte sam daz lamp.
die sich ê vermâzen,
dô si vor ir hêrren sâzen,
si wolten stœren sent Dionisien hûs,
diu vermezzenhait kom übel ûz.
wie unhôhe si wâgen,
die des küniges golt nâmen.
si wânten, si wæren biderbe.
ir übermuot gelac des tages dâ nidere.

Dô die cristen wol gar
beraiten ir zwelf scar
unt an der warte habeten,
Adalrôt dar zuo dravete. *1188*
er sprach: 'bistû hie, Ruolant? *1190*
Machmet hât dich mir zuo gesant.
daz ist mîn lêhen
von Marsilie, mînem hêrren,

(Die Heiden versetzte das in Schrecken.)
Sie kamen mit einem Ungestüm,
als ob sie alle zu einem Gastmahl
geladen wären,
mit furchterweckender Freude.
Die Heiden, die in der vordersten Linie standen
und die Siegesgewißheit der Christen erkannten,
ritten zum Hauptheer zurück.
Die Nachhut hätten sie
alle am liebsten gebildet.
Keiner glaubte, mit dem Leben davonzukommen.
Die zuvor von ihren Dienstherrn
den Auftrag gefordert hatten,
Roland zu töten
und ihm sein Haupt zu bringen,
die wurden alle kleinlaut.
Sie wären am liebsten weit weg vom Schlachtfeld gewesen.
Die eben noch wie Löwen brüllten,
wurden nun lammfromm.
Die sich eben noch angemaßt hatten,
als sie im Rat der Fürsten saßen,
die Kirche von Saint-Denis zu zerstören,
deren Zuversicht war dahin.
Wie wenig Gewicht legten sie jetzt
auf das Gold des Königs!
Sie glaubten, tapfer zu sein,
doch wurde ihr Stolz an diesem Tag gebeugt.

Als die wohlgerüsteten Christen
ihre zwölf Abteilungen aufgestellt hatten
und auf ihren Posten waren,
kam Adalrot angesprengt
und rief: »Bist du hier, Roland?
Mahomet hat dich mir gesandt.
Ich habe den Auftrag
von Marsilie, meinem Herrn,

daz ich dîn houbet abe slahe
unt ez für den künc trage.
Crist, der dîn hêrre,
ist dir hiute vil verre.
sîn wirt vil übele gescônet.
wie hât dir nû Peter gelônet?
nû ist er ze Rôme,
nû bistû hie ze dem tôde.
tump was der kaiser, dîn œhaim, *1193*
sîn wîstuom übel dar an scain,
daz er dich hinter im verliez. *1193*
ich bewille hiute mîn spiez
in dînem herzebluote
durch dîne grôze übermuote.
dînen botech wirfe ich in den graben.
Yspaniâ mac wol vor dir vride haben
unt al der werlt crône.
du ne gesagest ez niemer mêre ze Rôme.'

Dô antwirt im Ruolant: *(1196)*
'du forderôst hie ze mir ain grôz phant.
mîn houbet wilt du für bringen.
Durndart muoz mir hiute dingen.
ich hœre an dinem kôse,
du bist ain zage vil bœse.
vil drâte ledige ich daz lêhen.
ruofe Mahmete, dînem hêrren,
ob er dir iht helven welle.
ich gefrüme dich zuo der helle.
dû bist mîn rechter scol,
des zinses gewer ich dich wol.'
er vieng in oben ze der achselen an, *1200*
er zetailte ros unde man. *1201*

4029 übele P] übele an dir *BW*, *vgl. Str. 4979* 4041 al der *B*] al P, alliu (?) *W* 4051 iht *GBW*] ist P

dir den Kopf abzuschlagen
und ihn dem König zu bringen.
Christus, dein Gott,
ist heute weit weg von dir.
Er wird nicht geschont werden.
Und wie hat Petrus dir gelohnt?
Er ist dort in Rom,
und du bist hier dem Tod verfallen.
Es war falsch vom Kaiser, deinem Oheim,
und spricht nicht für seine Erfahrung,
daß er dich zurückließ.
Ich werde heute meinen Spieß
in deinem Herzblut baden,
weil du allzu hochfahrend bist.
Deine Leiche werde ich in den Graben werfen.
Dann wird Spanien Ruhe vor dir haben
und alle Reiche dieser Welt.
Du wirst in Rom nicht mehr davon berichten können.«

Darauf antwortete ihm Roland:
»Ein großes Pfand forderst du von mir,
mein Haupt willst du mitnehmen.
Durndart soll heute für mich sprechen.
Deinem Geschwätz entnehme ich,
daß du ein elender Feigling bist.
Deinen Auftrag mache ich schnell zunichte.
Rufe Mahomet, deinen Gott, an,
ob er dir nicht helfen will.
Ich werde dich zur Hölle schicken.
Du bist von Rechts wegen mein Schuldner,
aber ich werde dir die Schuld bezahlen.«
Er traf ihn oben an der Schulter
und teilte Roß und Mann mitten entzwei.

'die rede scoltu mir gebüezen,
Machmeten zertrit ich unter mînen füezen
unt allez, daz hie mit im ist.
daz gebiutet mir der heilige Crist.
dînen botech gibe ich den himelvogelen.'
er râmte sîn obene. *(1200)*
er tailte ros unt satelbogen, *(1201)*
deiz tôt ze der erde bekom.
daz swert warf er umbe in der hant.
die Franken riefen alle samt,
mit gelîcher stimme huoben si:
'Monsoy! Monsoy!' *1234*
daz was des kaiseres zaichen. *1234*
'sent Peter mac mir baz gehelven,
daz schînet hie ze stet,
denne dir dîn hêrre Mahmet.
dû ligest dâ nidere.
Karl was wîse unt biderbe, *1207*
der mich hie liez. *1209*
ich hân gelaistet, daz ich dir gehiez.
ez ist wol erhaben', sprach der helt Ruolant. *1211*
'nû gedenket der swerte an der hant, *(1233)*
ir tiuren volcdegene.'
dô huoben si sich dar engegene.

'**D**itze ist ain fraissam slac,
ich geriche in, ob ich mac',
sprach der herzoge Garpîn.
'dû bist der rechte scole mîn.'
er râmte sîn gegen den brüsten,
der scaft brast zestücken.
'dû hâst mir den bruoder erslagen.

4068 Monsoy Monsoy *B*] monsoy P 4070 baz *BW*] bal P 4075 der P] thêr *B*, *vgl. Str. 5031* daz er 4076 gelaistet *GBW*, *vgl. Str. 5032*] gehaizen P

»Das sollst du mir büßen.
Mahomet werde ich in den Staub treten
und alles um ihn herum.
Das gebietet mir Christus.
Deinen Leichnam werfe ich den Vögeln vor.«
Er zielte nach seinem Kopf
und spaltete Sattelbogen und Pferd,
daß es tot umfiel.
Er drehte sein Schwert in der Faust.
Die Franken riefen alle
wie mit einer Stimme:
»Monjoie! Monjoie!«
Das war des Kaisers Schlachtruf.
»St. Peter ist mir eine bessere Hilfe,
das wird hier sichtbar,
als dir dein Gott Mahomet.
Du wirst erschlagen werden.
Karl war klug und kriegserfahren,
als er mich hier zurückließ.
Ich habe getan, was ich dir versprach.
Das ist ein guter Anfang«, sagte der Held Roland,
»nun vergeßt nicht, daß auch ihr Schwerter tragt,
edle, heldenhafte Männer!«
Darauf wandten sie sich gegen den Feind.

»Dies ist ein furchtbarer Hieb,
den ich dir nach Kräften vergelten will«,
sagte der Herzog Garpin.
»Du bist nun mein Schuldner.«
Er zielte gegen seine Brust.
Die Lanze zersplitterte.
»Du hast mir den Bruder getötet.

ich wil dir wærlîche sagen,
mac dich dehain wâfen gewinnen,
sô ne kumestu niemer hinnen.'
er sluoc in mit deme swerte
ûf den helm herten
ainen vermezzenlîchen slac.
'nû ist dîn jungester tac',
sprach der helt Ruolant.
er sluoc in über des schiltes rant,
mit deme guoten Durndarte
versnait er in harte,
daz er sich begunde naigen.
tôt viel die haiden.

Dô vâchten die wâren gotes dienestman,
sôz guoten knechten wol gezam.
haiden, die gesellen,
bliesen ze gevelle,
sam si tier jageten.
die scar si umbehabeten,
daz gedrenge wart dâ fraissam.
dâ strebete man für man.
der haiden michel magencraft
vil manigen eskînen scaft
gefrumten si ûfe die cristen.
ienoch wolte si got gefristen,
er gestarcte wol die sîne.
jâ wonten si in deme wîge
sam der lewe, der dâ winnet *1888*
unt rechte zornen beginnet,
doch ir angest wâren grôz.
sam der smit tengelet ûf den anbôz,
sô daz îsen ist ingluote,

4099 sich *BW*] si P 4100 viel *W*] uielen P *B* 4118 tingelet *GBW*] tigelet P

Das verspreche ich dir,
wenn du nicht unverwundbar bist,
wirst du lebend nicht davonkommen.«
Er versetzte ihm mit dem Schwert
auf seinen festen Helm
einen tollkühnen Hieb.
»Das ist dein Ende«,
rief der Held Roland.
Er schlug ihm den Schild weg.
Mit dem scharfen Durndart
brachte er ihm viele tiefe Wunden bei,
daß er zu wanken begann.
Tot fiel der Heide um.

Da kämpften die wahren Gottesstreiter,
wie es tapferen Kriegern ziemt.
Die Heidenkrieger aber
bliesen zur Hatz,
als ob sie das Wild jagen wollten.
Sie umzingelten die Schar.
Das Getümmel wurde fürchterlich.
Einer suchte dem andern zuvorzukommen.
Die riesige Menge der Heiden
sandte zahllose Eschenspeere
gegen die Christen.
Aber noch wollte sie Gott am Leben halten.
Er gab den Seinen Kraft.
Sie bewegten sich im Schlachtgetümmel
wie der Löwe, der brüllt
und in Raserei verfällt,
obwohl ihre Bedrängnis groß war.
Wie der Schmied auf dem Amboß dengelt,
solange das Eisen glüht,

. . . ûf schilte unt ûf huote.
si warten alle des lewen.
dô erhalte sich der degen,
den schilt warf er zerücke,
er hiu im aine lücke
lange unt wîte.
ouch kom im in der rechten zîte
sîn lieber hergeselle Witel,
ain helt küene unt snel,
Clargis unt Arthan
unt alle Ruolantes man,
die sîne nôtherten,
mit ir guoten swerten,
mit spiezen unt mit gêren
lôsten si ir hêrren.
si sluogen si vaste widere.
der van gelac dâ nidere.
der scal wart in vergolten
mit starken verchwunten.

Ruolant was ergremt harte.
mit dem guoten Durndarte
gefrumte er manigen tôten man.
des swertes site was sô getân,
swâ erz hin sluoc,
daz ez durch den stâl wuot,
sam er wære lintîn.
die tôten lâgen in allenthalben sîn
sam die hôhen berge.
daz bluot von manne verhe
fulte velt unde graben.
niemen nemachte den wec gehaben.
si wuoten in dem bluote unz an die knie.

4120 *vgl. Str. 5126* sluoc mans 4129 Arthan *BW, vgl. Str. 5139*] archan P 4149 fulte *GBW*] fulten P

(so schlugen sie) auf Schilde und Helme.
Alle schauten auf den Löwen.
Da ermannte sich der Held,
warf den Schild auf den Rücken
und hieb sich eine
lange und breite Gasse.
Gerade zur rechten Zeit kam
sein lieber Kampfgenosse Witel zu Hilfe,
ein kühner und streitbarer Held.
Clargis und Arthan
und alle Männer Rolands,
seine Kampfgefährten,
hieben mit ihren guten Schwertern,
mit Speeren und Lanzen
ihren Herrn heraus.
Sie schlugen die Heiden blutig zurück.
Ihre Fahne ging zu Boden.
Ihr Übermut wurde ihnen vergolten
mit lebensgefährlichen Wunden.

Roland war voll Kampfeswut.
Mit dem scharfen Durndart
tötete er viele Männer.
Das Schwert hatte die Eigenschaft,
daß es, worauf er mit ihm auch schlug,
durch Eisen drang,
als wäre es Lindenholz.
Die Toten lagen um ihn her
in Haufen hoch wie Berge.
Das Menschenblut
bedeckte Feld und Graben.
Keiner konnte dem Weg folgen,
denn sie wateten bis zu den Knien im Blut.

daz ne vraist ir ê nie,
daz unter deme himele ie gescæhe,
daz diu scar gar belæge,
daz ir nehain man genas.
daz buoch urkündet uns daz.
durch Machmetes liebe
hêten si maniger slachte zierde
gefuoret an die walstat.
Ruolant hiu im daz phat
rechte dar engegene.
dâ vielen Machmetes helede
zuo sîner gegenwürte,
daz er sich selben niene werte,
noch den sînen wolte helven,
swie vil si in an geriefen.

Ruolant unt die sîne
kêrten mit micheleme nîde
an der haiden betehûs.
sîne blâsære muosen dar ûz.
si ersluogen si alle samt.
dô sprach der helt Ruolant:
'wâ bistu nû, Machmet?
nû were dich hie ze stete.
die dîne sint alle erslagen,
daz hân ich dir ze lastere getân.
dîn hûs wil ich brechen.
macht dûz nu rechen,
die dîne blâsære?
hiute wære dû vil mære,
nû bistu worden stille.

4160 im *BW*] in P   4166 swie *GBW*] si P   4178 duz P, *vgl. Str. 5190*] thu *B*   4179 *vgl. Str. 5191 f.* alle dîne blâsære mahten dich nie sô mære

So etwas habt ihr noch nie gehört,
daß in dieser Welt je geschehen wäre,
daß ein ganzer Heerhaufe gefallen
und kein Mensch mit dem Leben davongekommen ist.
Unsere Quelle bezeugt uns das.
Mahomet zuliebe
hatten sie vielerlei Waffenschmuck
aufs Schlachtfeld gebracht.
Roland schlug sich eine Gasse
durch sie hindurch.
Die Streiter Mahomets fielen
vor seinen Augen,
daß er weder sich selbst verteidigen
noch den Seinen helfen konnte,
wie oft sie ihn auch anriefen.

Roland und die Seinen
stürmten mit großer Wut
zu den Tempeln der Heiden.
Seine Tempelbläser wurden daraus vertrieben.
Sie erschlugen sie alle.
Da rief der Held Roland:
»Wo bist du jetzt, Mahomet?
Komm und verteidige dich hier!
Die Deinen sind alle erschlagen,
das habe ich zu deiner Schmach getan.
Deine Tempel will ich niederbrechen.
Kannst du wohl Rache nehmen
für deine Bläser?
Heute war viel Lärm um dich,
jetzt ist es still geworden.

dîne golde garwen dille
müezen alle zuo der erde.
ich gelege dich unwerde,
ich zetrite dich unter den mist.
der dîn vil bœse list
ist an daz ende komen.
dîn trügenhait, diu ist gare verloren.'
dô hiez er die wende
in allen vier enden
zuo der erden stôzen.
dô wolten sîn geniezen,
die ez dâ nider sluogen.
daz golt, daz si ûf huoben,
daz ersach der helt Ruolant:
'ich bite iuch, hêrren, alle samt
durch den êwigen got,
lât iu ditze golt rôt
wesen unmære
wider iuwerem schephære.
ditze scœne gestaine,
jâ ist ez unraine.
lât ez durch den wâren gotes sun –
ez nemac uns ze guote nicht gefrumen,
want ez uns ze nichte entouc –
unt habet daz urloup,
swer morgen ze dirre zît lebe,
daz er im selbe neme,
swaz im hie gevalle.
jâne wizzen wir noch alle,
wie ez noch hiute ergât.'
wol geviel in der rât.
si trâten ez unter die füeze.

4194 daz golt daz P] thaz golt sie *B* 4204 ze guote] ze gote P *BW*

Die goldverzierten Wände
müssen alle niedergerissen werden.
Ich werde dich schmählich niederwerfen
und in den Staub treten.
Deine verwerfliche Zauberkunst
hat ein Ende gefunden.
Dein Trugbild ist untergegangen.«
Darauf ließ er die Wände
auf allen vier Seiten
niederreißen.
Als Beute beanspruchten diejenigen,
die die Zerstörung vornahmen,
das Gold, das sie aufsammelten.
Roland, der Held, sah das:
»Ich bitte euch alle, edle Männer,
im Namen des ewigen Gottes,
laßt euch dieses rote Gold
gleichgültig sein
vor euerm Schöpfer.
Dieses schöne Edelgestein
ist in Wahrheit unrein.
Verschmäht es um des wahren Sohnes Gottes willen –
es nützt uns nichts,
weil wir (jetzt) damit nichts anfangen können –
und nehmt das Versprechen:
Wer morgen um diese Zeit noch am Leben ist,
der darf sich selbst nehmen,
was ihm hier in die Augen sticht.
Wir alle wissen doch gar nicht,
was heute noch passiert.«
Sie folgten bereitwillig diesem Rat.
Sie setzten ihre Füße darauf,

unter dem miste siez liezen,
sam ez blî wære.
si lobeten alle ir schephære.

Dô kom Falsaron. *1213*
von der erden Dathan unt Abiron *1215*
was er verre gevaren.
ain guldînen aren
fuort er an deme schilte.
vor der scar er spilte. *1220*
von sînem helme dâ schain
der liechte karfunkelstain
unt ander werc spæhe.
er was rîche unt mære.
er sprach: ‘bistû hie, Olivier? *1221*
mir ist gesaget von dir,
dû sîst der cristen vorvechte.
ich hân hie guote knechte,
zwelf tûsent man.
nu rît du, helt, unter mînen van.
ich hilve dir gerne hinnen,
wilt du, helt, dingen
dar zuo dem künige Marsilien.
dune maht ez nicht gewideren.
behalt lîp unt ruom.
wilt du des nicht tuon,
dînen botech wirve ich den vogelen,
dîn houbet dar obene
stecke ich an mînen spiez,
alsô ich deme künige gehiez,

4217–4311 ir P = W 4224 der lichte P] ein lihter W, *vgl. Str. 5248* 4225 spahe P] wehe W 4228 ist P] ist dicke W, *vgl. Str. 5256* ie 4231 zwelf P] sehs unde zwenzech W man P] manne W 4232 uán P] uanen W 4235 dar P] daz W 4239 uogelen P] himeluogelon W 4241 minen P] einen W, *vgl. Str. 5265* den

ließen es im Schmutz liegen,
als ob es Blei gewesen wäre.
Sie priesen ihren Schöpfer.

Nun kam Falsaron heran.
Aus den Ländern Dathan und Abiron
war er weither gekommen.
Einen goldenen Adler
führte er als Schildwappen.
Er tänzelte vor seiner Schar her.
Von seinem Helm erstrahlten
ein leuchtender Karfunkel
und andere Schmuckstücke.
Er war mächtig und berühmt.
»Bist du hier, Olivier?« rief er.
»Ich habe von dir gehört,
du seist der Vorkämpfer der Christen.
Ich habe tapfere Männer bei mir,
zwölftausend Mann.
Komm, Held, unter meine Fahne.
Ich will dich gerne retten,
wenn du, Held, Frieden schließen willst
mit König Marsilie.
Du kannst das nicht ablehnen.
Bewahre Leben und Ruhm.
Wenn du es nicht tust,
werfe ich deine Leiche den Vögeln vor,
deinen Kopf aber
stecke ich auf meine Lanze,
wie ich es dem König versprochen habe,

unt füerez über al dise berge,
ez ne sî, daz ich vil drâte ersterbe.'

Dô antwirt im der wîgant:
'ich hân ouch liute unt lant
alsô lange, sô got wil.
mich ne dunket ir borvil,
die du her hâst brâcht.
ich hân sîn anderes gedâcht.
ich hân wider mînen schephære gelobet,
daz ich nehainer slachte voget
wider in niemer gewinne.
vil bœse wirt dîn gedinge,
vor gote verfluochet,
daz er dîn niene ruochet.
dîn botech unrainen,
dîn golt unt dîn gestaine
wirfe ich in die phüzze.
dîn leben ist unnüzze.
ich ne fürchte nehaine dîne drô.' *1232*
gelîche huoben si sich dô. *1224*
beide si sprancten,
ain ander si an ranten. *1225*
Olivier durch den haiden stach. *1228*
zuo der erden er in warf, *1229*
wider zucht er den spiez.
unter die haiden er rief: *(1231)*
'wânu sîne scargesellen?
die in rechen wellen,
die heven sich her zuo mir',
sprach der helt Olivier.

4243 al P, *vgl. Str. 5269*] fehlt W 4251 minen P] mime W 4255 gote P] gote bistu W 4261 dró P] drowe W 4262 huben si sich dó P] si sic do huben W 4267 zuohte er W] zuchter er P, zuchter *W*

und nehme ihn mit über all diese Berge,
wenn ich nicht plötzlich den Tod finde.«

Darauf antwortete ihm der Held:
»Ich habe Land und Leute,
solange es Gottes Wille ist.
So viele, scheint mir,
hast du nun auch wieder nicht hergeführt.
Ich denke anders darüber.
Meinem Schöpfer habe ich gelobt,
daß ich niemals einen andern Herrn
statt Seiner anerkennen werde.
Dein Anerbieten wird zunichte gemacht werden,
verflucht vor Gott,
so daß er sich von dir abwendet.
Deinen unreinen Leib,
dein Gold und deinen Schmuck
werde ich in den Schlamm werfen.
Dein Leben ist nichts mehr wert.
Deine Drohungen fürchte ich nicht.«
Sie ritten im gleichen Augenblick los.
Beide sprengten
im Angriff gegeneinander.
Olivier durchbohrte den Heiden.
Er warf ihn zu Boden
und zog die Lanze zurück.
Den Heiden rief er zu:
»Wo sind seine Mitkämpfer?
Wer ihn rächen will,
soll zu mir kommen«,
rief der tapfere Olivier.

michel fröude unter den cristen was.
si drungen in aver nâher baz.
die cristen riefen: ‘Monsoy, Monsoy!’ *1234*
vil harte erkômen die,
die zaller vordereste wâren,
want si michel wunder sâhen,
dâ die gotes herten
mit den spieze orten,
scharfen unt wassen,
wurfen sie von den rossen.
si kêrten an die dicke.
si valten in ainem blicke
mêr denne sechs tûsent man.
der strît was vermezzenlîche erhaben.

Von Almerîe Tortan,
mit ainem golde garwen van
stach er den grâven Orten,
daz er viel tôter.
er wære gerne von im danne,
dô versûmte er sich ze lange.
dô sprach der helt Maximîn:
‘des nemac nicht sîn,
dune scolt sô genozzen nicht hinnen varen.’
dô huop er ûf den arm,
daz houbet er ime abe swanc.
dô wart ein michel gedranc,
dâ die gotes herstrangen
den Falsarones mannen
zezarten die schilte.

4274 auer *fehlt* W 4276 erchomen P] quamen W 4280 spieze P *B*] spiezes W *W* 4281 wassen W *B*] wahsen P *W* 4282 den *BW*] der PW 4284 in ainem P] mit eineme W 4287 *Initiale* W] *fehlt* P 4288 mit ainem P] mit manegeme W 4294 nicht] niuwet W *B*, fehlt P 4300 Falsarones *W*] falsorotes P, falsarotes W *B*

Große Freude herrschte unter den Christen.
Sie rückten ihnen wieder näher.
»Monjoie! Monjoie!« riefen die Christen.
Sehr erschraken diejenigen,
die in vorderster Linie standen,
denn sie sahen große Wunder,
wo die Gottesstreiter
mit den Spitzen ihrer Spieße,
den schneidend scharfen,
sie von den Pferden stachen.
Sie warfen sich ins Schlachtgetümmel.
Sie fällten im Augenblick
über sechstausend Mann.
Wild entschlossen wurde der Kampf aufgenommen.

Tortan von Almeria
erstach mit einer goldgewirkten Fahnenlanze
den Grafen Orte,
daß er tot umsank.
Er wollte sich von ihm zurückziehen,
säumte aber zu lange.
Da rief der Held Maximin:
»Das darf nicht geschehen,
du sollst so unversehrt nicht entkommen.«
Darauf hob er den Arm
und schlug ihm den Kopf ab.
Ein wildes Handgemenge entstand dort,
wo die Gottesstreiter
den Männern Falsarons
die Schilde zerhieben.

sô vaste si in an gesigeten,
daz in der stâl nehain frum was.
die ir wol gezierten helmvaz
wâren alle blî waich.
swaz sîn daz swert begraif,
daz muose allez enzwai.
Ilmar vil lûte dâ schrai,
der herzoge von Agrentîn:
'die cristen müezen wol küene sîn,
ir schilte noch ir ringe
ne mac niemen gewinne.
ditze ist diu aller maiste nôt.
diu unser scar liget tôt.
wir vechten allen disen tac,
daz ich nehainen frumen swertes slac
ersach von unseren nehainem.
ich ne wil sô zagelîchen nicht hinne scaiden,
ich versuoche mich ê,
swiez über mich ergê.'
daz ros er mit den sporen nam,
er kêrte rechte engegen dem van.
er stach Marcellen,
den grâven von Vigennen,
durch ainen schilt dicken
den spiez unz an daz mittel.
die haiden huoben alle samt:
'Fore valdant!'
si kêrten vaste ûf si.
diu cristen scar rief: 'Monsoy, Monsoy!'

4303 der *fehlt* W 4307 allez *fehlt* W 4308 ilmar uil lute da schrai P, *vgl. Str. 5332*] da wart daz michel geschrei W 4309 der W] unt der P, dô rief der W, *vgl. Str. 5333* der was 4311 *nach dem ersten* ir *bricht* W *ab* 4317 unseren P] unser *GBW* 4326 daz *Sch. bei* W] den P

Sie drangen so wild auf sie ein,
daß die Eisenpanzer ihnen nichts nützten.
Ihre reich verzierten Helmtöpfe
waren weich wie Blei.
Was immer das Schwert traf,
wurde gespalten.
Laut schrie Ilmar,
der Herzog von Agrentin:
»Die Christen können leicht mutig sein,
ihren Schilden und Kettenpanzern
kann niemand etwas anhaben.
Das hier ist der schlimmste Kampf.
Unsere Schar hat den Tod gefunden.
Den ganzen Tag kämpfen wir schon,
und ich habe noch keinen wirksamen Schwertstreich
eines der Unsrigen gesehen.
So feige will ich nicht das Feld räumen,
sondern vorher noch einen Versuch unternehmen,
wie immer es mir ergehen mag.«
Das Pferd nahm er mit den Sporen,
wandte sich direkt gegen die Fahne
und stach Marcelle,
dem Grafen von Vienne,
durch einen dicken Schild
den Spieß in halber Länge.
Die Heiden schrien alle:
»Fore Valdant!«
Sie griffen heftig an.
Die Christen riefen: »Monjoie! Monjoie!«

Die cristen für trâten.
mit den ir tiuwerlîchen wâfen
si frumten ze allen stunden
tôten unt wunden.
daz bluot über velt ran.
si zesluogen ros unt man.
die tôten hin runnen.
wie jâmerlîche si swummen!
vil manige ertrancten sich selbe.
cristen, die helede,
vaste durch drungen,
flüchte si sie twungen.
si sluogen in ûf den rücken
die schilde al ze stücken.
swaz gebaines dar unter was,
für wâr waiz ich daz,
diu muosen alle in den strân.
Falsaron unt sîne man
fluzzen after fureche.
Olivier dravete dar übere
unt sîne scargenôze,
daz in dem walflôze
belâgen si tôt alle samt,
daz dâ niemen lebentigen vant
wan sunter ainen,
der gestilte ûf ainem staine.
Olivier in ersach.
vil übellîchen er zuo im sprach:
'wanne sagestu mir, junc man,
war hâstu Falsaron getân?
jâ tâtestu ungetriuwelîchen,

4339 ertrancten *W*] ertrancte P 4349 fureche] furhe P 4352 daz P] thâr *B*, *zu streichen* ? *Sch. W* 4354 daz P] daz man *B*, daz er *W* lebentigen *BW*] lebentigent P

Die Christen rückten vor.
Mit ihren guten Waffen
mehrten sie unaufhörlich
die Toten und Verwundeten.
Das Blut lief über die Erde.
Sie schlugen Roß und Reiter zusammen.
Die Toten trieben dahin.
Wie erbärmlich sie schwammen!
Viele ertränkten sich selbst.
Die heldenhaften Christen
drangen durch die Reihen der Feinde
und schlugen sie in die Flucht.
Sie schlugen auf ihren Rücken
die Schilde in Stücke.
Die Knochen darunter,
ich weiß es genau,
fielen alle in den Blutstrom.
Falsaron und seine Männer
schwammen in den Ackerfurchen.
Darüberhin ritten Olivier
und seine Mitstreiter,
daß in dem Meer von Blut
alle ohne Ausnahme den Tod fanden,
daß keiner einen Lebendigen mehr sah –
außer abseits einem einzigen,
der reglos auf einem Stein saß.
Olivier erblickte ihn
und rief ihm grimmig zu:
»Warum verschweigst du mir, junger Mann,
wo du Falsaron gelassen hast?
Du hast treulos gehandelt,

woltestu im geswîchen.
sô schiedestu übele hinnen.
du scholt nâch im swimmen.
suoche dînen hêrren,
die scar soltu im gemêren.'
den spiez er ûf huop,
über daz houbet er in sluoc,
daz im diu ougen ûz sprungen.
diu scar lac in dem bluote gar berunnen.

Dô kom der künc Cursable *1235*
gevaren ûf sînem marhe
unter ainem liechten helme.
zwelf tûsent sîner helede
riten nâch ir hêrren.
si schinen alle sam die sternen
von golde unt von gestaine.
die wâren vermezzen haiden.
der künc was hêrlîchen gar.
er sprancte verre von sîner scar
über velt, daz rûhe.
jâ en bait er vil kûme,
daz er Turpîn vant.
dô rief er über schiltes rant:
'bistu hie, Turpîn? *(1243)*
vil gewis scoltu des sîn,
der dich mit golde wæge,
daz ich ez dâ füre niene næme,
daz ich dich ersehen hân.
du hâst mir vil ze laide getân.
wâ mähtestu ûf dirre erde *(1242)*
iemer baz ersterbe? *(1242)*
ich bin ain künc vil rîch.
nu stich du, helt, wider mich.

4380 uon P *W*] vore *B*, *vgl. Str. 5391*

wenn du ihn im Stich lassen wolltest.
So wirst du nicht davonkommen.
Du solltest ihm nachschwimmen!
Folge deinem Herrn
und verstärke sein Gefolge!«
Er hob den Spieß
und schlug ihn auf den Kopf,
daß ihm die Augen heraussprangen.
Die ganze Schar lag vom Blut überströmt da.

Nun kam König Cursabile
auf seinem Pferd angeritten,
bedeckt von einem schimmernden Helm.
Zwölftausend seiner Krieger
folgten ihrem Herrn.
Wie Sterne funkelten sie alle
von Gold und Edelsteinen.
Es waren stolze Heiden.
Der König war prächtig gerüstet.
Er sprengte in großem Abstand von seiner Schar
über das wüste Feld hin.
Er hielt sich nicht damit auf,
lange nach Turpin zu suchen,
sondern rief über den Schild hinweg:
»Bist du hier, Turpin?
Sei ganz sicher,
wer dich in Gold aufwöge –
ich nähme es nicht als Ersatz
für deinen Anblick.
Du hast mich schwer gekränkt.
Wo in dieser Welt könntest du
je einen besseren Tod finden?
Ich bin ein mächtiger König.
Nun greife mich an, Held.

dû bist der aller küenesten ain,
den diu sunne ie bescain.
dîn houbet füere ich hiute hinnen
Machmet ze minnen
unt ze êren mînem künne,
daz man mir daz lop iemer mêr singe.'

Dô sprach der biscoph Turpîn: *1252*
'der heilige Crist scol der mittelære sîn,
der mîn heilære ist,
des âchtære dû bist.
ich bin sîn dienestman.
dîn rîche scol ain ander künc hân.
dîn schilt ist vil dünne.
vil waich ist dîn brünne.
dîn gestaint helm alsô liecht,
der ne mac dir hiute gefrumen niet.
dir ist vil nâhen der tôt.
die tiuvele wartent dîn dort.'
daz ros hiu er mit den sporen. *1245*
durch schilt unt durch satelpogen, *1247*
durch den lîp nal richte *1248*
den spiez zucht er ûf mit krefte, *1250*
er erriet in ûf die helm guphen.
er zart in al ze stücken. *1248*
tôt viel er unter si. *(1250)*
die cristen riefen: 'Monsoy, Monsoy!' *1260*

Turpîn unt die sîne,
die huoben sich mit nîde
an die vil dicken scar.
si getâten blaichvar

4395 der *W*] de P 4400 singe] sunge P *BW* 4414 durch P] er stach durch *G*, *Lücke W* 4415 lib P] lib stah er *B* 4417 erriet *GBW*] riet P

Du bist einer der allerkühnsten Männer,
die je unter der Sonne lebten.
Deinen Kopf nehme ich heute
als Opfergeschenk für Mahomet
und zur Ehre meines Geschlechts mit,
so daß man ewig meine Ruhmestat besingen soll.«

Darauf sagte der Bischof Turpin:
»Das soll Christus entscheiden,
der mein Heiland ist
und dessen Feind du bist.
Ich bin Sein Knecht.
Dein Reich soll ein andrer König bekommen.
Dein Schild ist sehr dünn,
dein Brustharnisch sehr weich.
Dein steinbesetzter, funkelnder Helm
wird dir heute gar nichts nützen.
Der Tod ist dir schon ganz nahe,
im Jenseits warten die Teufel auf dich.«
Er gab dem Pferd die Sporen.
Durch Schild und Sattelbogen
und mitten durch den Leib
(bohrte) er die kraftvoll hochgerissene Lanze
bis zur Helmspitze.
Er riß ihn in Stücke.
Tot fiel er ihnen zu Füßen.
Die Christen riefen »Monjoie! Monjoie!«

Turpin und die Seinen
griffen voll Haß
die dicht gedrängte Heidenschar an.
Erbleichen ließen sie

manigen vermezzen man.
daz fiur ûz dem stâle bran.
dâ vielen ze allen stunden
die tôten über die wunden. *(1971)*
niemen kan iu gesagen daz,
welch nôt dâ was,
dâ der marcgrâve Waldram
stach den haidenischen man,
daz er den van hin warf.
tôt viel er unter daz marh.
die haiden muosen wenken.
die wâren gotes kemphen
liezen si lüzzel rasten.
über drîe raste
hôrt man si wê scrîgen,
des tiuveles hîgen.
die helme si verscarten.
die halsperge si in zezarten.
diu starke hitze si muote.
si wâren rechte sam in ainer gluote
baidiu ûzen unt innen.
die cristen vâchten wol nâch ir willen.

Die haiden getorsten nicht gefliehen.
vil manige tôt vielen,
selbe si sich erdrungen.
der tiuvel hêt in an gewunnen
baidiu lîp unt die sêle.
dô wolt der himelische hêrre
die sîne wol gefristen.
jâ kom über die cristen
ain trôr von dem himeltouwe,
ain küele unter diu ougen.
daz gescach an der nône zît.

4448 manige *BW*] manige selbe P

viele stolze Männer.
Funken stoben von den Stahlpanzern.
Unaufhörlich fielen
Tote auf Verwundete.
Keiner könnte euch hinreichend schildern,
was für ein Kampf das war,
da der Markgraf Waldram
den Heiden durchbohrte,
daß dieser die Fahne fallen ließ.
Tot fiel er unter sein Pferd.
Die Heiden mußten zurückweichen.
Die wahren Gottesstreiter
ließen sie nicht zur Ruhe kommen.
Über drei Rasten weit
hörte man sie wehklagen,
die Teufelsdiener.
Sie zerschlugen die Helme
und zerrissen ihnen die Rüstungen.
Die große Hitze machte ihnen zu schaffen.
Sie waren wie in einer Feuersglut,
die in ihnen und um sie herum brannte.
Die Christen kämpften nach Herzenslust.

Die Heiden wagten nicht zu fliehen.
Viele mußten das Leben lassen,
sie erdrückten sich wohl auch selbst.
Der Teufel hatte ihnen
Leib und Seele genommen.
Der Herr des Himmels aber wollte
die Seinen am Leben erhalten.
Da kam über die Christen
ein leichter Tauregen vom Himmel,
und ein kühler Wind (wehte ihnen) ins Gesicht.
Das geschah zur Zeit der None.

sich erjungete aller ir lîp.
si wurden starc unt veste –
des engulten die laiden geste –,
sam si des morgenes wâren.
dô si den trôst von himele ersâhen,
si riefen: 'Monsoy, Monsoy!'
si drungen vaste durch si.
der helme wart ain michel scal,
grôz der haiden val.
ne weder schilt noch gesmîde
neschirmeten dem lîbe
minnere denne der swam.
si zesluogen ros unde man
mit ir scharphen spiezen.
die gote muosen in dem bluote hin fliezen.
der site was unter guoten knechten:
si kunden wol vechten
mit spiezen unt mit gêren.
des flîzten sich die hêrren,
die fuort der biscoph Turpîn.
er valte in allenthalben sîn
manigen haiden küenen.
die scœnen veltbluomen
wurden alle bluotvar.
si ersluogen die sô gar,
daz si niemen ûfrecht funden.
ouch verluren si dar wunder.
vier unt sehzec man
vielen von des biscofes van.

4459 veste *BW*] uestē P 4460 geste *BW*] gesten P 4466 heiden *bis* 5898 was P = 2487 – 3919 A 4467 schilt P] golt A 4468 neschirmeten] ne schirmit (scirmete) in PA 4469 der P] thie A 4472 hin P] hinen A 4476 ulizten P] ulizen A 4478 ualte A] ualten P 4482 di P] sie A 4484 wunder P] under A *W*

Sie erholten sich alle
und wurden wieder stark und frisch –
das mußten die verhaßten Fremdlinge büßen –,
wie sie es am Morgen gewesen waren.
Als sie die Hilfe des Himmels verspürten,
riefen sie: »Monjoie! Monjoie!«
Gewaltig durchbrachen sie deren Schlachtreihen.
Laut erklangen die Helme,
groß waren die Verluste der Heiden.
Weder Schild noch Rüstung
konnten den Leibern
irgendeinen Schutz bieten.
Sie verstümmelten Pferde und Menschen
mit ihren scharfen Spießen.
Die Götterbilder wurden vom Blut hinweggespült.
Das ist die Eigenschaft guter Kämpfer:
Sie verstehen mit Waffen umzugehen,
mit Speeren und Wurfspießen.
Danach handelten die Edlen,
die der Bischof Turpin anführte.
Er fällte rings um sich her
viele kühne Heiden.
Die bunten Wiesenblumen
wurden alle blutfarben.
Sie erschlugen sie so vollständig,
daß sie keinen mehr aufrecht stehen sahen.
Sie selbst verloren eine große Menge:
ganze vierundsechzig Mann
fielen aus der Schar Turpins.

Malprimis von Ampelgart, 1261
mit der aller maisten hôchvart
fuort er aine egeslîche scar,
zwelf tûsent rîter wol gar,
vermezzen helede.
jâ lûcht ir geserewe
von schilt unt von helmen
alsô von himele die sternen.

Egeris fuort ain van, 1261
dar unter ainlif hundert man.
die riefen hin ze himele,
si huoben sich dar engegene.
Egeris ernante,
die haiden er anrante.
er stach Malprimis, den herzogen, 1266
daz er tôter zuo der erde bekom. 1267
Cicirôn clagete sînen hêrren.
mit sînem scarphen gêren
râmt er sîn ze den brüsten.
der schilt was sô veste,
herte sîne ringe,
erne macht sîn nicht gewinne.
Alrich bî im was.
ain spiez alsô was
stach er Cicirône,
daz im dâ ze den ôren
daz verchbluot ûz spranc.
dâ wart ain vil michel gedranc
von den haiden ûf die cristen.
vil harte si sich gemisten.

4488 der *BW*] *fehlt* PA 4489 furt er A] furten P 4493 schilt P] scilde A, schilten *W* 4499 Egeris *BW*] egers PA 4502 toter P] tot A 4504 geren P] gere A 4511 er *fehlt* A 4516 sich P] sin A

Malprimis von Ampelgart
führte mit unmäßigem Stolz
eine Schrecken verbreitende Schar an,
zwölftausend wohlgerüstete Reiter,
stolze Helden.
In der Masse ihrer Rüstungen funkelten
die einzelnen Schilde und Helme
wie die Sterne am Himmel.

Gergis führte eine Fahne,
der elfhundert Mann folgten.
Sie schickten Gebete zum Himmel
und griffen an.
Gergis erkühnte sich
und rannte die Heiden an.
Er durchbohrte den Herzog Malprimis,
daß er tot zur Erde fiel.
Ciciron klagte um seinen Herrn.
Mit seinem scharfen Wurfspieß
zielte er auf seine Brust.
Doch der Schild war so fest,
so unzerreißbar sein Kettenpanzer,
daß er ihm nichts anhaben konnte.
Alrich war bei ihm.
Einen derart spitzen Spieß
stach er auf Ciciron,
daß dem aus den Ohren
das Blut herausspritzte.
Da erfolgte ein massierter Angriff
der Heiden auf die Christen.
Unübersehbar wurde das Handgemenge.

Dô vâchten wol des kaiseres man,
sô ez guoten knechten wol gezam.
ir nehain gedâcht an den lîp.
ir herze stuont in alle zît,
alsô in dâ von gehaizen was.
ie baz unt baz
stætigent si sich ze tugente.
si sluogen tiefe wunden.
dâ macht man scouwen
manigen haiden verhouwen.
diu ir scar alsô dicke
gelâgen an dem gewicke
sam die hunte unraine.
nehain arzet ne kunde si gehailen.
swaz si ir trâfen
mit den ir tiuwerlîchen wâfen,
die ne irten si nicht mêre.
des lobeten si den himelischen hêrren,
der diu wunter hête zuo in getân.
si verluren ain unt sibenzec man.

Egeriers, ain helt küene unt snel, *1269*
unt der haideniske künc Amurafel – *1269*
die scar kêrten an ain ander.
ich sage iu michel wunder.
ain grabe was dâ inzwisken,
dâ wolten sich die haiden gerne fristen.
Egeriers sprancte dar übere.
jâ stach er dem künige
durch den schilt unt durch die hant. *1270*
jâ warf in der edele wîgant *1273*
dem rosse über die goffen.

4519 gedacht P] ne dahte A 4520 alle P] allen A 4521 *Lücke (?) G, crux W* 4528 gelagen P] lagen A 4539 scar P] scare A

Da kämpften die Männer des Kaisers tapfer,
wie es guten Streitern ziemt.
Keiner von ihnen schonte sein Leben.
Sie hatten nur im Sinn,
was ihnen dafür verheißen war.
Mehr und mehr
bewährten sie sich in ihrer Tapferkeit.
Sie schlugen tiefe Wunden.
Da konnte man
viele verstümmelte Heiden sehen.
Ihre Scharen lagen so zahlreich
an der Wegscheide
wie räudige Hunde.
Kein Arzt konnte sie mehr heilen.
Alle, die sie erreichten
mit ihren vorzüglichen Waffen,
konnten ihnen nichts mehr anhaben.
Sie priesen den Herrn des Himmels dafür,
der solche Wunder an ihnen getan hatte.
Ihr Verlust betrug einundsiebzig Mann.

Gergers, ein mutiger und tapferer Mann,
und der heidnische König Amurafel
führten ihre Heerscharen gegeneinander.
Großes habe ich euch zu berichten!
Zwischen ihnen war ein Graben,
in dem die Heiden ihre Rettung sahen.
Doch Gergers sprang hinüber.
Er durchbohrte dem König
Schild und Hand.
Der edle Kriegsheld warf ihn
über die Hinterbacken des Pferds hinab.

in dem bluote lag er betochen.
sîn satel, der was silberîn.
er sprach: 'jâ du armez küngelîn,
waz suochtestû nu hie?'
diu scar rief: 'Monsoy, Monsoy!'

Ein haiden hiez Prutan,
der rante Egeriers an:
'daz wir dich sô erbarmen,
daz wort muostû hie ze stete erarnen.'
er stach in durch ain schilt vesten.
dô schirmt im vor sînen brüsten
daz tiuwerlîche gesmîde.
jâ rach er sih mit nîde.
er stach in hinten durch den lîp –
daz buoch uns urkünde gît –
den wîzen van.
der herzoge Muralan,
er rief vil gezît:
'wir haben hie ain scœnez volcwîc!'
der wîze van wart rôt.
Prutan gelac dâ tôt
unt sîn hêrre Amurafel
unt ander manic helt snel.

Die cristen durchdrungen si.
si riefen ander stunt: 'Monsoy, Monsoy!'
dâ vielen die haidenisken man,
daz ez iu nieman gesagen kan.
si vielen dicke unt dicke.
wec unt gewicke
was allez berunet.

4548 betochen *W*] betophen P, becloken A, bedochen *B* 4556 ze stete A] zeste P 4558 uore A] uon P 4564 Muralan, *vgl. Str. 5587*] murlana PA 4572 ander stunt P] andere warf A 4574 gesagen P] ne sagen A

Blutüberströmt lag er da.
Sein Sattel war aus Silber.
Er sagte: »Nun, armseliger, kleiner König,
was willst du hier noch mehr?«
Die Schar rief: »Monjoie! Monjoie!«

Ein Heide namens Prutan
griff Gergers an.
»Daß du so mitleidig auf uns herabsiehst,
sollst du auf der Stelle büßen.«
Er durchbohrte ihn durch den festen Schild.
Da schützte seine Brust
die gute Rüstung.
Er rächte sich fürchterlich.
Er trieb durch seinen Leib hindurch –
das bezeugt unsere Quelle –
eine weiße Fahnenlanze.
Herzog Muralan
aber rief, ohne zu zögern:
»Das ist eine ehrliche Schlacht!«
Die weiße Fahne färbte sich rot.
Prutan hatte den Tod gefunden
wie auch sein Fürst Amurafel
und viele andere tapfere Helden.

Die Christen sprengten ihre Schlachtreihen.
Wieder riefen sie: »Monjoie! Monjoie!«
Da fielen so viele Heiden,
daß sie euch niemand aufzählen könnte.
Sie fielen übereinander.
Weg und Steg
waren völlig verschüttet.

die cristen hêten dâ gefrumet
manigen helm brûnen
blaich unt verhouwen,
manige sêle zuo der helle.
der boteche gevelle
was harte egeslîch.
dâ viel der gotes gerich
über die wuotgrimmen.
ûz den gotes kinden
gevielen ahtzec unt sibene.
die vröuwent sich iemer dâ ze himele.

Amarezur huop sich dar, *1275*
er fuort aine hêrlîche scar,
zwelf tûsent haiden.
daz edele gestaine
lûcht ûz in verre.
ez newart ûf der erde
nie nehain künc sô hêre geborn,
wæren si durch daz rechte ûz komen,
erne scolt ir wol trôst haben.
ir schilte wâren mit golde beslagen, *1276*
gezieret ir helme.
si wâren küene helde,
doch si wâren haiden.
gestaine über gestaine
habeten si mêre denne genuoc.
si verlait ir grôz übermuot,
diu Luciferen den alten
hie bevor valte.
alle, die sich ir unterwindent,
die werdent alle hie geschendet,

4578 gefrumit A] gefrumt P 4596 rechte P] recht A kumen A] chom P 4601 f. *umgekehrte Abfolge* PA 4605 luciferen P] Luciferun A 4608 alle *fehlt* A

Die Christen hatten dort
viele schimmernde Helme
trübe werden lassen und zerbeult,
viele Seelen in die Hölle befördert.
Der Strom der Leichen
war fürchterlich.
Gottes Gericht kam dort
über die Wutgrimmigen.
Von den Kindern Gottes
waren siebenundachtzig gefallen.
Die haben die ewige Freude im Himmel.

Amarezur kam heran.
Er führte eine prächtige Schar an,
zwölftausend Heiden.
Die Edelsteine
blitzten von ihnen weithin.
Auf dieser Erde gab es
nie einen so mächtigen König,
der, wären sie für das Recht ausgezogen,
sich nicht ihrem Schutz hätte überlassen können.
Ihre Schilde waren mit Gold beschlagen,
ihre Helme verziert.
Es waren kühne Helden,
obwohl sie Heiden waren.
Edelsteine über Edelsteine
besaßen sie in Fülle.
Ihr großer Stolz verleitete sie,
der auch schon Luzifer
vor Zeiten zu Fall gebracht hatte.
Alle, die ihn annehmen,
werden hier ein schmähliches Ende finden;

die sint sîne genôze,
die werdent zuo im verstôzen.
mit übermüete kômen si dar.
Amarezur sprancte ûz sîner scar.
er fuort ain golde garwen spiez.
unter die cristen er rief:
'ir habet ain lützel volc,
iuwer vechten entouc.
wer ist iuwer laitære?
wie gerne ich in sæhe.
wolt er sich nennen,
ich wolt in gerne erkennen.
ob ich in erslüege,
wes mächt ich mich denne rüemen?
ob er sîn wol wert sî?'
'ich bin hie genuoc nâhen bî',
sprach der helt Samsôn. *1275*
'dû muost des tôdes bekorn.'
mit nîde si gesprancten,
ain ander si an ranten.
der haiden vermiste.
Samsôn mit listen
gegen dem herzen er in erkôs. *1278*
dâ viel verchlôs *1279*
der vil mortgire man.
ez was vermezzenlîche erhaben. *(1280)*

Dô vâchten wol die christen,
alsô si got wolte gefristen.

4611 chomen P] kumen A 4613 golde garwin P] goltgarwen A 4618 sæhe] sage P, gesahe A 4627 gesprancten P] sprangten A 4630 samson P] Sampson sih A 4631 dem herzen P, *vgl. Str. 5639*] then herze nauelen A, theme herzenabele *B* 4633 vil *fehlt* A 4634 iz was uermezenliche P] Iz wer mezenliche A 4635 *Initiale fehlt* A 4636 gefristen P] fristen A

sie sind seine Genossen
und werden zu ihm verstoßen werden.
Allzu vermessen also kamen sie daher.
Amarezur löste sich aus seiner Schar.
Er trug einen goldumwundenen Spieß.
Er rief den Christen zu:
»Ihr seid ein klägliches Häuflein!
Euer Kämpfen ist vergeblich.
Wer ist euer Anführer?
Den möchte ich gerne sehen.
Wenn er nur seinen Namen nennte,
ich wüßte gern, wer es ist.
Wenn ich ihn töte,
wessen könnte ich mich dann rühmen?
Ob er dessen überhaupt wert ist?«
»Ich stehe direkt vor dir«,
antwortete der Held Samson.
»Du sollst den Tod kosten.«
Mit Haß sprengten sie los,
sie rannten einander an.
Der Heide traf nicht.
Samson hatte kampferfahren
auf sein Herz gezielt.
Da fiel entseelt
auch dieser mordlüsterne Mann.
Das war ein kühner Beginn.

Da kämpften die Christen tapfer,
solange sie Gott am Leben erhalten wollte.

die wâren gotes strangen,
die lieben nôtgestallen,
die tiuren volcdegene,
die hiewen in engegene
mit spiezen unt mit swerten.
manigen helm herten
frumten si verhouwen.
jâne macht mit den ougen
niemen den anderen erkennen.
der stâl muose dâ brinnen,
sam er holz wære.
der haiden werc vil spæhe
belac in der lachen
mit bluote betochen.
got gab in sîn hail.
daz minner tail
wart lobelîchen sigehaft,
die vil michelen haiden craft
frumten si zuo der helle.
dâ gelâgen der gesellen
acht unt hundert man,
die ze dem paradîse sint gevarn.

Daz buoh kündet uns daz gewis,
von Tortulose Targîs, *1282*
der fuort ain egeslîche scar,
die hêten guote wîcgar,
zwelf tûsent helede.
ir brünigen wâren drillihe. *1284*
mit in wâren dar komen
siben hundert hornbogen.
die vermâzen sich starke,

4640 in in gegene P] ingegene A 4643 frumiten *BW*] frûten P, frumte A 4648 uil *fehlt* A 4659 daz *fehlt* A 4662 wicgar P] wihware A 4664 brunigen P] brunne A drilihe P] thrilie A

Die wahren Gottesstreiter,
die guten Kampfgenossen,
die herrlichen Helden
machten vor ihnen alles nieder
mit Spießen und Schwertern.
Viele feste Helme
schlugen sie zusammen.
Keiner konnte mit seinen Augen
den andern erkennen.
Der Stahl fing Feuer,
als ob er Holz gewesen wäre.
Die kostbaren Rüstungen der Heiden
lagen in den Pfützen,
von Blut bedeckt.
Gott gewährte ihnen seine Hilfe.
Die wenigen
siegten ruhmvoll
und beförderten die vielen Heiden
zur Hölle.
Dort fanden von den Christen
hundertacht Männer den Tod,
die ins Paradies gegangen sind.

Die Quelle berichtet uns verläßlich weiter:
Targis von Tortulose
führte eine Schrecken verbreitende Schar,
in guten Rüstungen
zwölftausend Helden.
Ihre Panzerhemden waren dreifach.
Mit ihnen waren
siebenhundert Bogenschützen gekommen.
Die prahlten laut;

si erledigeten im sîne marke,
want Targîs der marcgrâve was,
dô er ze Tortolose saz.
dô diu burc wart gewunnen,
dô was er dâ von entrunnen
zuo sînem hêrren Marsilien.
dô huget er aver widere
mit sînen goltwin.
vil willec wâren si im,
want er miltec lîchen gab,
die wîle er der marke phlac.
ienoch hêten si behalten
ainen got alten,
den si von Tortulose ernerten
unt an in flîzeclîchen betten.
Apollo hiez sîn name.
den fuorten si unter vane.
si genigen im alle vil tiefe,
vil lûte si in an riefen,
er hülfe in zuo ir willen.
si swîcten sam die stummen.

Dô Anseîs daz ersach, *1281*
zuo sînen gesinden er sprach:
'die sint alle vaige.
nu sehet ir, wie die haiden
betent an des tiuveles getroc.
nû tuot irz durch den êwigen got.
habet vaste iuweren gelouben,
si wellent uns sîn berouben.

4678 er der marche phlác P] thie er miltihlichen plah A 4679 *Initiale* A 4680 ainen *B*] ain P 4684 Then A] der P 4687 er hulfe in P] thaz er in hulfe A, *vgl. Str. 5698* 4689 ersach P] gesah A, *vgl. Str. 5702* 4690 sinen gesinden P] sineme sinde A 4692 ir *fehlt* A 4694 irz P] iz A

sie wollten ihm seine Mark befreien;
denn Targis war Markgraf gewesen,
als er in Tortulose saß.
Als die Stadt eingenommen wurde,
war er von dort
zu seinem Herrn Marsilie geflohen.
Er dachte daran, zurückzukehren
mit seinen Vasallen.
Sie waren ihm ergeben,
weil er freigebig gewesen war,
solange er die Markgrafschaft innegehabt hatte.
Noch hatten sie bei sich
einen ihrer alten Götzen,
den sie aus Tortulose gerettet hatten
und voll Inbrunst anbeteten.
Apollo war sein Name.
Ihn führten sie unter der Fahne mit.
Sie neigten sich alle tief vor ihm,
riefen ihn mit lauter Stimme an,
er möge ihnen bei ihrem Vorhaben helfen.
Die (Götzenbilder) blieben stumm.

Als Anseis das sah,
sagte er zu seinem Gefolge:
»Die sind alle dem Tod geweiht.
Seht euch nur an, wie die Heiden
das Blendwerk des Teufels anbeten.
Ihr aber handelt um des ewigen Gottes willen.
Haltet an eurem Glauben fest,
sie wollen ihn uns nehmen.

gedenket der swerte an der hant.
ervechtet iuwer erbelant!
hevet iuch frœlîchen dar!
neruochet umbe ir braite scar,
sine mügen uns nicht gewerren.
wir dienen ainem hêrren,
der unsich niemêr verlât.
si gevellet ir hôchvart
mit lîbe unt mit sêle.
des heiligen Christes êre,
sô wil ich der êrste sîn.
er ist selbe der scolære mîn.'
den scilt er ûf ruchte.
den spiez er ûf zuchte.
mit grimme hiu er den volen. *1281*
er vorderôte sînen scolen
Targîs dar engegene *1282*
gelîch ainem dietdegene,
unt verstâchen die spieze,
daz si si beide verliezen,
daz si griffen nâch den swerten.
der kamph wart herte.
Targîs vacht umbe êre,
Anseîs umbe die sêle,
Targîs umbe ertrîche,
Anseîs umbe daz himelrîche.
ir slege wâren fraissam.
daz fiur ûz dem helme bran.
Targîs, der wîgant,

4698 eruechtet P] eruehtet hiute A 4702 Wir thienen A] wir haben dinen P 4704 geuellet P] uellet A, *vgl. Str. 5712* 4706 des (Thes) PA] durch des *W*, *vgl. Str. 5714* 4709 uf ruchte P] furruhte A 4713 *Initiale* PA Targis *BW*] largis PA dar P] thar tho A 4714 dit degene P] thegene A 4717 daz si PA] si *BW*

Erinnert euch eurer Schwerter,
erkämpft euer Erbland!
Zieht ihnen fröhlich entgegen!
Achtet ihrer großen Zahl nicht,
sie können uns nichts anhaben.
Wir dienen einem Herrn,
der uns niemals verlassen wird.
Ihr Hochmut wird sie zu Fall bringen
an Leib und Seele.
Bei der Ehre Christi,
ich will der erste sein.
Er selbst ist mein Schuldner.«
Er rückte den Schild zurecht,
hob die Lanze auf
und trieb wütend das Roß an.
Er forderte seinen Schuldner
Targis auf, sich zu wehren
wie ein großer Held,
und (sie) verstachen die Lanzen,
daß beide sie fahren ließen
und nach den Schwertern griffen.
Der Kampf wurde heftig.
Targis kämpfte um Ehre,
Anseis für seine Seele;
Targis um irdische Herrschaft,
Anseis um das Himmelreich.
Sie teilten fürchterliche Schläge aus.
Funken stoben von dem Helm.
Targis, der Held,

sluoc in ûf des schiltes rant.
er zart in an die buckelen.
daz swert brast im ze stücken.
'ist', sprach er, 'daz ich gemac,
ich vergilte dir hie ze stete den slac!'
er zesluoc im die hirnriben.
'swem got daz hail wil geben,
der mac nu vor dir samphte bûwen.'
er viel tôt unter aine stûden. *1287*

Haiden, die grimmen,
die wolten gerne unterdringen
der cristen scar.
si wâren alle ainvar.
si wâren aines muotes.
sine vorchten lîbes noch guotes.
si wâren rechte nôtgestallen.
durch nôt muose vallen
der haiden grôz übermuot.
dâ gelac manc helt guot,
die deme rîche wol gezæmen,
ob si cristen wæren.
dâ wert unlange
dehain bogestrange.
si wâren alle schiere verlorn.
von gote daz kom.
die christen sich ersluogen,
daz in der lîp begonde muoden.

4727 an P] unze an A 4728 prast P] brah A, *vgl. Str. 5735* 4729 Er sprach: Ist thaz ih mah A 4730 hi zestete *fehlt* A, *vgl. Str. 5738* 4732 swem P] Er sprah: sweme A, *vgl. Str. 5740* 4734 unter aine studen P] an there stund A 4736 gerne *fehlt* A 4740 sine P] Sie nol A 4747 *Initiale* A 4748 boge strange A, *vgl. Str. 5767*] pose strange P 4751 erslugen P] uerslugen A 4752 in der P] ire A, in ire *B*

schlug ihn auf den Schild
und zerfetzte ihn bis zur Mitte.
Doch sein Schwert zerbrach ihm dabei.
»Wenn es in meinen Kräften steht«, sagte er,
»so vergelte ich dir auf der Stelle diesen Hieb!«
Er spaltete ihm den Schädel.
»Wen Gott am Leben läßt,
braucht dich künftig nicht mehr zu fürchten.«
Er fiel tot in ein Gebüsch.

Die wütenden Heiden
versuchten, die Reihen
der Christen zu sprengen.
Doch die standen alle wie ein Mann.
Sie waren einer Gesinnung.
Sie fürchteten weder für Leben noch Besitz.
Sie waren vorbildliche Kampfgenossen.
Nichts konnte den Fall
der heidnischen Hoffart aufhalten.
Viele tapfere Helden fanden den Tod,
die das Reich geschmückt hätten,
wenn sie nur Christen gewesen wären.
Lange hielt da
keine Bogensehne.
Schnell waren sie alle gerissen.
Das war Gott zu danken.
Die Christen schlugen sich,
daß sie schließlich müde wurden.

sân gewunnen si wider ir craft.
die haiden wurden scadehapht.
die vâchten zwîvelîchen
unt enmachten iedoch nicht entwîchen.
si bekorten alle des tôdes.
in die scar Herôdes
sint si iemer mêre,
der tiuvel nam die sêle.
der christen gelac tôt dar under
acht unt driu hundert.

Dar kom Eschermunt, *1291*
der lait zwelf tûsunt,
der herzoge von Valeterne, *1291*
die vâchten alle gerne.
Engelirs im engegene, *1289*
der hêt ainlif hundert helede.
Eschermunt der wîgant
rief über schiltes rant:
'wer laitet dise scar?
si ist hêrlîchen wol gar,
si gezæme wol ainem rîchen man.
iuwer schilte sint lussam,
die helme alsô wolken liecht.
der rîter nehabet ir nicht
wider sus getâner crefte.
jâ füere ich guoter knechte
zwelf tûsent man,
die ich mir erwelt hân
ûz allem mînem rîche.'
er antwirt im vermezzenlîche:
'wilt du wizzen mînen namen?

4753 san P] so A 4758 in di PA] *vgl. Str. 5776* in der 4761 gelac tot dar P] lag tha tot A 4764 tusunt *BW*] tusent (thusent) PA 4770 rief P] ther rief A 4776 riter P] rittere A

Doch bald hatten sie ihre Kraft zurückgewonnen.
Die Heiden hatten große Verluste.
Sie kämpften ohne große Hoffnung
und konnten doch auch nicht fliehen.
Sie fanden alle den Tod.
Ewig werden sie nun Herodes
Gesellschaft leisten müssen.
Der Teufel nahm die Seelen mit sich.
Von den Christen fielen in diesem Kampf
nur dreihundertacht Mann.

Nun kam Eschermunt angestürmt;
er führte zwölftausend Mann an,
der Herzog von Valeterne.
Sie alle brannten auf den Kampf.
Engelirs ihm gegenüber
hatte nur elfhundert Mann.
Der heldenhafte Eschermunt
rief, gedeckt von seinem Schild:
»Wer führt diese Schar an?
Sie ist prächtig gerüstet
und stünde einem Mächtigen wohl an.
Eure Schilde sind schön,
die Helme strahlen hell wie Wolken.
Doch habt ihr nicht genug Reiter
gegen unsere Heeresmacht.
Ich nämlich führe
zwölftausend tapfere Kriegsleute an,
die ich zusammengezogen habe
aus meinem ganzen Reich.«
Stolz antwortete ihm der andere:
»Du willst meinen Namen wissen?

wirne fürchten nehainen dînen michelen magen.
ich sage dir vil gewis,
daz liut haizet mich Engelirs.
mir dienet Wasconia. *1289*
Marsilie, dem künige,
hân ich vil ze laide getân:
nu geschît dir hiute lîchte sam,
des hân ich guoten willen.
dûne kumest niemer hinnen.'
dô ersprancte er an der stunt. *1290*
jâ stach im Eschermunt
den spiez durch die borte.
daz werc widerstuont dem orte.
got in wole bewarte,
daz er im an dem lîbe niene scadete.

Engelirs kom im ze nâhen,
mit dem spieze nemacht er sîn nicht gerâmen.
Clarmîen er umbe graif.
daz swert nehain stâl vermait.
nal mitten er in erriet, *1294*
den helm er verscriet
ze tal durch sîn houbet.
er sprach: 'ich hân dir erloubet',
er genaic Clarmîe,
'dû scolt in disem volcwîge
dîne tugent hiute erzaigen.'
dô kêrt er an die haiden.
er sluoc si zallen stunden,
daz die fiures funken
ûz den helmen sprungen.

4784 dinen A] dinem P 4788 marsilie P] Marsilien A 4799 engelirs P] ANgelirs A 4801 Clarmien] chlarmiel P, Clarminen A 4805 durch P] viel A 4807 clarmie P] Clarminen A 4813 den P] dem A

Wir fürchten deine Macht ganz und gar nicht.
Ich will dir die Wahrheit sagen,
das Volk nennt mich Engelirs.
Die Gascogne ist mir untertan.
Dem König Marsilie
habe ich schwer zugesetzt.
Dir wird es heute nicht besser ergehen,
dazu bin ich fest entschlossen.
Du wirst lebend nicht davonkommen.«
Sogleich sprengte er los.
Eschermunt aber stach ihm
die Lanze durch den Schildriemen;
doch die Rüstung widerstand der Spitze.
Gott schützte ihn,
daß jener ihn nicht verletzen konnte.

Engelirs rückte ihm so nahe,
daß er die Lanze nicht mehr auf ihn richten konnte.
Er faßte Clarmie,
ein Schwert, dem kein Stahl standhielt.
Er traf ihn genau in der Mitte
und spaltete den Helm
und seinen Schädel.
Er sagte: »Ich habe dir erlaubt« –
er dankte dem Schwert –,
»du dürftest in dieser Schlacht
heute deine Tauglichkeit zeigen.«
Darauf wandte er sich wieder gegen die Heiden.
Er schlug ohne Unterlaß auf sie ein,
daß die glühenden Funken
von den Helmen stoben.

dô si zesamene drungen,
der haiden scar was alsô dicke.
mit van ûf gerichten
hêten si si bestanten.
die cristen ain ander wol manten.
doh si wâren umbevangen
mit angesten vil mangen,
ir grôziu tugent gab in die craft,
daz sie nie wurden zwîvelhaft.
die schephte si nider liezen.
jâne macht vor den guoten spiezen
ir schilte nehaine wîle erweren.
Ludewîc, der degen,
sluoc dâ vor Nêren.
dô wâren in die hêrren
baide samt enphallen.
ienoch was ez unergangen.
Pandolt unt Martian
kêrten gegen der haiden van.
Nerpa in dâ werte.
dâ wart der wîc herte.
diu swert hêrlîchen clungen.
die haiden wê sungen,
si grinen sam die hunde.
si vielen alle stunde
mit bluote berunnen.
ir scar begunde harte dünnen.

Engelirs kêrte gegen der herte.
dâ frumt er mit dem swerte
manigen haiden tôten,
manigen helm verscrôten,

4827 uor neren P] uorheren A 4831 martian P] Marcian A 4833 nerpa P] Herpa A 4841 *Initiale fehlt* A engelirs P] Angelirs A

Als sie aufeinanderstießen,
war die Schar der Heiden dicht gedrängt.
Mit aufgerichteten Fahnen
hatten sie sie angegriffen.
Die Christen trieben einander an.
Obwohl sie umringt waren
von vielen Gefahren,
gab ihnen ihre große Tapferkeit die Kraft,
nicht einen Augenblick zu wanken.
Sie legten die Lanzen an.
Den scharfen Spießen konnten
ihre Schilde nicht einen Augenblick standhalten.
Ludwig, der Held,
erschlug dort Nere.
Da waren ihnen beide Fürsten
zusammen abhanden gekommen.
Noch war nichts entschieden.
Pandolt und Martian
wandten sich gegen die Fahne der Heiden.
Nerpa wehrte sie ab.
Das Gefecht wurde blutig.
Prächtig erklangen die Schwerter.
Die Heiden wehklagten,
sie heulten wie Hunde.
Sie fielen ohne Unterlaß
blutüberströmt.
Ihre Reihen lichteten sich sehr.

Engelirs mischte sich in das Gefecht.
Mit seinem Schwert
tötete er viele Heiden,
zerschlug viele Helme,

manige tiefe wunden.
got behielt in wol gesunden,
daz im an deme lîbe niene war.
im geviel ûz der scar
achtzec unt hundert man.
die haiden wurden alle dâ erslagen.

Nu hœren wir diu buoch jehen,
Hatte, ain wârer gotes degen, *1297*
der was unter den zwelven
ze ainem tiuren volcdegene
hêrlîchen ze vorvechten erkoren.
wir sculen in von rechte loben.
er laite unter sînem van
ainlif hundert man
der rechten nôtgestallen.
an den was nehain mangel.
si wâren ûzen unt innen
beslozzen mit vesten ringen.
der stâl schirmete dem vlaische,
diu heilige minne dem gaiste.
diu ir sterke des lîbes
gert in des wîges.
daz der gaist gesigete,
hin ze himele si digeten.
si manten ir schephære,
daz er der sêle fride wære
wider des tiuveles nît.
sine gebetten nie umbe den lîp.
daz si dâ wol erzaicten,
dô si ir spieze naicten
gegen zwelf tûsent mannen.
der ne kom nie dehainer dannen.

4852 ain warer P] war en ware A 4863 scirmete A] schirmtte P
4872 gebetten P] beten A 4876 der P, *vgl. Str. 5896*] ire A

fügte viele tiefe Wunden zu.
Gott hielt ihn am Leben,
so daß er gänzlich unverletzt blieb.
Aus seiner Schar
fielen einhundertachtzig Mann.
Die Heiden aber fanden alle den Tod.

Nun hören wir aus den Büchern weiter:
Hatte, ein wahrer Gottesstreiter,
war unter den Zwölfen
ein tapferer Held
und ein prächtiger Vorkämpfer.
Wir haben allen Grund, ihn zu preisen.
Er führte unter seiner Fahne
elfhundert Mann
guter Kampfgenossen an.
Die ließen nichts zu wünschen übrig.
Sie waren äußerlich und innerlich
mit festen Ringpanzern gerüstet.
Der Stahl schützte das Fleisch,
die Gottesliebe aber den Geist.
Ihre leibliche Kraft
verlangte nach Waffenkampf.
Um den Sieg des Geistes
beteten sie zum Himmel.
Sie flehten ihren Schöpfer an,
er möge der Seele Schirm sein
gegen den Haß des Teufels.
Sie baten durchaus nicht um ihr Leben.
Das bewiesen sie,
als sie ihre Lanzen senkten
gegen die zwölftausend Mann.
Von denen kam keiner mit dem Leben davon.

die laite der künc Estorgant. *1297*
ain van fuort er an der hant,
dar an stuont ain eberswîn,
alrôt guldîn.
perelen unt gestaine
lûchte von den haiden
sam diu brinnenten ölevaz.
lützel half si daz.
untriuwe nemac nicht gesigen,
diu hôchmuot muoz ie unter geligen.

Der künc lie den van waiben,
al hin unt her swaiben.
daz ersach der helt Hatte.
ôwie wol er im gestatte!
zesamene si stâchen,
die schilte si in zebrâchen.
der vesten stâlringe
nemachten si nicht gewinne.
helede wunterküenen,
mit swerten si sich untersluogen.
dâ vacht der künc rîche
vil harte rîterlîche.
mit ellen er dar wac
manigen vermezzenlîchen slac.
Hatte sich wol gerach.
unter dem schilte er in stach, *1300*
er verwunt in vil sêre. *1301*
dô gezwîvelôt der hêrre.
dô er der wunden enphant,
dô wolt der künc Estorgant

4882 den haiden P] theme haithene A 4886 diu P] ther A 4889 helt P, *vgl. Str. 5907*] thegen A 4895 wunter P] wnderen A 4899 ellen P] ellende A 4902 dem schilte P, *vgl. Str. 5922*] then scilt A 4903 verwnde A] verchwunt P

König Estorgant führte sie an.
Er trug eine Fahne,
auf der ein Eber
aus rotem Gold zu sehen war.
Perlen und Edelsteine
glitzerten an den Heiden
wie lauter Öllämpchen.
Doch das half ihnen wenig.
Der Unglaube kann nicht siegen,
der Hochmut muß stets unterliegen.

Der König ließ die Fahne flattern
und hin- und herschwenken.
Das sah Hatte, der Held.
Wie bot der ihm Widerpart!
Sie fuhren mit den Lanzen aufeinander
und zerbrachen sich die Schilde.
Die festen Kettenpanzer
konnten sie jedoch nicht durchdringen.
Die Helden in ihrer unerreichten Kühnheit
lieferten sich einen Schwertkampf.
Der mächtige König
focht überaus tapfer.
Unerschrocken teilte er
viele verwegene Schläge aus.
Aber Hatte wußte sich zu rächen.
Er stach ihn unter dem Schild
und verwundete ihn lebensgefährlich.
Da wankte der edle Mann.
Als er die Wunde spürte,
wollte König Estorgant

gerne von im widere.
Hatte, der biderbe,
erraichte im die halsveste.
er zehiu im die nestel, *1300*
er sluoc im abe daz halsbain.
daz houbet viel ainhalp ûf den stain,
der boteh viel anderhalp ze tal.
diu christen scar über al,
mit micheler fröude huoben si:
'Monsoy, Monsoy!'

Die haiden ir zaichen
begunden dar engegene ruofen.
mit michelem scalle
stâchen si zesamene.
dâ wuochs der helle ir gewin.
vil michel nôt wart dâ unter in.
ain helt vil guot,
Regenfrit von Tagespurc,
daz swert er umbe graif,
manigen haiden er versnait.
si zesluogen manigen guoten jâchant,
manigen schilt von der hant.
Hillunc unt Vastmar
zehiewen in die goltmâl.
dâ vielen genuoge.
si smideten ungefuoge.
si sluogen jaspis unt smaragde
alle von ainander.
dâ wart michel nôt unde wuoft.
den cristen wære helve durft.

Die haiden sich erhalten,
mit michelem gewalte

4935 wůft P] wof A 4936 ware P] wart A

sich am liebsten von ihm abwenden.
Doch der tüchtige Hatte
traf seinen Halsschutz.
Er zerschnitt ihm die Riemen
und trennte ihm den Hals durch.
Der Schädel fiel auf der einen Seite ins Geröll,
der Körper auf der andern Seite zur Erde.
Die Christen begannen überall
in großer Freude zu rufen:
»Monjoie! Monjoie!«

Die Heiden setzten
ihren Schlachtruf dagegen.
Mit großem Geschrei
fuhren sie aufeinander los.
Die Hölle hielt reiche Ernte.
Groß war die Gefahr für sie.
Ein sehr tapferer, heldenhafter Mann,
Regenfrit von Tagesburg,
ergriff das Schwert
und versehrte viele Heiden.
Sie zerschlugen viele kostbare Edelsteine
und (rissen) viele Schilde aus den Händen.
Hillunc und Vastmar
zerstörten ihnen den Goldputz.
Viele fanden den Tod.
Sie waren grausame Schmiede.
Sie trennten Jaspissteine und Smaragde
alle voneinander.
Laut erklangen Jammer und Wehklagen.
Auch die Christen hätten Unterstützung gebraucht.

Die Heiden sammelten sich wieder,
mit großer Kraft

sluogen si widere.
der christen gelac dâ nidere
vierhundert unt zehene
in dem vrône segene,
dâ diu kindelîn inne fuoren,
die durch got gemarteret wurden.
si wurden wol enphangen
mit engelsange.
ê dienten si wol ir hêrren,
nû lônet er in mit grôzen êren.

Alrich von Normandîe
unt ander gesellen sîne,
Witrant unt Otnant,
Pillunc unt Sigebant
unt ander manc helt guote
wâren gescaffet ze huote,
swelher scar sîn durft geschæhe,
daz sie den frum wæren.
si hêten zwai tûsent man.
alsô si hôrten sagen,
daz Hatte was in nœten,
ûf die scar si kêrten.
sperhalp si in zuo stâchen.
mit willen si sich râchen.
si tâten dâ vaigen
manigen rîter haiden,
manige brehende wunden.
si funden Hatten gesunden.

4939 si (sie) PA] sie sie (?) *B, vgl. Str. 5953* 4946 engelsange P] engele sange A 4947 ê dienten] dinten (Thieneten) PA 4948 grozen *fehlt* A 4949 Alrich *BW, vgl. Str. 5957*] alrin PA 4951 witrant P] Wittram A otnant P] Otrant A 4952 pillunc P] Billung A 4953 gûte P] guoter A 4954 gescaffet P] gescaffen A 4955 sin P] so in A 4959 was P] ware A

schlugen sie zurück.
Von den Christen fielen
vierhundertzehn Mann
mit dem Segen des Himmels,
der die Kindlein begleitete,
die für Gott gemartert wurden.
Sie wurden barmherzig aufgenommen
unter dem Gesang der Engel.
Auf Erden hatten sie treu ihren Herrn gedient,
nun lohnt Er ihnen mit ewigem Ruhm.

Alrich aus der Normandie
und seine Gefährten
Witrant und Otnant,
Pillunc und Sigebant
und viele andere heldenhafte Männer
waren zum Schutz eingeteilt,
damit sie jeglicher Schar, die es nötig hätte,
zu Hilfe eilen könnten.
Sie hatten zweitausend Mann.
Als sie die Nachricht bekamen,
daß Hatte in Gefahr sei,
ritten sie gegen die Schar.
Von der Speerseite griffen sie sie an.
Sie rächten sich aus freien Stücken.
Sie vernichteten
viele heidnische Reiter,
(schlugen) viele frische Wunden.
Hatte trafen sie noch am Leben.

vil grôzen scaden si gewunnen.
fluchte si si twungen.
si fluhen über furhe.
ir gelac sô vil dâ nidere,
daz si sîn niemer mêre gezam.
si erstachten sich selben in dem graben.
noch kom Beringêr. *1304*
anderhalp tûsent fuort er,
die vil wol ûzerwelten,
die al daz wol erherten,
daz si gote gehiezen.
wie wâr si daz liezen!
daz heilige criuze si êrten,
want si daz zaichen an in fuorten.
des wart in wol gelônet sît.
von in wîssagete der hêrre Dâvîd:
'got hât si gehôhet,
er hât si gecrônet.
ir angest hât er gewideret,
ir vîante genideret.'
ir bluot rief hin ze himele von der erde,
daz erhôrt unser hêrre.
er hiez ez balde rechen.
in dem brinnenden peche
habent si die tiuvele versâzet,
die si niemer von in verlâzent.

Der haiden van
volgôten zwelf tûsent man.
die laite Stalmariz. *1304*
rîterlîchen stach er sîn spiez *1305*

4973 *Initiale* A noch P] Inoh A chom P] kom tho A 4975 di uil P] there wole A *B* 4982 in *BW*] ime PA 4988 erhort P] horte A 4991 habent P] hauet A 4992 uon in P] ne A uerlazent A] uerlazet P

Große Verluste mußten sie hinnehmen.
Sie schlugen sie in die Flucht.
Sie flohen über das Feld.
Von denen fanden so viele den Tod,
daß es keinen Zweck für sie mehr hatte.
Sie ertränkten sich selbst im Graben.
Gleichwohl kam Beringer hinzu.
Anderthalbtausend Mann führte er an,
die Allertapfersten,
die all das bekräftigten,
was sie Gott gelobt hatten.
Wie sie das wahr machten!
Sie ehrten das heilige Kreuz,
denn sie trugen das Zeichen an sich.
Dafür sollten sie reich belohnt werden.
Von ihnen weissagte der König David:
»Gott hat sie erhöht.
Er hat sie gekrönt.
Er hat ihre Not gewendet
und ihre Feinde niedrig gemacht.«
Ihr Blut schrie zum Himmel,
das hörte unser Herr.
Auf sein Wort erging sogleich die Rache.
Im brennenden Pech
halten sie die Teufel gebunden
und lassen sie nie mehr frei.

Der Fahne der Heiden
folgten zwölftausend Mann.
Stalmariz führte sie an.
Ritterlich bohrte er seine Lanze

durch Beringêres schiltes rant. *1305*
daz vergalt im der wîgant.
mit ainem spieze wassen *1307*
warf er in von dem rosse. *1308*
dâ trôrt er daz walbluot. *1308*
dâ huop sich manic helt guot
mit nîde zesamene.
daz sô grôzem magene
anderhalp tûsent man
ie getorsten bestân,
swâ ez nû gescæhe,
man scrîbez wol ze mære.
iuh en darf sîn nicht wunder nemen.
swer sich gote wil ergeben,
dem nelât er an nichte missegân.
des wir guot urkünde hân.
Gedeon hêt driu hundert man,
die er ze dem wazzer ûz nam.
âne allerslachte wîcwer
er verswant ain vil michel her,
âne stich unt âne slac.
jâ jaget er si allen ainen tac
mit brinnenten ölvazzen.
si ertrancten sich selben in dem wazzer.
sam wolt er disen hêrren
ir fröude gemêren.
si hêten der brinnenten ölvazze gesmecket,
mit dem heiligen gelouben stuonten si ûf gerecket.
helede vil küene,
si macheten wise grüene
mit bluote gar berunnen,

4999 eineme A] sainem P wahsen P] washsame A 5009 sin niht P] is ne nehein A, is nehein *B* 5010 ergeben P] geuen A 5016 uil P] *fehlt* A, *vgl. Str. 6001*

durch Beringers Schild.
Das zahlte ihm der Recke heim.
Mit einer scharfen Lanze
warf er ihn vom Pferd.
Da vergoß er sein Kampfblut.
Viele tapfere Helden
gerieten voll Haß aneinander.
Daß so großer Heeresmacht
nur fünfzehnhundert Mann
Widerstand zu leisten wagten,
wo immer das heute geschähe,
man würde es als Denkwürdigkeit verbuchen.
Ihr dürft daran nicht Anstoß nehmen.
Wer sich Gott anheimgibt,
den läßt er nicht zuschanden werden.
Dafür haben wir ein verläßliches Zeugnis:
Gideon hatte dreihundert Mann,
die er am Wasser ausgewählt hatte.
Ohne alle Waffen
vernichtete er ein riesiges Heer,
ohne Speerstich und ohne Schwertschlag.
Vielmehr jagte er sie einen Tag lang
mit brennenden Öllampen.
Sie ertränkten sich selbst im Wasser.
Genauso wollte Er auch diesen Edlen
ihre Fröhlichkeit mehren.
Sie hatten die brennenden Öllampen gerochen
und standen im Glauben hoch aufgerichtet da.
Die kühnen Helden
tauchten die grüne Wiese
in Blutströme

mit swerten vaste durchdrungen.
swelher in den schilt engegen bôt,
den was geraite der tôt.
noch die ringe noch der huot –
daz wâfen ie durh wuot
vaste durch den verchban.
dâne was nehain man,
der dem lîbe ichtes wolde getrûwen,
wan sô er mit den sporen mächte erhouwen.

Die haiden wâren dô gelegen, *1308*
die des heres scolten phlegen. *1308*
die die aller vordereste wâren, *1308*
mit bluote si bedecket lâgen.
ienoch lebeten ir zwêne, *1309*
die wâren sô gewaltic unt so hêre,
daz sine wolten rûmen daz wal.
si erhuoben alrêst ir scal. *1319*
Margarîz unt Zernubiles, *1310*
die vertrûweten sich des,
si wolten Ruolante an gesigen
oder tôt vor im geligen.
unt ob si dâ gelægen,
wâ in sô wol geschæhe
sô vor dem aller küenesten,
den si an der werlt wisten?

Zernubiles ledigete sîne triuwe *1325*
im ze vil micheler riuwe.
er huop sich vaste an den man,
wol verstach er den van.

5031 *crux W*, in ne scirmeten noch *GB* 5036 erhouwen P] gehowen A 5038 heres *fehlt* A 5040 si *fehlt* A 5042 gewaltic P] waltih A 5043 daz wal P] thie walstat A 5049 da P, *vgl. Str. 6031*] uore ime A

und drangen mit den Schwertern durch.
Die ihnen den Schild entgegenhielten,
denen wurde allen der Tod bereitet.
Ob Kettenpanzer oder Helm –
das Schwert drang
scharf durch jede Rüstung.
Keiner war da,
der sein Leben auf etwas anderes stellte
als auf den Einsatz seiner Sporen.

Da lagen die Heiden tot da,
die das Heer anführen sollten.
Die in vorderster Linie standen,
lagen blutüberströmt da.
Aber noch lebten zwei von ihnen,
die so kraftvoll und edel waren,
daß sie das Schlachtfeld nicht räumen wollten.
Sie griffen nun erst recht mit Geschrei an,
nämlich Margariz und Zernubele,
die sich gelobt hatten,
Roland zu besiegen
oder durch ihn den Tod zu finden.
Und sollten sie dort den Tod finden,
wie könnte ihnen Besseres geschehen,
als durch die Hand des allertapfersten Mannes,
den sie auf der ganzen Welt wüßten?

Zernubele löste sein Wort
zu seinem eigenen Verderben ein.
Er griff machtvoll den Mann an,
verstach die Lanze

mit dem swerte hiu er ûf den lewen.
dô erbalc sich der degen
Ruolant mit zorne. *1321*
er râmte sîn dâ vorne.
dô gevie Durndart *1324*
aine egeslîche durchvart *1326–1330*
von deme helme unze an die erde. *1326–1330*
er sprach: ‘hiute wære du ain hêrre, *1235*
nû bistu ze âse worden. *(1235)*
der tiuvel hât dîne sêle erworven.’
mit nîde gesprancte Margarîz. *1313*
er stach ain golt gewunden spiez *1315*
nâch dem helde Oliviere. *1313*
er zart im von dem diehe
ain vach der halsberge.
si wânden alle, er solde ersterbe,
ienoch behielt in got gesunden *1316*
âne aller slachte wunden. *1316*
er sluoc in mit dem swerte
ûf ainen helm herten,
erne macht sîn nicht gewinnen. *1317*
daz fiur enzunte sich dar innen.
‘daz hât Margarîz getân,
daz scol man von mir ze mære sagen.’

Dô sprach der helt Olivier:
‘vil wol vergilte ich ez dir.
dîniu niumære
nesint nicht hovebære.’
er blies sîn horn.
‘mîn schilt ist ganzer kom
von dem aller küenesten ainem.’

5062 egesliche P] ureisliche A 5076 ainen P] einem A 5079 daz P] er sprah thaz A 5082 uergilte P] uergelden A 5087 ainem P] einen A

und hieb darauf mit dem Schwert auf den Löwen.
Da geriet der Held
Roland in Wut.
Er zielte von vorne auf ihn.
Da nahm Durndart
seinen fürchterlichen Weg
vom Helm bis zur Erde.
Er sagte: »Ein Fürst bist du gewesen.
Jetzt bist du ein stinkender Leichnam.
Der Teufel hat deine Seele eingefangen.«
Haßerfüllt sprengte Margariz heran.
Er stach eine goldumwundene Lanze
auf den tapferen Olivier.
Vom Schenkel riß er
ein Stück der Rüstung ab.
Alle glaubten, das wäre sein Tod,
doch Gott hielt ihn am Leben
und gänzlich unverwundet.
Er schlug ihm mit dem Schwert
auf den festen Helm
und konnte ihn doch nicht bezwingen.
Nur Funken stoben auf.
»Das hat Margariz getan,
soll man zu meinem Ruhm verkünden!«

Darauf erwiderte Olivier, der Held:
»Ich will es dir heimzahlen.
Deine Prahlereien
sind nicht hoffähig.«
Er blies in sein Horn.
»Mein Schild ist ganz geblieben
im Kampf mit einem der Allertapfersten.«

dô rief er unter die haiden:
'ich bin ain vil ganzer man.
du scolt von mir etwaz sagen.'
den schilt sluog er ze stücken,
er zart im die buckelen.
mit michelem gewalte
den helm er im erscalte.
daz houbet sich dar unter cloup.
er sprach: 'nu maht tu haben urloup.
man geloubet dir nu baz.'
aines sturzes er genas.
die haiden in dâ ernerten
mit spiezen unt mit swerten.

Dô kom der helt Samsôn. *(1275)*
er sluoc Scarpulôn,
den künc von den Iren,
vil nâhen sînem lîbe,
daz im daz bluot ûz den ougen spranc.
daz swert im erclanc
vil süeze in der hant.
dô kerte der wâre gotes wîgant
vaste in die helmdicke.
sîne ortpicke
wâren harte fraissam.
swaz er erraichte an dem man,
ez wære stâl oder horn,
daz was allez entsamt verlorn.
er gefrumete manigen haiden blaich.
der stâl vor im waich,

5094 Then A] dem P erscalte P] scalte A 5095 sich *fehlt* A 5101 samson P] Sampson A 5103 uon den iren P] uon Iren A 5104 nahen P] nah A 5108 gotes wîgant *G*] wigant PA *BW* 5110 ortpike A] orpicke P 5112 erraichte an dem P] raihte in then A 5114 entsamt *fehlt* A 5115 gefrumete P] frumete A

Dann rief er den Heiden zu:
»Ich bin unverwundet.
Von mir sollst du etwas zu verkünden bekommen!«
Er zerschlug ihm den Schild,
riß den Schildbuckel ab.
Mit gewaltigen Schlägen
ließ er seinen Helm erklingen.
Der Schädel darunter wurde gespalten.
Er rief: »Nun fahre dahin!
Jetzt wird man dir besser glauben!«
Beinahe wäre er gestürzt,
aber die Heiden retteten ihn
mit Spießen und Schwertern.

Darauf kam der Held Samson.
Er traf Scarpulon,
den König der Iren,
beinahe tödlich,
daß dem das Blut aus den Augen spritzte.
Sein Schwert erklang
lieblich in seiner Hand.
Der wahre Gottesstreiter warf sich
in das dichteste Gedränge der Helme.
Seine Stiche
hatten die schrecklichste Wirkung.
Wo immer er einen traf,
sei es Stahl oder Horn,
nichts hielt stand.
Viele Heiden ließ er erbleichen.
Der Stahl gab vor ihm nach,

sam er blî wære.
er wart den haiden vil swære.

Otto unt Ive, *(1297)*
die wonten in dem wîge
alsô mînes trechtînes knechte,
want si dem rechte
nie ain fuoz entwichen.
swaz si mit swerten begriffen,
die nirten mêre niemen.
guote knechte vor in vielen.
daz wâren gotes recken,
die mit ir scarphen ecken
den sige wol errungen.
damit habent si gewunnen,
daz si gotes antlütze sehent
unt iemer frœlîchen lebent.
daz worcht in der guote wille.
den heiligen gaist hêten si dar inne,
ir herze geliuteret unt gerainet.
von diu sint si gezieret unt gehailet.

Hatte unt Anseîs,
die fuoren al der selben wîs.
si vâchten nâch ir gesaztem zile,
si sluogen der haiden alsô vile,
daz si daz velt strouten.
wâ fraist ir ie von sô vil liuten,
alsô ummâzen craft,
daz si den langen haizen tac
in ir wâfen wâren

5121 drehtines knehte A] trechtines chint chnechte P 5125 nirten mere P] ne nirete uor ime A 5127 rechen P] knehte A 5138 selbin P] seluer A 5140 also uile P] so uil A, *vgl. Str. 6171* 5142 ie *fehlt* A 5145 wafen P] gewafene A

als ob es Blei gewesen wäre.
Er wurde den Heiden sehr beschwerlich.

Otto und Ivo
rührten sich im Kampf
wie gute Gottesstreiter;
denn sie kamen vom Weg des Rechts
nicht einen Fußbreit ab.
Alle, die sie mit ihren Schwertern trafen,
konnten keinen mehr in Verwirrung bringen.
Tapfere Männer fielen durch sie.
Es waren Gottesstreiter,
die mit ihren scharfen Schwertern
den Sieg errangen.
Damit haben sie sich verdient,
Gottes Gegenwart zu schauen
und in ewiger Freude zu leben.
Das bewirkte ihr guter Wille.
Sie hatten den Heiligen Geist in sich aufgenommen,
ihre Herzen geläutert und rein gemacht.
Deshalb haben sie Ruhm und Heil.

Hatte und Anseis
verhielten sich nicht anders.
Sie kämpften auf das ihnen gesteckte Ziel hin.
Sie töteten so viele Heiden,
daß sie die Ebene zuschütteten.
Wo hättet ihr je von so vielen Menschen gehört,
von einer so unermeßlichen Menge,
(davon) daß sie den langen heißen Tag
nicht aus ihren Rüstungen kamen

unt die geruoweten vor in lâgen
in ir aigen bluote erworden?
si lâgen ersticket unt verdorben.
nû wer mähte daz getuon
wan der wâre gotes sun,
der si nie von im verliez
unt in selbe gehiez,
swelhes tôdes si erstürben,
daz ain hâr von ir houbet icht verlorn würde?

Dâ vacht der biscoph Turpîn.
die haiden allenthalben sîn
vielen in daz wal
sam die hunde ze tal.
daz was der rechte kemphe,
des heiligen Cristes schenke.
swaz er mit munde lêrte,
mit werken er ez bewârte.
er verliez alle werltwünne,
baidiu erbe unt künne.
ain wârer gotes urkünde,
gotes lop truog er in sînem munde.
der marter gert er in alle zît,
ze jungest opherôt er den lîp.
zehen phunt wuocherôt er sînem hêrren,
nû lônet er im mit êren.

Alsam tete sîn geselle Ruolant. *1338*
daz her allenthalben vor im swant, *1339*
sam der sunne tuot den snê.
inne tet niemen sô wê.

5147 erworden P] erworchen A 5148 lagen erstikket A] lagen in ir aigen ersticket P 5149 nu *fehlt* A 5150 wan der P] Mer thie A 5152 in *BW*] im AP 5153 si P] so sie A 5172 her P] er A allenthalben P] in allenthaluen A 5173 den *fehlt* A

und die Ausgeruhten dennoch durch sie
in ihrem eigenen Blut umkamen?
Sie lagen erstickt und vernichtet.
Wer sonst hätte das bewirken können
als der wahre Sohn Gottes,
der nicht von ihrer Seite wich
und selbst ihnen verheißen hatte,
daß, welches Todes sie auch sterben müßten,
kein Haar von ihrem Haupt verlorenginge?

Dort kämpfte auch Bischof Turpin.
Die Heiden um ihn her
fielen auf das Schlachtfeld
wie Hunde.
Er war ein wahrer Kämpfer,
der Schenke Christi.
Was er mit Worten gelehrt hatte,
das bestätigte er mit seinen Werken.
Er hatte alle Freuden der Welt,
Erbteil und Sippe hinter sich gelassen.
Als wahrer Zeuge Gottes
führte er das Lob des Herrn im Mund.
Er verlangte ständig nur nach dem Martyrium
und opferte schließlich sein Leben.
Er gewann seinem Herrn zehn Pfund,
der ihm nun mit (himmlischen) Ehren lohnt.

So handelte auch sein Gefährte Roland.
Das heidnische Heer schmolz um ihn dahin
wie der Schnee in der Sonne.
Keiner fügte ihm vergleichbares Leid zu.

er was ein rechter eckestain,
want in wâfen nehain
in der werlt nie gesêret.
sô hêt in got gêret.
sîn swert Durndart *1339*
erkôs im iemer aine vart *(1339)*
in almitten durch die scar. *(1340)*
die haiden wurden sîn gewar,
si huoben die flucht.
dâ wart bœsiu manzucht.
si bevielen daz gevilde *(1341)*
unt fluhen an die berge.
si ersticten unt ertwâlen.
die ave genâren,
die riefen nâch ir hêrren.
die christen fuoren mit êren.

Uon dem wale was ainer entrunnen.
doch was im misselungen,
der fuoz was im abgeslagen.
der kom an den künc gevaren.
er sprach: ‘hêrre, künc ûz Yspanie,
diu crône gezimet dir niemêre ze tragene,
dune rechest dîne tôten.
ledige si von den nœten,
die noch dâ leben.
jâ machtu hiute sehen,
sît disiu erde geleget wart,
daz sô manc menske niene erstarp,
noch ne geschît ouch niemer mêre.

5177 geseret P] ne seret A 5188 aue P] auer A 5193 abgeslagen P] aueslagen A 5195 chunc uz P] uz uon A 5196 nimere *W*] mere PA, niht mere *GB* 5198 si *fehlt* A 5200 hiute P] hiute selue A 5201 sit P] sint A

Er war ein rechter Eckstein,
denn keine Waffe
der Welt konnte ihn verletzen.
So hatte ihn Gott ausgezeichnet.
Sein Schwert Durndart
schlug sich immer eine Bahn
mitten durch die Feinde.
Die Heiden merkten es
und begannen zu fliehen.
Da hörte alle Disziplin auf.
Sie verteilten sich über die Ebene
und flohen in die Berge.
Sie verstummten und starben.
Die aber mit dem Leben davonkamen,
riefen nach ihren Herren.
Die Christen siegten ruhmvoll.

Einer war vom Schlachtfeld entkommen;
doch war es ihm schlecht ergangen,
ein Fuß war ihm abgehauen worden.
Der kam zum König
und sagte: »Herr, König von Spanien,
du verdienst nicht mehr, die Krone zu tragen,
wenn du deine Gefallenen nicht rächst.
Befreie auch die aus aller Not,
die noch am Leben sind.
Wahrlich, heute kannst du erkennen,
daß seit Entstehung der Welt
nie so viele Menschen (auf einmal) gestorben sind
und dies auch niemals wieder geschehen wird.

nune sûme dich nicht, hêrre,
daz si genozzen icht entrinnen
wider zuo den Karlingen.'

Marsilie erzurnte harte.
er sprach: 'Karl mit sînem grawen barte
hât menigiu rîche betwungen,
die al swarzen Ungeren,
Pulle unt Latrân.
dô ich fride von im gewan,
vil übele mir geschach,
daz ich daz ie zebrach,
want er die küenen Sachsen betwanc.
Genelûn habe undanc,
daz ich in ie gesach.
allez diz ungemach
ist von im ainem komen.
jâ du herzoge Grandon, *1613*
ich wil dich an mînes sunes stete haben.
nim du, helt, mînen vanen.
daz her lâ dir bevolhen sîn.
ich wil selbe den lîp mîn
wâgen unt urtailen.
sine sculen nicht sô hin scaiden.
ê si hin füeren die êre,
Karl nerîchsenet hie nicht mêre,
want der wîstum unt al sîn rât
an disen zwelven stât.
sô wir die von im gescieden,
sô ne irrete uns niemen,
Karl nekœme niemer an unser erbe.
mir ist lieber, daz ich ersterbe,

5210 ungeren A] unger P   5219 komen A] chom P   5231 So wir A *W*] swi dir P   gescieden *BW*] gescaiden (gescaithen) P A
5232 irte A] irrit P

Säume also nicht lange, Herr,
damit sie nicht unversehrt
nach Frankreich zurückkehren können!«

Marsilie geriet in große Wut.
Er sagte: »Karl mit seinem grauen Bart
hat viele Reiche bezwungen,
die pechschwarzen Ungarn,
Apulien und Lateran.
Nachdem ich Frieden von ihm erlangt hatte,
tat ich durchaus unrecht daran,
wortbrüchig zu werden,
da er sogar die wilden Sachsen überwunden hat.
Genelun sei verwünscht,
daß er mir je unter die Augen kam.
Dieses ganze Unglück
hat er allein verschuldet.
Nun, Herzog Grandon,
ich will dich an Sohnes Stelle haben.
Nimm du, Held, meine Fahne
und führe das Heer an.
Ich selbst will mein Leben
einsetzen und die Entscheidung herbeiführen.
Sie sollen so nicht davonkommen.
Noch ehe sie im Triumph abziehen können,
herrscht Karl hier nicht mehr,
weil Rat und alle Hilfe für ihn
bei diesen Zwölfen steht.
Wenn wir die von ihm trennen könnten,
würde uns keiner mehr etwas anhaben.
Niemals wieder käme Karl in unser Erbland.
Ich will lieber sterben,

denne mich die Karlinge
sô gewalticlîchen twingen.'

Haiden vermezzen
îlten zuo irn rossen.
dâ îlte man für man.
Ruolant sach si zuo varn.
er sprach: 'ir gelph ist ienoch sô grôz. *(1456)*
Genelûn hât uns in Sarragûz *1457*
alle verrâten. *1457*
helde, nû berait iuch drâte.
unt gemache wir si zagen,
unt gewinnent si den êrsten scaden,
sô müezen si uns den rücke kêren.
ersihe ich den ir hêrren,
ich gedringe im sô vil nâhen.
sîn scol hiute râmen
der vil guote Durndart. *1462*
der aller obereste êwart
sî selbe mîn urkünde.
mich riuwent mîne sünde,
die ich wider sînen hulden hân getân.
nune scol sich niemen sparn.
hie wirdet ez gar verendet.
der tiuvel wirt an uns geschendet.'

Dô sprach der biscoph Turpîn:
'nu flêhet alle mînen trechtîn,
want er durch uns dolte den tôt,
daz er bekenne unser aller nôt,
daz wir raine für in komen.
wir werden hiute geboren

5237 uermezen P] thie uermezzen A   5238 irn P] then A, then ire *B*   5246 êrsten] esten P, eristen A   5249 so uil nahen P] so nahe A   5262 bechenne P] bethenke A

als daß mich die Franzosen
so gewaltsam unterwerfen.«

Die stolzen Heiden
eilten zu ihren Pferden.
Einer suchte dem andern zuvorzukommen.
Roland sah sie ankommen.
Er sagte: »Ihr Kampfgeschrei ist noch immer groß.
Genelun hat uns in Sarraguz
alle verraten.
Helden, macht euch schleunigst kampfbereit.
Wenn wir sie einschüchtern
und wenn sie die ersten Verluste erleiden,
so werden sie uns den Rücken kehren.
Wenn ich ihren König erblicke,
so werde ich ihn mir vornehmen.
Heute soll ihn
der gute Durndart treffen.
Der allerhöchste Priester
sei selbst mein Zeuge.
Mich schmerzen meine Sünden,
mit denen ich seine Liebe erwidert habe.
Nun soll keiner sein Leben schonen.
Hier fällt die endgültige Entscheidung.
Der Teufel wird an uns zuschanden werden!«

Darauf sprach der Bischof Turpin:
»Nun fleht alle zu meinem Herrgott,
da Er für uns den Tod erlitten hat,
daß Er unser aller Kampf ansehe
und daß wir geläutert vor Ihn treten.
Heute werden wir wiedergeboren

zuo der êwigen wünne.
hiute werden wir der engel künne.
hiute sculen wir frœlîchen varen.
hiute werden wir liutere westerbarn.
hiute ist unser fröude tac,
want sich sîn fröuwen mac
elliu die heilige cristenhait.
hiute vergilt man uns die arbait.
wir werden hiute enphangen
mit dem engelsange
zuo den himelischen êren.
hiute gesehe wir unseren hêrren,
dâ biren wir iemer mêre frô.'
si sungen: 'gloria in excelsis deo.'

Die haiden bliesen ir horn.
michel grisgrammen unt zorn
was unter in erbluot.
gesêret was in der muot.
si ranten die christen an,
si tâten in sam.
Valdebrun kom an der stunt. *1562*
sîn ros hiez Gratamunt. *1571*
er sluoc den tiuweren herzogen,
daz was der mære Sampson. *1574*
den clageten alle Karlinge. *1579*
Ruolant rach in mit grimme. *(1581)*
er sluoc in almitten ze tal. *1586–1588*
die haiden vielen âne zal.
die haiden erkômen harte, *(1590)*
dô si von Durndarte *(1583)*
die grôzen tugente erkanten.
si vermiten gerne Ruolanten.

5269 froude tác P] frothetah A 5270 sin *fehlt* A 5271 elliu P] al A 5275 den P] theme A 5282 geseret P] geseriget A

zu der ewigen Seligkeit.
Heute gehen wir in die Gemeinschaft der Engel ein.
Heute können wir fröhlich dahinfahren.
Heute werden wir rein wie die neugebornen Kinder.
Heute ist unser Freudentag,
weil sich seiner freuen kann
auch die heilige Christenheit.
Heute werden wir belohnt für unsere Mühsal.
Heute werden wir
unter dem Gesang der Engel
in die himmlische Glorie aufgenommen.
Heute noch werden wir den Herrn schauen,
dort werden wir in ewiger Freude sein.«
Sie sangen: »Gloria in excelsis deo.«

Die Heiden ließen ihre Hörner erklingen.
Wilde, zähneknirschende Wut
war in ihnen erwacht.
Schmerzerfüllt war ihr Herz.
Sie griffen die Christen an,
die taten ihnen gegenüber das gleiche.
In dem Moment kam Valdebrun heran.
Sein Pferd hieß Gratamunt.
Er erschlug einen edlen Herzog,
nämlich den berühmten Samson.
Alle Franzosen beklagten seinen Tod.
Roland rächte ihn fürchterlich.
Er spaltete ihn in zwei Hälften.
Unzählige Heiden fielen.
Schrecken erfaßte die Heiden,
als sie Durndarts
große Schärfe zu spüren bekamen.
Sie wären Roland gern aus dem Weg gegangen.

Alfric von Affricâ, *1593*
mit grimme stach er sâ
Anseîs durch den helm, *1599*
daz der tiuwerlîche degen
von dem marhe viel nider tôt. *(1603)*
unter den christen wart michel nôt *(1604)*
von dem herten valle.
die haiden riefen alle:
'ir geltet uns genôte
die unseren lieben tôte.
wir haben die êre.
Karl enrîchsenet hie niht mêre.'

Dô sprach Turpîn, der biscoph: *1605*
'ez ist dâ vor ienoch.
der tôt nâhet iu vil balde zuo.
ir rüemet iuch des siges ze fruo.
swer genozzen hinne vare,
der habe die êre gare.
swer morgen lebe ze dirre zît,
der habe die marke âne strît.
iuwer nehain kumet niemer hinnen.
iuwer armiu sêle muoz iemer dâ ze helle brinnen.'
er sluoc Alfricken *1611*
durch ain helm dicken,
daz er tôt nider viel. *1612*
die cristen riefen: 'Monsoy, Monsoy!'
der tac was haiz unt lanc.
dâ wart ein fraislîch kamph
enzwischen den haiden unt den christen.
wer mächte sich dar unter gefristen,
wan den got wolde bewaren?
die haiden lâgen alle erslagen

5297 ALfric A] alfrich P 5302 then A] di P christen P] kristenen A 5208 hi *fehlt* A 5321 uiel A] chom P 5323 haiz unt lanc P *B*] lang unde haiz A 5324 fraislich champh P *B*] kamf uraislih A

Alfrich von Afrika
stach sogleich voll Wut
Anseis durch den Helm,
daß der ausgezeichnete Streiter
tot vom Pferd herabfiel.
Die Christen kamen in große Gefahr
durch diesen herben Verlust.
Die Heiden riefen alle:
»Mit Recht zahlt ihr nun
für unsre teuren Toten.
Unser ist der Triumph,
Karl wird hier nicht länger herrschen.«

Darauf antwortete Bischof Turpin:
»So weit ist es noch nicht.
Der Tod wird euch sehr bald ereilen.
Allzu früh rühmt ihr euch des Sieges.
Wer mit dem Leben davonkommt,
dem gehöre der ungeschmälerte Triumph.
Wer morgen um diese Zeit noch am Leben ist,
dem gehöre das Grenzland unstreitig.
Doch keiner von euch wird davonkommen.
Eure arme Seele wird ewig in der Hölle brennen.«
Er schlug Alfrich
durch seinen festen Helm,
daß er den Tod fand.
Die Christen riefen: »Monjoie! Monjoie!«
Der Tag war heiß und lang.
Wild tobte die Schlacht
zwischen den Heiden und den Christen.
Wer hätte dort sein Leben behalten können,
wenn ihn nicht Gott schützte?
Die Heiden lagen alle erschlagen

unze an den künc von Capadociâ. *1614*
sîn marh kêrt er sâ *1615*
an Gergises van.
ûf Murmur rant er in an. *1615*
jâ stach in der künc Grandon *1613*
daz Gergis tôt nider kom. *1618*
er sluoc Ekerîchen,
ain helt herlîchen.
er resluoc Beringêren *1624*
unt ienoch ander zwêne,
daz was von Valtia Antoîr – *1624 – 1626*
sîne swester hêt Olivier –,
al daz der Rodanus beslôz. *1626*
er resluoc Gwimuten, sînen genôz. *1624*

Ruolant erbalc sich. *1629*
dô hiu er Velentich. *1634*
er sprach: ‘jâ du vâlantes man, *(1632)*
waz du mordes hâs getân!’ *1633*
doch er in nie gesach, *1639*
bî dem worte, daz er sprach,
dô gezwîvelôte der künc Grandon, *1642*
daz er mit nichte mächte von im komen. *1643*
wie wol er in erkante,
den helt Ruolanten!
Durndarten er ûf huop, *(1644)*
durh den helm er in sluoc, *1645*
daz im diu ougen ûz sprungen.
er sprach: ‘swaz du hie hâst gewunnen,
daz hâstu harte erkoufet.

5331 Gergises] gernises PA 5334 Gergis] gersis PA 5336 herlichen P] erliken A 5337 reslûc P] sluoh A 5338 unt *fehlt* A 5341 beslôz P] beuloz A 5342 reslûc P] sluoh A 5346 hast A] has P 5347 gesach P] ne sah A 5356 hast A] has P 5357 erchŏfet P] gekoufet A, *vgl. Str. 6437*

bis auf den König von Kappadozien.
Der wendete sogleich sein Pferd
gegen die Fahne von Gergis.
Auf Murmur rannte er ihn an.
König Grandon stach ihn nieder,
so daß Gergis zu Boden sank.
Er erschlug auch Eckerich,
einen fürstlichen Helden.
Er tötete Beringer
und noch zwei andere,
nämlich Antoir von Valtia –
dessen Schwester war Oliviers Frau –,
das die Rhone umschließt.
Er erschlug auch dessen Kampfgefährten Gwimut.

Roland geriet in Wut.
Er trieb Velentich an
und schrie: »Mann des Teufels,
wie viele hast du umgebracht!«
Obwohl er ihn noch nie gesehen hatte,
verlor bei diesem Wort, das er sprach,
der König Grandon alle Hoffnung,
ihm entkommen zu können.
Wie richtig er ihn eingeschätzt hatte,
den kühnen Roland!
Der schwang Durndart
und schlug ihn durch den Helm,
daß ihm die Augen heraussprangen.
Er sagte: »Was du hier erworben hast,
das hast du teuer bezahlt.

dû bis sêre bestrûchet.
dune berüemest dich sîn niemer mêre.'
die Karlinge gâben im lop unt êre. *1652*
si sprâchen alle bî ainem munde: *1652*
'sô wol der wîle unt der stunde,
daz Ruolant ie wurde geborn!
er ist uns ze trôste her kom. *1652*
er ist unser guote voget.
er sî iemer gêret unt gelobet!'

Olivier dô kêrte, *(1671)*
alse in sîn ellen lêrte,
mit dem guoten Alteclêren, *(1680)*
dâ getet er sêren
manigen haidenischen man.
dô widerrait im Kartan,
der was michel unt egeslîch.
mit swerten hiewen si sich.
den schilt er im abe sluoc.
der stâl was sô guot,
des nemacht er nicht gewinnen.
'verstu sô ganz hinnen?
des was ich ungewon,
swaz mir ie dar zuo kom',
sprach der helt Olivier,
'zewâre sage ich ez dir,
sône getriuwe ich niemer mêre
dem guoten Alteclêren.'
er stach in durch den gêren.
er warf den verchsêren
tôten von dem orte.
dô kom ain michel vorchte

5358 bestroufet A, *vgl. Str. 6438*] bestruchet P 5362 der stunde P] stunde A

Du hast einen schlimmen Fall getan.
Du wirst nie mehr prahlen können.«
Die Franzosen priesen und rühmten ihn.
Sie riefen wie aus einem Mund:
»Gesegnet seien Tag und Stunde,
da Roland geboren wurde!
Er ist uns zu Hilfe hergekommen.
Er ist unser guter Schutzherr.
Preis und Ehre ihm immerdar!«

Darauf wandte sich Olivier,
wie seine Kühnheit es verlangte,
mit dem guten Alteclere zurück.
Er verwundete
viele Heiden.
Dann stellte sich ihm Kartan entgegen,
der war groß und furchterregend.
Sie lieferten sich einen Schwertkampf.
Er schlug ihm den Schild aus der Hand,
doch war die Eisenrüstung so fest,
daß er ihr nichts anhaben konnte.
»Kommst du etwa heil davon?
Das habe ich noch nicht erlebt,
was immer mir begegnet ist«,
sagte der Held Olivier.
»Wahrhaftig, ich sage dir,
dann will ich mich nie mehr
auf Alteclere verlassen.«
Er stach ihn durch den Unterleib.
Er ließ den Aufgespießten
tot von der Schwertspitze fallen.
Da ergriff ein gewaltiger Schrecken

unter alle die haiden.
daz velt begunde in laiden.

Turpîn ernante, *1682*
die scar er an rante. *1682*
wol hulven im sîne nôtstreben.
dâ bewârte der degen,
al daz er mit dem munde lêrte.
der tiuwerlîche degen kêrte,
dâ diu nôt allermaiste was.
daz tet der hêrre umbe daz:
er wolte gerne wâgen den lîp,
in dûchte, sîn wære zît,
daz in der wirt beriete,
der in in den wîngarten miete,
daz er im sînen phenninc gæbe.
dar nâch vacht der helt mære.
manigen wunten unt vaigen
getet er unter den haiden.
er vacht ze iewеder hant.
dâ ne was nehain îsenîn gewant,
nehain stâlhuot
nie sô veste noch sô guot,
kom er im ze slage,
daz in von deme tage
iemer gebuozte dehain smit,
oder dar unter daz lit
der arzet iemer dorfte gesalben.
er fulte allenthalben
die furhe mit den tôten.
fluchte si si nôten

5390 in P] im A 5396 thegen *fehlt* P 5400 in dûhte, *vgl. Str. 6502*] enduchte P, ime thuhte A 5406 then A] di P 5407 iwether A] ewider P 5408 isenin P] isernin A 5409 *vgl. Str. 6511* ez wære helm od stahelhuot 5415 arzet] arzte P, arzate A

die Heiden alle.
Das Schlachtfeld wurde ihnen zuwider.

Turpin faßte Mut
und griff die Schar an.
Seine Kampfgefährten unterstützten ihn wirksam.
Der Recke löste ein,
was er mit Worten gefordert hatte.
Der Teure wandte sich dorthin,
wo der Kampf am wildesten tobte.
Das tat der Fürst aus folgendem Grund:
Er wollte bereitwillig sein Leben einsetzen;
ihm schien, die Zeit sei gekommen,
daß ihm der Hausvater lohnen solle,
der ihn für den Weinberg gemietet hatte,
und ihm seinen Pfennig gäbe.
Darum kämpfte der berühmte Held.
Viele Verwundete und Tote
schuf er den Heiden.
Er schlug nach beiden Seiten.
Da gab es keine Eisenrüstung,
keinen stählernen Helm,
der so stark und fest gewesen wäre,
daß, wenn er ihn getroffen hatte,
die Schäden dieses Kampftags
ein Schmied hätte reparieren können
oder den Körperteil darunter
ein Arzt noch hätte salben müssen.
Allenthalben füllte er
die Furchen mit Toten.
Sie zwangen sie zur Flucht

mit ir scarphen swerten,
daz si sich ze jungest niene werten.
si vielen sam daz vihe ze tal.
si sluogen si von dem wal
rechte sam die hunte.
si riefen alle mit einem munde: *1669*
'hilf uns künc Marsilie, hêrre, *1670*
durch dîne künclîche êre!
die cristen sint starc unt fraissam.
die dîne ligent alle erslagen,
verwundet unt vervallen.
si hevent ir wânsangen,
rechte sam in nicht enwerre.
nu rich dich, hêrre!
varent si alsô genozzen hinnen,
daz nemachtu niemer überwinden.'

Marsilie hiez blâsen sîniu horn, *1468*
die haiden alle für sich komen.
er swuor ainen aît,
des kom er in grôze arbeit,
swer der fluchte hüebe,
daz man in ze tôde slüege.
er sprach: 'scol Ruolant gesigen,
sô wil ich selbe dâ beligen.
behabent die cristen die êre,
sô ne ruoche ich mêre
nicht ze lebene
noch crône ze tragene.
ê suoche ich, den lîp ze verliesen,

5424 einem *GBW*] *fehlt* PA 5430 heuent P] hauent A 5431 rechte *fehlt* A 5434 daz P] thiz A 5436 komen A] chom P 5438 groziu P] groze A *W* 5439 der P] thie A 5440 in *fehlt* P 5442 da beligen *fehlt* P 5444 mere P] niht mere A 5445 nicht *fehlt* A 5447 ze *fehlt* A

mit ihren scharfen Schwertern,
bis sie sich schließlich nicht mehr wehrten.
Sie fielen zu Boden wie Schlachtvieh.
Sie trieben sie vom Kampfplatz
ganz wie Hunde.
Alle riefen aus einem Mund:
»Hilf uns, König Marsilie,
um deiner königlichen Ehre willen!
Die Christen sind stark und schrecklich.
Die Deinen sind alle erschlagen,
verwundet und gestorben.
Sie erheben ihr Triumphgeschrei,
als ob ihnen nichts mehr geschehen könne.
Räche dich, Herr!
Wenn sie so ungeschoren davonkommen,
wirst du das nicht überstehen.«

Marsilie ließ seine Kriegshörner ertönen
und alle Heiden zu sich kommen.
Er schwor einen Eid –
das sollte ihm noch zu schaffen machen –,
daß jeder, der sich zur Flucht kehrte,
mit dem Tod bestraft würde.
Er sagte: »Wenn Roland siegt,
will ich selbst auch sterben.
Wenn die Christen triumphieren,
liegt mir nichts daran,
länger zu leben
oder die Krone zu tragen.
Lieber suche ich den Tod,

ê daz lop ze verkiesen.
nune wil ich nicht fliehen.
ist hie iemen,
der mir ze der nôte gestât,
wie wol ez im ergât!
er mac selbe gebieten
in lande unt mac sich nieten
aller werltwünne.
ich gêre al sîn künne.'
wol gehiezen im sîne man,
si sprâchen, er hête in sô liebe getân,
si wolten den grimmigen tôt dolen,
ê si haim wolten komen
âne sige unt êre.
waz si denne mêre
töchten ze mannen?
si würden übele enphangen
von kinden unt von wîben.
daz her begonde sîgen
vaste an daz wal.
die haiden redeten über al,
daz die christen wæren
helde vil mære,
ain liut harte unervorchten,
daz si mit ir lîbe worchten
sô getâniu wunder ûf der erde.
ir küener nehain nedorfte nie geborn werde.
in gezæme wol ze lebene.
ir tugent unt ir edele
hêten sie wol erzaiget.
Genelûn scolt iemer sîn vermainet,
der mit sînen aiden
verriet die christen unt die haiden.

5454 inlande unt mac sich P] unde sich iemer A *W* 5460 komen A] chom P 5474 nehain *fehlt* A

als daß ich den Ruhm preisgebe.
Ich werde nicht fliehen.
Wenn hier einer ist,
der mir im Kampf beisteht,
dann wohl ihm!
Er kann selbst eine Herrschaft
im Land übernehmen und sich
allen weltlichen Glücks freuen.
Seine ganze Sippe werde ich auszeichnen.«
Seine Vasallen gaben ihm ihr Wort,
sie sagten, er hätte ihnen solche Gunst erwiesen,
daß sie lieber einen schrecklichen Tod erleiden wollten,
als daß sie heimzukehren wünschten
ohne Sieg und Ehre.
Was taugten sie dann
noch als Vasallen?
Schlimm würden sie
von Söhnen und Frauen empfangen werden.
Das Heer zog
machtvoll auf das Schlachtfeld.
Die Heiden verbreiteten überall,
daß die Christen
die berühmtesten Helden seien,
ein völlig unerschrockenes Volk,
und daß sie unter Einsatz ihres Lebens
so unerhörte Wundertaten auf Erden vollbrächten,
daß Kühnere als sie nicht vorstellbar seien.
Sie verdienten, am Leben zu bleiben.
Ihre Tapferkeit und ihren Adel
hätten sie hinlänglich bewiesen.
Genelun aber solle verwünscht sein,
der mit seinen Schwüren
Christen und Heiden verraten habe.

Marsilie kom mit zorne. *1467*
siben tûsent horne *1468*
vor im clungen. *1468*
ûf die cristen si drungen, *1469*
si wânten si nider treten.
ôwie wol si in gestaten
mit ervochten spiezen,
die die haiden an dem wal liezen!
si wâren ir gewisse.
der herzoge Abysse *1470*
fuorte Marsilien van. *(1480)*
der was ain sô übel man, *1471–1472*
daz in niemen lachen vant. *1477*
sîn sterke was erkant *(1478)*
über alle die erde.
er enphie daz lêhen,
daz er Ruolanten slüege,
daz houbet für Machmeten trüege.
daz wolte got verwandelen.
er huop sich ûz den anderen.
mit grôzer sîner craft
stach er ain eschînen scaft
dem biscof durch den schilt.
got in dar unter wol behielt.
die haiden riefen alle gewisse:
'wol du herzoge Abysse,
du hâst ez vermezzenlîchen erhaben.'
si wânten alle, er hêt in erslagen.
dâ wider rief der biscoph:
'vil unnâch ist ez noch.
ich vergilte dir den stich.'

5486 gestate P] gestateten A 5487 eruochten P] ire wahsen A 5496 enphie P] untuíeng ouh A 5503 dem P] then A 5505 alle P] al A

Marsilie stürmte wütend heran.
Siebentausend Hörner
erklangen vor ihm.
Sie drangen auf die Christen ein
und glaubten, sie überrennen zu können.
Wie tapfer leisteten sie ihnen Widerstand
mit den eroberten Spießen,
die die Heiden auf dem Schlachtfeld zurückgelassen hatten!
Sie waren sich ihrer sicher.
Herzog Abysse
trug die Fahne des Marsilie.
Er war ein so böser Mann,
daß ihn nie einer lachen sah.
Seine Kraft war berüchtigt
in aller Welt.
Er hatte den Auftrag bekommen,
Roland zu töten
und dessen Kopf zu Marsilie zu bringen.
Gott wollte es anders.
Er löste sich aus der Menge.
Mit seiner großen Kraft
stach er eine Eschenlanze
dem Bischof durch den Schild.
Gott ließ ihn darunter unverletzt bleiben.
Die Heiden riefen alle zuversichtlich:
»Gut, Herzog Abysse,
das war ein kühner Anfang!«
Sie glaubten alle, er hätte ihn erschlagen.
Der Bischof aber rief zurück:
»So weit ist es noch nicht!
Den Stich gebe ich dir zurück!«

mit zorne huob er sich.
er stach in durch die halsperge.
er warf in unwerde
dem rosse über die goffen.
er sprach: 'nû hâstu gar verstochen.'

Turpîn wart innen
der haiden grimme,
daz si mit Ruolante striten.
er begonde unsiten.
er sprach: 'ich sihe Ruolanten
unt Olivier, den wîganten,
mit nacketen swerten.
die haiden wellent ienoch herten.
helven wir den lieben gesellen. *(1676)*
vil grôz ist ir ellen.'
die helede gâchten dar.
ienoch hêten si zwelf scar.
die vîente si umbe habeten,
iedoch si nicht erzageten,
die wîle unt si lebeten.
vil grœzlîchen si sich werten,
si ersluogen manigen christen man.
ouch was ez ir ban.
si riefen selbe nâch dem tôde.
die ir karfunkel scœne
verluren gar ir schîm.
des nemacht ander rât sîn.
die mæren herstrangen
hêten si umbevangen.
sine machten nicht von in komen,
si muosen alle samt dolen,

5521 sehe P] gesehe A   5527 *Initiale* P   5530 nicht erzageten P] nine uerzageten A   5531 unt *fehlt* A   5532 werten P] wireten A   5533 christen P, *vgl. Str. 6651*] haithenen A

Wutentbrannt rannte er ihn an.
Er stach ihn durch die Rüstung
und warf ihn schmählich
über die Kuppe des Pferdes.
»Nun ist es vorbei mit deinen Stichen!« sagte er.

Turpin merkte
die Wut der Heiden
und daß sie Roland bedrängten.
Er vergaß alle Zurückhaltung.
Er sagte: »Ich sehe Roland
und den Helden Olivier
mit blanken Schwertern.
Die Heiden wollen noch nicht aufgeben.
Helfen wir den lieben Kampfgefährten!
Ihre Tapferkeit ist sehr groß.«
Die Helden eilten hin.
Noch hatten sie zwölf Scharen.
Sie umzingelten die Feinde,
doch die verzagten nicht,
solange sie das Leben hatten.
Sie wehrten sich sehr tapfer
und erschlugen viele Christen.
Das war auch ihr eigener Untergang.
Sie riefen selbst nach dem Tod.
Ihre schönen Karfunkelsteine
verloren gänzlich ihren Schimmer.
Da gab es keine Hilfe mehr,
die berühmten Helden
hatten sie umzingelt.
Sie konnten ihnen nicht entgehen,
sondern mußten alle dulden,

daz in dâ vor was geheizen.
si kolten si mit spiezen,
ir gewâfen si in zesluogen.
die haiden begonden muoden.
der stâl gluote dar inne,
ez wart ain nœtlîch gedinge,
si suochten selbe den tôt.
vil maniger den hals dar bôt.
von den rossen si vielen,
sich erbarmte dâ niemen.

Dô sprach der biscoph Turpîn:
'got scol sîn iemer gêret sîn,
daz wir gestriten haben hiute
mit unzalhaftem liute
âne ummâzen scaden.
si sint ersticket unt erslagen,
unt wir noch gesunt leben.
wer mächte daz haben gegeben,
wan der durch die werlt wart geborn?'
unter diu flôch Malsarôn. *(1353)*
sporen sazt er ze sîten,
er kêrte an aine lîten.
Olivier jagete im nâch. *(1351)*
'war ist dir', sprach er, 'sô gâch?
wer hât dir noch erloubet?'
er sluoc in über daz houbet. *1355*
diu ougen im ûz sprungen. *1355*
'du wære nâch ze fruo entrunnen.'
dô sluog er Torken *1358*
unt sînen bruoder Estorken. *1358*

5543 daz in da uọr was geheizen P] thaz sie in dauore geheizen (*lies* gehiezen?) A 5544 mit P] mit then A 5548 notlich P] gnotlih A 5550 uil maniger P] Uile manih A 5554 sin P] iz A, is *B* 5566 so P] nu so A

was ihnen zuvor angedroht worden war.
Sie marterten sie mit Spießen
und zerschlugen ihre Rüstungen.
Die Heiden waren der Erschöpfung nahe.
In den Eisenrüstungen war es heiß,
es war ein schrecklicher Zustand.
Sie suchten freiwillig den Tod.
Viele hielten widerstandslos den Kopf hin.
Sie fielen von den Pferden,
keiner erbarmte sich.

Da sprach Bischof Turpin:
»Gott sei ewig Lob und Dank dafür,
daß wir heute
mit unermeßlich vielen Gegnern gekämpft haben,
ohne unermeßlich viele Verluste beklagen zu müssen.
Sie sind zum Schweigen gebracht,
während wir noch am Leben sind.
Wer hätte das so fügen können
als der allein, der zum Heil der Welt geboren wurde?«
Unterdessen floh Malsaron.
Er bohrte die Sporen in die Weichen
und ritt auf einen Berghang zu.
Olivier jagte ihm nach.
»Wohin so schnell?« rief er.
»Wer hat dich denn entlassen?«
Er schlug ihn über den Schädel,
die Augen quollen ihm heraus.
»Beinahe wärest du entkommen!«
Dann erschlug er Torke
und dessen Bruder Estorke.

der spiez im enzwai brach. *1359*
Ruolant zuo zim sprach: *1360*
'wâ ist Alteclêre? *1363*
Olivier, tuot des nicht mêre! *(1361)*
daz swert ist ain rîterlîch gewant. *(1362)*
ez zimt wol in iuwer hant.'

Olivier zôch Alteclêren.
van Vallepecêde *1370*
sluog er Justînen *1370*
durch den helm sînen. *1371*
er tailt in in zwai stücke.
daz swert er ûf zuchte.
er warf ez umbe in der hant.
dô sprach der helt Ruolant: *1376*
'nu friste dir got dîn leben.
den slac scolte got selbe haben gesehen.' *(1377)*

Bluot flôz über wal.
der haiden wart ain michel val.
Turpîn sluoc Sigelot, *1390*
den anbetten die haiden für ain got. *(1391)*
Engelirs sluoc Spemvalrîz. *1388 – 1389*
dâ brast im sîn guot spiez.
Ruolant wonte ûf Velentich,
nicht lebentiges im entlief.
ez wart guotes hailes.
ez ne lebete nicht vierbaines,
daz im machte genâhen.
swes er wolte vâren,
daz muose dâ belîben.

5573 im P] ime tho A 5575 alteclere P] Altaclere A 5576 tůt P] nu ne tuot A 5577 riterlich gewant P] riterliche want A 5583 in in P] in A 5591 Sigelot A] sigeloten P 5593 Engelirs A] engelrirs P

Seine Lanze brach in Stücke.
Roland fragte ihn:
»Wo hast du denn Alteclere?
Olivier, laßt es damit ein Ende haben!
Das Schwert ist eine ritterliche Waffe
und sollte von Euch geführt werden.«

Olivier zog Alteclere
und hieb Justin
von Vallepecede
durch seinen Helm.
Er spaltete ihn in zwei Hälften,
hob wieder das Schwert
und drehte es in der Faust.
Da sagte Roland, der Held:
»Möge Gott dich am Leben halten!
Diesen Hieb sollte Gott selbst gesehen haben!«

Blut floß über das Schlachtfeld.
Die Heiden hatten große Verluste.
Turpin erschlug Sigelot,
den die Heiden wie einen Gott anbeteten.
Engelirs erschlug Spemvalriz.
Da zerbrach seine feste Lanze.
Roland rührte sich auf Velentich,
daß kein Lebendiger ihm entkam.
Das Kriegsglück war auf seiner Seite.
Kein Vierbeiner
konnte sich in seine Nähe wagen.
Auf was immer er es abgesehen hatte,
das mußte dort sein Leben lassen.

Durndart tete zwîvelen.
die tiuren siges helede
jageten von dem velde
mit nacten swerten.
die haiden nemachten dâ nicht mêre herten.
lîchte wâren si verjaget.
si wâren selbe verzaget.
diu ir ros tâten, sam si wæren gespannen,
si hulven in übele dannen.

Die christen riten widere an daz wal. *1445*
der wuoft wart über al. *1446*
si funden liebe tôten. *1447*
si bâten got, den guoten,
durch sîner muoter êre,
er rebarmôt sich über die sêle,
want si durch in gemarteret wæren,
daz er in sîn himelrîche gæbe
durch aller sîner trûten willen.
si wainten vil grimme. *(1446)*
ze himele begunden si ruofen.
si schuten sich ûz dem gewâfen.
nâch grôzer muode
wolten si gerne ruowe.
wol trôste got sîniu kint.
von himel kom ain süeze wint.
sich erjuncte aller ir lîp,
sam si wæren an der êrsten tagezît.
dô verstuonden si sich gnâden.
si sprâchen alle: ‘âmen.’

5604 uon P] aue A 5606 da *fehlt* A 5617 gemarteret waren P] marteret wrthen A 5622 dem gewaffen P] den wafen A 5626 sûze *fehlt* A

Durndart ließ (sie) wanken.
Die tapferen, siegreichen Helden
jagten (sie) vom Schlachtfeld
mit blanken Schwertern.
Die Heiden konnten nicht länger standhalten.
Schnell waren sie vertrieben.
Sie selbst hatten allen Mut verloren;
ihre Pferde waren wie festgebunden,
sie halfen ihnen nicht davon.

Die Christen ritten auf das Schlachtfeld zurück.
Wehklagen breitete sich aus.
Sie fanden tote Freunde.
Den barmherzigen Gott baten sie
um Seiner Mutter Ehre willen,
Er möge ihren Seelen gnädig sein,
weil sie für Ihn das Martyrium erlitten hatten,
Er möge ihnen das Himmelreich schenken
um aller Seiner Heiligen willen.
Sie weinten bitterlich
und beteten zum Himmel.
Sie entledigten sich der Rüstungen.
Angesichts der großen Erschöpfung
wollten sie sich ausruhen.
Gott munterte Seine Kinder wieder auf.
Vom Himmel kam ein wundersamer Wind,
und sie fühlten sich alle frisch,
als ob sie frühen Morgen hätten.
Da fühlten sie die Gnade
und sprachen alle: »Amen.«

Uon dem wale entran ain man,
alse ich iu gesaget hân.
er was ain fürste mære,
alzoges ain hövescære.
gehaizen was er Margarîz.
in dem rücke fuort er ain spiez.
harte was er verhouwen.
mit flîze clageten in die frouwen.
daz houbet was im gecloben.
fliehende er an den künc kom.
er rief: ‘künc Marsilie, hêrre Marsilie,
die dîne ligent alle dâ nidere.
dîn bruder ist erslagen.
dîn sun en mügen wir niemer verclagen.
ich sach in in den gebæren,
daz ich wolte wænen,
er scolte Ruolanten erslahen.
daz ne was nicht der zagen,
daz er in durch den helm sluoc.
jâ gefrumte der helt guot
manige wunden fraissam.
dâ bestuont er alrêst den man,
der daz lop hât gewunnen
ûz allem irdiskem künne.
vor dem ist er tôt gelegen.
wie mächt im iemer baz geschehen?
hêrre, du macht wol dînen willen haben,
die christen ligent aller maiste dâ reslagen.
die ave noch dâ lebent,

5634 houescare A] hubiscare P 5636 furt er P] truoh A 5639 gechloben P] geclouet A 5641 herre Marsilie *fehlt* A 5646 ich *fehlt* A 5648 daz P] Thes A 5652 alrést *fehlt* A 5654 uz allem P] under al A 5657 wol P] nu wol A 5658 aller maiste P] al maist A da reslagen *W*] dare erslagen P, tha erslagen A

Von dem Schlachtfeld war ein Mann entkommen,
wie ich euch schon erzählt habe.
Es war ein berühmter Fürst,
ein durchaus galanter Herr.
Sein Name war Margariz.
In seinem Rücken steckte ein Spieß.
Schrecklich war er verwundet.
Die Damen beklagten ihn später sehr.
Sein Schädel klaffte.
Fliehend kam er zum König
und rief: »König Marsilie! Großer Marsilie,
die Deinen sind alle niedergemacht.
Dein Bruder ist erschlagen.
Nie werden wir deinen Sohn verschmerzen können.
Ich sah ihn so kämpfen,
daß ich schon glaubte,
gleich müsse er Roland erschlagen.
Es war kein Zeichen von Feigheit,
daß er ihn durch den Helm schlug.
Der kühne Held schlug
viele schreckliche Wunden.
Da hielt er erst recht dem Mann stand,
der Ruhm erworben hat
über alle irdische Geschlechter.
Durch dessen Hand fand er den Tod.
Doch was hätte ihm Besseres zustoßen können?
Herr, dein Wille ist geschehen,
die Christen sind fast alle erschlagen.
Die aber noch am Leben sind,

unlange si sich werent.
die ir spieze sint gar zebrochen.
die schilte sint ab in gestochen.
ir helme sint gar zehouwen.
ich nemac nicht getrûwen,
daz si an dem wal gebaiten.
heiz in nâch rîten.
sine mügen nicht verre.
dîn craft scol uns rechen, hêrre.'

Dô sprach der künc Marsilie:
'kumet uns iemen mêre widere
wan dû ainer?
oder lebet der gesellen dehainer?
ist dâ wider dehainer hie bestanden?
wie stêt ez umbe Ruolanten
unt sîne gesellen alle?
ist ir dehainer gevallen?'
'daz soltu mir, hêrre, gelouben,
si sint verslagen unt verhouwen.
ich sluoc den aller besten
durch ainen helm vesten,
den herzogen Urtannen
unter allen sînen mannen,
daz ich in tôten liez.
ouch gefrumte ich mînen spiez
wol nâch mînem willen.
dâ sluoc ich ain helt snellen,
den küenen Olivieren.
ê wir unsich dâ schieden,
dâ wart der christen ain michel val.
dô kômen si ûf daz wal
mit ainer hâlscar.

5660 sich *fehlt* A 5672 der gesellen P] derselben A, there sellen *B*
5678 uerslagen P] erslagen A 5691 halscar P] half scare A

werden nicht mehr lange Widerstand leisten.
Alle ihre Lanzen sind zerbrochen,
die Schilde sind ihnen vom Arm gestochen
und ihre Helme gänzlich zerhauen.
Ich kann nicht glauben,
daß sie auf dem Schlachtfeld ausharren.
Befiehl, sie zu verfolgen!
Sie können nicht weit kommen.
Deine Macht soll uns rächen, Herr!«

Daraufhin fragte König Marsilie:
»Kommt denn keiner zurück
außer dir allein?
Lebt keiner der Kampfgefährten mehr?
Wer hat auf der Gegenseite überlebt?
Was ist mit Roland
und allen seinen Gefährten?
Ist einer von ihnen gefallen?«
»Du kannst mir glauben, Herr,
sie sind übel zugerichtet.
Den Besten von ihnen habe ich
durch seinen festen Helm getroffen,
nämlich den Herzog Urtanne
inmitten seiner Kriegsleute,
so daß ich ihn tot zurückließ.
Auch meine Lanze habe ich,
so wie ich wollte, eingesetzt.
Ich traf einen tapferen Helden,
nämlich den kühnen Olivier.
Ehe wir uns dort trennten,
hatten die Christen große Verluste erlitten.
Dann aber kamen sie aufs Schlachtfeld
mit einer Schar aus dem Hinterhalt.

die entworchten unsih gar,
die uns den scaden allen tâten.
Genelûn hât uns verrâten.'

Der künc sîn selbes hâr ûz brach,
daz wort er grimmeclîchen sprach:
'wânu friunt unt man,
den ich ze liebe icht hân getân?
wânu die mir helven wellen,
daz wir die gesellen
ir gelphes wider bringen?
ich gesuoche si ze Karlingen,
ich zestœre Paris,
des sîn si in alle vil gewis,
oder ich wirde alsô wider geslagen,
daz ez alle haiden iemer wol müezen clagen.'

Die haiden wol garwe
îlten zuo ir marhe.
jâ beraiten die genôze
zwainzec scare grôze. *1451*
dô hiez er zehen tûsent für varen.
er sprach: 'ersuochet holz unt graben.
rechet mîne grimme,
daz die selben getelinge
sich sîn niemer gerüemen,
daz si den sige füeren
heim zuo ir kinden.
irne scult niemer erwinden
unz an des künc Karles van.
hête wir ez enzît getân,

5693 allen P] al A 5694 uns P] uns al A 5704 si in P] iu A 5708 marhe PA] marhen *W* 5715 sin *fehlt* A gerůmen P *B*] ne geruomen A 5717 kinden A] chinde P 5718 erwinden A] erwinde P

Die vernichteten uns gänzlich,
sie haben uns die Niederlage beigebracht.
Genelun hat uns verraten.«

Der König raufte sich das Haar.
Wütend sagte er das Folgende:
»Wo sind Freunde und Vasallen,
denen ich meine Gunst geschenkt habe?
Wo sind sie, die mir beistehen wollen,
damit wir die Brüder
von ihrem Triumphgeschrei abbringen!
Ich suche sie in Frankreich heim.
Ich werde Paris zerstören,
dessen können sie ganz sicher sein,
oder ich werde so zurückschlagen,
daß es alle Heiden immer beklagen werden.«

Die Heiden eilten wohlgerüstet
zu den Pferden.
Die Kampfgenossen sammelten
zwanzig große Scharen.
Zehntausend Mann ließ er voranziehen.
Er sagte: »Sucht das Gelände ab.
Rächt meinen Zorn,
damit diese Gauner
sich niemals dessen rühmen,
sie hätten den Sieg mitgebracht
nach Hause zu ihren Kindern.
Ihr sollt erst umkehren,
wenn ihr die Fahne König Karls erreicht habt.
Hätten wir das beizeiten getan,

sô wære Karl hie bestanden
mit samt Ruolante
unt hêten wir die êre.
mih riuwet vil sêre,
daz ich Genelûne sô verre gevolget hân.
des muoz daz rîche iemer scaden hân.'

Die christen wurden gewarnôt,
alse ez got selbe gebôt.
Turpîn was ain listeger man.
ûz den sînen er sich nam.
er gehabete an ainer warte.
dô gesach er gâhen harte
manigen haiden wol garwen,
manigen schilt goltvarwen,
manigen liechten helm schînen.
dô rant er wider zuo den sînen.
er sprach: 'wol ûf, Ruolant!
der tiuvel hât ûz gesant
sîn geswerme unt sîn her.
Marsilie rîtet dâ her.
waz mag ich iu sagen?
sô getân magen
gesamt sich nie ûf dere erde.
der fluoch müeze über si werde,
dâ got mit sînem gewalte
Pharaonem nider valte.
den verswalch daz mer
unt al sîn wuotigez her.
den sînen half er ûzer nôt,

5731 gehabete an ainer P] gahete an aine A 5735 liechten *fehlt* A, *vgl. Str. 6797* 5737 Rŏlant P] helet Rolant A 5743 gesamt P] ne gesamenete A there A] di P 5745 gewalte P] walte A 5746 nider (nither) ualte PA] mit erualte *W*, *vgl. Str. 6808* 5748 al *fehlt* A, *vgl. Str. 6810* wotigez P] woldigez A

so wäre Karl hier gestellt worden,
zusammen mit Roland,
und wir hätten den Ruhm.
Mich schmerzt zutiefst,
daß ich auf Genelun so sehr gehört habe.
Das wird das Reich nicht verwinden.«

Die Christen wurden gewarnt,
wie Gott selbst es gebot.
Turpin war ein erfahrener Mann.
Er entfernte sich von seinen Leuten.
Er blieb auf einer Anhöhe stehen.
Da sah er mit großer Schnelligkeit
viele schwer gerüstete Heiden herankommen,
viele goldglänzende Schilde
und viele hell spiegelnde Helme.
Da lief er zu den Seinen zurück
und rief: »Auf, Roland!
Der Teufel hat
seine Horden und sein Heer ausgesandt.
Marsilie kommt angeritten.
Was soll ich euch sagen?
Eine solche Heeresmacht
wurde noch nie in dieser Welt versammelt.
Die gleiche Strafe möge sie treffen,
mit der Gott in Seiner Macht
den Pharao zu Fall brachte.
Das Meer verschlang ihn
und sein ganzes rasendes Heer.
Den Seinen aber half Er aus der Not,

in der wüeste gab er in daz himelbrôt.
der ruoche ouch uns gewîsen.
enphâhet iuwer wegewîse
ze unser haimverte.
hie wirt ain sturm vil herte.'

Die helde ûf sprungen,
daz gotes lop si sungen.
si sluffen in wîges gewæte,
alsô si des state hêten.
si suochten die stôle.
si îlten ze dem trône,
dâ in got mit wolte gelten,
der von angenge der werlte
den heiligen marteræren gehaizen was.
si haizent diu brinnenten liechtvaz.
swaz si gote in der toufe gehiezen,
wie wâr si daz allez liezen!
si wâren lûter unt raine,
âne rost unt âne mailen
sam diu heiligen kindelîn,
diu durch selben mînen trechtîn
Herodes hiez erslahen.
den chôr sculen si mit rechter urtaile haben,
want si dem heiligen gelouben nicht entwichen.
aller slachte lastere wâren si sicher.

Die hêren gotes êwarten,
mit flîze si sih bewarten.
si sprâchen in den antlâz.

5754 uil *fehlt* A, *vgl. Str. 6818* 5755 uf P] san uf A 5758 state P] stede A 5760 trone PA] *aber vgl. Str. 6824* kore 5762 der *G*] dem (Theme) PA *W* 5766 allez *fehlt* A 5768 rost P] trost A 5770 selben *fehlt* A, *vgl. Str. 6828* 5775 heren *BW*] herren P, herten A ewartē P] ewarte A 5777 in den P] an A

in der Wüste gab Er ihnen das Manna.
Er möge auch uns leiten.
Empfanget eure Wegzehrung
auf unserem Weg in die ewige Heimat.
Dies wird eine schreckliche Schlacht.«

Die Helden sprangen auf
und sangen das Lob Gottes.
Sie legten die Rüstungen an,
so gut sie konnten.
Sie suchten das Märtyrergewand
und eilten zu dem Thron,
mit dem ihnen Gott lohnen wollte
und der von Anbeginn der Welt
den heiligen Märtyrern verheißen war.
Sie heißen die brennenden Lampen.
Was sie Gott in der Taufe gelobt hatten,
wie herrlich erfüllten sie das alles!
Sie waren klar und rein,
ohne Flecken und Makel
wie die unschuldigen Kinder,
die unseres Herrn wegen
Herodes ermorden ließ.
Diesen Chor werden sie zu Recht einnehmen,
weil sie vom heiligen Glauben nicht abließen.
Sie waren ohne jeden Fehler.

Die erhabenen Priester Gottes
bereiteten sich sorgfältig vor.
Sie verhießen ihnen Vergebung der Sünden.

daz wuocher der heilige gaist was.
zesamne si giengen,
ain ander si umbe viengen.
si beswiefen ze den brüsten,
ain ander si kusten.
daz pace si ainander gâben,
si wunscten in gnâden.
der biscof Turpîn
habete inmitten unter in.
er sagete in von dem gotes rîche. *1522*
vil harte geduldiclîche
rachten si ûf ir hente.
in allen vier ente
vielen si ir venie.
sich erfröute elliu himelische menige,
daz sô manc heiliger marterære
gevolgôte sînem schephære,
der in die süeze lêre vor truoc.
des erbat in sîn heilige diemuot,
daz er lôste wîp unt man,
dô er sich an daz criuze lie slahen.

Dô die wâren gotes degene
mit gebet unt mit segene
begiengen ir gehôrsam,
ir aller gelîch zuo sînem van
gâhete nâch ir gewonehaite.
die engel wâren ir gelaite.
si suochten aine walstat.

5778 daz PA *BW*] des *G* 5782 si P] sie sih A 5783 ainander *Scherz GW*] ander PA 5784 wnsten P] wnsgeten A 5792 erfroute P] urowete A 5793 heiliger P] heilih A 5798 li slahen P] liez slan A 5801 ir gehorsam P] iren horsam A 5802 gelih A] igelich P zu PA] gieng zu *Scherz*, gahete zuo *B* 5803 gâhete *fehlt* PA

Die Frucht war der Heilige Geist.
Sie gingen aufeinander zu
und umarmten sich.
Sie umfingen sich, Brust an Brust,
und küßten einander.
Sie gaben sich den Friedenskuß
und wünschten sich Gnade.
Bischof Turpin
stand mitten unter ihnen.
Er verkündete ihnen das Reich Gottes.
In großer Leidensbereitschaft
erhoben sie ihre Hände.
Nach allen vier Himmelsrichtungen
fielen sie auf die Knie.
Alle himmlischen Scharen freuten sich,
daß so viele heilige Märtyrer
ihrem Schöpfer folgten,
der ihnen das fromme Beispiel gegeben hatte.
Dazu bewog ihn seine heilige Demut,
daß er die Menschen erlöste,
als er sich an das Kreuz schlagen ließ.

Als die wahren Gottesstreiter
betend und sich bekreuzigend
ihre Schuldigkeit getan hatten,
eilte jeder von ihnen zu seiner Fahne,
so wie sie es gewohnt waren.
Die Engel beschützten sie.
Sie suchten das Schlachtfeld auf.

Ruolant in den satel trat.
er sprach: ‘wol ir süezen Karlinge,
ich bit iuch in der wâren gotes minne,
fürchtet nehain ir grôzen magen.
si sint die aller bœsesten zagen.
habent si grôzer rîterscaft,
got gibet uns urmære craft.
si werdent hiute unser fuozschâmel.
si geligent vil jâmer.
wir zetreten si in ir bluote.
ôwol ir helde guote,
gedenket, waz iu dar umbe gehaizen sî.
machen wir die sêle frî.
swem got die gnâde gibet,
daz er durch sînen schephære hie geliget –
daz ist der heilige Crist,
der durch unsich gemarteret ist –,
der hât daz criuze an sich genommen.
er ist volliclîchen komen
ze künclîchen êren,
der sihet sînen hêrren
in sîner gothaite.
dar müget ir gerne arbaite.’

Marsilie sprach zuo den sînen:
‘ir ne scult in nicht entlîben.
nemet zehenzec tûsent man.
Grandon füere den van,
der füeret si wol dar.
vil schiere beraitet fünfzehen scar.
habet manlîch gemüete.
den vaigen nemac nieman behüete,

5819 gibet] gift A, git P 5820 schephare P] herren A geliget P] beliget A 5831 zehenzeh A *W*] zehen P 5833 der P] er A si *fehlt* A

Roland richtete sich im Sattel auf
und sagte: »Wohlan, fromme Franzosen,
ich bitte euch im Namen der Liebe des wahren Gottes,
fürchtet ihre große Stärke nicht.
Es sind die erbärmlichsten Feiglinge.
Wenn sie auch mehr Ritter haben,
so verleiht uns Gott doch die allergrößte Kraft.
Noch heute werden sie zum Schemel unserer Füße.
Sie werden einen jämmerlichen Tod finden.
Wir werden sie in ihrem Blut zertreten.
Auf, tapfere Helden,
denkt daran, was euch dafür verheißen ist.
Wir wollen die Seele befreien.
Wem Gott die Gnade schenkt,
für seinen Schöpfer hier zu sterben –
das nämlich ist Christus,
der um unsertwillen gemartert wurde –,
der hat das Kreuz auf sich genommen.
Der aber ist endgültig
zu königlichen Ehren gekommen,
wer seinen Herrn
in seiner Gottheit schaut.
Dafür lohnt es, daß ihr leidet.«

Marsilie sagte zu den Seinen:
»Schont sie nicht!
Nehmt hunderttausend Mann.
Grandon soll die Fahne tragen,
die ihnen den Weg weisen wird.
Stellt sogleich fünfzehn Scharen auf.
Seid tapfer!
Wer sterben soll, den kann keiner schützen;

diu erde enmächt in nicht ûf gehaben.
scol er dâ werden erslagen,
er stürbe doch dâ haime.
unt entrinnet er dehaine,
an dem lîbe unt an den êren
überwindet er ez niemer mêre.
waz mügen si uns gescaden?
ir spieze habent si zeslagen,
ir schilte sint zebrochen,
der stâl ab in gestochen,
ir helme garwe zehouwen,
wert iuh, alsô ich iu getrûwe,
rechet Alrôten.
hüetet vil genôte,
daz ir dehainer entrinne.
al iuwer künne hât mîne minne.'

Die haiden huoben michelen scal. *(1455)*
si draveten an daz wal.
ir wîcliet si sungen.
ir herhorn clungen,
vil michel wart ir dôz.
Thibors von Sarragûz, *1528*
ain wirt in der helle, *1528*
Genelûnes geselle, *1529*
ain grunt aller übele,
Engelirsen von Wasconie *1537*
stach er durch die halsperge. *1538–1539*
dô muos er zuo der erde. *1541*
er warf in nider tôten. *1541*
er sprach: 'ich hân Alrôten *(1542)*
mit michelen êren gerochen.

5838 erslagen P] geslagen A 5840 ir P] ir tha A 5842 uberwindet P] ne uberwinnet A er A] ir P 5846 gestochen *W*] zestochen PA *B* 5849 alroten PA] Aldarôten *B*, *vgl. Str. 6896* Alderôten

Heidenfürst: „rechter Teufel" u. „Abgrund alles Bösen"

die Erde könnte ihn nicht mehr tragen.
Wenn der Tod ihm bestimmt ist,
stürbe er auch in der Heimat.
Wenn einer entkommt,
wird er an Leben und Ehre
dessen nie mehr froh werden.
Was können sie uns anhaben?
Ihre Lanzen sind zersplittert,
ihre Schilde sind zerbrochen,
die Eisenrüstungen von ihnen gestochen
und ihre Helme gänzlich zerhauen.
Erfüllt meine Erwartung im Kampf.
Nehmt Rache für Adalrot.
Paßt genau auf,
daß keiner von ihnen entfliehe.
Eure ganze Sippe wird dafür meine Freundschaft haben.«

Die Heiden erhoben wilden Schlachtlärm.
Sie trabten auf den Kampfplatz.
Sie sangen ihre Kriegslieder.
Ihre Kampfhörner erklangen,
sehr laut war ihr Schall.
Thibors von Sarraguz,
ein rechter Teufel,
Geneluns Geselle,
ein Abgrund alles Bösen,
stach Engelirs von der Gascogne
durch den Brustharnisch.
Der fiel zu Boden.
Jener hatte ihn getötet
und sagte: »Ich habe Adalrot
ruhmreich gerächt.

diu ainunge ist zebrochen, *(1543)*
der zwelve ist der tiuresten ainer gelegen.
si müezen hiute uns den zins geben.'
die haiden huoben ir ruofen,
ze toben unt ze wuofen.
des siges hêten si sich ze fruo gerüemet.
die christen wâren dâ harte getrüebet. *1544*

Olivier, der edele man, *(1545)*
ûz den sînen er sich nam,
vor der scar er in errait.
vil sêre er in versnait *1551*
von dem helme unze an die swertes schaiden.
tôt viel der haiden. *1552*
dô sprach der helt Olivier:
'wol vergolten hân ich dir
mit dem guoten Alteclêre. *(1550)*
dune darft dich der êren
niemer gerüemen,
die dû von uns mächt gefüeren.'
er sluoc Alfabînem *1554*
durch den helm sînen *(1555)*
unz an sîn sculterblat. *(1555)*
unter den anderen er tôt lac. *(1557)*
dar nâch sluog er siben hêrren: *1556*
'dine mächten uns nehainem gewerren, *1557*
wir birn vor in gewis.
gerochen ist Engelirs. *(1546)*
iuwer sint niune gevallen.
ez ist ienoch unergangen,

5872 zetoben P] ze touende A 5879 di P] thes A 5884 der *fehlt* A 5887 alfabinem P] Alfabinen A 5892 machten P] mohten A, machen *W* nehainem gewerren P] nehaine werren A, nehainen werren *W* 5894 Engelirs] englirs P

Der Bund ist gesprengt,
von den Zwölfen ist einer ihrer Edelsten gefallen.
Heute müssen sie uns den Zins zahlen.«
Die Heiden fingen zu rufen
und wie unsinnig zu schreien an.
Doch sie hatten sich ihres Sieges zu früh gefreut.
Die Christen aber wurden sehr unruhig.

Olivier, der edle Mann,
löste sich von seinen Leuten
und ritt vor der Schar gegen ihn an.
Er versetzte ihm einen Hieb
vom Helm bis zur Scheide seines Schwertes.
Der Heide fiel tot zur Erde.
Der Held Olivier aber sagte:
»Dir habe ich es gut heimgezahlt
mit dem scharfen Alteclere.
Du brauchst dich mit dem Ruhm
nicht mehr zu brüsten,
den du über uns davontragen konntest.«
Er schlug Alfabin
durch seinen Helm
bis zu seiner Schulter.
Tot lag er bei den andern.
Darauf erschlug er noch sieben Fürsten.
»Die könnten keinem von uns mehr etwas anhaben,
vor ihnen sind wir sicher.
Engelirs ist gerächt.
Neun von euch sind gefallen.
Noch ist alles offen;

ir werdet unterdrungen.'
daz swert was mit bluote berunnen *1550*
vaste unze an die hant.
dô sprach der helt Ruolant: *1558*
'dîn muoter truoc aine sælige bürde.
guot wîle, daz dû geborn würde!
du hâst daz rîche hiute wol gêret. *(1560)*
Alteclêren sint si gelêret.
der jû ist wider gewunnen,
si hêten ze fruo gesungen.
Engelirses tôt
bringet si hiute in grôze nôt.
ich gelêre si Durndarten.
ich gemache helm scarten.
ich slahe si von dem velde.'
dô huoben sich die helde
an ir widerwinnen.
dâ wart michel grisgrimmen.

Egeries dâ vor was.
wem gescach ie baz?
daz swert er umbe graif.
manic haiden im entwaich.
sîne blicke wâren fraislîch.
ain gevelle hiu er umbe sich,
daz er selbe kûme ûz gebrach.
Beringêr daz ersach,
sîn herze im spilte.
den helm sazt er ze schilte,
daz ros hiu er mit den sporen.
harte rach er sînen zorn.
er sluoc allenthalben
die haiden von den marhen.

5898 *mit* was *bricht* A *ab* 5899 unze ane *B*] unze P 5902 guot *B*] got P 5905 iŏ P] sige *B* 5907 Engelirses] englirs P

jetzt werden eure Reihen gesprengt.«
Sein Schwert war ganz blutverschmiert
bis zur Hand herab.
Da sagte der Held Roland:
»Deine Mutter trug eine selige Last.
Wohl der Stunde deiner Geburt!
Du hast dem Reich heute Ehre gemacht.
Alteclere kennen sie nun.
Der Jubel ist zurückerkämpft,
sie hatten zu früh gesungen.
Der Tod des Engelirs
wird sie heute noch in große Bedrängnis bringen.
Ich werde sie Durndart kennen lehren.
Ich werde Helme schartig schlagen.
Ich werde sie vom Schlachtfeld treiben.«
Dann stürzten sich die Helden
wieder auf ihre Gegner.
Groß wurde das Zähneknirschen.

Gergers stand an der Spitze.
Wem gelang es je besser?
Er packte das Schwert.
Viele Heiden flüchteten vor ihm.
Sein Anblick war schrecklich.
Er häufte Leichen um sich an,
daß er sich fast nicht mehr bewegen konnte.
Bernger sah das,
sein Herz klopfte.
Er verließ sich allein auf seinen Helmschutz.
Er gab dem Pferd die Sporen.
Er ließ seiner Wut freien Lauf.
Er schlug auf allen Seiten
die Heiden von den Pferden.

er vant den helt gesunden
âne aller slachte wunden.
er half im dâ widere.
der haiden gelac vor im nidere
siben hundert unt mêre.
daz ist ain rechter hêrre,
der durch sîn liut
alsô grôz wunder tuot.
ienoch hât er den selben sit.
swer im mit triuwen ist mit,
wil er zuo im ruofen,
er kan im wol gehelven.

Olivier unt Ruolant, *1680*
die huoben sich entsamt. *1680*
die vil lieben hergesellen
uobten ir grôz ellen. *1681*
wol hulven in die Karlinge.
dâ macht man sehen brinnen
den stâl flinsherten.
si hiewen sich mit den swerten,
daz si selben wolten wæne,
daz daz himelfiur wære
komen über alle die erde,
daz der suontac scolte werde.
daz fiur gegen den lüften bran.
dâ viel manic haidenischer man,
manc fürste edele.
die Turpînes helede
drungen nâch ir hêrren.
tôte unt sêre
frumten si williclîchen.
si vâchten nâch dem gotes rîche,

5947 stâl flinsherten *B*] flins stal herten P

Er traf den Helden noch am Leben
und ganz unverwundet an.
Er half ihm zurückzukehren.
Durch seine Hand fanden
mehr als siebenhundert Heiden den Tod.
Das ist ein wahrer Gott und Herr,
der für sein Volk
solche Wundertaten vollbringt.
Das gilt auch heute noch.
Wer ihm treu anhängt
und zu ihm betet,
dem wird er zuverlässig helfen.

Olivier und Roland
ritten nebeneinander.
Die hochgeliebten Kampfgenossen
bewiesen ihre große Tapferkeit.
Die Franzosen unterstützten sie mutig.
Da konnte man den
steinharten Stahl brennen sehen.
Mit den Schwertern schlugen sie aufeinander,
daß sie selber glaubten,
ein Feuerregen sei
überall auf die Erde gefallen
und der Jüngste Tag bräche an.
Das Feuer loderte zum Himmel auf.
Viele Männer der Heiden fielen,
viele edle Fürsten.
Die tapferen Mitstreiter Turpins
hielten sich dicht hinter ihrem Herrn.
Sie töteten und verwundeten
bereitwillig.
Sie kämpften um das Reich Gottes,

daz in dar umbe gehaizen was.
wâ gescach iemen ze dirre werlt ie baz?
want siu elliu laster an in ersluogen
unt Christes joch ûf in truogen
unz an ir ende.
des enphie zuo sîner hende
der alwaltente hêrre
ir vil raine sêle.

Die christen an dem wal *(1679)*
vielen ummâzen ze tal.
lützel die haiden des genuzzen.
in ir bluote si hin fluzzen
ersticket unt ertrunken,
in den hellegrunt versunken.
die cristen riefen alle samt:
'ôwol du, hêrre Ruolant,
voget der Karlinge,
durchsoteniu gimme,
aller rîter êre,
ne spar si nicht mêre!'
alsô Ruolant ersach
der christen grôz ungemach,
er muose vor jâmer wainen.
dô kêrt er ûf die haiden.
wol hancte im Velentich.
er gefrumte umbe sich,
daz man wol von im scrîben mac *(1684)*
unz an den jungesten tac.
swelhen er dâ errait,
alsô sêre er in versnait,
daz er mêre niemen irte.
er sluoc in an der verte
mêre denne vier hundert man. *1685*
dô kêrt er aver von in dan. *1691*
er sprach zuo Oliviere: *1692*

das ihnen dafür verheißen war.
Wem erging es auf Erden je besser?
Denn sie töteten alle Sünden an sich
und trugen das Joch Christi
bis zu ihrem Tod.
Dafür empfing
der Allmächtige selbst
ihre geläuterten Seelen.

Die Christen auf dem Schlachtfeld
fanden in unermeßlicher Zahl den Tod.
Doch die Heiden hatten wenig davon.
Sie schwammen in ihrem eignen Blut,
erstickt und ertrunken,
versunken in den Abgrund der Hölle.
Die Christen riefen alle:
»Wohl Dir, Fürst Roland,
Schutzherr der Franzosen,
strahlender Edelstein,
Zierde aller Ritter,
schone sie nicht länger!«
Als Roland
das große Unglück der Christen sah,
mußte er vor Jammer weinen.
Da aber wandte er sich wieder gegen die Heiden.
Velentich parierte ihm vortrefflich.
Er vollbrachte Dinge im Umkreis,
daß man von ihm wird schreiben können
bis an den Jüngsten Tag.
Wen er einholte,
den verstümmelte er so,
daß der keinem mehr schadete.
Er erschlug ihnen auf diesem Angriffsritt
mehr als vierhundert Mann.
Dann kehrte er von ihnen zurück.
Zu Olivier sagte er:

'ôwî, hergeselle liebe, *1693*
wie gerne bliese ich mîn horn, *1702*
ob uns helve mächte noch komen. *(1704)*
daz liut ist in grôzen fraisen. *(1694)*
wer saget dem kaiser, *(1697)*
wiez got hiute verendet.
hêten wir etwen wider gesendet, *1699*
der dem kaiser künde gesagen *1699*
die grôzen nôt, die wir unter handen haben.'

Dô sprach der helt Olivier: *1705*
'niemer gerâte ich ez dir, *(1705), 1709*
noch ist mîn wille, *1709*
lieber hergeselle.
hêtestûz enzît getân, *1716*
sô hêtestu manigen hêrlîchen man *(1717)*
dem rîche behalten. *(1717)*
mîn swester Alde *1720*
en scol an dînem arme *1721*
niemer erwarme. *1721*
wer scolte nû gerne leben?
ich hân sô vil laides gesehen.
niemer mêre geblâs dîn horn.
der kaiser mac uns nicht ze helve komen. *(1732)*
mächt ich tûsent houbet getragen,
ich lieze si elliu abe slahen,
ê ich in mînen rücke kêre *1701*
wan nâch des rîches êre. *1701, (1705)*
wir sculen den sige ze hove bringen,
oder unser dehain kumet niemer hinnen.
daz hâstu allez aine getân. *1723*
Karl muoz uns iemer mêre clagen. *(1732)*

5997 ich *fehlt* P 5998 helve *B*] zehelue P, der kaiser zehelue *W* komen] chom P 6007 ist P] ist iz *B* 6012 Alde *GW*] alten P, Alte *B* 6018 komen] chom P

»Ach, lieber Kampfgenosse,
wie gerne bliese ich mein Horn,
wenn noch Hoffnung auf Hilfe bestünde.
Unsere Leute sind in großer Gefahr.
Wer wird dem Kaiser melden,
wie Gott es heute entscheidet?
Hätten wir nur jemand zurückgeschickt,
der dem Kaiser berichten könnte
von der großen Kampfesnot, in der wir sind!«

Darauf antwortete Olivier, der Held:
»Jetzt ist es mein Rat
und Wille nicht mehr,
lieber Kampfgenosse.
Hättest du es zur rechten Zeit getan,
so hättest du viele edle Männer
dem Reich erhalten.
Alda, meine Schwester,
wird in deinem Arm
niemals mehr warm werden.
Wer wollte jetzt noch leben?
Ich habe so schreckliches Leid gesehen!
Jetzt blase dein Horn nicht mehr,
der Kaiser kann uns nicht mehr helfen.
Wenn ich tausend Köpfe trüge,
ich ließe sie alle abschlagen,
ehe ich kehrtmachte,
ohne daß das Reich gesiegt hat.
Entweder bringen wir den Sieg zum Kaiser,
oder keiner von uns kommt mit dem Leben davon.
Das ist nun allein deine Schuld.
Karl wird uns immer beklagen müssen.

ôwi, süeze Karlinge,
disen tac ne müget ir nicht überwinde.
aller rât unt wîstuom,
baidiu êre und ruom
was an die komen,
die wir hiute hân verlorn.'

Dô sprach der biscof Turpîn: *1737*
'nu tuot ir ez durch mînen trechtîn, *1741*
zürnet nicht mêre. *1741*
weget der armen sêle,
daz diu gnâde gewinne.
wirne komen niemer hinne,
ez ist unser jungester tac.
nû der kaiser en mac
uns gehelven enzît,
er richet unseren lîp. *1744*
sine mügen sich ûf der erde
vor im nicht verberge.
si nement unsere lîchenâmen, *1747 – 1748*
si fürent si zewâre *1750*
in gesegente kirichhöve. *1750*
sô wünschent uns heilige biscöfe
umbe got gnâden
mit anderen unseren mâgen
unt bevelhent uns der erde.
wirne sculen den vogelen nicht ze taile werde.' *1751*

Ruolant vie mit baiden hanten *1753 – 1754*
den guoten Olivanten *1753 – 1754*
sazt er ze munde, *1753 – 1754*
blâsen er begunde. *1754*
der scal wart sô grôz – *1755*

6028 ne muget ir P] nemac si *BW* 6029 aller] al ir P *BW*
6041 enzit *BW*] zit P 6045 si *BW*] sine P unsere *BW*] unseren P

Ach, gottgeliebte Franzosen,
diesen Tag werdet ihr nicht verwinden können.
Alle Hilfe und Erfahrung,
Ehre wie Ruhm
lagen an denen,
die wir heute verloren haben.«

Darauf sprach Bischof Turpin:
»Ihr tut es für Gott.
Streitet nicht länger.
Helft der armen Seele,
daß sie Gnade finde.
Wir werden es nicht überleben,
es ist unser letzter Tag.
Da uns der Kaiser nun also
im Leben nicht mehr helfen kann,
so wird er unsern Tod rächen.
Sie werden sich auf dieser Erde
vor ihm nicht verbergen können.
Sie werden unsere Leichen aufheben
und sie ganz gewiß
in eingesegnete Friedhöfe bringen.
Dann werden fromme Bischöfe
Gott um Gnade für uns anflehen
mit unseren übrigen Verwandten
und uns der Erde übergeben.
Wir werden den Vögeln nicht zum Fraß dienen.«

Roland faßte mit beiden Händen
den guten Olifant
und setzte ihn an den Mund.
Er begann zu blasen.
Der Schall war so mächtig –

der tumel unter die haiden dôz –,
daz niemen den anderen machte gehôren.
si verscuben selbe ir ôren.
diu hirnribe sich im entrante, 1764
dem küenen wîgante.
sich verwandelôt allez, daz an im was, (1763)
vil kûme er gesaz,
sîn herze craht innen.
die sîne kunden stimme
vernâmen si alle samt. 1757, 1767
der scal flouc in diu lant. 1755

Uil schiere kom ze hove mære,
daz des kaiseres blâsære
bliesen al gelîche.
dô wessen si wærlîche,
daz die helde in nœten wâren.
dâ wart ain michel âmeren.
der kaiser begunde vor angesten swizzen,
er kom ain tail ûz sînen wizzen.
er undulte harte.
daz hâr brach er ûz der swarte.
dô rafste in harte
Genelûn, der verrâtære. (1759), 1770
er sprach: ‘dise ungebære (1772)
gezimet nicht dem rîche. (1772)
du gebærest ungezogenlîche. (1772)
waz hâstu dir selben gewizzen?
Ruolanten hât lîchte ain brem gebizzen,
dâ er slief an dem grase,
oder jaget lîchte ain hasen. 1780
daz du durch ain hornblâst
aller dîner wizze vergezzen hâst!’

der Lärm drang zu den Heiden –,
daß keiner den andern verstand.
Sie hielten sich die Ohren zu.
Der Schädel sprang ihm fast,
dem kühnen Recken.
Er wechselte die Farbe,
hielt sich kaum auf dem Pferd,
und sein Herzschlag setzte aus.
Seinen vertrauten Klang aber
vernahmen sie alle.
Der Schall breitete sich weithin aus.

Schnell verbreitete sich am Hof die Kunde,
so daß die Bläser des Kaisers
alle auf einmal bliesen.
Da wußten sie genau,
daß die Helden in Gefahr waren.
Es erhob sich großes Wehklagen.
Dem Kaiser brach der Angstschweiß aus.
Er verlor ganz seine Besonnenheit.
Er wurde sehr unruhig
und raufte sich das Haar.
Da tadelte ihn
der Verräter Genelun heftig
und sagte: »Diese Unbeherrschtheit
steht dem Kaiser schlecht an.
Du benimmst dich unschicklich.
Was wirfst du dir vor?
Vielleicht hat Roland eine Bremse gebissen,
als er im Grase schlief,
oder vielleicht jagt er einen Hasen!
Daß du über bloßen Hörnerschall
so deine Fassung verlieren kannst!«

Der kaiser zuo im sprach:
'ôwê daz ich dich ie gesach
oder ie dîn künde gewan!
daz wil ich iemer gote clagen.
von dir ainem
muoz Karlingen iemer wainen.
durch den urmæren hort
sô hâstu gefrumt disen mort,
den dir Marsilie gap.
ich gerich ez, ob ich mac.
waz bedorftestu des?'
dar zuo spranc der herzoge Naimes. *1790*
er sprach: 'jâ du vâlantes man,
nu hâstu wirs denne Judas getân, *(1792)*
der unseren hêrren verriet unt hin gap.
dune verwindest niemer disen tac.
dizze hâstu gebrûwen,
du trinkest ez intriuwen.'
er wolt in gerne haben erslagen.
der kaiser hiez in enthaben.
er sprach: 'wir sculen in anders züchtigen.
ich wil hernâch über in richten.
alsô über in ertailet wirdet,
ich wæn, er wirs erstirbet.'

Der kaiser hiez in schenden, *1816*
binten sîne hende. *1826 – 1827*
mit keten unt mit snüeren *1826 – 1827*
hiez er in mit im füeren. *1827*
daz gewant si im ûz slouften.
daz hâr si im zerouften. *1823*
si halslageten in genuoc. *1825*
verfluochet ist diu muoter, diu in truoc,

6092 dîn künde, *vgl. Str. 7143*] dehaine kunde P *W*, dîn dehaine kunde *G*, theheine kunde thîn *B*

Der Kaiser erwiderte ihm:
»Weh mir, daß ich dich je sah
oder auch nur erfuhr, wer du seist!
Das werde ich stets bei Gott beklagen.
Durch deine Schuld allein
wird Frankreich ewig weinen müssen.
Um des großen Schatzes willen
hast du diesen Frevel begangen,
den dir Marsilie schenkte.
Das werde ich rächen, wenn ich kann.
Hattest du nicht schon genug?«
Herzog Naimes sprang vor
und rief: »Ach, du Satan,
du hast schlimmer gehandelt als Judas,
der unsern Herrn verriet und auslieferte.
Diesen Tag wirst du nicht vergessen.
Das hast du gebraut,
du wirst es auch trinken müssen.«
Er hätte ihn am liebsten erschlagen.
Doch der Kaiser ließ ihn zurückhalten.
Er sagte: »Wir wollen ihn anders bestrafen.
Ich werde später über ihn Gericht halten.
Wenn das Urteil über ihn ergeht,
wird er, denke ich, eines schlimmeren Todes sterben.«

Der Kaiser ließ ihn demütigen,
seine Hände fesseln.
In Ketten und Stricken
ließ er ihn mit sich führen.
Sie zogen ihm sein Prachtgewand aus
und zerrauften ihm das Haar.
Immer wieder schlugen sie ihm ins Gesicht.
Verflucht ist die Mutter, die ihn trug,

unt swan er ie geborn wart.
er fuor aine egeslîche vart.
si bunten in ûf ainen soumære. *1828*
si fuorten den verrâtære
wider über daz gebirge *(1830)*
gegen sînem hêrren Marsilien,
sînen untriuwen ze scam.
sîn huoten zehenzec man. *1821*

Der kaiser mante dô verre
fürsten, die hêrren,
daz si Ruolanten, sîn neven,
niene liezen unterwegen
unt ander ir künne.
si sprâchen alle samt mit ainem munde,
daz in nie so laide gescæhe,
unt daz si gerner tôt bî im lægen,
denne si sie dâ verliezen.
dâ wart ain michel wainen unt riezen. *1814, 1836*
die hêren biscofe
riefen nâch den rossen,
herzogen unt grâven.
dâ wart michel âmeren. *1814, 1836*
vil schiere si sich beraiten.
niemen des anderen erbaite.
ir herze was gesêret, *1813, 1835*
ir lait harte gemêret *1813, 1835*
an dem aller tiuresten künne.
ir fröude unt ir wünne
was unsanfte gelezzet.
si wâren harte ergetzet
ir frœlîchen haimverte.
ir herze wurden sô herte,

6122 swan er] swaner P, swanner W, thâ van er *B* 6137 gerner *BW*] gerne P

und die Stunde seiner Geburt.
Er ging einen schrecklichen Gang.
Sie banden ihn auf ein Lasttier
und brachten den Verräter
über das Gebirge zurück
zu seinem Herrn Marsilie,
als schändlichen Lohn für seinen Verrat.
Hundert Mann bewachten ihn.

Der Kaiser aber bat dringlich
die edlen Fürsten,
daß sie seinen Neffen Roland
nicht im Stich ließen
und mit ihm ihre eignen Verwandten.
Sie versicherten alle einstimmig,
daß ihnen nichts schlimmer wäre
und daß sie lieber mit ihm den Tod fänden,
als sie dort allein zu lassen.
Lautes Klagen und Weinen erhob sich.
Die edlen Bischöfe
riefen nach den Pferden
und ebenso die Herzöge und Grafen.
Groß war das Wehklagen.
Schnell machten sie sich fertig.
Keiner wartete auf den anderen.
Ihr Herz war schmerzerfüllt,
ihr Unglück groß geworden,
was die liebsten Verwandten betraf.
Ihrer Freude und ihrem Glück
wurde schmerzlich Einhalt getan.
Keiner dachte mehr
an eine fröhliche Heimkehr.
Ihre Herzen wurden so versteinert,

daz der grôze sin von in flôh.
iegelîch für den anderen zôch.
sporen sazten si ze sîten,
sô si hartest machten rîten
unze den stunden,
daz si daz wal funden.
der kaiser rief ze aller wîle:
'nu hilf mir, frouwe sente Marîe,
unt alle, die an der lebentigen buoche gescriben sîn,
daz ich den gaist mîn
müeze geben widere.
ê der haiden Marsilie
über die cristen rîchsent werde,
mîn lîchename werde ê begraben in der erde.'

Ruolant sprach zuo sînen gesellen: *(1851)*
'gedenket, helde, an iuwer grôz ellen.
heve wir uns dar nâhen, *(1868)*
ê si phat gevâhen.
râtet wîsen dar zuo,
wâ wir in den maisten scaden getuon.
wir ne dürfen unsich nicht sûmen,
waz hilfet langez ruowen?
mîn herze gert Marsilien.
gelît er aine dâ nidere,
sô hât mich got wol gewert.
in grüezet hiute mîn swert.
ich bringe in in nôt,
oder ez ist der mîn tôt. *(1867)*
daz wil ich iu zewâre sagen,
sine sculen uns nicht sô vore haben.'

6162 der lebentigen buoche] den lebentigen bůchen P   6171 phat] pat P

daß alle Hochgemutheit von ihnen floh.
Einer überholte den anderen.
Sie gaben den Pferden die Sporen
und ritten so schnell wie möglich,
bis sie endlich
auf dem Schlachtfeld ankamen.
Immer wieder rief der Kaiser:
»Hilf mir, heilige Maria, Königin,
und alle, die im Buch des Lebens stehen,
daß ich meinen Geist
Gott zurückgeben kann.
Ehe Marsilie, der Heide,
die Herrschaft über die Christen erlangt,
eher soll mein Leichnam in der Erde begraben werden.«

Roland sagte zu seinen Gefährten:
»Helden, denkt an eure große Tapferkeit.
Wir wollen ihnen auf den Leib rücken,
ehe sie festen Fuß fassen.
Ratet also, die ihr erfahren seid,
wo wir ihnen die meisten Verluste beibringen können.
Wir brauchen nicht lange zu zögern.
Was nützt noch lange Ruhe.
Mein Herz treibt mich gegen Marsilie.
Wenn er allein den Tod findet,
hat Gott meine Bitte schon reichlich erfüllt.
Ihn trifft heute mein Schwert.
Ich werde ihn in Lebensgefahr bringen,
oder es ist mein eigener Tod.
Das versichere ich euch,
sie werden sich nicht so vor uns halten.«

Dô sprach der biscof Turpîn: *1876*
'nu lône dir selbe mîn trechtîn.
du sterkest uns wol in der gotes ê.
vor gote bistu wîzer den der snê.
dîn wille ist alsô grôz,
hiute wirstu sente Laurentien genôz,
den die haiden ûf dem rôste branten.'
ze stete si si wider an ranten
mit wol geintem muote.
schilte unt ir huote
hiewen si sam den swam.
dâ viel man über man.
dâ vacht der helt Olivier
rechte sam der wilte stier,
des niemen erbaiten darf.
swaz er allenthalben sîn traf
mit dem guoten Alteclêren,
daz ne irte dâ niemen mêre.
wol vacht Turpîn
unt Gerhart von Rosselîn. *1896*
Ive unt Pegôn *(1818, 1891), 1895*
vâchten umbe den êwigen lôn.
wol vâhten die küenen Karlinge.
man sach dâ fiur brinne,
sam der walt aller brünne.
wol vacht des kaiseres künne, *1869 – 1870*
der mære helt Ruolant. *1869 – 1870*
er sluoc selbe mit sîner hant
den hêrren Falbînen *1871*
unt sînen bruoder Ebelînen.
er sluoc in vier unt zwainzec grâven, *1872*
die die aller vorderesten wâren. *1872*

6201 daz neirte *GBW*] da neirte P   6203 Rosselîn *B*] roslin P *W*

Darauf sagte Bischof Turpin:
»Lohne dir Gott selbst.
Du bestärkst uns im Glauben.
Vor Gott bist du reiner als Schnee.
Dein Wille ist so groß,
daß du noch heute St. Laurentius gleich wirst,
den die Heiden auf dem Feuer brieten.«
Und gleich darauf griffen sie sie
in völliger Einigkeit wieder an.
Ihre Schilde und Helme
zerschnitten sie wie Schwämme.
Da fiel Mann auf Mann.
Olivier, der Held, kämpfte dort
wie ein wütender Stier,
den niemand lange zu reizen braucht.
Wo immer er auf allen Seiten hintraf
mit dem scharfen Alteclere,
da konnte ihnen kein Schaden mehr erwachsen.
Tapfer kämpfte Turpin
und Gerhart von Roussillon.
Ivo und Pegon
kämpften um himmlischen Lohn.
Tapfer kämpften die kühnen Franzosen.
Feuer sah man lodern,
als ob der ganze Wald brannte.
Tapfer kämpfte des Kaisers Neffe,
der berühmte Held Roland.
Er erschlug eigenhändig
den Fürsten Falbin
und dessen Bruder Ebelin.
Er tötete ihnen vierundzwanzig Grafen,
die in vorderster Linie standen.

ienoch sluog er in vil braite scar.
daz ouge was im vil gewar,
ob er den künc ersæhe.
dâ geviel manc helt mære 1885
unter den cristen tôt. 1885
wer fraiste ie sô getâne nôt?

Die küenen Karlinge,
daz heilige ingesinde,
mînes trechtînes helde,
doch si hêten lützel menige,
si riefen: 'Monsoy, Monsoy!'
si drungen inmitten unter si
mit ir scarphen ecken.
dâ hiewen in die recken
aine wîte hin unt her.
dâ viel manc haiden verchsêr.
dâ nam sich Ruolant ûz in allen.
dâ muosen vor im vallen,
swaz der haiden er erraichte
an sînem umbeswaifte.
die fûlten dâ ze stunde.
diu sîniu manegiu wunder
scriben sît die haiden.
si vorchten in ainen
mêre denne zehen tûsent man.
sîn gebære dûchte si harte sorcsam.

Die haiden wâren enain komen,
si hêten ir hêrren Marsilien gesworen,
swer flühe von dem wale,
dem wære ze stete der tôt gare.

6216 in P *B*] ain *W*, *vgl. Str. 7336* 6234 erraichte *BW*] raichte P
6242 enain B] nain P 6243 si hâten (heten) *BW*, *vgl. Str. 7361* dâ hetens *fehlt* P 6245 ther tôt gare *BW*] gar der tot P

Darüber hinaus erschlug er ihnen noch viele Männer.
Mit den Augen suchte er ständig,
ob er den König sähe.
Da fanden viele herrliche Helden
unter den Christen den Tod.
Wer hätte je von solcher Kampfesnot gehört?

Die kühnen Franzosen,
das heilige Gefolge,
die Gottesstreiter,
riefen trotz ihrer kleinen Zahl:
»Monjoie! Monjoie!«
Sie brachen durch ihre Reihen
mit ihren scharfen Schwertern.
Die Helden schlugen sich
eine Gasse durch sie.
Viele Heiden wurden zu Tode verwundet.
Roland löste sich aus seiner Schar.
Vor ihm fanden alle Heiden den Tod,
die er nur erreichen konnte
in seinem Umkreis.
Die gingen dort sogleich in Verwesung über.
Seine zahllosen Wundertaten
haben seither die Heiden aufgeschrieben.
Ihn allein fürchteten sie
mehr als zehntausend Mann.
Seine Erscheinung dünkte sie überaus unheilverkündend.

Die Heiden hatten beschlossen
und ihrem Herrn Marsilie geschworen,
jedem, der vom Schlachtfeld entflöhe,
würde auf der Stelle der Tod bereitet.

von diu sturben si al sam gerne dâ
sam anderes wâ.
bî ir hêrren
nâhen unt verren
vielen die vaigen.
der künc sach im genuoc laide.
der aide muose si âmeren.
die cristen begunden nâhen,
daz si ûf in drungen.
die haiden vergâzen ir ainunge,
die si dâ vor swuoren.
vil unstatelîchen si fuoren.
wie der guote Durndart erclanc,
dâ Ruolant an den künc dranc!
der künc vacht alsô küener wîgant. *1889*
er sluoc mit sîner hant
Gerharten von Rosselînen *1896*
unt den erwelten Iven. *1895*
er resluoc Pegônen, *1891*
von Pilme Degiônem. *1892*

Ruolant sluoc dâ widere *1904 – 1905*
den sun Marsilien, *1904 – 1905*
der hiez Jorfalir. *1904 – 1905*
Turpîn unt Olivier
râchen mit ellen
ir vil liebe gesellen.
si ervalten manigen helt guoten.
die des van huoten,
die vielen alle tôte.
dâ nâchten si genôte
dem künige Marsilie.
die haiden sluogen si dicke widere.

6251 laide *BW*] laiden P   6273 die *W*] alle di P

Deshalb war ihnen der Tod hier
genauso lieb wie anderswo.
Im Gefolge ihrer Fürsten
fielen nah und fern
die Todgeweihten.
Der König sah viel, was ihn kränkte.
Sie hatten allen Grund, ihre Eide zu bereuen.
Die Christen stürmten heran,
um ihn anzugreifen.
Die Heiden vergaßen ihre Übereinkunft,
die sie vor kurzem mit Eiden bekräftigt hatten.
Kopflos liefen sie herum.
Wie da das Schwert Durndart erklang,
als Roland auf den König eindrang!
Der König kämpfte wie ein kühner Recke.
Er erschlug mit eigner Hand
Gerhart von Roussillon
und den tapferen Ivo.
Er erschlug Pegon
und Degion von Pilme.

Roland dagegen tötete
den Sohn des Marsilie
mit Namen Jorfalir.
Turpin und Olivier
rächten mit Tapferkeit
ihre lieben Kampfgenossen.
Viele edle Helden töteten sie.
Die sich um die Fahne geschart hatten,
fanden alle den Tod.
Sie drangen heftig
auf König Marsilie ein.
Die Heiden schlugen sie immer wieder zurück.

si werten vaste ir hêrren.
si gewunnen manigen sêren.

Der tiure degen Ruolant *1897*
rief über schiltes rant: *1898*
'bistu hie, Marsilie? *(1898)*
âne wâge gilt ich dir widere
daz golt, daz du gæbe
Genelûne, dem verrâtære.
ich versnîde dich vil harte. *1900*
von dem guoten Durndarte *1901*
wil ich dich ain niuwen site lêren. *1901*
dune girrest Karlen, mînen hêrren,
niemer in sînem rîche.'
vil harte zornlîche *1902*
Ruolant an den künc dranc. *1902*
dâ wart ain michel clanc
von spiezen unt von swerten.
die haiden den künc werten.
dô rief der biscof Turpîn: *1876*
'er scol von rechte iemer münich sîn, *1881*
swer hie nicht slêt daz swert, *1878 – 1879*
derne wart nie mannes wert!' *1880*
mit ellenthafter hant
râmte der helt Ruolant *1902*
des küniges Marsilien. *1902*
daz houbet wancte widere.
er erriet im die achselen
mit ainem scarphen sachse.
den arm er im abe swanc. *1903*
unter diu wart ain michel gedranc.
dem künige si hine hulfen. *(1913)*
ir spieze si hin wurfen.
âne zale si si sluogen.

6304 erriet *BW*,] errait P

Sie verteidigten ihren Herrn tapfer.
Viele wurden verwundet.

Roland, der teure Held,
rief über seinen Schild hinweg:
»Wo bist du, Marsilie?
Ungemessen zahle ich dir
das Gold zurück, das du
Genelun, dem Verräter, gegeben hast.
Ich werde dich mit dem Schwert zurichten.
Mit dem guten Durndart
werde ich dich Mores lehren.
Du wirst Karl, meinen Herren,
in seinem Reich nicht mehr stören.«
In großer Wut
drang Roland auf den König ein.
Ein großer Kampflärm entstand
von Speeren und Schwertern.
Die Heiden verteidigten ihren König.
Da rief Bischof Turpin:
»Der mag immer ein Mönchlein bleiben,
der hier das Schwert nicht schwingt!
Ein Mann war der nie.«
Mit starkem Arm
zielte der Held Roland
auf König Marsilie.
Der Kopf zuckte zurück,
so traf er seine Achsel
mit dem scharfen Schwert.
Er schlug ihm den Arm ab.
Inzwischen war ein großes Kampfgedränge entstanden.
Sie verhalfen dem König zur Flucht
und warfen ihre Spieße von sich.
Sie metzelten Unzählige nieder.

ze fluchte si sich huoben. *1911*
die haiden riefen alle ze stet: *1906*
'nu rich unsich, hêrre Machmet!' *1906*
si fluhen ze den stunden *1874 – 1875*
sam der hirz vor den hunden. *1874 – 1875*
der künc verhal sich mit listen.
dô sîn der helt vermiste,
vil harte erbalc er sich.
dô hiu er Velentih,
er suocht in alsô wîten.
swaz er der haiden machte berîten,
derne genas nie nehain barn.
der künc verlôs sînen zesewen arm.
er flôch vil scantlîche
in sînem aigen rîche
mit vil ummanigem manne.
iedoch lebet er unlange.

Dô die siges helde
versuochten after velde
mit bluotigen swerten,
die helde dô kêrten
wider an daz wal.
dô gehôrten si michel scal.
zwêne rîche künige,
den gelanc dâ vil übele.
der aine was von Kartagein, *1915*
. . . .
der ander ûz Etthiopiâ. *1916*
die kômen alrêst dâ
mit fünfzec tûsent mannen. *1919*

6336 f. Algarîh der eine was kunc von Kartageine *G*, there was ther eine vone Kartageine *B*, *vgl. Str. 7550 ff.* des jâhens bî dem eide und ir her algemeine. von Kartagô was der eine, der ander von Etiôpiâ

Die Heiden wandten sich zur Flucht
und schrien alle auf der Stelle:
»Räche uns, großer Mahomet!«
Sie flohen damals
wie der Hirsch vor den Hunden.
Der König verbarg sich geschickt.
Als der Held ihn nicht fand,
wurde er sehr wütend.
Er trieb Velentich an
und suchte ihn in weitem Umkreis.
Von allen Heiden, die er einholte,
blieb keiner am Leben.
Der König hatte seinen rechten Arm verloren.
Überaus schmählich mußte er
in seinem eigenen Reich
mit sehr wenigen Leuten fliehen.
Dennoch sollte er nicht mehr lange leben.

Als die Sieger
vergeblich über die Ebene hinaus
mit blutigen Schwertern gesucht hatten,
kehrten die Helden
auf das Schlachtfeld zurück.
Da hörten sie großen Lärm.
Zwei mächtigen Königen
erging es dort sehr schlecht.
Der eine war aus Karthago,

. . . .

der andere aus Äthiopien.
Die waren eben erst
mit fünfzigtausend Mann angekommen.

der haiden was sô vil gevallen,
daz si ûf in habeten.
an si vaste draveten *1920*
die gotlaiden geste, *(1916)*
der si dâ vor niene westen.
si wâren swarz unt übel getân. *1917*
die cristen hêten ienoch zwên unt sechzec man. *(1689, 1849)*
dô sprach der biscof Turpîn:
'waz liutes mac dizze sîn?
ob der walt lebete
unt wæren diu bleter elliu berente,
sô wære ez grôz wunder.
wâ wuochs dizze tiuveles kunter?
ob ich ir stimme vernæme!
ich wesse gerne, wer si wæren.'
'lieber gotes friunt Turpîn, *(1922)*
nune ruoche wir, wer si sîn.
si wellent gemarteret werden. *(1922)*
ouch scule wir ersterben. *1922, 1923*
der sêle phlege mîn trechtîn. *1931*
en ruochet, wer die wîzenære sîn,
sine kument ouch niemer hinne.
uns rechent die Karlinge. *1928*
Karl, mîn hêrre, *1928*
der weget unser sêle',
sprach der helt Ruolant.
'si scol mîn zeswiu hant
zuo der helle sente,
si vil ellente.
der tiuvel lônet in mit flîze
in dem hellewîze.'

Der künc Algarich *1943*
mit grimme huob er sich.
er stach Olivieren, *1945*

So viele Heiden lagen gefallen,
daß sie auf ihnen standen.
Auf sie zu kamen in schnellem Trab
die gottverfluchten Neuankömmlinge,
die ihnen ganz unbekannt waren.
Sie waren schwarz und häßlich.
Die Christen hatten nur noch zweiundsechzig Mann.
Da sagte der Bischof Turpin:
»Was kann das für ein Volk sein?
Wenn der Wald in Bewegung geriete
und alle Blätter neue hervorbrächten,
so wäre deren Zahl immer noch größer.
Woher stammen diese teuflischen Scheusale?
Wenn ich sie nur sprechen hörte!
Ich wüßte gern, wer sie sind.«
»Lieber Gottesfreund,
es ist uns gleichgültig, wer sie sind.
Auf jeden Fall suchen sie den Tod.
Auch wir werden sterben.
Der Herr nehme sich unserer Seele an.
Fragt nicht, wer die Peiniger sind,
auch sie werden nicht mit dem Leben davonkommen.
Uns aber werden die Franzosen rächen.
Karl, mein Fürst,
wird unseren Seelen den Weg bereiten«,
sagte der Held Roland.
»Meine Rechte wird sie
zur Hölle schicken,
die verdammten Fremden.
Der Teufel wird ihnen mit Fleiß
im Höllenfeuer lohnen.«

König Algarich
setzte sich wutschnaubend in Bewegung.
Er stach Olivier,

ain helt vil zieren,
inalmitten durch den lîp. *1947*
'du hâst gelebet dîne zît. *1948*
bit dir dînen hêrren Karln helven! *(1949)*
du hâst ain tœtlîch zaichen, *(1948)*
dune berichtest dich sîn niemer mêre.'
mit dem guoten Alteclêre *1953*
erriet er in mitten ûf den helm. *1954*
jâ sluoc in der degen snel *1956*
ze tale durch den satelbogen. *1956*
daz ros ûf in tôten kom.
'vergolten hân ich dir',
sprach der helt Olivier. *1958*
'dâne welle vil guot hail zuo slahen,
dîne crône muoz ain ander tragen,
sine kumet niemer ûf dîn houbet,
unz si dir mîn hêrre Karl erloubet.'
alsô töuwente kêrte Olivier dar. *1965*
er gefrumt in der scar *1967*
manigen haiden wol gar *(1967)*
blaich unt übel gevar. *(1967)*
er vergalt sich genôte.
dâ vielen tôte über tôte. *1971*
ez ne wart nie küener wîgant *(1972)*
denne Olivier unt Ruolant
unt der erzebiscof Turpîn.
daz tâten si des tages vil wol an schîn.
mit ir guoten swerten si worchten,
daz sie alle die ervorchten,
die bî in wâren.
die haiden vor in gelâgen,
daz si daz wal wolten rûmen.
durch den heiligen gelouben

6382 erriet *BW*] errait P

den herrlichen Helden,
mitten durch den Leib.
»Deine Zeit ist abgelaufen.
Jetzt bitte deinen Kaiser Karl um Hilfe!
Du trägst das Zeichen des Todes,
davon stehst du nicht mehr auf!«
Aber mit seinem guten Schwert Alteclere
traf der ihn mitten auf den Helm.
Der kühne Held hieb ihn
bis zum Sattelbogen mittendurch.
Das Pferd fiel auf den Toten.
»Ich habe dir vergolten«,
sagte der heldenhafte Olivier.
»Wenn nicht ein Wunder geschieht,
wird ein anderer deine Krone tragen;
auf dein Haupt kommt sie nicht mehr,
bis nicht Kaiser Karl sie dir zurückgibt.«
So mit dem Tod ringend kehrte Olivier um.
Er ließ im Kampfgetümmel
viele wohlgerüstete Heiden
erblassen und verbleichen.
Er rächte sich unerbittlich.
Unzählige fanden den Tod.
Nie gab es kühnere Helden
als Olivier und Roland
und den Erzbischof Turpin.
Das zeigten sie an diesem Tag sehr deutlich.
Mit ihren guten Schwertern kämpften sie,
daß alle sie fürchteten,
die in ihrer Nähe waren.
So viele Heiden fielen durch sie,
daß die andern das Schlachtfeld räumen wollten.
In ihrer Glaubenszuversicht

jâ ne vorchten die christen den tôt
noch nehaine werltlîche nôt.
si riefen vaste an si: *1974*
'Monsoy, Monsoy!' *1974*
die haiden begunden wuofen,
unter in ze ruofen:
'daz ist fraissam diet.
sine errûment ditze velt niet,
den tôt si suochent.
ich wæne, unser die gote niene ruochent.'

Der haiden wart ain michel val,
si wæren gerne von dem wal
von dem grôzen gevelle,
unz dem dritten gesellen
sîn ellen geswaih.
er wart varlôs unt blaih. *1979*
diu ougen im vergiengen. *1991*
dôn erkant er laider niemen, *1993*
sîn tugent im dô erlasc,
ze dem gesihen im dô gebrast. *1992*
Ruolant im danne half,
den zügel er im umbe warf.
er sprach: 'jâ dû aller cristen êre,
nune machtu leben mêre.
jâ dû aller tugente vater, *(1984)*
wer mächte dich erstaten?' *(1985 – 1986)*
er begunde bitterlîche wainen:
'scol ich nu scaiden
von dem allerliebesten gesellen?
dîn grôz ellen
muoz ich iemer mêre clagen.
ze wem scol ich nu trôst haben?
diu süeze Karlinge *1985*

6415 sine errûment] siner rument P, sine rument *BW*

fürchteten die Christen weder den Tod
noch irgend etwas in der Welt.
Sie riefen ihnen laut
»Monjoie! Monjoie!« entgegen.
Da begannen die Heiden zu schreien
und einander zuzurufen:
»Das ist ein fürchterliches Volk!
Sie räumen das Feld nicht,
sondern suchen den Tod.
Es scheint, unsere Götter haben uns verlassen.«

Die Heiden hatten große Verluste,
am liebsten hätten sie das Schlachtfeld
wegen des großen Gemetzels geräumt –
bis schließlich einem der drei Kampfgefährten
die Kräfte schwanden.
Er verlor die Farbe, wurde bleich,
die Augen erloschen ihm.
Er erkannte zu seinem Schmerz keinen mehr.
Seine Kraft schwand ihm dahin,
er konnte nichts mehr sehen.
Roland brachte ihn in Sicherheit.
Er warf die Zügel um ihn
und sagte: »Ruhm aller Christen,
dein Tod ist besiegelt.
Ach, Vater aller Tapferkeit,
wer könnte dich ersetzen?«
Er begann, bitterlich zu weinen.
»Muß ich also Abschied nehmen
von dem liebsten Freund?
Deiner großen Tapferkeit
werde ich immer nachtrauern.
Auf wen soll ich mich jetzt verlassen?
Das süße Frankreich

nemac dich niemer überwinde.’ *1986*
von dem laide unt von dem grimme
sô ercrachte Ruolant inne,
daz er sich genaicte ûf den satelbogen. *1988*
er was nâch zuo der erde komen, *1989*
vil kûme er sich gehabete. *1989*
âne mâze er clagete,
die hente, die want er.
dô sach er hin unt her.
er vorchte Turpînes
unt des heiligen ingesîdes.
er kêrte wider schiere
von dem guoten Oliviere.
sîn herze was hart ergremet.
des wart dô beweget
manc haidenischer man.
er sluoc si von dem van,
daz sîn niemen getorste enbîten.
in vil kurzen zîten
sluog er vier hundert man.
wâ hôrt ir ie solich wunder gesagen?

Des nemacht dô rât sîn,
Ruolant unt Turpîn
wolten sih nicht scaiden.
des engulten die haiden.
Olivier, der mære, *(1990)*
iedoch er niemen gesæhe, *1993*
sô erzunt im sîn ellen.
dô wolt er sînen gesellen *(1994)*
gerne ze helve sîn komen. *(1994)*
er hiu daz ros mit den sporen.
niemen er rekante. *1993*

6446 gehabete *BW*] gebe gehabete P   6454 ergremet *B*] ergremt P *W*

wird über deinen Verlust nicht hinwegkommen.«
Vor Schmerz und Zorn
brach Roland beinahe das Herz,
daß er im Sattel vornüber sank.
Fast wäre er vom Pferd gefallen.
Er konnte sich kaum noch oben halten.
Sein Wehklagen war ohne Maß.
Er rang die Hände.
Dann aber blickte er um sich.
Er hatte Sorge um Turpin
und das heilige Gefolge.
Sogleich kehrte er zurück
von dem guten Olivier.
Sein Herz war von großer Wut erfüllt.
Dadurch kam Bewegung
unter die vielen Heiden.
Er trennte sie von der Fahne,
daß keiner wagte, auf ihn zu warten.
In kürzester Zeit
erschlug er vierhundert Mann.
Wo hörtet ihr je von solchen Wundertaten erzählen?

Es half alles nichts,
Roland und Turpin
wollten sich nicht trennen.
Das mußten die Heiden büßen.
Obwohl der tapfere Olivier
keinen mehr sah,
entbrannte sein Kampfeifer von neuem.
Er wollte seinen Gefährten
gern zu Hilfe kommen.
Er trieb das Pferd mit den Sporen an.
Er erkannte keinen mehr

er sluoc Ruolanten *1995*
mitten ûf den helm. *1995*
er sprach: ‘jâ du tiuwerlîcher degen, *1998 – 2000*
hâstuz gerne getân? *2000*
warumbe woltestu mich erslân?’
‘nu wil ich ez iemer gote clagen,
nu hân ich harte missevaren’,
sprach der helt Olivier. *2003*
‘helt, nu antlâze du mir, *2005*
daz mîn sêle icht brinne!
ich hœre dîne stimme,
anders ich niemen erkenne.’ *2004*
er sprach: ‘der aller liebeste geselle, *2006*
den ich ie ze dirre werlt gewan,
jâne hâst du mir nicht getân.’ *2006*
mit den houpten si ain ander genigen. *2008*
nicht langer si entsamt beliben, *2009*
durch nôt muosen si sich scaiden, *2009*
Ruolant engegen den haiden,
Olivier von dem wal.
dô viel er in criuzestal. *2013*
er sprach: ‘wol du genædiger hêrre, *2015*
ich bit dich durch dîner marter êre, *(2016)*
sente mir dîn gelaite *(2016)*
unt nim mich von disem arbaite. *(2016)*
vernim genædiclîchen mîn gebet.
swaz ich ie wider dînen hulden getet, *2014*
daz riuwet mich vil sêre. *2014*
Karln, mînen hêrren, *2017*
den enphilh ich in dîne gewalt. *2017*
nu gêre dû dînen scalc,
dînen untertânen.

6495 diner (thîner) *WB*] di diner P 6502 enphilh ich *W*] enphih P, enphâh *GB*

und schlug Roland
mitten auf den Helm.
Der sagte: »Ach, teurer Held,
hast du das mit Absicht getan?
Warum wolltest du mich töten?«
»Das werde ich ewig vor Gott beklagen.
Ich habe sehr unrecht getan«,
antwortete der heldenhafte Olivier.
»Held, vergib mir,
damit meine Seele nicht ins ewige Feuer kommt.
Ich höre deine Stimme,
anders erkenne ich keinen mehr.«
Der antwortete: »Du mein allerbester Freund,
den ich je auf Erden hatte,
du hast mir ja nichts getan.«
Sie verneigten sich voreinander.
Nicht länger blieben sie zusammen,
des Kampfes wegen mußten sie sich trennen,
Roland (zog) wieder gegen die Heiden,
Olivier aber vom Schlachtfeld.
Er fiel zum Gebet nieder
und sprach: »Gnädiger Gott,
ich bitte Dich bei der Glorie Deines Martyriums,
sende mir Dein Engelsgeleit
und erlöse mich aus dieser Not.
Höre gnädig mein Gebet.
Was ich je wider Dich gesündigt habe,
das bereue ich schmerzlich.
Karl, meinen Herrn,
empfehle ich in Deine Macht.
Schenke Deinem Knecht
und Diener den Siegesruhm.

dû setze im ze ainem fuozschâmel
alle sîne vîante.
hêrre, ich bevilhe dir Ruolanten. *2018*
dû scolt sîn genædiclîchen gedenken. *2018*
er was ie ain vorchemphe
des heiligen gelouben.
genâde ouch dînen getriuwen,
der süezen Karlinge! *2017*
ich wil ienoch an dich gedinge,
alle, die hie ze den haiden sint beliben,
daz ir name werde gescriben
an des êwigen lîbes buoche.
Ruolanten dû beruoche
an dem lîbe unt an der sêle.'
dône macht er nicht mêre,
daz herze in im brast. *2019*
von im fuor ain glast
sam ain brinnenter louc.
dâ für entouc
ze sagen niemêre.
die tougen sîner êren
wolte got niemen verlâzen.
von diu sculn wir unsich dâ mâzen.

Vnter diu kom Walthêre, *2039–2040*
verwundet was er sêre, *2052*
dan ich iu ê gesaget hân.
er was der Ruolantes man. *2044*
er sprach: 'jâ mîn lieber hêrre, *2045*
ich gesihe dich vil gerne,
ê ich sô ersterbe. *2053*
machtu uns icht gehelven? *2044*
haiden, die gelfen,

6509 ain] din P 6525 tougen *GBW*] tugen P

Mache ihm untertan
alle seine Feinde.
Herr, auch Roland empfehle ich Dir.
Gedenke seiner gnädig.
Stets war er ein Vorkämpfer
des heiligen Glaubens.
Sei Deinen Getreuen gnädig
und dem süßen Frankreich!
Weiter bitte ich Dich,
daß alle, die hier im Heidenland gefallen sind,
mit ihren Namen eingeschrieben werden
ins Buch des ewigen Lebens.
Roland besonders schütze
an Leib und Seele.«
Da verließ ihn die Kraft,
sein Herz brach.
Ein Licht ging von ihm aus
wie ein Feuerschein.
Hier taugen
Worte nichts mehr.
Seine geheimnisvolle Erhöhung
wollte Gott keinem offenbaren.
Deshalb müssen auch wir schweigen.

Inzwischen war Walther angekommen –
er war schwer verwundet –
dorther, wovon ich euch schon erzählt habe.
Er war Rolands Vasall.
Er sagte: »Ach, mein lieber Herr,
ich sehe dich mit Freuden noch einmal,
ehe ich so sterbe.
Kannst du uns nicht helfen?
Die übermütigen Heiden

habent uns scaden getân.'
'wâ sint nu mîne man,
die ich bevalch ze dîner hant',
sprach der helt Ruolant,
'tûsent mîner helde?
nu gip si mir widere.
ich bedarf ir wol ze mîner nôt.
dise ligent alle hie tôt.' *2042*
'semir dîne hulde', sprach Walthêre,
'irne lebet nehainer mêre
wan ich al aine.
die wuotigen haiden
ranten unsich allenthalben an.
si hêten mêre denne sechzec tûsent man.
vil wol wir ir erbiten.
wir erkanten wol dîne site,
wære wir entrunnen,
daz wir niemer dîne hulde gewunnen.
jâ vâchten, hêrre, dîne man,
sôz guoten cnechten wol gezam.
die dîne ligent tôt dâ nidere.
ouch sluogen wir si dâ widere,
daz ir neheiner genas.
niene zürne dû daz,
daz ich danne si komen.
nu ich dîne stimme hân vernomen,
nune mac mir nicht gewerren.
zwischen Manbrat, den bergen, *(2040)*
unt den hœhen Jogeîn *(2040)*
dâ lie ich, hêrre, den scaden dîn.
ich sage dir ze wunder,
unser kom nie dehainer von ain ander.
ich durhrait daz wal,
daz ich über al
nehain lebentigen vant.'

haben uns vernichtet.«
»Wo sind meine Leute,
die ich dir unterstellt habe«,
fragte der Held Roland,
»tausend meiner tapferen Männer?
Gib sie mir zurück,
ich brauche sie im Kampf.
Hier sind alle schon tot.«
»Bei deiner Huld«, antwortete Walther,
»keiner von ihnen ist mehr am Leben
als ich allein.
Die grimmigen Heiden
haben uns von allen Seiten her angegriffen.
Sie hatten über sechzigtausend Mann.
Wir haben sie tapfer erwartet.
Denn wir kennen dich:
Wären wir geflohen,
könnten wir niemals mehr auf deine Huld rechnen.
Herr, deine Leute kämpften,
wie es tapferen Männern geziemt.
Die Deinen sind gefallen.
Aber wir haben sie so geschlagen,
daß auch von ihnen keiner am Leben blieb.
Sei nicht zornig darüber,
daß ich noch am Leben bin.
Nun, da ich deine Stimme gehört habe,
kann mich nichts mehr anfechten.
Zwischen dem Gebirge Manbrat
und den Höhen des Jogein
habe ich deine Gefallenen, Herr, zurückgelassen.
Es ist ein Wunder, sage ich dir,
daß wir bis zum Schluß zusammenblieben.
Ich bin über das Schlachtfeld geritten
und habe nirgends
einen Lebendigen mehr gefunden.«

'nu lône dir got', sprach Ruolant,
'dîner nœte was vil.
ienoch was daz kindespil.
nû ist ez an dem zît,
hie ze stete sculen wir opheren den lîp
mit anderen unseren genôzen,
daz wir icht werden verstôzen
von dem engelsange.
du sûmest uns ze lange.'

Dar huoben sich dô drî, *2066–2068*
ich wæn, ez alsô gescriben sî,
in den drîn namen unseres hêrren.
dô hêten si helve nicht mêre.
die ainmüetegen degene
sluogen die urmæren menige, *2070*
daz si vor in muosen erbaizen. *2071*
si umbestuonten si mit spiezen, *2074*
mit scozzen unt mit gêren. *2075*
dâ ersluogen si Walthêren. *2076*
harte rach in dô Ruolant.
swaz er ire ûfrechter vant,
die muosen Walthêren gelten.
si versuochten dâ zim vil selten
den guoten Durndarten,
den vorchten si harte,
daz sîn dâ niemen enbaite.
swaz er ir ouch erraichte,
der gotes urkünde,
ôwî waz er frumte
der tôten alumbe sich!
manic schuz unde stich
wart ûf in getân,

6576 ze stete *BW*] zeste P 6581 do P *W*] thie *B* 6592 er ire *GB*] erre P *W* 6596 den *BW*] di P, si *G*

»Gott lohne dir«, sagte Roland,
»deine Not war groß.
Doch das war noch Kinderspiel.
Jetzt ist es an der Zeit,
daß auch wir hier das Leben hingeben
mit unseren übrigen Gefährten,
damit wir nicht ausgeschlossen werden
vom Gesang der Engel.
Du hältst uns allzu lange auf.«

Da machten sich drei Männer dorthin auf,
ich glaube, so steht es geschrieben,
im Namen der göttlichen Dreifaltigkeit.
Niemand unterstützte sie mehr.
Vereint schlugen die Helden
die gewaltige Übermacht,
daß jene vor ihnen von den Pferden fielen.
Man umzingelte sie mit Lanzen,
Speeren und anderen Wurfwaffen.
Da erschlugen sie Walther.
Furchtbar rächte ihn Roland.
Alle noch nicht Gefallenen, auf die er traf,
mußten für den Verlust Walthers zahlen.
Sie stellten gar nicht erst
das Schwert Durndart auf die Probe.
Sie fürchteten es sehr
und liefen vor ihm davon.
So viele er erreichen konnte,
der Blutzeuge Gottes,
wehe, wie viele
Tote häufte er um sich an!
Viele Würfe und Stiche
wurden auf ihn gerichtet.

durch den helm wart er geslagen. *2078*
von dem rosse viel er ze tal. *(2081)*
die haiden îlten dar,
si wurfen in mit spiezen. *2080*
für tôten si in liezen.
Ruolant dar zuo sprancte.
die haiden wider wancten.
'lebestû noch?
ôwî der aller tiureste biscof,
scolt ich nu den mînen lîp für dich geben!
jâne wart nie tiurer degen
an diser erde geborn.
ôwê daz ich dich hân verlorn!'
er begunde haize wainen.
'zwiu scol ich nu leben al aine?
ich bin verfluochet.
ich wæne, mîn got niene ruochet.
süeze Karlinge,
zuo wem scol ich nu dingen?
nu muostu iemer wainen.'
'daz trœstet wol die haiden',
sprach der biscof Turpîn.
'tuoz durch mînen trechtîn,
sage dem himelischen hêrren –
sô gewegestu wol mîner sêle –
lop unt gnâde.
guotem vassâle
nemac nicht gewerren.
ich bevilhe dich dem himelischen hêrren,
Karln unt alle die sîne
mîner frouwen sente Marien
unt aller himelischer hêrscefte.
daz in got creftige,
ze beschirmen die hailigen christenhait!'
die haiden tâten im sô grôziu lait,
daz er dâ nicht langer nemachte gehaben.

Ein Schwerthieb drang durch seinen Helm.
Er fiel vom Pferd zur Erde.
Die Heiden eilten herbei
und warfen ihre Speere auf ihn.
(Sie hielten ihn) für tot und ließen ihn liegen.
Roland kam angesprengt.
Die Heiden wichen zurück.
»Lebst du noch?
Ach, allerherrlichster Bischof,
könnte ich mein Leben für das deine geben!
Nie erblickte ein größerer Held
das Licht dieser Welt.
Ach, daß ich dich verloren habe.«
Er vergoß heiße Tränen.
»Wozu soll ich allein noch leben?
Ein Fluch liegt auf mir,
ich glaube, Gott hat mich verlassen.
Süßes Frankreich,
auf wen soll ich noch hoffen?
Du wirst ewig weinen müssen.«
»Das ermutigt nur die Heiden«,
sagte Bischof Turpin.
»Tu es für meinen Herrn,
sage dem Herrn des Himmels –
dann hilfst du meiner Seele –
Lob und Dank.
Ein tapferer Vasall
gibt nicht auf.
Ich empfehle dich dem Herrn des Himmels,
Karl aber und alle seine Gefolgsleute
meiner lieben Frau St. Maria
und allen himmlischen Heerscharen.
Möge Gott ihm die Kraft geben,
die heilige Christenheit zu schützen.«
Die Heiden setzten ihm so zu,
daß er nicht länger standhalten konnte.

wir hœren an dem buoche sagen, *2095*
Turpîn, der degen,
ienoch ûf huob er Almicem. *2089*
alsô töuwente sprang er dar, *2085*
manc haiden wol gar *2093–2094*
muose dô vor im belîben. *2093–2094*
daz hiez sent Egidie scrîben *2096*
ze Leûne in der stat, *2097*
alsô in der kaiser gebat.
si sluogen ir in lützeler stunt
mêre denne vier hundert. *2092*
Ruolant wart sîn gewar.
mit nœten kom er dar.
er sprach: ‘wol du helt mære,
guot lêrære,
dû wære ain trôst der sêle.
mînes trechtînes lêre,
diu was dir ie liep.
nune mac ich an dem lîbe mêre niet,
dîner tugent müeze ich geniezen.’
dâ muos er in lâzen.

Ruolant was dô aine.
dô wânten die haiden,
si scolten in erslahen.
an dem lîbe nemacht im dô niemen gescaden.
Ruolant sach in allenthalben sîn,
wie Olivier unt Turpîn
unt ander sîne gesellen
in bluote lâgen bewollen.
dô erhalte sich der biscof.
ûf sprang er ienoch *2089*
ze helve sîme gesellen,
des twanc in sîn ellen.
Ruolant blies aber Olivanten, *2104*
die haiden er an rante.

Wir hören unser Buch erzählen,
daß der Held Turpin
noch einmal sein Schwert Almice hob.
Sterbend griff er noch einmal an.
Viele wohlgerüstete Heiden
fanden durch ihn den Tod.
St. Aegidius hat das
in der Stadt Laon aufschreiben lassen,
wie es ihm der Kaiser auftrug.
Sie erschlugen in kurzer Zeit
über vierhundert von ihnen.
Roland bekam ihn wieder zu Gesicht.
Er kämpfte sich zu ihm durch
und sagte: »Ach, tapferer Held,
frommer Lehrer,
du warst ein Trost der Seele.
Die Lehre unseres Herrn
lag dir stets am Herzen.
Meine Kräfte sind nun erschöpft,
möge mir deine Tapferkeit zugute kommen.«
Wieder wurde er von ihm getrennt.

Roland war allein.
Da glaubten die Heiden,
sie könnten ihn töten.
Doch niemand vermochte ihm etwas anzuhaben.
Roland sah rings um sich
Olivier und Turpin
und seine übrigen Gefährten
in ihrem Blut liegen.
Da erholte sich der Bischof.
Er sprang noch einmal auf,
um seinem Gefährten zu helfen;
seine Tapferkeit trieb ihn dazu.
Roland blies erneut Olifant.
Er griff die Heiden an

er sluoc si ze tal.
er durhrait daz wal.
sîne gesellen rach er harte
mit dem guoten Durndarte.
unter diu wart ain michel scal,
daz die berge über al *2112*
erclungen unt erbibeten, *2112*
sam si alle lebeten.
sechzec tûsent horne *2111*
bliesen si dâ vorne.
der kaiser mante die sîne. *2105*
er sprach: ‘nu wizzet âne zwîvel,
Ruolant ist in nœten. *2107*
nu îlet, helde guote, *2109*
ob wir in lebentigen finden.’ *(2108)*
dô huop sich daz gesinde,
manc helt êrlich.
mit flîze strebeten si für sich,
swaz si mit den sporen machten erhouwen.
dâ was wainen unt rouwen,
wuofen unt jâmeren.
dô begunden si nâhen.
die haiden hôrten den scal. *2113*
si riefen über al: *2114–2115*
‘dâ kumet der kaiser. *2114–2115*
sô wê der raise,
daz wir ie her kômen!
ez nâhet uns ze dem tôde. *2117*
ê wir si lebente liezen,
wir berunen si mit den spiezen.
al daz wir scaden haben gewunnen,
daz ist von Ruolante errunnen. *(2118)*
mächten wir in ainen gewinnen,

6704 berunen] berunnen P

und schlug sie nieder.
Er durchquerte das Schlachtfeld
und nahm schrecklich Rache für seine Gefährten
mit dem guten Schwert Durndart.
Inzwischen erhob sich großer Lärm,
daß die Berge ringsumher
widerhallten und erbebten,
als ob sie alle lebendig wären.
Sechzigtausend Hörner
wurden an der Spitze (des Heeres) geblasen.
Der Kaiser trieb die Seinen an.
Er sagte: »Glaubt mir,
Roland ist in Gefahr.
Eilt euch, tapfere Männer,
vielleicht finden wir ihn noch am Leben.«
Da machte sich sein Gefolge auf,
viele ruhmvolle Helden.
Sie stürmten ungestüm voran,
was die Sporen hergaben.
Da erhob sich Weinen und Klagen,
Schreien und Jammern.
Dann kamen sie immer näher.
Die Heiden hörten den Lärm
und riefen allerorten:
»Dort kommt der Kaiser!
Verwünscht der Feldzug,
der uns hergeführt hat.
Uns droht der Tod.
Doch ehe wir sie am Leben ließen,
wollen wir sie mit Speeren bedecken.
Was wir an Verlusten erlitten haben,
das ist von Roland gekommen.
Wenn wir wenigstens ihn besiegen könnten,

sô hüeben wir unsich hinnen.'
Ruolant unt Turpîn, *2130*
die getâten unter in *2129*
manigen tôten unt sieh. *2129*
die haiden erschuzzen Velentich. *2160–2161*
si versuochten ez angestlîche.
si wolten ir rîche
den sige haben errungen.
des newolt in got nicht gunnen.

Ruolant unt Turpîn *2130*
gestuonten in almitten unter in.
mit ir tiuwerlîchen swerten
den sige si wol erherten.
die haiden fluhen von in. *2164*
michel nôt wart unter in.
si riefen zallen stunden:
'Ruolant hât uns überwunden!
ôwi, künc, admirâte,
kœmestû nu drâte
ze schirmen dîniu rîche,
sô tetestu hêrlîche.'
Turpîn scutte sich ûz der halsperge. *(2171)*
dicke viel er zuo der erde. *(2175)*
Ruolant urloubes bat, *2177*
Turpîn im daz gap, *2182*
daz er die zwelve zesamene trüege *(2180)*
unt si in der erde begrüebe. *(2181)*
dô gie der helt Ruolant, *2184*
alle zwelfe er si vant. *2186–2190*
mit manigem zahere *2217*
brâcht er si zesamene.
er sprach zuo Oliviere: *2207*
'jâ du geselle liebe, *2207*

6725 Admirâte *BW*] Admarite P

so wollten wir abziehen.«
Roland und Turpin
verwundeten und töteten miteinander
viele von ihnen.
Die Heiden töteten Velentich.
Sie kämpften grausam.
Sie wollten ihrer Herrschaft
den Sieg erringen.
Das wollte ihnen Gott nicht erlauben.

Roland und Turpin
hielten mitten unter ihnen stand.
Mit ihren unschätzbaren Schwertern
kämpften sie um den Sieg.
Die Heiden flohen vor ihnen.
Sie kamen in große Gefahr
und riefen unaufhörlich:
»Roland hat uns besiegt.
Ach, König und Kalif,
kämest du nur schnell,
um deine Reiche zu schützen,
so tätest du deine Fürstenpflicht.«
Turpin legte die Rüstung ab.
Er fiel dabei immer wieder hin.
Roland entfernte sich
mit Turpins Erlaubnis,
um die zwölf Gefährten zusammenzutragen
und sie in der Erde zu begraben.
Da ging der Held Roland los
und fand sie alle zwölf.
Mit vielen Tränen
trug er sie zusammen.
Zur Leiche Oliviers sprach er:
»Ach, lieber Freund,

des guoten Regenhêres barn, *2208*
disiu werlt muoz zergân, *2214*
daz siu dir nicht gelîches gewinnet. *2214*
alsô der kaiser dich nu vindet,
sô claget er dich grimme,
sô wainet Karlinge
ir liebe gebornen.
ich gehœre an den hornen,
uns nâhet mîn hêrre.
nune mac ich leben mêre.'
dô erlasc im sîn craft, *2219*
der helt viel in ummacht. *2220*
Turpîn begunde ruofen, *2221*
er wolde im gerne helfen.
er clagete Ruolanten. *2221*
dô begraif er Olivanten. *2224*
ain wazzer wolt er im bringen. *2225 – 2226*
er nemacht es nicht gewinnen. *2228 – 2229*
diu ougen im vergiengen,
ûz im vielen, *2247*
al daz in im was. *2247*
vür tôter gesaz er an daz gras. *2232*
dône machtes langer rât sîn,
tôt viel der biscof Turpîn. *2242*
die engel die sêle hin schieden.
si fuorten den ir lieben
zuo der marterære chôre,
zuo dem oberesten trône.
unser hêrre enphienc in wol dâ.
er sprach: 'procede et regna.'

Ruolant kêrte gegen Yspanie *2266*
verre von den erslagenen.

6746 wainet *BW*] wainent P 6760 *crux W*, thie getherme ûz ime vielen *B* 6772 erslagenen *BW*] erslagene P

Sohn des edlen Regenher,
diese Welt wird untergehen,
ohne je deinesgleichen noch einmal hervorzubringen.
Wenn der Kaiser dich findet,
so wird er dich bitter beklagen,
so wird Frankreich
seine lieben Söhne beweinen.
Am Hörnerschall erkenne ich,
daß mein Herr naht.
Ich kann nicht mehr.«
Da verließ ihn seine Kraft,
der Held fiel in Ohnmacht.
Turpin begann zu rufen,
er wollte ihm gern helfen.
Er beklagte Roland.
Dann ergriff er das Horn Olifant
und wollte ihm Wasser bringen.
Aber er schaffte es nicht mehr bis dahin.
Die Augen brachen ihm.
Sein Innerstes
kehrte sich nach außen.
Wie tot setzte er sich ins Gras.
Da half länger nichts mehr,
Bischof Turpin sank tot um.
Die Engel schieden die Seele vom Leichnam.
Sie brachten ihren Schützling
zum Chor der Märtyrer,
zum obersten Thron.
Unser Herr empfing ihn voll Gnade
und sprach: »Procede et regna.«

Roland entfernte sich in Richtung Spanien
von den Gefallenen.

er gesaz zuo ainem boume, *2267*
dâ beit er vil kûme.
in ainer sîner hant *2263*
truog er daz horn Olivant, *2263*
in der anderen Durndarten. *2264*
ain haiden im gewarte. *2274*
mit bluote er sich allen bestraich, *2276*
vil tougenlîchen er im nâch slaich. *2277*
dô gedâchte der haiden: *2281*
‘unter disen vier stainen *2268*
dâ erstirbet Ruolant.
Durndarten nim ich ze mîner hant *2282*
unt Olivantem.
sô sage ich dem lante, *2282*
daz wir gesiget haben
unt ich habe Ruolanten erslagen. *(2281)*
des fröut sich iemer mêre
elliu arabiskiu erde.’ *(2282)*
Ruolant was von den sînen komen,
sô man geschiezen maht ainen bogen, *2265*
unter den marmilstainen. *2272*
dô wânte der haiden,
daz er tôt wære.
dô enthielt sich der helt mære, *(2284)*
unz im der haiden sô nâhen kom.
ûf zucht er daz horn, *2287*
über den helm er in sluoc, *2288*
daz im daz verhbluot *2289*
ûz sînen ougen spranc. *2290*
er sprach: ‘daz du habes undanc, *2292*
daz du mir ie sô nâhen torstest komen. *2293*
Olivant ist zecloben.’ *2295*
er rezurnte vil harte.

6792 ainen *B*] ainem P, mit ainem *W*

Er setzte sich unter einen Baum.
Dort mußte er nicht mehr lange warten.
In einer Hand
hielt er das Horn Olifant,
in der andern Durndart.
Ein Heide beobachtete ihn.
Er hatte sich ganz mit Blut beschmiert
und schlich ihm nun heimlich nach.
Da dachte der Heide:
»Zwischen diesen vier Steinen
wird Roland sterben.
Dann nehme ich Durndart an mich
und Olifant.
So kann ich zu Hause erzählen,
daß wir gesiegt haben
und ich Roland erschlug.
Darüber werden sich hinfort
alle arabischen Länder freuen.«
Roland war von den Seinen
einen Bogenschuß weit entfernt
zwischen den Marmorblöcken.
Da glaubte der Heide,
nun sei er tot.
Doch der berühmte Held verhielt sich nur still,
bis der Heide ganz nahe an ihn herangekommen war.
Da hob er das Horn
und schlug ihm auf den Helm,
daß ihm das Blut
aus den Augen quoll.
Er sagte: »Sei verflucht dafür,
daß du mir so nahe zu kommen wagtest!
Olifant ist entzwei.«
Er war sehr zornig

sus redet er ze Durndarte: *2303*
'nu ich dîn nicht scol tragen, *2305*
dune wirst niemer mennisken ze scaden.' *2305*
daz swert er ûf huop,
an den stain er ez sluoc. *2301*
ez ne tet sîn nehain war. *2302*
er sluoc ez aver dar. *2312*
mit baiden sînen hanten
daz swert er umbe wante.
er versuocht ez zehen stunt. *2301*
er sprach: 'lægestu in des meres grunt,
daz du dehainem christen man
niemer mêre würdest ze ban.
scol dich dehain haiden tragen, *2336*
daz wil ich iemer gote clagen.' *2337*
mit grimme er aver sluoc. *2312*
dô daz swert vor im gestuont *2313*
âne mâl unt âne scarte, *2313*
dô redet er ave ze Durndarte: *2315*
'ich bekenne wol dînen site, *(2316)*
daz du nicht des vermite,
swâ ich dich hin gebôt,
den was geraite der tôt,
die wîle ich tochte.
ich hân mit dir ervochten
daz lant ze Ajûne, *2322*
die mæren Petûwe. *2323*
ich twanc mit dir Provinciam *2325*
unt die starken Progetaneam. *(2325)*
Lancparten ich mit dir revacht. *2326*
Pülle machete ich zinshaft. *2328*
Malve unt Palerne,
die betwanc ich mînem hêrren.

6810 an] in P 6831 lant *BW*] *fehlt* P

und sprach folgendermaßen zu Durndart:
»Da ich dich nun nicht länger tragen soll,
wirst du keinem Menschen mehr schaden.«
Er hob das Schwert hoch
und schlug damit auf den Stein.
Es zeigte keinerlei Spuren.
Wieder schlug er zu.
Mit beiden Händen
drehte er das Schwert.
Er versuchte es zehnmal.
Dann sagte er: »Lägest du doch auf dem Meeresgrund,
damit du keinem Christen
jemals den Tod bringen könntest!
Wenn ein Heide in deinen Besitz gelangt,
werde ich das ewig Gott klagen müssen.«
Wütend schlug er wieder zu.
Als das Schwert vor ihm
unbeschädigt und ohne Scharte blieb,
sprach er abermals zu Durndart:
»Ich kenne deine Art gut,
daß du nie versagtest;
auf wen immer ich mit dir zielte,
denen war der Tod bereitet,
solange ich noch die Kraft dazu hatte.
Ich habe mit dir
das Land von Anjou erobert
und das berühmte Poitou.
Die Provence habe ich mit dir unterworfen
und das mächtige Aquitanien.
Die Langobarden habe ich mit dir überwunden,
Apulien machte ich zinspflichtig,
Amalfi und Palermo
habe ich für meinen Herrn eingenommen.

die grimmigen Sorbîten
unt Baire, die strîtegen 2327
mit ir scarphen swerten,
Sachsen, die dicke wol herten 2330
in manigem grôzen volcwîge,
si muosen im alle nîge.
Alemanniam ich ervacht,
Ungeren nam ich ir craft.
Britannia nemacht mir nicht widerstân, 2322
Behaim unt Polân.
Franken, die küenen,
ne liez ich nie geruowen,
unze si kômen an ir rechten stam.
Friesen ich mit dir gewan.
Scotten unt Irlant 2331
ervacht ich mit mîner zesewen hant.
Engellant ze ainer kamere 2332
ervacht ich dem künc Karle 2332
unt andriu vil manigiu rîche. 2333
jâne wart dîn gelîche
nie gesmidet ûf dirre erde,
noch newirt ouh hinne für niemer mêre.
daz bewærtestu wol an disem wal.
ze Moriana in dem tal 2318
der engel dich mînem hêrren brâchte. 2319
gnædiclîchen er mîn gedâchte, 2320
benamen er mich nante.
er hiez mir, Ruolante,
Karln, den kaiser,
ze beschirmen witewen unt waisen,
dich, Durndarten, umbe binten. 2321
daz ich iesâ erblinde!
daz riuwet mich vil sêre –

6842 wol herten P] volherten *B* 6851 kômen] chom P

Die wilden Sorben
und die kampflustigen Baiern
mit ihren scharfen Schwertern,
die Sachsen, die häufig siegreich blieben
in vielen großen Schlachten,
sie alle mußten sich ihm unterwerfen.
Alemannien habe ich erobert,
die Macht der Ungarn gebrochen.
Die Bretagne konnte mir keinen Widerstand leisten
und ebensowenig Böhmen und Polen.
Die kühnen Franken
ließ ich nicht zur Ruhe kommen,
bis sie in ihr Ursprungsland gekommen waren.
Friesland habe ich mit dir bezwungen.
Schottland und Irland
eroberte ich mit meiner Rechten.
England erkämpfte ich als Vorratskammer
für König Karl
und viele andere Reiche.
Nie wurde deinesgleichen
auf dieser Erde geschmiedet,
noch wird es je wieder geschehen.
Das hast du auf diesem Schlachtfeld bewiesen.
Im Tal von Moriana
hat dich ein Engel meinem Herrn gebracht.
Gnädig gedachte er meiner,
nannte meinen Namen
und befahl, daß mir, Roland,
Kaiser Karl
zum Schutz von Witwen und Waisen
dich, Durndart, umgürten solle.
Möge ich auf der Stelle erblinden!
Mich reut es schmerzlich –

nu vergip du mir, himelischer hêrre –,
daz ich ez ungezogenlîchen sluoc.
mînes hêrren sent Petres bluot, *2346*
diu hêrschaft sent Blâsien, *(2346)*
des hâres mînes hêrren sent Dionisien, *2347*
des gewætes mîner frouwen sent Marien – *2348*
der kaiser newolte nie belîben,
unz in dir versigelet wart
diu vil grôze hêrschaft.
nune wil ich nehainen erben zuo dir mêre *2349*
wan den adelhêrren,
der durch süntære geborn wart.
der gebôt mir dise hervart.
ich scol verwandelen daz leben.
in sîne gnâde wil ich ergeben,
swaz ich sîn von im hân,
want ich sîn niemen sô wol gan.'
den hantschuoch er abe zôch, *2365*
engegen dem himel er in bôt. *2365, 2389*
den nam der vrône bote von sîner hant. *(2374), 2390*
des ist der helt Ruolant
von aller der christenhait gêret,
alsô uns daz buoh lêret.

Ruolant viel in criuzestal.
er sprach: 'hêrre, nu waistu vil wol, *2369, 2383*
daz dich mîn herze mainet.
dîne tugent hâstu an mir erzaiget.
an mînem ende,
hêrre, dînen boten ruoche mir ze senden.
nu gnâde mîner armen sêle, *2387*
daz ir dehain bœser gaist niene werre.
ich mane dich umbe mînen hêrren – *(2380)*
gestætige in an dem rechten,

6886 ich *GB*] ich mich P 6887 ich sin uon P] ich uon *GB*

nun vergib Du mir, Herr des Himmels! –,
daß ich zügellos damit zugeschlagen habe.
Blut von St. Peter, dem Apostelfürsten,
Reliquien von St. Blasius,
Haar meines Herrn St. Dionysius,
ein Stück vom Kleide meiner lieben Frau St. Marien –
der Kaiser ruhte nicht,
bis in dir eingeschlossen waren
all diese kostbaren Reliquien.
Ich wünsche keinen andern Erben für dich
als den Edelherrn,
der für (uns) Sünder geboren wurde.
Der befahl mir diesen Krieg.
Ich werde sterben.
In seine gnädige Hand will ich alles zurücklegen,
was ich von ihm habe,
weil ich es keinem sonst gönne.«
Er zog den Handschuh ab
und hielt ihn Gott entgegen.
Ein Engel empfing ihn aus seiner Hand.
Dafür wird nun der Held Roland
von allen Christen verehrt,
wie uns das Buch lehrt.

Roland fiel mit ausgebreiteten Armen zur Erde
und sprach: »Herr, Du weißt,
daß ich Dich herzlich liebe.
Du hast Deine Macht an mir offenbart.
In der Stunde meines Todes,
Herr, schicke mir Deinen Engel.
Sei meiner armen Seele gnädig,
damit kein böser Geist ihr schade.
Ich bitte Dich für meinen Herrn –
mache ihn fest in der Wahrheit,

verdrücke sîne widervechten,
daz sîne vîante alle geligen
unt er in an gesige
in dîñes namen minne –
unt umbe die süezen Karlinge *(2379)*
unt ander sîne untertâne. *(2379)*
die bevilhe ich zuo dînen gnâden.
alle, die in mit triuwen mainen,
lebentige oder verschaiden,
bestætige si in den Abrahâmes barm.' *(2385)*
er leite sich an sînen zesewen arm. *2391*
daz houbet er nider naicte, *2391*
die hende er ûf spraite. *2392*
dem altwaltigen hêrren,
dem bevalch er sîne sêle.
mit sent Michahêle, *2394*
sente Gabriêle, *2395*
sent Raphahêle
fröut er sich iemer mêre. *(2396)*

Dô Ruolant von der werlt verschiet, *2397*
von himel wart ain michel liecht. *1432*
sâ nâch der wîle
kom ain michel ertbîbe, *1427*
doner unt himelzaichen *1426*
in den zwain rîchen,
ze Karlingen unt ze Yspaniâ. *(1423)*
die winte huoben sich dâ. *1424*
si zevalten die urmæren stalboume.
daz liut ernerte sich kûme.
si sâhen vil dicke
die vorchlîchen himelblicke. *1426*
der liechte sunne, der relasc. *1431*
den haiden gebrast.

6907 in an] an in P 6914 barm *B*] barn P *W*

unterdrücke seine Gegner,
daß seine Feinde alle unterliegen
und er über sie siege
in der Liebe zu Dir –,
für die frommen Franzosen
und für seine übrigen Untertanen.
Die befehle ich alle in Deine Gnade.
Alle, die ihm in Treue anhängen,
seien sie noch am Leben oder schon tot,
nimm auf in Abrahams Schoß.«
Er legte sich auf die rechte Seite,
ließ das Haupt sinken
und breitete die Hände aus.
Dem Allmächtigen
befahl er seine Seele.
Mit St. Michael,
St. Gabriel
und St. Raphael
hat er die ewige Freude.

Als Roland aus der Welt geschieden war,
erschien am Himmel ein helles Licht.
Kurze Zeit später
folgten ein großes Erdbeben,
Donner und Himmelserscheinungen
in den beiden Reichen,
in Frankreich und Spanien.
Stürme brachen los
und fällten riesige Bäume.
Die Menschen kamen in große Gefahr.
Immer wieder sahen sie
schreckliche Blitze am Himmel.
Die strahlende Sonne verdunkelte sich.
Die Heiden verloren die Besinnung.

diu scheph in versunken, *(1429)*
in dem wazzer si ertrunken. *(1429)*
der vil liechte tac *1431*
wart vinster sam diu nacht. *1431*
die türne zevielen. *1430*
diu scœne palas zegiengen. *1430*
die sternen offenten sich.
daz weter wart mislîch.
si wolten alle wæne, *1434*
daz diu wîle wære, *1434*
daz diu werlt verenden solte *1435*
unt got sîn gerichte haben wolte.

Der kaiser unt sîne helde *2398*
gâheten von berge ze velde.
dô kômen si ze Runzeval. *2398*
si vunden an dem wal *2401*
sô vil der tôten, *2401*
daz niemen fuoz nemachte gebieten *(2399–2400)*
an die bar der erde. *(2399–2400)*
ich wæne, ouch iemer mêre werde
clage alsô fraissam. *2413–2421*
wer mächte sich des enthaben?
von den rossen si vielen. *2422*
ûf den tôten si giengen.
ir iegelîch suochte den sînen. *(2420)*
die nôt nemächte niemen gescrîben,
diu unter in wart.
der kaiser brach ûz sîn bart. *2414*
er viel zuo der erde.
er sprach: ‘waz scol mîn nu werde?’
die brust bliu er mit den hanten.

6951 gâheten *B*] *fehlt* PW 6952 do P *B*] *streicht W* ze Runzeval (Runseval) *BW*] zerunfal P 6955 niemen fuoz] fuz niemen P *BW* 6956 *crux W* bar der P] baren *GB*

Die Schiffe sanken ihnen,
sie selbst ertranken im Wasser.
Der helle Tag
war dunkel geworden wie die Nacht.
Türme fielen,
schöne Paläste stürzten zusammen.
Die Sterne begannen zu funkeln.
Ein Unwetter brach los.
Alle glaubten,
dies sei die Stunde,
da die Welt untergehen solle
und Gott sein Gericht halten wolle.

Der Kaiser und seine Helden
(eilten) über die Berge in die Ebene.
Dann erreichten sie Ronceval.
Sie fanden auf dem Schlachtfeld
so viele Tote,
daß keiner den Fuß
auf die bloße Erde setzen konnte.
Ich glaube, nie wieder wird
so schreckliches Wehklagen angestimmt werden.
Wer auch hätte sich dessen enthalten können?
Sie ließen sich von den Pferden gleiten.
Über die Toten gingen sie.
Jeder suchte seinen nächsten Verwandten.
Keiner könnte den Schmerz beschreiben,
der sie erfaßte.
Der Kaiser raufte sich den Bart.
Er fiel zur Erde
und sprach: »Was soll nun aus mir werden?«
Er schlug sich mit seinen Fäusten auf die Brust.

vil kûm er rekante *(2402)*
Ruolanten unt Olivieren *(2403)*
unt Turpîn, den mæren. *(2403)*
vil grôz wart diu clage sîn:
'scolt ich nû den lîp mîn
hie ze stunde für iuh geben!
jâ scolt ir von grôzem rechte leben.
kint des rîches,
iuwer gelîchen
newurden nie ûf der erde geborn.
scult ich iuwer jugent hân verlorn, *(2431)*
vorderestez künne!
daz mir iuwer got niene gunde,
harte jâmeret mich des.'
dô sprach der herzoge Naimes: *2423 – 2424*
'hêrre, ich sihe ienoch die molten stieben.
sine mügen uns nicht enphliehen,
wir sculn in nâch îlen.' *2428*
dô waz ez an der wîle
sam vesperzîten. *2447*
der kaiser hiez si vaste nâch rîten.

Der kaiser viel zuo der erde. *2449*
er sprach: 'wol du himelischer hêrre, *2449*
der tac, derne gewert uns nicht.
nu sende uns, hêrre, ain liecht, *2450*
daz wir die râche dâ genemen.
dû scolt uns sigenunft geben.
sent über si dînen zorn,
daz si genozzen icht sô hin komen.
daz diene ich nacht unt tac,
alsô lange ich nu leben mac.'

6978 erthe geboren *BW*] *fehlt* P 6979 ich *W*] *fehlt* P, ir *B*

Kaum erkannte er
Roland und Olivier
und den großen Turpin wieder.
Laut tönte seine Klage:
»Könnte ich doch mein Leben
auf der Stelle für das eure hingeben!
Ihr hättet alles Recht zu leben.
Söhne des Reiches,
euresgleichen
erblickte nie das Licht der Welt.
Hätte doch ich euer junges Leben verloren,
ihr Ersten des Reiches!
Daß Gott mir euch nahm,
das schmerzt mich bitter.«
Da sagte Herzog Naimes:
»Herr, ich sehe noch immer Staubwolken aufstieben.
Sie können uns nicht entkommen,
wir werden sie verfolgen.«
Es war um diese Zeit
wie am späten Nachmittag.
Der Kaiser befahl ihnen, die Verfolgung aufzunehmen.

Der Kaiser fiel zur Erde
und betete: »Wohlan, Herr des Himmels,
der Tag verläßt uns.
Sende uns, Herr, Licht,
damit wir Rache nehmen können.
Schenke uns den Sieg.
Laß Deinen Zorn über sie ergehen,
damit sie nicht ungestraft davonkommen.
Dafür will ich Dir Tag und Nacht danken,
solange ich das Leben habe.«

Der engel von himele gestarkt in dô. 2452
er sprach: ‘niene clage du sô,
ez ist wider dînem schephære.
dô du in dîner muoter beslozzen wære,
dô erwelt er dich im ze ainem cnechte.
dîn baitent alle rechte
dâ ze dem oberesten trône.
diene dû nach dînem lône.
unt alle, die hie belegen sint,
diene haizent nicht der werlte kint
sunter süne des oberesten hêrren.
dir nemac nicht gewerren.
volrîte du dîne raise, 2454
nefürchte nechaine fraise.
nim du volleclîchen gerich. 2456
dîne vîente wirf ich unter dich
dir ze ainem fuozscâmel.’
ouch tete im got aine michele gnâde. 2458
der sunne scain im wider an den mitten tac, 2459
als er dâ vor gap
dem herzogen Josuê.
daz liset man in der alten ê,
der sunne dienete im dritehalben tac.
er sante sînen slac
über sîne vîante.
mit dem selben gewalte
wolt er Karl, dem hêrren,
sîne fröude gemêren.

Der kaiser bezzerte sich dô.
er sprach: ‘gloria in excelsis deo.’
er vorderôte Otten unt Gebewînen. 2432
er sprach: ‘liebe friunte mîne,
nemet tûsent mîner helde
unt hüetet an disem velde,
unz ich wider her zuo iu kom. 2439

Da tröstete ihn ein Engel vom Himmel
und sprach: »Klage nicht so,
es ist eine Sünde vor deinem Schöpfer.
Als dich noch der Mutterleib barg,
hat er dich schon zu einem Knecht erwählt.
Auf dich warten alle Gerechten
am höchsten Thron Gottes.
Verdiene dir diesen Lohn.
Alle hier Gefallenen
sind nicht mehr der Welt Kinder,
sondern Söhne des Höchsten.
Dir kann nichts zustoßen.
Bringe deine Kriegsfahrt zu Ende,
fürchte keine Gefahr
und übe vollständige Rache.
Ich werde dir deine Feinde
zum Schemel deiner Füße legen.«
Gott erwies auch ihm eine große Gnade.
Die Sonne schien ihm wieder wie zu Mittag,
so wie Er ehedem gnädig war
dem Herzog Josua.
Davon liest man im Alten Testament:
Die Sonne diente ihm eineinhalb Tage.
Er sandte seinen Fluch
über seine Feinde.
Mit derselben Macht
wollte Er auch Karl, den Kaiser,
froh machen.

Da faßte der Kaiser Mut
und sprach: »Gloria in excelsis Deo.«
Er befahl Otte und Gebewin zu sich
und sagte: »Meine lieben Freunde,
nehmt tausend meiner Tapfersten
und wacht auf diesem Feld,
bis ich zu euch zurückkomme.

got lônet iu sîn vil wol.
die heiligen lîchenâme *2435*
bevilhe ich ze iuweren gnâden. *2435*
dienet in mit êren,
si mügen unser hail ze gote wol gemêren.'

Daz her huop sich ze wege. *2460*
si erriten si ze nôtstreben *2460*
in ainem vinsteren valle. *(2461)*
dar trôsten sich die haiden alle.
daz wazzer haizet Saibere, *2465*
dâne machten si nicht übere. *2467*
ez was ûz gedozzen. *2466*
diu schef wâren hin geflozzen. *2467*
die haiden riefen alle samt: *2468*
'hêrre got Tervagant, *2468*
nû hilf uns hinnen!
wirne mügen gevechten noch entrinnen.
ensûme dich nicht ze lange.
mit lobe unt mit sange
wellen wirz iemer dienen.
laider nune lediget unsich anders niemen.'

Dô nâchte in der kaiser.
die haiden wâren in vraisen.
christen mit zorne *2463*
bestuonten si dâ vorne. *2463*
daz was des tiuveles rât,
si fluhen alle in den wâc. *2469*
si besoufte des wazzeres strâm. *2470 – 2472*
dâ ne genas nie dehain barn, *2474*
si ertrancten sich selbe. *2474*
dô riefen des kaiseres helde: *2475*
'ir habet Ruolanten unhailes gesehen. *(2475)*

7044 Saibere] saibre P

Gott wird euch dafür reichlich lohnen.
Die heiligen Leichname
gebe ich in eure Obhut.
Seid ihre ehrfürchtigen Diener,
denn sie können unser Seelenheil vor Gott mehren.«

Das Heer machte sich auf den Weg.
Sie trieben sie in die Enge
in einem finstern Tal.
Dorthin hatten sich die Heiden alle zurückgezogen.
Den Fluß, er heißt Ebro,
hatten sie nicht überqueren können.
Er war über die Ufer getreten
und die Schiffe hatten sich losgerissen.
Die Heiden riefen alle:
»Herr Gott, Tervagant,
verhilf uns zur Flucht.
Wir können weder kämpfen noch fliehen.
Warte nicht lange.
Mit Lobpreisen und Gesang
wollen wir Dir ewig dafür danken.
Ach, niemand sonst kann uns mehr befreien.«

Der Kaiser rückte auf sie zu.
Die Heiden waren schreckerfüllt.
Wütend griffen die Christen
sie in vorderster Linie an.
Da riet ihnen der Teufel,
in den Fluß zu fliehen.
Der reißende Strom verschlang sie.
Kein einziger kam mit dem Leben davon,
sie ertränkten sich selbst.
Da riefen die Helden des Kaisers:
»Ihr habt Roland zu euerm Unglück erblickt.

dem tiuvel habet ir iuh ergeben.
die iuwere boteche sint in dem wazzere verflozzen
unt iuwer sêle in des tiuveles drozzen.'

Alsô die haiden, die dâ entsamt wâren, *2476*
alle ertrunken unt ertwâlen, *2477*
dô nâchte ez der nachte. *2481*
der kaiser gebôt sîne wachte. *(2495)*
ir iegelîch scuof sîn gemach. *2489–2494*
der kaiser sîn gebet sprach. *2480*
in sîner halsperge *2499*
viel er dicke zuo der erde.
alsô im diu müede entwaich, *2519*
der slâf in begraif, *2520*
die engel sîn huote, *2526–2527*
die wachtære in umbestuonten, *(2528)*
dô eroffenôt im mîn trechtîn, *2529*
waz im künftic scolde sîn. *2530*
er resach in dem troume
wunterlîche gotes tougen.
in dûcht, daz der himel stuont ûf getân, *2532*
unt fiur dar ûz scolte varen, *2535*
allen vier ende in die werlt sich scolte tailen. *2536*
daz liut begunde wuofen unt wainen.
dar nâch kômen donerslege unt winte, *2533*
si zezarten in die schilte. *2538*
nâch diu kômen lewen unt beren, *2542*
daz si sich nicht entrûten erweren.
daz gewâfen si in abe zarten.
dar nâch kômen lêbarten, *2542*
die muoten si vil lange.
dar nâch kômen slangen *2543*
hart egeslîchen.

7069 unt iwer sêle *B*] unt P 7080 engel] engele P huote] huten P

Dem Teufel habt ihr euch ergeben.
Eure Leichen sind im Fluß weggeschwommen
und eure Seelen im Rachen des Teufels gelandet.«

Als die dort versammelten Heiden
alle ertrunken und untergegangen waren,
da erst brach die Nacht herein.
Der Kaiser bestellte seine Wache.
Dann gingen sie alle zur Ruhe.
Der Kaiser sprach sein Gebet.
In der Rüstung
warf er sich immer wieder auf die Erde.
Als die Müdigkeit ihn verlassen
und der Schlaf ihn umfangen hatte,
als der Engel ihn hütete
und Wachen rings um ihn standen,
da offenbarte ihm Gott,
was noch auf ihn zukommen werde.
Er sah im Traum
die wunderbaren Geheimnisse Gottes.
Es war ihm, als stünde der Himmel offen
und es regnete Feuer
und verbreitete sich über die ganze Erde.
Die Menschen schrien und weinten.
Danach kamen Donner und Stürme,
die ihnen die Schilde wegrissen.
Danach kamen Löwen und Bären,
deren sie sich nicht zu erwehren wagten.
Die rissen ihnen die Rüstungen herunter.
Danach kamen Leoparden,
die setzten ihnen lange zu.
Danach kamen Schlangen
auf scheußlichste Weise.

dar nach kômen grîfen, *2544*
die muoten si vil sêre.
in dûcht, er scolte wider kêre.
ain starker lewe kom dô dar. *2549*
er straich vaste durch die scar.
dem kaiser wolte er gerne schaden. *2551*
ûf huob er den arm, *2552*
er sluoc im ain slac,
daz er tôt vor sînen füezen gelac. *(2553)*
dar nâch kômen fraislîche beren. *2558*
si begunden mennisclîchen reden. *2559*
den kaiser si vorderôten, *2560*
er gæbe in widere ir tôten, *2560*
si scolten si ir jungen wider bringen. *(2562)*
in dûcht, er wære ze Karlingen. *2556*
ûf den hof kom ain tier gevaren, *2557*
michel unt fraissam.
sine machtenz im alle nicht erweren.
an den kaiser begunde ez geren.
der kaiser entsaz daz.
ain rüde fuor ab dem palas, *2563*
der was starc unt êrlich.
daz tier warf er unter sich, *2564*
ze tôde er ez erbaiz.
der heilige engel, gotwaiz, *2568*
den kaiser wol bewarte,
daz im nicht nescadete
neweder gote noch goukelære.
die troume wâren seltsæne.

Der künc Marsilie *2570*
kom fliehende widere *2570*
ze Sarragûz für die stat. *2570*
ôwî welch der jâmer dô wart!
er viel ûf daz gras. *2573*
harte wainôte daz *2577*
Brechmundâ. *2576*

Danach kamen Greifen,
die setzten ihnen heftig zu.
Er glaubte, umkehren zu müssen.
Da kam ein mächtiger Löwe heran.
Der lief schnell durch das Heer;
er wollte dem Kaiser Schaden zufügen.
Da holte er aus
und versetzte ihm einen Hieb,
daß er tot vor seine Füße fiel.
Danach kamen furchterweckende Bären.
Die redeten mit Menschenzungen.
Sie verlangten vom Kaiser,
ihnen ihre Toten zurückzugeben;
sie wollten sie ihren Kindern zurückbringen.
Ihm schien, er wäre in Frankreich.
Ein wildes Tier kam an seinen Hof gelaufen,
riesengroß und schreckenerregend.
Sie alle konnten ihn nicht davor beschützen.
Es bedrohte den Kaiser.
Der Kaiser fürchtete sich davor.
Da kam ein Hund aus dem Palas gelaufen,
der stark und prächtig aussah.
Er überwältigte das Untier
und biß es tot.
Wahrlich, ein Engel
hatte den Kaiser gerettet,
daß ihm nichts schaden konnte,
weder Abgötter noch Zauberer.
Die Träume waren merkwürdig.

König Marsilie
kam fliehend zurück
zur Stadt Sarraguz.
Ach, war das ein Wehklagen!
Er fiel ins Gras.
Bitterlich weinte darüber
Brechmunda.

si îlten sâ *2580*
diu apgothûs nider brechen. *(2581)*
die gote hiezen si werven *2591*
under die hunde, *2591*
etlîche in des wâges grunde. *2590*
Apollon unt Machmeten, *2580, 2590*
mit den füezen hiezen si dar ûf treten. *2587*
si sprâchen: ‘ôwî Tervagant, *2582*
wâ ist mînes hêrren hant? *(2583)*
daz wir unsich an iuh verliezen, *(2584)*
dô ir uns sigenunft gehiezet! *(2584)*
ir birt alle trügenære,
iuwer geverte ist mir iemer ummære.’
Marsilie wart ze kemenâten getragen. *2593*
vil schiere hôrt er sagen, *2638*
daz Paligân, sîn hêrre, *2614*
wære komen übere
mit zwain unt vierzic küningen. *2623*
daz was der künc von Persiâ,
der haiden houpstat ist dâ.
der künc was vermezzen unt biderbe.
dem hête Marsilie *2612*
dâ vor sîne brieve gesant, *2613*
dô der kaiser vuor in sîn lant.
er hiez im sagen,
er würde Karles man, *2621*
sine hülfen im mit her. *2618*
dô wâren si ouch komen über mer.
si stadeten ze Alexandriâ. *2626*
diu ir scef wâren dâ *2624 – 2625*
elliu komen zesamene. *2627*
zwên unt vierzic küninge, *2623*

7151 f. *ein Vers W* 7162 komen] chom P 7163 Alexandria *BW, vgl. Str. 8606, Km. 460,67*] alexandrina P

Sie gingen sogleich daran,
ihre Tempel zu zerstören.
Die Götzenbilder ließen sie
unter die Hunde werfen,
einige auch ins Wasser versenken.
Apollo und Mahomet
ließen sie mit Füßen treten.
Sie schrien: »O Tervigant,
was ist mit dem Arm des Königs geschehen?
Daß wir uns doch auf euch verließen,
als ihr uns den Sieg verspracht!
Ihr seid alle Trugbilder,
mir ist gleich, was aus euch wird.«
Marsilie wurde in ein Gemach geschafft.
Sehr bald hörte er,
daß Paligan, sein Herr,
übers Meer gekommen sei
mit zweiundvierzig Königen.
Der war König von Persien,
wo die Hauptstadt der Heiden liegt.
Der König war stolz und tapfer.
Ihm hatte Marsilie
zuvor Sendschreiben geschickt,
als der Kaiser in sein Land eingefallen war.
Er hatte ihm ausrichten lassen,
daß er sich Karl unterwerfen wollte,
wenn sie ihm keine Hilfstruppen schickten.
Also waren sie über das Meer gekommen.
Bei Alexandria hatten sie sich eingeschifft.
Ihre Schiffe waren dort
alle zusammengekommen.
Zweiundvierzig Könige,

die im wâren untertân,
die hervart maisterôte alle Paligân.

Dâ lac der künc Paligân 2647
unt ander, die mit im wâren gevaren 2649
ûf bî der Saibra, 2642
manic man vaiger.
dâ sach man glîzen
manigen phellel wîzen,
manigen rôten unt grüenen.
von des küniges gestüele 2653
schinen die guoten karfunkel. 2643
dâ was michel wunder
topâzien unt smaragede.
lanc wære iu zesagene
ir zierde alsô manicvalt.
der künc gebôt mit sîner gewalt
den anderen künigen zesamene, 2650
herzogen alsô manigen, 2650
daz si niemen nemächte gebrieven gar. 2650
der grâven netet dâ niemen nehain war.
dar brâchten die recken
bûzen unt snecken, 2624
iegelîch ûz sîner marke.
galîne unt barken 2625
hêten die Saibere behabet. 2642
daz buoch uns vür wâr saget,
dâ wære unzalhaft menige.
der künc begunde ze redene 2656
harte zornlîchen:
'Karl hât mir in mînem rîche 2658
gemachet ain michelen werren. 2660
daz clage ich allen disen hêrren.

7169 Dâ] Do P 7177 schinen] schin P 7184 also *BW*] *fehlt* P

die ihm untertan waren –
diesen ganzen Kriegszug führte Paligan an.

König Paligan lag dort
und alle, die mit ihm
den Ebro heraufgefahren waren,
viele dem Untergang geweihte Männer.
Dort sah man den Glanz
von vielen weißen Seidenstoffen,
von vielen roten und grünen.
Am Thron des Königs
strahlten kostbare Karfunkelsteine.
Dort waren aber auch unglaublich viele
Topase und Smaragde.
Lange könnte man euch erzählen
von ihrem verschiedenartigen Schmuck.
Der König gebot in seiner Macht
über die anderen Könige alle
und über so viele Herzöge,
daß keiner ihre genaue Zahl angeben könnte.
Die Grafen waren dabei gar nicht berücksichtigt.
Die Kriegshelden hatten
verschiedenartige Schiffe hergebracht
aus ihren jeweiligen Ländern.
Ruderschiffe und Barken
bedeckten den Ebro.
Unsere Quelle berichtet uns wahrheitsgetreu,
ihre Menge sei ohne Zahl gewesen.
Der König nahm das Wort
voll großen Zornes:
»Karl hat mir in meinem Reich
großen Schaden getan.
Darüber führe ich bei euch Fürsten allen Klage.

ich hân iuh gezogen,
ûf mîner erde birt ir geboren.
nû bedarf ich iuwer helfe,
daz ich beherte mîne rîche.
ich sage iu für wâr,
ez ist mêre denne sechs jâr,
daz mir Marsilie sînen boten sante.
dô man im sîne marke brante,
dô enbôt er mir daz,
alsô ich selbe an sînem brieve las,
sîne bürge wâren im an gewunnen,
Karl hête in harte betwungen,
helve gert er an mich.
dô dûcht ez mich billich,
daz ich im hülfe dar zuo.
nu râtet alle, wie wir tuon,
unt helfet mir williclîchen,
daz ich beschirme mîne rîche
nâch mînes namen êre.'
fürsten, die hêrren, *(2668)*
swuoren im al gelîche, *(2668)*
sine wolten im niemer geswîche
ze nehainer slachte nôt.
si wæren im geraite unz an den tôt.

Dô antwirt im des
sîn sun Malprimes:
'râten dirz dîne man,
kêre durch Yspaniam.
dîn swert scol dir nu twingen
die übermüeten Karlinge.
Paris scoltu stœren,
Ache zefüeren. *(2667)*
verteile sîne crône!

7204 ez] is P

Ich habe euch erzogen,
in meinem Land seid ihr geboren.
Jetzt brauche ich eure Hilfe,
um meinen Herrschaftsbereich zu verteidigen.
Ich gebe euch bekannt:
Es ist über sechs Jahre her,
daß mir Marsilie seinen Boten sandte.
Als man ihm seine Mark verheerte,
schrieb er mir,
wie ich selbst in seinem Brief las,
seine Städte seien ihm entrissen worden,
Karl habe ihm sehr zugesetzt,
und er bäte um meine Hilfe.
Mir schien es damals billig,
ihm beizustehen.
Ratet mir also, wie wir verfahren sollen,
und helft mir willig,
meine Herrschaft zu sichern,
wie es der Ehre meines Namens gebührt.«
Die edlen Fürsten
schwuren ihm alle,
sie wollten ihn nicht im Stich lassen,
was immer kommen möge;
ihr Leben stellten sie in seinen Dienst.

Dann antwortete ihm darauf
sein Sohn Malprimes:
»Wenn deine Vasallen es dir raten,
ziehe von Spanien aus weiter.
Dein Schwert wird dir jetzt
die allzu stolzen Franzosen unterwerfen.
Zerstöre Paris,
verheere Aachen!
Sprich ihm die Krone ab.

dar nâch twinc du Rôme,
dâ er ân dîn urloup ist an gesezzen.
erne scolte trinken noch ezzen, *2659*
wan alsô dû in hiezest. *2659*
unt ob dû in in dînem rîche liezest,
darumbe scolt er dienen unt nîgen.
man scol in scenden unt dar ûz vertrîben.'

Dô vorderôte der künc Paligân *2669*
zwêne sîne haimlîche man. *2669*
er sprach: 'Iclarions unt Clariens, *2670*
iuwer vater was der künc Maltrens, *2671*
der was küene unt biderbe.
disen hantscuoch füeret ir Marsilien. *2677*
saget im, ich bin hie bî. *2674*
swâ im sîn nu aller durftest sî, *(2675)*
dâ wil ich hin kêren *(2675)*
mit allen disen hêrren.
wîse uns in diu lant.
si vergeltent in den brant,
oder ich gelige dâ nidere.
komet ir schiere her widere,
iuwer wil ich hie baiten.
unter diu mügen wir uns beraiten,
swar wir denne kêren.'
die rede lopten alle die hêrren. *2685*

Die boten kômen ze Sarragûz. *2689*
diu clage was alsô grôz, *2693*
des wunderôte die haiden.
si hôrten dâ wuofen unt wainen. *2695*
si frâcten, waz dâ wære
nâch sô grôzer ungebære.
si sprâchen, si müesen wol clagen,

7238 ûz] umbe P 7246 durftest *BW*] durftes P

Dann nimm Rom ein,
wo er gegen deinen Willen sitzt.
Dabei dürfte er weder trinken noch essen
gegen deinen ausdrücklichen Befehl.
Wenn du ihn in deinem Reich duldetest,
müßte er dir dafür dienen und danken.
Man muß ihn demütigen und daraus vertreiben.«

Da ließ König Paligan
zwei seiner Vertrauten kommen.
Er sagte: »Iclarions und Clariens,
euer Vater war der König Maltrens,
ein kühner und tapferer Mann.
Ihr sollt diesen Handschuh zu Marsilie bringen.
Sagt ihm, daß ich hier bin.
Wo er uns am nötigsten braucht,
dorthin werde ich kommen
mit allen diesen Fürsten hier.
Er möge uns den Weg angeben.
Sie werden ihm die Brandschatzung vergelten,
oder ich finde den Tod.
Kommt sogleich zurück,
ich werde hier auf euch warten.
Inzwischen können wir uns fertigmachen,
wohin auch immer wir dann ziehen werden.«
Die Fürsten erklärten sich alle damit einverstanden.

Die Boten kamen nach Sarraguz.
Dort war die Trauer so groß,
daß sich die Heiden darüber verwunderten.
Sie hörten Weinen und Wehklagen.
Sie fragten, was denn los sei,
daß alle sich so benähmen.
Jene antworteten, sie hätten allen Grund zu klagen,

die fürsten wæren alle samt erslagen,
si hêten ir lieben hêrren verlorn. *2700*
die ir gote wæren gar verkorn, *2696*
si würten unter die hunte geworfen.
wer in nu mêre mächte gehelfen?

Die boten wîste man ûf daz palas, *(2708)*
dâ michel unfröude was.
si gruozten den küninc undâre. *2710*
daz tâten sie ime ze vâre. *2710*
sie sprâchen: ‘nu gehalte dich Machmet unt Tervagant *2711–2712*
unt unser gote alle samt.
uns ist lait dîn ungemach.’
mit arbaiten er ûf sach.
er sprach: ‘waz mächten mir die gote frum sîn? *(2715)*
ich hiez sie werfen unter die swîn.
ir hûs hiez ich nider brechen.
sie newolten mich nicht rechen.
sie gehiezen mir sige.
nu wartet selbe, wie ich lige
nâch verlornem mînem arme. *(2719)*
sie newolten nicht über mich erbarme,
daz sie mich ie geræchen
oder ie dechein wort dar umbe gespræchen.
sie swîcten sam die stummen.
wanne wæren sie alle verbrunnen,
swaz ir in der werlte wære!
sie sint alle trügenære.’ *2715*

Die boten redeten mêre.
sie sprâchen: ‘Paligân, mîn hêrre, *2725*
hât unsich zuo dir gesant. *2725*
er ist komen in diu lant. *(2728)*

7265 ir P] ire *B*

denn ihre Fürsten seien alle tot;
sie hätten ihre lieben Herren verloren.
Sie hätten sich von ihren Göttern losgesagt
und sie unter die Hunde geworfen.
Wer sollte ihnen nun noch helfen können?

Man wies die Boten nach dem Palas,
wo der Jammer groß war.
Sie entboten dem König einen gotteslästerlichen Gruß
und brachten ihn damit der Hölle näher.
Sie sagten: »Mahomet sei mit dir und Tervagant
und alle unsere Götter.
Wir beklagen dein Unglück.«
Mühsam hob er den Kopf.
Er sagte: »Wie könnten mir die Götter noch helfen?
Ich ließ sie unter die Schweine werfen
und ihre Tempel niederreißen,
denn sie haben mich nicht gerächt.
Sie hatten mir den Sieg verheißen.
Nun seht selbst, wie ich darniederliege
nach dem Verlust meines Arms.
Sie haben sich meiner nicht erbarmt,
indem sie mich etwa gerächt
oder irgendeine Verheißung gegeben hätten.
Sie schwiegen, als seien sie stumm.
Wären sie doch alle verbrannt,
soviel es in der Welt auch geben mag!
Es sind alles Trugbilder.«

Die Boten sprachen weiter.
Sie sagten: »Paligan, unser König,
hat uns zu dir gesandt.
Er ist hergekommen

er ist hie nâhen bî. *(2728)*
swâ dîn wille hin sî,
dar bewîse in drâte.
Paligân admirâte *(2731)*
ist alsô ûz komen –
die küninge habent im gesworen –,
er gesuoche sie ze Karlingen. *2732*
ze Ache wil er dingen.
er geweltiget Rôme unt Laterân.
er gerichet dînen arm.
zwêne unt vierzec küninge
sint dâ her mit im übere.
alle küninge müezen im entwîchen.
si dienent im vorchtlîchen.
Karl, der nist nie sô rîche,
er ne müeze im entwîchen *(2733)*
oder entrinnen.' *(2733)*
dô sprach Brechmunda, diu küniginne: *2734*
'Karl, der ne fürchtet niemen. *2740*
erne spulget nit ze fliehen. *2738*
jâ vindet er in selben *2735*
an dem aller næhesten velde. *2735*
alle die küninge, die in der werlte sint, *2739*
die acht er sam ain niubornez westerkint. *2739*
gewinnet er dâ zim dechein êre,
Paligân, derne überwindet ez niemer mêre.
daz nerede ich umbe daz niet,
mînes hêrren êre sint mir sô liep,
daz ich ir nieman sô wol negan.
Karles site sint sô getân,
si suochent selbe den tôt, *2738*

7298 Paligan *BW*] paligar P 7312 küniginne *BW*] chůninge P
7320 Paligan *BW*] paligar P 7325 sie sůchent P *B*] er sůchet *W*, *vgl. Km. 463,24* E soecket seluer e den doyt

und weilt ganz in der Nähe.
Wohin immer es dir nötig erscheint,
dorthin weise ihm sogleich den Weg.
Paligan, der Kalif,
ist aufgebrochen in der Absicht –
die Könige haben es ihm geschworen –,
sie in Frankreich heimzusuchen.
In Aachen will er Gericht halten.
Rom und den Lateran wird er erobern.
Er wird deinen Arm rächen.
Zweiundvierzig Könige
sind mit ihm über das Meer gekommen.
Alle Könige müssen vor ihm zurückstehen,
sie dienen ihm unterwürfig.
Auch Karl ist nicht so mächtig,
daß er nicht vor ihm zurückstehen
oder ihn gar fliehen müßte.«
Da sagte Brechmunda, die Königin:
»Karl fürchtet keinen Menschen.
Er pflegt nicht zu fliehen.
Er wird ihn selbst
in allernächster Nähe finden.
Alle Könige auf dieser Welt
achtet er gering wie ein neugeborenes Kind.
Mag er als sein Gegner auch Ehre gewinnen,
mit dem Leben wird Paligan nicht davonkommen.
Man verstehe mich nicht falsch:
Die Ehre meines Herrn ist mir lieber,
als daß ich sie irgendeinem andern gönnte.
Aber Karls Art und Weise ist derart,
daß er eher den Tod sucht,

ê er durch decheiner slachte nôt *2738*
ain fuoz iemer entwîche. *2738*
daz waiz ich wol wærlîchen.'

Die boten urloup genâmen. *2764*
sie kômen ze Paligânen. *2767*
sie sprâchen: 'hail sîstu, künc hêre,
Machmet spar dîn êre!
dir dienent alle werlt küninge.
Marsilie gehabet sich vil übele. *2771*
verlorn hât er sînen arm. *2781*
sîne helede sint alle erslagen. *2783*
Yspaniâ stât elliu lære. *(2787)*
wir füeren grôziu niumære.
die dîne habent guot wort,
sie gefrüment den mort,
des sich der kaiser niemer erhalt.
der fürsten ist uns sô vil gezalt,
die der alle sint gelegen, *2794*
unt die sîne râtgeben *2793*
Olivier unt Ruolant *2792*
unt dar nâch alle samt
die sîne vorkempfen küene.
der kaiser, der ist müede.
er hât sich nider gelâzen.
du vindest in ûf der walstrâzen.
er scol dir billîche dienen.
dich verrâtet dâ nu niemen.'

Vf spranc der künc Paligân *2804*
er sprach: 'nune scol sich niemen sparn. *2805*
swer nu baz mege,
der heve sich ze wege. *2806*

7327 entwîche *W*] entwichen P, wolte entwichen *B*, *vgl. Km. 463,26*
7347 vorkempfen küene *GB*] uorchûne P *W*

ehe er irgendeiner Gefahr wegen
auch nur einen Fuß zurückwiche.
Das weiß ich ganz genau.«

Die Boten nahmen Abschied.
Sie kamen zu Paligan zurück
und sagten: »Heil dir, edler König,
Mahomet erhalte deine Ehre.
Dir dienen alle Könige dieser Welt.
Marsilie geht es sehr schlecht.
Er hat einen Arm verloren.
Seine Streiter sind alle tot.
Spanien ist gänzlich entvölkert.
Aber wir haben auch gute Nachricht.
Die Deinen stehen in gutem Ruf.
Sie werden ein Gemetzel anrichten,
von dem sich der Kaiser nie wieder erholen wird.
Sehr viele Fürsten wurden uns aufgezählt,
die alle gefallen sind,
darunter seine Ratgeber
Olivier und Roland
und dazu alle seine
tapferen Vorkämpfer.
Der Kaiser ist erschöpft.
Er hat sich gelagert.
Du wirst ihn noch auf dem Schlachtfeld antreffen.
Er muß sich dir von Rechts wegen unterwerfen.
Dich wird dort keiner mehr verraten.«

König Paligan sprang auf
und rief: »Nun darf sich niemand entziehen!
Jeder möge, so schnell er vermag,
sich auf den Weg machen.

mirne gescach nie sô liebe.'
er vorderôte für sich schiere *2813*
den künc Geneasin. *2814*
daz her bevalh er im. *2815*
die küninge kômen al zesamene.
die drôten alle Karle.
dâ was diu aller maiste hôchvart,
diu unter disem himele ie wart.
dâ wâren mêiske môre,
harte wunterlîche stôre.
dâ was alles des wunteres genuoc,
des got an dise erde ie gescuof.
manc seltsænez spil,
goldes was der vil,
daz vil edele gestaine.
diu fröude was unter den haiden,
daz sie niemen nemächte gescrîben.
Paligân begonde vaste îlen. *2816*
ûz dem her er sich nam
unt ander viere sîne man, *2817*
die wâren rîche herzogen. *2817*
ze dem küninge Marsilie er kom. *(2818)*
wol entfienc in dâ *2822*
diu küniginne Brechmundâ. *2822*
zuo den füezen siu sich im bôt. *2825*
'hêrre', sprach siu, 'mîn ummæzeclîche nôt *2823*
scol ich dir clagen.
mîn sun ist mir erslagen.
der künc hât verlorn sînen arm.
ôwê des ich gelebet hân, *2823*
mînes herzelaides,
alsus grôzen unhailes!

7369 manc seltænez *W*] manseltseniz P 7382 ummæzeclîche] um-mezliche P

Nichts kam mir je gelegener.«
Sogleich befahl er
den König Geneasin zu sich.
Ihm übertrug er den Oberbefehl.
Die Könige sammelten sich alle.
Sie alle stießen Drohungen gegen Karl aus.
Es herrschte der größte Übermut,
der je auf Erden sichtbar wurde.
Schwarzhäutige Meder waren dort,
das allerseltsamste Kriegsvolk.
Dort war alles Wunderbare in Fülle,
das Gott auf dieser Erde je geschaffen hat.
Vielerlei fremdartige Musik,
viel Gold war dort
und Mengen kostbarer Edelsteine.
Die Heiden waren so voller Freude,
daß es keiner hinreichend beschreiben könnte.
Paligan hatte es sehr eilig.
Er sonderte sich vom Hauptheer ab
mit vier seiner Gefolgsleute,
mächtigen Herzögen.
Er kam zu König Marsilie.
Ehrerbietig empfing ihn dort
die Königin Brechmunda.
Sie warf sich ihm zu Füßen.
»Herr«, sagte sie, »mein maßloses Unglück
muß ich dir klagen.
Mein Sohn wurde mir erschlagen.
Der König hat einen Arm verloren.
Ach, was mußte ich noch erleben!
Welch bitterer Schmerz!
Welch großes Unglück!

uns nist niemen frumer bestanden.'
Paligân vie sie unter sînen mantel.
er trôste die frouwen. *2825*
er sprach: 'du scolt mir daz gelouben,
mêre riuwet mich dîn man,
denn ich ez dir künne gesagen.
des anderen wil ich gedagen.
ich geriche sînen arm
an sîn selbes lîbe.
die christen ich vertrîbe.
Karl, der ne rîchsenet nicht mêre.
ez bewainet noch vil sêre
maniger muoter kint
diu lait, diu hie geschên sint.'

Diu künigîn Brechmunde *2826*
wîst in ze stunde, *2826*
dâ der künc Marsilie lac. *2826*
'nune gelebet ich nie necheinen tac',
sprach er, 'alsô gerne. *2831*
willekomen sîstu, mîn vil lieber hêrre. *2831*
daz ich dich gesehen hân,
ich vergizze alles mînes scaden.
aller küninge hêrre,
nune mag ich leben mêre.
verlorn hân ich mînen sun.
die crône unt daz sceptrum
bestætige wîslîche.
dizze künincrîche
gezimt grôzer êre.
nu gib ez selbe ainem hêrren,
der disem rîche gezeme,

7393 mere *GBW*, *vgl. Km. 464,31* me] sere P   7408 min P] mir *B*, *vgl. Km. 464,42*   7419 gezeme] gezem P

Kein Tapferer ist uns geblieben.«
Paligan legte seinen Mantel um sie
und tröstete die Königin.
Er sagte: »Du darfst mir glauben,
mein Schmerz um deinen Mann ist größer,
als ich dir ausdrücken kann.
Von allem andern will ich schweigen.
Ich werde für den Verlust seines Arms
an ihm selbst Rache nehmen.
Ich werde die Christen vertreiben.
Karl wird hier nichts mehr zu sagen haben.
Schmerzlich beweinen werden
noch viele Menschen
das Leid, das hier geschehen ist.«

Die Königin Brechmunda
führte ihn sogleich
zum Lager des Königs Marsilie.
»Einen schöneren Tag«,
sagte dieser, »habe ich nie erlebt.
Sei willkommen, mein geliebter Herr.
Über deinen Anblick
vergesse ich mein ganzes Unglück.
Herrscher über alle Könige,
mein Leben geht zu Ende.
Meinen Sohn habe ich verloren.
Sichere Krone und Szepter,
so wie du es für richtig hältst.
Dieses Königreich
ist eines großen Herrschers würdig.
Belehne selbst einen Fürsten damit,
der dieses Reiches würdig ist,

der milteclîchen gebe
unt nicht enspar vor den êren.'
dô antwirt im sîn hêrre: *2835*
'liebest aller manne,
ich sûme mich ze lange. *2836*
nu getrœste dich, Marsilie.
ich kome schiere her widere,
sô wil ich dînen rât hân.
mîn baitet manc edele man.
sô wir nû gesên, wiez ergê,
sô ahten darnâch, wiez gestê.
ich muoz nu gâhen hinnen,
ich fürchte, daz sie entrinnen. *(2837)*
ich scol dich iemer mêre clagen. *2835*
jâne gewan ich nie nehain man,
der daz rîche ie baz gêrte.'
von im er dô kêrte, *2839*
die zaher vielen in von den ougen. *2839*
dô kust er die frouwen.
sîn vaictage in jagete,
daz er nie ûf gehabete,
unz er kom an die stat,
dâ ez allez wol verendet wart.

Der gotes engel wacte den kaiser. *2846–2847*
jâne west er nicht der raise.
harte nâchten im die vaigen.
er begonde harte wainen.
der kaiser scutte sich ûz der halsperge. *2849*
in criuzestal viel er zuo der erde.
er mante got sîner gnâden.
er sprach zuo den, die bî im wâren:
'ez ist ienoch unnâch
unser grôz ungemach

7437 in P] im *BW, vgl. Str. 8886, Km. 467,1*

der freigebig austeilt
und um der Ehre willen nicht sparsam ist.«
Darauf antwortete ihm sein Herr:
»Liebster aller Vasallen,
ich halte mich zu lange auf.
Fasse Mut, Marsilie.
Bald komme ich zurück
und werde dann deinen Rat brauchen.
Viele Edelleute warten auf mich.
Wenn wir sehen, wie es steht,
werden wir überlegen, wie es weitergehen soll.
Ich muß schleunigst aufbrechen,
denn ich fürchte, sie entfliehen sonst.
Ich werde um dich ewig klagen.
Nie besaß ich einen Vasallen,
der dem Reich größeres Ansehen verschaffte.«
Er verließ ihn,
aus ihren Augen fielen Tränen.
Er küßte die Königin.
Sein drohender Tod jagte ihn,
daß er nicht anhielt,
bis er dort angekommen war,
wo alles ein gutes Ende nahm.

Der Engel Gottes weckte den Kaiser.
Er wußte noch nichts von dem Kriegszug.
Die Todgeweihten näherten sich schnell.
Er weinte bitterlich.
Der Kaiser legte die Rüstung ab.
Mit ausgebreiteten Armen fiel er zur Erde
und bat Gott um seine Gnade.
Dann sagte er zu denen, die bei ihm waren:
»Leider ist noch lange
unsere große Mühsal

laider gelendet.
swiez got noch verendet,
daz rechet mîne sünde –
got refset mich darumbe –
unt ander mîner vorderen.
swâ ez hie noch sî verborgen,
ich sach hînacht in mînem troume
wunterlîche tougen.
hart entsaz ich ez mir.'
dô sprach der küninc Oigir:
'ne ruoche du, hêrre, umbe die troume.
nicht langer du dich nesûme.
zewâre sage ich dir daz,
swaz frumes in allen disen rîchen was,
die sint alle samt gelegen.
wie mächt uns an ichte misseschên?
uns enmac niemen wider rîten,
ez ne sî, daz diu wîp wellen strîten,
ez ne sî, daz uns slüege unser aller hêrre,
anders enmac uns nicht gewerren.'

Sîn wîshait in dô lêrte,
daz er danne kêrte.
ain criuze er an im vant
âne menschen hant,
daz im der engel von himel hête brâcht.
got hête sîn wol dâ mit gedâcht.
des erfröute sich der hêrre.
daz fuort er iemer mêre,
alsô lange sô er lebete,
dâ er sich tagelîchen mite segenete,

7455 rechet *GB*] rechent P   7457 mîner] mine P   7462 chůninc P] chůne *W, vgl. Km. 465,31* der kone   7475 im *BW, vgl. Str. 8931, Km. 465,44*] in P   7477 im *BW, vgl. Str. 8934, Km. 465,47*] in P

nicht zu Ende.
Wie immer Gott es ausgehen läßt,
das ist die Strafe für meine Sünden –
deshalb straft mich Gott –
und die meiner Ahnen.
Mag es jetzt auch noch verborgen sein,
so sah ich doch heute nacht im Traum
wunderbare Gesichte.
Davor erschrak ich sehr.«
Darauf sagte König Ogier:
»Kümmere dich, Herr, nicht um Träume.
Zögere nicht länger.
Ich versichere dir,
die wehrhaften Männer dieser Länder
sind alle tot.
Wie könnte es uns irgend übel ergehen?
Niemand kann sich uns mehr entgegenstellen,
wenn nicht Frauen zu den Waffen greifen
oder unser aller Herrgott uns vernichtet.
Sonst kann uns nichts mehr passieren.«

Da sagte ihm seine Erfahrung,
daß er abziehen könne.
Er fand ein Kreuz an sich,
nicht von Menschenhand gemacht,
das der Engel vom Himmel ihm gebracht hatte.
Gott hatte damit seiner gnädig gedacht.
Darüber freute sich der Kaiser.
Er trug es seitdem ständig,
sein ganzes Leben lang
und segnete sich damit täglich.

daz man hiute ze Ache vindet.
mit im ist grôz heilictuom besigelet.

Dô nâchten si Runzevalle. *2855*
der kaiser nam sich ûz in allen. *2869*
dâ vant er ligen ainen *2876*
enzwischen marmelstainen *2875*
sînen neven Ruolanten. *2875*
mit sînes selbes hanten *2879*
huob er in von der erde.
ich wæne, iemer mêre werde *(2877)*
sô grôz jâmer, sô dâ was. *(2877)*
si vielen ûf daz gras. *2880*
si wainten alle sêre. *2908*
der man clagete sînen hêrren,
sô clagete der hêrre sînen man.
wer mächte sich des enthaben,
erne scolte mite wainen
alsô manigen heiligen rainen,
die si ûf habeten.
âne mâze sie clageten.
wer enthielte sich dar under,
der ie gesach diu grôzen wunder,
ez en müese in erbarmen,
dô der kaiser ûf sînen armen
clagete Ruolanten?
er begonde in wantelen
al hin unt her.
vil inneclîchen sprach er: *2886*
'ôwî vil lieber neve, *2887*
wie ungerne ich nu lebe. *2929, 2936*
want scolt ich zuo dir in daz grap! *2942*
dû wære mînes alteres stap. *(2902)*

7483 man *GBW, vgl. Km. 465,55*] *fehlt* P 7503 enthielte *B*] enthilt P

Heute wird es in Aachen aufbewahrt.
Kostbare Reliquien sind in ihm eingeschlossen.

So kamen sie nach Ronceval.
Der Kaiser war dem Heer vorangeritten.
Da fand er einsam
zwischen Marmorsteinen
seinen Neffen Roland liegen.
Mit seinen eigenen Händen
hob er ihn auf.
Ich glaube, nie wieder wird
so getrauert werden wie dort.
Sie fielen zur Erde
und weinten alle bitterlich.
Der Vasall beklagte seinen Herrn
und der Herr seinen Vasallen.
Wer konnte sich ausschließen
und mußte nicht mit ihnen
so viele reine, heilige Männer beweinen,
wie sie dort zusammentrugen?
Ohne Maß klagten sie.
Wer auch hätte dabei ruhig bleiben können,
der so unerhörte Dinge zu Gesicht bekam,
und nicht mitleiden müssen,
als der Kaiser den in seinen Armen
liegenden Roland beweinte?
Er wiegte ihn
immerfort hin und her.
Aus innerstem Herzen sprach er:
»Ach, liebster Neffe,
ich mag nicht mehr leben.
Könnte ich doch mit dir sterben!
Du warst mir Stütze im Alter.

mir ne geschach nie sô laide.
dû wære ez allez aine, *2904*
dû wære mîn zesewiu hant.
lesen diu buoch elliu samt,
sine zaigent dir nehain gelîchen,
noch nelebet in allen ertrîchen,
noch newirt niemer mêre.'
fürsten, die hêrren,
rouften sich selben harte. *2906*
bî hâre unt bî barte *2906*
liten si grôz ungemach.
dô iegelîcher sînen friunt gesach,
sô clageten sie ie mêre unt mêre.
si hêten manige ungebære.
ich wæne, nie niemen laider geschæhe.

Der kaiser clagete sîne tôten.
die zahere begonden rôten,
die im ze tale vielen.
er sprach: 'nune lebet niemen
den ich dir ebenmâze.
an wem mächt ich mich nu verlâze?
getruobet ist al mîn künne.
diu lant du mir elliu twünge. *2920*
dû ervæchte die stainherten Sachsen *2921*
unt (. . .), die swert wassen.
Swâbe unt Franken
die habent mich nû ze undanken. *2921*
ich wirde in vil smæhe.
ôwî, laidiu niumære, *(2918–2919)*
diu nu fliegent in diu lant!' *(2918–2919)*

7516 wære ez] wariz P 7525 liten] liden P 7526 *danach fehlt ein Vers (?) B* 7536 an P] *vgl. Km. 466,46* zo, zuo *B* 7538 du *BW*] din P 7542 undancken P] unthanke A

Nie wurde mir solches Leid zugefügt.
Du warst mir alles,
du warst meine rechte Hand.
Mögen wir auch alle Bücher lesen,
deinesgleichen kennen sie nicht
und gibt es auch in der Wirklichkeit nirgendwo,
noch wird es (deinesgleichen) je wieder geben.«
Die edeln Fürsten
rauften sich selbst.
An Haar und Bart
fügten sie sich Schmerz zu.
Als jeder seinen Verwandten fand,
da wehklagten sie mehr und mehr.
Sie verloren alle Beherrschung.
Ich glaube, niemandem ist es je schlimmer ergangen.

Der Kaiser beweinte seine Toten.
Die Tränen wurden rot,
die ihm entquollen.
Er sagte: »Niemand lebt,
den ich dir gleichstellen könnte.
Wem könnte ich mich nun anvertrauen?
Mein ganzes Geschlecht ist voll Trauer.
Du hast mir alle Länder erobert.
Bezwungen hast du die felsharten Sachsen
und die (...) mit den scharfen Schwertern.
Schwaben und Franken
werden mich nur noch unwillig ertragen.
Ich werde ihnen sehr verächtlich sein.
Ach der bösen Nachrichten,
die jetzt in die Lande hinausgehen werden!«

ûf huob er die hant,
er sprach: ‘gnædeclîcher hêrre, *(2898)*
nu wil ich dich manen verre
umbe daz ich wandel tôten.
dû gedenke der nôte,
daz dich die juden viengen
unt die haiden hiengen.
durch dîner marter êre
erbarme dich umbe die sêle.
erlœse sie von allen hellewîzen gare.
belaite si unter die himelscar, *2899*
wîse si zuo dînen êwigen genâden.’ *2934*
si sprâchen alle: ‘âmen.’

Der kaiser bette drîe stunde
von tiefem herzegrunde.
er wunscte allen den gnâden,
die dâ beliben wâren
in christenlîchem gelouben.
daz bluot flôz im von den ougen.
ûf den stain er gesaz.
ienoch hiute ist er naz,
dâ daz bluot ane flôz.
der ir wuoft was alsô grôz,
daz manige für tôt lâgen,
dô sie des kaiseres nôt sâhen.
die hêren fürsten,
die dâ getorsten,
von dem staine si in huoben.
in gote si in beswuoren, *2946*
daz er mæzlîchen clagete, *2946*
daz im daz volc dâ von icht erzagete,
ob im sîn durft gescæhe.
sîn herze was im iedoch vil swære.

7555 hellewîzzen gare *B*] helle wizzen P

Er hob die Hand
und sprach: »Barmherziger Gott,
nun erinnere ich Dich inständig
daran, daß ich einen Toten im Arm halte.
Gedenke der Todesnot,
daß Dich die Juden gefangennahmen
und die Heiden Dich kreuzigten.
Um Deiner hohen Marter willen
erbarme Dich dieser Seele
und erlöse sie von allen Höllenstrafen.
Führe sie zu den Seligen,
zeige ihr den Weg zu Deiner ewigen Gnade.«
Sie sprachen alle: »Amen.«

Dreimal betete der Kaiser
aus tiefstem Herzen.
Er bat für alle um Gnade,
die dort den Tod gefunden hatten
im christlichen Glauben.
Blutige Tränen flossen ihm aus den Augen.
Er setzte sich auf einen Stein.
Noch heute ist er naß,
wo die blutigen Tränen auf ihn gefallen waren.
Ihr Schmerz war so groß,
daß viele wie tot dalagen,
als sie die Not des Kaisers sahen.
Die edlen Fürsten,
die es wagten,
halfen ihm herab vom Stein.
Im Namen Gottes beschworen sie ihn,
er möge seine Klage mäßigen,
damit ihm das Kriegsvolk dadurch nicht verzagte,
das er vielleicht noch brauchen werde.
Doch das Herz war sehr schwer.

die tôten hiez er zesamene tragen. *(2947)*
ain karnære wart dâ gegraben. *(2949)*
sie bliesen ir horn. *2950–2951*
die biscofe wolten zesamene komen *2955*
unt ander gelêrten. *2956*
wie wol si got geêrte,
die dâ mit wâren,
daz si die heiligen bivilde sâhen!
si bestatten si alsus *2960*
cum mirra et aromatibus. *2958*

Der kaiser hiez im gewinnen *2962*
sîne haimgesinden
hirzîne hiute, *2968*
dâ man inne sûte
die hêren lîchenâmen.
ir gewaide sie ûz in nâmen, *2965*
si bestattenz in die gruobe.
zaichen gescâhen dâ genuoge
unt geschênt iemer mêre.
nu biten wir die hailigen hêrren,
want ez in got verlâzen hât,
daz si uns wegen umbe unser missetât.

Die hêrren nâmen dô schiere
Ruolanten unt Oliviere
unt den biscof Turpînen.
in almariske sîden *2965, 2973*
si die hêrren legeten.
si nâmen pigmenten, *2969*
manc guot phlaster,

7592 inne, *vgl. Str. 10757, Km. 467,42*] in P 7601 nâmen *BW, vgl. Km. 467,53*] *fehlt* P 7603 Turpînen *BW*] turpin P 7605 die *GBW, vgl. Km. 467,59*] den P 7607 phlaster, *vgl. Km. 467,63* plaester] blaster P

Er ließ die Toten zusammentragen.
Ein großes Grab wurde dort ausgehoben.
Sie ließen ihre Hörner erschallen.
Die Bischöfe kamen zusammen
und andere Kirchenleute.
Ach, welche Gnade erwies Gott denen,
die dabei waren,
daß sie die heilige Totenfeier miterlebten.
So also bestatteten sie sie
cum myrrha et aromatibus.

Der Kaiser ließ sich
von seinen Hofbediensteten
Hirschhäute herbeischaffen,
in die man
die edlen Leichname einnähte.
Ihr Eingeweide hatten sie vorher herausgenommen
und bestatteten es in einem Grab.
Da geschahen viele Wunderzeichen
und geschehen noch heute.
Wir wollen die heiligen Fürsten anrufen,
da ihnen Gott die Gewalt gegeben hat,
daß sie uns beistehen in unsrer Sündhaftigkeit.

Unverzüglich nahmen die Fürsten
Roland und Olivier
und den Bischof Turpin auf.
In Seidentücher aus Almeria
hüllten sie die Fürsten.
Sie nahmen Spezereien
und vielerlei Wohlgerüche,

daz tiure alabaster,
manige guote salben,
die strichen si in allenthalben,
manigen guoten phellel wîzen.
si bewunden si mit flîze.
mit âlôe unt mit mirren
bewarten si die hêrren.
er vorderôte sîne holden,
den grâven Diepolden, *2970*
Milunen, den neven sînen, *2971*
unt Gebewînen *2970*
unt Otten, den marcgrâven. *2971*
er hiez si die hêrren bâren. *(2972)*
mit gewarheit hiez er bringen
si haim ze Karlingen.

Dem kaiser rieten sîne man,
er hieze wenden sînen van. *(2974)*
zwêne boten ranten im dô nâch. *2976*
si sprâchen: ‘war ist dir nû sô gâch,
du übermüeter kaiser? *2978*
hiene wirt nicht widerraise. *2978*
du nescolt sô genozzen nicht hin varen.
dir enbiutet dîn hêrre Paligân, *2979*
daz du sîn baitest
unt dich dar zuo beraitest,
daz du im icht entrinnest
unt im sîn zins bringest.
du dienest im von rechte.
dune darft mit im nicht vechte.
vil michel ist sîn hêrscaft. *2980*
er füeret sô getâne heres craft, *2980*
diu unter disem himele

7613 âlôê, *vgl. Km. 467,69*] alue P, alve *M*   7619 Otten *BW*] orte P

kostbare Alabastergefäße,
viele gute Salben,
mit denen sie sie einrieben,
und kostbare, schimmernde Seidentücher.
Sie hüllten sie sorgsam ein.
Mit Aloe und Myrrhe
balsamierten sie die Fürsten ein.
Er ließ seine Getreuen rufen,
Graf Diebalt,
dessen Verwandten Milun
und Gebewin
und den Markgrafen Otte.
Er befahl ihnen, die Fürsten aufzubahren.
Mit sicherem Geleit ließ er
sie heim nach Frankreich bringen.

Dem Kaiser rieten seine Vasallen,
den Befehl zum Abzug zu geben.
Da kamen ihm zwei Boten nachgelaufen
und sagten: »Wohin willst du so schnell,
hochmütiger Kaiser?
Hier gibt es keine Umkehr,
so ungeschoren sollst du nicht davonkommen.
Paligan, dein Herr, befiehlt dir,
auf ihn zu warten
und dich darauf vorzubereiten,
nicht etwa zu entfliehen,
sondern ihm seinen Zins zu zahlen.
Von Rechts wegen bist du sein Untertan.
Du brauchst gar nicht erst mit ihm zu kämpfen.
Seine Macht ist sehr groß.
Er führt ein so mächtiges Heer an,
wie auf Erden

kom ie zesamene,
alsô vermezzen volc.
dîn vechten, daz entouc.
unt fliuhestu hinnen,
er suochet dich zuo den Karlingen.
gefliuhestu ûf dechein burc,
si nist nie sô veste noch sô guot,
erne haize dich ermangen.
swie dir nu gevalle,
sô enbiut du mînem hêrren.
dar nâch scol er sich kêren.'

Der kaiser begonde den bart straichen. *2982*
er sprach: 'wie waiz er mich sô waichen?
ich haize der voget von Rôme.
alle werltlîche crône,
die sculen mir sîn untertân.
wie getorste mich Paligân
sô ungezogenlîchen grüeze?
er muoz mirz gebüeze.
er ne darf in sînen mangen
niemer sail gespannen,
noch gerichten sîn antwerc
an dehainen hôhen berc.
an dem braiten velde
wellent dise helde
enphâhen sîne recken
mit scarphen swertes ecken.
ist daz mir sîn got gan,
iuwer hêrre Paligân
geliget unter mînem swerte.
der zins wirt vil herte.
alle sîne künege

7659 mangen *BW*] maggen P 7661 antwerc] hantwerc P *BW*
7671 künege *BW*] chûne P

nur je eines zusammenkam,
ein so kühnes Kriegsvolk.
Dein Widerstand ist zwecklos.
Solltest du aber fliehen,
wird er dich in Frankreich heimsuchen.
Flüchtest du dich in eine Festung,
kann diese gar nicht so bewehrt und stark sein,
daß er dich nicht bezwingen lassen könnte.
Was dir nun lieber sei,
das laß meinem Herrn ausrichten.
Entsprechend wird er dich behandeln.«

Der Kaiser strich sich den Bart.
Er sagte: »Warum glaubt er mich so schwach?
Ich bin Vogt von Rom,
alle Kronen der Welt
müssen mir untertan sein.
Wie konnte Paligan wagen,
mich so ungebührend grüßen zu lassen?
Er wird mir dafür zahlen müssen.
Er braucht in seinen Wurfmaschinen
gar nicht erst die Seile zu spannen
noch seine Belagerungsmittel
auf irgendeinen hohen Berg zu stellen.
In der weiten Ebene
werden meine Helden
seine Kämpfer empfangen
mit scharfen Schwertern.
Schenkt mir Gott die Gnade,
wird euer König Paligan
durch mein Schwert fallen.
Dieser Zins wird sehr hoch sein.
Seine Könige alle

gedingent hiute vil übele.
derne komet niemer nehainer widere.
got selbe slehet si der nidere,
den si nicht wellent erkennen.
daz helle fiur scol si iemer brennen.'

Der kaiser hiez blâsen sîniu horn.
die fürsten alle ze hove kômen.
unter in er gehabete,
vil wîslîchen er si manete:
'nû ir gotes helde,
got vorderôt iuch selbe,
er ladet iuch in sîn rîche.
gehabet iuch frümeclîche.
swer sich ze gote wil gehaben,
dem sint die porten ûf getân,
dâ er sîne hêrren scol sehen.
wie mächt im iemer baz geschehen?
nu vernemet, wie unser hêrre sprach,
dô er die marter an sach:
"ich wil, lieber vater mîn,
daz alle die mit mir sîn,
die mînen willen hânt getân.
die füere ich selbe an den stam,
dâ si iemer mit fröuden sint.
die haizent mîniu rechten erbekint." '

Dô sprach der kaiser hêre:
'nu vernemet ouch mêre.
von den haiden stêt gescriben dâ:
"mors peccatoris pessima",
der süntære tôt ist fraislîch.

7675 den *W, vgl. Str. 9009, Km. 468,50*] daz P *B* 7683 sin *B, vgl. Km. 468,68*] sine P *W* 7688 geschehen] geschen P 7696 minuí *W, vgl. Str. 9032, Km. 469,11*] sinuí P, siniu *B*

hängen heute falschen Hoffnungen nach.
Keiner wird mit dem Leben davonkommen.
Gott selbst wird sie fällen,
an den sie nicht glauben wollen.
Das Feuer der Hölle wird sie ewig brennen.«

Der Kaiser ließ seine Hörner erschallen.
Alle Fürsten kamen an den Hof.
Er stand mitten unter ihnen.
Voll hoher Weisheit spornte er sie an:
»Auf, ihr Gottesstreiter,
Gott selber ruft euch,
Er lädt euch in sein Reich.
Zeigt euch tapfer!
Wer sich an Gott hält,
dem stehen die Tore (zum Himmelreich) offen,
wo er seinen Herrn schauen wird.
Wie könnte es ihm besser ergehen?
Hört selbst, was unser Herr sagte,
als Er das Martyrium erwartete:
›Lieber Vater, ich möchte,
daß alle die bei mir sein dürfen,
die meine Gebote erfüllt haben.
Ich will sie selbst ins Paradies führen,
wo sie ewig in Freude sein werden.
Sie sind meine wahren Erben.‹ «

Dann sagte der edle Kaiser noch:
»Hört weiter.
Von den Heiden steht geschrieben:
›Mors peccatoris pessima‹,
schrecklich ist der Tod der Sünder.

die tiuvel unterwindent sich
baidiu lîbes unt sêle.
mit fraisen sint si iemer mêre
in dem hellegrunde,
die sich nicht erkennent ir sünde.
der künc Dâvîd,
vor unseres hêrren geburte manige zît
ain vil hêrer wîssage,
der scrîbet uns hiute von diseme tage:
"küninge der erde
stênt ûf wider ir hêrren.
sich samnent manige fürsten
wider unseren hêrren Cristen."
got mit sînem gewalte
hât unsich dâ zuo gehalten,
daz wir daz hiute rechen.
ir getwanc scole wir zebrechen.
ir joch werfen wir zetal.
der des himeles waltet über al,
der zertailet si mit sîner craft.
er tuot unsich lobelîchen sigehaft.
daz hail ist von gote komen.
der ist sælic geborn,
der in der nôte gestât.
vil ist der, die er geladet hât,
lützel ist der erwelten.
ir scult iuch behalten.
swie der rechte wirdet hin gezücket,
ain hâr newirdet niemer an im verrücket.
er wont iemer mêre
mit lîbe unt mit sêle
zuo den êwigen gnâden.'
si sprâchen alle: 'âmen.'

7704 sint *W*] ist P *B*   7712 herren *BW*] herre P   7715 gewalte *BW*] gewaltē P   7729 gezücket *BW*] zezůcket P

Die Teufel werden
Leib und Seele an sich reißen.
Mit Schrecken werden sie ewig
in der tiefsten Hölle schmachten,
die ihre Sünden nicht bekennen wollen.
König David,
der lange vor unseres Herrn Geburt
ein königlicher Prophet war,
der schreibt uns von diesem Tag heute:
›Die Könige der Erde
lehnen sich auf wider den Herrn.
Viele Fürsten vereinigen sich
wider unsern Herrn Christus.‹
Gott hat uns in seiner Macht
dafür am Leben erhalten,
daß wir heute dafür Rache nehmen.
Wir sollen ihre Gewalt brechen
und ihr Joch abschütteln.
Der Herr des Himmels
wird sie mit seiner starken Hand zerstreuen.
Er wird uns ruhmvoll siegen lassen.
Das Heil ist von Gott gekommen.
Selig ist,
wer in der Gefahr ausharrt.
Denn viele sind berufen,
aber wenige sind auserwählt.
Dies wird eure Rettung sein.
Wo der Gerechte den Tod erleidet,
da soll kein Haar an ihm gekrümmt werden.
Er wird in alle Ewigkeit
mit Leib und Seele
in der ewigen Gnade sein.«
Sie sprachen alle: »Amen.«

Der kaiser wâfenôte sich. 2987
dô gâchte mannegelîch, 3000
wie er sih beraite. 3000
niemen des anderen enbaite.
die helde sich bewanten,
want si des guote state habeten,
mit stælînem gewande. *(3001)*
dô schain in dem lande
diu vil edelen gestaine,
sam die sterren algemaine
wæren rôt guldîn.
ain fröude wart dô unter in,
sam si aine brût scolten füeren.
helde, die vil küenen,
die êwarte sie suochten.
wie wol si si beruochten
mit dem gotes lîchâmen.
si wunscten in allen gnâden,
antlâz umbe got.
sam durchsoten golt
wurden si hie gelûteret unt gerainet.
got hât michel wunder durch si erzaiget.

Der kaiser ûf daz ros saz. 2993
si fröuten sich ie baz unt baz.
daz march hiez Entercador. 2993
daz ervacht er dâ vor 2994
dâ ze Vadune dem küninge. 2994
dem gelanc vil übele.
zuo der helle ern sande *(2995)*
mit sîn selbes hande.

7737 wie er] wier P 7739 bewanten P] bewareten *B* 7742 schain P] schin(en)? *Sch. bei W* 7743 di uil edelen P] daz uil edele (?) *Sch. bei W* 7749 êwarte *BW*] warte P 7761 dem P *W*] abe theme *B*

Der Kaiser wappnete sich.
Da eilte jeder,
um sich zu rüsten.
Keiner wartete auf den andern.
Die Helden legten,
denn sie hatten alles in Fülle,
Eisenrüstungen an.
Da leuchtete überall
das reiche Edelgestein,
als wären alle Sterne
aus rotem Gold gewesen.
Eine Freude verbreitete sich unter ihnen,
als sollten sie einen Brautzug führen.
Die kühnen Helden
suchten die Priester auf.
Wie gern teilten die ihnen
den Leib des Herrn aus!
Sie wünschten ihnen alle Gnade
und Vergebung bei Gott.
Wie geläutertes Gold
wurden sie hier rein und sündenfrei.
Gott hat große Wunder an ihnen getan.

Der Kaiser stieg aufs Pferd.
Sie wurden immer froher gestimmt.
Das Pferd hieß Entecador.
Er hatte es ehedem im Kampf
bei Vadune dem König abgenommen.
Dem war es schlecht ergangen.
Er schickte ihn
eigenhändig zur Hölle.

der kaiser vorderôte Winemannen, *3014*
Rapoto hiez der ander. *3014*
er sprach: 'weset in Ruolantes stat, *3016*
der dem rîche dicke wol gedienet hât.
hiute jâmeret mich sîn harte.
nim dû Durndarten. *3017*
dû bist ein helt ze dînen hanten.
blâs dû Olivanten. *3017*
gehœrent die haiden sîne stimme,
siu ist in nicht anminne.
welt iu drîzec tûsent manne, *3019*
die iu beste gevallen. *3020*
behüetet wol des rîches êre!'
dô fröuten sich die helde bêde.

Der kaiser vorderôte Gebewînen. *3022*
er sprach: 'richtu den neven dînen.
nim du drîzec tûsent man, *3021*
selbe füere du dînen van.
daz vergiltet dir got.
gedenke an Ruolantes tôt,
swaz dir kom ze handen.
hiute rechen wir unseren anden.
Naimes, der wîgant, *3023*
der zieret wol Beirlant.
got ruochte mich ienoch ze bedenken,
der sante mir in ze ainem kemphen,
von den getriuwen Armenien geborn.
die Baigere hân ich selbe erkoren
ze vorderlîcher cnechthaite.
zwainzec tûsent er laite. *3029*
mit ir scarphen swerten
sculen si den sige an in erherten. *(3030)*
si koufent in vil sêre,

7787 *Initiale* P   Naimes *BW*] Maimes P

Der Kaiser ließ Winemann rufen
und einen zweiten namens Rapoto.
Er sagte: »Nehmt Rolands Stelle ein,
der dem Reich oft treu gedient hat.
Heute muß ich ihn sehr beweinen.
Du nimm Durndart,
denn du bist ein tapferer Held.
Und du blas Olifant.
Wenn die Heiden seine Stimme hören,
wird sie ihnen nicht angenehm sein.
Wählt euch dreißigtausend Mann aus,
die euch am geeignetsten scheinen.
Schützt die Ehre des Reichs.«
Da freuten sich die beiden Helden.

Der Kaiser hieß Gebewin kommen.
Er sagte: »Räche deinen Verwandten.
Sammle dreißigtausend Mann um dich
und führe selbst die Fahne!
Gott wird dir dafür lohnen.
Denke an Rolands Tod,
was immer dir begegnet.
Heute rächen wir unsern Schmerz.
Naimes, der Recke,
ist eine Zierde Baierns.
Gott hat mich nicht vergessen,
er hat ihn mir als Kämpfer gesandt,
der von den treuen Armeniern abstammt.
Die Baiern habe ich selbst
als besonders tapfer kennengelernt.
Er soll zwanzigtausend Mann anführen.
Mit ihren scharfen Schwertern
werden sie den Sieg über sie erringen.
Sie werden ihn blutig erkaufen,

küener volc newart niemêre. 3030
unt dû, helt Oigir,
vil wol getriuwe ich dir.
dû bist des Waten künnes.
dûne waist nicht übeles.
dû hâst rechte aines lewen muot,
der niemen nechein lait entuot,
erne werde ergremt.
swer dich mit übele erweget,
der hât harte missevaren.
nim du zwainzec tûsent man, 3039
vichtu hiute nach dem rechten,
unt gefriste dich selbe mîn trechtîn.
von Sutria Herman, 3042
der scar wol geleiten kan – (3043)
daz erbe ist si von allem adel an kom,
si sint helde ûzerkoren –,
zwainzec tûsent man 3039
volgen dînem van.
Richart, der alte, 3050
got hât dich im selbe behalten.
er vorderôt dich an den strît.
geopherôstu im den lîp,
sône gescach nie niemen baz.
für wâr sage ich dir daz,
dich enphâhent die engel mit sange.
belaite die Normanne, 3045
zwainzec tûsent in der scar. 3046
si füerent guote wîcgar.
helde alsô strange,
die küenen Almanne, 3038
sîn ir geverten.

7801 Waten *BW*] watens P 7810 min *W*] *fehlt* P, unser *B*
7813 allem] allē P 7816 dînem] dem P

nie gab es tapferere Männer.
Und du, heldenhafter Ogier,
auf dich setze ich meine ganze Zuversicht.
Du stammst aus dem Geschlecht des Wate.
Du kennst keine Bosheit.
Du hast wahrlich das Herz eines Löwen,
der keinem ein Leid antut,
wenn er nicht gereizt wird.
Wer dich aus Bosheit reizt,
um den ist es geschehen.
Nimm zwanzigtausend Mann,
kämpfe heute für das Recht,
und Gott selbst möge dich am Leben erhalten.
Hermann von Sutria,
der es versteht, Kriegsscharen anzuführen –
es kommt ihnen ihres Adels wegen zu,
es sind große Helden –,
zwanzigtausend Mann sollen
deiner Fahne folgen.
Richart der Alte,
dich hat Gott für sich selbst am Leben erhalten.
Er ruft dich zum Kampf.
Wenn du ihm dein Leben opferst,
so ist es niemandem je besser ergangen.
Ich versichere dir,
die Engel werden dich mit Gesang empfangen.
Führe die Normannen an,
ein Heer von zwanzigtausend Mann.
Sie tragen gute Rüstungen.
Ebenso tapfere Helden,
die kühnen Alemannen,
sollen ihre Kampfgefährten sein.

si verhouwent helme herte.
die von Brittanne, *3052*
zwainzec tûsent manne, *3053*
Nevelun si belaite. *3057*
si sint helde wol geraite.
Regenbalt von Petûwe, *3073, 3062*
dem scul wir vil wol getriuwen,
füere zwaincec tûsent helede. *3063*
die von Dalvergie *3062*
gip ich im ze helve.
die scar werdent lobelîche.
Haimunt, der grimme, *3073*
füere die Flæminge, *3069*
Jocerans die Friesen. *3067, 3069*
die Karlinge wil ich selbe mir erkiesen.
Lotringe helede, *3077*
die vechtent ze mîner zesewen,
Burgunder anderhalp. *3077*
die füerent manigen helt balt.
Otto, der marcgrâve, *3058*
der laitet wol zewâre
die küenen Rînfranken. *(3084)*
gote sculen wir iemer danken,
daz ez dar zuo komen ist.
ienoch waiz ich ain list:
Swâben, die milten,
die füerent zwiskele scilte.
si sint vil guote knechte.
ich wil, daz si vor vechten.
zehenzec tûsent man, *(3085)*
die wil ich ze mîner scare hân,
sô ich si waiz die besten. *(3085)*

7837 helede *B*] helde P *W*   7845 helede *B*] helde P   7853 komen] kom P

Sie werden die festen Helme zerbeulen.
Die aus der Bretagne,
zwanzigtausend Mann,
soll Nevelun anführen.
Es sind gut gerüstete Krieger.
Regenbalt von Poitou,
auf den wir unser ganzes Vertrauen setzen,
führe zwanzigtausend Mann an.
Die aus der Auvergne
gebe ich ihm als Hilfstruppen.
Das wird ein ruhmreiches Heer.
Der grimmige Haimunt
führe die Flamen an
und Jocerans die Friesen.
Die Franzosen wähle ich mir selbst.
Die Helden aus Lothringen
werden zu meiner Rechten kämpfen,
die Burgunden auf der andern Seite.
Sie führen viele tapfere Helden mit sich.
Markgraf Otto
wird auf jeden Fall
die kühnen Rheinfranken anführen.
Wir wollen Gott ewig danken,
daß es dahin gekommen ist.
Noch etwas anderes habe ich im Sinn:
Die freigebigen Schwaben
führen doppelte Schilde.
Sie sind die besten Kämpfer.
Ich will, daß sie in vorderster Linie stehen.
Hunderttausend Mann
will ich unter meinem Befehl haben,
die besten, die ich kenne.

die mîne nôtvesten,
Argun unt Tirrich, *3083*
vil wol erkenne ich
ir tugentlîche sit.
der dritte, bruoder Gotefrit, *3093*
der füere mînen van. *3093*
Crist, rainer megede barn,
mache unsich vor den haiden frî,
alsô diu wârhait unter uns sî.'

Der kaiser erwelte im selbe
zehenzec tûsent helde, *3085*
die sîn in allen zîten huoten.
die helde wâren sô gemuote,
daz si ê suochten den tôt, *3041*
denne si durch dehainer slachte nôt *3041*
kômen von ir hêrren,
sine bræchten in mit êren
von dem volcwîge.
si fuorten guot gesmîde
von golde unt von gimmen.
si lûchten ûzen unt innen
sam diu brinnenden ölevaz.
unser hêrre sagete sînen jungeren daz:
'sô der same nicht erstirbet in der erde,
sône mac des wuocheres nicht werde.
ist daz er erstirbet,
michel wuocher er rewirbet.'
die hêrren wurden wuocherhaft,
der heilige gaist gab in die craft.
daz was ain angestlîcher kamph,
dâ der gaist daz vlaisc überwant.
si volgôten der gotes lêre,
die bâten si umbe die sêle.

7891 kamph] champ P

Meine Kampfgenossen (sollen)
Argun und Tierrich (sein),
sehr genau kenne ich
ihre Tapferkeit.
Der dritte, ihr Bruder Gottfried,
soll meine Fahne tragen.
Christus, der reinen Jungfrau Sohn,
befreie uns von den Heiden,
wenn die Wahrheit bei uns ist.«

Der Kaiser erwählte sich selbst
hunderttausend tapfere Krieger,
die ständig um ihn sein sollten.
Die Helden waren so gesinnt,
daß sie lieber den Tod suchten,
als irgendeiner Gefahr wegen
ihren Herrn im Stich zu lassen,
ohne ihn siegreich
aus der Schlacht zu führen.
Sie trugen kostbaren Waffenschmuck
aus Gold und Edelsteinen.
Sie leuchteten außen und innen
wie die brennenden Lampen.
Unser Herr sprach so zu seinen Jüngern:
»Wenn das Samenkorn nicht in der Erde stirbt,
so kann es keine Frucht geben;
wo es aber erstirbet,
so bringt es viele Früchte.«
Die Fürsten brachten Früchte –
der Heilige Geist gab ihnen die Kraft.
Es war ein unerbittliches Ringen,
da der Geist das Fleisch besiegte.
Sie folgten der Lehre Gottes,
die erbaten sie um ihrer Seelen willen.

Gotefrit den van nam, *3093*
unsers hêrren bilde was dar an.
sîne flammen wâren guldîne, *3093*
alser uns noch scol erschînen
ze sînem urtaile
den rechten ze haile,
sente Peter ze sînen füezen, *3094*
alsô er im den gewalt hête verlâzen.
der kaiser viel sîne venie *3097*
mit aller menige
in allen vier ende der werlte.
ûf huob er sîne hende. *(3099)*
er sprach: ‘wol du himelischer hêrre, *3099 – 3100*
dînen heiligen namen an uns êre.
dû erlôstest mit dînem gewalte *3101*
ûz des viskes wambe *3102*
Jonam, den wîssagen, *3101*
dâ er drîe tage was inne begraben.
dû erlôstest ûz dem ovene driu kindelîn, *3106*
der vierde wære dû unter in.
dû erhôrtest den künc von Ninivê, *3103*
dô er erkante dîne ê,
sent Petern ûz des meres unden,
er verlougenôte drîe stunde.
dînes wunderes man ich dich alles
unt dînes erwelten sent Johannes,
daz diu gift in niene tarte,
noch das öle niene brante.
durch willen aller dîner trûte
nu erhœre dû unsich hiute. *(3108)*
die dîne dû gehaile,
unse vîante dû zetaile.

7916 dîne] din P 7918 uerlŏgenote P] uerlŏgenote dich *G*, thîn (din) *BW*, *vgl. Km. 472,66*

Gottfried ergriff die Fahne.
Sie zeigte das Bild unseres Herrn.
Der Flammenkranz war goldfarben,
wie er uns dereinst erscheinen wird
bei Seinem Gericht
zum Heil der Gerechten;
zu Seinen Füßen St. Peter,
so wie Er ihm die (Schlüssel)gewalt übertrug.
Der Kaiser fiel zum Gebet nieder
mit allen andern
in alle vier Himmelsrichtungen.
Er hob seine Hände auf
und sprach: »Nun, Herr des Himmels,
erhöhe Deinen heiligen Namen an uns.
Du erlöstest in Deiner Macht
aus dem Bauch des Fisches
den Propheten Jonas,
der drei Tage darin begraben war.
Du erlöstest die drei Jünglinge aus dem Feuerofen,
Du warst als vierter bei ihnen.
Du erhörtest den König von Ninive,
als er sich zu Deinem Gesetz bekannte.
(Du hieltest) St. Peter über Wasser,
der dreimal leugnete.
Um Deiner Wunderkraft willen rufe ich Dich an
und im Namen Deines Lieblingsjüngers St. Johannes,
dem Gift nichts anhaben konnte
und den das Öl nicht brannte.
Im Namen aller Deiner Heiligen,
erhöre auch uns heute.
Rette die Deinen,
vernichte unsere Feinde.

durch des heiligen gaistes zuokumpft
sô verlîhe uns sælde unt sigenunft,
want wir jehen ze dînen gnâden.'
si sprâchen alle: 'âmen.'

Dô der kaiser hêre *3110*
gemante got verre *3110*
umbe die heiligen cristenhait,
dô saz er ûf unt rait. *3112*
ir horn bliesen sie alle. *3118*
dô lûtte ûz dem scalle *3119*
diu süeze Olivantes stimme.
dô erwainten die Karlinge, *3120*
si clageten Ruolanten harte. *3120*
der kaiser hiez si ir barte *3122*
ûz vorne ziehen. *3122*
daz tet er in ze liebe, *3123*
den Karlingen ze ainem zaichen, *3124*
dô ez scain über ir gewâfen.
dar nâch flîzten sich iemer alle Karlinge
dem kaiser Karle ze minnen.

Unter diu kom ain Suriân. *3131*
er sprach: 'hail sîstu, künc Paligân!
alle unser gote hêre
sparn dîn êre.
hêrre, ich was mit listen
komen an die christen,
dâ sach ich den grimmigen kaiser. *3132*
er fröut sich dîner raise,
die wir her haben getân.
er redete: "scol ich den lîp hân,

7932 gemante *BW*] gemanten P 7944 *Vers wiederholt* P
7950 sparn *BW*] spar P 7951 was *BW, vgl. Str. 9393, Km. 474,5*] *fehlt* P 7952 komen] chom P

Um der Herabkunft des Heiligen Geistes willen
gib uns Heil und Sieg;
denn wir bekennen Deine Gnade.«
Alle sprachen: »Amen.«

Nachdem der große Kaiser
Gott inständig angefleht hatte
für die heilige Christenheit,
saß er auf und ritt los.
Alle bliesen ihre Hörner.
Über den Schall erhob sich
die süße Stimme Olifants.
Da brachen die Franzosen in Tränen aus
und klagten bitterlich um Roland.
Der Kaiser ließ sie ihre Bärte
aus der Rüstung ziehen.
Das tat er aus Fürsorge für sie,
als Erkennungszeichen für die Franzosen,
wo es über der Rüstung sichtbar wurde.
Dieser Anweisung folgten alle Franzosen
dem Kaiser Karl zuliebe.

Inzwischen kam ein Syrer
und sagte: »Heil dir, König Paligan!
Alle unsere großen Götter
mögen deine Ehre beschützen.
Herr, ich war heimlich
bei den Christen
und habe dort den grimmigen Kaiser gesehen.
Der freute sich über deinen Kriegszug,
auf dem wir hierher gekommen sind.
Er sagte: ›Wenn ich am Leben bleibe,

ich gereche mînen anden."
dicke nennet er Ruolanden
unt ander sîne gesellen.
wir wellen sô newellen,
wir müezen mit in vechten. *3134*
zewâre si sint guote knechte. *3133*
si gebârent harte stætelîche. *3133*
sine wellent dir nicht entwîche,
si versmæhent unse gote raine.
si sint komen des ze aine,
si suochent gerne den tôt.
sine fürchtent necheine nôt.
si suochent ir venie.
dô viel ouch ich dar engegene,
dâ mit verhal ich mich.
vil dicke nennent si dich.
si bitent ir hêrren Christ,
dâ ir trôst aller an ist,
daz er dich hiute velle
unt alle dîne helde
unt er gebe in sige unt ruom.
nu sich du, hêrre, waz du dar umbe welles tuon.
hie wirt daz herteste volcwîc,
daz von angenges zît
in dirre werlt ie gefrumt wart.
si rîtent ûf die walstat.
si sint alle wol geraite.
hêrre, du ne darft nicht langer baiten.'

Dô sprach der künc Paligân: *3135*
'lâ dîne lange rede stân.
ez wirdet in harte enblanten.
swaz mir ire kumet ze hanten,

7972 dich *GWB, vgl. Km. 474,28*] sich P 7980 angenges *BW*] angenge P

werde ich für meinen Schmerz Rache nehmen.‹
Immer wieder spricht er von Roland
und seinen anderen Gefährten.
Ob wir wollen oder nicht,
werden wir mit ihnen kämpfen müssen.
Es sind wahrlich gute Krieger.
Sie sehen sehr stattlich aus.
Sie wollen nicht vor dir weichen.
Sie verachten unsere reinen Götter.
Sie sind darin übereingekommen,
freiwillig den Tod zu suchen.
Sie fürchten keine Gefahr.
Sie beten kniefällig.
Da ging auch ich auf die Knie,
um mich nicht zu verraten.
Immer wieder nennen sie deinen Namen.
Sie beten zu Christus, ihrem Herrn,
auf den ihre ganze Zuversicht gerichtet ist,
er möge dich heute zu Fall bringen
und alle deine Helden
und ihnen selbst Sieg und Ruhm verleihen.
Sieh zu, Herr, wie du dich dagegen verhalten willst.
Hier steht die schlimmste Schlacht bevor,
die seit dem Beginn aller Zeiten
in dieser Welt je geliefert wurde.
Sie reiten zum Schlachtfeld.
Alle sind gut gerüstet.
Herr, du hast keinen Grund, länger zu zögern.«

Darauf antwortete König Paligan:
»Genug der Worte.
Es wird ihnen teuer zu stehen kommen.
Alle, die mir unter die Hand kommen,

ich gefrüm si nach ir geverten
mit mînem guoten swerte.
daz ist Preciosâ genant. *3146*
daz wizzet ir fürsten alle samt,
swâ ir "Preciosâ" hœret ruofen, *3147*
daz ist daz mîn rechte zaichen.' *3147*
michel scal wart dar unter. *3137*
si bliesen ir trumben, *3138*
horn und phîfen.
si huoben ir ruofen,
daz zaichen kunten si sâ:
'Preciosâ, Preciosâ!'
des kômen si in grôze nôt.
si îlten alle in den grimmigen tôt.

Sô hœren wir daz buoch sagen,
Paligân wære fraissam,
sîn gesiune wære egeslîch, *(3160)*
sîn gebærde wære rîterlîch. *3172*
sîn marh gienc in sprungen, *3166*
sam er wære junger.
dô redeten alle sîne man, *3168*
Yspaniam scolt er von rechte hân. *(3168)*

Dô sprach der künc Paligân: *3184*
'hête ich nû dehain man,
der ræche mînen anden!
swer dâ blâset Olivanten, *3193*
der müet mich harte sêre.
ich hœre ez ungerne.'
der sun dô den vater bat, *3200*
daz er daz urloup gap, *3200*
daz er vor væchte, *3200*
die scar zesamne bræchte.
vil gerne gewert er in des.
er sprach: 'lieber friunt Malprimes, *3201*
lâ dirz wol bevolhen sîn. *3202*

werde ich ihren Gefährten nachschicken
mit meinem guten Schwert.
Es heißt Preciosa.
Das merkt euch, ihr Fürsten alle:
Wo ihr den Ruf ›Preciosa!‹ hört,
habt ihr es mit meinem Schlachtruf zu tun.«
Da erhob sich großer Lärm.
Sie bliesen ihre Trompeten,
Hörner und Pfeifen.
Sie begannen zu schreien
und machten den Schlachtruf bekannt:
»Preciosa! Preciosa!«
Darüber kamen sie in große Gefahr.
Sie eilten alle in den bitteren Tod.

Wir hören das Buch erzählen,
Paligan sei schrecklich gewesen,
habe furchterregend ausgesehen
und sich kriegerisch betragen.
Sein Pferd nahm die Hürden,
als ob er ein Jüngling gewesen wäre.
Da sagten alle seine Vasallen,
ihm stünde Spanien mit Recht zu.

König Paligan aber sagte:
»Hätte ich jetzt nur einen Gefolgsmann,
der meinen Schmerz rächte.
Der dort Olifant bläst,
ärgert mich über die Maßen.
Ich will es nicht mehr hören.«
Da bat ihn sein Sohn
um die Erlaubnis,
den Kampf zu eröffnen
und das Heer zu sammeln.
Er gewährte es ihm bereitwillig
und sagte: »Lieber Sohn Malprimes,
übernimm den Auftrag.

diu êre wirdet elliu dîn.
ich bin ain alt man,
diu rîche mache ich dir untertân, *(3207)*
nâch mînem tôde
sô dienent dir alle crône.
nu vicht hiute umbe alle dîn êre,
ich nesage dir nicht mêre.'

Dô vorderôt der künc Paligân
zwêne vorderiste sîne man. *(3216)*
daz was Curlenes *3216*
unt Clapamorses. *3216*
'ich erkenne iuwer ellen.
mîn sun habet ir ze hergesellen.
nemet drîzec tûsent man.
dem kaiser sint die sîne küenen alle erslân. *3185–3187*
iuch twinget dâ lützel dehain nôt. *(3189)*
die von Valpotenrôt *3220*
füeren drîzec tûsent dar,
die helde sint wol gar.
drîzec tûsent von Meres. *(3221)*
vil gewis sît ir des,
daz nicht küeners mac sîn.
an dem rücke tragent si borsten sam swîn. *3222–3223*
diu dritte von Nobiles unt Rosse, *3224*
diu vierde von Plais unt von Teclavosse, *3225*
diu fünfte von Sordis unt von Sorbes, *3226*
diu sechste von Ermines unt von Demples, *3227*
diu sibende von Joricôp, *3228*
die bringent si in grôze nôt,

8027 minem *BW*] dinem P 8028 alle *BW*] elliu P 8033 curlenes P] *vgl. Str. 9502* Kurlens, *Km. 475,61* Turiles 8034 clapamorses (dapamorses?) P] *vgl. Str. 9503* Clappamors, *Km. 475,62* Clapemorsen 8049 fünfte *bis* 8474 des wil ich P = 3920–4343 A unt uon P] unde A 8050 unt uon P] unde A

Dir wird aller Ruhm gehören.
Ich bin ein alter Mann
und werde dir die Reiche
nach meinem Tode überlassen;
dann werden dir alle Kronen dienen.
Kämpfe heute um den höchsten Ruhm,
mehr habe ich dir nicht zu sagen.«

Dann rief König Paligan
zwei seiner hervorragendsten Vasallen.
Das waren Curlenes
und Clapamorses.
»Ich kenne eure Tapferkeit.
Mein Sohn wird mit euch kämpfen.
Nehmt dreißigtausend Mann.
Dem Kaiser sind seine Tapferen alle erschlagen.
Euch droht dort also keine Gefahr.
Die von Valpotenrot
sollen dreißigtausend Mann dorthin führen,
die Helden sind gut gerüstet;
dreißigtausend von Meres.
Ihr könnt ganz sicher sein,
daß es tapferere nicht gibt.
Auf dem Rücken haben sie Borsten wie Schweine.
Eine dritte von Nobiles und Rosse,
die vierte von Plais und Teclavosse,
die fünfte von Sordis und Sorbes,
die sechste von Ermines und Demples,
die siebente von Joricop –
die werden sie in Lebensgefahr bringen –,

diu achte von Walgies, *(3229)*
diu niunte von Mores, *3229*
diu zehente von Paligeâ – *3230*
der unterwinde dû dich sâ.
dar zuo gibe ich dir zehen scar *3237*
der aller tiuresten helde wol gar,
die ich hie vinden kan',
sprach der künc Paligân,
'diu aine von Dorcanivessen, *(3246)*
Falsen und Flechsen, *3239*
diu driu lant richtent aine scar.
ouch sende ich dir aine dar
von den küenen Deden, *(3240)*
die dritten von den Peren, *3240*
die vierden von den Sulten, *3242*
die vone Ferren dar unter, *3242*
die fünften von den Promten,
die sint helde unervorchten,
küene unt snelle,
helvent dir dînes willen.
unter den allen
lâ dir niemen baz gevallen
denne Darmolôten. *3243*
die sint helde guote.
die füeren die sechsten,
des helven in die Glessen. *3243*
die sibenten die Prussen, *3245*
die sint küene ze rossen.
die achteden von Clamersê, *3245*

8053 walgies PA] *vgl. Str. 9541* Valges, *Km. 476,45* Valgres, Walgres *B* 8061 uon dorkani uessen A] uondorcaniuesuessen P 8064 thare A] scar P 8068 Thie uon Ferren A] di ůneferren P 8069 Thiu funften A] di funfte P 8072 heluent P] thie helfent A 8075 darmaloten P] thie dormaloten A, *vgl. Str. 9573* Tarmalot, *Km. 477,12* Ormalus

die achte von Walgies,
die neunte von Mores
und die zehnte von Paligea,
die übernimm sogleich alle.
Dazu unterstelle ich dir zehn weitere Scharen
der allerbesten, gut gerüsteten Krieger,
die ich hier finden kann«,
sagte der König Paligan.
»Eine Schar von Dorcanivessen,
Falsen und Flechsen,
alle drei Länder stellen ein gemeinsames Heer.
Dazu schicke ich dir eine Schar
von den kühnen Deden,
die dritte von den Peren,
die vierte von den Sulten
mit denen aus Ferren dabei;
die fünfte von den Promten,
das sind Helden ohne Furcht,
kühn und tapfer,
und werden dich unterstützen.
Unter ihnen allen aber
laß niemand dir besser gefallen
als die von Darmalot.
Das sind edle Helden.
Sie sollten die sechste Schar anführen
und dabei von den Glessen unterstützt werden.
Die siebenten (sind) die Prussen,
kühne Reiter;
die achten von Clamerse,

die hân ich selbe erkunnet ê
mir ir guoten îsern röcken.
die zehenten von Turkopen, *(3246)*
si sint küene wîgande.
unz an der werlt ende
sône mac dir nicht vor gehaben.
von rechte scoltu tragen
der erwelten Rômære crône.
die habe du, sun, ze lône.'

Dô sprach der künc Paligân: *(3252)*
'ienoch wil ich hân
zehen scar wol geraite. *3252*
selbe wil ich arbaite,
daz ich gereche Marsilien.
der kaiser geliget nidere
hiute von mînen handen.
diu erste scar von Giganden, *3253*
diu ander von Malprôse, *3253*
diu dritte von Surse,
diu vierde von Ungeren, *3254*
den ist dicke wol gelungen.
die habent veste clûse,
die von Vallepenuse. *3256*
diu sechste von Imanzen,
die gestreitent wol den Franken.
diu sibente von den Malrôsen. *3257*
Alemani, die bœsen,
achtent sich vil biderbe,
Deusen vechtent dâ widere.
diu achtede scar von Targilisen, *3258*

8083 isern P] iserinen A 8092 han P] selue han A, *vgl. Km. 477,36* seluer geleyden 8096 geliget nidere P] liget ther nithere A 8101 uon P] uon then A 8106 gestreitint P, *vgl. Km. 477,49*] stadent A Francken P] Franzen A 8108 bosen P] losen A

die ich selbst einst kennengelernt habe
mit ihren Eisenpanzern;
die zehnten von Turkopen,
das sind kühne Recken.
Auf der ganzen Welt
kann keiner dir Widerstand leisten.
Du wirst mit Recht
die Krone der großen Römer tragen.
Die sei dein Lohn, mein Sohn.«

Weiter sagte König Paligan:
»Ich selbst will außerdem
zehn gut ausgestattete Scharen haben
und es auf mich nehmen,
Marsilien zu rächen.
Der Kaiser wird noch heute
von mir unterworfen werden.
Die erste Schar von Giganden,
die zweite von Malprose,
die dritte von Surse,
die vierte von Ungarn,
die oft mit Glück gekämpft haben;
(die fünften) wohnen in den Bergen,
die Leute von Vallepenuse;
die sechste von Imanzen,
die den Franken standhalten werden;
die siebte von den Malrosen –
die elenden Alemannen
überschätzen sich,
ihnen werden die Deusen gegenübertreten,
die achte Schar von Targilisen,

diu niunte von Bilisen, *(3255)*
diu zehente von Carbône. *3259*
ich swer unter mîner crône,
swer hiute entrinnet,
daz er niemer mêr gewinnet
aigen noch lêhen.'
dar nach swuoren die hêrren
über alle haiden zungen,
swer in dâ entrünne,
swâ man in begienge,
daz man in ze stete hienge.

Do hiez der künc Paligân *3265*
ûf richten sînen van. *3266*
ain trache dar ane stuont, *3266*
der was gezieret gnuoc
von golde unt von gestaine.
dô scarten sich die haiden.
des küniges bruoder Kanabeus – *3312*
daz buoch nennet in sus –,
der rief über al die haiden:
'swelhe sich nu wellen gehailen, *3271*
die komen alle samt.
hie ist der genædige Tervagant,
den sculen wir anbeten *3272*
unt den lieben Machmeten,
Apollo, der mære,
unt ander hailære,
die gote untœtlîche.'
die haiden alle gemainlîche *3273*

8112 bilisen P] Binisen A, *vgl. Str. 9616* 8119 haiden zungen P] haiteniske zunge A 8129 Kanabeus A] chanabeus P 8131 al P] alle A 8132 gehailen P] gehailigen A 8137 *Initiale* AP, *streichen BW, vgl. Km. 478,42* Ind Apollen den meren 8139 untotliche *GBW*] unttotliche P, unt totliche A

die neunte von Bilisen
und die zehnte von Carbone.
Ich schwöre bei meiner Krone,
wer heute flieht,
wird sein Leben lang
kein Eigenbesitz oder Lehen mehr erwerben.«
Danach schworen die Fürsten
in allen heidnischen Sprachen,
daß man jeden, der sie im Stich ließe,
wo immer man ihn antreffe,
auf der Stelle hängen werde.

Darauf ließ König Paligan
seine Fahne aufrichten.
Sie zeigte einen Drachen,
der reich verziert war
mit Gold und Edelsteinen.
Die Heiden sammelten sich.
Der Bruder des Königs, Kanabeus,
nach der Quelle heißt er so,
rief den Heiden allen zu:
»Die sich retten wollen,
mögen alle herkommen.
Hier steht der gnädige Tervagant,
zu dem wir beten wollen
wie zum verehrten Mahomet,
(hier stehen) der große Apollo
und andere Heilsbringer,
unsterbliche Götter.«
Die Heiden allesamt

vielen zuo der erde. *3273*
si sprâchen: 'wol ir gote werde,
gebet uns sælde unt sige,
daz unse vîande geligen
unter unseren füezen,
daz wir iu opheren müezen
al nâch iuweren êren.
iuwer dienest scul wir iemer mêren.'

Der kaiser ersach ir gebet,
er rief an der stet:
'wartet an die verfluochete diet!
got nehât an in niet.
vertiliget ist ir name –
si betent die apgot ane –
von der lebentigen erde.
irne mac niemer rât werde,
daz urtail ist über si getân.
nu heven wirz in gotes namen.
jâ birn wir dâ zuo gehalten,
daz wir den gotes anden
an in sculen rechen.
der elliu dinc wol kan gezechen,
der erhœre unsich hie.'
die cristen huoben: 'Monsoy! Monsoy!' *3300*
die haiden ir zaichen sâ: *3298*
'Preciosâ! Preciosâ!' *3298*
riefen si über al.
des guoten Olivantes scal *3302*
was der haiden ungemach.
der künc vil dicke sprach,
swer im daz benæme,

8148 imer P] *fehlt* A, *vgl. Km. 478,53* 8149 ersach P] gesach A, *vgl. Km. 478,54* 8153 Uertiliget A, *vgl. Str. 9675*] uertailet P 8154 bedent A] beten P 8169 der haiden P] then haithenen A

warfen sich zu Boden
und sprachen: »Mächtige Götter,
schenkt uns Heil und Sieg,
so daß unsere Feinde
uns unterliegen
und wir Euch opfern können
in Anbetung Eurer Macht.
Wir werden Euern Kult ausbreiten.«

Der Kaiser sah sie beten
und rief sogleich:
»Seht euch dieses verfluchte Volk an!
Gott hat an ihnen keinen Teil.
Ihr Name ist ausgelöscht –
sie beten Götzen an! –
von der Lebenden Erde.
Für sie gibt es keine Hilfe mehr,
das Urteil über sie ist gesprochen.
Laßt uns in Gottes Namen beginnen.
Wir haben noch unser Leben,
damit wir die Gotteslästerung
an ihnen rächen können.
Der alle Dinge vollbringen kann,
erhöre uns hier.«
Die Christen riefen: »Monjoie! Monjoie!«
Sogleich ließen die Heiden ihren Schlachtruf
»Preciosa! Preciosa!«
überall erschallen.
Der Klang des guten Olifant
ängstigte die Heiden.
Wiederholt versprach der König,
er werde dem, der ihn davon befreie,

daz er im lande unde bürge gæbe
unt al, daz er des sînes wolte.
er sprach, daz ez menske nescolte
niemer gefüeren.
er mächt in übele gehœren.

Dô sâhen si von den haiden
manigen vanen waiben
grüene unt waitîn.
der mittelære wolte sîn,
der Danielen behuote,
daz in die lewen niene zefuorten,
der im sîne spîse hête gesant
über ailf lant,
der kom in an der zît.
dô huop sich der wîc.

Gotefrit, der vanre, *3535, 3545*
er stach von dem marhe
ain haiden alsô vraissam, *3548*
daz er tôter viel unter den van. *3550*
Oigir, der wîgant, *3531, 3546*
der fuort in sîner hant
ain spanne braiten gêr.
dâ mit gefrumt er
manigen zuo der helle.
Herman, sîn geselle,
machete wîzen stâl rôt.
âne mâze lâgen die haiden tôt.
unt der helt Gebewîn, *3469*
der lie des tages anschîn,

8172 lande P] lant A 8181 danielē P] Danielem A 8184 ailf P] ainlif A 8185 in A] en P 8187 vanre] uanere PA 8188 er *fehlt* A 8190 toter P] tot A 8191 oigir P] Ogier A 8194 mit *fehlt* A 8200 anschin P] werthen scin A

Ländereien und Städte geben
und alles, was er von seinem Besitz haben wolle.
Er sagte, das (Horn) solle kein Mensch
mehr führen.
Er ertrüge seinen Klang nicht mehr.

Da sahen sie bei den Heiden
viele Fahnen flattern
in grüner und blauer Farbe.
Die Entscheidung lag bei dem,
der Daniel beschützt hat,
daß ihn die Löwen nicht zerrissen.
Der ihm seine Speise
von weit her gesandt hatte,
der kam ihnen zur rechten Zeit zu Hilfe.
Nun begann die Schlacht.

Der Fahnenträger Gottfried
stach einen Heiden
so kraftvoll vom Pferd,
daß der tot unter die Fahne fiel.
Der heldenhafte Ogier
handhabte
einen spannenbreiten Spieß;
mit dem schickte er
viele zur Hölle.
Sein Gefährte Hermann
färbte weißen Stahl rot –
unzählige Heiden fanden den Tod –,
und der Held Gebewin
zeigte an diesem Tag,

daz er gote nicht wolde entrinnen.
mit sînen snellen jungelingen
kêrt er ûf aine scar.
mit êren brâcht er si dar,
den grüenen anger maht er rôt. *3389–3390*
der haiden gelac sô vil vor im tôt,
daz ir daz buoch nehaine zal nehât.
von im gescriben stât,
egeslîch wæren sîne gebære.
er tet sam der guote riutære,
der gerne wol bûwet
unt al daz nider houwet,
daz im den scat beren mac,
sô wirt der acker bûhaft.
sam tet der wunderküene man,
im ne macht nicht lebentiges vor gehaben.

Jocerans huop sich dar. *3535*
ain haiden wart sîn gewar.
die küenen volcdegene
stâchen zesamene
mit michelem nîde.
Jocerans starht sich in dem wîge
sam der lewe, der dâ winnet,
sô er zürnen beginnet.
er was erbolgen harte.
er gefrumte mit dem swerte
manigen haiden tôten,
mit bluote betrôrten.
sam tet der helt Haimunt.
er gefrumte ir tôt unt wunt,
daz die haiden niemer mêre verclageten.

8205 *Initiale* A   8212 hůwet P] gehowet A   8216 uore gehaven A] for gehan P   8219 kuonen A] diten P   8223 winnet P] gewinnet A   8230 gefrumte ir] gefrumter P, frumete A

daß er sich Gott nicht entziehen wollte.
Mit seinen starken jungen Kriegern
griff er eine Schar an.
Ruhmvoll führte er sie an
und färbte die grüne Wiese rot.
So viele Heiden fanden durch ihn den Tod,
daß die Quelle ihre Zahl nicht nennt.
Von ihm selbst steht geschrieben,
er habe furchterregend ausgesehen.
Er handelte wie ein tüchtiger Bauer,
der sein Feld gut bestellen will
und alles niederhaut,
was etwa Schatten werfen könnte.
So kann der Acker bestellt werden.
Genauso tat der tollkühne Mann,
kein Lebendiger konnte ihm standhalten.

Jocerans mischte sich ein.
Ein Heide erblickte ihn.
Die tapferen Helden
stachen aufeinander ein
in großer Kampfeswut.
Jocerans wurde im Kampf so stark
wie ein Löwe, der brüllt,
wenn er gereizt wird.
Er war voll wilder Wut
und schlug mit seinem Schwert
viele Heiden tot,
die sich in ihrem Blut wälzten.
Nicht anders handelte der tapfere Haimunt,
der so viele von ihnen tötete und verwundete,
daß die Heiden nie mehr aufhörten zu klagen.

unlange si lebeten.
die im kômen sô nâhen,
daz er ir machte gerâmen,
derne kom nie dehainer dannen.
er gefrumt unter Paligânes mannen,
daz man ez iemer scrîben mac
unz an den jungesten tac.

Richart der alte, (3470)
mit michelem gewalte
belait er die sîne scar.
ain haiden huop sich gegen im dar
mit manigem snellen jungelinge.
durch veste stâlringe
stach im der helt Richart
ein eskînen scaft.
daz ort hindurch brach,
daz er niemer mêre wort ersprach.
die christen wâren geraizet.
die haiden muosen erbaizen,
des nemacht nehain rât sîn.
die christen fluren unter in,
daz si iemer clageten
die wîle, daz si lebeten.

Dar huop sich dô Antel,
ain helt küene unt snel.
er kêrte an die walstat,
die haiden werten im daz phat.
er kom in aine dicke.
sîne wülvîne bicke

8234 er *fehlt* A 8242 gegen im P] ingegen in A 8248 mere *fehlt* A ersprach P] ne sprach A 8249 kristenen A] haiden P 8252 di *fehlt* A fluren P] uerloren A 8258 werten *BW*] wert P, wireten A 8260 bicke P *W*] plikke A

Sie lebten nicht mehr lange.
Die ihm so nahe kamen,
daß er sie erreichen konnte,
von denen kam keiner davon.
Er wütete so unter den Leuten Paligans,
daß man davon wird schreiben können
bis zum Jüngsten Tag.

Richart der Alte
führte in gewaltigem Ansturm
seine Schar an.
Ein Heide stellte sich ihm
mit vielen tapferen Männern entgegen.
Durch den festen Kettenpanzer
stach ihm der Held Richart
eine Eschenlanze.
Die Spitze durchbohrte ihn,
daß er kein Wort mehr herausbrachte.
Die Christen waren in Fahrt.
Die Heiden mußten von den Pferden,
da half nichts.
Aber auch die Christen hatten Verluste,
daß sie künftig zu klagen hatten,
solange sie lebten.

Nun zog Antel los,
ein mutiger und tapferer Held.
Er wollte auf das Schlachtfeld,
aber die Heiden verwehrten ihm den Weg.
So kam er in ein Handgemenge.
Seine furchtbaren Stiche

tâten scaden grôzen.
Regenbalt mit sînen genôzen
kom im an der rechten zît.
von dem tôde ernert er im den lîp.
iedoch wart der degen hêre
verwundet alsô sêre,
daz er vil kûme genas.
Regenbalt bî im was,
er laiste, als er im gehiez.
ain fraissamen spiez
frumt er im mit sîner hant
durch ain vesten schiltes rant.
daz houbet er im abe swanc.
er sprach: ‘dîne gote haben undanc!
si habent dich her betrogen,
dû bist êwiclîchen verloren.’

Alsô der künc tôt lac,
manc eskîner scaft *3386*
wart dâ zebrochen. *3386*
dâ wart rîterlîchen wol gestochen.
dô fröuten sich die christen.
manc schilt vester *3387*
wart dâ verhouwen. *3387*
wer scolte gote missetrûwen?

Der herzoge Naimes
von Beieren unt Ansgis,
die wâren des kaiseres râtgeben.
si kunden hêrlîchen leben.
si wâren got gehôrsam.
willic wâren in ir man.

8267 chume *fehlt* A 8275 her *fehlt* A 8277 chûnc P] haithene A *BW* 8286 und Ansgis *Sch. bei W*] Ansgis PA 8290 in P] im A

richteten großes Unheil an.
Regenbalt kam mit seinen Gefährten
rechtzeitig zu seiner Unterstützung
und rettete sein Leben.
Dennoch wurde der edle Krieger
so schwer verwundet,
daß er dem Tod nahe war.
Regenbalt war bei ihm
und tat, wie er ihm versprochen hatte.
Einen greulichen Spieß
bohrte er ihm
durch seinen festen Schild.
Dann schlug er ihm den Kopf ab
und sagte: »Verflucht seien deine Götter!
Sie haben dich bis heute betrogen,
nun bist du auf ewig verdammt.«

Als der (Heiden-)König gefallen war,
wurden noch viele Eschenlanzen
dort zerbrochen.
Es war ein ritterlicher Lanzenkampf.
Die Christen waren hochgemut.
Viele feste Schilde
wurden dort zerfetzt.
Wer hätte nicht auf Gott vertraut?

Herzog Naimes
von Baiern und Ansgis
waren die Ratgeber des Kaisers.
Sie führten ein stolzes Leben.
Sie waren Gott gehorsam.
Sie hatten treue Dienstleute.

ir guot was gemaine.
ir herze, daz was raine.
die kômen ensamt dar.
si fuorten aine scar,
sô si gote wol gezam.
die wâren der haiden ban.
si vâchten durch daz himelrîche.
si kêrten vermezzenlîche
ûf aine grimmige diet.
dâne sparten si sich niet.
helde ûzerkorne
frumten dâ vorne
mit ir scharphen gêren
manigen haiden sêren.
mit ir swerten si worchten,
daz ez alle die ervorchten,
die sie ersâhen.
mit dem tôde si urloup nâmen.
si sluogen si an dem wal
alsô die hunde ze tal.
ir helde erwelten,
wie si durch die scar strebeten!
si hiewen in ain wîten craiz.
dâ frumten ouch, got waiz,
die wüetigen haiden
manigen christen vaigen.
die in gote dâ beliben
unt ze himele sint gestigen
zuo anderen ir genôzen.
ze gotes antwirt sint si vil grôze.

8293 ensamt] intsamt P, insament A 8298 *fehlt* A 8305 worhten P] warten A 8307 sie A] sie si P 8308 dem *fehlt* A 8320 antwirt P] genathen A

Sie teilten sich in ihren Besitz.
Ihr Herz war rein.
Sie waren zusammen angekommen.
Sie führten eine Schar an,
wie sie Gott Ehre machte.
Die wurden den Heiden zum Verderben.
Sie kämpften um das Himmelreich.
Sie drangen verwegen
auf eine wilde Schar ein.
Sie schonten ihr Leben nicht.
Heldenhafte Streiter
verwundeten in vorderster Linie
mit ihren scharfen Lanzen
viele Heiden.
Mit ihren Schwertern hieben sie so zu,
daß alle in Schrecken gerieten,
die sie erblickten.
Mit dem Tod gingen sie ab.
Sie schlugen sie auf dem Feld
wie Hunde nieder.
Wie ihre besten Männer
durch die Schlachtreihen drangen!
Sie schlugen in weitem Kreis um sich.
Aber, Gott sei's geklagt, auch
die wutentbrannten Heiden
töteten viele Christen.
Doch die in Gott den Tod fanden
und zum Himmel aufstiegen
zu ihren übrigen Gefährten,
sind sehr groß vor Gottes Angesicht.

Der haiden viel ain michel menige.
halsperge noch helme
machten si nicht gefristen.
wol vâchten die cristen.
dô gedâcht Malprimes *3421*
des vermezzen urloubes,
des er zuo dem vater nam,
daz er den kaiser scolte erslân.
er was der Paligânes sun.
er wolte gerne den ruom
dar an haben gewunnen.
die sîne nâch im drungen.
dâ viel manc hêrlîch man.
der haiden wart vil erslân.
der christen viel dâ vil tôt. *3422*
si riefen alle an got.
ze helve kom in Naimes. *3423*
des küniges sun Malprimes
stach den baigerisken herzogen,
daz er ûz dem satel kom.
ûf dem marhe er sich enthielt. *3440*
mit dem swerte er in erriet, *3431*
den helm er im verscarte. *3433*
der kaiser des gewarte. *3443*
er kom im an der rechten zît, *3443*
von dem tôde ernert er im den lîp. *(3442)*
sîn spiez er durch in stach, *(3448)*
von dem marhe er in warf.
tôt viel der Paligânes barn. *3450*
harte erkômen sîne man.

8322 noch P] unde A 8323 machten si P] ne mohten im A 8332 im *fehlt* A 8334 haiden] christen (kristenen) PA *BW* 8345 rechten *fehlt* A 8346 ernert P] nerete A 8349 der P] thaz A

Eine große Zahl von Heiden fiel.
Weder Rüstungen noch Helme
konnten ihnen das Leben retten.
Tapfer kämpften die Christen.
Da dachte Malprimes
an die verwegene Bitte,
die er an den Vater gerichtet hatte,
nämlich den Kaiser töten zu dürfen.
Er war Paligans Sohn
und wollte nun den Ruhm
mit dieser Tat für sich gewinnen.
Die Seinen drängten ihm nach.
Da fielen viele edle Männer.
Viele Heiden wurden erschlagen.
Viele Christen fanden dort den Tod.
Sie riefen alle zu Gott.
Naimes kam ihnen zu Hilfe.
Des Königs Sohn Malprimes
versetzte dem bairischen Herzog einen Stich,
daß der aus dem Sattel rutschte.
Er hielt sich auf dem Pferd,
traf ihn mit dem Schwert
und schlug ihm den Helm schartig.
Der Kaiser sah das.
Er kam ihm rechtzeitig zu Hilfe
und rettete ihm das Leben.
Er durchbohrte jenen mit seiner Lanze
und warf ihn vom Pferd.
Tot fiel Paligans Sohn (zu Boden).
Seine Gefolgsleute aber erschraken sehr.

si wuoften mit sêre.
Naimes genaic sîme hêrren. *(3458)*
er sprach: ‘got selbe müeze dir lônen. *(3458)*
vil nâch was ich dem tôde.’

Dô starkete sich daz volcwîc,
sam von angenges zît,
daz sich diu werlt erhuop
unt muoter ir kint getruoc,
sône viel nie sô manc man.
ain haiden huop sich dan. *3495*
er îlte, dâ er den künc vant. *(3495)*
sîne hende er want.
er sprach: ‘jâ du künc Paligân, *3497*
dîn sun ist erslân. *3498*
der dîner liget alsô vile,
ich fürchte, daz die christen gesigen.
sine wellent nicht entwîche,
si vechtent alsô vermezzenlîche. *(3516)*
si habent dîne helde
gestrout after velde.
ir ist sô vil gevallen.
die gote zwîvelent alle.’

Dô vorderôt Paligân *3507*
Joleun, sînen man. *3507*
er sagete im umbe sînen sun:
‘der kaiser nescol alsolhen ruom
hie ze uns niet gewinnen.
ich wil an die gote gedingen,

8356 sam P] so A 8357 div P] thisiv A *B* 8359 so manc P] also manih A 8362 *fehlt* A 8364 erslan P] erslagen A 8365 uile A] uiel P 8366 fůrchte P] entvurhte A 8374 ioleun P, *vgl. Km. 483,40*] iohelim A 8375 sinin P] then A

Sie wehklagten schmerzbewegt.
Naimes aber dankte seinem Herrn
und sagte: »Möge Gott selbst dir lohnen,
ich war dem Tode nahe.«

Die Schlacht wurde so erbittert,
daß gleichsam seit Anbeginn der Zeit,
seit die Welt entstanden ist
und Mütter Kinder gebären,
nie so viele Männer den Tod fanden.
Ein Heide verließ den Kampfplatz.
Eilig suchte er den König auf.
Er rang die Hände
und sagte: »Ach, König Paligan,
dein Sohn ist tot.
So viele deiner Leute sind schon gefallen,
daß ich fürchte, die Christen werden siegen.
Sie wollen nicht zurückweichen,
so verwegen kämpfen sie.
Sie haben deine Helden
über das ganze Schlachtfeld gestreut.
Sehr viele sind gefallen.
Die Götter wanken alle.«

Da ließ Paligan
seinen Vasallen Joleun kommen.
Er berichtete ihm von seinem Sohn:
»Der Kaiser soll diesen Triumph
über uns hier nicht davontragen.
Ich will meine Zuversicht auf unsere Götter richten,

ist daz ich nu selbe ersihe,
daz er unter mînem swerte gelige,
oder flucht ertwingen.
anders kume ich niemer hinnen.'
'du hâst dich sîn wol bedâcht,
ez ist ouh der mîn rât',
sprach Joleun, sîn man. *3513*
'doch wil ich dir für wâr sagen,
der kaiser ist alsô grimme, *3515*
erne gefliuhet niemer hinne
durh dehainer slachte nôt.
jâ suochet er den tôt
unt alle die sîne. *3516*
nû, hêrre, hilf ouch dû den dînen. *3517*
kum in enzît.
ich wæne, der christen nît
uns vil harte gewerre.
iedoch sage ich dir, hêrre,
wir sculn bî dir ersterben
oder dîn êre erwerven.
wirne sculn nicht entwîche
sunter frœlîche
von dem wîge scaiden.
hie nerstirbet niemen wan die vaigen.'

Amhoch den van nam. *3549*
im volgôten zehenzec tûsent man,
mit allem gerechte.
si wâren guote knechte.
si lûchten sam die sterren

8379 nu selbe ersihe P] selue gesige A 8380 daz P] unde A gelige P] geliget A 8383 dich sin wol P] wol thih A 8384 der *fehlt* A 8385 ioleun P] Johelim A 8388 gefluhet P] fluhet A, *vgl. Km. 483,56* 8400 froliche P] frolichen A 8403 amhoch P] Anhoh A

sei es, daß ich ihn mit eigenen Augen
unter meinem Schwert fallen sehe
oder ihn in die Flucht schlage.
Anders werde ich das Feld nicht räumen.«
»Du hast richtig entschieden,
das ist auch mein Rat«,
sagte Joleun, sein Vasall.
»Doch will ich dir nicht verheimlichen,
daß der Kaiser so zornig ist,
daß er um nichts in der Welt
von hier fliehen wird.
Vielmehr sucht er geradezu den Tod
und alle die Seinen.
Nun, Herr, hilf auch du den Deinen.
Komme rechtzeitig zu ihnen.
Ich glaube, der Haß der Christen
kann uns noch schwer zu schaffen machen.
Dennoch versichere ich dir, Herr:
Wir werden entweder für dich sterben
oder dir zu Ruhm verhelfen.
Wir werden nicht wanken,
sondern fröhlich
aus der Schlacht heimkehren.
Hier wird nur sterben, wer dem Tod bestimmt ist.«

Amhoch ergriff die Fahne.
Ihm folgten hunderttausend Mann
mit der nötigen Ausrüstung.
Es waren tapfere Krieger.
Sie funkelten wie die Sterne

von golde unt perlen,
daz gestaine alsô edele.
die marke wolten si ledige.
sie kômen in grôze fraise.
si huoben sich an den kaiser.
ist ez, alsô daz buoch saget,
dâ wart der kaiser alumbe behabet.
bedecket was daz gevilde.
der kaiser sach hin ze himele.
er sprach: ‘gnædeclîcher hêrre,
nu gedenke an dîn êre.
erzaige dîne tugende.
erlœse uns von den hunden
mit dînem boten frônen,
sam dû erlôstest Gedeônen
mit brinnenden ölevazzen
von ir scarphen scozzen.
scol mir aller dîner erde
nû nicht mêre werde,
wan sô ich ûf gehaben mag,
hiute ist komen der tac,
daz dû die dîne scolt erhœren,
dîne vîande stœren.
nû verlîch uns dîn liecht.
ich ne sorge umbe anders nicht,
wan daz si uns entrinnen.
den sunnen wil ich an dich dingen,

8411 groze A] groziu P 8416 hin *fehlt* A 8419 erzaige P] erzaichene A 8420 then hunden A *BW, vgl. Str. 10086*] dem ubele P 8421 fronē P] frone A 8422 erlostest P] erlosest A gedeonē P] Gedeone A 8425 scol mir P] ne scol nu mir A 8426 nu nicht mere P] niwet mer A 8427 wan so P] ne wan also A 8428 komen] kom PA 8430 storen P] zestoren A, *vgl. Km. 484,66* erstoren 8432 nicht P] niet A 8434 dingen P] gethingen A

von Gold und Perlen
und kostbaren Edelsteinen.
Sie wollten das Grenzland befreien.
Sie kamen in große Gefahr.
Sie zogen gegen den Kaiser.
Wenn das Buch recht hat,
wurde der Kaiser umzingelt.
Die Ebene füllte sich.
Der Kaiser blickte zum Himmel auf
und sprach: »Gnädiger Gott,
nun gedenke Deines Ruhms!
Zeige Deine Macht.
Erlöse uns von den Hunden
durch Deinen Engel,
wie Du Gideon gerettet hast
mit den Fackeln
vor ihren scharfen Waffen.
Sollte mir auch von Deiner ganzen Erde
heute nicht mehr zuteil werden,
als was ich zu meinem Grab brauche,
so ist doch der Tag gekommen,
an dem Du die Deinen erhören
und Deine Feinde verderben sollst.
Leuchte uns auf unserm Weg.
Ich habe nur die eine Sorge,
sie könnten uns entkommen.
Ich bitte Dich, laß die Sonne nicht untergehen,

unz ich gereche Ruolanten.'
ain ander si dô erkanten, *3566*
der kaiser unt der künc haiden.
dô waz ez ungescaiden.

Der kaiser unt Paligân *3564 – 3565*
ranten ain ander an. *3567*
die scefte si verstâchen, *3569*
die setele bêde brâchen, *3573*
si vielen zuo der erden. *3574*
dô erhalten sich die hêrren, *3575*
zuo den swerten si dô griffen. *3576*
dâ wolt got ersichern *3609*
den sînen lieben dienestman.
si liefen ain ander an. *3582*
dô was der künc Paligân
michel unt fraissam.
sîne slege wâren ungehirme.
dô kunde wol schirme
der wâre gotes kemphe.
jâ muose vor im wenke
der haiden al zerücke.
den schilt hiu er im ze stücke. *3582 – 3584*
dô erhalt sich der vâlant.
er zehiu ouch im des schiltes rant,
den helm er im verscriet. *3586*
daz newas den Franken nicht liep.
ir zaichen riefen si sâ:
'Preciosâ! Preciosâ!'

8435 ih A] iz P   8442 brachen P] brasten A *B*   8446 da P] tho A   8456 ze *fehlt* A   8458 des, *vgl. Km. 485,29*] then A   8460 Francken nicht P] Franzen niwet A

bis ich Roland gerächt habe.«
Da erblickten sie einander auch schon,
der Kaiser und der heidnische König.
Da war der Kampf unumgänglich.

Der Kaiser und Paligan
griffen einander an.
Sie verstachen die Lanzen.
Beide Sattelgurte rissen.
Sie fielen zu Boden.
Die Fürsten standen aber sofort wieder auf
und griffen zu den Schwertern.
Da wollte Gott
seinen lieben Diener auf die Probe stellen.
Zu Fuß griffen sie einander an.
König Paligan war
groß und furchteinflößend.
Seine Schwerthiebe folgten wild aufeinander.
Dagegen wußte sich
der wahre Krieger Gottes zu schützen.
Und wirklich mußte vor ihm
der Heide zurückweichen.
Er schlug ihm den Schild in Stücke.
Da faßte der Teufel noch einmal Fuß
und schlug auch ihm den Schild entzwei
und zerbeulte ihm den Helm.
Das sahen die Franken nicht gern.
Gleich ließen jene ihren Schlachtruf ertönen:
»Preciosa! Preciosa!«

Die haiden vacht grimmeclîche.
der kaiser wolt im nicht entwîche,
dô sprach der haiden: *3589*
'Karl, wilt dûz noch scaiden? *3589*
wiltu mir daz swert geben,
gerne lâze ich dich leben.
mînes laides wil ich dich manen.
mîn sun hâstu mir erslagen, *3591*
mîn rîche ist allez wüeste, *3592*
tôt ligent mîne fürsten,
mîn erbe hâstu besezzen. *3592*
des wil ich alles samt vergezzen,
unt wirdestu mîn man. *3593*
ich lîhe dir Yspaniam *3593*
unt habe dich iemer mit minnen.
dîne tugente sculen dir hiute wol gedingen.'

Der kaiser antwirt im mit witzen: *3595*
'mîn erbe wolt ich gerne besitzen,
daz mîr von angenge gegarwet ist,
dar mich der heilige Christ
mit sînem tiuren bluote erkoufet hât.
nu merke dû mînen rât.
erkius dir in ze hêrren, *3597*
sône mac dir nicht gewerren. *3598*
dîne gote sint unraine.
diu toufe scol dich gehaile.
wiltu die behalten,
dînen rîchtuom wil ich dir zehenzecvalten.'

8463 vacht *BW*] uachten (uahten) PA grimmicliche P] grimmelichen A 8464 wolt im nicht P] ne wolde in niet A 8470 mir P, *vgl. Str. 10178*, *B*] *fehlt* A, *vgl. Km. 485,41* 8474 *mit* ich *bricht* A *ab*

Der Heide kämpfte erbittert.
Der Kaiser wollte ihm nicht weichen.
Da sagte der Heide:
»Karl, suchst du noch einen Ausgleich?
Wenn du mir das Schwert gibst,
will ich dich am Leben lassen.
Denke an alles, was du mir angetan hast.
Du hast mir meinen Sohn getötet,
mein Reich ist vollständig verwüstet,
meine Fürsten sind gefallen,
mein Erbland hast du besetzt.
All das will ich vergessen,
wenn du mein Vasall wirst.
Ich werde dich mit Spanien belehnen
und dich stets als Freund behandeln.
Deine Tapferkeit wird dir heute zugute kommen.«

Karl antwortete ihm weise:
»Mein Erbland wollte ich erobern,
das mir bereitet ist von Anfang an
und für das mich Christus
mit seinem kostbaren Blut freigekauft hat.
Höre meinen Rat.
Nimm ihn dir als Herrn,
dann kann dir nichts geschehen.
Deine Götter sind böse.
Die Taufe wird dich retten.
Wenn du sie annimmst,
verhundertfache ich deine Macht.«

Dô sprach der künc Paligân: *3600*
'jâ du vil vaiger man,
nu muostu vil schiere ersterben.
. . . machte halspergen.
mîn hêrre Tervagant,
der hiu dir den schilt von der hant.
wâ ist dîn hêrre Crist,
ûf den dû sô dicke gîst?
nû helve er dir, swes er mege.
dîn botech ich den vogelen lege.
dîn houbet füer ich hinnen.
daz tuon ich Criste ze minnen.'

'Tu vermizzest dich ze vil.
dînes frides ich mêre niene wil',
sprach der mære gotes wîgant.
'nu helve dir Tervagant,
want du an in gihest.
wie scantlîche dû geligest!
dîn bœser geselle
bringet dich hiute zuo der helle.'
vil degenlîche er zuo im spranc. *3601*
dâ wart der nîtlîchste kamph,
der ûf der erde
ie dorfte gefrumt werde.
sie sluogen ummügelîche slege,
mêre denn iu iemen gesagen mege.
jâ truoc der künc Paligân
zwô halsperge an,
ain huot unter dem helme.
wole vâchten die volcdegene.
der kaiser im die slege benam.

8494 *vgl. Str. 10216 f.* nune hâstu doch niht mêre wan einen blôzen halsperc an dir, *Km. 486,7* dir en helpent neit dyne halsbergen
8511 degenlîche er] degenlicher P 8512 kamph] champ P

Darauf antwortete König Paligan:
»Wahrlich, du todgeweihter Mann,
nun mußt du auf der Stelle sterben.
(Nichts) könnte (dich) schützen.
Mein Herr Tervagant
hat dir den Schild aus der Hand geschlagen.
Wo ist nun dein Herr Christus,
auf den du dich so oft berufst?
Nun mag er dir helfen, wenn er kann.
Deinen Leichnam werde ich den Vögeln vorwerfen.
Deinen Kopf nehme ich mit.
Das tue ich Christus zuliebe.«

»Du überhebst dich allzu sehr.
Dein Friedensangebot schlage ich aus«,
sagte der große Gottesstreiter.
»Tervagant möge dir beistehen,
da du dich zu ihm bekennst.
Wie schmählich wirst du enden!
Dein böser Geist
wird dich noch heute zur Hölle geleiten.«
Voll heldenhaften Mutes warf er sich auf ihn.
Da entbrannte der wütendste Kampf,
der je auf Erden
geliefert werden mußte.
Sie teilten unerhörte Schläge aus,
die aller Beschreibung hohn sprachen.
König Paligan hatte
zwei Panzerhemden an
und unter dem Helm noch einen Kopfschutz.
Tapfer kämpften die Helden.
Der Kaiser parierte seine Schläge.

dô enthielt sich der heidenischer man.
mit listen er allez vacht.
der kaiser im vaste zuo trat.
mit Joiosen ecken
den sînen schilt dicken
er im gar von der hant sluoc.
der sîn stâl was alsô guot,
der kaiser nemacht sîn nicht gewinnen.
dô trûrôten alle Karlinge.

Dô sluoc der künc Paligân *3603*
dem kaiser sîn helm dan. *3603*
daz hâr er im abe swanc. *3605*
wie er ûf unt nider spranc! *(3608)*
er vacht im dô werde.
er hiu im die halsperge.
der kaiser begunde muoden. *3608*
dô wânten genuoge,
daz er scolte vallen. *3608*
die haiden begonden scallen,
des siges wâren si gewis.
dô kom im an der frist
ain trôst von himele. *3610*
zuo im sprach diu stimme: *3611*
‘wes sparstû den man? *(3611)*
diu urtaile ist über in getân.
verfluochet ist al sîn tail.
got gît dir daz hail.
dîne vîante geligent unter dînen füezen.’
ze himele genaic er suoze.

Die christen wâren in nœten
umbe ir hêrren guoten.
vil tiure si got dar umbe manten.
vil schiere si sich erhalten.
der kaiser kom wider ze sîner craft, *3614*
sô er dâ vor nie sô starc wart.

Der Heide aber hielt sich zurück
und kämpfte sehr überlegt.
Der Kaiser rückte ihm auf den Leib.
Mit seinem Schwert Joiose
schlug er ihm seinen dicken Schild
aus der Hand.
Doch seine Rüstung war so fest,
daß der Kaiser ihr nicht beikommen konnte.
Da waren die Franzosen alle in Sorge.

Da schlug König Paligan
dem Kaiser den Helm herunter
und schnitt ihm dabei das Haar ab.
Wie er hin und her sprang!
Er kämpfte ruhmvoll.
Er zerschlug ihm die Rüstung.
Der Kaiser ermattete langsam.
Da glaubten viele,
er werde fallen.
Schon erhoben die Heiden ihr Triumphgeschrei.
Sie waren ihres Sieges sicher.
Da kam ihm zur rechten Zeit
die Hilfe des Himmels.
Eine Stimme sprach zu ihm:
»Warum schonst du den Mann?
Das Urteil ist über ihn ergangen.
Verflucht ist alles, was zu ihm gehört.
Gott gewährt dir seine Hilfe.
Deine Feinde werden dir unterliegen.«
Er neigte sich fromm vor dem Himmel.

Die Christen fürchteten
für ihren edlen Herrn.
Inständig beteten sie deshalb zu Gott.
Schnell sammelten sie sich wieder.
Der Kaiser fühlte erneut die alte Kraft,
so daß er stärker war als zuvor.

an lief in der degen,
er sluog in mitten durh den helm, *3616*
daz houbet er im in vieriu zetailte. *3617*
der haiden sich dô naicte.
er sluoc im den anderen slac,
daz er im unter den füezen gelac. *3619*
von himele kom den christen ain liecht.
diu hitze war in mêre nicht. *3633*
si kômen wider zuo ir creften.
got erhôrte ie die rechten.
die an in geloubent
unt im durhnächtlîchen getriuwent,
den kumet er ie an der nôt.
der haiden künc gelac dâ tôt.
si verluren allen ir sin.
vil egeslîch wart ez unter in.
ze flüchte huoben si sich. *3623, 3625*
dâ nerte sich mannegelîch,
alsô in diu nôt twanc.
der kaiser in den satel spranc. *3626*
er begraif ain spiez.
die sîne er an rief. *3627*
er sprach: ‘nû, ir gotes wîgande, *3627*
rechet Ruolanden, *3627*
daz si icht genozzen hin komen!
si sint zuo der helle geborn.’
die cristen tâten ez sô gerne. *3630*
nâhen unt verren, *3631*
swaz si ir mächten erlangen, *3631*
derne kom nie dehainer dannen. *3632*
ir künne si râchen.
si sluogen unt stâchen.
si ertrancten genuoge
die scœnen wisebluomen.
mit bluote befluzzen
die wazzer harte erguzzen.

Der Held griff ihn an,
schlug ihn mitten durch den Helm
und zerschmetterte ihm den Schädel.
Der Heide wankte.
Er versetzte ihm einen zweiten Schlag,
daß er vor seine Füße rollte.
Vom Himmel erschien den Christen ein Licht.
Sie litten nicht mehr unter der Hitze.
Sie kamen wieder zu Kräften.
So erhört Gott stets die Gerechten.
Die an Ihn glauben
und Ihm rückhaltlos vertrauen,
denen hilft Er aus jeder Gefahr.
Der König der Heiden war tot.
Da verloren diese ihre Besinnung.
Ihr Schrecken wurde riesengroß.
Sie wandten sich zur Flucht.
Viele brachten sich in Sicherheit,
wie die Not sie zwang.
Der Kaiser saß wieder auf.
Er ergriff seine Lanze.
Er rief den Seinen zu
und sagte: »Auf, Gottes Helden,
rächt Roland!
Daß sie nur nicht mit dem Leben davonkommen!
Sie sind der Hölle verfallen.«
Die Christen befolgten das gerne.
So viele sie nah und fern
nur erreichen konnten,
von denen kam keiner mit dem Leben davon.
Sie rächten ihre Verwandten.
Sie schlugen und stachen.
Sie ertränkten viele
bunte Blumen auf der Wiese.
Durch die Blutströme
schwollen die Gewässer an,

rôt wart diu Saibere.
vil lac ir dâ vaigere.

Marsilie ersach der haiden nôt, *3644*
vor laide viel er tôt. *3646*
Brechmundâ, diu künigin, *3636*
viel wainde über in.
si sprach: ‘mächt ich dich geraine, *3641*
dâ wære umbe vaile,
aldaz ich ie gesach.
vil lait ist mir dîn ungemach.
nune mac dich niemen wider gewinnen.
in der helle muostu brinnen.’
si erwainte sô harte.
si stuont an ainer warte. *3636*

Der kaiser unt sîne helde
schiften sich über die Saibere.
sie wurden wol berâten.
al daz die haiden ûz brâchten,
daz kom in allez ze guoten staten.
sô tuot ie der unser rehte vater, *3657*
sô in sîniu kint suochent, *3657*
alle ir nôt er wol beruochet.
mit ûf gerichten van
kêrten sie gegen dem burcgraben.
diu künigin Brehmundâ, *3655*
îlente sâ
hiez siu die burgetor entsliezen. *3655*

8599 *ab* geraine P] reinen S *bis* ob P 8805 = S   8605 erwainte P] weinte S   8607 sine P] di sine S   8608 schiften sich P] schiften S   8612 der unser rehte P] unser rehter S   8613 kint P, *vgl. Str. 10358*] rehten kint S   8614 alle P] al S   8617 brehmunda P] precmunda S   8618 ilente P] uiel ilente S   8619 entslizen P] entsluzen S

der Ebro färbte sich rot.
Viele von ihnen lagen tödlich getroffen.

Marsilie sah die Not der Heiden.
Vor Schmerz brach er tot zusammen.
Die Königin Brechmunda
warf sich weinend über ihn
und sagte: »Könnte ich dich entsühnen,
ich gäbe dafür
alles nur Denkbare.
Dein Verderben schmerzt mich tief.
Keiner kann dich zurückholen,
du mußt in der Hölle brennen.«
Sie weinte bitterlich.
Sie stieg auf einen Turm.

Der Kaiser und seine Helden
setzten über den Ebro.
Nun mangelte ihnen an nichts mehr.
Alles, was die Heiden hergebracht hatten,
kam ihnen nun zustatten.
So tut unser Vater im Himmel stets,
wenn Ihn seine Kinder darum bitten,
Er nimmt sich ihrer Not an.
Mit erhobenen Fahnen
rückten sie gegen den Befestigungsgraben vor.
Die Königin Brechmunda
ließ eilends
die Stadttore öffnen.

den kaiser sie dar in liezen.
dem kaiser viel si ze füezen:
'ich wil', sprach si, 'richten unt büezen.
swâ ich mich versûmet hân,
ich hân ez unwizzent getân.
die tiuvel hât mich lange betrogen.
dû bist mir zetrôste komen.
ich erkenne wol dîne wârhait.
hilf dû mir zuo der christenhait.
ich geloube an mînen trechtîn.
swie dû gebiutest, sô wil ich sîn.'

Daz liut sich toufte unt bekêrte, *3671*
alsô si got lêrte.
ir bistuom si stiften,
unt si sich ze gote richten.
der kaiser unt sîne man,
Brehmundam fuorten si dan, *3673, 3680*
gote si lob sungen.
si hêten gewuocheret unt gewunnen
vil manige heilige sêle.
si schînent in dem gotes rîche samt der sunne iemer mêre.

Der kaiser nâchte genôte
sînen vil lieben tôten,
die im belegen wâren.
si huoben ir âmeren.
daz ersach diu küningîn:
'daz verbiet iu, hêrre, mîn trechtîn',
sprach diu frouwe.

8620 in P, *vgl. Str. 10370* drin] uf S 8624 unwizent P] unwizzen S 8625 hat P, *vgl. Str. 10384*] hant S 8626 komen S] chom P 8636 brehmundā P] prehmunda S 8637 gote S] got P 8641 genote P] note S 8646 uerbietiu P] uerbiete S 8647 di P] der S

Der Kaiser wurde eingelassen.
Sie fiel dem Kaiser zu Füßen:
»Ich will«, sagte sie, »mich rechtfertigen und büßen.
Wo immer ich gesündigt habe,
da habe ich es unwissend getan.
Der Teufel hat mich lange getäuscht.
Du bist zu meiner Rettung erschienen.
Ich erkenne deinen wahren Glauben an.
Verhilf mir zur Taufe,
ich will an meinen Herrgott glauben.
Ich folge deinem Gebot.«

Das Volk ließ sich taufen und bekehrte sich,
wie Gott es lehrte.
Sie stifteten Bistümer
und entsühnten sich vor Gott.
Der Kaiser und seine Vasallen
führten Brechmunda mit sich fort.
Sie priesen Gott.
Sie hatten Frucht getragen und
viele Seelen gerettet.
Im Reich Gottes leuchten sie ewig sonnenhell.

Der Kaiser zog eilends wieder
zu seinen teuren Toten,
die für ihn gefallen waren.
Man begann zu wehklagen.
Das sah die Königin.
»Da sei Gott vor, Herr«,
sagte die edle Frau.

'daz ist der mîn geloube,
want si durh daz rechte sint gelegen,
daz sie vor gote iemer leben.
nu hôrt ich dich, hêrre, sagen,
die rechten scol man nicht clagen –
ir tôt ist gewære –,
sunter offen süntære,
die tôtlîche ersterben.
dise heiligen sculen uns gotes hulde erwerven.'

Der kaiser wunderôt harte
ir wîslîchen worte.
er ne clagete niemer mêre
alsô grimmiclîchen sêre,
sô er dâ vor tet.
mit salmen unt mit gebet
ir tôten sie begruoben.
ir wunden si ûf huoben.
si besazten die marke.
si fuorten drîe sarke *3692*
zuo dem guoten sent Române. *3693*
dâ suochet man zewâre
ir vil heiligez gebaine.
an dem jungesten urtaile
sculn sie unser nicht vergezzen,
want si habent daz himelrîche besezzen.

Tiu buoch urkundent ienoch,
der kaiser gebôt ain hof. *3699*
mit michelem flîze
kômen die fürsten alle gemainlîche. *3700–3703*
dar kômen achte künige
unt ienoch dar übere

8649 rechte P] reht S   8658 worte S] warte P   8661 tet P] tete S
8662 gebet P] gebete S

»Mein Glaube sagt mir:
weil sie für die Wahrheit gestorben sind,
werden sie vor Gott ewig leben.
Ich hörte dich, Herr, sagen,
man solle die Gerechten nicht beweinen –
ihr Tod ist schön –,
sondern vielmehr die Gottlosen,
deren Tod endgültig ist.
Diese Heiligen werden uns Gottes Gnade erwerben.«

Der Kaiser verwunderte sich sehr
über ihre Worte voll Weisheit.
Er hörte auf,
so heftig zu klagen,
wie er es eben noch getan hatte.
Unter Psalmensingen und Beten
bestatteten sie ihre Toten.
Die Verwundeten trugen sie zusammen.
Sie sicherten die Mark.
Sie führten drei Särge
zum heiligen Romanus.
Dorthin pilgert man
noch heute zu ihren Reliquien.
Am Jüngsten Tag
mögen sie unser gedenken,
denn sie haben das Himmelreich gewonnen.

Die Bücher bezeugen schließlich noch,
daß der Kaiser einen Hoftag befahl.
Mit großem Eifer
kamen alle Fürsten zusammen.
Es kamen acht Könige
und darüber hinaus

biscofe unt herzogen,
derne mächte niemen an daz ende komen.
ze Ache wolt er den hof hân. *3696, 3706*
dâ was manc wortspæher man.
dar kômen ouch die Karlinge. *3703*
der hof wart vil grimme.
dar kom diu scœne Aldâ. *3708*
wol enphie si dâ
der kaiser selbe
unt alle sîne helde.
si sprach: 'Karl, gesegenter kaiser, *3709*
voget witewen unt waisen,
war hâstu Ruolanten getân? *3709*
gip mir wider mîn man,
dem du mich ze wîbe gæbe. *3710*
wie gerne ich in ersæhe!'

Ter kaiser antwirt ir sâ: *(3711)*
'liebiu, liebiu Aldâ, *(3713)*
ich netar nicht liegen.
laider dûne gesihest in niemer.
dûne macht sîn nicht haben.
er lît laider tôter begraben.
clage dû nicht sêre,
ich irgetze dich sîn gerne. *3714*
ich gibe dich ze wîbe
dem guoten Ludewîge. *3715*
ich mache dich ze küninginne *(3716)*
über al Karlinge.' *(3716)*
'war sol ich arme denne?
Ludewîgen du mir niemer für genenne *(3717)*

8685 di scone alda P] ein scone alde S 8692 gip S] gim P 8697 netar P] entarn dir S 8698 gesihst] gesest P, gesehest S 8706 al P] alle S 8707 *ab* arme P *bis* 8738 = 4304 – 4375 A

Bischöfe und Herzöge,
daß keiner sie alle aufzählen könnte.
Diesen Hoftag hielt er in Aachen ab.
Viele redegewandte Männer nahmen daran teil.
Auch die Franzosen kamen hin.
Die Hofversammlung war schmerzlich erregt.
Die schöne Alda kam hinzu.
Wie es sich gebührt, empfing sie
der Kaiser selbst
und alle seine Helden.
Sie sagte: »Karl, gesegneter Kaiser,
Schutzherr der Witwen und Waisen,
wo hast du Roland gelassen?
Gib mir meinen Mann zurück,
dem du mich als Frau versprochen hast.
Wie herzlich verlangt mich nach ihm!«

Der Kaiser gab ihr zur Antwort:
»Vielgeliebte Alda,
ich wage nicht, es dir zu verhehlen.
Du wirst ihn nicht wiedersehen.
Du kannst ihn nicht mehr (als Mann) bekommen,
er ist zu unserem Schmerz tot und begraben.
Weine nicht zu sehr.
Ich will dir Ersatz für ihn schaffen.
Ich werde dich als Frau
dem frommen Ludwig geben.
Ich werde dich zur Königin
über ganz Frankreich machen.«
»Was soll aus mir Armer werden?
Von Ludwig sprich mir nicht weiter

noch niemer dehain anderen man.
scol ich Ruolantes nicht hân, *3719*
sô wil ich ersterben gerne.' *3719*
si viel grimme an die erde. *3720*
'aller dinge schephære,
dô dû mir in ze wine gæbe,
war umbe hâstu mir in genomen?
war scol ich arme nû komen?
ich bite dich, rainer mägede barn,
daz ich umbewollen müeze varn,
dar die mägede alle sint geladet.
mine sêle bevilhe ich in dîne gewalt,
aller engel küniginne.
daz ich niemer mêre kom hinne!'
si begunde harte blaichen. *3720*
der kaiser wolt ir helven. *(3725)*
er bevie si mit der hant, *3726*
alsô tôte er si vant. *3728*
dâ zaicte got sîniu tougen.
man begruop si zuo anderen heiligen frouwen. *3730*

Der kaiser an daz gerichte gesaz. *3747*
ôwî, waz fürsten vor im was! *3743*
er hiez Genelûnen bringen. *3749*
dô wolten im die Karlinge
den lîp gerne fristen.
si sprâchen, daz sie in niene wisten
an nichte überwunden,
doch er wære gebunden. *3738*

8709 noch niemir (noh niemer) PS] Noh nehainen A 8712 grimme PS] thikke A 8714 mir in ze wine PS] mih ime ze wibe A 8721 Kuniginne A, kunīcginne S] chunc gimme P 8725 beuie PA] uienc S 8729 gesaz PS] saz A 8734 sie (si) PS] *fehlt* A 8736 doch (doh) er PS] Tho er stunde unde A

und auch von keinem andern Mann.
Wenn ich Roland nicht mehr habe,
so will ich nur noch sterben.«
Sie fiel verzweifelt auf die Knie:
»Schöpfer aller Dinge,
da Du ihn mir als geliebten Mann gegeben hast,
warum hast Du ihn mir wieder genommen?
Was soll jetzt aus mir Armer werden?
Ich bitte Dich, Sohn der Jungfrau,
laß mich unbefleckt eingehen
in die Gemeinschaft aller (seligen) Jungfrauen.
Meine Seele befehle ich in Deine Hände,
aller Engel Königin.
Möge mein Leben hier enden.«
Sie wurde totenblaß.
Der Kaiser wollte ihr zu Hilfe eilen.
Er fing sie in seinen Armen auf,
da war sie schon tot.
Gott zeigte daran seine Wunderkraft.
Man begrub sie auf dem Nonnenfriedhof.

Der Kaiser saß zu Gericht.
Wie viele Fürsten waren da bei ihm!
Er ließ Genelun vorführen.
Da wollten die Franzosen ihm
unbedingt das Leben retten.
Sie sagten, ihrer Meinung nach
sei er durchaus noch nicht überführt,
auch wenn er in Ketten liege.

sîn recht wære vil grôz,
er wære aller fürsten genôz.

Genelûn bat einer stille. *(3767)*
er sprach: 'hêrre, ez was mîn wille, *3759*
ich nelougen dir sîn niet. *3757*
der zwelve tôt ist mir liep,
ez ist gewisse der mîn rât.
ich hête in ê widersaget *3775*
ze dîner antwürte offenlîche. *3777*
daz erziuge ich mit dem rîche.' *3777*
'waz bedürfen wir nu rede mêre?'
sprach des rîches hêrre,
'want er sîn offenlîche hât verjehen,
daz er die cristen hât gegeben
in die gewalt der haiden.
ich frâge urtaile.
alsô die phachte tichten,
sô wil ich über in richten.'
dô was Genelûnes geslächte *3781*
creftic unt mächtic,
ain vil vorderlîchez künne.
si hêten im gerne gewunnen *3799*
des kaiseres hulde. *3800*
si sprâchen: 'vil grôz sint sîne sculde.
uns ist harte misseschehen.
die tiuresten sint alle gelegen. *3802*
nune mac sie niemen wider gewinnen. *3803, 3813*
gêre dîne künlinge.
gestille, hêrre, dînen zorn.
lâz in ze dînen hulden kom *3811*
durh dîner swester êre.

8739 *bis* 8770 P *fehlt* A 8749 sîn] sich P, es S 8762 sint alle P] sin S 8766 hulden P] genaden S

Er sei von hoher Abstammung
und allen Fürsten ebenbürtig.

Genelun bat um Gehör.
Er sagte: »Herr, ich habe es so gewollt,
ich streite es vor dir nicht ab.
Der Tod der Zwölf freut mich,
es ist ohne Zweifel (die Folge) meines Rats.
Ich hatte ihnen zuvor
in deiner Anwesenheit öffentlich Fehde angesagt.
Du bist mein Zeuge.«
»Was müssen wir noch verhandeln?«
fragte das Reichsoberhaupt.
»Denn er selbst hat offen bekannt,
daß er die Christen ausgeliefert hat
in die Gewalt der Heiden.
Ich rufe zum Urteil auf.
Wie die Gesetze bestimmen,
so will ich über ihn Recht sprechen.«
Geneluns Sippe aber war
zahlreich und mächtig,
eines der ersten Geschlechter.
Sie bemühten sich für ihn
um die Gnade des Kaisers.
Sie sagten: »Wohl ist seine Schuld sehr groß.
Uns allen ist es schlecht ergangen.
Die Besten haben alle den Tod gefunden.
Jetzt wird sie keiner mehr zurückbringen.
Achte deine Verwandten,
Herr, unterdrücke deinen Zorn
und sei ihm gnädig
um deiner Schwester Ehre willen.

des bite wir dich, hêrre.
Genelûn dienet dem rîche *3810*
iemer mêre vorchtlîche.' *3810*

Der kaiser erzurnte harte *(3816)*
mit ûf gevangem barte.
er sprach: 'diu rede ist mir swære.
der mir al daz golt wæge
ûz arabisken rîchen,
ez ne sî, daz mir die fürsten geswîchen, *3815*
daz ich sîn niene næme
wider disem verrâtære.
man scol ez iemer ze mære sagen,
daz wirz an im gerochen haben,
unz an der werlte ende.
diu christenhait ist harte geschendet,
des gât uns michel nôt.
jâne geschach nie sus getân mort.'

Tar für dranc Binabel. *3838*
er was michel unt snel, *3839*
stark unt küene, *3839*
redehaft genuoge. *3784*
er sprach: 'getar ich vor dînen hulden, *3841*
sô wil ich gerne geunsculdigen *3844*
Genelûnen, mîn œhaim,
daz er untriuwe nehain *3844*
an den hât begangen,
dar umbe er stât gevangen,
gebunden vor dem rîche.

8771–9016 P = 4376–4621 A erzurnte PS] zurnete A 8773 di (Thin) PA] din S 8774 wage PA] gabe S 8775 uz PA] uz uon S 8783 gat SA] *fehlt* P 8784 nie PS] niemere A 8789 getar ich P] getarn ih A, getarn S 8790 geunsculdigen P] geunsculden S, unsculdigen A

Darum bitten wir dich, Herr.
Genelun wird dem Reich
stets ehrfürchtig dienen.«

Der Kaiser zürnte sehr,
den Bart in der Faust.
Er sprach: »Solche Worte höre ich ungern.
Wenn mir einer alles Gold
aus den arabischen Reichen anböte
und die Fürsten blieben mir treu,
ich nähme es nicht
für diesen Verräter.
Man soll künftig davon erzählen,
daß wir dafür an ihm Rache genommen haben,
bis zum Jüngsten Tag.
Die Christenheit ist grausam entehrt,
wir sind gezwungen, so zu handeln.
Wahrlich, noch nie ist solcher Frevel geschehen.«

Binabel trat vor.
Er war groß und gewandt,
stark und tapfer
und sehr beredt.
Er sagte: »Wenn ich bei deiner Huld es wagen darf,
so möchte ich die Unschuld
meines Oheims Genelun beweisen,
daß er sich keiner Untreue
denen gegenüber schuldig gemacht hat,
deretwegen er nun gefangen
und gebunden vor der Reichsversammlung steht.

er widersaget in offenlîche.
ich wil mit mîme swerte *3791*
sîne triuwe im erherte.
ûzen lâz ich mîn hêrren ainen,
sô nist hie manne nehaine,
der in sîn sculdigen welle,
der versuoche sîn ellen,
trete gegen mir in den craiz.
mit kamphe berede ich in, gotewaiz.
ich erledige in hiute, ob ich mac,
oder ez ist mîn jungester tac.'

Die fürsten geswîcten lange. *(3797)*
von manne ze manne
sach der kaiser hin unt her.
vil harte zurnete er.
er sprach: 'wânu friunt unt man?
swâ ich mich versûmet hân,
ist daz ich leben scol,
ich erhale mich sîn vil wol.
ich ergetze sies iemer mêre,
daz sie die êre
an dem rîche icht gewinnen.
unt varent sie genozzen hinnen,
daz wil ich iemer gote clagen. *(3817)*
die crône scol ich mêre denne nicht tragen.'

Tirrich dar für trat. *3818*
ainer stille er bat.
er sprach: 'Ruolant hât mich gezogen.
ûzer sînem künne bin ich geboren. *3826*

8805 *mit* ob *endet* S 8810 zurnete er A, *vgl. Km. 522,10*] enzunter P 8818 uarent P] geuarent A 8820 scol ich mere denne nicht tragen P] ne scol ih thenne niht uertragen A 8821 Tirrih A] Pirrich P

Er hat ihnen öffentlich Fehde angesagt.
Ich will mit meinem Schwert
an seiner Stelle seine Treue bekräftigen.
Außer meinem Herrn allein
nehme ich hier keinen aus:
Wer ihn dessen beschuldigen will,
der zeige seine Tapferkeit
und trete gegen mich zum Gerichtskampf an.
Bei Gott, ich werde ihn im Zweikampf verteidigen.
Ich rechtfertige ihn noch heute, wenn ich kann,
oder es ist mein Tod.«

Die Fürsten schwiegen lange.
Von Mann zu Mann
blickte der Kaiser im Kreis.
Er wurde sehr zornig
und sprach: »Nun, Freunde und Vasallen?
Habe ich unrecht getan,
werde ich, wenn ich das Leben behalte,
es vollständig wiedergutmachen.
Ich werde sie dafür entschädigen,
wenn sie die Ehre
im Reich wiederherstellen.
Wenn jene so davonkommen,
werde ich das ewig Gott klagen.
Dann werde ich die Krone nicht mehr tragen.«

Tierrich trat vor.
Er bat um Gehör
und sagte: »Roland hat mich erzogen.
Ich stamme aus seiner Sippe

ich bin sîn næhester geborn mâc.
Binabel sich vermezzen hât,
er welle in der untriuwen bereden.
Genelûn hât si durh miete hin gegeben *(3829)*
unt hât ungetriuwelîchen *3830*
gerâten an daz rîche *3830*
unt wolt dâ entêren
die crône mînes hêrren
unt zestœren die hailigen cristenhait.
dâ scol got sîn wârhait
hiute hie erzaigen,
daz er mit lügen unt mit mainaiden *3830*
die untriuwe hât begangen.
er ist verfluochet unt verbannen
von allem cristenlîchem rechte.
ich wil durh got hiute gerne vechte
unt wil mit mîme swerte *3835*
die wârhait erherte *3836*
in des heiligen Cristes namen.
dîn übermuot scol dir gescaden,
du versihest dich ze dîner sterke.
dâ bî sculn wir merke:
Dâvîd was vil lützeler gescaft,
got selbe gap ime die craft,
daz er Golîê daz houbet abe sluoc
unt für den künc Saulen truoc.
got hat ienoch die selben gewonhait.
ez wirdet dir hiute vil lait,
daz du wider gote hie stâst
unt der wârhait verlougent hâst.

8825 nahister geborn P] naheste geborene A 8830 geraten an P] uerraten al A 8836 mainaiden P] mainen A 8839 allem *fehlt* A 8840 gerne *fehlt* A 8844 Thin A] dir P 8847 lutzeler gescaft P] luzel erscaft A, lutzeler scaft *B*

und bin sein nächster Verwandter.
Binabel hat sich angemaßt,
ihn des Verrats zu überführen.
Genelun hat sie für Geld verkauft
und hat in verräterischer Absicht
dem Kaiser geraten
und wollte damit
der Krone meines Herrn Schmach antun
und die heilige Christenheit schwächen.
Nun soll Gott die Wahrheit
hier und heute offenbaren,
daß er mit Lügen und falschen Eiden
den Verrat begangen hat.
Er ist verflucht und ausgeschlossen
aus der Rechtsgemeinschaft der Christen.
Für Gott will ich heute gerne kämpfen
und will mit meinem Schwert
der Wahrheit zum Sieg verhelfen
in Christi heiligem Namen.
Dein Stolz wird dir zum Verderben,
allzusehr verläßt du dich auf deine Kraft.
Wir wollen daran denken,
daß David von sehr kleiner Gestalt war;
Gott selbst gab ihm die Kraft,
dem Goliath das Haupt abzuschlagen
und es dem König Saul zu bringen.
Das tut Gott auch heute noch.
Du wirst es heute noch bereuen,
daß du dich hier gegen Gott aufgelehnt
und die Wahrheit verleugnet hast.

ich bin ain edeler Franke,
ich gichtige dich mit dem kamphe.
ich sende dich zuo der helle.
der guote sent Dionisius dich hiute velle.'

Dem kaiser gerieten sîne wîsen, *3846*
daz er vorderôte gîsel *3846*
ûz iewederem taile.
daz lobeten die fürsten algemaine.
drîzec der wâren, *3847*
die sich für Genelûnen gâben,
obe Binabel geviele,
daz daz gerichte über si ergienge,
alsô diu phaht lêrte.
der kaiser si damit êrte,
er nam von Tirrîche
drîzec gîsel dem rîche
in dem selben gedinge.
des fröuten sich die Karlinge.

Binabel was ain starc man. *3885*
des nehête niemen nehain wân,
daz im Tirrich vor gehabete
oder dehain wîle gelebete.
an dem lîbe was er cranc, *3822*
vil williclîchen frumt er den kampf.
die fürsten von Karlingen *(3870), 3890*
fluren allen ir gedingen. *3871, 3890*
der kaiser viel sîne venie. *3891*
er bat alle die menige,

8856 ich *fehlt* A 8858 dionisius A] dionisíí P dich hiute uelle P] ther muoze thih hiute geuellen A 8860 daz *fehlt* A 8861 iewederem P] iwereme A 8862 daz P] Tha A 8866 ergienge P] gienge A 8879 karlingen P] karlinge A 8880 fluren P] uerloren A allen ir gedingen P] al ire gedinge A

Ich bin ein edler Franke
und werde dich im Zweikampf überführen.
Ich werde dich zur Hölle schicken.
Möge dich St. Dionysius heute zu Fall bringen.«

Dem Kaiser rieten seine Vertrauten,
er möge Geiseln
von beiden Seiten fordern.
Die Fürsten gelobten das alle.
Es waren dreißig Mann,
die sich für Genelun zur Verfügung stellten,
damit im Falle von Binabels Niederlage
über sie gerichtet würde,
wie das Gesetz es vorsah.
Der Kaiser ehrte sie damit,
daß er auch von Tierrichs Seite
dreißig Geiseln für das Reich nahm
unter den gleichen Bedingungen.
Darüber freuten sich die Franzosen.

Binabel war ein kräftiger Mann.
Keiner wagte zu hoffen,
daß Tierrich ihm gewachsen sei
oder auch nur eine Zeitlang standhalten werde.
Er war schwächlich,
aber sehr kampfentschlossen.
Die Fürsten aus Frankreich
gaben alle Hoffnung auf.
Der Kaiser betete kniefällig.
Er forderte alle auf,

daz si got flêten,
daz er daz rîche gêrte,
daz er sîne tugente bescainte
unt die rechten wârhait unter in erzaicte. *3891*
sam tâten die heiligen frouwen,
die manten got sîner tougen.
hin ze himele si digeten,
daz Tirrich gesigete.
wol gehalf im daz.
dâ wart manic ouge naz. *3870*
si wegeten im allenthalben
mit missen unt mit salmen, *(3860)*
mit manigen guoten dingen. *(3861)*
von rechte muose im wol gelingen.

Der kaiser scuof ze sîner huote
manigen helt guoten.
vil michel was daz gedranc.
dâ gelobeten si den kamph *(3874)*
zuo dem braiten velde. *3873*
der kaiser unt sîne helde
gehabeten ze ringe,
sam tâten die Karlingę.
der kaiser hiez vor in allen sagen,
er wære frî oder dienestman,
swer dehain strît dâ hüebe,
daz man im den hals abe slüege.
die kemphen wâren wol gar. *3863–3868*
vermezzenlîche kômen si dar
ûf zwain zieren marhen. *3869*
dô wîste man si zesamene.

8889 digeten P] thingeten A 8893 im P] in A 8899 was P] wart A 8902 sine P] thie sine A 8907 da P, *vgl. Str. 11927*] *fehlt* A

Gott anzuflehen,
er möge das Reich triumphieren lassen,
seine Macht erweisen
und ihnen die Wahrheit offenbaren.
Das gleiche taten die Nonnen;
sie riefen Gottes Wunderkraft an.
Sie flehten zum Himmel
um Tierrichs Sieg.
Das half ihm sehr.
Viele Augen wurden naß.
Allenthalben stand man ihm bei
mit Messen und Psalmensingen
und vielen andern frommen Verrichtungen.
Von Rechts wegen mußte er siegen.

Der Kaiser gab ihm als Geleitschutz
viele tapfere Männer mit.
Man scharte sich eng um sie.
Sie gelobten, den Kampf
im freien Feld stattfinden zu lassen.
Der Kaiser und seine Helden
stellten sich im Kreis auf,
ebenso machten es die Franzosen.
Der Kaiser ließ vor ihnen allen verkünden,
wer, ob Freier oder Dienstmann,
zu den Waffen griffe,
werde den Kopf verlieren.
Die Zweikämpfer waren gerüstet.
Stolz kamen sie angeritten
auf zwei prächtigen Pferden.
Man führte sie zusammen.

die griezwarten si manten,
ain ander si anranten. *3878*
die schefte brâchen si ze stücken. *3879*
diu scharphen swert si zucten.
zuo der erde si kômen baide. *3883*
dâne was manne nehainer,
der in den craiz getorste komen,
er nehæte den hals verlorn.

Binabel unt Tirrich,
mit swerten versuochten si sich. *3887*
si zehiewen ain ander die schilte. *(3879, 3899)*
der kaiser allez ze gote digete. *3891*
er vorchte des wênegen man.
der elliu dinc wol kan
aine gezechen,
der wolt ez anderes scaffen.
Tirrich gewan eines lewen muot.
daz swert er dô ûf huop,
vast er an in scrait,
den helm er im versnait.
jâ muos er dolen dar unter
aine fraissame wunden.
daz bluot im über diu ougen ran.
dô sprach des vîandes man: *3892*
'jâ du tiuwerlîcher degen,
ich wil mich dir ergeben. *(3893)*
mîn swert scoltu nemen.
unt wiltu Genelûne wegen, *3895*
für aigen wil ich dir dienen, *3893*

8913 grizwarten P, *vgl. Str. 11935, Km. 526,62*] grizwartel A 8919 getorste P, *vgl. Str. 11945*] torste A komen A] kom P 8925 wênegen] winigin P, weinegen A 8927 gezechen P] gesetzen A 8930 do *fehlt* A 8936 des P] der A 8940 wegen P] gewegen A

Die Schiedsrichter gaben das Zeichen,
und sie rannten einander an.
Sie zerbrachen die Lanzen.
Darauf zückten sie die scharfen Schwerter,
nachdem sie abgesessen waren.
Da war keiner,
der sich einzumischen wagte,
denn er hätte den Kopf verloren.

Binabel und Tierrich
griffen sich mit den Schwertern an.
Sie zerschlugen sich gegenseitig die Schilde.
Der Kaiser betete zu Gott.
Er fürchtete um den schwachen Mann.
Doch der alle Dinge
allein zu bewirken vermag,
wollte es anders zu Ende bringen.
Tierrich gewann den Mut eines Löwen.
Er hob das Schwert,
drang heftig auf ihn ein
und zerschlug ihm den Helm.
Der andere mußte darunter
eine schreckliche Wunde hinnehmen.
Das Blut floß ihm über die Augen.
Da sagte der Mann des Teufels:
»Wahrlich, teurer Held,
ich will mich dir ergeben.
Nimm mein Schwert.
Wenn du Genelun zu helfen bereit bist,
will ich dir als Eigenmann dienen

elliu diu zierde, *3894*
diu mich von erbe an komen ist. *3894*
unt gewinnestû uns aine frist,
ich wirde hie ze stete dîn man.' *3893*
'ez nescol sô nicht gestân', *3896*
sprach der helt Tirrich. *3896*
'dû bist ain fürste alsô wol sam ouh ich. *(3899)*
kume dû ze mînes hêrren füezen. *(3902)*
ich wil dich sîn alles erlâzen.
ich wil dir gerne wegen, *3903*
daz er dich lâze leben. *3903*
Genelûnen du mir niemer vor genenne, *(3904)*
want ich sîn niemer gehenge, *3904*
alsô verre sô ich mac,
daz er dehain tac *3905*
hinne füre mêre gelebe.
in geriuwet hiute Marsilien gebe.'

Dô sprach Binabel: *3906*
'durh Genelûnen kom ich her.
nemag ich im nicht gedingen,
sône wil ich nicht liegen. *3909*
nemag ez nicht bezzer werde,
ich wil durh in ersterbe.' *3909*
'dar engegene warne du dich',
sprach der helt Tirrich,
'du lebest unlange.
der tiuvel hât dich gevangen,
erne wil dich nicht lâzen.
mit anderen dînen genôzen

8943 erbe P] erben A 8944 aine P] ainen A 8948 also wol *fehlt* A 8949 du *und* herren *fehlen* A 8951 gerne P, *vgl. Str. 12018*] *fehlt* A 8952 er P] ih A 8957 gelebe P] ne leue A 8961 nicht ligen P] hi for thir geligen A 8968 geuangen P, *vgl. Str. 12040*] beuangen A

mit all der Herrlichkeit,
die mir als Erbe zugefallen ist.
Wenn du uns am Leben läßt,
werde ich hier auf der Stelle dein Vasall.«
»So soll es nicht ausgehen«,
antwortete der Held Tierrich.
»Du bist ebensogut ein Fürst wie ich.
Wirf dich meinem Herrn zu Füßen.
Ich werde dir alles vergeben.
Ich will dir bereitwillig helfen,
daß er dir das Leben schenkt.
Von Genelun aber sprich mir nie wieder,
denn ich werde nicht erlauben,
soweit es in meiner Macht steht,
daß er auch nur einen Tag
länger am Leben bleibt.
Heute wird er die Gabe des Marsilie beklagen.«

Da sagte Binabel:
»Für Genelun bin ich hergekommen.
Kann ich seiner Sache nicht zum Sieg verhelfen,
will ich doch nicht zum Lügner werden.
Ist keine Hoffnung mehr,
will ich wenigstens für ihn sterben.«
»Nimm dich in acht«,
sagte der Held Tierrich,
»du lebst nicht mehr lange.
Der Teufel hält dich in seinen Schlingen
und läßt dich nicht mehr los.
Mit deinen übrigen Genossen

füert er dich zuo der helle.
der untriuwen bistu geselle.'
die tiuren volcdegene
sprungen wider zesamene. *3910*
si vâchten mit grimme. *(3911)*
die vesten stâlringe
machten nicht dâ vor gestân.
ir slege wâren fraissam. *3910–3911*
Tirrich, der degen, *3924*
verwundôt in ave durh den helm. *3926*
wie frô der kaiser des was!
umbe warf er daz sachs, *3929*
den hals er ime abe sluoc. *3929*
daz houbet er ûf huop,
er stachte ez an ain sper.
ûf sîn marh gesaz er.
er fuort ez wider ûf den hof.
dâ wart michel fröude unt lof. *(3944)*
si lûten unt sungen.
von allerslachte zungen
lobeten si got alsus: *3931*
'te deum laudamus.'

Der kaiser gesaz an daz gerichte. *3947*
dô ertailten im die sentphlichte,
daz rîche scolte werden gerainet. *(3951)*
si hêten sich selben vertailet, *3959*
alle die der untriuwen geselle wâren *3959*
unt sich für Genelûnen gâben. *3949*
die fürsten sprâchen alle bî ainem munde,
alte unt junge:
'ôwol du heiliger kaiser,

8972 untriwen P] untriwe A 8985 stachte P] stah A 8992 te P] Sie huoben te A 8993 gesaz P] saz A, *vgl. Str. 12092* 8994 sentphlichte P] senetplihten A 8999 alle bi P] mit A

wird er dich in die Hölle führen.
Du hast teil am Verrat.«
Die herrlichen Helden
stürzten sich erneut aufeinander.
Sie kämpften wütend.
Die festen Kettenpanzer
hielten dem nicht mehr stand.
Schrecklich waren ihre Streiche.
Der tapfere Tierrich
verwundete ihn ein zweites Mal durch den Helm.
Wie froh war der Kaiser darüber!
Er drehte das Schwert
und schlug ihm den Kopf ab.
Er hob das Haupt auf,
steckte es auf einen Speer,
bestieg sein Pferd
und brachte es zum Kaiser zurück.
Da war die Freude groß und der Preis.
Sie riefen und sangen.
In allen Sprachen
lobten sie Gott:
»Te deum laudamus.«

Der Kaiser saß zu Gericht.
Die Beisitzer empfahlen ihm,
das Reich zu säubern.
Jene hätten selbst das Urteil über sich gesprochen,
die sich auf die Seite des Verrats geschlagen haben
und für Genelun eingestanden sind.
Einstimmig sagten alle Fürsten,
die alten wie die jungen:
»Ach, frommer Kaiser,

richte den armen waisen.
zuo dir ruofent diu kint,
der vetere verrâten sint.
sînes künnes scol nicht mêre *3951*
wachsen an der erde.' *3951*
die gîsel hiez er ûz füeren. *3957*
diu houbet si in abe sluogen. *3958*
Genelûnen si bunden
mit füezen unt mit handen *3965*
wilden rossen zuo den zagelen. *3964, 3966*
durh dorne unt durh hagene,
an dem bûche unt an dem rücke *3971*
brâchen si in ze stücke. *3971*
sô wart diu untriuwe geschendet. *3973 – 3974*
dâ mit sî daz liet verendet. *(4002)*

Nu wünschen wir alle gelîche
dem herzogen Hainrîche,
daz im got lône.
diu matteria, diu ist scœne,
die süeze wir von im haben.
daz buoch hiez er vor tragen,
gescriben ze den Karlingen.
des gerte diu edele herzoginne,
aines rîchen küniges barn.
mit den liechten himel wîzen scaren
nâch werltlîchen arbaiten
werdent si gelaitet
unter allen erwelten gotes kinden,
dâ si die êwigen mandunge vinden.
daz si sîn ie gedâchten,
daz man ez für brâchte,
in tiutische zungen gekêret,

9014 zestucke P] ze stukken A   9016 si P] sih A   *mit* uerendet *endet* A

schaffe den armen Waisen ihr Recht.
Die Kinder rufen dich an,
deren Väter Opfer des Verrats wurden.
Aus seinem Stamm soll nichts mehr
wachsen auf dieser Erde.«
Er ließ die Geiseln abführen.
Man schlug ihnen die Köpfe ab.
Genelun aber banden sie
mit Füßen und Händen
an die Schweife ungezähmter Pferde.
Die schleiften ihn durch Dornengestrüpp,
an Bauch und Rücken
zerrissen sie ihn.
So wurde der Verrat gerächt.
Damit sei das Gedicht beendet.

Nun wollen wir alle gleichermaßen
dem Herzog Heinrich wünschen,
daß ihm Gott lohne.
Die Materie ist schön,
den frommen Sinn hat er uns vermittelt.
Er ließ das Buch bekannt machen,
das in Frankreich geschrieben worden ist.
Das wünschte die edle Herzogin,
Tochter eines mächtigen Königs.
Von den strahlenden himmlischen Heerscharen
werden sie nach der irdischen Mühsal
mit allen auserwählten Kindern Gottes
(dorthin) geleitet werden,
wo sie die ewige Freude finden mögen.
Daß sie überhaupt daran gedacht haben,
daß man es auch
in deutscher Übersetzung vortrug,

dâ ist daz rîche wol mit gêret.
sîne tugente twungen in dar zuo.
wâ lebet dehain fürste nû,
dem ie sô wol gescæhe?
der hêrre, der ist getriuwe unt gewære.

Nune mügen wir in disem zîte
dem küninge Dâvîte
niemen sô wol gelîchen
sô den herzogen Hainrîchen.
got gap ime die craft,
daz er alle sîne vîande ervacht.
die cristen hât er wol gêret,
die haiden sint von im bekêret.
daz erbet in von rechte an.
ze flüchte gewant er nie sîn van.
got tet in ie sigehaft.
in sînem hove newirdet niemer nacht,
ich maine daz êwige licht,
des nezerinnet im nicht.
untriuwe ist im lait.
er minnet rechte wârhait.
jâ üebet der hêrre
alle gotlîche lêre
unt sîn tiure ingesinde.
in sîme hove mac man vinden
alle stæte unt alle zucht.
dâ ist vröude unt genucht,
dâ ist kiuske unt scham.
willic sint ime sîne man.
dâ ist tugent unt êre.
wâ fraistet ir ie mêre,
daz iemen baz geschæhe?

9060 genucht] gehucht P 9064 fraisctet] fraiste P 9065 iemen *BW*] im P

damit ist die Ehre des Reichs erhöht worden.
Seine Vorbildlichkeit drängte ihn dazu.
Wo lebt heutzutage ein Fürst,
dem je das gleiche Glück zuteil geworden wäre?
Der Herr ist treu und wahr.

Nun können wir zu unserer Zeit
dem König David
keinen so gut vergleichen
wie den Herzog Heinrich.
Gott gab ihm die Macht,
alle seine Feinde zu besiegen.
Er hat die Christen erhöht,
die Heiden wurden durch ihn bekehrt.
Das kommt ihm mit Recht zu.
Nie wandte er seine Fahne zur Flucht,
Gott ließ ihn immer siegen.
An seinem Hof wird nie Nacht,
das ewige Licht nämlich
geht nie aus für ihn.
Er haßt die Treulosigkeit.
Er liebt die göttliche Wahrheit.
Der Herr befolgt auch
alle Gebote Gottes
und (mit ihm) sein teures Gefolge.
An seinem Hof kann man
alle Beständigkeit und feine Sitte sehen.
Da ist Freude und Überfluß,
aber auch Zurückhaltung und Scham.
Seine Vasallen sind ihm treu ergeben.
Da ist Tapferkeit und Ruhm.
Wo hättet ihr je gehört,
daß jemandem größeres Glück zuteil geworden wäre?

sîme schephære
opheret er lîp unt sêle
sam Dâvîd der hêrre.
swâ er sich versûmet hât,
ze gerichte er im nû stât.
an dem jungesten tage,
dâ got sîn gerichte habe,
daz er in ze gerichte niene vordere,
sunder er in ordene
zuo den êwigen gnâden,
dar umbe ruofe wir alle AMEN.

Ob iu daz liet gevalle,
sô gedenket ir mîn alle.
ich haize der phaffe Chunrât.
alsô ez an dem buoche gescriben stât
in franzischer zungen,
sô hân ich ez in die latîne betwungen,
danne in die tiutische gekêret.
ich nehân der nicht an gemêret,
ich nehân der nicht überhaben.
swer ez iemer hœre gesagen,
der scol in der wâren gotes minne
ain pater noster singe
ze helve mînem hêrren,
ze trôste allen geloubigen sêlen,
daz unsich got an rechtem gelouben mache veste,
daz uns an guoten werken niene gebreste,
unt mache uns sîn rîche gewis.
tu autem, domine, miserere nobis.

Seinem Schöpfer
bringt er Leben und Seele zum Opfer
wie König David.
Wo er gesündigt hat,
rechtfertigt er sich schon jetzt vor Ihm.
Daß Gott am Jüngsten Tag,
wenn Er Sein Gericht halten will,
ihn nicht mehr zur Rechenschaft ziehen,
sondern ihm einen Platz
im ewigen Gnadenstand geben möge,
darum wollen wir alle beten. Amen.

Wenn euch das Gedicht gefällt,
so gedenkt alle auch meiner.
Ich bin der Pfaffe Konrad.
So wie es in dem Buch aufgeschrieben steht
in französischer Sprache,
so habe ich es ins Lateinische übersetzt
und von dort in die deutsche Sprache übertragen.
Ich habe nichts hinzugefügt,
ich habe nichts weggelassen.
Wer immer es vortragen hört,
der soll in wahrer Gottesliebe
ein Vaterunser sprechen
als Fürbitte für meinen Herrn,
für das Seelenheil aller Gläubigen,
daß uns Gott im rechten Glauben fest mache,
damit uns an guten Werken nicht mangele,
und uns schließlich Sein Reich zuteil werden lasse.
Tu autem, domine, miserere nobis.

Anhang

Zur Ausgabe

Editionsgeschichte

Der Mediävist liest das deutsche »Rolandslied« in der Gestalt, die ihm der Schreiber der Heidelberger Handschrift (P) gegeben hat. Der frühe Abdruck dieser Handschrift durch Wilhelm Grimm (1838) wurde erst neunzig Jahre später durch die bis heute gültige Edition von Carl Wesle (1928) abgelöst. Wesles Ausgabe hat eine Reihe von Nachdrucken und Neuauflagen erfahren, die alle darin übereinstimmen, daß sie – bis auf die Korrektur von Druckversehen – den mhd. Text unangetastet lassen. Während sich Grimm mit dem Abdruck von P begnügt, die Varianten der ihm bekannten Fragmente im Apparat verzeichnet und problematische Stellen in den Anmerkungen diskutiert hatte, entschloß sich Wesle zu einem »die ganz klaren Schreibfehler vorsichtig berichtigenden Abdruck der Heidelberger Handschrift und aller kleineren Fragmente«[1]. Von den etwa 4500 Versen der fragmentarischen Straßburger Handschrift (A) wurde außer einem Probestück (V. 4771–4871 des vollständigen Textes) »nur das abgedruckt, was noch in andern Bruchstücken vorliegt, damit diese dreifache Überlieferung übersehen werden kann«[2].

Dem Fachmann bereitet die Lektüre der Heidelberger Handschrift trotz aller Inkonsequenzen und Absonderlichkeiten ihrer Graphie kaum Schwierigkeiten. Wer aber nicht ständig mit älteren Texten umgeht, sieht sich nicht geringen Verständnisproblemen konfrontiert. Es lag deshalb schon im 19. Jahrhundert nahe, für den praktischen Gebrauch eine den Text stärker normalisierende Leseausgabe zu veranstalten. Karl Bartsch unterzog sich dieser Aufgabe im Sinne jener

1 Wesle (1928) S. VII.
2 Wesle (1928) S. VII f.

zwischen dem Verleger Brockhaus und dem Wiener Altgermanisten Franz Pfeiffer für die von diesem betreute Sammlung »Deutsche Classiker des Mittelalters« getroffenen Vereinbarung, »durch wohlfeile, hübsche, mit allem zum Verständnis erforderlichen ausgerüsteten Ausgaben den gebildeten Theil der deutschen Lesewelt für die mittelhochdeutsche Poesie zu interessieren und zu erwärmen«[3]. Bartsch bearbeitete das »Rolandslied« für seine eigene, die Pfeiffersche Reihe fortsetzende Sammlung »Deutsche Dichtungen des Mittelalters« und stand vor erheblichen Schwierigkeiten, da er von der Entstehung des »Rolandsliedes« vor 1139 überzeugt war und sich deshalb nicht an einer grammatischen Norm ›des Mittelhochdeutschen‹ orientieren konnte, wie sie für die ›klassischen‹ Texte des ausgehenden 12. und des 13. Jahrhunderts von Karl Lachmann und der Berliner Schule etabliert worden war. Deshalb auch glaubte Bartsch, sich der Heidelberger Handschrift (P) nicht anschließen zu können, weil sie »die Sprache dem Mittelhochdeutschen des ausgehenden 12. Jahrhunderts mehr conform macht«[4]. Er entschied sich für die Straßburger Fragmente (A) als Leithandschrift, deren »rheinfränkische Mundart« ihm altertümlicher erschien, und rekonstruierte sie auch für jene Teile des Gedichts, die nur in P und den kleineren Bruchstücken überliefert sind. Das war ein Fehlgriff, der schon bald mit Grund kritisiert wurde. Wesles Edition war deshalb nicht zuletzt als überfällige Ablösung der Ausgabe von Karl Bartsch gedacht. Aber sie entzog den Text dem nichtprofessionellen Interesse, und so lag es bald schon erneut nahe, ihn durch Bearbeitung – nun freilich auf der Basis von P – leichter zugänglich zu machen. Wieder war der Anlaß eine – in diesem Fall monumentale und denn auch nie zum Abschluß gebrachte – Anthologie, die von Dietrich Kralik und Heinz Kindermann herausgegebene »Deutsche Literatur. Samm-

3 Franz Pfeiffer / Karl Bartsch, »Briefwechsel«, hrsg. von Hans-Joachim Koppitz, Köln 1969, S. 136.

4 Bartsch (1874) S. XIII.

lung literarischer Kunst- und Kulturdenkmäler in Entwicklungsreihen«. Friedrich Maurer übernahm die Herausgabe von »Alexanderlied« und »Rolandslied«. Die 1940 erschienene Ausgabe erlebte 1964 einen Neudruck und liegt auch der Leseausgabe von Horst Richter (1981) zugrunde. Das zeigt, wie erwünscht und wohl auch nötig das Bemühen um einen lesbaren Text geblieben ist, da doch »die Weslesche Ausgabe [...] als fast buchstabengetreuer Handschriftenabdruck einem weiteren Kreis (auch der Studenten, so sehr man das bedauern mag) heute das Eindringen so erschwert, daß vielfach darauf verzichtet wird«[5].

Maurers Textbehandlung war nicht weniger problematisch als die von Karl Bartsch, auch wenn er selbst weitgehend der Heidelberger Handschrift (P) folgte. Das lag an der übergroßen Vorsicht des Herausgebers. Maurer ließ die Konsonantenschreibung weitgehend unangetastet, insbesondere blieben die anlautenden oberdeutschen Tenues und Affrikaten in der wechselnden Frequenz der Handschrift erhalten. Die Regelungen betrafen in der Hauptsache die übliche Scheidung von ⟨*u*⟩ in Vokal ⟨*u*⟩ und Konsonant ⟨*v*⟩ und entsprechend von ⟨*i*⟩ in ⟨*i*⟩ und ⟨*j*⟩ und die völlig unnötige Erleichterung von ⟨*ch*⟩ im Auslaut nach Vokal zu ⟨*h*⟩. Stärker griff Maurer in die Vokalgraphie ein, scheute sich aber auch hier, konsequent zu vereinheitlichen. Das gilt u. a. für die Beibehaltung diakritischer Zeichen und der monophthongischen Schreibung ⟨*u*⟩ des Diphthongs ⟨*uo*⟩. Maurer glaubte, möglichst viel an dialektaler Authentizität in seinen Text hinüberretten zu sollen, obwohl er selbst für die Spätdatierung des »Rolandsliedes« eintrat und von daher eine weitergehende Normalisierung sich angeboten hätte und möglich gewesen wäre. In der von ihm gewählten Gestalt trägt das Schriftbild eher zur Verwirrung des ungeübten Lesers bei.

Auch die vorliegende Version ist kritisierbar, wo sie nicht mit letzter Konsequenz normalisiert. Anders als meinen Vorgän-

5 Maurer (1940) S. 5.

gern ging es mir weder um die Herstellung oder Bewahrung des mutmaßlichen Schreibdialekts noch um die systematische Vereinheitlichung der Graphie, sondern ausschließlich um die Verständlichkeit des Schriftbildes und die Möglichkeit, es einigermaßen angemessen auch akustisch umzusetzen (womit selbst Fachleute angesichts der Graphie von P gelegentlich Schwierigkeiten haben). Über die Prinzipien der Bearbeitung wird im folgenden noch das Nötige gesagt.

Überlieferung

Das »Rolandslied« ist vollständig in nur einer Handschrift und in Bruchstücken von fünf weiteren Handschriften überliefert. Das Fragment einer siebenten Handschrift, das Wilhelm Grimm noch vorgelegen hat, ist verschollen und stand schon Carl Wesle nicht mehr zur Verfügung.

1. Heidelberger Handschrift (P)

   Die in der Heidelberger Universitätsbibliothek aufbewahrte Handschrift (cod. pal. germ. 112) umfaßt 123 Pergamentblätter (es fehlt ein Doppelblatt mit ungefähr 150 Versen nach f. 41). Sie ist mit 39 Umrißzeichnungen geschmückt, die in den Text integriert sind. Der Schreibdialekt ist bairisch mit mitteldeutschen und niederdeutschen Elementen. Ende 12. Jahrhundert.

   Literatur: Grimm (1838) S. I–XVIII; Schürer (1887); Jacobi (1904); Wesle (1928) S. XV–XXII; Werner/Zirnbauer (1970) S. 13–40; Th. Klein (1982) S. 384–392; Schneider (1987) S. 79–81.

2. Straßburger Handschrift (A)

   Die Handschrift ist beim Brand der Straßburger Universitätsbibliothek 1870 vernichtet worden. Die insgesamt 4521 Verse sind in einem offenbar sehr verläßlichen Abdruck durch Joh. Georg Scherz im zweiten Band von

Johann Schilters »Thesaurus Antiquitatum Teutonicarum« (1727) erhalten. Auch diese Handschrift war mit Federzeichnungen versehen. Der Druck enthält zwei Nachbildungen. Der Schreibdialekt ist mitteldeutsch-niederdeutsch (oder ostfälisch?) auf bairischer Grundlage. Möglicherweise handelte es sich um eine gekürzte Version: in zwei Fragmenten sind – einmal unter Hinzufügung zweier Überleitungsverse – größere Lücken eingetreten, die offenbar nicht überlieferungsbedingt sind. Ende 12. Jahrhundert.

Literatur: Grimm (1838) S. XVIII–XXIII; Bartsch (1874); Wesle (1928) S. XXII–XXXVI; Werner/Zirnbauer (1970) S. 38 f.; Beckers (1982) S. 5 f.; Th. Klein (1982) S. 297–366.

3. Schweriner Bruchstücke (S)

Zwei Fragmente (S^1 und S^2) aus der Wissenschaftlichen Allgemeinbibliothek in Schwerin enthalten insgesamt 1246 Verse. Raum für Illustrationen ist ausgespart. Der Schreibdialekt wird zwischen ober- und mitteldeutsch angesiedelt, weist aber auch niederdeutsche Spuren auf. Ende 12. Jahrhundert.

Literatur: Lisch (1836); Grimm (1838) S. XXIII f.; Grotefend (1892); Wesle (1928) S. XXXVI f.; Werner/Zirnbauer (1970) S. 39; Beckers (1982) S. 5; Th. Klein (1982) S. 367 bis 392.

4. Arnstadt-Sondershauser (Thüringer) Bruchstück (T)

Die in der Sondershausener Stadt- und Kreisbibliothek aufbewahrten Pergamentstreifen enthalten die Verse 1769 bis 1869. Der Schreibdialekt ist mitteldeutsch (rheinfränkisch-hessisch) geprägt. Ende 12. Jahrhundert (?).

Literatur: Walther (1890); Wesle (1928) S. XXXVII f.; Werner/Zirnbauer (1970) S. 40; Th. Klein (1988) S. 130 f.

5. Erfurter Bruchstück (E)

   Das in der Erfurter Wissenschaftlichen Allgemeinbibliothek aufbewahrte Pergamentblatt (cod. 4°65) enthält die nur teilweise noch lesbaren Verse 3265–3350. Der Schreibdialekt ist mittelfränkisch (ripuarisch?). Ende 12. oder Anfang 13. Jahrhundert.
   Literatur: Liersch (1879); Wesle (1928) S. XXXVIII; Werner/Zirnbauer (1970) S. 40; Beckers (1982) S. 5.

6. Marburger Fragmente (M)

   Die beiden im Hessischen Staatsarchiv, Marburg, aufbewahrten Pergamentstücke enthalten die Verse 2221–2227, 2248–2254, 2276–2282 und 2305–2311. Der Schreibdialekt weist ins Mitteldeutsche, genauere Festlegung ist nicht möglich. Erstes Drittel 13. Jahrhundert (?).
   Literatur: Nass (1989).

7. Kauslersches Fragment (W)

   Das verschollene Pergamentblatt aus Stuttgart enthielt die Verse 4217–4311 und ist nur aus den von Grimm mitgeteilten Lesarten bekannt. Der Schreibdialekt ist nur ungefähr als mitteldeutsch bestimmbar; weitere Eingrenzungen sind angesichts des dürftigen Materials problematisch. Ende 12. Jahrhundert (?).
   Literatur: Grimm (1838) S. XXIV; Werner/Zirnbauer (1970) S. 40; Th. Klein (1988) S. 131.

Zum Handschriftenverhältnis hatte Carl Wesle festgestellt, daß PAS auf eine Handschrift X zurückgehen, die nicht das Original gewesen sein könne, da sich in ihr bereits die schwankende Graphie gezeigt haben müsse, wie sie sich gleichlaufend in PAS spiegelt. Darüber hinaus läßt sich nachweisen, daß die teilweise stark bearbeitenden Handschriften E und T auf eine andere Vorlage als X zurückgehen (vgl. den Stellenkommentar zu 3259). W scheint durch gemeinsame

Fehler mit P verbunden zu sein, während sich über M Genaueres nicht sagen läßt.
Bemerkenswert ist die schnelle und weite Verbreitung des »Rolandsliedes« noch im 12. Jahrhundert. Diese Verbreitung ging mit hoher Wahrscheinlichkeit von Oberdeutschland (Regensburg) aus und weist nach Norden.[6] Dafür sprechen insbesondere die Namensformen mit anlautender Tenuis ⟨*p*⟩ statt ⟨*b*⟩ wie insbesondere der Name *Paligan* für afrz. *Baligant* in der gesamten deutschen Rolandüberlieferung und in den von ihr abhängigen Texten wie Wolframs »Willehalm«.[7] Die Vorlage von PASW muß die – bereits hier unterschiedlich überformten – oberdeutschen Merkmale aufgewiesen haben, von denen das meiste P, erstaunlich viel – und teilweise sogar gegen die insgesamt oberdeutsch geprägte Handschrift P – aber auch die mitteldeutsch-niederdeutsch einstilisierte Abschrift A bewahrt haben.[8] Für oberdeutsche Provenienz sprechen auch die Illustrationen von P und A, die Ähnlichkeiten u. a. mit der Prüfeninger (Freisinger?) Malschule aufweisen.[9]

Textherstellung

Karl Bartsch hatte seine Ausgabe als kritische Edition verstanden, Carl Wesle dagegen von einer kritischen Herstellung Abstand genommen angesichts der dafür nicht günstigen Überlieferungslage und Textbeschaffenheit: »ein großer Teil des Gedichts liegt nur in einer Handschrift vor, etwa ebensoviel in zwei Handschriften, zwischen denen in zahllosen Fällen die Entscheidung unsicher ist; nur für einen gerin-

6 Zur nötigen Differenzierung dieser seit Edward Schröder geltenden Auffassung vgl. Bumke (1979) S. 89 f. und besonders Th. Klein (1982).
7 So schon Bartsch (1874) S. XIII, der dies mit dem »zeitweisen Aufenthalt des auf rheinfränkischem Gebiete geborenen Dichters in Baiern« erklärt.
8 Dazu grundlegend Th. Klein (1982).
9 Lengelsen (1972).

gen Bruchteil stehen drei Handschriften zu Gebote. Philologische Hilfsmittel verfangen sehr wenig: der Versbau des Pfaffen Konrad ist noch derart frei, daß metrische Erwägungen niemals imstande sind, zwischen zwei Handschriften zu entscheiden oder eine nur einfach überlieferte Stelle als verderbt erkennen zu lassen«.[10] Das gleiche gilt für die Reimtechnik, über die zwar Wesle selbst in seinen »Frühmittelhochdeutschen Reimstudien« (1925) grundsätzlich Klarheit geschaffen hat, deren Ergebnisse jedoch nicht in jedem Einzelfall für die Zulässigkeit oder Unzulässigkeit eines Reims in Anspruch genommen werden können.
Aus diesen Gründen folgt auch die hier vorgelegte Ausgabe grundsätzlich der Handschrift P. Notwendige Abweichungen und Ergänzungen sind im Text nicht gekennzeichnet, sondern werden im kritischen Apparat vermerkt, der alle sachlich relevanten Lesarten der Fragmente anführt. Nicht verzeichnet wurden

- eindeutige Fehler der Handschriften wie Wiederholungen, Verschreibungen etc., über die Wesles Edition Auskunft gibt;
- alle bloß graphischen Varianten (das gilt nicht, wenn es sich um Wörter in Reimstellung handelt oder eine Abweichung von P zu rechtfertigen ist);
- der Wechsel der Verbformen *birn* und *sîn* (518, 727, 826, 1682, 5277, 5893, 8159), der Pronominalgenitive *sîn* und *es* (1316, 1825, 2315, 2410, 2721, 3827, 5400, 8777, 8801, 8814, 8950), der Präpositionen *in* und *an* (544, 825, 935, 961, 984, 991, 1013, 1042, 1058, 1059, 1074, 1091, 1105, 1258, 1262, 1457, 1777, 1901, 1944, 1953, 1971, 2027, 2329, 2409, 2536, 2587, 2621, 2638, 2671, 2715, 3305, 3325, 3511, 3541, 4472, 4943, 5107, 5145, 5157, 5166, 5636, 5806, 5859, 8192, 8411, 8815, 9006) und der Pronominalformen *uns* und *unsih* sowie die unterschiedliche Behandlung der

10 Wesle (1928) S. VII.

(auch fehlenden) Negationspartikel *ne* (*en*) (529, 716, 730, 965, 1125, 1209, 1325, 1353, 1362, 1498, 1500, 1807, 1855, 1916, 1954, 2075, 2185, 2247, 2278, 2392, 2531, 2556, 2626, 2683, 2698, 3302, 3403, 3636, 3748, 3755, 3757, 3806, 4248, 4703, 4860, 4876, 5350, 5493, 5552, 5596, 5773, 8074, 8116, 8201, 8235, 8382, 8389, 8708, 8710, 8722, 8793, 8953, 8954, 8977, 9005);

- Änderungen der Wortfolge, wofern der Reim nicht berührt ist (1353, 1576, 1596, 1825, 2150, 2242, 2311, 2386, 2529, 2540, 2610, 3402, 3584, 4535, 4696, 5151, 5226, 8619, 8634, 8640, 8801; vgl. auch die im Apparat verzeichneten Fälle 609, 731, 833, 1132, 1153, 1344, 1416, 2298, 3597, 4262, 4687, 5323, 5324, 8383).

Neben den Siglen der Handschriften (recte) stehen die Initialen der Herausgeber (kursiv) nur dann, wenn Bartsch (*B*) von A und Wesle (*W*) von P abweichen. Hinweise auf die Edition von Wilhelm Grimm erfolgen in nur wenigen Ausnahmefällen, auf die Edition von Maurer mit einer Ausnahme überhaupt nicht, da sie sich völlig an Wesle anschließt. Bedenkenswerte Konjekturen, die nicht in den Text Eingang gefunden haben, werden im Apparat verzeichnet oder im Stellenkommentar diskutiert. Lesarten aus Strickers »Karl« (Str.), aus dem »Karlmeinet« (Km.) und aus dem »Volksbuch vom Heiligen Karl« (Vb.) habe ich – anders als Wesle – nicht gleichberechtigt mit den Lesarten der Handschriften des »Rolandsliedes« verzeichnet, sondern immer durch »vgl.« von ihnen abgesetzt und nur dann im Wortlaut zitiert, wenn sie von der jeweils zu stützenden Lesart abweichen.
Vor der eckigen Klammer steht immer die Lesart des Textes mit Sigle (auch wenn es sich von selbst versteht, worauf die nach der Klammer zitierten Varianten sich beziehen) in der Graphie der Handschrift, wobei zu erinnern ist, daß im Scherzschen Abdruck von A jeder Vers mit Großbuchstabe beginnt. Wo es sich um Konjekturen handelt, ist die Graphie die des Texts.

Nicht verzeichnet wurden alle Abweichungen der Interpunktion von den älteren Editionen. In problematischen Fällen geht der Stellenkommentar auf die Möglichkeit unterschiedlicher Textgliederung ein.

Textgestalt

Die Regelungen der Graphie haben nicht zum Ziel, alle Varianzen auszugleichen und ein einheitliches Schriftbild zu erzielen. Sie treten nur dort ein, wo das Verständnis des ungeübten Lesers unnötig erschwert wird bzw. die Lautwerte bestimmter Grapheme unklar bleiben.

Konsonanten:

1. Obdt. Affrikate /kch/ im Anlaut gebe ich als Tenuis /k/ wieder, vor Vokal als ⟨k⟩, vor Konsonant als ⟨c⟩, wo die Handschrift ⟨ch⟩ schreibt. Also *cheiser* > *keiser*, aber *chnechte* > *cnechte* (neben handschriftlichem *knechte*). Obdt. Affrikate ⟨ch⟩ im In- und Auslaut erscheint nach Vokal als ⟨c⟩, nach Konsonant als ⟨k⟩ und in der Gemination als ⟨ck⟩, wo die Handschrift nicht ⟨kk⟩ hat. Also *roch* > *roc*, *ualchen* > *valken*, *bliche* > *blicke*. In Fremdwörtern bleibt es bei der jeweiligen handschriftlichen Schreibung (*chor*, *christen* etc.).
2. Obdt. Tenuis /p/ für hd. /b/ gebe ich im Anlaut vor Vokal und Konsonant als /b/ wieder, also *pere* > *bere*, *plasen* > *blâsen*. Varianzen im Wortinneren (Dentalerweichung) und im Wortausgang (Auslautverhärtung) lasse ich unangetastet.
3. Weitgehend unangetastet bleibt die variante Graphie der Spiranten und Affrikaten. Das gilt insbesondere für die wechselnde Graphie von /sch/ in Form von ⟨sc⟩, ⟨sk⟩ und ⟨sch⟩.
4. Die Graphie ⟨c⟩ für anlautendes ⟨z⟩ habe ich außer in Fremdworten immer nach ⟨z⟩ korrigiert.

5. Doppelschreibungen von Konsonanten habe ich vereinfacht, wo keine echten Geminaten vorliegen (*bettehus* > *betehûs*), bzw. eingeführt, wo sie der grammatischen Norm entsprechen (*genozen* > *genozzen*).
6. Die übliche Unterscheidung von ⟨u⟩ und ⟨v⟩ für handschriftliches ⟨u⟩ und ⟨i⟩ und ⟨j⟩ für handschriftliches ⟨i⟩ tritt lediglich bei den Initialen nicht ein.

Vokale:

Die äußerst unsystematische Graphie der Vokale habe ich mit einiger Gewaltsamkeit dem grammatischen Standard des Mittelhochdeutschen angenähert.

1. Nicht ausgeglichen habe ich den Wechsel von ⟨ei⟩ und ⟨ai⟩. Hier ist ⟨ai⟩ als phonetische Graphie zu realisieren, die auffälligerweise nur selten bei dem Kirchenwort *heilic* auftritt, das fast durchweg in der sakrosankten Form mit ⟨ei⟩ erscheint. (In jüngeren bairischen Handschriften ist diese graphische Traditionsbindung auch im Fall der Wörter *vleisch* und *geist* zu beobachten.)
2. Problematisch ist die mechanische Regelung der Graphie im Falle der betonten oder unbetonten einsilbigen Wörter. Anders als beim Artikel habe ich bei den entsprechenden Formen des Personalpronomens darauf verzichtet, handschriftliches *si* in *sie* bzw. *siu* aufzulösen. Die handschriftlichen Schreibungen *sie* und *siu* bleiben selbstverständlich unangetastet. Fragwürdig ist die diphthongische Schreibung der Präposition *zuo*, wo die Handschrift (überwiegend) *zu* schreibt. Aber die Metrik bietet keine Handhabe, zwischen der verkürzten Form *ze* und der vollen Form *zuo* zu unterscheiden. Diese metrische Unsicherheit ist auch der Grund dafür, daß die abgekürzte Graphie *un̄* bzw. *vn̄* immer in die zweisilbige Form *unde* aufgelöst wurde.
3. Die variantenreiche Schreibung von *vor/für* habe ich, wo immer es angängig schien, so geregelt, daß die Präposition mit Dativ in der Form *vor(e)*, die Präposition mit Akku-

sativ in der Form *für* erscheint. Beim adverbialen Gebrauch des Worts ist eine durchgängig einheitliche Schreibung nicht möglich.

4. Probleme ergeben sich auch bei der Einführung der Längenzeichen. Zweifelsfälle sind insbesondere das Wort *herre*, das Präteritum von *hân* und das Adjektivsuffix *-lich*. Hier setze ich immer Längenzeichen. Unterschiedlich zu behandeln sind die einsilbigen Wörter *ja*, *du* und *nu*, je nachdem sie in betonter oder unbetonter Position erscheinen. Hier ist Willkür nicht zu vermeiden. Ich schreibe immer *jâ*, aber *dû* und *nû* nur dann, wenn ich glaube, daß betont zu lesen ist. Bei Eigennamen habe ich nur dort auf phonetische Interpretation nicht verzichtet, wo der Reim Schlüsse auf Längen oder Kürzen zuläßt.

Weitere Regelungen:

Die Zusammenschreibung von Wörtern ist weitgehend nach nhd. Gebrauch geregelt. Unverändert bleibt lediglich die Pro- bzw. Enklise oder Getrenntschreibung der Negationspartikel *-(e)n*, *n(e)-* oder *ne*.
Erhalten geblieben sind einige Eigentümlichkeiten der Heidelberger Handschrift hinsichtlich der Behandlung der Endsilben. Das gilt für den Abfall der *n*-Endung bei Infinitiven in Reimstellung (graphische Reime) ebenso wie für die Apokope der *e*-Endung bei schwachen Präterita und besonders der *en*-Endung in nominalen und pronominalen Akkusativen nach Nasal (*ain* statt *ainen*, *uan* statt *vanen* etc.). Dagegen habe ich *chom* bzw. *kom* immer *komen* geschrieben, die wenigen Fälle aber im kritischen Apparat vermerkt.
Die Interpunktion erfolgt nach gegenwärtigem Gebrauch. Die Handschrift P hat lediglich die üblichen Reimpunkte. Bei der Zeichensetzung habe ich mich von der Einsicht leiten lassen, daß die Verssprache des deutschen »Rolandsliedes« über weite Strecken noch sehr einfach ist und vielfach die Parataxe bevorzugt. Daneben gibt es aber durchaus auch schon längere Perioden und gelegentlich sogar komplizierte

hypotaktische Fügungen (vgl. V. 6864 ff.), die sichtlich dem Lateinischen abgelernt sind, das nach Auskunft des Pfaffen Konrad (V. 9080 ff.) ja auch Zwischenstation im Übertragungsprozeß war. An solchen Stellen kann die moderne Interpunktion eine große Hilfe sein, so redundant sie in vielen andern Passagen dem an die traditionelle philologische Textbehandlung gewohnten Leser auch erscheinen mag.

Die durch Initialen markierten und in der vorliegenden Ausgabe durch Leerzeilen noch betonten Erzählabschnitte gehen mit wenigen Ausnahmen ebenfalls auf die Handschrift P zurück. Erstaunlicherweise ist hier eine relativ große Übereinstimmung mit den andern Handschriften und sogar mit den späteren Bearbeitungen zu beobachten. Das spricht für ihre Authentizität. Abweichungen von P vermerkt der kritische Apparat.

Schließlich sind dem Text in Kursive die synoptisch entsprechenden Verszahlen der Oxforder Version der »Chanson de Roland« (O) hinzugefügt worden (ohne Rücksicht auf die Umstellungen in der kritischen Edition von C. Segre). Dabei wurde differenziert in direkte und – in Parenthese – ungefähre Entsprechungen. Auch hier ist eine gewisse Willkür nicht zu vermeiden, die solche Kennzeichnung nicht über jeden Zweifel erhaben macht. Aber sie mag in vorliegender Form eine Hilfe bei der vergleichenden Lektüre des altfranzösischen und deutschen Textes sein. Es wäre wünschenswert gewesen, auch die Version V4 zu berücksichtigen, die in nicht wenigen Details dem deutschen Text näher steht als O. Dem standen technische und praktische Erwägungen entgegen: eine zweite Rubrik hätte auf den klein dimensionierten Seiten keinen Platz mehr gehabt, und der vornehmlich an der deutschen Literatur interessierte Leser wird ohnehin allenfalls zur – auch in Übersetzungen verfügbaren – Oxforder Version greifen, während die Venezianer Handschrift V4 doch wohl nur dem Fachmann zugänglich ist.

Kommentar

Der Kommentar versucht, auf alle wichtigen Beiträge der Forschung zu einzelnen Stellen des »Rolandsliedes« (RL) hinzuweisen und, wo immer dies bei dem verfügbaren Raum möglich ist, auch wörtlich zu zitieren. Die bibliographischen Angaben werden dabei auf Verfassername, Erscheinungsjahr und Seitenzahl verkürzt. Davon abweichend werden die häufig zitierten Gewährsleute nur mit ihrem Namen angeführt. Das gilt für die Editionen von Grimm, Bartsch, Wesle und Mortier/Graff und für die Arbeiten von Backes (1966) und Richter (1972). Wenn die zitierten Meinungen und Nachweise dort nicht zur Stelle oder unter dem jeweiligen Stichwort auffindbar sind, tritt die Seitenangabe hinzu.
»Chanson de Roland« (ChdR) meint immer die Oxforder Version. Andere Versionen werden mit den einschlägigen Siglen versehen. Die vielen Verweise auf einzelne Verse der »Kaiserchronik« (Kchr.) gelten den auffälligsten Übereinstimmungen mit dem Wortlaut des »Rolandsliedes«. Vollständigkeit ist hier nicht angestrebt worden. Die lateinischen Zitate aus der Vulgata werden aus Platzgründen nicht übersetzt, sie sind ohnehin nur für den lateinkundigen Benutzer von Interesse und Aufschluß; dabei werden um der leichteren Verständlichkeit willen die gängigen deutschen Abkürzungen der biblischen Bücher verwendet (siehe das Verzeichnis der Abkürzungen S. 752 f.). Wo es bei den Bibelzitaten des Pfaffen Konrad nicht auf den genauen Wortlaut ankommt, weist der Kommentar nur die betreffenden Schriftstellen nach.

1–16 Die ChdR setzt – wie die deutsche Heldendichtung – unmittelbar mit der Erzählung ein: ›König Karl, unser großer Kaiser, ist sieben ganze Jahre in Spanien gewesen . . .‹ Dagegen beginnt das RL mit einem Dichtergebet, dessen Bestandteile – Anrufung Gottes, Bitte um Erleuchtung, Streben nach Wahrheit, Nennung des Gegenstandes der Erzählung – typisch sind für Legendenprologe. Dazu Ohly (1971) S. 305 ff.; Ott-Meimberg (1980) S. 42–45; Lutz (1984) S. 86; Haug (1985) S. 75–80. Außerdem vgl. Gerhard Strunk, »Kunst und Glaube in der lateinischen Heiligenlegende. Zu ihrem Selbstverständnis in den Prologen«, München 1970 (Medium aevum 12), S. 80–114. – Umstritten ist, ob hier bloß Christus (Kern, 1971, S. 412) oder die Trinität angerufen wird. V. 1–3 sind als »dreigliedrige ›invocatio ad Christum‹« (Kern,

1971, S. 416) zu verstehen. Es bleibt jedoch die Merkwürdigkeit des Neueinsatzes in V. 3 mit dem unübersetzbaren *wol* und die Doppelung *dîniu wort* (4) und *heilege urkunde* (6). Der Prologeingang (1–6) läßt sich deshalb auch als trinitarische Invokation lesen: 1. Schöpfer und Herr aller Dinge (1 f.), 2. Hoherpriester und Lehrer seines Wortes (3 f.), 3. das Zeugnis des Hl. Geistes (5 f.).

1 Die at. Formulierung *creator omnium* (Sir. 24,12; 2. Makk. 1,24) wird im Christentum im allgemeinen auf die erste trinitarische Person bezogen (vgl. »Credo«), kann aber nach Joh. 1,3; Röm. 11,36; 1. Kor. 8,6; Kol. 1,16 auch auf den Sohn übertragen werden. Der Pfaffe Konrad scheint nicht nur den Schöpfer- und Erlösergott zusammengesehen zu haben (vgl. die dreifache Apostrophe Gottes 3483–3485, die märtyrerhafte Nachfolge des ›Schöpfers‹ 5792 ff. und die explizite Ineinssetzung 5820 ff.). Andere Stellen (4200, 4216, 4251, 4869, 5794, 7002, 8713, 9066) sind danach uneindeutig. Vgl. auch C. Stephen Jaeger, »Der Schöpfer der Welt und das Schöpfungswerk als Prologmotiv in der mhd. Dichtung«, in: ZfdA 107 (1978) S. 1–18.

2 *Rex regum* (1. Tim. 6,15; Offb. 17,14; 19,16) und *princeps regum* (Offb. 1,5) ist einer der biblischen Namen Gottes, die auf die beiden ersten trinitarischen Personen, Vater und Sohn, Anwendung finden. In der dt. geistlichen Literatur des 12. Jh.s begegnet die Formulierung ›Kaiser aller Könige‹ bzw. ›König aller Könige‹ häufig (Richter).

3 Im Hebräerbrief wird Christus wiederholt *pontifex* genannt (Hebr. 2,17; 3,1; 4,14: *pontificem magnum*; 5,5.10; 6,20; 7,26: *pontifex . . . excelsior caelis factus*; 8,1; 9,11) mit Berufung auf Ps. 109,4. Über den Gebrauch von *êwart* für Christus in der frühmhd. Literatur vgl. Richter.

4 Gott, Christus und der Hl. Geist als Lehrer des göttlichen Wortes (Gesetzes) ist eine im AT und NT so geläufige Vorstellung, daß man keine Belege dafür anzuführen braucht. Der Hinweis auf Jer. 1,9: *Et misit Dominus manum suam et tetigit os meum et dixit Dominus ad me: Ecce dedi verba mea in ore tuo* (Kern, 1971, S. 417) setzt voraus, daß die anschließenden Verse 5 f. hinzugehören, obwohl sie syntaktisch deutlich abgesetzt sind.

5 f. Neben Jer. 1,9 kommt Ps. 50,17: *Domine, labia mea aperies, et os meum adnuntiabit laudem tuam* als Vorbild für die Mund-Metapher in Frage (vgl. aber auch Num. 22,38; 23,5.16; Dtn. 18,18 u. a.). Ungeklärt ist die Bedeutung von (*heilege*) *urkunde* (bei Backes fehlt das Stichwort). Kern (1971) S. 417 kommentiert: »das heilige

Zeugnis, mit dem Christus, der selbst die Worte lehren soll, Garant für die Wahrheit der Dichtung ist«. In der Tat wird Christus im RL als *urkundære* (3406) bzw. *urkunde* (5253) für die Heiligkeit der Märtyrer aufgerufen. Es wäre aber auch zu bedenken, ob hier nicht das Zeugnis (*testimonium = urkunde*) des Hl. Geistes gemeint sein könnte, von dem Jesus Joh. 14,26 sagt: *Paracletus autem Spiritus Sanctus, quem mittet Pater in nomine meo, ille vos docebit omnia et suggeret vobis omnia, quaecumque dixero vobis* (vgl. auch 15,26). In 1. Joh. 5,6 heißt es entsprechend: *Et spiritus est, qui testificatur, quoniam Christus est veritas*, und 1. Joh. 5,9 f.: *Si testimonium hominum accipimus, testimonium Dei maius est [. . .]. Qui non credit Filio, mendacem facit eum; quoniam non credidit in testimonium, quod testificatus est Deus de Filio suo*. Eben dies ist der Gedankengang des Prologs: das Zeugnis Gottes (hier für seinen Heiligen) wiegt höher als das der Menschen (hier der Quelle). Wahrheit ist im Glauben, ohne ihn verfällt der Mensch der Lüge, ja er macht Gott selbst zum Lügner.

7 f. Die Entgegensetzung von Lüge und Wahrheit gehört zu den ältesten Prologtopoi der christlichen Literatur. In ihrem Kontext bedeutet ›Wahrheit‹ immer ›Heilswahrheit‹, nicht sachliche Richtigkeit, Quellentreue etc., die freilich ihrerseits beteuert werden können (vgl. RL 9080 ff.). Mehr als nur Reimzwang ist die Verbindung von ›Wahrheit‹ und ›Schrift‹. Die Opposition von ›mündlich-weltlich-lügenhaft‹ und ›schriftlich-geistlich-wahr‹ strukturiert auch andere Prologaussagen in der dt. Literatur des 12. Jh.s, so besonders im »Annolied« und in der »Kaiserchronik«.

10 Die Erringung des Himmelreichs durch ein heiligmäßiges Leben muß nicht allein durch den Märtyrertod erfolgen. Die alte Kirche unterscheidet deshalb zwischen *martyres* und *confessores*, und so heißt es auch im kaiserlichen Manifest, das statt eines päpstlichen Approbationsschreibens nach der Erhebung der Gebeine Karls verlesen wurde: »Deshalb erklären wir ihn jetzt und verehren ihn als Seligen und sehr heiligen Bekenner, ihn, von dem wir glauben, daß er, nachdem er heiligmäßig gelebt und seine Sünden und Fehler bekannt und aufrichtig bereut hat, zum Herrn eingegangen ist, und daß er im Kreise der Bekenner gekrönt wurde zum heiligen und wahrhaften Bekenner im Himmel« (zit. nach: Bertau I, 1972, S. 454; vgl. auch Folz, 1964, S. 208 ff.).

12 Der unterfüllte Vers hat zu Konjekturen Anlaß gegeben (s. Apparat), obwohl es nicht wenige ähnlich kurze Verse gibt (vgl. Köneke, 1976). Der Sinn ist: Karl steht vor Gottes Thron, erfreut sich des

Anblicks Gottes als der ewigen Seligkeit. Das läßt sich so nur von einem als heilig verehrten Glaubenshelden sagen. Ähnlich sagt Wolfram von Eschenbach von den Glaubenskämpfern im »Willehalm«: *die noch vor gote sint / die endelôsen wîle* (450,8 f.). Auffällig ist, daß Konrad dem Kaiser Karl das Attribut *sanctus* verweigert (Kartschoke, 1965, S. 158–163).

13 f. Der Ruhm Karls des Großen als des Überwinders und Bekehrers der Heiden ist alt (vgl. Erdmann, 1935, S. 276 f.; Folz, 1964) und diente als Hauptargument bei seiner Kanonisation (Bertau I, 1972, S. 464). Die Aussage bezieht sich hier also nicht nur auf den Inhalt des RLs, in dem ja nur *ein* heidnisches Land, Spanien, erobert und christianisiert wird, sondern auf die Vita des Heiligen, die im folgenden Abschnitt (17–30) amplifiziert wird.

16 Die Quellenberufungen erscheinen in Singular (*daz buoch* vgl. 1610, 2703, 3762, 4156, 4562, 4659, 6640, 7192, 8003, 8130, 8207, 8413, 9022, 9080) und Plural (3489, 4851, 8673) und meinen wohl immer das Manuskript der ChdR, über das im Epilog gesprochen wird. Andere Schriftberufungen können sich entweder auf die französische Vorlage (2704, 6582, 8207, 9022, 9080) oder auf die Bibel (352, 2382, 3454, 3508, 7699, 7710) und andere Schriftzeugnisse (1957, 7518) beziehen.

17–30 Ob die folgende »Kurzvita des Heiligen« (Bertau I, 1972, S. 464) noch zum Prolog gehört oder bereits den Beginn der Erzählung markiert, bleibt unklar. Als bloße Wiederholung und Erweiterung von V. 9–15 möchte man sie noch dem Prolog zurechnen. Als Einführung des Kaisers analog dem Abschnitt über die zwölf Pairs (225–242) läßt sie sich auch als Beginn der Erzählung lesen (so Lutz, 1984, S. 86).

17 Vgl. Kchr. 14815 *Karl der Pippînes sun*. Der Frankenkönig Pippin wird als Vater Karls des Großen auch im Epilog des »König Rother« zitiert.

20 Zu *grimmec* als bevorzugte Kennzeichnung der Heiden vgl. Denecke (1930) S. 57 und Richter. Allerdings erscheint auch der christliche Kaiser in der Perspektive der Heiden als *grimmec* (7953), und Heiden wie Christen kämpfen *mit grimme*.

21–22 Deutliche Anspielung auf Joh. 1,9 f.: *Erat lux vera [. . .] et mundus per ipsum factus est, et mundus eum non cognovit* (vgl. Joh. 1,5). Weitere Belege auch aus der dt. Literatur des 12. Jh.s bei Richter; vgl. auch Kern (1971) S. 417.

24–30 Ähnlich heißt es in der Kchr. von Kaiser Justinianus: *der staich von tugenden zu tugenden* (13030), im »St. Trudperter Hohen

Lied«: *er leitit uns uon allen âkustin an die heiligen tuginde, als ez kît: de uirtute in uirtutem* (18,16 f., ähnlich 138,13 f.) und in Freidanks »Bescheidenheit«: *ein man sol stîgen in der jugent / von einer tugent zer anderen tugent* (118,27 f.). Zugrunde liegt Ps. 83,8: *Ibunt de virtute in virtutem, Videbitur Deus deorum in Sion.* Die von Richter angeführten Bibelstellen 1. Sam. 2,26 und Lk. 2,52 haben höchstens sekundäre Bedeutung.

25 Zur Bedeutung von *tugent* im RL vgl. Mager (1964) S. 228–246 und Dobozy (1987).

26 f. Die Übersetzung ist Ausdruck der Verlegenheit. Die mhd. Bedeutungen der Bezeichnungen für die Lebensalter unterscheiden sich ganz erheblich von ihrer nhd. Bedeutung, da *kint* auch noch der junge Erwachsene heißen und *jugent* bis weit ins dritte Lebensjahrzehnt reichen kann. Man könnte also auch übersetzen: ›Von der Jugend zum Erwachsenenalter und vom Erwachsenen- zum Greisenalter‹. Vgl. Wilhelm Wackernagel, »Die Lebensalter. Ein Beitrag zur vergleichenden Sitten- und Rechtsgeschichte«, Basel 1862; M. Goodich, »From Birth to Old Age. The Human Life Cycle in Medieval Thought«, Lanham 1989.

29 f. Vgl. Kchr. 2303 f., 6584 f. und 8554 f. Der Vorstellung ›Wohnen‹ im Reich (Haus) Gottes liegen biblische Formulierungen zugrunde wie Ps. 83,5: *Beati qui habitant in domo tua*, und Offb. 13,6: *qui in coelo habitant.*

31–360 Es ist bis heute nicht geklärt, ob Konrad den Einleitungsteil frei erfunden hat (Bartsch, 1874, S. XV) oder einer entsprechend erweiterten Version der ChdR oder gar einem zweiten Gedicht (»Entrée d'Espagne«) verdankt (Golther, 1887, S. 114 ff.). Da auch die »Karlamagnussaga« im 51. Kapitel eine ähnliche Vorgeschichte enthält, spricht manches für die Quellentreue des Pfaffen Konrad auch in diesem Teil. Bertau I (1972) S. 464 f. interpretiert den Einleitungsteil als Amplificatio der beiden Prologabschnitte: »wiederum detaillierter wird jetzt die Bekehrung der Heiden dargestellt«.

31 *servus Dei, minister Dei, famulus Domini* sind biblische Formulierungen (Belege bei Backes und Richter), die in die ma. Herrschertitulatur aufgenommen wurden. Vgl. Percy Ernst Schramm, »Kaiser, Rom und Renovatio. Studien zur Geschichte des römischen Erneuerungsgedankens vom Ende des karolingischen Reiches bis zum Investiturstreit«, Leipzig 1929 (Studien der Bibliothek Warburg 17), S. 141 ff. Im Dt. vor dem RL nur in der Kchr. gebräuchlich.

33 *unkiuschlîchen* meint hier ›unrein‹, ›gottlos‹, nicht ›sittenlos, lasterhaft‹ (so Richter; anders Kern, 1971, S. 417).

34 f. Nicht immer wird so deutlich zwischen heidnischem *apgot* und christlichem *got* geschieden. Auch die heidnischen Götzen werden sehr häufig als *got(e)* apostrophiert. – Daß die Furcht Gottes Anfang von Weisheit (Ps. 110,10) und Erkenntnis (Spr. 1,7) sei, gehört zum at. Glaubensfundament (zahlreiche Bibelstellen). Solche Gottesfurcht ist eine der Gaben des Hl. Geistes, deren die Heiden noch nicht teilhaftig sind.

44 f. Während die Christen das ›wahre Licht‹ (21) erkannt haben, leben die Heiden in der Nacht ihres Unglaubens, aus der sie ins Schattenreich des ewigen Todes eingehen werden. Beide Metaphern lassen sich auf ähnliche oder gleiche biblische Ausdrücke zurückführen (*toetlîcher schate* entspricht etwa *umbra mortis*) und finden sich auch sonst in der geistlichen Literatur des 12. Jh.s (Belege bei Richter).

47–53 Starke Anklänge an Christus in Gethsemane (Mt. 26,36 ff.; Mk. 14,32 ff.; Lk. 22,39 ff.): Schlaf der Jünger – Christus allein wacht – Trauer erfüllt ihn (Gebet unter Tränen vgl. Hebr. 5,7) – ein Engel erscheint ihm. Solche *imitatio Christi* gehört zum Wesen und Begriff des Heiligen und wird auch im RL mehrfach thematisiert (vgl. bes. 256 f.).

48 Die ungewöhnliche Formulierung läßt sich nur annähernd im Nhd. wiedergeben. Es bleibt unklar, ob hier die körperliche Geste des andächtigen Aufblickens oder – wahrscheinlicher – die Funktion der *oculi cordis* (Eph. 1,18) gemeint ist, denen im folgenden Vers

52 die *oculi carnei* entgegengesetzt werden (vgl. Richter). Konrad betont die Leibhaftigkeit der Erscheinung; die Szene unterscheidet sich also von den später erzählten, allegorisch verschlüsselten Träumen des Kaisers. (Vgl. allgemein: Peter Dinzelbacher, »Vision und Visionsliteratur im Mittelalter«, Stuttgart 1981.) Karl steht in direktem Kontakt mit Gott wie die at. Könige (Richter).

55–64 Der Engel erteilt Karl einen Missionsbefehl nach dem biblischen Vorbild des Missionsauftrags Christi an seine Jünger (am nächsten steht die Formulierung Mk. 16,15 f.). In der ChdR erfolgt ein vergleichbarer Auftrag am Schluß (O 3993 ff.). Ob man aus der Tatsache, daß der Auftrag vom himmlischen Lehnsherrn unmittelbar an den Kaiser ergeht und nicht durch den Papst erfolgt, schließen kann, daß Konrads »Sympathien auf seiten des Kaisertums lagen«, ist eine neuerdings aufgeworfene, aber noch nicht ausdiskutierte Frage (Canisius-Loppnow, 1992, S. 94–99, Zitat S. 99).

59 f. Vgl. Kchr. 9516 f. – Die Gegner Karls sind auch die Gegner Gottes (vgl. Mt. 12,29; Lk. 11,23). Gott aber wird seine und seiner Apostel Widersacher vernichten (Phil. 1,28). Hinter dem ganzen Abschnitt scheint die Erinnerung an Ps. 13 zu stehen (vgl. auch Ps. 81,15).

60 Die *tiuveles kint* stehen den *gotes kint* gegenüber wie im NT die *filii Diaboli* den *filii Dei* (1. Joh. 3,10; weitere Belege bei Richter).

62 f. Zur *ira Dei* (vgl. Richter) bes. Joh. 3,36: *qui autem incredulus est Filio, non videbit vitam, sed ira Dei manet super eum.* Hinzu tritt Mt. 10,28: *sed potius eum timete, qui potest et animam et corpus perdere in gehennam.*

64 Der Ausdruck *die helle bûwen* ist in frühmhd. Literatur geläufig (Belege bei Richter). In der Bibel entspricht ihm die Rede von den »Hausgenossen« Beelzebubs (Mt. 10,25), der in der ma. Literatur als *wirt der helle* populär ist. Man kann auch an »Kontrastbildung zu *daz himelrîche bûwen* [vgl. 197]« (Richter) denken.

65 f. Wörtliche Anspielung auf die Jüngerwahl Jesu (Lk. 6,12 f.).

67 Den *zwelf hêrren* entsprechen in der ChdR die *duze per*, die ›zwölf Pairs‹. Konrad hat kein entsprechendes Wort, sondern spricht häufig nur von ›den Zwölfen‹, was in der nhd. Übersetzung nicht immer nachzuahmen war. Die symbolische Bedeutung der Zwölfzahl wird von den Interpreten unterschiedlich stark akzentuiert. Das geistliche (typologische?) Vorbild Christi und seiner Jünger betonen besonders Geppert (1956), Klinnert (1959) und Richter (1972); vor der Einseitigkeit solcher Interpretation warnen Knappe (1974) und von romanistischer Seite Erich Köhler, »›Conseil des barons‹ und ›Jugement des barons‹. Epische Fatalität und Feudalrecht im altfranzösischen Rolandslied«, Heidelberg 1968 (SHAW 1968,4), S. 16. Zur Diskussion vgl. Ott-Meimberg (1980) S. 159 f.

68 Es gehört zu den ma. Herrscherpflichten, sich verläßlicher Ratgeber zu versichern (Richter; ausführlich Ott-Meimberg, 1980, pass.).

71 Neben die traditionellen Heldenwörter *helt, degen, wîgant, recke* tritt *guoter kneht*, dessen Semantik unterschiedlich beurteilt wird. E. Schröder (1928) S. 296: »der *guote kneht* vertritt zu der zeit als *rîter* noch einfach ›reitersmann‹ war [...] geradezu die stelle des ›ritters‹, und zwar zugleich rein militärisch wie mit jener emphase die ihm später der *ritter* abnahm«. Anders Bumke (1964) S. 89: »als

guoter kneht, vrumer kneht, edeler kneht steht das Wort gleichberechtigt neben den alten Heldenwörtern und deckt genau denselben Anwendungsbereich«.

72 *vorvechte* ist nur im RL und in Strickers »Karl« belegt. Die übliche Form lautet *vorvehtære* (Richter).

73 f. Anders Richter: »K.s Kennzeichnung der Zwölfe, sie wandten ihre Fahne nie weltlichen Schanden zu, meint also deren Leben ohne die Befleckung durch Sünden, ein Leben aus dem Geiste der Weltverachtung [. . .]«. Ich verstehe V. 68–81 so, daß zunächst von den weltlichen (68–76) und dann den geistlichen Qualitäten (77–82) der *zwelf hêrren* die Rede ist.

77 Die Zwillingsformel *kiusche und reine* meint sowohl das leibliche Verhalten wie den geistlichen Status der Zwölf als »Voraussetzung für die Bereitschaft zum Martyrium« (Richter), vgl. Hartmanns von Aue Kreuzlied *Dem kriuze zimt wol reiner muot und kiusche site* . . . (MF V, 1,1 ff.).

78 Die ›Kaufmannsmetaphorik‹ ist in der Kreuzzugspropaganda und -dichtung nicht unbeliebt, so daß jüngere Autoren sogar vom ›Markt‹ sprechen können, den Gott für die Menschen abhalte, damit sie sich ihr Seelenheil erkaufen können (z. B. Heinrich von Rugge, »Der Leich« V, 7 ff.); vgl. 3449, 4708 u. ö.

82 Das altchristliche Verständnis des Martyriums (Hans Frh. von Campenhausen, »Die Idee des Martyriums in der alten Kirche«, Göttingen 1936) in der *militia spiritualis*, dem geistigen Kampf in der und gegen die Welt, wird im Laufe der Kreuzzugsbewegung konkretisiert im Gedanken einer *nova militia*, im realen Kampf der *milites Dei* gegen die Feinde Gottes. Dazu grundsätzlich: Erdmann (1935); Wentzlaff-Eggebert (1960) und – in knapper Zusammenfassung – Richter.

86 Die Konjektur *cristenhait* (vgl. die wörtliche Wiederholung in 1533) erweist sich als nötig angesichts des Wortgebrauchs im RL allgemein und besonders hinsichtlich des Parallelismus *haidenscaft – cristenhait*. Konrad kennt kein Nomen »*cristene*, stf. Christenheit«, das Bartsch erwogen hatte. Zur Formulierung *dilatare christianitatem* vgl. Richter.

87 f. Vgl. Kchr. 8088 f. Die Anrede ist typischer Predigteingang (*carissimi*), die ihr Vorbild in den apostolischen Apostrophen haben (1. Petr. 2,11 u. ö.; weitere Belege bei Richter). Dieser und die folgenden Aufrufe zum Kreuzzug (181 ff. und 245 ff.) enthalten zentrale Gedanken der realen Kreuzpredigten (Georg Wolfram, »Kreuzpredigt und Kreuzlied«, in: ZfdA 30, 1886, S. 89–132),

ohne sie jedoch im einzelnen abzubilden (die Bibelzitate und -anspielungen behandelt Backes, S. 31–38).

88 Gottesdienst und Kreuzzug werden hier in eins gesetzt (Richter).

89 Die vom *miles Dei* geforderte Reinheit der Gesinnung wird wiederholt zum Thema (vgl. 77, 266, 5767).

90–99 Verpflichtung und Lohnversprechen (dazu ausführlich Richter) werden auf dem biblischen Hintergrund des Gleichnisses von den anvertrauten Pfunden (Mt. 25,14–30 = Lk. 19,11–28) formuliert.

100 Die fröhliche Zuversicht des Gerechten und die Freude über den verheißenen himmlischen Lohn sind im AT und NT vielfach zu belegen (vgl. Backes und Richter) und spielen eine zentrale Rolle in der Darstellung der Märtyrergesinnung im RL (Klinnert, 1959).

101–105 Parallele zu 95–100 im Sinne einer Steigerung von Dienst und Lohnverheißung.

103 f. Das Bild von der ›Krone des ewigen Lebens‹ in Anlehnung an den antiken Siegerkranz ist biblisch (eine kleine Auswahl von Belegen bei Backes). ›Königliche Krone‹ ist dagegen keine biblische Formulierung, sondern abgeleitet aus nachbiblischen Jenseitsvorstellungen, denen zufolge die Seligen einer Hierarchie von Engelchören zugeordnet werden (dazu ausführlich Richter). In der volkssprachigen Literatur behandelt der Arme Hartmann in seiner »Rede vom Glauben« 2884 ff. diese Vorstellung. Bei ihm erscheinen die Apostel und Märtyrer im obersten Chor. In der theologischen Jenseitsspekulation ist die Hierarchie nicht eindeutig festgelegt. Geläufig aber sind die Namen der Engelchöre, darunter die der *principatus* und *potestates*, die nicht in jedem Fall an der Spitze stehen. Konrads Formulierung *küneclîchen krône* kann also hierarchisch oder terminologisch gemeint sein. In der »Rede vom Glauben« des Armen Hartmann trägt Christus *di keiserliche crone* (1456).

105 Der ›Morgenstern‹ (*stella matutina*) steht in der johanneischen Apokalypse für Christus (Offb. 22,16) und gilt zugleich als Lohn für die Erwählten (Offb. 2,28). Konrad vergleicht dagegen nur den Glanz der Märtyrerkrone mit dem Glanz Christi (Richter).

106 Die Pflicht des Herrschers, bei seinen Vasallen um Rat einzukommen, und die Pflicht der Vasallen, Rat und Hilfe (*consilium et auxilium*) zu gewähren, gehörten zu den grundlegenden Bedingungen feudaler Herrschaft. Zur Stelle vgl. Ott-Meimberg (1980) S. 80.

109 ff. Die Namenliste ist nicht vollständig, es werden nur neun Personen genannt (daß mit Einschluß der Herkunftsnamen die Zwölfzahl erreicht wird, hat sicher keine Bedeutung). Der Stricker und der Kompilator des »Karlmeinet« (Km.) haben die Liste unterschiedlich ergänzt (oder vollständigere Textvorlagen gehabt?). Auch in den Branchen der ChdR sind die Namenlisten nicht immer vollständig und vor allem auch nicht immer identisch (dazu Schlyter, 1974).

109 Die Namensform *Ruolant* erscheint in den Hss. des RLs nur im Ausnahmefall (S 1140), P schreibt überwiegend *Rŏlant* (hier *Růlant*), S und A schreiben überwiegend *Roland*, einige wenige Male auch *Rulant*. Der Stricker hat *Ruolant*. Die Diphthongierung gegenüber der gängigen afrz. Form *Rollant/Rolant* erklärt sich aus der älteren und im Obd. geläufig gebliebenen Namensform *Hruodlant*.

110 Es fällt auf, daß in der ganzen Liste der prominente Name *Turpîn* fehlt. Grimm und Bartsch (1861) S. 89 haben aus dem Vergleich mit Strickers »Karl« und dem »Karlmeinet« geschlossen, daß schon hier eine Lücke eingetreten sein muß. Str. 487 ff.: *sîner swester sun Ruolant / was zem besten bekant, / und Olivier der gselle sîn / und der erzebischof Turpîn, / Samsôn unde Ansîs, / Engelhêr und Gergîs, / Anshelm von Vorringen, / dern wart nie an sînen dingen / ze schanden noch ze spotte. / dâ was Ive und Otte / und Berngêr ein helt guot. / durch deheinen zagehaften muot / dorfte man in niht ze strîte manen. / der zwelfte fuorte sînen vanen, / der was geheizen Gotfrit.* Dagegen Km. 395,68 ff.: *Der kone degen Rolant / Ind Oliuer der wygant, / Der ertsche buschoff Turpin / Ind der hertzoge Gyrin, / Van Valcianen Dederich, / Der was eyn degen heirlich, / Name ind Oyger / Ind der keller Berenger, / Samson ind Ansis, / Oresten ind Helis.*

114 Zum – auf die Kreuzritter übertragenen – antiken Heldenideal der *fortitudo et sapientia* vgl. Richter.

118 f. *Wernes* scheint eine Verlesung des Autors oder eines Schreibers zu sein. Der Name kommt in der gesamten Rolandüberlieferung nicht vor. Bartsch setzte in Übereinstimmung mit ChdR, Strickers »Karl« und dem »Karlmeinet« *Berenger* ein. Im weiteren Verlauf wird *Wido von Waskonie* genannt; man könnte also auch an eine Verwechslung mit dem – freilich auch nur einmal auftauchenden und quellenkritisch nicht gesicherten – Namen *Wido* denken.

125 Einhard, »Vita Karoli magni«, cap. 9 erwähnt einen Pfalzgrafen

Anshelmus. In den verschiedenen Branchen der ChdR taucht der Name nicht auf.

127 Nach E. Schröder (1883) S. 74 ist Moringen eine Reminiszenz an den bairischen Ort Moeringen und damit Indiz für die bairische Heimat des RLs. Dagegen Nellmann (1985) Sp. 117: »beim Strikker lautet der Name allerdings *Voringen/Vorringen/Dorringen*«.

130 Da Konrad hier ausdrücklich die Zwölfzahl betont, muß die Hs. P defekt sein. Wo man *ûzerwelt* nicht als das geläufige preisende Epitheton nimmt, sondern prägnant versteht, ist die Rede von »Postfigurationen der zwölf Jünger bzw. Apostel« (Richter; dazu kritisch Ohly, 1987, pass.).

131 f. Vgl. Kchr. 6738 f.

139 *widersagen* ist Rechtsterminus und bedeutet: das Vasallitätsverhältnis lösen, Fehde ansagen (vgl. Geneluns Rechtfertigung 8796).

141 Die faktische Einmütigkeit (vgl. 226, 2447 ff., 3419, 3451 f., 3582, 3861, 4738 f. u. ö.) erscheint im weiteren wiederholt als Forderung oder Appell (vgl. 265, 3459 ff. u. ö., dazu Richter pass.), was darauf schließen läßt, daß man eher mit dem Gegenteil zu rechnen hatte. So soll schon Urban II. in seinem Aufruf zum (ersten) Kreuzzug argumentiert haben, die christlichen Ritter sollten sich nicht selbst zerfleischen, sondern die vereinten Kräfte gegen die Heidenschaft richten (Wentzlaff-Eggebert, 1960, S. 10). Entsprechend wird von der wunderbaren Einigkeit der verschiedensten christlichen Völkerschaften während des ersten Kreuzzugs berichtet (z. B. Fulcheri Carnotensis »Historia Hierosolymitana«, B. 1, Kap. 13,5; Ekkehard von Aura, »Chronica«, ed. Schmale und Schmale-Ott, S. 138, 10 ff.). Auf der spirituellen Ebene ist damit die Einmütigkeit der *milites Dei* gemeint, die ihr Vorbild in den Regeln der Ritterorden hat (weitere Belege bei Richter).

145 »Dieses Gelöbnis mit der erhobenen Schwurhand, von der *militia Dei* nicht abzulassen, ist eine Entsprechung zum Kreuzzugsgelübde, das der reale Kreuzfahrer zusammen mit der Kreuznahme ablegte« (Richter).

147 Solche Seligpreisungen der Kreuzfahrer waren beliebte Formeln in den Aufrufen und Predigten (Belege bei Richter).

152–155 Materielle Lohnversprechen waren seit dem ersten Kreuzzug nicht unüblich (Richter). Das gilt auch für die weltliche Heerfolge. »Bereits Friedrich I. mußte enorme Geldsummen zur Finanzierung seiner zu einem großen Teil aus Söldnern bestehenden Truppen aufbringen. Zudem wurde es in der Stauferzeit üblich, daß der König den Fürsten für ihre Kriegsdienste Belohnungen und Geldhilfen gewährte« (Canisius-Loppnow, 1992, S. 176).

167 Die Berufung auf das Wort Christi, wer ihm nachfolgen wolle, solle sein Kreuz auf sich nehmen (Lk. 9,23), war seit dem ersten Kreuzzug auf Anweisung des Papstes Urban II. üblich (Belege bei Richter).

170–173 Vgl. Kchr. 8450–8452.

181–221 Die Kreuzpredigt Karls analysiert Backes, S. 45–56.

184–189 Direktes Zitat von Mt. 19,29: *Et omnis qui reliquerit domum vel fratres aut sorores aut patrem aut matrem aut uxorem aut filios aut agros propter nomen meum, centuplum accipiet et vitam aeternam possidebit.* »Die hohe Verdienstlichkeit eines Verlassens der Habe und der Welt galt bis dato nur für den Geistlichen und für den, der sich entschloß, als Mönch in ein Kloster einzutreten. Jetzt aber war dieser Lohn allen erreichbar, sofern sie nur am Kreuzzug teilnahmen und also Heimat und Besitz zurückließen. Von höchster Bedeutung aber war diese Neuerung für den Kriegerstand, der sich seit alters wegen seiner blutigen Taten in besonderem Gegensatz zur kirchlichen Lehre befand und höllische Strafen zu gewärtigen hatte« (Richter).

190 f. Zum *gaudium* der Nachfolger Christi im Leiden vgl. 1. Petr. 4,13 (weitere Belege bei Richter). Zum körperlich verstandenen Opfergedanken in der Nachfolge Christi vgl. Röm. 12,1: *Obsecro itaque vos, fratres, per misericordiam Dei, ut exhibeatis corpora vestra hostiam viventem, sanctam, Deo placentem, rationabile obsequium vestrum.*

192 f. Bartsch und Wesle nehmen die beiden Verse als selbständigen Satz. Bartsch erklärte *ime* als »pleonastisch«, hätte also etwa folgendermaßen übersetzt: »Er (Gott) ist fortwährend bereit dazu, daß er uns aufnimmt.« Anders Backes, S. 50: »Der allezeit ›gereite lib‹ (= die Helden selbst: fällt mit uns in ›unsich‹ [193] zusammen) erfüllt dem Worte nach das *'Ideo et vos estote parati, quia qua nescitis hora Filius hominis venturus est* (Mt. 24,44).« Ich beziehe *gereit* nicht auf den glaubensstarken Nachfolger Christi, sondern auf den ihm bereitstehenden himmlischen Lohn und ziehe 193 zum folgenden Satz. Das geht jedoch nur um den Preis der Konjektur *ez] er.* Nur so ergibt sich ein befriedigender Sinn sowohl im Kontext ähnlicher Formulierungen Konrads (etwa 96, 3124, 3915) wie hinsichtlich des dahinterstehenden Bibelwortes: *possidete paratum vobis regnum a constitutione mundi* (Mt. 25,34). Ähnlich und mit wörtlichem Zitat

aus der gleichen Schriftstelle 3914 ff. (Richter kommentiert diese schwierigen Verse nicht.)

193 Die Vorstellung, Gott »empfange« die Gerechten im Himmel, geht auf die gleiche Schriftstelle Mt. 25,34 zurück: *Tunc dicet rex his, qui a dextris eius erunt: Venite benedicti . . .*

194 f. Die Metaphorik der angestammten himmlischen Heimat, des »Erbes« aller Gerechten, beruht auf breiter biblischer Grundlage (Belege bei Backes und Richter). Eine bestimmte Schriftstelle ist hier nicht zitiert. Die Vorstellung des »himmlischen Erbes« ist auch sonst in der frühmhd. Literatur verbreitet (Belege bei Richter) und wird in der Kreuzzugspropaganda auf das irdische Jerusalem übertragen. Die Vorstellung eines irdischen Erbes wird nur mit den Heiden verbunden. Dazu Fliegner (1937) S. 34 ff.

200–209 Die Klagen über den Schaden und die Untaten, die den Heiden vorzuwerfen und darum – unausgesprochen! – zu rächen seien, gehören zu den festen Bestandteilen der Kreuzpredigten. Dafür gab es in Psalm 78 »wider die Zerstörer Jerusalems« einen biblischen Bezugspunkt. Konrad zitiert hier nicht den Psalm, sondern gängige Formulierungen aus der volkssprachigen Dichtung (Belege bei Richter, S. 75–77), vgl. u. a. Kchr. 15593 ff. und 15924 ff.

212 ff. Die hier aufgezählten Tugenden des Gottesritters und Kreuzfahrers sind vielfältig und präzise aus der einschlägigen lat. Literatur zu belegen (vgl. Richter, S. 77–86), aber schwer im Nhd. wiederzugeben. Ihre Reihenfolge scheint eher beliebig zu sein. Demut und Gehorsam »sind zudem seit alters die Grundtugenden der mönchisch-spiritualen *militia Dei*, s. Ben. Reg. V, VII. Die neue *militia Dei* begreift sich als ihr Abbild. Konsequenterweise gelten für sie dieselben Tugenden, und Karl formuliert hier also die seit alters verbindlichen Forderungen« (Richter, S. 77 f.).

213 »Bereitwilligkeit, *bona voluntas* im Dienste Gottes, ist deshalb besonders verdienstlich, da Gott den Menschen mit einem freien Willen begabte, damit er sich frei für oder gegen ihn entscheide. Derjenige, der bereitwillig und gern Gott aus Liebe dient, erhält noch besonderen Lohn vor demjenigen, der es nur gezwungen, etwa aus Angst vor der höllischen Strafe oder um eines Vorteils willen tut« (Richter).

214 Beständigkeit wird im NT immer wieder gefordert (z. B. Mt. 10,22 und 24,13; Apg. 2,42 u. ö.).

215 *zuht, disciplina* (Ps. 2,12; Phil. 4,8; Hebr. 12,7), wird von den *milites Dei* gefordert. Bernhard von Clairvaux nennt sie in seiner

Schrift »De laude novae militiae ad milites Templi liber«, cap. 4 mit dem Gehorsam »als das erste und vorzüglichste Charaktermerkmal des Tempelritters« (Richter). – *güete* hat nach Richter nur die Funktion »als ein bequemes und sinngemäß gut passendes Reimwort«. Ich kann nicht glauben, daß in einer so programmatischen Tugendreihe ein Glied nicht prägnant gemeint sein sollte (mögliche biblische Analogien bei Backes, S. 54 und 145).

215 f. Vgl. Kchr. 4343 f. und 11342 f.

216 Demut (*humilitas*) ist die christliche Grundtugend schlechthin, während Stolz und Hochmut (*superbia*) Wurzel allen Übels ist. Ihr Gegensatz beherrscht die Darstellungsweise Konrads im Gegeneinander von Christen und Heiden bis zur symmetrischen Entsprechung (vgl. Fliegner, 1937, S. 47 ff.; Wentzlaff-Eggebert, 1960, S. 91 ff.; Harris, 1964; Backes, S. 54 und 130; Richter, pass.). Wentzlaff-Eggebert spricht in Analogie zur *nova militia* von der *nova devotio* der Kreuzritter.

217 f. Gehorsam (*oboedientia*) ist die praktische Erscheinungsform von Demut (*humilitas*) und tritt in der geistlichen Tugendlehre als »Schwester« (Bernhard von Clairvaux) an deren Seite. Die Forderung, Gott untertan zu sein, zitiert ebenso neutestamentliche Anweisungen (*Subditi ergo estote Deo* Jak. 4,7; vgl. Röm. 3,19) wie die, der weltlichen Obrigkeit (*meisterschefte*) zu gehorchen, da sie von Gott eingesetzt sei (Röm. 13,1). Hier vielleicht nach Tit. 3,1; *Admone illos principibus et potestatibus subditos esse, dicto oboedire, ad omne opus bonum paratos esse*; weitere Belege bei Backes und Richter. – Ungewöhnlich ist der rührende Reim.

220 ff. »*lôn der gnâden vinden* beruht offensichtlich auf einer Kontamination der biblischen Ausdrücke: *mercedem accipere* (Mt. 10,41; Jo. 4,36 u. ö.) und *gratiam invenire* (Lc. 1,30; Act. 7,46 u. ö.)« (Richter).

223 Die Einführung des Erzbischofs ohne Nennung seines Namens wäre höchst merkwürdig, wenn man nicht annehmen dürfte, daß dieser ursprünglich der ersten Liste der zwölf Pairs 107 ff. angehörte. Auffällig bleibt dennoch, daß er später nicht mehr zu ihnen gezählt wird (vgl. Anm. zu 110).

225 Der ausdrückliche Hinweis auf die Zugehörigkeit Turpins zu den zwölf Pairs (ich verwende nur hier den afrz. Terminus, für den Konrad nichts Entsprechendes anbietet) ist noch einmal ein Indiz dafür, daß die Namenliste 107 ff. defekt ist.

227 Vgl. Kchr. 4173 ff., wo mit der gleichen Formulierung die Glaubensfestigkeit der Apostel Petrus und Paulus betont wird.

232 *in coelum ascendere* (Ps. 138,8; Spr. 30,4 u. ö.). Zugrunde liegt »die ma. Anschauung von den zwei Auferstehungen der Märtyrer und Heiligen: Die erste ist die Auferstehung der Seele sogleich nach dem Tode; die Erlösungstat Christi ermöglicht sie. Die zweite ist die allgemeine leibliche Auferstehung zum Jüngsten Gericht« (Richter).

234 Die Märtyrer können durch ihren unmittelbaren Aufstieg zu Gott »allen Christen als Fürsprecher dienen, denn sie treten als Heilsvermittler Christus an die Seite [. . .]. Auch in diesem Punkt steht damit der neue, real kämpfende *miles Dei* gleichberechtigt neben dem Märtyrer der alten spiritualen *militia Dei* [. . .]. Kirchlich korrekt kommt das Amt des Fürsprechers bei Gott natürlich nur dem kanonisierten Heiligen zu« (Richter).

242 Vgl. die bekannte Apostrophe Hagens als *trôst der Nibelunge* (NL 1726,4; ähnlich 1526,2).

245 Die Verbindung von Jerusalem-Pilgerschaft und Kreuzzug, von »Wallfahrt und Krieg« (Erdmann, 1935, S. 319) geht auf Papst Urban II. und den ersten Kreuzzug zurück. Seither spricht man von »bewaffneter Pilgerfahrt«. Turpin argumentiert rollengerecht als Geistlicher. »Während Karl also zu Taten aufforderte, und am Schluß seiner Rede ganz konkrete Tugenden nannte, fordert Turpin mehr eine *conversio morum*, eine Wandlung der Gesinnungen, die das Kreuz Christi vom Menschen verlangt« (Richter).

248 »Das Kreuz (auf sich) nehmen« heißt spirituell: die Nachfolge Christi antreten, historisch: die Verpflichtung zum Kreuzzug auf sich nehmen, konkret: das Zeichen des Kreuzes anheften (vgl. 167).

249–252 Daß Turpin nicht die spirituelle Nachfolge Christi in den Vordergrund stellt, sondern die leiblichen Kreuzritter vor Augen hat, geht aus der hier zitierten, frömmigkeitsgeschichtlich alten und zählebigen Vorstellung hervor, daß der Teufel das sichtbare Kreuzeszeichen scheut und vor ihm die Flucht ergreift.

253–257 Neben vielen anderen einschlägigen Bibelstellen (Nachweise bei Backes und Richter) ist es besonders die »Erste Epistel des Petrus«, die dem in Rom gemarterten und gekreuzigten Apostelfürsten zugeschrieben wurde und mit ihrem Zuspruch für die bedrängten und verfolgten Christen am Beginn des historischen Märtyrerkampfes steht, die in den Kreuzreden zitiert oder zumindest angespielt wird (Kartschoke, 1970, S. 403 f.). Nachdem schon die Pilgerapostrophe u. a. auch auf 1. Petr. 2,11 zurückgeführt werden kann, ist hier an 1. Petr. 2,21 zu denken: *In hoc enim vocati estis: quia et Christus passus est pro vobis* (ez truoc selbe unser hêrre), *vobis relinquens exemplum* (lêre), *ut sequamini* (nâchvaren) *vestigia eius* (lernen den selben ganc). Die »Süße« der Lehre und das Lernen von Christus hat biblischen Grund; hier mag Mt. 11,29 f.: *Tollite iugum meum super vos, et discite a me [. . .] Iugum enim meum suave est*, zugrunde liegen (Richter). – Zur geistlichen Konnotation des Wortes *süeze* vgl. Werner Armknecht, »Geschichte des Wortes ›Süß‹, 1. Teil: Bis zum Ausgang des Mittelalters«, Berlin 1936 (German. Studien 171); Friedrich Ohly, »Geistige Süße bei Otfried«, Fs. M. Wehrli, Zürich 1969, S. 95–124.

258 Anspielung auf die Leidensmetapher Jesu in Gethsemane (Mt. 26,39 und 42; Mk. 14,36; Joh. 18,11; vgl. auch Mt. 20,22; Mk. 10,38 f. Außerbiblische Belege bei Richter).

260 Vgl. zu 87.

261 Gemeint ist »die liturgische Verehrung Gottes zu den 7 Tageszeiten, den kanonischen Horen; sie geht auf Ps. 118,164 zurück: *Septies in die laudem dixi tibi super justitia justitiae tuae*« (Richter). Merkwürdig ist hier wie in 263 die verkürzte Formulierung, die entweder als Ellipse aufgefaßt werden muß (vgl. Übersetzung) oder Anlaß zur Konjektur *minnet got* sein könnte.

262 Die Berufung auf David, den Psalmisten, bezieht sich auf 261 wie 263.

263 Die verkürzte Formulierung *spâte unde vruo wesen* findet sich wiederholt in der »Kaiserchronik« (7967; 8398; 14337); nur in Kchr. 16197 heißt es vollständig: *dâ dient er gote spâte unt fruo*. Die vorbildlichen Psalmenverse lauten in Ps. 91,2 f.: *Bonum est confiteri Domino et psallere nomini tuo, Altissime, ad annuntiandam mane misericordiam tuam, Et veritatem tuam per noctem*; Ps. 129,6: *A custodia matutina usque ad noctem speret Israhel in Domino.*

265 Vgl. 8291 f. Die in diesem Zusammenhang merkwürdig konkret anmutende Forderung läßt sich am ehesten mit entsprechenden Bestimmungen der Templerregel vergleichen: *Ut communitas victus inter fratres servetur* (cap. 19; ähnlich cap. 62). Dazu ausführlicher Mager (1964) S. 26 und Richter.

266 Aufforderung zu Beichte und Buße (die vielen einschlägigen Bibelstellen verzeichnet Richter).

268 f. Vgl. Altdt. Pred. II,72,12 ff.: *daz selb vleisch schol der sel undertan sein, wan diu sel diu frawe ist und daz vleisch diu diu ist. diu selb hat diu werlt vil nach verlaitet und sei vil nach in des tifels*

gewalt bracht. Die verbreitete Vorstellung erscheint ursprünglich im Kontext der paulinischen Allegorese der Patriarchengeschichte von den Söhnen Abrahams (Gen. 16 und 21): Ismael ist der Sohn der »Magd« (*ancilla*) Hagar, Isaak Sohn der »Freien« (*libera*) Sarah, das bedeutet die Entgegensetzung des alten und neuen Bundes, von Sinai und Jerusalem, Knechtschaft im Fleisch, Freiheit in der Verheißung etc. (Gal. 4,22 ff.). Dieser Kontext wird vielfach auch in verkürzter Form angespielt, etwa in der »Summa theologiae« 275 ff. (Hartmut Freytag, »Kommentar zur frühmittelhochdeutschen Summa theologiae«, München 1970, Medium aevum 19, z. St.). Dieser weitere Kontext ist hier wohl nicht mit gemeint. Die beiden Verse sind parallel zu 265 f. zu lesen und enthalten die auf die Kreuzritter übertragene asketische Anweisung, um des Seelenheils willen den »schwachen Leib« zu kasteien (anders Richter).

270 Bartsch und Wesle setzen Komma. Dagegen schon Ottmann o. J. in seiner Übersetzung.

271 Die »guten Werke« (*bona opera*) haben ihre biblische (Belege bei Backes und Richter) und theologische Grundlage (vgl. Kap. 4 der »Benediktinerregel«: *Quae sunt instrumenta bonorum operum*) und umfassen alle Tugenden eines Gott wohlgefälligen Lebens und deren praktische Umsetzung im Alltag oder im Zuge einer besonderen Verpflichtung (Klosterzucht, Kreuzzug etc.). Zu den »guten Werken« der Kreuzfahrer gehören alle im RL bis hier aufgezählten Verhaltensvorschriften (Zucht, Einigkeit, gemeinsame Speise etc.) und Einstellungen (Gottvertrauen, Demut, Gehorsam etc.).

281 Gemeint ist die ›Garonne‹ »bzw. (deren Mündungstrichter) die Gironde« (Richter). In der Kchr. wird von Karls Kämpfen gegen die Heiden erzählt, zu denen auch der Spanienzug gehört. In dessen Kontext gehört die Eroberung einer Stadt *Gerundo* (14–911). Auch in der »Pseudo-Turpin«-Überlieferung taucht gelegentlich eine Stadt *Gerundia* auf. In beiden Fällen ist ›Girona‹ in Katalonien gemeint. Eine *prise de Girone* ist Bestandteil der »Entrée d'Espagne« (Mandach, 1961, S. 198).

282 f. Bartsch (1861) S. 92 hielt die Erweiterung in Km. 399,14–60 für »echt«, d. h. auf eine alte Redaktion des RLs zurückgehend, ohne direkt von einer Lücke in P zu sprechen. Er schloß vielmehr »auf eine Recension des Pf. Konrad, aus der die Pfälzer Handschrift stellenweise nur eine Verkürzung scheint, oder eine etwas jüngere, aber gewiss noch dem zwölften Jahrhundert angehörende Bearbeitung war« (S. 97. Dagegen von der Burg, 1975).

285 Die Heiden werden aus doppeltem Grund *tump* genannt: Sie

wiegen sich in falscher Sicherheit und sind, als Heiden, grundsätzlich ›unwissend‹, *insipientes* im biblischen Sinne (dazu Richter).

286 Die *trumbe* (afrz. *trompe*) ist eine Art Trompete, die überwiegend als Instrument höfischer Festmusik Erwähnung findet.

287 f. Der Satz ist unvollständig. Wesle notierte zu 287 eine Crux. – *rîterschaft* ist hier eindeutig negativ konnotiert. Fliegner (1937) S. 12 f. dachte dabei an die kirchlichen Turnierverbote, Richter sieht darin eine allgemeine Verurteilung weltlich-höfischen Rittertums. Zur Wortgeschichte vgl. E. Schröder (1928); Bumke (1964); W. Schröder (1972).

288 *hôchvart* ist der ›Stolz‹, die ›Vermessenheit‹, und im geistlichen Sinn *superbia*, Ursprung und Wurzel aller Sünden (Richter S. 108 bis 112; vgl. Hempel, 1970). Entsprechend bezieht sich das Wort überwiegend auf die Heiden (288, 3392, 3468, 3506, 4488, 4704, 7363). Die Christen werden von Genelun vor den Heiden der *hôchvart* geziehen (1842, 1879, 2584).

289 f. Vgl. Kchr. 8464 f. und 15690 f. – *übermuot* ist weitgehend identisch mit *hôchvart.*

291–293 »An den Enden der Welt liegend dachte man sich die Wohnsitze der Heiden« (Richter mit Bibelbelegen).

294 ›Vermessenheit‹ (*praesumptio*) ist »die anmaßend leichtsinnige Zuversicht, das sich selbst überschätzende Vertrauen auf die eigenen Kräfte« (Richter; vgl. Fliegner, 1937, S. 14–16).

296–298 Die Übermacht der Feinde Gottes ist ein Topos schon im AT und in den lateinischen Berichten von den Kreuzzügen (Belege bei Richter). Im RL kämpfen durchgehend große Heidenheere gegen kleine Christenscharen, entsprechend der Opposition von *superbia* und *humilitas*, Selbst- und Gottvertrauen.

303 *Tortolose* ist der Herkunftsname des heidnischen Markgrafen *Targis*. In der Vorgeschichte wird die Eroberung der Stadt nicht mit seinem Namen verbunden. Möglicherweise stand hier ursprünglich die dreisilbige Form *Tortosa*, die auch der Stricker und die von ihm abhängende »Weihenstephaner Chronik« haben (in Km. findet sich die dreisilbige Form *Doetose* bzw. *Doecose*), die erst nachträglich von Konrad oder einem Schreiber an die viersilbige Form angeglichen wurde. Die spanische Stadt Tortosa wurde 1148 von christlichen Truppen erobert und könnte deshalb in die volkssprachige Rolandtradition aufgenommen worden sein, in die sie auch die lateinische Chronistik stellt (dazu ausführlicher Kartschoke, 1965, S. 98–104 und 113–129).

305 f. Die Wirkung von Rolands Hornstoß erscheint apokalyptisch

überhöht und ist wieder auf biblische Vorstellungen und Formulierungen hin transparent, wenn auch im ganzen etwas dunkel.

308 *Apollo* ist eine Person der heidnischen Göttertrias *Machmet/Apollo/Tervagant* (ein anderes, unheiliges Dreigestirn ist *Mars/Jovinus/Saturnus* 2651 f.). Seine hohe Geltung geht möglicherweise auf den spätantiken Kult der Wochengötter zurück (vgl. Kchr. 63 ff.), an deren Spitze *Apollo* stand (Denecke, 1930, S. 308 f.). *Apollo* und *Tervagant* als vorgeblich islamische Götter stammen aus der ChdR und werden seitdem immer wieder in diesem Zusammenhang genannt.

309 Die Denunzierung *Mahomets* als eines Gottes neben anderen entspricht mehr der at. Anschauung des Heidentums als Vielgötterei als dem im 12. Jh. durchaus zugänglichen Wissen vom Islam als einer monotheistischen Religion (Richter).

310 Daß die heidnischen Götter beim Klang von Rolands Horn allen Mut verlieren, entspricht der anthropomorphen Vorstellung von handelnden und unmittelbar eingreifenden Götzen (während der christliche Gott durch Engel in Austausch mit den Gottesrittern tritt).

311 f. Beziehen sich die beiden Verse noch auf die Götter in den Tempeln oder auf die Menschen in der Stadt Tortosa (so Leitzmann, 1917/18, S. 42)?

313–318 Vgl. Kchr. 16232–16235. Die *stainhûs* sind – im Unterschied zu den gewöhnlichen Holzhäusern – die Wohnstätten der Reichen und Mächtigen. Das Beben der Erde ist »Zeichen für Gottes Zorn und Ankündigung seines Strafgerichts« (Richter mit Belegen). Die folgenden Schreckensbilder sind offensichtlich angeregt durch die Vision Hesekiels vom Einfall Gogs ins Land Israel und dem Zorn Gottes: *Et commovebuntur a facie mea pisces maris et volucres caeli et bestiae agri et omne reptile, quod movetur super humum, cunctique homines, qui sunt super faciem terrae, et subvertentur montes, et cadent sepes, et omnis murus in terram corruet* (Ez. 38,20).

322 Nach Bartsch (1861) S. 95 und von der Burg (1975) S. 328 fehlen nach diesem Vers einige Zeilen, vgl. Km. 402,15–25, wofür u. a. der Ausdruck *nôtveste* und andere, auch sonst von Konrad verwendete seltene Formulierungen sprechen könnten. Ein Beweis ist damit jedoch nicht erbracht, ebensowenig wie die Inhaltserweiterung – Warnung vor den Christen – als notwendig und deshalb ursprünglich erscheint.

324 Ungewöhnlich ist das nachgestellte schwach flektierte Adjektiv. Vielleicht handelt es sich um eine Schreiberkorrektur zugunsten

des Reims. Entsprechend ist wohl auch die unterschiedliche Behandlung der Infinitive mit oder ohne n-Endung im Reim zu erklären.

325 f. Vgl. Kchr. 13397 f. (zu 325 vgl. auch Kchr. 5239 und 7722).

327–329 ›Lehen‹ und ›Eigenland‹ sind die Voraussetzungen adelsständischer Identität und Existenz, ihr Verlust bedeutet die Vernichtung der Person schlechthin. Das gilt ebenso für die Heiden wie für die Christen. Der Unterschied besteht darin, daß das Kampfmotiv der Heiden die Verteidigung ihrer weltlichen Existenz ist, während die Christen für das ewige Leben kämpfen. Die Formulierung findet sich – besonders auch als Schwurformel – mehrfach in Kchr. und gilt ebenso für Heiden wie für Christen, vgl. Kchr. 5252 ff., 7015 ff., 15250 ff.

331 f. Vgl. Kchr. 10062 f.

335 f. Vgl. Kchr. 6518 f., 10088 f., 11180 f., 13919 f.

338–340 Vgl. Kchr. 4403 ff., 5285 f.

345–348 »Wie die *milites Dei* bei ihrem Tode von den Engeln in den Himmel geleitet werden (s. 6765–70), so nehmen hier umgekehrt die Teufel die Seele des Verdammten höchstpersönlich in Empfang, um sie in die Hölle zu holen« (Richter mit Belegen für diese populäre Vorstellung).

352 Vgl. Kchr. 8101, 15557. Bartsch: »Berufung auf die Quelle, nicht etwa auf die vorschriftsmäßige Taufformel«; dagegen Kern (1971) S. 415 Anm. 26.

353 Mt. 28,19. Die Taufformel des »Ordo Romanus«.

360 Liturgische Schlußformel der Meßfeier nach dem »Ordo Romanus«.

361 ff. Erst hier beginnt die Übereinstimmung mit ChdR. Konrad knüpft direkt an die Vorgeschichte an (*Alsô* . . .), während Turoldus von einem siebenjährigen Aufenthalt Karls des Großen in Spanien berichtet.

370–376 Die Unbestechlichkeit ist Zeichen eines idealen Herrschers im allgemeinen wie des hl. Karl im besonderen (Richter).

377 Entweder man nimmt den Vers als elliptischen Satz oder die Verse 370 (371) bis 376 als Parenthese, so daß 377 direkt an 369 (370) anschließt.

382 *Sarragûz* ist hoch gelegen, vgl. ChdR 6: *Sarraguce, ki est en une muntaigne*. Konrad versetzt allerdings das *gebirge* als schützende Barriere vor *Sarragûz*, vgl. 417.

404 f. Nach Bartsch ist das Zahlwort *sechs* auf das mißverstandene afrz. Possessivpronomen *ses* ›seine‹ zurückzuführen. Dagegen mit

gutem Grund Richter: »Marsilie hat [...] in genauer gegenbildlicher Entsprechung zu Karl ebenfalls 12 Ratgeber.«

407 f. Vgl. Kchr. 4805, 8237, 11068, 15030. In 4819 bezieht sich die gleiche Formulierung auf die Christen. Dennoch ist bemerkenswert, daß der Heidenkönig – anders als Kaiser Karl – von Anfang an verzagt ist.

413 f. Vgl. Kchr. 14973 f.

423 ›Ehre‹ ist ein Zentralbegriff adliger Selbstbestimmung und Wertsetzung. Sie ist gebunden an die öffentliche Geltung einer Person, einer Gruppe oder einer Institution (die *êre* des Kaisers, der Ritterschaft, der Christenheit, des Reiches oder Gottes). Ehre beruht also auf dem Maß der Anerkennung, die gezollt wird aufgrund des Standes, des Besitzes und der auf ihnen fußenden Macht, aber auch aufgrund persönlicher Fähigkeiten und Einstellungen. Ehre wird im RL den Heiden und Christen gleichermaßen zugeschrieben; der Unterschied besteht darin, daß für die Heiden die Ehre den höchsten Wert und Kampfgrund darstellt, während für die Christen dafür Gott und das eigene Seelenheil eintreten (am prägnantesten formuliert in 4719 ff.). Die »heidnische *êre*« als grundsätzlich von der christlichen Ehre unterschieden zu erachten und durchweg mit eitler »Ruhmbegierde« (*vana* oder *inanis gloria*) gleichzusetzen (Richter) wird dem Text und seiner Komplexität nicht gerecht.

427 Der ›geflochtene Bart‹ gehört wohl nicht zur Heidenikonographie, sondern charakterisiert das Lebensalter. »Literarische Quellen bestätigen, daß der Vollbart der älteren Herren gelegentlich ›zu Zöpfen geflochten und mit Goldfäden durchzogen‹ war« (Bumke, 1986, S. 202; weitere Belege bei Schultz I, 1889, S. 288).

430 Vgl. Kchr. 6654.

433 f. Vgl. Kchr. 6656 f., 7820 f., 12975 f.

435–437 Zur »gegenbildlichen Darstellung von Heiden und Christen« (Richter) vgl. 435 mit 191, 436 mit 184 u. a. m. Ähnlich Kchr. 10894 ff.

444 *Fundevalle* entspricht ChdR 23 *Valfunde*. In 3522 ist von *Vallefunde* die Rede.

458 Die ChdR spricht nur von zehn (*dis*) Boten, Konrad setzt die Symbolzahl zwölf ein, obwohl er, wie ChdR 63–68, nur zehn Namen nennt (569–584).

465 *vorloufte* sind zur Jagd abgerichtete Hunde.

467 *mûzære* sind mindestens einjährige Jagdvögel, d. h. sie haben die erste Mauser hinter sich.

468 Der ausdrückliche Hinweis auf die »höfische« Qualität solcher

Geschenke ist ein Signal für ihre Unangemessenheit in christlicher Perspektive. Sie anzunehmen hieße nicht nur, das Friedensangebot zu akzeptieren, sondern auch den Kreuzzug in höfische Kurzweil aufzulösen.

477 Byzantinische (oder arabische) Münzen aus rotem Gold finden auch deshalb in der Literatur des 12. und 13. Jh.s immer wieder bewundernde Erwähnung, weil in Westeuropa die Silberwährung galt.

482 Zur Formulierung *daz rîche bestân* im Sinne von ›zu Lehen nehmen‹ vgl. 2904 f.

496 Die Form *âmer* statt *jâmer* bzw. *âmeren* statt *jâmeren* geht auf eine schon germanische Varianz zurück. Die j-lose Form ist charakteristisch für das Obdt., besonders freilich Alemannische.

532 Ich verstehe *lêre* hier nicht ausschließlich als ›Rat, Belehrung, Weisung‹, sondern auch als *exemplum.*

537 f. Vgl. Kchr. 15752 f., 15756 f., 15858 f., 16942 f.

537 Aachen ist im RL die ›Hauptstadt‹ des karlischen Reichs.

539 In 765 ist von einem Gefolge von ›tausend‹ Mann die Rede.

542 Der Tag des hl. Michael (22. September), der hier wie in ChdR 53 genannt wird, oder ein an diesem Termin orientierter folgender Wochentag war traditioneller Rechtstermin (Belege bei Jacob Grimm, »Deutsche Rechtsalterthümer«, 4., durch Andreas Heusler und Rudolf Hübner besorgte Auflage, 1899, S. 448 ff.; vgl. HRG 3, 1984, Sp. 535 f.).

549 *widerwart(e)* heißen die ›Gegner‹ Gottes oder der Teufel als der ›Widersacher‹ schlechthin (Belege bei Richter).

551 ff. Der Verrat ist, anders als in der ChdR, ein Plan der Heiden, der der Genelunhandlung vorausgeht. Damit sind die Akzente von der Fehdehandlung Genelun–Roland auf den Gegensatz Heiden–Christen verschoben.

562 f. Der geläufige Gegensatz der *tumben* und *wîsen* läßt sich schwer im Nhd. wiedergeben. Gemeint sind hier wohl nicht nur die ›Unerfahrenen‹ im Unterschied zu den ›Erfahrenen‹, sondern die für Karl weniger wichtigen und die wichtigen Gefolgsleute, also die »einfachen Soldaten« und die »Anführer«. Anders Bartsch: »die jungen räth er zu tödten, damit sie nicht mehr im Kampfe schädlich sein können, die alten gefangen zu nehmen, um dadurch Karl zu zwingen, die heidnischen Geiseln im Austausch herauszugeben«.

569–580 Auffällig ist, daß auch hier neun Namen genannt werden wie bei der ersten Aufzählung der christlichen Pairs (107 ff.). Wenn nicht manches dafür spräche, daß die Liste der Christen unvollständig ist, könnte man an eine auch hier angestrebte Symmetrie denken.

579 In A und P ist der Vers unvollständig; beide Hss. müssen also in ihrer Vorlage die Korruptel vorgefunden haben.

585 ff. Die Rede des Marsilie entspricht nur formal, nicht inhaltlich den Kreuzreden Karls.

590 f. Zwar kämpfen die Christen, anders als die Heiden, in erster Linie um himmlischen Lohn; aber auch ihnen wird 153 f. materieller Gewinn versprochen (anders Richter).

594 Der Auftrag, Demut zu heucheln, ist eine List, die man wohl nicht »als Folgesünde der *vana gloria*« und damit als »Erscheinungsform der *superbia*« (Richter) auf das gesamte Verhalten der Heiden übertragen und als Signum ihrer Verworfenheit deuten darf.

595 Die Palme, bzw. der Palmwedel, ist eigentlich das Zeichen des Sieges (so ausdrücklich 829). In der ChdR 72 f. ist deshalb an dieser Stelle von *Branches d'olive* (›Olivenzweige‹) die Rede, die *pais e humilitét* (›Friede und Demut‹) bedeuten. Konrads Änderung ist nur vor dem Hintergrund des Einzugs in Jerusalem zu verstehen, der in 820 ff. zitiert wird. Wie Christus dabei einen Palmwedel in der Hand gehalten habe (825), so sollen sich die Boten des Marsilie mit dem gleichen Zeichen als bekehrungswillig, also wie potentielle Christen, darstellen. Vgl. Anm. zu 825.

609 afrz. *Cordres*, mhd. *Corderes* wird im allgemeinen mit Cordova (V 4 hat *Cordoa*!) identifiziert. Dagegen Nellmann (1984) S. 301 Anm. 10: »Cortes bei Saragossa, nicht – wie man oft lesen kann – Cordoba«. Das hat zwar die geographische Logik für sich, läßt sich aber aus der Textüberlieferung nicht mit Sicherheit ableiten.

628 Bartsch hält A *gesande* (›Geschenk‹) für »die echte Lesart, welche nicht verstanden und in *gewande* geändert wurde«. Inhaltlich spricht alles gegen die ›lectio difficilior‹. Die prächtige Ausstattung der Boten (vgl. auch Geneluns Botschaft!) gehört zum Ritual der Auseinandersetzung auf der Ebene der Zeichen und Symbole.

630 ff. Die Pracht des Heerlagers und Hofes von Kaiser Karl wird mehrfach und betont eindrucksvoll beschrieben. Der weltliche Glanz ist also nicht per se schon Signum der Gottferne und deshalb nur den Heiden zugeordnet (anders Richter). Die Formulierungen sind angeregt von Kchr. 5187 ff.

637 *werlt* hier in der ursprünglichen Bedeutung von ›Volk, Leute‹.

641 ff. Konrad hat die folgenden Passagen gegenüber seiner Vorlage

stark angereichert und des Kaisers Heerlager zu einem Hoflager erweitert (vgl. Richter, 1973), das eigentlich nicht in den Kontext eines unabgeschlossenen Kriegszugs und auch nicht zu seiner asketischen Stilisierung als *militia Dei* paßt. Es geht also nicht an, nur dem geistlichen Diskurs des dt. Bearbeiters zu folgen, sondern man muß auch die Faszination an der weltlichen Erscheinung idealer Herrschaft sehen (dazu Ott-Meimberg, 1980, S. 86 ff.).

642 Hier wird das Adjektiv *vermezzen* in durchaus positivem Sinne gebraucht, so wie es überwiegend in Kchr. erscheint (dazu Hempel, 1970, S. 117 ff.), zweimal auch mit dem gleichen Reimwort wie hier, vgl. Kchr. 4471 f. und 4551 f.

643 f. Der *boumgarten* ist ein in der höfischen Literatur immer wieder aufgerufener *locus amoenus*, der hier als *gezieret* charakterisiert wird. Das kann sich auf die folgenden Aktivitäten beziehen, die sich in ihm abspielen und die ihn ›verschönen‹ – oder es bezieht sich auf seine Anlage, was ich zwar für unwahrscheinlicher halte, aber dennoch in die Übersetzung aufgenommen habe, weil die andere Deutung sich kaum angemessen ausdrücken läßt.

646 f. Dieser Zusatz Konrads ist nicht ganz so phantastisch, wie er klingen mag. Jedenfalls wissen wir einiges über das Interesse für exotische Tiere und ihre Haltung an den Höfen des hohen Adels. »Karl der Grosse hatte schon 802 vom König von Persien einen Elephanten erhalten, der Abulabas hieß und nach Aachen gebracht wurde [. . .]. Einen Löwen hielt sich Landgraf Hermann von Thüringen auf der Wartburg; sein Schwager, der Herzog von Oesterreich, hatte ihm denselben zum Geschenk gemacht [. . .]. König Heinrich I. von England hielt sich in Woodstock eine ganze Menagerie, Löwen, Leoparden, Luchse, Kamele, und hatte da auch ein Stachelschwein, das ihm von Wilhelm von Montpellier verehrt worden war« (Schultz I, 1889, S. 451 f.; Karl Hauck, »Tiergärten im Pfalzbereich«, in: »Deutsche Königspfalzen. Beiträge zu ihrer Erforschung, Bd. 1, Göttingen 1963, S. 30–74; Bumke I, 1986, S. 306). Auch die Geschenke, die Marsilie dem Kaiser antragen läßt, bekommen von daher ihre Plausibilität. Wenig wahrscheinlich ist, daß man solch kostbare Tiere miteinander hat kämpfen lassen; dieser Umstand ist wohl eher poetischer Ausdruck für die grenzenlose Verausgabung, die den kaiserlichen Hof als Machtzentrum charakterisiert.

648 ff. Die höfischen Unterhaltungen, die im folgenden aufgezählt werden, gehören in der jüngeren Erzähldichtung des ausgehenden 12. Jh.s und danach zur Standardausstattung von Festschilderun-

gen. Vgl. Heinz Bodensohn, »Die Festschilderungen in der mittelhochdeutschen Dichtung«, Diss. Frankfurt a. M., Münster 1936; B. Haupt (1989) S. 36–39; Bumke I (1986) S. 301–313.

648 Zu *kneht* als Ritterwort vgl. Anm. zu 71 und E. Schröder (1928) S. 295 f.; Bumke (1964) pass.

649 Wettschießen und -springen werden in entsprechenden Zusammenhängen regelmäßig genannt (Bumke I, 1986, S. 304).

650 ›Singen und sagen‹ ist eine gängige Doppelformel für den mündlichen Vortrag von Liedern (Julius Schwietering, »Singen und sagen«, Diss. Göttingen 1908; wiederabgedr. in: J. S., »Philologische Schriften«, München 1969, S. 7–58). Ob hier an traditionelle epische Lieder oder schon den jungen Minnesang gedacht ist, läßt sich nicht sagen.

651 *seitspil* ist sowohl das Saiteninstrument wie das Spiel auf Saiteninstrumenten.

653 f. Das Wort *vramkempfe* ist ganz ungesichert. P schreibt *urachemphen*, A *uronekempen* (Bartsch: »Kämpfer des Herrn, wie sonst häufiger *gotes helt, gotes wîgant* vorkommt«.) Leitzmann (1917/18) S. 42 f.: »Notker braucht in dem Ps. 82,7 *framrecchen* für ›advenae‹: wäre hier ein *vramkemphen* (mit Nasalstrich *vrākemphen* geschrieben) anzusetzen, das die Krieger Karls in Spanien als ›fremde Krieger‹ charakterisieren könnte?« Einfacher wäre es, eine Verschreibung von *uorchemphe* (6509, vgl. *uoruechte* 72) in *urochemphe* anzunehmen, woraus A *uronechempen*, P aber das unverständliche *urachemphen* gemacht hätten. – Zur syntaktischen Konstruktion Bartsch: »Der Inf. hängt noch von *sâhen* ab (V. 648).« Das ist schlecht denkbar, denn dazwischen (650–652) liegen zwei vollständige Sätze.

655 f. Eine unverständliche Veranstaltung. Wer mit dem Schwert auf einen Stein haut, will es zerstören wie der sterbende Roland (6809 ff.). Wenn das nicht gelingt, handelt es sich um eine Wunderwaffe wie Durendart, die in der Tat auch *vlinstaine* nicht schont (3317). Es könnte sich hier also nur um eine Art von Schwertprobe handeln, für die ich keine Parallelen angeben kann. Besser liest man deshalb in 656 *ûf den stâl vlinsherten* (oder *ûf den flinsstâl herten*) und versteht darunter eine Art Turnierübung mit Schwertern, bei der die Helme der Turniergegner getroffen werden, daß die Funken sprühen.

657 Wesle (1925) S. 25 Anm. 3: »*daz fûr ûz dem stâle* (*dem helme, gegen den luften*) *pran* 4426, 4724, 5953. Der Fehler entstand wohl im Archetypus, der *spran* für *pran* verschrieben haben wird, wie

2111 *sprach* für *prach* (A *sprach*, P *prach* aus *sprach* verbessert): daraus machte P *spranc*, während A sich zu einer kühneren Konjektur verstieg.«

658–660 Die merkwürdige Vorstellung von Adlern, die dazu abgerichtet waren, Schatten zu spenden, hat unterschiedliche Erklärungen gefunden. Bartsch hielt das Ganze für ein Mißverständnis: »im Franz. *desuz un pin, delez un eglentier* V. 114; bei letzterem Worte (auch *aiglentier* geschrieben) dachte Konrad an *aigle*, Adler«. Andere Interpreten dachten an das kaiserliche Herrschaftszeichen als Feldzeichen in Gestalt der *aquila victrix* mit ausgebreiteten Flügeln oder an den Adler auf dem Zeltknopf, wie er etwa auf dem Aachener Karlsschrein zu sehen ist. Solche möglichen Anknüpfungspunkte erklären jedoch nicht die »Verlebendigung«. Weiterreichende geistlich-allegorische Spekulationen bei Richter. Der Stricker wie auch der »Karlmeinet«-Kompilator haben die Verse übergangen. Im »Daniel von dem Blühenden Tal« erzählt der Stricker jedoch von Wundervögeln, die herrlich singen, in der Nacht leuchten, ein spiegelndes Federkleid haben und den Damen im Flug Schatten geben können (562 ff. *die hânt die kunst und den sin, / daz sie sie vor der sunnen / vil wol beschirmen kunnen*). Das gleiche taucht in der Überlieferung der Legende von »St. Oswald« auf (vgl. Anton Edzardi, »Untersuchungen über das Gedicht von St. Oswald«, Hannover 1876, S. 20). Weitere Belege aus der orientalischen Literatur bei S. Singer, »Salomon-Sagen in Deutschland«, in: ZfdA 35 (1891) S. 184 ff. Es ist also anzunehmen, daß auch Konrad einer Quelle gefolgt ist und das sonderbare Detail nicht selbst erfunden hat.

661 f. Vgl. Kchr. 13673 f., 15102 f., 15208 f. Die *phaht* entspricht lat. *pactum/pacta* ›Gesetz(e)‹. Zur »Doppelbedeutung von *phacht* und *recht* als normative, gottgesetzte Rechts- und Heilsordnung einerseits, als pragmatisch-formaler Regelfundus, als formelles Verfahrensrecht andererseits« vgl. Ott-Meimberg (1980) S. 163 ff. (Zitat S. 176). Anders Canisius-Loppnow (1992) S. 72 ff., die von »objektivem« und »subjektivem Recht« spricht. – Daß den Jungadligen an Karls Hof das Gesetz gelehrt wird, hat ebenfalls einen doppelten Sinn: einmal wird damit das Gedächtnis an Karl den Großen als Gesetzgeber gefeiert, zum andern die Adelserziehung als Erziehung zur Herrschaft, die wesentlich auch Rechtssicherung und Rechtsprechung umfaßt, akzentuiert.

663–665 Die Verse können (ähnlich wie 653 f.) schlecht von *hôrten* abhängig sein. Die Syntax ist hier ebenso gestört, wie überhaupt die Abfolge der höfischen Unterhaltungen ungeordnet ist. – Falken und andere Jagdvögel gehören zur höfischen Jagd und haben in einem Heerlager eigentlich nichts zu suchen.

666 Fast wörtliche Wiederholung von 652. Zu *weltwunne* als überwiegend den Heiden zugeordneter Begriff der Weltbejahung vgl. Richter.

667–670 Das allerauffälligste und bis heute nicht befriedigend erklärte Detail ist die Erwähnung der festlich gekleideten Frauen, die zwar an den Kaiserhof, aber nicht in das kaiserliche Heerlager gehören und schon gar nicht in die asketische Männergesellschaft der *milites Dei* passen. Wäre die ganze Passage (645–670) nicht so gut überliefert, würde man allen Grund haben, zumindest in Teilen an ihrer Authentizität zu zweifeln. Der Stricker kürzt die Beschreibung des Heer- oder Hoflagers rigoros: *swâ mite man die zît vertreip, / der gerne ân ungemüete bleip, / des hete Karl vor im mê, / danne sît oder ê / ie dehein künec gewunne / oder iemer gwinnen kunne, / ân Sâlomônen eine* (1221 ff.). Auch im »Karlmeinet« ist die Passage kürzer: *Do vunden sy en bynnen / De grymme lewen rynnen / Mit den beren vechten. / De ritter mit den knechten / Hadden mancher kunne spele. / Sy hadden darynne vele / Steyn werpen ind ryngen, / Beyde sagen ind syngen, / Schirmen ind scheissen / Mit speren ind mit speissen. / De iungen des do plagen, / De wysen dar zo sagen. / Sy oyfften sich in menchem spele. / Des was do sunder zale vele. / Sint dat Salomon was doyt ...* (426,32 ff.). Beide Versionen sind passender und in sich logischer, als was im RL steht.

671–673 Der Salomon-Vergleich ist ein Topos des Herrscherlobs. »David und Salomon, diese beiden ersten gesalbten Könige des AT [. . .], waren insbesondere die großen Herrschervorbilder des MA. Alle ma. Herrscher, angefangen von Karl dem Großen bis hin zum Staufer Friedrich II., empfanden sich als ihre Nachfolger und als direkte Fortsetzer ihres sakralen, von Gott selbst eingesetzten Herrschertums. Den sinnfälligsten Ausdruck findet das in der deutschen Reichskrone, die die Abbildungen der at. Könige David, Salomon und Hiskia trug« (Richter). Salomon hatte Gott um Weisheit gebeten und deshalb auch Reichtum und Ehre erhalten (1. Kön. 3,5–15; 2. Chr. 1,7–12). *Magnificatus est ergo rex Salomon super omnes reges terrae divitiis et sapientia* (1. Kön. 10,23). Der Salomon-Vergleich legitimiert Karls Macht- und Prachtentfaltung. »Wenn deren Darstellung mit vielen höfischen Elementen durchsetzt ist, so hat man es an dieser Stelle nicht negativ zu beurteilen« (Richter; vgl. auch Richter, 1973, S. 83 f.).

674 *Dominus virtutum* ist ein Name Gottes im AT (Ps. 23,10; 45,8,12). »Auch die hier erwähnten karlischen *tugende* meinen nicht seine charakterlichen Vorzüge, sondern, wie der vorhergehende Text erweist, seine herrscherliche Macht« (Richter).

682 In ChdR 111 f. sind es die alten und erfahrenen Vasallen, die Schach spielen. Das »königliche Spiel« zeichnet in der hochmittelalterlichen Literatur die herausgehobenen Protagonisten aus. Zur Geschichte des Schachspiels vgl. Hans F(erdinand) Maßmann, »Geschichte des mittelalterlichen, vorzugsweise des Deutschen Schachspieles. Nebst vollständiger und fortlaufender Literatur des Spieles, sowie Abbildungen und Registern«, Quedlinburg/Leipzig 1839, Nachdr. Leipzig 1983; Wilhelm Wackernagel, »Das Schachspiel im Mittelalter«, in: W. W., »Kleinere Schriften«, Bd. 1, Leipzig 1872, S. 107 ff.; Alfred Kiefer, »Das Schachspiel in Literatur und Kunst«, München 1958.

684 f. Bartsch: »sehen durften«.

686 f. Der Morgenstern als Symbol Christi (vgl. Anm. zu 105) wird auch auf seine Heiligen übertragen: vgl. Kchr. 13590 f., wo es von den Märtyrern, die als die »Siebenschläfer« verehrt wurden, heißt: *ir antluzze skain / alse der morgensterne.* Entsprechend die Liturgie des – freilich jüngeren – Karlsoffiziums: *Fulgebit quasi splendor firmamenti, quasi stella matutina in perpetuas aeternitates, quia justos erudit ad iustitiam et in pauperes Dei fecit misericordiam* (Richter). Zur Bevorzugung der Augen und des Gesichts in der Personendarstellung des MAs vgl. Richter, S. 144 f. Zur Glanz- und Lichtmetaphorik hier und im folgenden Ott-Meimberg (1980) S. 94 ff. Allgemein: Herwig Wolfram, »Splendor Imperii. Die Epiphanie von Tugend und Heil in Herrschaft und Reich«, Köln/Graz 1963 (MIÖG Erg.-Bd. XX,3).

688–692 Die Boten erkennen den Kaiser nicht an seinen herrscherlichen Attributen – in der ChdR sitzt er auf einem Thron von purem Gold – und auch nicht an seiner körperlichen Erscheinung (die typische Adelsschönheit wird in 683 und 692 angedeutet), sondern am überwältigenden *splendor Imperii.*

693–696 Daß die Boten dem Kaiser nicht in die Augen sehen können, weil diese wie die Sonne strahlen, ist wiederum unmittelbarer Ausdruck des *splendor Imperii*: »Menschen geringeren Heils können den Glanz königlicher Augen nicht ertragen« (Wolfram, 1963, S. 129). Ähnlich heißt es vom hl. Karl in der Chronik des »Pseudo-

Turpin«: *Omnis homo statim perterritus erat, quem ipse ira commotus apertis oculis respiciebat* (XX, 1037 f.). – Der *widerslac* ist das ›Niederschlagen‹ (oder ›Zwinkern‹) des Augenlids, vgl. Kchr. 3626. Sehr viel weitergehende allegorische Deutungsangebote bei Richter.

697–708 Das ausgedehnte Fürstenlob versammelt die zentralen Herrschertugenden, wie sie in der Fürstenspiegelliteratur immer wiederkehren und in den Krönungsordines genannt werden (vgl. Mager, 1964, S. 243 ff.; Richter). Die asyndetische Reihung von Einzelaussagen erinnert an das Herrscherlob, mit dem in Kchr. der Abschnitt über Karl den Großen abgeschlossen wird: *Karl was ain wârer gotes wîgant, / die haiden er ze der cristenhaite getwanc. / Karl was chuone, / Karl was scône, / Karl was genædic, / Karl was sælic, / Karl was teumuote, / Karl was stæte, / unt hête iedoch die guote. / Karl was lobelîch, / Karl was vorhtlîch, / Karlen lobete man pillîche / in Rômiscen rîchen / vor allen werltkunigen: / er habete di aller maisten tugende* (15073 ff.). Zu den im RL aufgezählten Tugenden Karls bringt Richter, S. 153–161, eine Fülle von Nachweisen aus Bibel, Historiographie, Hagiographie und Dichtung.

700 Vgl. Kchr. 15226 und »Ezzolied« (V) 132.

701 *gewære*, ›wahr(haftig)‹, ›zuverlässig‹, oft für Gott gebraucht.

702 Der ideale Herrscher ist *rex iustus* (*et pacificus*). In der Kchr. ist ›Richter‹ Synonym für Regent, Kaiser (vgl. Nellmann, 1963, S. 157–163). *Iustus iudex* ist aber auch ein Name Gottes im AT (dazu ausführlich Richter).

703 f. So wörtlich in Kchr. 14753 ff., wo Karl nach Bestrafung der Feinde des Papstes Recht setzt: *Karl sazte dô die phahte, / ein engel si im vor tihte, / die wâren rede von gote. / des half im der himeliske bote / vil dike tougenlîche. / der kaiser alsô rîche / verhiez uns manegiu reht guot* . . . Karl bleibt als Hüter des von Gott gegebenen Rechts auch über das 12. Jh. hinaus sprichwörtlich (H.-W. Strätz, »Karl der Große«, in: HRG II, 1978, Sp. 638–651). Dieser Vorgang entspricht der Gesetzgebung Gottes durch Moses (Ex. 19 ff.) in der nt. Reflexion: *Si enim qui per angelos dictus est sermo, factus est firmus* . . . (Hebr. 2,2).

706 Zur *fortitudo* des Kaisers in der Literatur vgl. Richter, 1972.

708 ›Freigebigkeit‹ (*largitas*) ist die Herrentugend schlechthin. Mag hier auch die Nebenbedeutung für *milte*, ›gnädig‹, ›barmherzig‹ mitschwingen, so wäre es doch falsch, die Aussage ganz auf »diese allgemeine ethische Bedeutung« (Richter) zu beziehen, da das

Karlslob 697–708 sich überwiegend auf die weltlichen Herrscherqualitäten bezieht (nur 701 fällt heraus).

709 *stuot* ist alte Präteritalform, die im 12. Jh. gelegentlich noch in Reimstellung erscheint und nicht als »niederdeutsch« (Bartsch, 1874, z. St.) zu buchen ist (Mhd. Gr. § 251 Anm. 2).

711–730 Richter spricht von »Blanscandiz' Glaubensbekenntnis«, das zwar in betrügerischer Absicht, aber im Einklang mit dem christlichen Taufritus erfolge. Er übersieht dabei, daß zumindest V. 715–718 im Konjunktiv gesprochen wird und damit die Distanz zum Ausdruck kommt, die die Heiden von den Christen trennt. Solche Perspektivierung ist neu in der volkssprachlichen Literatur und ein wichtiger Schritt hin zu einer differenzierteren Erzähltechnik. Freilich ist dies hier ein Signal für die Hörer des RLs, nicht für den Kaiser.

714 Der ›lebendige Gott‹ der Christen steht »im Gegensatz zu den von Menschenhand gefertigten Götzen« (Richter, mit Hinweis auf die einschlägigen Bibelstellen, die noch zu vermehren wären: Jos. 3,10; 1. Sam. 17,26.36; 2. Kön. 19,4; Ps. 83,3; Jer. 10,10; 23,36; Dan. 6,21.27; Hos. 2,1; Mt. 16,16; 26,63; Apg. 14,15; 1. Thess. 1,9; 1. Tim. 3,15; 4,10; Hebr. 3,12; 9,14; 10,31; 12,22).

715 f. Die *creatio ex nihilo* formuliert ebenso Kchr. 7994 f. und 8152 f. Anspielung auf den ersten Artikel des Credos.

717 Joh. 6,38.

718–721 Umschreibung des zweiten Artikels des Credos. Auch hier wären – freilich unspezifische – Parallelen in der Kchr. anzuführen (die wichtigsten verzeichnet Richter).

726 Ruhm (*gloria*) und Ehre (*honor*) Gottes sind allgemein religiöse Redeweisen und nicht spezifisch »christliche Begriffe« (Richter). Blanscandiz bedient sich auch hier wieder einer distanzierten Formulierung: ›bei der Ehre dieses (christlichen) Gottes‹.

730 Joh. 8,24: *Dixi ergo vobis, quia moriemini in peccatis vestris: si enim non credideritis, quia ego sum, moriemini in peccato vestro.*

731 f. Der Reim ist gestört, die Besserung von A kann nicht befriedigen. Ohly (1974) Anm. 94: »stand einst *dagete* im Reim auf *alte*?« Karls überlegtes und überlegenes Schweigen ist vorbildliche Herrschertugend, die sich z. T. auf die at. Weisheitslehre zurückführen läßt (vgl. Richter zu 771–773).

740 Der *houbetzins* ist nach Auskunft der Wörterbücher die ›Kopfsteuer‹ oder das ›Kopfgeld‹; *zins von ir houbte* scheint synonym damit gebraucht zu sein. Die Formulierung ist durchaus ungewöhnlich und mir im Kontext des RLs nicht ganz verständlich.

761 f. Vgl. 537 ff. und Kchr. 16942 f.

765 In 539 war von nur 500 Helden die Rede. Bartsch vermutete: »die Steigerung der Zahl ist wol absichtlich, um den Effect zu erhöhen«.

772 Die Weisheit (*sapientia*) gehört zum vorbildlichen Herrscher in der Nachfolge der at. Könige (dazu wieder in extremer Zuspitzung der geistlichen Konnotationen Richter).

773 Der Vers kann sich u. U. auch auf Karl beziehen.

775–778 Vgl. Kchr. 13605–13608.

781 Vgl. zu 21.

782 Ps. 144,4: *Generatio et generatio laudabit opera tua.*

785 Wörtlich: ›Du erscheinst in angemessener Form, mit schönem Benehmen.‹

790 Die Lesart von P ist ungewöhnlich, aber nicht unmöglich (BMZ III, 474b). Die Lesart von A ist eine eindeutige Schreiberkorrektur.

797 ff. Die undeutlich knappe Formulierung Konrads hat die Bearbeiter ganz offensichtlich gestört. Str. 1391 ff.: *Wir wellen iu elliu diu kint, / diu under fürsten geborn sint, / ze gîsel vil gerne geben* ... Km. 430,38 ff. *Zo gysel man uch dar zo geyt / Alle de vursten kynt, / De in vnsem lande synt* ...

808 *üppiges gekôse* (*vaniloquium*) bezeichnet sonst menschliches Fehlverhalten (1. Tim. 1,6), das als Sünde zu beichten ist. Entsprechend heißt es z. B. in einer älteren dt. Beichtformel: *ih han gesundet ... in uppigemo gechose* (»Wessobrunner Glaube und Beichte«, ed. Steinmeyer XXVIII, S. 144,36). Vergleichbare biblische Formulierungen (*stultiloquium, multiloquium, inana verba*) weist Richter nach. Die Übertragung auf die Götzen erfolgt nach at. Vorbild: *Quia simulacra locuta sunt inutile* (Sach. 10,2).

809 f. »Die Angabe K.s, die Teufel sprächen aus den Götzen, hat man wörtlich zu nehmen: In der Astrolabius-Episode der Kchr. ist der Teufel z. B. höchst konkret als in der antiken Venus-Statue stekkend gedacht, winkt aus ihr heraus dem Astrolabius, Kchr. 13117 f., und zieht ihm listig einen Fingerring ab, Kchr. 13125 f. Und ganz entsprechend zu K.s Aussage unterhält sich der Teufel aus einer Mercurius-Statue heraus mit der Pflegemutter des Julian Apostata, s. Kchr. 10701 u. ö.« (Richter).

811 Wie der Teufel der »Vater der Lüge« ist (Joh. 8,44), so sind auch die Heidengötter, in denen die Teufel wohnen, notwendig »Lügner« (weitere Belege bei Richter).

812 *heilære* entspricht dem geläufigeren *heilant* im Sinne von *salva-*

tor. Das Attribut *recht* dient zur Unterscheidung des wahren Gottes von den falschen Götzen, die ihrerseits von den Heiden *heilære* genannt werden können (vgl. 8138).

813 Christus-*salvator* und Schöpfergott werden hier wieder zusammen gesehen (vgl. Anm. zu 1). Theologisch nicht korrekt ist die Erschaffung des Menschen *ex nihilo*, ähnlich verkürzende Formulierungen finden sich aber auch in Kchr. 8150 und 8562.

815 Die Aufteilung einer direkten Rede auf zwei Abschnitte ist relativ selten (vgl. die Initialen in 199, 1111, [1424] und 1709). Die Regel ist das »Zusammengehen von Redeschluß und Abschnittsende« (Besch, 1968, S. 130; vgl. auch Maurer, 1972; Mißfeld, 1973, und von der Burg, 1975, S. 324–327).

816 f. Vgl. 1454–1456. Die Episode geht den Ereignissen des RL voran. In der ChdR wird sie erst später erwähnt (201–209). Erzählt wird sie in der afrz. »Prise de Pampelune«.

820 Vgl. Mt. 14,33 *Vere Filius Dei es.*

822 f. Christi Einzug in Jerusalem auf einem Esel (Mt. 21,1 ff.; Joh. 12,12–19) gilt als Erfüllung des Prophetenwortes: *Ecce rex tuus veniet tibi iustus et salvator; ipse pauper et ascendens super asinum, et super pullum filium asinae* (Sach. 9,9), das bei Matthäus in etwas abweichendem Wortlaut zitiert wird: *Ecce rex tuus venit tibi mansuetus* ... (Mt. 21,5). Die zeichenhafte Demut Christi feiern die Prediger am Palmsonntag (Belege bei Richter).

824 Die Emendation *dâ* ist m. E. nötig, da der Einzug in Jerusalem nicht schon die Passion einleitet. Im Kirchenjahr rücken beide Ereignisse freilich eng zusammen, deshalb wird in den Predigten am Palmsonntag häufig auch schon der Passion gedacht (Richter).

825 Nicht Christus hält bei seinem Einzug einen Palmwedel in der Hand, sondern das ihn begrüßende Volk (Joh. 12,13). Richter führt diese Übertragung des Palmzeichens auf den ›Sieger‹ Christus auf entsprechende exegetische Traditionen zurück und weist darauf hin, daß die aus dem Heiligen Land heimkehrenden Pilger und Kreuzfahrer ebenfalls Palmzweige in der Hand trugen.

828 Daß Karl angesichts der Palmenzweige seinen Zorn besänftigen will, bedarf keiner weitläufigen Begründung. Karl folgt direkt dem Vorbild Christi im Sinne des in Anm. zu 822 f. zitierten Bibelwortes: *Ecce rex tuus venit tibi mansuetus* ...

829 Zur Palme als Siegeszeichen ausführlich Richter. Das Verbum *bezeichnen* ist terminus technicus der ma. Hermeneutik und Exegese.

831 »Die Heiden erscheinen Karl als Bekehrungswillige an der *Dominica in Palmis:* Dann nämlich betreten die Katechumenen, die die Taufe begehren, bereits die Kirche und werden mit dem Glaubensbekenntnis bekannt gemacht. In der Feier der Osternacht, der *Vigilia Paschalis* empfangen sie dann üblicherweise und noch heute die Taufe« (Richter).

833 f. Der Palmsonntag hieß auch *Dominica indulgentiae.* »Die ma. Kaiser pflegten dementsprechend am Palmsonntag ihre Begnadigungen zu verkünden« (Richter).

837 Hier ist *minne* noch deutlich rechtlich konnotiert und bedeutet ›friedliche Vereinbarung‹. Daneben ist freilich auch an die von Christus gelehrte Feindesliebe zu denken (Mt. 5,44; Lk. 6,35 u. ö.).

838 Karl entläßt die Boten mit einem fast liturgisch klingenden Segenswunsch (Ehrismann, Lit. Gesch. II,1, S. 264). – Ob danach eine Lücke anzusetzen ist (von der Burg, 1975, S. 328), bleibt eine spekulative Frage. In Km. werden zwei Abschnitte eingeschoben, in denen vom Tageswechsel und einer Beratung Karls mit seinen Getreuen erzählt wird. Das ist um so überflüssiger, als die Beratung am folgenden Tag in 891 ff. erzählt wird.

839 ff. Auffällig ist der harte Übergang zu der folgenden, schlecht integrierten Kampfepisode, die in den frz. Versionen keine Entsprechung hat und auch in Hs. A fehlt, die erst mit 979 wieder einsetzt. In A stehen dafür die beiden im kritischen Apparat verzeichneten Überleitungsverse, die nicht authentisch sind: *sich besprechen* und *rîches rât* kommen bei Konrad sonst nicht vor. Auffällig ist auch die Graphie: »die beiden Verse zeigen ganz anderes Gepräge (*Der, drate, des* [. . .]). Die sprachliche Umformung der Hs. AP* müßte dann schon auf der Stufe A* erfolgt sein. Erfolgte sie erst durch A, dann müßte A* die Lückenbüßer verfaßt haben, was aber nicht wahrscheinlich ist: es wäre doch auffallend, daß A gerade die beiden unechten Verse nicht in die herrschende Orthographie umgesetzt hätte« (Wesle, S. XXV). Denkbar ist aber auch, daß die beiden Überleitungsverse von jüngerer Hand stammen, um den Verlust etwa eines Doppelblattes zu kompensieren. Allerdings hat A auch später noch einmal eine, nicht durch mechanisch bedingten Verlust erklärbare, Lücke. Es fehlen V. 8739–8770, V. 8771 schließt direkt an 8738 an. Das ausgelassene Stück ist jedoch authentisch und stimmt – anders als in 839–978 – in vielen Details zur ChdR. Dies wiederum legt den Schluß nahe, daß A eine bereits redigierte Hs. als Vorlage gehabt hat, deren Wortlaut im

übrigen aber sehr nahe bei der Vorlage von P gestanden haben muß.

841 Bartsch dachte an Saragossa; Holthusen (1886) S. 120 korrigierte: »*Corderes*, das nach V. 609 [...] vom Kaiser belagert wird.« Graff (1944) z. St., erwog auch *Tortolose* nach den Versen 333 und 338, glaubte im übrigen aber, daß V. 839–890 »ne sont à leur place, comme le prouve le texte de A«.

842 Vgl. Kchr. 2034, 5304, 7117, 7203.

846 E. Schröder (1883) S. 72 identifizierte den Markgrafen mit Diepold II. von Cham und Vohburg (gest. 1146). Dagegen Lintzel (1926) S. 17 f. und Kartschoke (1965) S. 92.

850 Ein *Ingram* tritt auch in Kchr. 301 als Bruder des Baiernherzogs Boemunt auf (vgl. E. Schröder, 1883, S. 78).

856 Vgl. Kchr. 4411, 4888, 5224.

859 Gegen die Ergänzung von Bartsch *vile kuoner sciltgeverten* wendet Richter zu Recht ein, daß *schiltgeverte* »im frmhd. nirgends nachzuweisen und [...] breit erst in nachhöfischer Literatur belegt« sei. Während Bartsch den Vers auf die Christen münzte, beziehe ich ihn auf die Heiden, da nur so ihre anschließende Flucht motiviert ist. Zur Konjektur *die tiuveles geverten* vgl. 60 *tiuveles kint*, 3380 *des tiuveles geswerme*, 4440 *des tiuveles hîgen*, 4609 *sîne* (sc. des Teufels) *genôze*, 6353 *tiuveles kunter.*

866 Zu *veige* ›dem Tod bestimmt‹, ›todgeweiht‹ und den Implikationen eines heidnischen ›Schicksalsglaubens‹ vgl. Richter.

881 Der Schlachtruf *monsoy* entspricht afrz. *munjoie*, das auf *mons gaudii* zurückgeführt (Karl Heisig, »Monjoie«, in: Romanist. Jb. 4, 1951, S. 292–314) und seinerseits als »Allegorie auf Christus und das Paradies« gedeutet wird (Richter). Die in der älteren romanistischen Forschung erfolgten Versuche, den *mons gaudii* als geographischen Namen zu identifizieren, sind in jüngerer Zeit noch einmal von Henschel (1953) S. 484 aufgenommen worden, der an das Eifelstädtchen Montjoie, »spät eingedeutscht als Monschau«, dachte, »das, mitten im Hausbesitz des Geschlechts der Karlinge gelegen, wohl geeignet war, das Feldgeschrei abzugeben für alle, die ihr Leben einsetzten für den Bestand und die Größe dieses Reiches«. In allegorischer Deutung dagegen ist *munjoie/monsoy* »der Schlachtruf des im Heidenkampf das Paradies erstrebenden Christenheeres« (Richter), nach dem RL und Strickers »Karl« auch in Wolframs von Eschenbach »Willehalm«.

884 Der Schwertname *Durendart/Durindart* entspricht der Form nach *Durindart* in ChdR V 4, während ChdR O *Durendal* hat. Zur

Etymologie des Namens vgl. Gerhard Rohlfs, »Was bedeutet der Schwertname ›Durendal‹«, in: Archiv 169 (1936) S. 57–64; ders., »Li conte de Durendal l'espee«, in: »Mél. Rita Lejeune«, Bd. 2, Gembloux 1969, S. 859–869: *durum inde ardet* = ›hart brennt es daraus‹, ›eine böse Flamme brennt daraus‹. Das Bild des flammenden Schwerts ist im MA auch sonst verbreitet. Der Pfaffe Konrad wird dem Namen keine Bedeutung beigemessen haben.

885 *Alteclêre* entspricht ChdR *Hauteclere*, ›hell und klar‹. Vgl. Rita Lejeune, »Les noms d'épées dans la Chanson de Roland«, in: »Mél. Mario Roques«, Bd. 1, Bade/Paris 1950, S. 149–166.

888 f. Eine höchst anstößige Aussage von den gerechten Gottesrittern, wenn man sich nicht damit abfinden will, daß hier Formeln der Kampfdarstellung eingesetzt werden, die nicht prägnant zu verstehen sind. Den Ausdruck *queln* im Sinne von ›töten‹ hat Konrad offenbar aus der Kchr. (Belege bei Richter). Am nächsten stehen Kchr. 4097 f. *duo siu die Chriechen kolten / mit fiure unt mit swerten* und 15625 ff. *Sahsen unde Durenge / mit swerten si cholten, / wîp und chint si hin herten.*

890 Die Schlußformel entstammt, wie vieles in den Schlachtschilderungen, der mündlichen Dichtungstradition.

891 Der Anschluß ist merkwürdig. Warum die unbestimmte Zeitangabe ›eines Morgens‹? Es scheint, daß der unbestimmte Artikel hier in deiktischer Funktion gebraucht wird. Der Stricker hat daran Anstoß genommen und eine Übergangspassage hinzugefügt (1510–1522): Nach Beendigung des Kampfes bricht die Nacht herein, die Christen erholen sich, Blanschandiez aber gibt seinen Gefährten gegenüber zu verstehen, daß er angesichts solcher Kampfeskraft daran zweifle, daß sie ihr Land vor Karl werden schützen können. Danach fährt er fort: *Des anderen morgens fruo* . . . (1523).

895 f. Der Kaiser will als erster sprechen und läßt deshalb seine Berater sich setzen. Die anderen Sprecher erheben sich im Laufe der Beratung ihrerseits von ihren Plätzen. Die nicht zu Wort kommen, ›bleiben sitzen‹, vgl. 1104–1107 (anders und sicher falsch Bartsch).

912 Mhd. *list* ist im 12. Jh. in der Regel noch nicht so eindeutig wie hier negativ konnotiert.

933 Den *lîp verwandelen* ist das biblische *mutari* (1. Kor. 15,51; Hebr. 1,12; Jak. 1,17; 1. Joh. 3,14). Zugrunde liegt die urchristliche Anschauung, die Gläubigen würden »bei einem noch zu ihren Lebzeiten erwarteten Weltende ohne Tod sogleich zu Gott ent-

rückt und dabei nur den körperlichen Leib in einen geistigen verwandeln. Bei ausbleibendem Weltende deuteten spätere Jahrhunderte dieses Pauluswort auf Apostel und Martyrer« (Richter).

940 Mit den gleichen Worten empfiehlt sich Blanscandiz dem König Marsilie als Ratgeber. Auch hier bestätigt sich die spiegelbildliche Darstellung von Christen und Heiden, wo es nicht unmittelbar um das einzig unterscheidende Kriterium der christlichen Glaubenswahrheit geht (anders wieder Richter).

941–943 Der Vergleich mit dem ›im Feuer geläuterten Gold‹ geht auf entsprechende biblische Formulierungen zurück (Ijob 23,10; Weish. 3,6; Mal. 3,2 f.; 1. Petr. 1,7; weitere Belege bei Richter) und ist auch in der ma. Theologie wie in der geistlichen Dichtung geläufig. Hier wird Karls Gottesdienst mit geläutertem Gold verglichen (und nicht etwa die Christenheit, wie die früheren Herausgeber durch ihre Interpunktion suggerieren).

955 Der Vers könnte auch zum folgenden gezogen werden.

956 Das Wort *vluz* für ›Metallguß‹ ist nur hier belegt und wahrscheinlich »Übersetzung des im AT des öfteren belegten *conflatile*, eines Begriffs für metallgegossene Götzenbilder, das eine Adjektiv-Bildung zu *conflare* = ›zusammen-‹, ›einschmelzen‹ ist. Die Bibel belegt sie zuerst für das berühmte Goldene Kalb Ex. 32,4 [. . .]« (Richter). Hier scheint direkt auf Dtn. 7,5 angespielt zu sein: *Aras eorum subvertite, confringite statuas luco succiditesque et sculptilia conburite.*

960 *Voget von Rôme* oder *rœmischer voget* ist ein Titel des Kaisers und bezieht sich auf die *advocatia ecclesiae Romanae* oder ist Übersetzung des geläufigen lateinischen Titels *patricius Romae* (Nellmann, 1963, S. 120–123, 130 f. und 176–179). Wichtig für den Kontext ist allein die Tatsache, daß damit die faktische Herrschaft über die christliche Welt (vgl. 973 ff.) und ein darüber hinausgehender »Weltherrschaftsanspruch« (vgl. 7653 ff.) verbunden ist (Richter). Vgl. jetzt auch Canisius-Loppnow (1992) S. 115 ff.

965 *der christenheit êre* korrespondiert dem »zentralen Begriff« *des rîches êre* (Nellmann, 1963, S. 175).

968 Der abschließende Vers macht ganz deutlich, daß es Olivier (zumindest auch) um den Kampfruhm und die weltliche Ehre geht.

970 ff. Die Rede des Erzbischofs Turpin hat die Form einer Predigt, deren Schrifttext zum Sonntag Septuagesima gehört, der die Osterzeit eröffnet. »Septuagesima, deren Name an die siebzigjährige Gefangenschaft der Juden in Babylon und ihre endliche Rückkehr

ins Gelobte Land erinnern soll, ist dabei insbesondere ein Signum für die Pilgerschaft des Menschen, die ihn unter beständigem Kampf zum Heil zurückführen soll« (Richter).

970 Neben anderen Bibelstellen (vgl. Anm. zu 5 f. und Richter) ist hier besonders an Kol. 4,3 f.: *ut Deus aperiat nobis ostium sermonis . . . ut manifestem illud ita, ut oportet me loqui*, zu denken.

971 f. Vgl. Kchr. 2150 f. und 8514 f.

976–978 Zugrunde liegt das Gleichnis von den Arbeitern im Weinberg (Mt. 20,1–16). Die ›vorzeitige Beendigung der Arbeit‹ im Weinberg gehört als Motiv nicht dem Gleichnis an, sondern ist aus seiner Auslegungsgeschichte abzuleiten (vgl. Richter). Wenn die Prediger warnen, die Arbeit im Weinberg (= die guten Werke) zu verlassen, spitzt Konrad diese Warnung in der Rede des Turpin noch zu: *vor vesper ûz varn* meint, den Weinberg vor dem Abend, vor Beendigung der Arbeit, zu verlassen.

980 *gotes helt* ist offenbar Konrads eigene Übersetzung von *miles Dei* und deshalb vor und neben ihm sonst nicht zu belegen.

983 *wirt* ist die übliche Übersetzung des lat. *pater familias* (vgl. Mt. 20,1).

986 *phenninc* entspricht dem lat. *denarius* (Mt. 20,9).

987 »Gemeint ist hier der bisherige erfolgreiche Verlauf des Glaubenskrieges und seiner Bekehrungsaktionen gegen die Heiden« (Richter).

988–990 Turpin zitiert eine Stelle aus dem ersten Korintherbrief (1. Kor. 9,24–27), die als Epistellesung für den Sonntag Septuagesima vorgesehen ist. Näher noch als die Schriftstelle kommt den Versen eine Predigt des Honorius Augustodunensis: *Ut hanc victoriam obtineatis, admoneat lectio quam nunc recitari audieratis: ›Nescitis quod hii qui in stadio currunt, omnes quidem currunt, sed unus bravium accipit? [. . .] Regnum coelorum nobis in praemio debitur, id est proponitur, ad quod nos totis viribus currere sacra Scriptura hortatur [. . .].*

991–993 Turpin geht auf eine andere nt. Gleichnisrede über: *Omnis qui venit ad me et audit sermones meos et facit eos, ostendam vobis, cui similis est: similis est homini aedificanti domum, qui fodit in altum et posuit fundamenta super petram: inundatione autem facta illisum est flumen domui illi, et non potuit eam movere* (Lk. 6,47 f.; vgl. Mt. 7,24 f.). Das seltene Wort *überzimber* statt des naheliegenden *hûs* erinnert an Formulierungen wie *superaedificare super fundamentum* (Eph. 2,20 u. ö.). Insbesondere ist hier wieder an den ersten Korintherbrief zu denken, in dem Paulus vom Fundament spricht, das er gelegt habe und das Christus sei, auf dem andere weiterbauen sollen: *secundum gratiam Dei, quae data est mihi, ut sapiens architectus fundamentum posui: alius autem superaedificat. Unusquisque autem videat, quomodo superaedificat. Fundamentum enim aliud nemo potest ponere praeter id, quod positum est, quod est Christus Iesus* (1. Kor. 3,10 f.). Die Kombination beider Schriftstellen ist seit alters her üblich (vgl. Richter). Was Turpin vermitteln will, ist also gläubige Zuversicht.

994 Die Verheißung bezieht sich wörtlich auf Mt. 3,2; 4,17; 10,7; Mk. 1,15; Lk. 10,9.

995–999 Zugrunde liegt Gen. 8,6 ff. Als das Wasser der Sintflut sich zu verlaufen begann, ließ Noah einen Raben ausfliegen und eine Taube, aber nur die Taube kehrte in den Kasten zurück, da sie nichts fand, wo sie sich hätte hinsetzen können. Nach weiteren sieben Tagen ließ Noah erneut die Taube fliegen, die mit einem Ölzweig im Schnabel zurückkehrte. Erst als bei einem dritten Versuch die Taube wegblieb, wußte Noah, daß die Erde trocken war. Die frühen Exegeten interessierte, wo der Rabe geblieben sei, als die Erde noch mit Wasser bedeckt war, und fanden die Erklärung, er habe sich auf die im Wasser schwimmenden Kadaver gesetzt und von ihnen gefressen (Belege bei Leitzmann, 1917/18, S. 36–40). Die Farbsymbolik weist auf das Negativbeispiel des Raben, dessen Gefräßigkeit als Warnung vor der ›Sättigung‹ mit dem Gold des Marsilie dient. Der nicht zurückkehrende Rabe ist ein Bild des Teufels oder des ihm folgenden Ungläubigen, die Taube dagegen steht für den Gläubigen (vgl. allgemein: Hans Messelken, »Die Signifikanz von Rabe und Taube in der mittelalterlichen deutschen Literatur. Ein stoffgeschichtlicher Beitrag zum Verweisungscharakter der altdeutschen Dichtung«, Köln 1965).

996 Das naheliegende (und im Anschluß an die geistliche Deutung des Raben auch nicht gänzlich in die Irre führende) Mißverständnis *sete = site* hat offensichtlich zu der frühen Besserung geführt, die S überliefert: *sîne sete ne sule wer nicht haben.* Dabei mag auch der unmotivierte Numeruswechsel mitgewirkt haben, der Bartsch zu der Emendation *thie muoz* veranlaßt hat, wobei *thie* als nd. Form des maskulinen Artikels zu verstehen ist.

1008–1010 Geläufiger Predigtschluß unter Verwendung entsprechender Bibelwendungen.

1011 Konrad hat Naimes zum Baiernherzog gemacht, als der er dann auch in der jüngeren Chanson-Literatur erscheint, vgl. Gerhard Moldenhauer »Herzog Naimes im altfranzösischen Epos«, Halle

(Saale) 1922 (Romanist. Arbeiten 9), S. 10 ff. In die lateinische Überlieferung des »Pseudo-Turpin« scheint der Herkunftsname durch eine Verlesung aus *dux Baione* > *Baiorie* > *Baioarie* gekommen zu sein (Albert Hämel, »Vom Herzog Naimes ›von Bayern‹, dem Pfaffen Konrad von Regensburg und dem Pseudo-Turpin«, in: Sb. d. Bayer. AdW, Phil.-hist. Kl. 1955, Abh. 1). Von da an kennt man den Baiernherzog Naimes in der afrz. Überlieferung. Daß Konrads Umdeutung auf den »Pseudo-Turpin« zurückgeht, ist unwahrscheinlich (vgl. Kartschoke, 1965, S. 67–73; H. W. Klein, 1987). Es ist also ungeklärt, wie der Pfaffe Konrad zu *Naimes von Baieren* gekommen ist. Leicht einzusehen dagegen ist, daß er ihn zum Anlaß eines ausgedehnten Baiernlobes macht, das auch sonst noch Spuren im RL hinterlassen hat (dazu Wald, 1879, S. 1 ff. und E. Schröder, 1883).

1024 Vgl. Kchr. 4201 und 4220.

1032 Vgl. Kchr. 281; der elliptische Ausdruck ist entstanden aus *bluotigen schildes rant vrumen* (so Kchr. 5295).

1033 Ich verstehe das wiederholte *wir schulen* prägnant als: ›wir sind schuldig zu tun‹ und übersetze deshalb: ›wir müssen‹.

1035 *ellende* ›in fremdem Land befindlich‹.

1043 f. Vgl. Ijob 12,13: *Apud ipsum est sapientia et fortitudo, ipse habet consilium et intellegentiam.*

1046 Die entsprechenden Bibelwendungen verzeichnen Backes und Richter.

1049 Der Aufruhr im Innern des Kaisers »ist nur so zu erklären, daß Karl ihren Plänen nicht zustimmt, da sie im Gegensatz zu dem Friedensversprechen stehen, das er den Heiden gegenüber machte« (Richter, S. 225).

1055 Ein Bischof St. Johannes ist der gesamten frz. und lat. Roland/Karl-Tradition fremd und also sicher Zutat des Pfaffen Konrad. Seine Herkunft bleibt im dunkeln. Hat Konrad den Bischof erfunden, »um seiner biblischen Entsprechung willen« (Geppert, 1956, S. 361), also in Analogie zum Lieblingsjünger Jesu? Oder liegt hier eine Reminiszenz aus dem historischen Umkreis Karls des Großen (Beckmann, 1973) bzw. aus dem Umkreis der Slawenmission vor (Kartschoke, 1965, S. 129–140)?

1056 Die Erklärung von Bartsch »*urloubes*, Erlaubnis zu reden« ist unzureichend. Es heißt, Johannes *gerte ... des urloubes*, wobei *des* nicht Artikel sein kann, da er in vergleichbaren Redensarten durchaus unüblich ist, sondern adnominaler Genitiv sein muß. Also: ›Er ersuchte den Kaiser um Erlaubnis dazu.‹

o. ä. Ich beziehe *des* auf das folgende und übersetze deshalb: ›um folgende Erlaubnis‹.

1061 Auch der Name *Ualchart* (P), *Valchart* (S), *Ualkart* (A) stammt nicht aus der frz. Rolandtradition. Seine Deutung ist bis heute nicht gelungen, deshalb blieb es bei der Erklärung von W. Grimm: »Bis zu der südlichsten Küste von Spanien wollte er vordringen, denn dort liegt die Stadt *Almarîe*. Der *Valkart* [...] ist wahrscheinlich der Guadalquivir, der große Fluß, der das südliche Spanien durchströmt.«

1062 Die Nennung der südspanischen Stadt Almeria in dieser von Konrad hinzugefügten Episode ist auffällig, weil sie nicht aus der Tradition der ChdR zu kommen scheint. Auch hier könnte es sich um eine historische Reminiszenz handeln (Kartschoke, 1965, S. 98 bis 113).

1066 f. Zu dem Bild der ›Läuterung‹ im Martyrium und seine biblischen Grundlagen vgl. Richter.

1070 *venie/venige* ist das lat. *venia*. Es handelt sich also um eine Geste der Demut, mit der um Gnade (oder Verzeihung) gebeten wird.

1071–1073 Vgl. Kchr. 13481 ff.

1075 Vgl. Lk. 9,62: *Nemo mittens manum suam in aratrum et respiciens retro aptus est regno Dei.* Die Variation oder Erweiterung dieses Christuswortes um die Warnung, die Furche nicht krumm zu ziehen, stammt aus der exegetischen Tradition (Kartschoke, 1969, S. 408–410). Bischof Johannes will also sagen: ich blicke nicht zurück, und: ich bin bereit für das Himmelreich (Martyrium).

1078–1080 Mk. 8,36: *Quid enim proderit homini, si lucretur mundum totum et detrimentum faciat animae suae?* (vgl. Mt. 16,26).

1085 f. In der ma. Theologie gilt die Taufe als *primum sacramentum* (Richter).

1089 Apg. 12,24: *Verbum autem Domini crescebat et multiplicabatur* (weitere Belege bei Richter).

1090 Im Unterschied zu der abgekürzten Formulierung ›die Zwölf‹ entspricht *die zwelf hêrren* dem afrz. *Li duze pers.*

1093 ff. Der Ausfall Geneluns wird dadurch ausgelöst, daß die Pairs ihre Zustimmung zum Rat des Bischofs St. Johannes geben, das Angebot des Marsilie abzulehnen, nachdem Roland, Olivier, Bischof Turpin und Herzog Naimes in gleichem Sinn gesprochen hatten. Wenn der Kaiser, wie suggeriert wird, einverstanden ist, hat kein Vertreter des weiteren Vasallenkreises Gelegenheit bekommen, eine etwa abweichende Meinung zu äußern. Auf diesem Textverständnis baut Ott-Meimberg (1980) ihre Interpretation: Genelun mache sich mit vollem Recht zum Sprecher der übergangenen Adelsgruppe (S. 147–150, 161–163). Dagegen Nellmann (1984) S. 301: »Unmißverständlich hat der Pfaffe Konrad die Außenseiterposition Geneluns klargestellt: durch die Quantität und Qualität der Vorredner [. . .]«.

1094 f. ›Alle Fürsten‹ sind hier wohl die zwölf Pairs, deren Voten die Beratung abschließen, während mit den später genannten ›Fürsten‹ (1104) die gemeint zu sein scheinen, die noch nicht zu Worte gekommen sind. Der Stricker streicht denn auch das *alle* (1680) und spricht nicht mißverständlich noch einmal von der Beleidigung ›aller Fürsten‹. Noch logischer erscheint der Wortlaut in Km. 836,5 ff.: *Hey sprach: de heren hauen vndanck, / Dat sy edel ind wys synt. . . / Dynen vursten is id allen leyt, / Dat du in dynen groessen witzen / Vns allen leis sitzen.* Ich glaube, daß *alle* ein Fehler ist, der vielleicht schon dem Archetypus, auf jeden Fall aber den Vorlagen von PSA angehört hat. Solche gemeinsamen Fehler sind eindeutiger noch an anderen Stellen nachzuweisen.

1096–1103 Die Klage über schlechte Ratgeber ist ein Gemeinplatz der Hofkritik, zugleich in diesem Zusammenhang ein gravierender Vorwurf gegen den Idealherrscher Karl.

1104–1107 Genelun macht sich offenbar zum Fürsprecher ›aller Fürsten‹ gegenüber den zwölf Pairs und besonders gegenüber Roland. Der Kaiser hatte 895 f. die Fürsten ›angewiesen‹, Platz zu nehmen. Geneluns Vorwurf hier lautet, daß er sie ›sitzen läßt‹, d. h., nicht auffordert zu reden.

1110 *überruofen* bedeutet eigentlich ›überschreien, übertönen‹.

1112 Graff liest *iu* statt *in*. Das ist nicht nötig, wenn man *in* auf ›die Fürsten alle‹ zurückbezieht, zu deren Sprecher sich Genelun macht. Dennoch ist der Übergang nicht sehr glücklich.

1114 ff. Das folgende bezieht sich auf die eingeschobene Kampfepisode 839 ff. Beide Passagen machen den Eindruck, als handele es sich um nachträgliche Erweiterungen.

1123–1125 Dreireim wie 2058–2060 u. ö.

1128–1130 Der Vorwurf, blutrünstig zu sein, widerspricht eklatant dem Ideal des *miles Dei* (vgl. Richter).

1132 ff. Genelun argumentiert mit dem Augenschein, daß die Heiden bekehrungswillig und deshalb zu schonen seien. Wenn Richter zu 1129 kommentiert: »Geneluns Vorwurf ist also ungerechtfertigt, er vergißt, daß Friede mit ungläubigen Heiden von Gott selbst verboten wurde«, so ist das nicht ganz zutreffend. Richtiger wohl

Nellmann (1984) S. 301, der mit dem Blick auf die verzweifelte Reaktion auf die Übertragung des Botenamts feststellt, daß Genelun hier schon nicht mehr »von der Glaubwürdigkeit des heidnischen Angebots überzeugt sei«.

1146–1148 Vgl. 816 f. und 1454–1456.

1149 f. Vgl. 153 f., wo Roland schon einmal das materielle Lohnversprechen gibt.

1153 Es fehlt das Objekt. Möglicherweise sind hier Verse ausgefallen, vgl. Km. 436,51 ff. *Ind krencket vns vele sere, / Want wyr des loue soulde intfaen, / Dat wyr durch en hant gedaen* (von der Burg, 1975, S. 328).

1154–1156 »In der Ch. erscheinen als Gesten der Nachdenklichkeit und des Überlegens, was im RL Gesten des Zorns sind« (Richter). Die verkürzte Ausdrucksweise in 1155 f. macht den Eindruck eines Latinismus (ablativus absolutus), der auf die lateinische Zwischenstufe (vgl. Epilog) zurückweisen könnte.

1157 Vgl. Kchr. 5374. Hier ist an den Codex des geschriebenen Rechts gedacht; *vortragen* kann freilich sowohl ›bringen‹ wie ›rezitieren‹, ›weisen‹ im rechtsgeschichtlichen Sinn des Wortes heißen.

1159 f. *richten* heißt ›Recht sprechen, urteilen‹ oder allgemein ›in Ordnung bringen‹, ›schlichten‹. Da mit ungebührlichem Verhalten hier die Zwietracht und der Zank gemeint sind, kann man die Stelle wohl nicht anders verstehen, als daß Karl droht, die Entscheidung an sich zu ziehen, wenn keine Einigung erfolgt.

1162 Die Forderung »meint nicht Einstimmigkeit, sondern Einmütigkeit, Einhelligkeit« (Nellmann, 1984, S. 302 mit Hellmann, 1969, gegen Ott-Meimberg, 1980).

1166 Die ›Franken‹ sind die Franzosen, also die Vertreter der *douce France, süezen Karlinge*; landfremd sind die Fürsten aus den anderen Ländern.

1183 *Tortûne* (P), *Tortune* (S) ist von Graff mit der italienischen Stadt Tortona in Verbindung gebracht worden, die im Jahr 1155 von Friedrich I. unterworfen worden war. Richtiger dagegen wohl die Glossierung von Bartsch: ›Dordogne‹ (vgl. Kartschoke, 1965, S. 97).

1210 Maurer liest *gewêrliche (= gewærlîche)* ›wahrhaftig‹, was hier keinen Sinn ergibt.

1223 Vgl. Kchr. 7837.

1242 *gesidele* sind alle Sitzgelegenheiten beim Kaiser, dort wo die Beratung stattgefunden hat. Das ist in der Übersetzung schwer wiederzugeben; deshalb habe ich »Thron« eingesetzt.

1245 Eine für die alte Epik typische Vorausdeutung; vgl. Harald Burger, »Vorausdeutung und Erzählstruktur in mittelalterlichen Texten«, in: Fs. Max Wehrli, Zürich / Freiburg i. Br. 1969, S. 125 bis 153.

1249 *vorredenære* ist Hapaxlegomenon.

1251 Geppert (1956) S. 363: »In dieser Begründung klingt unmittelbar das Wort, das im Johannesevangelium von dem Lieblingsjünger gesagt ist: *discipulus, quem diligebat Jesus*« (vgl. Joh. 19,26; 13,33; 20,2; 21,7). In der ma. Heiligenikonographie wird der Apostel Johannes freilich immer als junger Mann dargestellt.

1252 Die *krücke* kann im nhd. Wortsinn als Attribut des alten Mannes oder vielleicht auch als Bischofsstab interpretiert werden (vgl. Richter mit entsprechenden Belegen).

1254 Vgl. Kchr. 2465. – Im Anschluß an das NT werden in Theologie und Predigtliteratur außer Christus selbst auch die Apostel Prediger und Verteidiger der Kirche, *gruntveste, fundamentum*, genannt. Dazu vgl. das bei Richter angeführte Zitat aus Hrabanus Maurus, »Allegoriae in universam sacram scripturam«. Während Richter wie immer die Christus-Typologie bevorzugt, hatte Nellmann (1963) S. 176–178 die »Analogie Karls zu Petrus« in den Vordergrund gerückt, »die einerseits mit Karls Heiligkeit, andererseits mit dem besonders engen Verhältnis der Karolinger zu dem Apostelfürsten zusammenhängen mag« (S. 178). Vgl. auch Canisius-Loppnow (1992) S. 100–106, die die Apostrophe als »Indiz für eine prokaiserliche Gesinnung des Pfaffen Konrad« wertet (S. 106).

1255 Möglicherweise ist auch diese feierliche Apostrophe allegorisch zu verstehen und auf Christus, das Haupt der Kirche, zu beziehen: »Kaiser Karl, das Haupt der christlichen Bekehrungsarbeit im RL, hat dabei erneut apostelgleichen Rang und ist damit ebenfalls und auch hier Typus Christi« (Richter).

1256 Auch die Blütenmetapher bezieht Richter im Anschluß an die allegorische Auslegung von Jes. 11,1: *Et egredietur virga de radice Iesse et flos de radice eius ascendet* auf Christus. ›Blüte des Glaubens‹ im Sinn von ›Zierde des Glaubens‹ legt aber diesen Zusammenhang nicht notwendig nahe.

1258 Der Anwendungsbereich von *süeze* (vgl. Anm. zu 254) kann auch hier auf die Heiligkeit Karls verweisen im Sinn des Psalmistenworts: *Quam magna multitudo dulcedinis tuae, Domine* (Ps. 30,20).

1269 Vgl. Kchr. 10082. Gemeint sind die asketischen Gebetsübungen neben dem ›Fasten‹ und anderen ›guten Werken‹ als den vorgeschriebenen Bußleistungen, deren Erwähnung die Gebrechlichkeit und die besondere Heiligkeit des Bischofs hervorheben soll.

1270 Vgl. Anm. zu 256.

1304 f. Die Syntax ist im Nhd. nur schwer nachzuahmen: 1305 ist ein exzipierender Satz und abhängig von 1304 (Mhd.-Gr. § 447).

1314 *des rîches êre* entspricht dem *honor imperii*, einem Schlagwort der Politik Friedrichs I. (Vgl. Peter Rassow, »Honor Imperii. Die neue Politik Friedrich Barbarossas 1152–1159«, München/Berlin 1940; Nellmann (1963) S. 181–184; Ott-Meimberg (1980) S. 271 bis 275; Richter).

1336 f. Warum Turpin den Heiden zuerst die Propheten nahebringen will, verstehe ich nicht ganz. Natürlich finden sich bei ihnen schon alle Verheißungen auf das kommende Heil (dies die einzige Erklärung, die Richter bietet); aber die Missionierung kann nicht bei ihnen einsetzen, sondern muß die zentralen christlichen Heilstatsachen vermitteln.

1338–1340 ›Christus verkündigen‹ und ›das Evangelium predigen‹ sind nt. Formulierungen (Belege bei Richter).

1354 Der einigermaßen brüsken Zurückweisung des Angebotes von Bischof Turpin widerspricht der Erzählerkommentar *mit minnen* (so auch Bartsch). In ChdR 271 antwortet der Kaiser *par maltalant* ›unwillig‹, ›im Zorn‹. Ich konjiziere deshalb *mit unminnen* ›unfreundlich‹.

1355 Die deutschen Autoren geläufigen Bezeichnungen *Karlingia* und *Karlingi* für das Westreich und seine Bewohner sind seit Notker dem Deutschen belegt (Beispiele bei Backes). Es ist nicht eindeutig zu entscheiden, ob der Pfaffe Konrad die Form *Kerlinge* oder *Karlinge* bevorzugt hat.

1369 *rîche* hat hier die Bedeutung ›Rat der Fürsten‹, die mit dem Kaiser das Reich repräsentieren (Nellmann, 1963, S. 184 f.; Ott-Meimberg, 1980, S. 155–157).

1385 Vgl. Anm. zu 1369. – Hier steht *daz rîche* im Gegensatz zu *ellende* und ist wohl eher als das Reich in seiner regionalen Erscheinung aufzufassen. Im übrigen ist die Formulierung nicht ganz deutlich: Roland ›hat‹ nicht schon Genelun ins Verderben geschickt, sondern ihn erst vorgeschlagen.

1387 Genelun geht es nur um das irdische *erbe* und nicht um das geistliche Erbe des Himmelreichs. Zur rechtlichen Problematik der Erbesicherung vgl. Canisius-Loppnow (1992) S. 151 ff.

1396 Die hier berufene *triuwe* ist die ›Treue‹ der Sippenbindung, deren Verletzung Genelun Roland vorwirft.

1397 ff. Die Drohung wird später als Fehdeansage interpretiert, aus der Genelun sein gutes Recht zieht, gegen Roland zu agieren.

1402 ff. Geneluns Angst unterscheidet ihn von den martyriumsbereiten Gottesrittern und setzt ihn auf der Ebene des geistlichen Diskurses ins Unrecht. Seine eigene Argumentation bewegt sich auf der weltlich-rechtlichen Ebene mit der ihr eigenen Legitimation.

1402 Bemerkenswert ist Geneluns Einschätzung, von Roland zu seinem Handeln gezwungen zu werden.

1406 Geneluns Frau ist die Schwester Karls und war zuvor mit Milon verheiratet, dem Vater von Roland.

1417 Der Handschuh ist ein geläufiges Rechtssymbol im MA, dessen Übergabe die Übertragung der Herrschergewalt an einen damit Beauftragten sinnfällig zum Ausdruck bringt (Literatur bei A. Erler in: HRG I, 1971, Sp. 1975 f.).

1418 Der Wolfscharakter Geneluns ist eindeutig negativ konnotiert und bedeutet ›Blutdurst‹, ›Raublust‹ oder auch gleich den ›Teufel‹ (vgl. Richter).

1420 f. Erneut eine »versteckte Fehdeansage« (Nellmann, 1963, S. 186 Anm. 93), die in ChdR 322 ff. deutlicher zum Ausdruck kommt.

1434 Der Stab ist ein Rechtssymbol und findet zusammen mit dem Handschuh Verwendung bei der Übertragung von Machtbefugnissen. Zu Stab und Szepter als Hoheitszeichen vgl. Knappe (1974) S. 166–176; weitere Literatur bei L. Carlen, in: HRG IV (1990) Sp. 1838–1844.

1435–1441 Die Symbolik des Vorganges ist deutlich und erhellt noch einmal das Gewicht der dinghaften Rechtssymbole.

1443 f. Wörtlich: ›könnte ich doch Nutzen daraus ziehen‹. Die beiden Verse enthalten zwei logisch aufeinander bezogene, aber asyndetisch gereihte Sätze. Das läßt sich in der nhd. Übersetzung nur schlecht nachahmen. Möglicherweise liegt ein Fall von Attraktion vor, und das fehlende Genitivobjekt nach *geniezen* ist zusammengefallen mit dem Possessivum: *mächte ich noch dîn geniezen, dîn swester ist mîn wîb.*

1448–1451 Auch die Sorge um Frau und Kind widerspricht dem Auftrag des *miles Dei* zur Nachfolge Christi im Sinne des Herrenwortes: *Et omnis, qui reliquerit domum vel fratres aut sorores aut patrem aut matrem aut uxorem aut filios aut agros propter nomen meum, centuplum accipiet et vitam aeternam possidebit* (Mt. 19,29; weitere Belege bei Richter). Vgl. Anm. zu 184–189.

1452 S und A haben hier das Praesens *gesiest* bzw. *gesehest*; damit wird aus dem Bedingungssatz eine futurische Aussage (Vorausdeutung). In dem nach P exzipierenden Satz ist die doppelte Verneinung ungewöhnlich, man erwartet *iemer mêre.*

1453 Konrad hat hier seine Vorlage übersetzt (ChdR 281: *De sun col getet ses grandes pels de martre* ›Vom Hals wirft er seinen weiten Marderpelz‹). Auch dies ist eine symbolische Geste, deren Deutung nicht ganz eindeutig ist, besonders da die Spezifikation ›Marderpelz‹ wegfällt. Es scheint, als solle hier Geneluns Entblößung von allem Schutz sinnfällig werden (zum Mantel als Rechtssymbol vgl. A. Fink, in: HRG III, 1984, Sp. 251–254) oder die damit erzwungene und vollzogene Trennung von der Ehefrau, obwohl die Geste im »Mantelrecht« (W. Ogris in: HRG III, 1984, Sp. 258 f.) der Frau zusteht. Wahrscheinlich ist hier eine eher diffuse Symbolik der Trennung und des Abschieds von alten Bindungen anzunehmen.

1458 »Tränen dieser Art versteht das Ma. etwa als Ausdruck und Erscheinungsform des Hauptlasters *ira*, des unbeherrschten, rachsüchtigen Zorns, der sich gegen Gott auflehnt« (Richter).

1459–1461 »Solche Töne sind deutlicher Anklang an die Frauenminne der höfischen Literatur, die ebenso die Spannung zwischen Kreuzzugsdienst für Gott und Trennung von der geliebten Frau schmerzlich erleben kann, und ihr literarischen Ausdruck verleiht« (Richter). Dafür sind die Kreuzlieder Friedrichs von Hausen und Albrechts von Johannsdorf repräsentativ. Auch hierin unterscheidet sich Genelun von den Kreuzrittern und besonders von Roland, dessen Braut Alda in keinem Augenblick entscheidende Handlungsmotive liefert und ihn schon gar nicht vom Gottesdienst abhalten kann.

1463 Geneluns Vorwurf verkennt den Kreuzzugscharakter des Spanienzuges.

1464–1467 Dritte Drohung gegen Roland und die andern auserwählten Zwölf.

1472 f. Die beiden Verse machen den Eindruck einer sprichwörtlichen Redensart, wie sie sich ähnlich noch in der Sprichwörtersammlung des Antonius Thunnicius findet: *Mit velen sal men vechten, mer mit weinigen sal men sik bereden* (Nr. 757). Die Übersetzung der RL-Verse ist problematisch, sie hängt ab vom Verständnis der beiden folgenden Verse. Der Stricker hat den

Wortlaut, aber nicht den Sinn verändert: *ir wizzet nu lange wol, / daz man mit den wîsen râten sol. / man vindet och ze rehte, / daz man mit den tumben vehte* (2075–2078). Treu bewahrt blieb der Wortlaut in Km. 441,58 f.: *Myt den wysen sal man raden, / Myt den doren vechten.*

1474 Offenbar ist auch dies ein versöhnliches Wort Rolands: Ihr seid erfahrener als ich, ich tauge nur zu kämpfen.

1489 f. Die *unzuht*, ›das ungebührliche Benehmen‹, der ›Streit‹ der Fürsten steht gegen das *gezogenlîche* (1487) Verhalten des Kaisers. – Bartsch: »der Gebrauch von *ze* nach *mac* erklärt sich aus dem prägnanten Sinn, den das Hilfsverbum hier hat: nichts tun kann um zu fördern.«

1498 Zum ›Zorn‹ (*ira*) als einer der sieben Todsünden vgl. Richter.

1502–1504 Das ›Siegel‹ (lat. *sigillum* ›Bildchen‹) diente zur Beglaubigung von Urkunden, aber auch als Beglaubigungs- und Erkennungszeichen bei der Übersendung von Befehlen und Botschaften *sine litteris* (»Clavis Mediaevalis«, Kleines Wörterbuch der Mittelalterforschung in Gemeinschaft mit Renate Klauser hrsg. von Otto Meyer, Wiesbaden 1962, S. 227 f.).

1508–1510 In ChdR (O V 4) ist die Ankündigung einer Teilung Spaniens kein Versprechen Karls, sondern Provokation Geneluns vor Marsilies. Konrad stimmt hier mit anderen Versionen (C V 7) überein (Graff).

1511 Zur Bedeutung von *sælde* im RL vgl. Hall (1969).

1522 Der Eselsritt war eine empfindliche Ehrverletzung und fand deshalb auch als Strafe für Meineidige Anwendung, allerdings sind die Belege dafür sehr viel jünger (K.-S. Kramer, in: HRG I, 1971, Sp. 1015 f.). Bis ins 12. Jh. hinein sind auch Beispiele für den Eselsritt als päpstliche Ehrenstrafe bekannt. Dazu Klaus Schreiner, »Gregor VIII., nackt auf einem Esel. Entehrende Entblößung und schandbares Reiten im Spiegel einer Miniatur der ›Sächsischen Weltchronik‹«, in: Fs. Franz-Josef Schmale, Bochum 1989, S. 155 bis 202 und Canisius-Loppnow (1992) S. 218 ff.

1529 Vgl. Kchr. 4682.

1531 »*himelische hêrschaft* entspricht den biblischen *principatus, potestates, dominationes in coelestibus*, d. h. den verschiedenen Chören der Engel, vgl. Eph. 3,10; Kol. 1,16« (Richter).

1535 f. Für die Segensformel gibt es eine Reihe biblischer Vorbilder (vgl. Backes zu *engel*), doch ist hier eher an volkstümliche Formeln zu denken.

1548 ff. Man versteht im allgemeinen die prächtige Ausstattung von

Geneluns Gefolge als Signum von Weltliebe und Diesseitigkeit, in funkelndem Kontrast zur asketisch gleichförmigen Erscheinung der Gottesritter (dazu ausführlich Richter, S. 247 ff.).

1551–1562 Die Aufzählung von zwölf Edelsteinen steht unter dem Eindruck der Beschreibung des himmlischen Jerusalem, dessen Fundament aus zwölf Edelsteinen gebildet ist (Offb. 21,19 f.). Die Symbolik der Aufzählung orientiert sich aber eher an der at. Totenklage über den verdammten König von Tyrus (Ez. 28,11 ff.), der alles gehabt habe, Weisheit, Schönheit und: *Omnis lapis pretiosus operimentum tuum: sardius, topazius et iaspis, chrysolitus et onyx et beryllus, sapphirus et carbunculus, et zmaragdus, aurum opus decoris tui* (28,13). Dazu ausführlich Richter.

1563–1567 Die Anerkennung des prächtigen Aufzugs als ehrenvoll für den Kaiser kann nicht von seiten der »Fürsten und Ritter Karl's, die sie sahen« (Bartsch) kommen, wenn die negative Signalwirkung ernst genommen wird. Vielmehr wird man dann *die hêrren* (1563) mit den adligen Gefolgsleuten Geneluns (1548) identifizieren, die nun dem gleichen Verdikt verfallen.

1584 ff. Keller (1978) S. 148 f. hält die Geschichte des Schwertes Mulagir mit kaum haltbarer Begründung für eine »Anspielung auf den Reichstag in Regensburg von Mitte Oktober 1155 [. . .], auf welchem Heinrich offiziell Bayern als Lehen erhielt«.

1584 Das *sahs* ist ein Kurzschwert, auf dessen Bezeichnung der Name der Sachsen zurückgeführt wird.

1588–1590 Daß der Karfunkel auch im Dunkeln leuchtet, ist eine seit den Kirchenvätern verbreitete Vorstellung (vgl. Gerda Friess, »Edelsteine im Mittelalter. Wandel und Kontinuität in ihrer Bedeutung durch zwölf Jahrhunderte in Aberglauben, Medizin, Theologie und Goldschmiedekunst«, Hildesheim 1980, S. 134 ff.).

1597 E. Schröder (1939) S. 300 liest wohl zu Recht *Naimes der wigant* und hält *Beiere* für einen Fehler in *PSA.

1600 *Madelgêr* ist im »Biterolf« Vater von Heime, dem Besitzer des Schwertes Nagelrinc; »der pfaffe Konrad confundiert hier offenbar Heimes schwert Nagelrinc mit Naimes waffe Mulagir. er mag wohl einmal flüchtig und dunkel gehört haben dass Heime ein berühmtes schwert empfieng (von Madelgêr, seinem vater, den Konrad für den schmied nahm?) und bezog dies bona fide auf seinen Naimes. dass er einen berühmten schmied dann nach Regensburg versetzte, ist nicht auffällig, da er ja [. . .] in Baiern dichtete« (R. von Muth, in: AfdA 5, 1879, S. 226; zustimmend E. Schröder, 1883, S. 71). Ein

Zwerg Madelgêr erscheint in »Salman und Morolf« 730,3, den der Herausgeber, »da die Zwerge als die besten Schmide gelten«, mit dem Verfertiger Mulagirs identifiziert (Fr. Vogt, 1880, z. St.).

1602 Da es schwer fällt, hier die blanke Willkür und den allzu modern gedachten Patriotismus des Pfaffen Konrad walten zu sehen, muß man wohl annehmen, daß auf eine unbekannte Lokalsage angespielt wird. Dagegen Nellmann (1985) Sp. 117: »Daß der Bayernherzog sein Schwert aus Regensburg (V. 1602) bezieht, kann leicht mit dem guten Ruf der bayerischen Schwerter erklärt werden, von dem die ›Kchr.‹ spricht (›Kchr.‹ V. 313 ff.).«

1610 Bartsch: »das ist nur Formel, denn gerade hier hat das Original nichts Entsprechendes und ist in der ganzen Schilderung von Genelun's Ausrüstung ungleich kürzer«.

1619 f. Glöckchen und Schellen an den Säumen der Festkleider werden in der höfischen Literatur des 12. und 13. Jh.s immer wieder erwähnt (Schultz I, 1889, S. 317).

1626 ff. Auch die Vorgeschichte des Pferdes kennt die ChdR nicht.

1634 f. Der Goldschmuck des Pferdes paßt nicht ganz zu dem Bild, das man sich vom Gegensatz Genelun – Kreuzritter macht. Schließlich kommt das kostbare Geschenk vom Kaiser selbst, dessen Vorbildlichkeit in der wiederholten Formel *Dominus virtutum* (vgl. Anm. zu 674) hier besonders hervorgehoben wird. Richter (1972) kommentiert die Stelle nicht.

1641–1647 Nach mehr oder minder direkten Drohungen erfolgt hier eine offene Fehdeansage Geneluns, auf die er sich später (8744 bis 8746) berufen wird. Merkwürdig ist, daß dieser erneute Ausfall weder kommentiert noch gar gerügt wird.

1647 *hovevart* ist ein selten gebrauchtes Wort (vgl. Kchr. 12028). Bemerkenswert sind »genaue Übereinstimmungen mit Wendungen des Nibelungenliedes; Dankwart sagt dort, nämlich Nib. 443,2 *mich riuwet inneclîchen disiu hovevart.* / und Nib. 1924,2: *sô möhte uns balde riuwen disiu hovevart*« (Richter). Die Übersetzung ist nicht einfach: ›Reise an den Hof‹, ›Reise mit dem Hof‹ oder der ›Hoftag‹, an dem der Beschluß gegen Genelun fiel?

1649 Da ich vermute, daß dies das von Karl geschenkte Pferd ist, nehme ich den unbestimmten Artikel in seiner möglichen demonstrativen Bedeutung.

1661–1666 Wiederholung von 1544–1547.

1672 ff. Fliegner (1937) S. 59 Anm. 171 registriert Anklänge an »König Rother« 610 ff.

1686 f. Joh. 11,49 f.: *Vos nescitis quidquam, nec cogitatis quia expedit vobis, ut unus moriatur homo pro populo, et non tota gens pereat.* Dies sagt Kaiphas von Christus und nimmt damit prophetisch seinen Opfertod vorweg. Wenn man hier nicht – was m. E. völlig irrig wäre – eine blasphemische Aneignung des Erlöserschicksals durch Genelun annehmen will, bleibt nur der Schluß, daß bei aller Präsenz der Bibelsprache doch nicht jede Allusion, nicht jedes Zitat prägnante Bedeutung haben kann. Richter übergeht diese Stellen.

1694–1709 »Auch die Erziehungsvorschriften, die *Ganelon* für seinen Sohn *Baldewin* hinterläßt, atmen schon ›höfischen‹ Geist« (Fliegner, 1937, S. 39 f.). Es handelt sich um eine typische Herrscherlehre, der man nichts vorwerfen kann, als daß sie im falschen Kontext steht und damit Ausdruck von Geneluns »Diesseits- und Weltgebundenheit« (Richter) ist.

1697 *zuht* meint hier (im Unterschied zur geistlichen *disciplina*) die Modellierung des Verhaltens und Benehmens durch Erziehung mit dem Ziel eines verbindlichen Codex der Gesten und Einstellungen insbesondere bei Hofe.

1698 Das Adverb *hêrlîchen* ist ganz im Wortsinne zu nehmen: ›wie ein Herr‹.

1699 f. Vgl. 4676 f. Das Gebot der ›Freigebigkeit‹ ist in diesem Zusammenhang unverzichtbar. Es gehört zur herrenmäßigen Verausgabung, also zur eignen Machtrepräsentation, ebenso wie zur Versorgung Abhängiger. Die Dienstwilligkeit von Vasallen und Untertanen zu erhalten und zu befördern, ist eine zentrale Herrscherpflicht.

1706 f. Wieder wird die ›Rechtspflege‹ als zu erlernende Herrscherpflicht betont, nicht anders als bei der Schilderung von Karls Hoflager 661 f. (vgl. auch 1157). Im übrigen kann es sich hier auch um einen Hinweis auf die aktuelle Entwicklung im Zuge der Territorialisierung der Herzogtümer handeln: »Im 12. Jahrhundert standen dem Herzog in seinem Herrschaftsbereich die Landfriedenswahrung und Gerichtsbarkeit zu« (Canisius-Loppnow, 1992, S. 161).

1708 Der Vers muß wohl als abkürzender Hinweis auf weitere, hier nicht genannte Herrscherpflichten aufgefaßt werden (so Bartsch).

1709 Auffällig und sicher bezeichnend ist, daß Genelun sein Vermächtnis nicht mit einem Segenswunsch, sondern mit der Bitte um Wohlergehen beschließt (ähnlich Richter, S. 256).

1713 f. Der Hinweis auf Christi Wort am Kreuz Lk. 23,46: *Pater, in manus tuas commendo spiritum meum* (Backes; Richter; Ohly, 1987, S. 100) führt in die Irre. Genelun befiehlt nicht seine Seele in die Hände seiner Frau, sondern hinterläßt ihr den Auftrag, für sein Seelenheil zu sorgen durch entsprechende Fürbitte, Totenmessen etc. (so schon Bartsch). Es kann also keine Rede davon sein, daß hier die »heillose Gottlosigkeit Genelons« (Richter) deutlich werde.

1716–1719 Zum Legat Geneluns vgl. Canisius-Loppnow (1992) S. 165 ff.

1725 »*guote liute*, arme Leute: es sind wol Klosterleute gemeint, die ersucht werden sollen für seine Seele zu beten« (Bartsch).

1726 Genauer: ›bei (entsprechend) der Unsicherheit meiner Rückkehr‹.

1728 f. Vgl. 3225 f. Die wörtliche Wiederholung dieser Verse beim Abschied Rolands von Kaiser Karl und der ebenso laute Jammer in den darauf folgenden Versen zeigen, daß hier keine negativ akzentuierte Szene dargestellt wird (anders Richter).

1733–1737 Die Klagegebärden gehören zum traditionellen Repertoire der Affektdarstellung.

1750 Die Trauer Geneluns, die dem Kummer seiner zurückgelassenen Vasallen entspricht, mit Richter als Sünde (*tristitia, acedia*) zu interpretieren, geht m. E. zu weit. ›Traurig‹ sitzt und spricht auch der Kaiser Karl (2969, 3100, 3111), und die Karlinge ›trauern‹ (8530) so gut wie Genelun, dem nur hier dieser Affekt (und nicht eine entsprechende Grundhaltung) zugeschrieben wird. Er wird dann ja auch sehr schnell aus dieser trüben Stimmung gerissen (1757).

1752–1756 Das Wort *kurzwîle* signalisiert, daß hier eine sehr weltliche Unterhaltung einsetzt, deren Inhalt man sich vielleicht ähnlich vorzustellen hat, wie im Lucretia-Teil von Kchr. 4423 ff.: *An den selben stunden / redeten si von scônen rossen und von guoten hunden, / sie redeten von vederspil, / von ander kurzewîle vil, / si redeten von scônen frowen.*

1753 *fabelîe* (*fauelie* P) sind *fabulae, fabulationes*; das Wort *fauelie* ist nur noch einmal aus der Interlinearversion des »Windberger Psalters« 118,85 belegt, wo es mit *spel, bîspel, lugespellunge, gekôse, mære* variiert. Die negative Konnotation ergibt sich aus dem glossierten Grundtext: *Narraverunt mihi iniqui fabulationes, sed non ut lex tua.* Daraus kann man aber nicht schließen, daß *fabelîe* nicht auch neutral gebraucht werden könnte wie *spel, bîspel, mære* (anders Richter).

1764 f. Das ist eine dreiste Schmeichelei. In der Beratung hatte sich Genelun ja gerade beklagt, daß er und andere nicht auch von Anfang an gehört worden seien.

1760 f. Vgl. Kchr. 3677 f.

1771 ChdR 371 hat hier *Puille* und *Calabre*, also Unteritalien.

1772 Oder sollte man besser lesen *Riuzen unde Boemiam*? Immerhin fällt die Divergenz *Boelan : Polan* (6848) ebenso auf wie die Variante T *Beheim* (vgl. Graff).

1796 ff. Zur Vorstellung des von Gott gewollten und gelenkten Kriegs, seinen at. Vorbildern und seinem zeitgeschichtlichen Hintergrund vgl. Richter. Der zentrale Begriff des gerechten Krieges (*bellum iustum*) findet im RL jedoch keine Anwendung.

1806 ff. Das Herrscherlob ist hier auf den Heidenbekehrer und Märtyrer Karl abgestimmt. Die ganze Rede Geneluns hat die Funktion, seine Loyalität dem Kaiser gegenüber zu behaupten.

1830 Die erhebliche Anmaßung des alten Blanscandiz wird gemildert, wenn man der Emendation von Leitzmann (1917/18) S. 43 folgt und statt *der*]*des* liest, also: ›dessen (Vasall) ich lieber wäre‹. Leitzmanns Berufung auf T ist problematisch, Wesle liest (mit einiger Unsicherheit) auch hier *der*.

1841 Zum ›Apfel‹ (*sphaera*) als Herrschaftszeichen vgl. Percy-Ernst Schramm, »Sphaira, Globus, Reichsapfel«, Stuttgart 1958, und Knappe (1974) S. 176–179.

1845 *dar übere*: über den Fluß Valkart (Leitzmann, 1917/18, S. 43 f.) oder über das Gebirge?

1849 Anspielung auf den Ort der Kaiserkrönung, obwohl der historische Karl sich die Kaiserkrone in Aachen aufs Haupt gesetzt hat.

1864 Genauer: die übrigen der Zwölf, denn Roland und Olivier gehören ja zu ihnen.

1870 ff. Hier scheint die Erinnerung an den Eroberungszug Alexanders des Großen hineinzuspielen.

1871 Babylon gilt in at. Tradition als Hauptstadt der Heiden und Ort alles Bösen oder gar Sitz des Teufels (Richter).

1874 *Luvîn* ist ein rätselhafter Name. Der Kontext erfordert die Bezeichnung eines Landes östlich von Persien – also ›Indien‹? Die jüngere Chansonüberlieferung nennt hier denn auch *Inde*. Die Erklärung der Namensform *Luvîn* (*Luuín* PA) ist bis heute nicht gelungen.

1875–1895 Vgl. zu 1686 f. »Genelun krönt so seinen Verrat mit den Worten des Kaiphas [. . .]. Indem Genelun nicht nur die Judasschuld, sondern auch das Wort des Kaiphas, der den Anstoß zum Tod Christi gab, aufgebürdet wird – ›Von den Tagen an ratschlagten sie, wie sie ihn töteten‹ (Joh. 11,53) –, lastet sein Verbrechen noch schwerer« (Ohly, 1987, S. 96 f.).

1900 f. Vgl. Kchr. 3003 f.

1920 Wesle setzt, ohne Not A folgend, den Dativ ein (dagegen Kartschoke, 1969, S. 410). Der ›Ölbaum‹ könnte ein Verweis sein auf den Verrat des Judas auf dem ›Ölberg‹ (Lk. 22,47 ff.).

1922 Der Superlativ und seine Begründung 1936 ff. paßt nicht recht zu einem Textverständnis, das alle Bibelreminiszenzen ernst nimmt und mit Bedeutung auflädt. Der Verrat an den Christen kann schlechterdings nicht größer sein als der an Christus – wenn man nicht das (für sich schon blasphemische) Zahlenspiel als den vordergründigen Sinn der Aussage nimmt. Anders Ohly (1987) S. 92–95 mit Hinweisen auf die »Rede vom Schlimmersein als Judas [. . .] in der Kirchen- und der Zeitkritik«.

1925 ff. Vgl. Mt. 26,20 ff. (Mk. 14,17; Lk. 22,14 ff.; Joh. 13,21 ff.).

1925 *gebilden* im Sinne von ›abbilden‹ ist ein Hapaxlegomenon. Richter hält es für Konrads »eigene Übersetzung eines *figurare*, das seit alters in der sog. typologischen Bibelexegese eine bedeutende Rolle spielt«.

1932 f. Vgl. Mt. 27,3 ff.

1934 f. Bezieht sich auf die at. Verheißungen, auf die die Evangelisten immer wieder hinweisen.

1941 f. Den dreißig Silberlingen wird hier die viel größere Belohnung Geneluns entgegengesetzt – wohl in dem Sinn, daß Genelun noch habgieriger war als Judas.

1945 Vgl. Christi Wort Mt. 10,36: *et inimici hominis domestici eius.*

1954 *triuwe* ist mehrdeutig und kann die weltliche ›Treue‹, das ›gegebene Wort‹ und den ›Glauben‹ meinen.

1956 *altsprochen* ist Hapaxlegomenon. Hier ist das ›Sprichwort‹, die tradierte Spruchweisheit gemeint.

1957 Konrad betont den Schriftcharakter (*dort* hat als Reimwort wohl keine tiefere Bedeutung), also wird man die Quelle in der lateinischen Literatur zu suchen haben.

1958 f. Konrad könnte einen Zweizeiler (Distichon) im Sinn gehabt oder den Vers 1958 als variierenden Kommentar hinzugefügt haben. V. 1958 liegt der in vielen Variationen umlaufende (und in RL 1962 f. zitierte) Spruch *schoene daz ist hoene* (Trist. 17803) zugrunde. Beispiele bei Bezzenberger zu »Freidanks Bescheidenheit« 104,20 f. Zu V. 1959 vgl. Samuel Singer, »Sprichwörter des

Mittelalters«. Bd. 1: »Von den Anfängen bis ins 12. Jahrhundert«, Bern 1944, S. 76 f. und Bd. 3: »Das 13. und 14. Jahrhundert«, ebd., S. 141 f. Am nächsten steht »Proverbia Fridanci« 389: *Non omne, quod splendet, est aurum* (Taylor, 1957/58).

1962 f. Vgl. Anm. zu 1958 f. Ohly (1987) S. 92 vergleicht den at. Fluch Ez. 17,24: *siccavi lignum viride.*

1964 f. Für den Gegensatz von innen und außen vgl. Mt. 23,28: *Sic et vos a foris quidem paretis hominibus iusti, intus autem pleni estis hypocrisi et iniquitate* (vgl. Lk. 16,15).

1964–1971 Belege für die Verwendung des Baumgleichnisses in der Predigtliteratur bei Richter.

1970 Vgl. Anm. zu 1964 f.

1974 »*wurm* korrespondiert dem *wurmbeizeh* 1967, im Bild des wurmstichigen Baumes. Jetzt bei der Auflösung der dortigen Allegorie meint es – abermals allegorisch – mit der Schlange den Teufel« (Richter; ebenso Murdoch, 1973).

1975 f. Hebr. 6,4–6: *Impossibile est enim eos, qui semel sunt inluminati, gustaverunt etiam donum caeleste et participes sunt facti Spiritus Sancti, gustaverunt nihilominus bonum Dei verbum, virtutesque saeculi venturi et prolapsi sunt; rursus renovari ad paenitentiam.*

1979 Vgl. 2365; Lk. 22,3: *Intravit autem Satanas in Iudam* (ähnlich Joh. 13,2).

2023 Backes und Richter interpretieren *ruowe* im Sinne des AT und NT als die *requies*, die Gott den Seinen verleiht.

2024 Anklang an die liturgische Formel in der Totenmesse: *a morte perpetua libera eum.*

2025 ›Römischer Kaiser‹ im Sinne der ma. Kaiserkrönung in Rom.

2032 Es wäre auch möglich, bei der Lesart von P zu bleiben: ›empfängst du vorher die Taufe‹ (Kartschoke, 1969, S. 410 f.).

2052–2059 Die Angst des Heidenkönigs steht in wirksamem Kontrast zum überlegenen Gleichmut des christlichen Kaisers.

2054 f. Vgl. Kchr. 2577 f.

2069 Der Vorwurf bezieht sich auf das Botenrecht, das Marsilie freilich schon einmal gebrochen hat.

2071 ff. Die Rede ist an das Schwert gerichtet.

2098 ff. Die Stelle wird nur deutlich, wenn der Gegensatz durch Betonung von *du* und *iu* (2098) und *si* und *uns* (2101) hervorgehoben wird. Karl behandelt die Boten ehrenvoll, Marsilie dagegen schändlich.

2104 Vgl. 1454 ff.

2113 f. Die Betonung der Lesefähigkeit des Kaisers wird nur vor dem Hintergrund der Illiteralität des Adels verständlich. Zu den Bildungsverhältnissen im hohen MA vgl. Bumke (1986) S. 596–617 mit einschlägigen Literaturangaben. Angeregt ist die Bemerkung Konrads wohl durch entsprechende Verse seiner Vorlage (vgl. Segre II, 1989, S. 69 f. zu ChdR 485).

2123 Vgl. 2132. Warum hier für den Esel in der mündlichen Androhung der Demütigung (2047) ein Saumtier tritt, ist unklar. Konrad kann nicht gut vergessen haben, was er selbst wenige Verse zuvor gesagt hatte.

2130 f. Hinweis auf den Nachruhm in der oralen Tradition, die vom ›Pfaffen‹ Konrad bezeichnenderweise den Heiden zugeschrieben wird – während die Taten der Christen dem litteralen Gedächtnis (vgl. 6645 f.) anvertraut werden.

2133 In ChdR 495 ff. ist es der Sohn des Marsilie, der die Beleidigung seines Vaters rächen will. Der ›Oheim‹ des RLs ist offenbar jener *l'algalife* (ChdR 493), der die Boten Karls hat köpfen lassen.

2142 Vgl. Kchr. 1499. Es geht also um eine Ehrverletzung und ihre notwendige Heilung durch Rache.

2153 Vgl. Kchr. 3652.

2154 ff. Hier steht ein Ehrenpunkt gegen den anderen. Blanscandiz fühlt sich Genelun durch des Königs und sein eignes Wort verpflichtet. Außerdem wiegt für ihn die Ehre des spanischen Reichs (2156) höher als die Beleidigung des Königs durch Genelun (die zudem ja ausgelöst wurde durch das – schon wortbrüchige – Verhalten des Marsilie).

2155 Wörtlich: ›bei geltender Absprache‹, die dem Boten Sicherheit gewährt.

2176 Diese schon in der Kchr. (5861, 16451) und öfter im RL (2851, 3092, 6131, 7218, 7522) auftretende Formulierung ist mehrdeutig, da man *hêrren* oder *hêren* lesen kann (auch wenn P immer *herren* schreibt). Bartsch folgt hier A *thie fursten unde thie herren* und schreibt in den übrigen Fällen immer *hêren* (dagegen Wesle, 1925, S. 109 f.).

2194 Auch hier ist die Rede von ›zwölf‹ Ratgebern, während nur neun Namen genannt werden.

2198 *Algaphiles* entstellt aus afrz. *algalifes* ›Kalif‹, von Konrad als Eigenname aufgefaßt.

2205 Grimm und Bartsch lesen zwei Verse mit dem Reim *Genelûnen* : *gewinne*. Das aber hat einen Verstoß gegen die frühmhd. Reimtechnik zur Folge. Die andere denkbare Trennung *in-*

nern : gewinne, die reimtechnisch auch bedenklich, aber nicht unmöglich wäre, verbietet sich angesichts des im RL in dieser Form unüblichen Enjambements. – Ungewöhnlich ist die Formulierung *ze einem innern vriunde.* Die Bedeutung kann hier nur ›zum engsten Kreis gehörig‹ sein.

2213 f. Vgl. Kchr. 12952. Solche großzügigen Angebote gehören zum höfischen Zeremoniell und sind nicht unbedingt wörtlich gemeint.

2246–2248 Der Unsagbarkeitstopos hat wieder ein biblisches Vorbild (Joh. 21,15) und Parallelen in der zeitgenössischen Literatur (vgl. Richter).

2251–2253 Zum göttlichen Bekehrungsauftrag an den vorbildlichen Herrscher vgl. Mager (1964) S. 242, die auf das entsprechende Gebet in einer Krönungsliturgie verweist.

2290–2299 Richter sieht hinter dieser Aussage die verbreitete Allegorie des *lectulum Salomonis* aufscheinen (Hld. 3,7 f.). Als Beweis führt er die – an anderer Stelle stehende! – Zeichnung des auf einem Bett schlafenden Kaisers an. Ich kann so weitreichenden allegorischen Deutungen nicht folgen.

2311–2313 Vgl. Kchr. 7654 f. und 12953 ff.

2339 Zum Motiv des ›untreuen Ratgebers‹ vgl. Kraemer (1941).

2346 f. Konrad »bietet hier die mhd. Version eines häufiger belegten biblischen Bildes für die Nichtigkeit der Heidenschaft vor Gott, die *rapietur sicut pulvis montium a facie venti*, Is. 17,13« (Richter, mit weiteren Belegen).

2351 f. Karl »wird hier etwa Moses entsprechend dargestellt, dessen Gebete dem Volke Israel jeweils den Sieg bringen, vgl. Ex. 17,11 ff.: Solange Moses die Arme erhebt, siegt Israel gegen die Amalekiter« (Richter, mit weiteren Parallelen).

2365 f. Vgl. 1979. Auch wenn es nicht deutlich gesagt wird, heißt das wohl, daß auch Genelun beim Götzen Apollo schwört. Er »wird auf diese Weise zu mehr als einem bloßen Verräter und Feind Rolands: K. macht ihn zu einem Abtrünnigen und Verräter auch am christlichen Glauben« (Richter nach Fliegner, 1937, S. 58 f.). In ChdR läßt der König den Koran bringen, auf den die Heiden schwören, während Ganelon seinen Eid bei den Reliquien in seinem Schwert *Murgleis* (= *Mulagir*) ablegt.

2370 Bemerkenswert, daß hier wieder allein Roland es ist, gegen den die Verschwörung sich richtet.

2374 Vorausdeutung.

2381 Die Bedeutung von mhd. *mort* (vgl. 6097, 7340, 8784) darf nicht mit dem strafrechtlichen Tatbestand des Bürgerlichen Gesetzbuches gleichgesetzt, sondern muß im Sinne von ›Gemetzel‹, ›Missetat‹ (vgl. Werner Schröder, »*mort* und *riterschaft* bei Wolfram. Zu Willehalm 10,18–20«, in: Fs. E. Stutz, Wien 1984, S. 398–407) verstanden werden. Anders Ruth Schmidt-Wiegand, »*Mord* und *Totschlag* in der älteren deutschen Rechtssprache«, in: »Forschungen zur Rechtsarchäologie und rechtlichen Volkskunde« 10 (1989) S. 47–84 und Canisius-Loppnow (1992) S. 211 ff.

2383 f. Hinweis auf den ›Psalm Davids‹ 108: *Contra inimicos iniustos et perfidos*, der in der exegetischen Tradition im Anschluß an Apg. 1,16 auch mit Judas in Verbindung gebracht wird (dazu Richter).

2385 Vermischung von Ps. 108,3: *Locuti sunt adversum me lingua dolosa* mit Ps. 139,4 *acuerunt linguam suam*.

2387 Ps. 108,5: *Et posuerunt adversus me mala pro bonis et odium pro dilectione mea*. Die Lesart von A *wider gote*, die Wesle in den Text gesetzt hat, ergibt keinen Sinn (Bartsch: »gegen Gottes Willen«).

2388 Richter läßt ab hier wieder den Erzähler sprechen. Ich ziehe es vor, das freie Psalmenzitat bis 2399 weiterlaufen zu lassen.

2389 f. Ps. 108,8: *Fiant dies eius pauci, et episcopatum eius accipiat alter.* »Sinngemäß ersetzt K. *episcopatum* durch *richtuom*, das ja sowohl Genelons Besitz wie seine Macht und seinen Rang am Kaiserhofe meint« (Richter).

2391 Ps. 108,9: *Fiant filii eius orfani.*

2392 Ps. 108,10: *Nutantes transferantur filii eius et mendicent, et eiiciantur de habitationibus suis.*

2393 Ps. 108,9: *et uxor eius vidua.*

2394–2399 Ps. 108,6 f.: *Constitue super eum peccatorem, et diabolus stet a dextris eius. Cum iudicatur, exeat condemnatus, et oratio eius fiat in peccatum.* Die Deutung auf das Jüngste Gericht ist der exegetischen Tradition geläufig (Richter).

2395 f. Vgl. Kchr. 9800 f.

2399 Offb. 21,8: *pars illorum erit in stagno ardenti igne et sulphure.*

2401 f. Vgl. 5479 f. und 6929 f. Die zwei Reiche beziehen sich auf das irdische Reich der Christen und das der Heiden (wie 6929), können aber auch in einem umfassenderen Sinn Christentum und Heidenschaft meinen, die man freilich nicht einfach mit *civitas Dei* und *civitas diaboli* identifizieren kann, wie dies u. a. Richter tut. (Zu diesem Problem vgl. u. a. Ohly, 1940, S. 189 f.; Nellmann, 1963, S. 168 f.). – Richter, der nicht müde wird, die teuflische List der Heiden zu akzentuieren, glaubt feststellen zu können: »Genelon verriet die Heidenschaft, da auch sie zu Taufe und also zum Übertritt zur Christenheit bereit war.« Vorsichtiger hatte Nellmann (1963) S. 168 formuliert: »Genelun habe das Martyrium vieler Mitchristen verschuldet (2403), und das in einem Augenblick, in dem die Heiden für den Glauben hätten gewonnen werden können«, freilich mit der mißverständlichen Begründung: »da sie *der touphe willich wâren* (2408)«. Das aber meint die Bedingung – ›wenn sie die Taufe annehmen wollten‹ –, unter der der Kaiser zu Aussöhnung und Frieden bereit ist.

2411 Es ist schwer vorstellbar, daß Konrad ad hoc das sonst nicht belegte Wort *pinrât* als sprichwörtlich erklärt. Es muß hier wohl eine – bislang nicht aufgedeckte – Assoziation im Spiel sein, die ihn zu dieser Bemerkung veranlassen konnte. Möglicherweise liegt die Verbindung mit *pîn* ›Strafe‹, ›Qual‹, ›Pein‹ zugrunde. Die unterschiedliche Quantität des Stammsilbenvokals stünde dem nicht entgegen, wie sich an vielen Beispielen ma. ›Etymologisierens‹ zeigen ließe. Dem Stricker freilich hat das (oder ein ähnliches) Wortspiel nicht eingeleuchtet; er läßt die Verse weg.

2422 Bartsch: »damit er an euch keine Ansprüche erheben könne: damit er nicht sagen kann, ihr seiet auf seine Forderungen nicht eingegangen«.

2447 Die ›Einmütigkeit‹ der Zwölf wird immer wieder betont (141, 226, 3582, 4739, 6585 u. ö.) und hier von Genelun als Schwäche mißverstanden, die auszunützen sei.

2459 f. Vgl. Kchr. 1305 f. und 4679.

2467 *spê* : *geschê* kontrahiert aus *spehe* : *geschehe*.

2480 *an der stunt* steht hier nur um des Reims willen und braucht nicht übersetzt zu werden.

2491–2496 Solche Aufzählungen erfolgen auch in anderen Texten und ähneln sich in Detail und Formulierung, vgl. Kchr. 13008 bis 13012. Weitere Belege bei Richter.

2496 Inbegriff des Reichtums, vgl. Lk. 16,19: *Homo quidam erat dives et induebatur purpura et bysso.*

2512 Ich bleibe bei der Lesart von P und interpretiere *geladen* nicht als Partizip prät. (so Bartsch und Wesle), sondern als Infinitiv.

2516 So spricht Christus über den Verräter Mt. 26,24: *vae autem homini illi, per quem Filius hominis traditur! bonum erat ei, si natus non fuisset homo ille* (ebenso Mk. 14,21).

2521 ff. Wieder die Geschichte eines Schwerts, die in den erhaltenen Versionen der ChdR nicht vorkommt.

2561 Oder: ›Genelun nahm ihn (sc. den Helm) entgegen‹.

2569–2584 In PA ist von einem Helden *Brachmunt* (*Brahmunt*) die

Rede. In den entsprechenden Versen von ChdR 634–641 tritt jedoch die Königin Bramimunde auf und schenkt Genelon zwei Goldspangen für seine Frau. Schon W. Grimm hatte bemerkt: »Ein heidnischer Held *Brachmunt* kommt sonst nicht vor; bei Stricker fehlt diese Stelle ganz. Allein es ist, obgleich die Hss. AP übereinstimmen, zu lesen *Brachmunde, diu kust in*, und Marsilies Gemahlin ist gemeint, für welche auch das Geschenk eines weiblichen Schmucks angemessen ist.« Dagegen Bartsch und Golther (1887) S. 12, die bei der Überlieferung bleiben. Ihnen hat sich auch Wesle angeschlossen. Ich habe hier den einzigen größeren Eingriff in die Überlieferung gewagt, weil mir die ganze Passage im überlieferten Wortlaut auch ohne Rücksicht auf die ChdR zweifelhaft erscheint. Die Umdeutung auf einen männlichen Protagonisten lag für jeden halbwegs aufmerksamen Schreiber näher als für Konrad, der den frz. Text nicht mißverstanden haben kann, wenn so deutlich von der ›Königin‹ (*reine*) gesprochen wird. Deshalb vermutete Richter, daß Konrad »bewußt« geändert habe, um »im Hinblick auf das spätere Kampfgeschehen des RL eine gewaltige heidnische Front gegen Roland und die christlichen Heere der 12 Pairs zu formieren. Aus der Heidenkönigin Bramimunde [. . .] macht er zu dem Zweck den Heidenfürsten Brachmunt, der sich wie schon seine Vorgänger Ualdebrun (2517 ff.) und Oliboris (2543 ff.) mittels seiner Geschenke mit Genelon speziell gegen Roland verschwört.« Wenn der Text so eindeutig wäre, hätte der Stricker den ›Heiden *Brachmunt*‹ nicht übergangen.

2569 f. Zum Reim vgl. 7403 f.

2577 ChdR 635: *Jo vos aim mult.*

2579 Das unheldische Wort *tœten* kommt im RL nur noch einmal in neutralem Kontext vor. Der Heide Cernubiles will Roland in Fesseln vor Marsilie bringen, der dann nach Gutdünken mit ihm verfahren solle: *swie du in haizest tœten oder mit wîzen nœten* . . . Hier wie dort ist die Bedeutung ›töten lassen‹, ›hinrichten‹ – wobei nicht mehr an Kampf gedacht ist. Wenn Bartsch bemerkt: »aus diesem Verse ist ersichtlich, daß in der That Konrad *Brahmunt* als Mann betrachtet«, so nimmt er weder Rücksicht auf die besondere Wortwahl noch auf die Tatsache, daß Konrad die Heiden als besonders grausam darstellen will. Dazu paßt durchaus die – man denke an Kriemhild – der Zeit ja nicht ganz fremde Vorstellung, daß eine Frau zur Scharfrichterin wird.

2582 Merkwürdig ist die Antwort Geneluns, und zwar nicht, weil nach Bartsch auch sie nur an einen Mann gerichtet sein könne, sondern weil die Verschwörung sich doch in erster Linie gegen Roland richtet und hier plötzlich der Tod aller gewünscht wird.

2585 f. Vgl. Kchr. 5155 f., 8384 f. und 10463 f.

2596 ff. Der folgende Katalog stammt offenbar nicht aus der frz. Vorlage, sondern ist Zutat Konrads. Er mag angeregt sein von einem ähnlichen Katalog in Kchr. 7292–7355 (Denecke, 1930, S. 83 f.). Richter macht auf einschlägige Schriftstellen (Ps. 2,2 u. a.) und darauf aufmerksam, daß Konrad zweiundzwanzig Könige bzw. deren Reiche nennt. »Und aus *22 regna* besteht nun auch die Heidenschaft, die sich nach der im Ma. verbreiteten Schrift Adsos über den Antichristen in der Endzeit zum Entscheidungskampf gegen die Christen erhebt.«

2597 Alrich aus Kchr. 7293 (7399, 7421) *Alarîcus* (*Alrîch*)? Vgl. Denecke (1930) S. 83 f.

2603 Bartsch: »*Von Ulter Ilmâr*, beim Stricker 3080 *Von Ultor der künc Limâr*; ohne Zweifel durch Missverständniss des franz. Ausdruckes *d'ultre la(li)mar*; und danach wird auch für Konrad der Name *Limâr* der richtige sein«.

2606 *horn* wird gelegentlich als Teil (oder Material) der Rüstung genannt. Schultz II (1889) S. 30 bringt Belege dafür, »dass man in jener Zeit Panzer trug, die mit Hornschuppen benäht waren«.

2611 Belege für *hornbogen* bei Richter. Die Bögen waren in der Regel aus elastischem Holz geschnitzt. Um ihnen »eine noch grössere Federkraft zu geben, belegte man das Holz mit einer bald dünneren bald dickeren Schicht von Horn und umwand das Ganze mit Rindersehnen« (Schultz II, 1889, S. 200).

2613 *Calaria* aus Kchr. 7324 *Kalâbriâ* (Denecke, 1930, S. 83 f.)?

2618 Die Aufzählung der Heidenmacht wird unterbrochen durch eine Reihe von Vorausdeutungen auf deren schlimmes Ende (2626, 2630, 2636, 2654, 2658).

2622 Die Konjektur *hurnîne] horn unde* von Bartsch hat große Wahrscheinlichkeit für sich, da hier ausschließlich von den Waffen die Rede ist.

2635 *buckelære* ist abgeleitet vom Schildbuckel, der Erhöhung in der Mitte des Schildes (Schultz II, 1889, S. 85 f.).

2637 *Phile* nach Kchr. 7327 *Pulle* (Denecke, 1930, S. 83 f.)?

2646 *galîne* sind Ruderschiffe (Schultz II, 1889, S. 321). Man erwartet hier allerdings den Dativ: ›Sie kamen auf den Schiffen an‹.

2647 »Der Atigêr (afrz. *atgier* resp. *algier*) ist wahrscheinlich eine orientalische Abart des gewöhnlichen Gêrs« (Schultz II, 1889, S. 206 f.), also des ›Wurfspießes‹.

2649 *Alerîe* nach Kchr. 7293 *Alarîcus* (Denecke, 1930, S. 83 f.)?

2651 Die hier genannte Göttertrias bleibt Episode und tritt nicht in Konkurrenz mit den heidnischen Hauptgöttern Mahomet, Apollo, Tervigant. Auch hier mag eine Reminiszenz an die Kchr. mitgespielt haben, denn: »Der Name Mars steht Kchr. 3709, Saturnus 3731 und 174; Jovinus bedeutet natürlich Jupiter, es klingt an an *Jovi dem herren* Kchr. 3719, stimmt aber überein mit dem Jovinus 1166, 1183! Jovinus für Jupiter ist gänzlich ohne Parallele; es erklärt sich nur so, daß Konrad in der Erinnerung Jovi und Jovinus vermengte und das letzte in seinen Reim brachte« (Denecke, 1930, S. 83 nach E. Schröder, 1883, S. 78).

2655 Ist hier der König von *Vallefunde* (3522) gemeint? E. Schröder (1939) S. 300 vermutet einen Fehler in der gemeinsamen Vorlage von PAS und dem Stricker.

2656 Der Vergleich der Heiden mit Hunden ist nicht nur dem RL geläufig (Belege bei Richter). Er geht zurück auf Ps. 21,17 und Mt. 7,6. Der Hund gilt in dieser Tradition als unreines Tier. Ob die Anregung, von einem hundsköpfigen Heidenvolk zu sprechen, hierher rührt oder in den Zusammenhang der sagenhaften Orientfahrten (vgl. »Herzog Ernst«) mit den dabei begegnenden Fabelwesen gehört, muß offenbleiben. Richter erinnert an »altägyptische Darstellungen hundsköpfiger Gottheiten«.

2659 *Tûse* nach Kchr. 7344 *Tuskân* (Denecke, 1930, S. 83 f.)?

2660 *clûse* ist hier natürlich nicht als Klause mißzuverstehen, sondern als geographischer Begriff zu nehmen, wie er in Ortsnamen noch geläufig ist.

2667 *Lebere* erinnert an das *lebermer* im »Herzog Ernst« 3935, das auch in andern ma. Texten vorkommt.

2678 Möglicherweise war der Name schon in *PA verschrieben aus *Taberia*, vgl. Anm. zu 3734.

2679 Vgl. 3766.

2682–2696 Die Charakterisierung von *Zernubele/Cernubiles* und seinem Land wiederholt sich in 3759–3772.

2683 Vgl. 3771 f.: *die got selbe verfluochet hât, / des liutes en wirt niemer rât.*

2684 Vgl. 3770: *ez ist diu verfluochet erde.* »Gott verfluchte die Erde nach Adams Sündenfall; vgl. als Parallele Gen. 3,17: *maledicta terra*; 5,29: *terra, cui maledixit Dominus.* Nach der Sündflut hebt Gott Noah gegenüber diesen Fluch jedoch wieder auf, s. Gen. 8,21. Dementsprechend versteht man sie dann als eine auf die Taufe deutende Reinigungsflut [. . .]. Wie die Heiden keinen Anteil haben an der Taufe und der Erlösung, so hatten sie auch schon keinen Anteil an der Reinigung durch die Sündflut. Für ihre Gebiete bleibt also auch der Fluch Gottes weiterhin bestehen« (Richter).

2685 Vgl. 3768.

2686 Die Wörterbücher (BMZ III, 815 und Lexer I, 998) verzeichnen *gwunne* als Hapaxlegomenon und deuten das Wort als Nebenform zu *wunne.* Das gibt hier keinen Sinn (›der Nebel ist ihre Lust‹?). Bartsch erwog deshalb: »*gewunne* (zu *winnen*, kämpfen gehörig) kann auch sein: Kämpfer. Der Nebel kämpft mit der Sonne, läßt sie nicht durchdringen.« Ich lese *gewunne(n)* als Partizip prät.: ›Die Finsternis ist ihr (sc. der *erde*) gewonnen, bereitet.‹

2690 »Schlachtvieh sind Pferde zur Zeit des Heidentums gewesen; sowohl bei Opfern als zum Hausgebrauch; aber nach der Christianisierung hört der Genuss des Pferdefleisches auf, und es bedarf einer Hungersnot, um ihn auf kurze Zeit wieder aufleben zu lassen« (Moriz Heyne, »Das deutsche Nahrungswesen von den ältesten geschichtlichen Zeiten bis zum 16. Jahrhundert«, Leipzig 1901, S. 170 f.).

2691 Vgl. 3767.

2692 Vgl. 3769.

2693 Vgl. 3761.

2694 f. Vgl. 3764 f.

2738 Bartsch bezieht *er* auf Genelun.

2751 Leitzmann (1917/18) S. 44: »Das überlieferte *selbe selbe* könnte richtig sein.« Verweis auf Belege bei BMZ II,2, Sp. 247 b.

2771 ff. Die Vermittlerrolle des Naimes fehlt in der frz. Überlieferung.

2790 Vgl. Kchr. 185. Wörtlich: ›Er vermag dadurch um so mehr.‹

2796 ff. Das Mißtrauen Geneluns ist begründet, da die Zwölf davon abgeraten hatten, das Angebot des Marsilie anzunehmen.

2800 Die von Graff vorgeschlagene Ergänzung *die gebe und die gîsel* ist aus reimtechnischen Gründen zweifelhaft. Da sowohl der Stricker wie der Kompilator des »Karlmeinet« von *guot unde kint* sprechen, muß Konrad wohl eine ähnliche Formulierung gewählt haben.

2807 Gemeint ist: ›entsprechend meinem Vertrauen zu dir‹.

2830 Bartsch bezieht den Vers auf Genelun (›er tritt daher noch nicht offen vor dein Angesicht‹), Wesle auf Marsilie (etwa im Sinn der Übersetzung).

2836 Vgl. Kchr. 6149 und 6230, wo die gleiche Formulierung sich jeweils auf den himmlischen Lohn bezieht.

2861 Konrad nennt Karl hier zwar ›heiligen Kaiser‹, doch ist das nicht gleichwertig mit dem kirchlichen Heiligkeitsprädikat *sanctus* (vgl. Kartschoke, 1965, S. 158–163).

2882 f. Warum Genelun den Algafiles beschuldigt, der Mörder von Karls Boten zu sein, wird nicht begründet. Der Sinn ist natürlich, Marsilie dem Kaiser gegenüber zu entlasten.

2883 Vgl. 815 ff.

2898 Grimm wollte *mir* statt *iemir* lesen; Bartsch erwartete *thir*: »steht zu deiner Verfügung«.

2904 f. Der Akt der Belehnung (›Investitur‹) erfolgte durch Übergabe eines symbolischen Gegenstandes an den Lehnsträger. »Das weltliche Fürstentum wurde als Fahnenlehen verliehen, d. h. als Investitursymbol wurden eine oder mehrere Fahnen verwendet, die die Regalien und Lehen repräsentierten und das Recht der Weiterverleihung beinhalten konnten« (Karl-Heinz Spieß, in: HRG II, 1978, Sp. 1732. – Grundsätzlich: François Louis Ganshof, »Was ist das Lehnswesen?«, Darmstadt 1961 u. ö.). Genelun wird also die denkbar größte Auszeichnung in Aussicht gestellt.

2914 *wart* statt *wirt* ist als Attractio temporis zu verstehen.

2937 *den fremeden*, d. h. denen, die nicht Franzosen (*Karlinge*) sind (so Bartsch).

2942 *mergarten*, ›das meerumgürtete Land‹, ›die Erde‹ (vgl. Kchr. 501 und 6614 f.) ist ein altes Wort, das in jüngeren Texten in allgemeinen Wendungen wie ›nie oder nirgends auf Erden‹ Verwendung findet und nach dem RL nur noch sporadisch auftaucht.

2946 Vgl. Kchr. 9163.

2948 *ze huote*, ›als Hüter‹, ›Schutz‹, hier als ›Beschützer der Grenzmarke‹ (davon abgeleitet die Übersetzung).

2950 Vgl. Anm. zu 2904 f.

2965–2971 Die Verstörung des Kaisers wird in Worten dargestellt, die den Ps. 37,11–15 anklingen lassen (Endres, 1985, S. 82 f.).

2987–2989 Dreireim. Es ist nicht nötig, mit Grimm den Ausfall eines Verses nach 2987 (etwa *dâ mite si wurden bedaht*) anzunehmen (so Bartsch).

2995 Vgl. 3012 ff. Hinweis auf das Adelspublikum, für das die Nachdichtung der ChdR erfolgte.

2999 f. Vgl. 38–41. »Die Parallele läßt vermuten, daß *tougen* in 3000 die deutsche Entsprechung zu ›mysterium‹ im Sinne von Glaubensgeheimnis oder Heilsgeheimnis bzw. Heilstat ist« (Kern, 1971, S. 424).

3005 ff. Dieser Teil der Aegidiuslegende scheint über die Kchr. (15015 ff.) Eingang ins RL gefunden zu haben. »Als letztes Ereignis in ihrer Schilderung des Lebens Karls des Großen führt sie den Kaiser zu Aegidius in die Beichte. Karl beichtet alles bis auf eine Sünde, die er nicht über die Lippen bringt. Trotzdem aber verlangt er Absolution. Gott kommt dem Heiligen zu Hilfe: Er schickt ihm eine Urkunde, die dem Kaiser Ablaß auch von der ungebeichteten Sünde verspricht (vv. 15015–68). Dieses Motiv durchläuft von hier an die gesamte deutsche Karlstradition; Konrads *Rolandslied* (vv. 3005 ff.), Strickers *Karl den Großen* (vv. 3544 ff.), den *Karl Meinet* (vv. 320.55 ff.) – alle kennen es. Jedoch dürfen wir in diesem Motiv keine spezifisch deutsche Karlstradition erblicken. Die Anekdote gehört zu den frühesten Bestandteilen der Aegidiusvita, und bei der provenzalischen Lokalisierung dieses Heiligen ist eine deutsche Quelle für seine Vita höchst unwahrscheinlich« (Shaw, 1977, S. 132 f.). Die Aegidiuslegende war im 11. und 12. Jh. »im bayrischen Raum durchaus bekannt, wie die noch heute erhaltenen Legendare bezeugen« (Geith, 1977, S. 78). Es hat auch deutsche Bearbeitungen der Legende gegeben, jedenfalls sind Bruchstücke zweier deutscher Versionen (»Trierer Ägidius« und »Höxterer Fragmente« einer Ägidiusdichtung) erhalten. Im Zusammenhang mit der Heiligsprechung Karls des Großen scheint auch der Ägidiuskult in Deutschland aufgelebt zu sein (Geith, in: VL 1, 1978, Sp. 75 f.). Über die Art der Verfehlung Karls waren verschiedene legendarische Traditionen im Umlauf. Gemeinsam ist ihnen, daß es sich um eine ›Fleischessünde‹ handelt. In der – wohl älteren – Tradition wird Karl ein inzestuöses Verhältnis zu seiner Schwester angedichtet, aus dem Roland hervorgegangen sei; in einer entlastenden jüngeren Version hält ihn eine Frau über den Tod hinaus durch einen Zauberring gefesselt (Golther, 1887, S. 146). »Schwer zu sagen, warum die frühen Dichtungen von Karl und Roland über den dunklen Ursprung Rolands aus der Blutschande des Kaisers schweigen, dann im provenzalischen ›Ronsasvals‹ Karls Totenklage über Roland ihn berührt, das spanische Bruchstück ›Ronsesvalles‹ schon des 12. Jahrhunderts anscheinend darauf anspielt und erst die Karlamagnus Saga (um 1230–1250, auf älterer Überlieferung gründend) Karls Inzestschuld breit erzählt [. . .]. Während die Chanson de Roland keine Schuld des Kaisers kennt, bezeugt das Rolandslied neben Vertrautheit mit der Legendenszene von Karls Lossprechung durch Ägidius auch bei Karl ein starkes Schuldbewußtsein« (Ohly, 1974, S. 334). Vgl. auch Suzanne Martinet, »Le péché de Charlemagne, Gisèle, Roland et Ganelon«, in: Danielle Buschinger, André Crépin (Hrsg.), »Amour, mariage et transgres-

sions au moyen âge ...«, Göppingen 1984 (GAG 420), S. 9–16; Elisabeth Schmid, »Über Verwandtschaft und Blutverwandtschaft im Mittelalter«, in: »Acta Germanica« 13 (1980) S. 31–46.

3012 ff. Vgl. Anm. zu 2995.

3013–3016 Der Gedanke an die (immer erneut anzustrebende) Verbindung von *êre* und *gotes hulde* (*sælde*) wird die gesamte ›höfische‹ Literatur der folgenden Jahrzehnte durchziehen. Es ist von großem Interesse, daß die scheinbar einseitig auf die Erringung des Seelenheils ausgerichtete »Legende von Karl und Roland« (Fr. Ohly) diesen Gedanken latent enthält und das weltliche Ansehen (*êre*) nie aus dem Auge verliert – wie das von einer Dichtung für den Adel auch gar nicht anders zu erwarten ist.

3030 ff. Zu den Träumen zuletzt Geith (1989) mit allen einschlägigen Literaturangaben.

3031 *Porta Caesaris* stammt wohl aus Kchr. 14943 und steht für afrz. *porz de Sizer.* Gemeint ist ein Paß in den Pyrenäen.

3049 ff. Ohly (1974) S. 335 f. vergleicht Karls Gebet mit dem Davids 2. Sam. 24,17.

3055 Vielleicht abgeleitet von biblischen Formulierungen wie Jes. 30,1: *Vae filii desertores, dicit Dominus.* Zu ähnlich sündenbewußten Anrufungen Gottes durch David vgl. Backes.

3056 Wörtlich: ›Du hast mich sehr teuer erkauft‹.

3058 Henschel (1953) S. 487 f. liest den Reim *lîchenamen brœden : gnâden.* Hier weitere Überlegungen zur Form *lîchnâme* statt *lîchname*; dazu vgl. Mhd. Gr. § 465.

3064 f. »Die Art der Sünden bleibt verschwiegen. Der Pfaffe Konrad kennt den Kaiser aus der Ägidiuslegende als mit Schuld beladen. Ob er auch von Rolands Ursprung aus Karls Inzest weiß, bleibt im Dunkel« (Ohly, 1974, S. 335).

3083 Die folgende Lücke ist durch Verlust des inneren Doppelblatts einer Lage von ursprünglich vier Doppelblättern (Quaternio) entstanden. Wenn auf den fehlenden vier Seiten sich keine Illustration fand, ist mit einem Verlust von etwa 150 Versen zu rechnen (Wesle, 1928, S. XVI). Der Inhalt der Lücke läßt sich aus der Umarbeitung durch den Stricker 3649–3822 erschließen: Der Kaiser betet erneut, schläft wieder ein und träumt, er sei in Paris. Ein Leopard kommt aus Spanien gelaufen und greift ihn an, wird aber durch einen Rüden getötet. Wieder wacht der Kaiser auf und betet bis zum Morgengrauen. Am Morgen gibt Genelun Ratschläge für die Heimkehr. Naimes soll vorausziehen, die Flanken sollen Oigir und Richart decken und die Franzosen die Nachhut bilden. Roland

aber solle zurückbleiben. Allein sein Name werde die Heiden abschrecken:
Gegen dem himele er sach, / [3650] diz wort er weinende sprach: / got, lieber herre, ich bite dich, / daz du dich erbarmest über mich, / durch dîne hêren namen drî, / als liep sô dir dîn muoter sî, / [3655] diu reine maget hêre, / und durch Dâvîdes êre, / der hete verworht dîn rîche, / daz verkür du veterlîche. / du machetest in vil frô, / [3660] und bespranctest in dô, / zeime wâren urkünde, / und vergæbe im sîne sünde / und spræche mit dînem munde: / als ich nu manege stunde / [3665] eins man von herzen hân gegert, / reht alsô bin ich sîn gewert. / ine mac dir niht entrinnen, / ich wil wider zuo dir sinnen, / dir ist mîn dinc vil wol kunt. / [3670] nu wasch mich herre ander stunt / und mache mich wider niuwe, / daz mich mîn sünde riuwe, / daz ich dar an iht sterbe / und dîne genâde erwerbe. / [3675] **Z***er dritten stunt entslief er dô. / nu troumte im aber alsô, / wie er ze Pârîs wære / und deheiner fröude enbære, / wie die juncherren sungen, / [3680] wie si spilten unde sprungen, / wie si slüegen unde stæchen / und der sper vil zebræchen. / dô des der keiser warte, / dô quam ein liebarte / [3685] von Spanje geloufen dar. / der nam des keisers guote war / und wolte in erbizzen hân. / daz begunde got understân, / der sîn beschermære was. / [3690] dô quam von dem palas / ein rude starc unde grôz, / den liebarten er ane schôz / unt zeiget im sô starken haz, / daz er des keisers vergaz. / [3695] dô wurdens alle des enein, / si wolten schouwen an in zwein, / wederr den sige næme / und den andern überquæme. / dô vaht der liebart und der hunt / [3700] unverzaget unz an die stunt, / daz die fürsten wurden zwîvelhaft. / do erzeigte der rude sîne kraft: / den liebarten erbeiz er tôt. / Karl erwachte aber dur nôt / [3705] unt viel en kriuzestal der nider, / er weste wol dan was niht wider, / er müese kumber dulden. / ze sante Marîen hulden / ergap er sich vil sêre, / [3710] daz si im durch die êre, / die an ir magetuome sint, / wegende wære umbe ir kint. / er sprach: herre got ich weiz wol, / ezn mac nieman noch ensol / [3715] niht getuon wider dir. / dune sehest selbe ze mir, / sô bin ich leider umbehuot. / ezn ist dehein burc sô guot, / diu iemer künne gestân, / [3720] dune welless in dîner huote hân. / swaz ieman gemachen kan, / dun sîst selbe der zimberman, / daz muoz man gar verlorn hân. / dir enmac niht widerstân. / [3725] des enfliuhe ich niender wan ze dir / und bite dich herre daz du mir / in dînen gnâden alsô frumst, / so du in dîner fiwers flamme kumst, / daz ich dan nâch volgen müeze / [3730] dînem heilegen sange süeze / und genâde müeze*

vinden / mit andern dînen kinden. / Die troume tâten im sô wê, / daz er niht wolte slâfen mê / [3735] unde an sîme gebete lac, / unz in belûhte der tac. / dô was sîn her allez vrô / und wânden daz ez wære alsô, / als si Genelûnen hôrten sagen. / [3740] ê danne ez begunde tagen, / dô schuofens ir heimreise. / also fuogte sich diu freise, / der sich Genelûn vermaz. / er gehiez Marsîlien daz, / [3745] daz Karl wider heim rite / und des niht langer enbite / und lieze Ruolanden dâ. / diz geschach ouch iesâ: / des fröuten sich die heiden. / [3750] ez tet aber manegen scheiden / von sînen friunden dar nâch. / den ungetriulîchen schâch / begie ein kristen man, / daz er schatz der mite gewan. / [3755] des ist er durch reht verstôzen / ze Jûdas genôzen / ze dem êwiclîchen sêre. / die helle bûwet er iemer mêre. / den vil mortlîchen haz / [3760] begie Genelûn umbe daz, / daz er muose mîden sîn wîp. / sît er den êwigen lîp / vor dem zorne verkôs / und manegen werden man verlôs, / [3765] sô dunket mich wol dâ bî, / daz ez von gote niht ensî / diu liebe die man ze wîbe treit. / manegem ist sîn wîp leit, / mit der er gote dienen sol, / [3770] und lât im die gevallen wol, / die er muoz haben wider gote. / ez ist von natûre gebote / beidiu an wîben unde an mannen. / diu natûre sî verbannen, / [3775] diu daz reht alsô verkêret / und niwan unreht lêret. / Die fürsten begunden gâhen, / dô sî den tac ersâhen, / ze hove vil frœlîche. / [3780] si wâren fröuden rîche / allesamt gemeine, / âne Karlen alterseine. / swaz er fröude an in sach, / daz enmohte im sîn ungemach / [3785] niht gesenften deste baz. / im wâren di ougen allez naz. / dô sprach er Genelûne zuo: / wie rætestû nu daz ich tuo / und wes ist dir ze muote? / [3790] du hâst mir mîne huote / mit dînem râte benomen: / wie sol ich nû ze lande komen? / er sprach: ich hân sô sêre / geschaffet iwer êre, / [3795] ir muget ze lande kêren / ân angest wol mit êren. / der Beier herzog ist ein helt, / den hân ich dar zuo erwelt, / daz er vor iu rîten sol. / [3800] der kan iuch behüeten wol. / beidiu triwe und manheit / die hânt ir kraft an in geleit. / er ist in sîner jugende / ein meister maneger tugende. / [3805] der mac ze disen zîten / mit êren vor iu rîten. / so bewart iuch alsô starke / Oygier von Tenemarke: / der rîtet ziwer winstern hant. / [3810] iu ist sîn manheit wol bekant. / erst getriuwe und iu sô holt, / daz ir iuch an in wol lâzen solt. / anderhalp rîtet Rîchart, / von dem sît ir wol bewart. / [3815] er behüetet iuch ritterlîche. / sô lât die von Francrîche / ze iwerm rucke rîten, / und lât ze disen zîten / Ruolanden diss landes pflegen. / [3820] der ist des lîbes ein degen. / sîn nam ist alsô wol bekant, / swa er den heiden wirt genant / . . .

›Er sah zum Himmel auf [3650] und sprach folgendermaßen: Gott, lieber Herr, ich bitte Dich, Du mögest Dich über mich erbarmen im Namen Deiner erhabenen Dreifaltigkeit, so lieb Dir Deine Mutter ist, [3655] die reine, hohe Jungfrau, und um der Ehre Davids willen – der hatte Dein Reich verwirkt, und Du hast es väterlich verziehen. Du hast ihn hoch erfreut [3660] und gesegnet, ihn zu einem Zeugen der Wahrheit gemacht, ihm seine Sünde vergeben und gesprochen: Da ich lange [3665] einen Mann gesucht habe, habe ich ihn gefunden. Ich kann Dir nicht entrinnen, ich will meinerseits meine Gedanken auf Dich richten, Du kennst mich genau. [3670] Reinige mich, Herr, zum zweitenmal und mache mich neu, damit meine Sünde mich reut und ich an ihr nicht verderbe, sondern Deine Gnade erwerbe. [3675] Zum dritten Mal schlief er ein. Nun träumte er, daß er in Paris sei und alle Freuden genieße, daß die jungen Edelherren sängen, [3680] spielten und sprängen, schlügen und stächen und viele Lanzen zersplittern ließen. Als der Kaiser das alles vor sich sah, kam ein Leopard [3685] aus Spanien angelaufen. Der erkannte den Kaiser und wollte ihn zerfleischen. Das verhinderte Gott, der sein Schirmherr war. [3690] Aus dem Palas kam nämlich ein großer, starker Rüde gelaufen, stürzte sich auf den Leoparden und setzte ihm so zu, daß der den Kaiser vergaß. [3695] Alle waren sich einig, daß sie den beiden zusehen wollten, wer von ihnen siegreich sein und den andern überwinden werde. Da kämpften der Leopard und der Hund [3700] unerschrocken so lange, daß die Fürsten schwankend wurden. Nun aber zeigte der Rüde seine Kraft: er fügte dem Leoparden den tödlichen Biß zu. Karl schreckte abermals hoch [3705] und fiel mit ausgebreiteten Armen zum Gebet nieder, denn er hatte erkannt, es sei nichts zu machen, er werde Kummer erleiden müssen. Er ergab sich in die Gnade St. Mariä, [3710] damit sie ihm um der Ehre ihrer Jungfräulichkeit willen und im Namen ihres Sohnes helfen möge. Weiter sprach er: Herr Gott, ich weiß genau, daß niemand etwas [3715] gegen Deinen Willen tun soll oder kann. Wenn Du selbst nicht Deine Augen auf mich richtest, bin ich ohne jeden Schutz. Keine Burg ist so wehrhaft, daß sie standhalten könnte, [3720] wenn Du sie nicht beschützt. Was man auch errichten mag, wenn Du nicht selbst der Zimmermann bist, ist es gänzlich verloren. Nichts kann Dir Widerstand leisten. [3725] Deshalb fliehe ich nur zu Dir und bitte Dich, Herr, daß Du mir in Deiner Gnade so zu Hilfe kommest, daß ich, wenn Du in Deiner Feuersäule erscheinst, nachfolgen kann [3730] Deinem süßen, heiligen Gesang und Gnade finden möge mit Deinen andern Erwählten. Die Träume beunruhigten ihn so, daß er nicht mehr schlafen wollte [3735] und im Gebet lag, bis das Tageslicht auf ihn schien. Da war sein ganzes Heeresgefolge froh; sie glaubten, es solle so kommen, wie sie Genelun hatten sagen hören. [3740] Noch ehe der Tag heraufgezogen war, bereiteten sie die Heimfahrt vor. So kam es zu dem Frevel, dessen Genelun sich rühmte. Er hatte Marsilien versprochen, [3745] daß Karl nach Hause zurückkehren, nicht länger zögern und Roland zurücklassen werde. Dies geschah nun auch; die Heiden freuten sich darüber. [3750] Das bedeutete für viele, von ihren Freunden Abschied zu nehmen. Diesen räuberischen Verrat beging ein Christ, um dadurch Schätze zu gewinnen. [3755] Deshalb ist er zu Recht verdammt zu den Gefährten des Judas im ewigen Weh. Die Hölle bewohnt er für alle Ewigkeit. Die frevelhafte Untat [3760] beging Genelun nur deshalb, weil er sich von seiner Frau trennen mußte. Da er die ewige Seligkeit aus Wut preisgab und viele edle Männer dem Verderben preisgab, [3765] so ziehe ich den Schluß daraus, daß die Frauenliebe nicht von Gott kommt. Mehr als einer meidet seine Frau, mit der er Gott dienen sollte, [3770] und verliebt sich in eine andere, die er wider Gottes Willen besitzt. Das geschieht durch die Gewalt der Natur bei Frauen so gut wie bei Männern. Die Natur sei verflucht, [3775] die die Ordnung so verkehrt und nur Unordnung schafft. Die Fürsten eilten, als sie den Tag heraufziehen sahen, fröhlich zum Hof. [3780] Sie waren von Freude erfüllt alle miteinander, nur der Kaiser war es nicht. Die Freude, die er bei ihnen sah, konnte den Kummer [3785] nicht von ihm nehmen. Seine Augen waren naß. Da wandte er sich an Genelun: Zu was rätst du mir da und was hast du im Sinn? [3790] Du hast mir meinen Schutz mit deinem Rat genommen. Wie soll ich jetzt nach Hause zurückkehren? Jener antwortete: Ich habe ganz und gar nur nach Eurer Ehre gehandelt, [3795] Ihr könnt ohne Bedenken und ehrenvoll heimkehren. Der Herzog von Baiern ist ein Held; ihn habe ich dazu ausgewählt, daß er Euch voranziehen soll. [3800] Der kann Euch Schutz gewähren. Treue und Tapferkeit haben ihre Kraft in ihm versammelt. Er ist bei all seiner Jugend im Vollbesitz vieler Fähigkeiten. [3805] Er kann nun also ehrenvoll Euch vorausreiten. Weiterhin wird Euch der starke Oygier von Dänemark schützen. Er wird Euch zur Linken reiten. [3810] Ihr kennt seine Tapferkeit. Er ist treu und Euch so ergeben, daß Ihr Euch auf ihn verlassen könnt. Auf der anderen Seite wird Richart reiten, von dem Ihr allen Schutz haben werdet. [3815] Er wird Euch ritterlich behüten.

Schließlich laßt die aus Frankreich Eure Nachhut bilden und laßt in der Zwischenzeit Roland dieses Land verwalten. [3820] Er ist ein starker Kämpfer. Sein Name ist so weithin bekannt, daß, wenn die Heiden ihn nennen hören . . .‹
Von besonderem Interesse wäre es, ob den Versen 3759–3776 entsprechende Formulierungen Konrads zugrunde lagen oder ob der Stricker in eigener Verantwortung erweitert hat. Die Verurteilung Geneluns wird hier um ein neues Argument bereichert: Die Eheliebe des Verräters wird auf eine Stufe gestellt mit der außerehelichen Liebe und als Fleischeslust verdammt.

3101 Vgl. 5345, 6102.

3103 Die Frage des Kaisers impliziert den Bruch der Vasallentreue und nicht den »Gottesfrevel«, der nach Meinung mancher Interpreten allein die Schuld Geneluns ausmacht (vgl. Fliegner, 1937, S. 61). »Der Herr nämlich hat sich seinem Mann gegenüber nichts zuschulden kommen lassen, wie die Szenen vor Geneluns Abschied illustrieren, in denen der Dichter ungewöhnlich breit – in Zusätzen zur ›Chanson‹ – Karls Fürsorge für den aufbrechenden Boten schildert. Ausdrücklich hatte Karl dort den Abschiednehmenden seines herrscherlichen Schutzes versichert (vv. 1527 ff.). Nur wenn der Herr seiner Schutzpflicht gegenüber dem Mann nicht nachkommt, hat dieser das Recht, ihm die Treue aufzusagen« (Ott-Meimberg, 1980, S. 203).

3108 Die Unversöhnlichkeit widerspricht dem geistlichen Ideal, das der Kaiser in jeder Phase seines Handelns darstellt.

3125 Vgl. Mt. 25,34; Mk. 12,36; Eph. 1,20.

3126 Eph.: 2,19 *Ergo iam non estis hospites et advenae, sed estis cives sanctorum et domestici Dei.*

3128 f. Vgl. Offb: 2,10: *Esto fidelis usque ad mortem, et dabo tibi coronam vitae.*

3142 D. h. ohne meinem Ansehen zu schaden. Das – zumal von Königen – gegebene Wort ist unverbrüchlich, wenn auch das Schlimmste daraus folgt.

3138 f. Eigentlich hatte der Kaiser auf alle Tributzahlungen des Marsilie bereits verzichtet. Hier nun nimmt er sie doch an.

3150 Wenn ›krönen‹ hier nicht metaphorisch gebraucht ist, wäre daran zu erinnern, daß Roland in ChdR 4227 *rois d'Espeigne* genannt wird (Graff).

3163 Hier liegt offensichtlich eine alte Rechtsformel vor, die ich jedoch nicht nachweisen kann. Eine sehr späte, aber immerhin ähnliche Formulierung findet sich in der »Tiroler Landordnung« VIII,

Tit. 58: *ob ich [...] meine urfechd [...] nit halten wurde, [...] soll zu mir gericht werden, als zu ainem trewlosen, [...] und vor dem soll mich nit befriden, freien, fristen noch schirmen kain gnadt* (»Deutsches Rechtswörterbuch« III, Sp. 955 f.).

3166 Der Vers scheint nicht vollständig zu sein. Grimm konjizierte *manegen veigen* (dagegen Bartsch).

3179 Vgl. 2963. Wörtlich: ›wenn es (für ihn) zum Kampf kommt‹.

3182 Das anaphorische *wânu* muß nicht unbedingt elliptische Fragesätze einleiten, wie Bartsch und Wesle interpretiert haben, denen ich hier folge. Es könnte sich auch um Ausrufe handeln im Sinne von: »Auf denn ...«

3197 Bartsch und Wesle strichen *wolten* und lasen aus reimtechnischen Gründen *geswichen* (Wesle, 1925, S. 107).

3230 f. Entweder ein elliptischer Satz oder Apposition zu 3225 f. Wahrscheinlich ist die Überlieferung defekt, denn A liest (bei Scherz in einem Vers): *Thaz lieue in sio ther uater uon sineme lieuen sun.* Auch wenn sich *in sio* einleuchtend als Verschreibung aus *ingeside* erklären läßt, bleibt doch die Unsicherheit des Schreibers ein Warnsignal.

3259 ff. Zur »Legendarisierung der Geschichte von Karl und Roland« vgl. Ohly (1987) S. 134 f. mit weiterführenden Literaturangaben. Ähnliche Aussagen folgen in den Versen 3426 ff., 3948 ff., 7598 ff., 8686 und 8670 ff.

3259 Vom ›Buch des Lebens‹ sprechen verschiedene Schriftstellen wie Phil. 4,3; Offb. 3,5; 20,12.15; 21,27; 22,19. Konrads Formulierung geht auf Ps. 68,29: *deleantur de libro viventium*, zurück und ist so, wie die Hss. sie überliefern: *mit (an) den lebendigen buochen* (3239 PA, 3266 PA, 6162 P), offensichtlich falsch. Es muß hier der Singular *buoche* stehen, wie ihn E 3266 hat und wie in P die Wiedergabe von *in libro vitae* durch *an des êwigen lîbes buoche* (6516) lautet. Im »Windberger Psalter« wird Ps. 68,29: *deleantur de libro viventium*, übrigens mit der deutschen Glosse *Uertilget werden si uone buoche dere lebenten* versehen. Man muß also hier und an den anderen genannten Stellen lesen: *mit (an) der* (oder *dem*) *lebentigen buoche.* In jedem Fall ist *lebentigen* nicht Dativ Singular, sondern Genitiv Plural.

3266 Vgl. Anm. zu 3259.

3267 ff. Wieder stimmt die behauptete Zwölfzahl (3193) nicht mit der Zahl der genannten Namen (mit Roland sind es vierzehn) überein.

3274 Vielleicht ist *mit in* aus dem folgenden Vers eingedrungen und zu streichen, also zu lesen *Ruolant unt die sîn* wie 4167, 4421 u. ö.

3278 Fliegner (1937) S. 69 Anm. 181: »Konrad wird dabei an das ›*pretiosa est in conspectu Domini mors sanctorum eius*‹ aus den Responsorien des Martyreroffiziums (Gregor M. P. L. 78,809) gedacht haben.«

3279 ff. Auffällig ist die Schilderung der prächtigen Rüstung Rolands, die der Weltverachtung der *milites Dei* entgegensteht. In den jüngeren Versionen der ChdR gibt es ähnliche Passagen. Konrad mag hier also seiner Vorlage gefolgt sein.

3281 Wesles Konjektur ⟨*in*⟩ *ain liechten roch uesten* scheint mir sowohl gegen den Sprachgebrauch wie gegen die Überlieferung (E hat *Bit*, ›mit‹) zu verstoßen.

3285 Der Drache als Wappenzeichen Rolands erscheint nicht in der ChdR. Er ist aber das traditionelle Heerzeichen der Angelsachsen. Man hat deshalb daran gedacht, »daß der Pfaffe Konrad mit der Einführung dieses Wappenzeichens auf die englische Verbindung seines Herrn hinweisen wollte, der im Jahre 1168 die Tochter Heinrichs II. geheiratet hatte« (Röhr, 1940, S. 28; zustimmend Keller, 1978, S. 145 f.).

3287 *func* hier Adjektiv.

3296 *lîsten* ›Helmspangen‹ sind rippenartige Verstärkungen des Helmblechs.

3297 ff. Zu derartigen Inschriften an Schwertern vgl. Bumke (1986) S. 220 f.

3301 ff. Die Schwertbeschreibung ist deshalb besonders bemerkenswert, weil sie wie eine Explikation des Namens wirkt. Offensichtlich leitet Konrad *Durendart* von lat. *durus*, ›hart‹, ›stark‹, ›gefährlich‹ ab. Vgl. Anm. zu 884. Minis (1965) S. 86 vergleicht die Namensetymologie mit jener von *Durenda* im »Pseudo-Turpin« und hält einen direkten Zusammenhang für möglich.

3302 f. Minis (1965) S. 86 vergleicht »Pseudo-Turpin«, cap. 25: *Qui te fabricavit, nec ante nec post consimilem fecit.*

3317 Warum hier – wie in 656 – die ›Kieselsteine‹ Erwähnung finden, ist mir nicht recht erklärlich. In Strickers Karl taucht die Helmbezeichnung *flinshuot* (9459 und 10292) auf, was wohl metaphorisch als ›kieselharter Helm‹ aufzufassen ist. An beiden Stellen gehen die Hss. stark auseinander und bieten eine Reihe von Ersatzwörtern und -wendungen, die erkennen lassen, daß schon im MA Unsicherheit über die Bedeutung bestand.

3332 f. Vgl. Anm. zu 248.

3355 Wörtlich: ›Von Volk zu Volk‹, ›aus allen Völkern‹ o. ä.

3361–3368 1. Petr. 5,5: *quia Deus superbis resistit, humilibus autem dat gratiam* (vgl. Jak. 4,6 f.).

3398 Die Eucharistie, vgl. Mt. 26,26 *hoc est corpus meum* (Mk. 14,22; Lk. 22,19; 1. Kor. 11,29).

3406 Jer. 29,23: *Ego sum iudex et testis, dicit Dominus* (vgl. 1. Kor. 1,23; Phil. 1,8; Offb. 1,5).

3418 Das *christenlîche leben* bezieht sich auf die schon mehrfach angesprochenen und hier erneut aufgezählten ›Tugenden‹ (oder ›guten Werke‹) in der quasimonastischen Gemeinschaft der *milites Dei*, wie sie etwa im Templerorden historische Wirklichkeit war.

3424 Lk. 24,32: *Nonne cor nostrum ardens erat in nobis, dum loqueretur in via.*

3434 Ein schwer wiederzugebender Vers, der auch allgemeiner ›mit aller guten Gesinnung‹, ›mit aller christlichen Tugend‹ etc. heißen könnte.

3437 f. Ist damit gemeint, daß die Kreuzritter wie Ordensbrüder die Eucharistie in beiderlei Gestalt empfangen?

3439 Oder: ›als Vorbereitung für‹ (Bartsch).

3442 f. Vgl. 7746 f. Der Vergleich mit der Freude von Hochzeitsgästen geht wieder auf biblische Vorstellungen (Mt. 22,2 ff.; Lk. 14,16 ff.) und Formulierungen zurück: Offb. 19,9: *Beati qui ad cenam nuptiarum agni vocati sunt.*

3449 Vgl. Anm. zu 64.

3450 ff. Dazu ausführlicher Backes, S. 71–74.

3455–3458 Ps. 132,1 und 3: *Ecce quam bonum et quam iucundum, habitare fratres in unum [. . .] Quoniam illic mandavit Dominus benedictionem et vitam usque in saeculum.*

3459 Vgl. Eph. 4,3 ff. Dazu vgl. Fliegner (1937) S. 56 mit dem Hinweis auf die Märtyrerliturgie und Ohly (1987) S. 98 f.

3475–3477 Bartsch und Wesle faßten die drei Verse als einen zusammengehörigen Satz auf. 3478 ist bei Bartsch ein selbständiger Satz, bei Wesle durch Komma von 3479 getrennt.

3481 f. Mt. 12,30: *Qui non est mecum, contra me est* (vgl. Lk. 11,23).

3483–3485 Vgl. die Prologverse 1–3.

3489 Der Plural kann sowohl ›das Buch‹ wie auch eine Mehrzahl von ›Büchern‹ als Quellen Konrads bezeichnen. Ähnliches findet sich bei Heinrich von Veldeke, »Eneasroman« 177 (vgl. Kartschoke, 1986, z. St.).

3506 Lk. 1,52: *Deposuit potentes de sede et exaltavit humiles.*

3507 f. Ein entsprechendes Herrenwort findet sich bei Johannes nicht.

3509–3511 Vgl. zu 3506. Mager (1964) S. 227 erinnert an das Bild der Jakobsleiter (Gen. 28,12), wie es in Kap. 7 der »Benediktinerregel« über die Demut gebraucht werde.

3514 *bî dem halse* scheint eine alte Rechtsformel zu sein. Die Inbesitznahme von Hörigen (oder Tieren) konnte durch entsprechende Gesten, etwa den Schlag auf den Hals, erfolgen (J. Grimm, »Deutsche Rechtsalterthümer«, Bd. 1, [4]1899, S. 477). Entsprechend sprach man von »halseigen« (ebd., S. 433) oder im Gegenteil von »Freihals« (ebd., S. 392).

3517 Oder: ›daß sie sie schützten‹.

3522 f. Nach Bartsch handelt es sich um allegorische Namen: »*Vallefunde*, vallis fundi, Thal des Bodens, Erdenthal, *Salveterre*, Land des Heiles«. Dagegen Golther (1887) S. 126: »es dünkt mich doch seltsam, dass die *heiden* vom erdental (vallis fundi) zum lande des heils (salva terra) streben. die heiden sind im anmarsch gegen die Franzosen begriffen. Valfunde heißt Blancandrins schloss [. . .], hier wol allgemeiner das Land der heiden d. i. Spanien; Salveterre aber ist Frankreich [. . .]. ich glaube demnach hier keine allegorie annehmen zu dürfen. die worte besagen, die Götter mögen die heiden vom heidenlande, von Spanien ins Christenland, nach Frankreich geleiten.« Warum aber *gesunde*? Üblicherweise bittet man um die gesunde Heimkehr. Gegen die allegorische Deutung hat sich auch Graff ausgesprochen. Minis (1947b) S. 67 leitet *salve terre* über die lateinische Zwischenstufe aus *(La) tere certeine* her, das in ChdR 856 auftaucht, aber keinen rechten Sinn zu ergeben scheint (vgl. Segre I, 1989, S. 136 z. St.). Ich glaube, daß Bartsch richtig gesehen hat. Golthers Einwand trägt nicht, weil Konrad sich durchgehend um die symmetrische Darstellung von Christen und Heiden bemüht. Warum also nicht annehmen, daß er – durch welches Mißverständnis immer angeregt – Salve Terre als Entsprechung zum christlichen Himmelreich aufgefaßt hat?

3536–3539 Vgl. den Schrecken, den Roland 313 ff. verbreitet.

3541 Dem so bedeutungsvoll erscheinenden *stap* entspricht in ChdR 861 der Stock, mit dem der Neffe des Marsilie ein Maultier antreibt. Welche Funktion Konrad ihm zugedacht hat, bleibt unklar.

3545–3551 Diesen Witz möchte man einem französischen Redaktor eher zutrauen als dem deutschen Pfaffen Konrad. Es liegt darin ein sehr moderner Zug perspektivierenden Erzählens, wenn von der begrenzten und zu diesem Mißverständnis führenden Wahrnehmung der Heiden die Rede ist.

3573 Später sind es ›zwölftausend‹ Mann.

3609 *Portaspere* ist ein Mißverständnis, ausgelöst von *porz d'Espaigne.* Wahrscheinlich fand Konrad schon eine Form wie *porti d'Aspre* (V 4) in seiner Vorlage.

3611 *Urstamme* ist eine Verlesung aus *Durstant.* Konrad mißverstand das anlautende *d* als Genitivartikel.

3628 Ich lese mit Leitzmann (1917/18) S. 44 *min* statt *mîn*: »es liegt die bekannte subtractive zahlangabe für 29000 vor«. Später ist jedoch von ›zwölftausend‹ Mann die Rede.

3640 Worauf hier angespielt wird, bleibt im dunkeln.

3650 Diese Versicherung bezieht sich wohl auf die Verdienste oder die Bekundung der Dienstwilligkeit des Königs Cursable und nicht – in vollendeter Zukunft – auf den angekündigten Sieg über Roland.

3651 Minis (1947a) S. 37: »gewiss mit der Ueberlieferung *Malwir* oder *Malwil* zu lesen, wenn es 4487 auch *Malprimis* heisst«.

3698 Vielleicht handelt es sich bei *Palswende* (bair. für *Balswende*) um einen sprechenden Namen im Sinn von ›böser Vernichter‹ o. ä. wie *balmunt* ›ungetreuer Vormund‹, *balrât* ›böser Anschlag‹ oder *balwahs* ›auf üble Weise scharf‹.

3715 In der jüngeren höfischen Literatur verleiht der christliche Gott seinen ritterlichen Dienern die *sælde*, die hier – in symmetrischer Entsprechung – auch als heidnische Gottesgabe gedacht wird (vgl. Harris, 1964; Hall, 1969).

3723 f. Man erwartet auch hier das Futur statt des Irrealis.

3727–3730 Die schöne Erscheinung des Königs Margariz und der Eindruck, den er auf Männer und Frauen macht, charakterisieren die Weltlichkeit seines Status, der aber nur implizit negativ konnotiert ist. Konrad hat hier offenbar seine Vorlage gekürzt; denn ChdR 955–960 schildert die ritterlich-höfische Erscheinung noch ausführlicher.

3734 Bislang ungeklärt ist die *thaberiske erde*. Bartsch dachte an *Taberîe*, afrz. *Tabarie*, »d. h. die Herrschaft Tiberias in Palästina«. Minis (1947b) S. 67 knüpfte an die Lesart von ChdR 956 *Cazmarine(s)* an: »O *Cazmarine(s)* ist lateinisch natürlich *casa marina*. Casa ist ›Haus‹, in der Verbindung mit *marina* und in diesem Zusammenhang ›Kastell am Meer‹. Ein mittelhochdeutsches Wort für ›befestigter Ort, Befestigung‹ ist aus dem Slavischen (*tabori*) ins Deutsche übernommen: *taber* (Lexer). Von diesem *taber* bildet

Konrad das Adjektiv *thaberisk* [...].« Die Erklärung liegt wahrscheinlich sehr viel näher. Gemeint ist offensichtlich *Taceria* (2678), das neben *Sibilia* (2677) als das zweite ›Reich‹ des Margariz genannt wird, so daß hier oder dort eine Verschreibung vorliegt. Da sich eine genauere Entsprechung in der frz. Überlieferung nicht findet, muß offenbleiben, ob das Land des Margariz *Taceria* (*Tazeria*) oder *Tabaria* heißt und das davon abgeleitete Adjektiv *thaberisk* oder *thacerisk* zu lesen ist. Wenn Konrad seiner Namensform eine Bedeutung beigemessen hat, wäre am ehesten an das biblische ›Tabera‹ zu denken, den Ort, an dem durch den Zorn Gottes das Feuer ausbrach und durch die Fürbitte von Mose wieder gelöscht wurde (Num. 1–3). Daß die »Heidengeographie« durch solche at. Reminiszenzen angereichert wird, ist an mehr als einer Stelle im RL nachzuweisen. Am unmittelbarsten sticht das in 4218 (*von der erden Dathan unt Abiron*) ins Auge. Schon im nächsten Abschnitt wird das Land des Königs *Cernubiles* mit at. Vorstellungen verbunden.

3739 Gemeint ist *St-Denis* bei Paris.

3746 f. So in ChdR 2, aber auch Kchr. 14887 f.

3754 Später sind es ›zwölftausend‹ Mann.

3759–3772 Vgl. 2682–2696. Die Wiederholung ist auffällig und ohne erkennbare Funktion.

3763 f. Vgl. 2694 f.

3765 In 2685 ff. gilt diese Charakterisierung dem Land und nicht seinem Herrscher.

3766 Vgl. 2679.

3767 Vgl. 2691.

3768 Vgl. 2685.

3769 Vgl. 2692. Zur Bedeutung von *in werde* (P) bzw. *an then werthe* (A) vgl. Kartschoke (1969) S. 411 f.

3770 Vgl. 2684.

3771 f. Vgl. 2683. Anders als Bartsch und Wesle verstehe ich die beiden Verse als selbständige syntaktische Einheit. Auf diese Weise stört auch die Wiederholung des Adjektivs nicht mehr. Vgl. Dtn. 28,15 ff.

3779 *tœten* bedeutet hier nicht den Tod im Kampf, sondern die Hinrichtung.

3799 Bartsch: »ich benutze eine Zeit lang seine gefangenschaft, um aus Karl möglichst viel herauszupressen«.

3801 f. Hier ist Roland gemeint.

3813 Pütz (1971) S. 38: Konrad »übergeht jedoch vier der zwölf heidnischen Kommandos [. . .]. In der Schlacht treten dann alle in der Chanson bezeichneten Sarrazenen auf.«

3831 Diese strategische Maßnahme ist entweder von Konrad erfunden oder – wahrscheinlicher – aus Passagen wie ChdR V 4 1460 f. und 1483 f. abgeleitet worden, wo von je zweimal zwei Scharen die Rede ist (Graff).

3833 Bartsch: »so richten sie ihr Augenmerk auf die einen, auf die ihnen zunächst Stehenden«.

3845 Olivier spricht nicht nur zu Roland, sondern hält eine Ansprache an sein Heer.

3868 Die Beziehung zwischen Roland und Alda, der Schwester Oliviers, bleibt hier noch im dunkeln. So bemerkenswert im dt. RL jeder der wenigen Verse ist, in denen von Frauen gesprochen wird, so nahe liegt die Überbewertung. Das gilt insbesondere für Buschinger (1983) S. 100: »Cette injonction au nom de la bien-aimée est un trait courtois introduit par Konrad dans son texte. L'amant parfait doit se plier à la volonté de sa bien-aimée ou accéder à toute requête faite au nom de sa dame: telle est la loi sacrée de l'amour chevaleresque.« Weder kann an dieser Stelle von der ›Geliebten‹ Rolands die Rede sein noch von einer Dienstforderung der höfischen Dame. Vielmehr wird Roland einer Versuchung ausgesetzt, die er glanzvoll besteht. Anders als Genelun – vgl. den Kommentar zu 3083 – läßt sich Roland auch von einer Frau nicht von seiner Aufgabe als *miles Dei* ablenken.

3880 f. Vgl. Hebr. 9,22: *Et omnia paene in sanguine mundantur secundum legem; et sine sanguinis effusione non fit remissio.*

3885–3888 Vgl. 147–151.

3889 Konrad hat die auffällige Metapher gewählt, weil Roland trotzig den Tod der Heiden vorwegnimmt oder »weil ihre Seelen verloren sind« (Bartsch).

3894 Vgl. 4039, 4061, 4239, 4257 ff. und 8500. So auch Kchr. 5528 f. (10101 ff.). Die Wendung hat at. Vorbilder (Dtn. 28,26; 1. Sam. 17,44; Ps. 79,2; Jer. 7,33; Ez. 29,5; 39,4).

3895 Das Kompositum *frôsangen* ist Hapaxlegomenon.

3897 Ps. 39,6: *Multa fecisti tu, Domine Deus meus, mirabilia tua.*

3905 ff. Zu dieser geistlichen Ansprache ausführlich Backes, S. 105 bis 108.

3905 f. Vgl. Kchr. 14735 f.

3906 Mt. 3,2: *Appropinquavit enim regnum caelorum.* Weitere nt. Belege bei Backes und zu 994.

3911 f. Lk. 8,12: *deinde venit diabolus et tollit verbum de corde eorum, ne credentes salvi fiant.*
3916 Mt. 25,34.
3917 *nâch* in der Bedeutung ›entsprechend‹; sicher nicht ›um‹ (Kern, 1971, S. 425).
3921 Vgl. Anm. zu 3125.
3923 Das Wort *soldât* ›Lohn‹ ist ausgesprochen selten.
3926 f. Die Vorstellung der ewigen Seligkeit als *visio Dei* geht zurück auf biblische Formulierungen wie Ijob 19,26 f.: *Et in carne mea videbo Deum. Quem visurus sum ego ipse, et oculi mei conspecturi sunt, et non alius* (vgl. auch Ps. 88,16; 1. Kor. 13,12; Offb. 22,4).
3928 Vgl. Anm. zu 233.
3934 f. Die Übersetzung folgt Bartsch.
3942–3945 Vgl. Anm. zu 184 f.
3946 ff. Vgl. »Vom Himmlischen Jerusalem« 291 ff., wo von den Märtyrern gesagt wird: *si habent ir sorge geworfen cerucge. / di sint unser brucge, / si sulen unsich laiten / uz tisen arbaiten / ze der himelisgen Jerusalem, / ube wir wellen begen / di gewoneheit di si habeten, / di wile daz si lebeten* (Ohly, 1955/56).
3948 ff. Vgl. 3259 ff.
3954–3960 Zur Syntax vgl. Kartschoke (1969) S. 412.
3960 Ist *des* statt *daz* zu lesen?
3963 ff. Vgl. 3831 ff.
3970 f. Der Erzbischof Turpin wird als Heerführer apostrophiert. Die Figur des schwerttragenden und kämpfenden Kirchenfürsten hat ihre historische Grundlage in der »Aristokratisierung« der römischen Kirche seit dem Frühmittelalter und der ottonisch-salischen Reichskirche. »Die Führungsschicht, gleich ob weltlich oder geistlich, war von Funktion und Mentalité her schwerttragend und ein Kriegeradel, der seine Herrschaft auch über die Kirche mit dem Schwert ausübte [. . .]« (Karl Bosl, »Die Grundlagen der modernen Gesellschaft im Mittelalter. Eine deutsche Gesellschaftsgeschichte des Mittelalters«, Tl. 1, Stuttgart 1972 [Monographien zur Geschichte des Mittelalters, Bd. 4,1], S. 118 mit weiterführender Literatur).
3974 Der *wunderlîche Alexander* ist im 12. Jh. sprichwörtlich, vgl. Kchr. 328 (559). Hier ist natürlich der Feldherr und Eroberer der östlichen Welt der Vergleichsmaßstab.
3985 f. Vgl. Kchr. 5261 ff.: *duo fuor der helt milte [. . .], / er vuort ainen gruonen van.* Das Adjektiv scheint hier nur formelhaft

gebraucht zu sein (vgl. auch 7855). Der ›Löwe‹ als Wappenbild (vgl. 4121 und 5057) ist u. a. von Röhr (1940) S. 26 f. mit Heinrich dem Löwen in Verbindung gebracht worden: »Seit der Zeit seiner Minderjährigkeit führte Heinrich ein löwenähnliches Bild im Wappen. Die älteste uns erhaltene Urkunde, die ein Löwensiegel aufweist, trägt die Jahreszahl 1154. In der Umschrift seiner Siegel und Münzen gab der Herzog seiner Absicht Ausdruck, die eigene Person mit dem Wesen des Wappentieres zu identifizieren: ›Heinricus Leo dux‹ lautet die knappe Formel.« Offenbleiben muß, ob Konrad die Absicht hatte, »seinen Herrn im Bilde Rolands zu feiern« (S. 27), oder ob er im Anschluß an Offb. 5,5 mit dem Wappenbild auf Christus verweisen wollte, »der als Löwe aus dem Stamm Juda, Davids Sproß, die sieben Siegel der Apokalypse öffnen wird« (Backes, 1977, S. 435). Zur Gesamtproblematik vgl. Ohly (1940) S. 206–217 und Kartschoke (1965) S. 143 f.

3992 f. Vgl. Anm. zu 3442 f.

4018 Roland, Olivier, Turpin und Gergers führen je drei christliche Scharen gegen die vier Heeresblöcke der Heiden. Hier ist also kein Widerspruch zu früher Erzähltem zu sehen, wie ihn Pütz (1971) S. 38 zu erkennen glaubt.

4027 f. Vgl. Kchr. 10237 f.

4029 Wesle ergänzte *an dir* vor *gescônet*, dagegen Kartschoke (1969) S. 412 f.

4030 f. Der Heide denkt sich den Apostel Petrus wie einen seiner Götzen. Die Abwesenheit des Apostels ist in seinen Augen Schwäche, während die anwesenden Götterbilder Stärke versprechen.

4042 Rom wird von Adalrot als Hauptstadt der Christenheit zitiert: »du wirst die Kunde von diesem Siege, von diesem Kampfe nicht nach Rom bringen: der vollständige Ausdruck ist *daz widerspel gesagen*; vgl. Nibel. 2272,4« (Bartsch).

4049 Die mhd. Formulierung ist im Nhd. schwer wiederzugeben. Der ›Auftrag‹ an Adalrot, Roland zu töten, ist ein Privileg, *lêhen* (vgl. 4023), das Roland mit dem Tod des Lehnsnehmers ›erledigt‹.

4053 Vgl. Kchr. 5966, 6336 und 11078.

4055 f. Vgl. 4062 ff., 5058 ff., 5579 ff. und 5878 f. Zur Motivgeschichte des »Schwabenstreichs« vgl. Harder (1927/28) und Margetts (1987).

4060 Vgl. Kchr. 11080.

4065 »Die schwerter sind zweischneidig: erst benutzt Roland die eine klinge, dann dreht er das schwert in der hand herum und schlägt nun mit der anderen« (Leitzmann, 1917/18, S. 45).

4068 Bartsch verdoppelte wohl zu Recht den Ruf in Analogie zu parallelen Stellen und heilte damit den unterfüllten Vers.

4084 Vgl. Anm. zu 4054.

4091 »*in* in *im* zu verändern ist nicht nothwendig: es steht V. 4093 wie ein zweites Object, indem *sluoh* zweimal zu denken ist« (Bartsch).

4104 Zum *gevelle* als Jagdterminus vgl. David Dalby, »Lexicon of the Mediæval German Hunt. A Lexicon of Middle High German terms (1050–1500), associated with the Chase, Hunting with Bows, Falconry, Trapping and Fowling«, Berlin 1965, S. 252 zu ›*val 1*‹.

4108 Vgl. Kchr. 7717.

4120 Bartsch ergänzte: *sam sluogen sie.*

4121 Gemeint ist Roland, der das Löwenwappen trägt.

4150 Gemeint ist: ›niemand sah mehr den Weg‹.

4162 Den *gotes heleden* entsprechen symmetrisch die *Machmetes helede.*

4170 Gemeint sind die Tempelbläser Mahomets (vgl. 4179).

4192 ff. Ähnliches liest man im »Pseudo-Turpin«, cap. XVIII (vgl. Graff und Minis, 1965).

4204 Ich lese gegen die früheren Herausgeber *ze guote* statt *ze gote* (P) im Sinne von ›es taugt uns nicht als Besitz‹, vgl. Str. 5212: *ezn mac uns niht ze guote komen.*

4218 Dathan und Abiram gehören zu den Empörern gegen Mose und Aaron (Num. 16,1 ff.) und wurden von der Erde verschlungen (Dtn. 11,68; Ps. 105,17).

4220 f. Zum Adlerwappen vgl. Röhr (1940) S. 35 f. Die Identifikation des Herzogs Falsaron mit Herzog Heinrich II. Jasomirgot von Österreich ist durch nichts gesichert. Zur nötigen Kritik vgl. Ohly (1940) S. 211 f.

4231 In 3597 war von ›achtzehntausend‹ Mann die Rede (W hat ›sechsundzwanzigtausend‹).

4254–4256 Bartsch und Wesle ergänzten in 4255 *bistu*; dagegen Kartschoke (1969) S. 413.

4287 Wahrscheinlich hat W die Initiale korrekt bewahrt. Dafür spricht der mit 4634 gleichlautende ›Schlußvers‹ 4286.

4328 Grimm hielt *Valdant* für einen Flußnamen: »die Heiden, gegen die Christen vordringend, setzen durch den Fluß, und werden von diesen in das Wasser [. . .] zurück gedrängt« (vgl. 4347, 4352). Ihm folgte Bartsch und las 4327 f.: *thie heithenen huoben sih alle samt / fore Valdant.* Entschieden gegen diese Lesung spricht die Präposition *fore* statt *über*. Wesle faßte *fore ualdant* (P) als »Kriegsruf der Heiden« auf.

4337 f. Gemeint ist hier und in 4347 ff. der Blutstrom.

4343 f. »Bei der Flucht nämlich wird der Schild, der an einer Schnur um den Hals hängt, auf den Rücken geworfen« (Grimm).

4350–4355 Gegen die Konjekturen Wesles vgl. Kartschoke (1969) S. 413.

4352 *walflôz* ›Blutstrom auf dem Schlachtfeld‹ ist Hapaxlegomenon.

4363 Vgl. Kchr. 9136 und 9729.

4369 Vgl. 5355, 5569 und Kchr. 7517.

4370 Vgl. Kchr. 507 f.

4402 1. Tim. 2,5: *Unus enim Deus, unus et mediator Dei et hominum, homo Christus Iesus* (weitere Belege bei Backes).

4413–4418 Zwischen 4413 und 4414 nahmen Grimm, Bartsch und Wesle eine Lücke an, dagegen mit Hinweis auf ähnliche elliptische Schlachtschilderungen (285 ff., 6950 ff., 7917, 9012 ff.) Kartschoke (1969) S. 413 f. – Der grausame Witz der Stelle liegt darin, daß die Lanze durch Schild, Sattelbogen und den – nach hinten geworfenen – Körper bis zur Kopfbedeckung fährt und damit ihr Ziel, die Helmspitze, gleichsam von innen her erreicht. Daß dabei der ganze Körper in Stücke gerissen wird (4418), versteht sich von selbst.

4417 Die *helmgupfe* (Hapaxlegomenon) ist entweder Nebenform zu *goufe*, eine »kopfbedeckung unter dem helme« (Lexer I, 1242), die auch Härsenier genannte »Harnischkappe«, die wie eine Kapuze am Halsberg befestigt war (Schultz II, 1889, S. 50 f.), oder einfach die Helmspitze.

4445 ›Außen und innen‹ kann sich auf die Rüstungen beziehen – außen sprühen die Funken, innen wird es heiß – oder auf die Hitze der Schlacht, die äußerlich ist, und das Höllenfeuer, das die Seelen der Getöteten zu verbrennen droht.

4452 ff. Ein ähnliches Wunder wird in der Kchr. 16726–16739 erzählt, das auf der Kreuzfahrt Gottfrieds von Bouillon sich ereignet haben soll.

4455 Der »Tau vom Himmel« ist im AT ein Zeichen der Gnade Gottes, z. B. Gen. 27,28.39; Ex. 16,13; Dtn. 33,28; Ps. 109,3; 132,3; Koh. 19,12; Jes. 26,19; Hos. 14,6; Mich. 5,6; Sach. 8,12.

4457 Die ›None‹ bezeichnet im 12. Jh. schon die Mittagsstunde wie in En. 11477 ff.: *her lach stille und schône / wol unz ûf die nône. / dô der tach wenden began*; vgl. Kartschoke (1986) z. St.

4469 Das Bild – ›weniger als ein Pilz‹ – läßt sich im Nhd. nicht nachahmen.

4484 Bartsch und Wesle lasen *under* statt *wunder*, dagegen Kartschoke (1969) S. 414. – Hier wie im folgenden stehen die kleinen Verluste der Christen gegen die großen der Heiden, *wunder* ist also Ausdruck der Ironie (Litotes). Allerdings könnten parallele Formulierungen wie in 4761 auch für die Emendation sprechen.

4490 Zum ›rîter‹-Begriff im RL vgl. Anm. zu 287. Die einschlägigen Belege sind nicht sehr zahlreich. In acht Fällen (287, 4490, 4776, 4898, 4964, 4996, 5811 und 8006) bezieht es sich auf die Heiden (Sarazenen), »die der quelle entsprechend und im einklang mit der zeitgeschichte in erster linie als ein reitervolk erscheinen« (E. Schröder, 1928, S. 294 f.).

4529 Die Feinde Gottes als ›Hunde‹ zu beschimpfen geht auf entsprechende Psalmenverse wie Ps. 21,17.21; 58,7 zurück; vgl. aber auch Phil. 3,2; Offb. 22,15.

4538 Der Heidenname ist auf ein Mißverständnis von *l'amurafle* ›Emir‹ zurückzuführen.

4548 Das Partizip prät. *betochen* geht auf eine Konjektur von Bartsch zurück, die Hss. haben hier die sinnlosen Formen *betophen* (P), bzw. *becloken* (A). Zur Rechtfertigung vgl. 4560.

4550 Folz (1950) S. 248: »Empereur par la grâce de Dieu, Charlemagne est le maître de toutes les couronnes, les rois chrétiens s'inclinent devant lui; comment ne pas reconnaître en eux les ›reguli‹ auxquels faisait allusion Reinald de Dassel?«

4556 *daz wort* bezieht sich auf 4550 *küngelîn*.

4561 *hinten* heißt hier nicht etwa ›von hinten‹, sondern ›daß die Lanzenfahne am Rücken wieder austrat‹.

4567 f. Vgl. Kchr. 5215 f.

4600–4603 Die in PA überlieferte Versfolge ist völlig sinnlos. Da auch dem Stricker schon ein derart verworrener Text vorgelegen haben muß (Str. 5614 ff.), glaube ich, daß hier die Vorlage von PA und Str. – vielleicht aber auch schon der Archetypus – fehlerhaft war. Mit der Vertauschung der Verse 4601 und 4602 sind alle Schwierigkeiten behoben. Das bedingte Heidenlob – sie waren tapfer, obwohl keine Christen – kennt auch die ChdR (899 *Fust crestiëns, asez oüst barnét* (›wahrer Baron, wenn er nur Christ gewesen wäre‹). An dieser Stelle haben die überlieferten Versionen allerdings nichts Entsprechendes. Konrad selbst hat eine entsprechende Formulierung in 4744–4746.

4604 ff. Zur *superbia* als der Ursünde schlechthin vgl. zu 289 f. und Richter pass. Zur Gestalt Luzifers vgl. Hempel (1970) S. 29–37. Der Mythos vom Engelsturz geht auf apokryphe Schriften des

Judentums zurück und ist im MA so populär, daß man eine direkte Quelle hier nicht nachweisen kann.

4619–4623 Es gehört zum Kriegerethos und zur adligen Mentalität, daß nur der Kampf mit einem – durch Adel oder besondere Tapferkeit – ausgezeichneten Gegner ehrenvoll ist.

4634 Schwer zu übersetzen, weil nicht entschieden werden kann, ob *vermezzenlîche* hier positiv oder negativ verstanden, also auf Samson oder Amarezur bezogen werden muß.

4664 *brünne* und *halsberc* lassen sich nicht eindeutig voneinander unterscheiden. Konrad benutzt das Wort *brünne* so, wie es auch weiterhin in der Heldendichtung beliebt war (Schultz II, 1889, S. 30 ff.; Bumke, 1986, S. 211 f.). Die Tatsache, daß die Brünnen *drillîche* waren, spricht dafür, daß hier nicht an Kettenpanzer, sondern an Stoff- oder Lederkoller gedacht ist.

4675 *goltwine*, eigentlich ›Goldfreund‹, hier ›Vasall‹, gehört zu den wenigen germanischen Kenningar, die in der deutschsprachigen Dichtung des MAs weiterleben (vgl. Josef Weisweiler, in: »Deutsche Wortgeschichte«, hrsg. von F. Maurer und F. Stroh, 2. Aufl., Bd. 1, Berlin 1959, S. 56).

4688 Der Vers ergibt im Kontext keinen Sinn und endet zudem auf das falsche Reimwort (oder ist in 4687 *vrumen* zu lesen?). Er wird allerdings gestützt durch den gleichlautenden Vers 7287. Man erwartet hier eigentlich einen Vers wie Kchr. 7481: *er geswîgete vil stille* (vgl. RL 1047: *Der keiser geswîgete vile stille*). Da aber kaum zu erklären ist, wie der Irrtum entstanden sein könnte, habe ich den überlieferten Wortlaut unangetastet gelassen.

4695 ff. Vgl. 3911 ff. und Anm. z. St.

4698 Vgl. 4718, 5870.

4703 Daß Gott die Seinen nicht verläßt, ist ein religiöser Topos, der im AT und NT vielfach zu belegen ist (vgl. Backes).

4712 Hier ist natürlich nicht der ›Schuldner‹ Christus (4708) gemeint, sondern der schuldig gewordene Gegner (vgl. 4084).

4713 f. Vgl. Kchr. 14068 f.

4719–4722 Für die rhetorischen Antithesen könnte Kchr. 6133 f. die Anregung gegeben haben. In diesen Versen ist das geistliche Programm der *militia Dei* in nuce enthalten. Der Gegensatz Christen – Heiden ist freilich aphoristisch verkürzt (vgl. u. a. Fliegner, 1937, S. 6 f.; Wentzlaff-Eggebert, 1960, S. 80 f.), denn natürlich kämpfen auch die Christen für Land und Ehre, nur glauben sie ein darüber hinausreichendes Ziel zu haben.

4738 *einvar* ›auf einerlei Weise sich bewegend‹ (BMZ III, S. 250 a), nicht ›einfarbig‹.

4747 f. Ich verstehe *bogestrange* als ›Bogensehne‹ (Lexer I, 323) und nicht als ›Bogenschütze‹ (Bartsch). Pfeil und Bogen bilden die typische Bewaffnung der sarazenischen Reiterheere.

4758 Herodes, der den bethlehemitischen Kindermord veranlaßt hat (Mt. 2,16), wird zum höllischen Gesellschafter der Heiden, die die *gotes kint* (4586) erschlagen. Diese hier noch etwas im dunkeln bleibende Gedankenverbindung wird in 4943 f. und 5769–5771 offengelegt, wo der Tod der Christen mit dem Kindermord verglichen wird.

4775 Den auffälligen Vergleich erklärt Bartsch mit der »stahlblauen Farbe der Helme«. Zu denken ist wohl eher an deren hellen Glanz, der über dem wogenden Heer wie auf den von der Sonne beschienenen Wolken liegt.

4776 E. Schröder (1928) S. 294: »ihr habt ja gar keine Cavallerie«. Dagegen Bumke (1964) S. 36: »auch die 1100 Christen sind beritten gedacht; vielmehr will der Heide sagen: gegen meine 12000 Mann seid ihr nicht stark genug, habt ihr nicht genügend Soldaten« (vgl. auch W. Schröder, 1972, S. 339).

4795 Was hier mit der *borte* gemeint sein könnte, bleibt dunkel. Bartsch kommentiert: »der Schlitz in der Rüstung«, was sich m. E. nicht mit der allgemeinen Wortbedeutung vereinbaren läßt. Ich habe an den *schiltvezzel* gedacht, den Riemen, an dem der Schild um den Hals getragen wird und von dem gelegentlich als *borte* die Rede ist (NL 436,1; Parz. 37,4 u. ö.).

4826 ff. Die folgenden Namen fehlen in der frz. Überlieferung. Wieder könnte die Kchr. die Anregung gegeben haben (E. Schröder, 1883, S. 78). Außerdem scheint die Stelle defekt zu sein. Was heißt *dâ vor* (4827), und wer sind die *hêrren baide* (4828 f.)?

4851 Minis (1965) S. 91 glaubte, daß Konrad den Plural bewußt gesetzt habe: »Chunrat sagt also nicht von *Hatte*, was er gegen die Heiden ausrichtet, sondern nur, daß *di buoch* ihn zu den Pairs rechnen [. . .].« Ebenso Decker (1978) S. 137, der den Plural mit Minis auf ChdR und »Pseudo-Turpin« bezieht.

4854 f. Die Syntax ist nicht ganz durchsichtig. Ist *hêrlîchen* attributiv zu *volcdegene* (dagegen spricht das Enjambement) oder als Adverb zu *vorevechten* (dann steht die Präposition *ze* falsch) zu ziehen?

4861 Zur geistlichen (inneren) Rüstung vgl. Eph. 6,11 ff. Der Gegensatz von innen und außen wird im folgenden (4863 ff.) expliziert.

4879 Zum Eberwappen vgl. Röhr (1940) S. 36 f. Die Identifikation von Estorgant mit dem Markgrafen Diepolt II. von Cham und Vohburg ist in höchstem Maße problematisch, vgl. Ohly (1940) S. 212 f.

4896 Vgl. Kchr. 15878.

4898 *rîterlîche* kämpft der Heidenkönig, d. h. als Reiterkrieger und tapfer, aber nicht in emphatischem Sinn ›ritterlich‹.

4909 *halsveste* scheint Konrad synonym mit *halsberc* (5071) zu verwenden.

4910 Die *nestel* sind Riemen, mit denen die Rüstungsteile zusammengehalten werden.

4921 Vgl. »Ezzolied« (S) 51.

4924 Dieser und die nächsten ›deutschen‹ Namen fehlen in der frz. Überlieferung. E. Schröder (1883) S. 74 dachte bei *Tagespurc* an Dachsberg bei Bogen in Oberfranken; Nellmann (1985) Sp. 116 plädierte für Dagsburg im Unterelsaß. Aber welchen Sinn hätten solche versteckten Hinweise?

4929 *Hillunc* und *Pillunc* (4952) fand E. Schröder (1883) S. 75 in Ortsnamen der engeren und weiteren Umgebung von Regensburg.

4932 Zur Schmiedemetapher in Kampfschilderungen vgl. 4118.

4943 f. Vgl. Mt. 2,16. Noch ausführlicher wird der Vergleich in 5769 ff. gezogen.

4947 Zur Begründung der Konjektur vgl. Kartschoke (1969) S. 415.

4966 ff. Den ständigen Subjektwechsel – Christen/Heiden – habe ich in der Übersetzung nicht mit verdeutlichenden Hinweisen versehen. Er gehört zu der noch unentwickelten Erzähltechnik und ist im RL nicht nur an einer Stelle zu beobachten.

4971 Anders Bartsch: »daß es ihnen nicht länger angemeßen war, nämlich zu fliehen«.

4972 *erstachten*: Präteritalform von *erstecken* ›ersticken lassen‹.

4982–4986 Hier sind offenbar mehrere Psalmenstellen zusammengeschlossen, die ich im folgenden nachweise. Der Sinn des ›Gesamtzitats‹ entspricht Ps. 74,8: *Quoniam Deus iudex est: hunc humilitat et hunc exaltat.*

4983 Backes verweist auf Ps. 36,34 und 117,16.

4984 Backes verweist auf Ps. 5,13 und 8,6.

4985 Ps. 106,6: *Et clamaverunt ad Dominum cum tribularentur, et de necessitatibus eorum eripuit eos.*

4986 Ps. 74,8; 1. Chr. 17,10: *et humiliavi universos inimicos tuos.*

4987 Vgl. Gen. 4,10.

4996 *rîterlîchen* meint hier wohl noch immer: ›im Reiterkampf‹, ›vom Pferd aus‹ und nicht schon eine besondere Qualität ›ritterlichen‹ Verhaltens. Dagegen W. Schröder (1972) S. 339: es solle hier »das kampferprobte und vorbildgebende Verhalten eines hohen militärischen Führers betont werden«. Aber wenn auch den Heiden gelegentlich ein bedingtes Lob zuteil wird – »wenn sie nur Christen wären« –, so kann doch an keiner Stelle von ihrer »Vorbildlichkeit« die Rede sein.

5001 Vgl. Kchr. 7086.

5008 Hier spricht der schreibkundige und das litterale Gedächtnis verwaltende Geistliche des 12. Jh.s.

5010 f. Ps. 83,13: *Non privabit bonis eos, qui ambulant in innocentia. Domine virtutum, beatus vir, qui sperat in te.*

5013 ff. Ri. 7,4 ff. Zur Interpunktion der Verse 5013–5017 vgl. Kartschoke (1969) S. 415.

5019 Ri. 7,16: *lampadas in medio lagoenarum.* Konrad macht aus den Fackeln in den Krügen ›Öllampen‹.

5020 Davon ist in Ri. 7 nicht die Rede.

5023 f. »Die sinnliche Wahrnehmung des Schmeckens ist neben Ps. 39,9, Hebr. 6,4 und 1. Petr. 2,3 in noch anderen Stellen der Bibel in übertragener Bedeutung vorhanden. Die Theologie der Kirchenväter greift sie vielfach auf« (Backes, 1968, S. 30 f.). Offenbar ist im weiteren an das Gleichnis der klugen und törichten Jungfrauen (Mt. 25,1–13) gedacht. Wie die brennenden Öllampen der klugen Jungfrauen ein Zeichen der Wachsamkeit sind, so stehen die *milites Dei* im Glauben hoch aufgerichtet.

5031 Grimm und Bartsch ergänzten: *in ne scirmeten*, Wesle notierte eine Crux. Ich glaube, daß es sich hier wieder um eine der in Kampfschilderungen nicht seltenen Ellipsen handelt (vgl. Anm. zu 4413 ff.).

5034–5036 Umschreibung für ›Flucht‹.

5056 Gemeint ist eine ›Fahnenlanze‹, also eine Lanze (oder ein Speer?) mit einem Fähnchen unter der Spitze.

5057 Der ›Löwe‹ ist der Wappenschmuck Rolands.

5078 *dar innen*? Soll das heißen, daß die Hitze ›unter dem (im) Helm‹ so stark wurde, als ob er glühte?

5096 Wesle: »davor scheinen Verse ausgefallen, in denen Olivier M[argariz] einen Spieß in den Rücken wirft oder stößt: Str. 6126. vgl. 5635 ff.«.

5131 Vgl. Anm. zu 3927.

5132 Vgl. 233.

5136 Gemeint ist: ›geziert mit der Krone des ewigen Lebens‹.

5139 Bartsch: »um das ihnen vorgesteckte Ziel zu erreichen, nämlich Gottes Angesicht zu schauen«.

5142 Gegen die Konjektur von Bartsch/Wesle vgl. Kartschoke (1969) S. 415.

5152–5154 Lk. 21,18: *et capillus de capite vestro non peribit* (vgl. Apg. 27,34); vgl. auch Mt. 10,30: *Vestri autem et capilli capitis omnes numerati sunt* (Lk. 12,7).

5157 f. Vgl. Kchr. 11260 f.

5158 Vgl. Anm. zu 2656.

5160 ›Schenke‹ heißt Turpin in doppeltem Sinn: er spendet die Eucharistie und ›schenkt‹ den Feinden kräftig ein. Zur heroischen Kampfmetapher des ›Schenkens‹ vgl. Kartschoke (1969) S. 415.

5163 ff. Vgl. Anm. zu 184 ff.

5165 ›Zeugen Gottes‹ werden die Apostel Apg. 1,8; 2,32; 3,15; 10,41 u. ö. genannt.

5166 Ps. 33,2: *Benedicam Domino in omni tempore; semper laus eius in ore meo.*

5169 f. Vgl. Mt. 25,20 f.

5175–5177 Zugrunde liegt das Psalmistenwort vom Stein, den die Bauleute verworfen haben und der zum Eckstein geworden ist (Ps. 117,22), auf das Jesus sich beruft (Mt. 21,42; Mk. 12,10; Lk. 20,17) und das auch sonst im NT zitiert wird (Apg. 4,11; 1. Petr. 2,7), und zwar im Sinne von Mt. 21,44: *Et qui ceciderit super lapidem istum, confringetur; super quem vero ceciderit, conteret eum* (Lk. 20,18).

5191 Der Entflohene ist Margariz, vgl. 5631 ff.

5193 Daß dem Margariz ein Fuß abgeschlagen worden wäre, wird weder in der entsprechenden Kampfschilderung (5067 ff.) noch später (5631 ff.) gesagt. Bartsch mag also mit seiner Vermutung recht haben, daß hier wieder ein Mißverständnis des frz. Textes vorliegt.

5201 Die Formulierung ist unmittelbar verständlich, aber durchaus ungeläufig.

5210 f. Es scheint nicht sehr wahrscheinlich, daß Konrad mit den bekannten Namen wirklichkeitskonforme Vorstellungen verbunden hat: in ›Ungarn‹ leben natürlich keine Schwarzen und der ›Lateran‹ ist kein Land. Nur der Hinweis auf die Sachsenkriege Karls (5215) hat seinen guten Sinn.

5220 Später (5333, 5349 und 5832) wird ›Herzog‹ Grandon immer ›König‹ genannt.

5221 Der namentlich genannte Sohn Jorfalir (6268) ist bislang noch nicht gefallen. Aber schon in 5644 wird wieder davon die Rede sein, daß der Verlust des Sohnes von Marsilie nicht zu verschmerzen sei. In 5849 ruft Marsilie zur Rache für *Alrot* (*Adalrôt*) auf – offensichtlich ist auch er, den ChdR 1188 *Li niés Marsilie* nennt, als ›Sohn‹ des Marsilie gedacht.

5226–5230 Anders interpungieren Bartsch und Wesle (Komma nach 5226, Punkt nach 5227), dagegen Kartschoke (1969) S. 415 f.

5252 Zu Christus als ›Hoher Priester‹ vgl. Anm. zu 3 und 3485.

5253 Vgl. Anm. zu 3406.

5264 ff. Die feierliche Anapher – achtmal wird *hiute* wiederholt – erinnert an entsprechende Festtagsliturgien. Wentzlaff-Eggebert (1960) S. 97 denkt u. a. an die Magnificat-Antiphon der zweiten Vesper vor Weihnachten; Ohly (1987) S. 101 findet die gleiche rhetorische Figur in entsprechenden Festtagspredigten (Wilhelm Wackernagel, »Altdeutsche Predigten und Gebete«, Basel 1876, Neudr. Darmstadt 1964, S. 6 f.).

5268 *westerbarn*, eigentlich: ›Täufling‹, Kind im *wester*, dem ›Taufkleid‹.

5278 Backes verweist auf die altlateinische Übersetzung von Lk. 2,14. Zu denken ist aber eher an die davon abgeleitete liturgische Formel.

5329 Grandon, dessen Name erst in 5333 genannt wird.

5341 Wesle notiert eine Crux und wiederholt Grimms Vermutung: »Es scheinen vorher zwei Verse zu fehlen.« Anders Bartsch und Kartschoke (1969) S. 416.

5358 Die Variante von A, die Wesle in den Text gesetzt hat, scheint sekundär zu sein und auf nachträgliche Reimglättung zurückzugehen (Kartschoke, 1969, S. 416).

5361 f. Vgl. Kchr. 14549 f.

5383 f. Wörtlich: ›dann will ich mich nie mehr auf den guten (scharfen) Alteclêre verlassen‹.

5385 Der *gêr* oder die *gêre* sind keilförmige Stoffteile, die das Obergewand ab dem Gürtel in Falten herabfallen lassen. Ob dies hier gemeint ist, bleibt unklar. Immerhin trägt Kartan eine Eisenrüstung, von einem – denkbaren – Gewand darüber ist nicht die Rede. Ich vermute deshalb, daß mit dem schneidertechnischen Ausdruck nur die Körperregion angegeben wird, in die das Schwert Oliviers eindringt.

5401–5403 Das Gleichnis von den Arbeitern im Weinberg (Mt. 20,1 bis 16) spielte in den Kreuzpredigten eine große Rolle, vgl. 977 ff.

5430 *wânsangen*, ›Hoffnungs-‹, ›Freudengesang‹? Hapaxlegomenon. Vergleichbare Komposita – *frôsangen* in 3895, *hugesangon* bei Notker, *hügeliet* bei Walther von der Vogelweide und *wânwîsen* bei Ulrich von Lichtenstein – belegen nicht den hier erforderlichen Sinn: »dass *wân*, wie jene Wörter, auch freude bezeichnet kann ich sonst nicht nachweisen« (Moriz Haupt, »Neidhart von Reuenthal«, Leipzig 1858, S. 186 zu 65,38).

5444 f. Vgl. Kchr. 7127.

5447 f. Vgl. Kchr. 5167 f. und 7834 f.

5454 Zur Rechtfertigung der Lesart von P vgl. Kartschoke (1969) S. 416.

5531 f. Vgl. Kchr. 5299 f.

5562 Graff wollte *Falsaron* lesen, dagegen Segre (1989) zu ChdR 1353. Falsaron ist bereits tot (vgl. 4265 f.).

5568 ff. Gemeint ist wohl, daß Olivier ›unritterlich‹ mit der Lanze wie mit einer Keule die Gegner erschlägt und deshalb sich von Roland an die Regeln ›ritterlichen‹ Kampfes erinnern lassen muß.

5570 Vgl. Kchr. 9525.

5577 E. Schröder (1883) S. 294: »Das schwert gehört auch zur ausrüstung des reiters, kann auch im reiterkampf gebraucht werden«. Auch Bumke (1964) S. 97 meint, daß hier die »militärische Bedeutung« noch überwiege. Der Zusammenhang läßt m. E. aber doch erkennen, daß zur rein technischen Seite schon ein bestimmtes Prestige- und Wertgefühl hinzutritt (vgl. auch W. Schröder, 1972, S. 340): So wie Olivier ›prügelt‹ ein ›Ritter‹ nicht mit dem Lanzenschaft auf die Feinde ein!

5585 Vgl. Anm. zu 4065.

5592 Eine merkwürdige Aussage; denn daß die Heiden der Vielgötterei huldigen, ist der ständige Vorwurf des christlichen Autors, nicht daß sie einzelne Menschen vergöttlichten. Bartsch vergleicht ChdR 1391 f., wo von Siglorel gesagt wird, er sei ein Zauberer und mit Jupiters Hilfe schon in der Hölle gewesen.

5595 Vgl. 5120.

5597 Ich folge in der Übersetzung dem Hinweis von Bartsch: »er hatte immer Glück«, ohne freilich ganz sicher zu sein, das Richtige getroffen zu haben.

5609 Oder: ›langsam wie Zugtiere‹.

5619 Bartsch: »die Heiligen sind gemeint, die als Gottes Lieblinge bezeichnet werden«.

5622 Die Ring- und Kettenpanzer werden vom Körper ›geschüttelt‹.

5625–5628 Vgl. Jes. 40,29–31 und bes. Dan. 3,50: *et fecit medium fornacis quasi ventum roris flantem*. Die bei Backes zu *wint* aufgeführten Parallelen sind nicht überzeugend.

5631–5968 Vgl. 5191–5630. Die Wiederholungen und Widersprüche haben unterschiedliche Erklärungen gefunden (vgl. u. a. Golther, 1887; Graff; Geith, 1986, S. 139 ff. und 1989 a, S. 37 ff.). Nach den Untersuchungen von Karl-Ernst Geith war die Störung bereits in Konrads Vorlage eingetreten (so schon Ottmann zu 5631 ff., der von einer »zweifachen Textgestaltung der französischen Vorlage« sprach).

5631 f. Die Verletzungen sind nicht identisch mit denen, die 5191 genannt werden.

5634 Die Charakterisierung nur des Heiden Margariz als eines ›Minneritters‹ und »ausgesprochen ›Höfischen‹« (Neumann, 1961/62, S. 297) ist um so auffälliger, als Konrad offenbar von seiner Vorlage abweicht, in der auch Karl, Roland, Olivier und die Christen überhaupt *cortois* genannt werden (Fliegner, 1937, S. 13). Von daher muß man eine negative Konnotation annehmen, die ganz der Verwendung des Wortes in der Kchr. entspricht, wo das abgeleitete Verbum *höveschen* die Bedeutung ›Ehebruch treiben‹ hat (13041 und 16555; daneben erscheint das Adjektiv im Lucreziateil allerdings auch schon positiv, vgl. 4351, 4567 und 4614).

5636 In 5193 ist davon die Rede, daß ihm ein Fuß abgehauen worden sei.

5638 Vgl. 3730: *harte minnôten in die frouwen*.

5639 Vgl. 5095, wo die gleiche Kopfverletzung erwähnt wird.

5640 ff. Von dieser Botschaft war schon 5194 ff. die Rede.

5643 Ein Bruder des Marsilie heißt in ChdR 879 f. *Falsaron*.

5644 Vom Tod eines Sohnes des Königs Marsilie war bislang nur indirekt (5221) die Rede. Offenbar aber ist Adalrôt gemeint, den Roland getötet hat (4020 ff.) und zu dessen Rache Marsilie aufruft (5849).

5648 Latinismus.

5652–5656 Vgl. 5047–5052.

5735 Wörtlich: ›viele helle Helme leuchten‹.

5744–5750 Ex. 14,23–28 und Ps. 135,15.

5750 Ex. 16,4 ff.; Ps. 77,24; Joh. 6,31.49 f. u. ö.

5752 *wegewîse*, eigentlich ›Wegweiser‹ oder ›Weisung des Weges‹, hier *viaticum*, ›Wegzehrung‹, ›Eucharistie‹.

5759 f. »Die ›stole‹ [. . .], die die Franken suchen, sind die ›stolae albae‹ der Auserlesenen; der Thron, nach dem sie eilen, ist der

Thron des Lammes« (Backes, 1977, S. 435): Offb. 7,9: *stantes ante thronum, et in conspectu agni amicti stolis albis* (vgl. u. a. auch Hebr. 4,16). Anders, aber wohl unrichtig Kern (1971) S. 426 f.: »›Sie suchten die Stola auf‹, sinngemäß: ›Sie baten um die Vergebung ihrer Sünden‹«.

5764 Wohl keine Anspielung auf das Gleichnis von den törichten und klugen Jungfrauen (Graff), sondern eher auf Spr. 13,9: *Lux iustorum laetificat, lucerna autem impiorum extinguetur*; auf Mt. 5,14: *Vos estis lux mundi*, oder, mit dem Blick auf das Folgende, auf Phil. 2,14 f.: *Omnia autem facite sine murmurationibus et haesitationibus; ut sitis sine querella et simplices filii Dei, sine reprehensione in medio nationis pravae et perversae; inter quos lucetis sicut luminaria in mundo.*

5769–5771 Vgl. Anm. zu 4943.

5772 Der Chor der Märtyrer ist gemeint.

5778 Backes S. 185 will den Vers auf ein syntaktisches Mißverständnis von Gal. 5,22 zurückführen: *Fructus autem Spiritus est caritas, gaudium* etc. ›Die Frucht des Geistes (!) aber ist Liebe, Freude etc.‹ Der Vers ist aber auch dann nicht recht verständlich. Grimm z. St. wollte deshalb *des* für *daz* (*A Thas*!) lesen; aber auch das gibt keinen rechten Sinn.

5783 »Mit dem ›pace‹ spielt Konrad hier wahrscheinlich auf den Friedenskuß der römischen Liturgie an, der im feierlichen Hochamt von dem zelebrierenden Priester an den Diakon und von diesem an die Meßdiener weitergegeben wird mit den Worten: ›Pax tecum‹. In den Benediktinerklöstern wird der Friedenskuß von einem Mönch zum anderen weitergegeben. Mit dieser Anspielung weist Konrad auf die Heiligkeit und Geistigkeit der Liebe zwischen seinen Helden hin« (Wentzlaff-Eggebert, 1960, S. 95; vgl. auch Klaus Thraede, »Friedenskuß«, in: RAC 8, 1972, Sp. 505–519; Rudolf Suntrup, »Die Bedeutung der liturgischen Bewegungen in lateinischen und deutschen Auslegungen des 9. bis 13. Jahrhunderts«, München 1978 [Münstersche Mittelalterschriften 37], S. 371–376).

5788 f. Zur Gebetsgeste der ausgebreiteten und erhobenen Hände vgl. Suntrup (vgl. Anm. zu 5783) S. 172–178.

5801 Zum geistlichen ›Gehorsam‹ vgl. Richter zu 217–218.

5802 Hier liegt ein den Hss. gemeinsamer Fehler vor. Die Konjektur *gâhete* (Bartsch) ist ganz unsicher, es könnten auch Verse ausgefallen sein. Der Stricker konnte mit der Stelle offenbar nichts anfangen, er kürzte rigoros 6863 ff.: *Diu ros si frœlîch überschriten, / si nâmen di vanen unde riten / unde suohten eine walstat.*

5805 *aine* in demonstrativer Bedeutung oder: ›eine Stelle, an der sie kämpfen konnten‹.

5807 Vgl. 6027, 6440, 6512, 6621 und 6909. »Außer 5807 befinden sich alle Stellen in der Schilderung des Endkampfes, in dem Roland fällt; das hat seinen tieferen Sinn und weist auf die Vergeistlichung des Stoffes durch Konrad hin« (Armknecht, 1936, S. 133). Vgl. Anm. zu 253–257 und Backes (1968) S. 25 f.

5811 Die Metapher ist dem AT und NT überaus geläufig (Belege bei Backes, S. 181), vgl. u. a. Ps. 109,1: *Sede a dextris meis, donec ponam inimicos tuos scabillum pedum tuorum* (zitiert in Mt. 22,44; Apg. 2,34 f.; Hebr. 1,13).

5814 Bartsch: »*jâmer* ist hier in adjectiv. Sinne zu nehmen: jammervoll«.

5820–5822 Wieder die für Konrad typische Ineinssetzung des Schöpfer- und Erlösergottes.

5828 Vgl. 2. Tim. 2,3: *Labora sicut bonus miles Christi Iesu.*

5832 Grandon ist 5353 ff. von Roland erschlagen worden. Sein Wiederauftreten hängt offensichtlich mit der fehlerhaften Vorlage zusammen.

5836–5839 »Für die Interpretation von *uaige* ist das gemeingermanische adj. *faigja* der gegebene Ausgangspunkt. Denn es bezeichnete einen dem Tod verfallenen Menschen, besagte nicht, daß der Mensch sterblich sei und seiner Naturhaftigkeit gemäß sterben müsse, bezog sich mit anderen Worten nicht auf den Tod als Naturereignis, sondern als *Schicksal* [. . .]. ›Feige‹ sind die Menschen, sobald sie durch einen Wink des Schicksals erfahren (ahnen), daß sie in die Grube fahren müssen [. . .]« (Friedrich Kauffmann, »Über den Schicksalsglauben der Germanen«, in: ZfdPh 50, 1926, S. 375). Dieser heidnische Schicksalsglaube ist das sinnreiche Äquivalent zur Heilsgewißheit der Christen (vgl. u. a. Fliegner, 1937, S. 23–26).

5849 Die ausdrückliche Aufforderung, Rache für *Alrot* (*Adelrôt*) zu nehmen, ist der einzige Hinweis darauf, daß dieser ein Sohn des Marsilie ist, dessen Tod in 5644 beklagt wird.

5852 Über *minne* (*caritas*) als Rechtsterminus, der ein nicht nur vasallitisches oder verwandtschaftliches Bündnis zwischen ›Freunden‹ benennt, vgl. Gerd Althoff, »Verwandte, Freunde und Getreue. Zum politischen Stellenwert der Gruppenbindungen im frühen Mittelalter«, Darmstadt 1990, S. 85–133. Hier bietet der bedrängte Herrscher ganzen Sippenverbänden seine *amicitia* an.

5868 Die *ainunge* ist das Freundschaftsbündnis der zwölf Fürsten.

Zum Rechtsterminus vgl. K. Kroeschell, in: HRG I, 1971, Sp. 910 bis 912.

5870 Vgl. die Metapher von Kriegsgegnern als ›Schuldnern‹, die Konrad mehrfach verwendet.

5892 Gegen die Konjektur Wesles *dine machen uns nehainen werren* Kartschoke (1969) S. 416 f.

5905 Zu der lange Zeit mißverstandenen Formulierung vgl. Kartschoke (1969) S. 417. Der *ju* steht für lat. *iubilum, iubilus.* Im »Windberger Psalter« findet sich zu Ps. 94,1 f. die Marginalglosse: *Iubilum et iubilatio daz ir diche uindet in deme saltare daz chiut rehte in diutisken iu unde iuwezunge. daz ist so der menniske so fro wirdit daz er uore froude neweiz waz er in al gahen sprechen oder singen mege. unde heuet ime ein sange. ane wort. so ir ofte uernomen habet. uon den geburen. iouh uone den chindelinen die dennoh dere worte. gebiliden neweder nemagen. nohne chunnen.* Die beiden ersten Strophen des »Melker Marienlieds« beginnen mit dem Ausruf *Ju*, und noch Thomas Murner sagt in seiner »Narrenbeschwörung« 9,57 *Ju über iu! sy gab mir das!*

5915 Auch *Egeris* ist – unter dem Namen *Gernis* – bereits 5334 gefallen.

5919 Oder »auf das Schwert zu beziehen: das Blinken des geschwungenen Schwertes« (Bartsch).

5920 Zum Jagdterminus *gevelle* vgl. Anm. zu 4104.

5922 Beringer war 5337 durch Grandons Hand gefallen.

5924 Die Übersetzung folgt der Paraphrase des Verses durch den Stricker 6954: *der lie den helm den schilt sîn.* Anders und wohl unrichtig Kern (1971) S. 427, der zur Deutung Grimms zurückkehren will: »er rückte den Schild bis zu dem Helm herauf, wie man beim beginnenden Kampf that«.

5925 f. Vgl. Kchr. 4817 f.

5934–5936 Vgl. Ps. 67,36: *Mirabilis Deus in sanctis suis; Deus Israel ipse dabit virtutem et fortitudinem plebi suae.*

5947 Zur Rechtfertigung der Konjektur vgl. Anm. zu 656.

5950 Offb. 13,13; 20,9.

5964–5968 Vgl. Mt. 11,29 f.

5967 *alwaltent* (vgl. 6918 *alwaltic*) entspricht lat. *omnipotens* (Sir. 42,17; 2. Kor. 6,18).

5978 Eine mißglückte Metapher: ›durchsotten‹, ›geläutert‹ kann nur das schmelzbare Edelmetall (vgl. 943), nicht der Edelstein sein. Wichtiger aber ist, daß damit eine Heiligenapostrophe signalisiert wird.

5979 Hier leuchtet wohl schon der emphatische ›Ritterbegriff‹ durch, den der Pfaffe Konrad sonst weitgehend meidet. Anders wäre nicht verständlich, warum Roland plötzlich *rîter* genannt wird, wie sonst überwiegend nur die Heiden (vgl. E. Schröder, 1883, S. 295; Bumke, 1964, S. 90; W. Schröder, 1972, S. 338).

6027 Man kann *süeze Karlinge* auch als Übersetzung von *douce France* auffassen (vgl. 6440), muß dann aber mit Bartsch und Wesle in 6028 gegen die Überlieferung den Singular einführen. Dagegen Kartschoke (1969) S. 418.

6054 *Olivant* oder *olfant* sind Nebenformen von *elefant, helfant*, womit das Tier oder sein Stoßzahn, bzw. im besonderen das daraus gefertigte Kriegshorn (die *tuba eburnea* des »Pseudo-Turpin«) bezeichnet wird. In ChdR und RL ist daraus der Name von Rolands Horn geworden. Solche elfenbeinernen und meist mit geschnitzten Reliefdarstellungen reich verzierten Signalhörner sind in nicht geringer Zahl erhalten (vgl. Hanns Swarzenski, »Les Olifants«, in: »Les Monuments Historiques de la France«, Bd. 12, 1966, S. 7–11; Ernst Kühnel, »Die Sarazenischen Olifanthörner«, in: »Jb. der Berliner Museen« 1, 1959, S. 33–50).

6070 Bartsch: »es verbreitete sich die Kunde, daß alle Hornbläser des kaiserlichen Heeres vereinigt bliesen: so gewaltig war der Schall.« Besser Neumann (1961/62) S. 297: »Roland bläst, Karls ferne Bläser nehmen den Ruf auf.«

6075–6079 Zu den Angstsymptomen vgl. Endres (1985) S. 81 ff.

6085–6087 Geneluns böswillige Beschwichtigung zieht ihre reale Berechtigung aus der Tatsache, daß das Horn (*cornu*) das Blasinstrument des Jägers ist und von der Kriegstrompete (*tuba*) unterschieden wird (so Minis, 1957).

6091 f. Vgl. Kchr. 4782 f. und 15445.

6100 Bartsch: »hattest du nicht schon genug?«

6103 Zum verbreiteten Vergleich ›schlimmer als Judas‹ vgl. Ohly (1987) S. 93 ff.

6114 f. Vgl. Kchr. 5593 f., 7466 f. und 8866 f.

6116 f. Vgl. Kchr. 1097 f., 10032 f. und 15904 f.

6118 Canisius-Loppnow (1992) S. 219 identifiziert ohne ausreichende Begründung den *soumære* (6124) mit einem *esel* und denkt an die »päpstliche Ehrenstrafe« des nackten Eselsritts (vgl. die Literaturangaben zu 1522).

6121 f. Vgl. Anm. zu 2516.

6154 Der *grôze sin* bezeichnet die ›Hochgestimmtheit‹ (*magnanimitas*), die in der jüngeren höfischen Dichtung *hôher muot* heißt (vgl. August Arnold, »Studien über den hohen Mut«, Leipzig 1930).

6171 Grimm und Bartsch nahmen *pat* für *phat.* Anders Kartschoke (1969) S. 418: mhd. *bate* ›Hilfe‹; also: »Laßt uns sie angreifen, ehe sie Verstärkung bekommen.«

6179 Die traditionelle Kampfmetapher läßt sich im Nhd. schlecht bewahren.

6183 Die Erklärung von Bartsch: »*uns* ist Dativ; *vore haben*, voraus haben«, leuchtet mir nicht ein. Besser: ›Sie sollen nicht so vor uns stehen‹. Möglicherweise ist die Wortfolge gestört und es sollte heißen: *sine sculen nicht sô vore uns haben.*

6187 Ps. 50,9: *Lavabis me, et super nivem dealbabor* (vgl. auch Jes. 1,18).

6189 f. Vgl. Kchr. 13802. Der Laurentiuskult war weit verbreitet, »denn Laurentius galt dem MA neben Stephanus als der angesehenste Held des Gottesstaats. Als *miles Dei* steht er in dem ma. Gebetsleben« (Fliegner, 1937, S. 53; hier weitere Hinweise auf Parallelen zwischen RL und der Märtyrerliturgie).

6195 Vgl. Kchr. 7094.

6223 Vgl. Anm. zu 3126.

6236 Der merkwürdige Hinweis auf die sofortige Verwesung der gefallenen Heiden soll wohl die Tatsache ihrer Nichtbestattung akzentuieren. Die Drohung, die Kadaver der Gegner den Vögeln und wilden Tieren zum Fraß vorzuwerfen, wird wiederholt ausgestoßen. Der Trost der Christen, in geweihter Erde bestattet zu werden, geht unmittelbar voran (6045 ff.).

6237 f. Was Konrad zu dieser Bemerkung veranlaßt hat, bleibt einigermaßen dunkel, wenn nicht eine schlichte rhetorische Überbietung des Heldenlobs vorliegt: ›Selbst die Heiden schrieben später von seinen vielen Heldentaten‹.

6249 f. Vgl. Kchr. 4889 f., 16320 f. (7059, 13468).

6288 Ebenso Parz. 650,20.

6297–6299 Konrad folgt hier seiner Vorlage, doch klingt die – im Munde des Erzbischofs immerhin befremdliche – Abwertung des Mönchsstandes gegenüber dem Kriegerstand noch schärfer als ChdR 1878–1882. Man darf daraus wohl schließen, daß der ›Pfaffe‹ Konrad selbst jedenfalls kein Mönch war.

6326 Vgl. Kchr. 16333 und 16821.

6329 Die Bedeutung von *versuochen*, ›erfolglos suchen, vergeblich verfolgen‹ ergibt sich aus dem Kontext. Die Wörterbücher verzeichnen abs. *versuochen* nicht (Kartschoke, 1969, S. 418).

6337 Hier fehlt ein Vers, den Grimm und Bartsch durch Aufspaltung von 6336 gewinnen wollten. Grimm schlug vor zu lesen: *Algarîch der eine / was kunc von Kartageine*, da im folgenden nur dieser eine Name genannt werde, und auch der Stricker, der an dieser Stelle offensichtlich die gleiche Lücke vorfand (7452 f.: *von Kartâgo was der eine, / der ander von Etiôpiâ*), sagt später 7474 f.: *der künec von Karthâge, / der was geheizen Algariez.* Bartsch ging nicht so weit, sondern schrieb, an 6334 *zwêne rîche kuninge* anknüpfend, *there was der eine / vone Kartâgeine.* Wesle notierte eine Crux und verzichtete auf jeden Eingriff. Möglicherweise lag hier ein Fehler schon im Archetypus vor.

6344 *gast* in der alten Bedeutung ›Fremdling‹, hier bemerkenswerterweise mit der Konnotation ›Feind‹, die auch das lat. *hostis* in nachklassischer Zeit angenommen hatte.

6350–6352 Hier überlagern sich zwei Vergleichsebenen: 1. Das riesige Heer der Afrikaner erscheint wie ein lebender Wald. Ein ähnlicher Vergleich findet sich bei Wolfram im »Willehalm« 58,6 f. *als ob ûf einen grôzen walt niht wan banier blüeten.* 2. Die Zahl der Kämpfenden übersteigt nicht nur die der Blätter aller Bäume eines Waldes, sondern sogar deren imaginäre ›Kinder‹. Die wörtliche Übersetzung der Verse ergäbe keinen Sinn.

6354 f. Der gelehrte Erzbischof Turpin glaubt, an der Sprache der neuankommenden Gegner ihre Herkunft erkennen zu können.

6360 Ps. 120,7: *Custodiat animam tuam Dominus.*

6364 f. Eine etwas unmotivierte Aussage. Bartsch: Karl »hilft unserer Seele, indem er nach unserm Tode alles thun wird, was zum Heil unserer Seele gereicht«. Da diese Formulierung aber häufig mit dem Blick auf die Fürbitte der Märtyrer und Heiligen gebraucht wird (3426 und 7600), wäre auch denkbar, daß hier vorwegnehmend an die Heiligkeit Karls gedacht ist.

6369 Auffällig ist die Steigerung von *ellende* durch *uil.* Hier scheint schon die negative Bedeutung des Worts durch, die im Nhd. dominiert. Oder sollte man neutral übersetzen: ›die von weit her Gekommenen‹?

6372 afrz. *l'algalifes* ›Kalif‹ als Personenname mißverstanden.

6379 Vgl. NL 987,3 und 2069,1.

6388 Bartsch: »es müßte denn das Glück es sehr gut mit dir meinen: ironisch«.

6391 Auch dies muß wohl ironisch gemeint sein, denn dem Toten hat auch der gerechte und siegreiche Kaiser nichts mehr zu ›erlauben‹!

6401 Vgl. Kchr. 1084, 11194 u. ö.

6415 Grimm, Bartsch und Wesle lasen *sine rument*, dagegen Kartschoke (1969) S. 419.

6421 Gemeint ist Olivier.

6451 Vgl. Anm. zu 3126.

6491 f. Vgl. 4713. Das fehlende Verbum ist aus *muosen* (6490) gedanklich zu ergänzen. Grimm wollte mit dem Stricker 7610 *Ruolant reit* schreiben; Bartsch: »zu ergänzen ist etwa *huop sih*«.

6493 Vgl. 6895 und Kchr. 10333 und 14747. Wörtlich: ›Er fiel mit kreuzförmig ausgebreiteten Armen nieder‹. Zu dieser Gebetshaltung vgl. Suntrup (vgl. Anm. zu 5783) S. 166–169.

6496 Wohl eine Anspielung auf das Prophetenwort Mal. 3,1: *Ecce ego mittam angelum meum, et praeparabit viam ante faciem meam*, das die Evangelisten zitieren und auf Christus beziehen (Mt. 11,10; Mk. 1,2; Lk. 7,27).

6498 Ähnlich Ps. 87,3 u. ö.

6505 f. Vgl. 5813.

6515 f. Vgl. Anm. zu 3259.

6520 f. Die Entgegensetzung von *in im* und *von im* läßt sich in der Übersetzung nur schwer wiedergeben.

6521 f. Eines der Wunderzeichen, die das Sterben der Heiligen begleitet. Ähnliche Zeichen und Wunder geschehen beim Tod Turpins und Rolands.

6523 f. Vgl. Kchr. 16751 f.

6528–6530 E. Schröder bei Wesle z. St. schlug vor, statt dem sprachlich anstößigen *dan* in 6530 besser *dan abe* oder *da von* zu lesen. Damit ist jedoch die inhaltliche Schwierigkeit nicht behoben, denn von einer Verwundung Walthers war bislang nicht die Rede. Kern (1971) S. 427 nahm an, »daß Vers 6529 als Parenthese zu lesen ist und sich das *dan* (= ›von wo‹) auf den Ort bezieht, an den Walther von Roland geschickt worden war (3371 ff.) – an dieses *ê* Erzählte erinnert hier Konrad, um dann die Handlung, die fern vom Hauptschauplatz inzwischen geschehen ist, im Bericht Walthers nachzuholen.« Der Stricker hat geglättet und den in P verwischten Zusammenhang wieder hergestellt (7651 ff.): *Under des quam Walthêr, / der brâhte manec wunden sêr, / den sîn herre Ruolant / ûf den berc hete gesant / mit tusent sîner mannen. / dô quam er eine dannen.*

6532–6534 Nach Grimm könnte ein Vers ausgefallen sein, oder 6533 und 6534 bilden einen Vers. Der Dreireim erzwingt solche Überlegungen nicht, da er mehrfach erscheint. Die sprachlichen Härten (warum *sô*?) sprechen aber auch hier für einen Fehler in P oder schon einer Vorstufe. Der Stricker hat die Stelle umgangen und hilft nicht weiter.

6544 Leitzmann (1917/18) S. 45 zieht den Vers mit Str. 7672 schon zur Antwort Walthers.

6552 Genauer: ›Wir kannten deine Gewohnheit (Gesinnung)‹.

6564 f. Beide Namen sind in der frz. Überlieferung unbekannt; Bartsch vermutete deshalb, daß auch hier wieder Mißverständnisse des deutschen Bearbeiters vorliegen.

6581 ff. Der folgende Abschnitt scheint nicht nur der ungewöhnlichen Länge wegen in Unordnung geraten zu sein. Der Stricker unterteilt die entsprechenden Verse 7731–7816 in zwei Abschnitte, ist aber gerade hier so frei (z. B. läßt er hier die Berufung auf den hl. Aegidius weg und fügt sie – in veränderter Form – 8233 ff. ein), daß man kaum sichere Schlüsse auf seine Vorlage wird ziehen können. Bemerkenswert ist, daß er den in P reichlich undeutlichen Eintritt Turpins in den Schlußkampf ausführlicher motiviert und mit der in P fehlenden Namensnennung durchschaubarer macht – ob aus eigenem Antrieb oder weil er eine bessere Hs. des RLs vor sich hatte, läßt sich nicht sagen.

6581 Roland, Turpin und Walther.

6582 Vgl. Kchr. 7299.

6599 Gemeint ist Bischof Turpin, der schon in 5165 *ain wârer gotes urkünde* genannt wurde.

6624 f. Wesle zieht 6624 noch zur Rede Rolands und ergänzt in 6625 *do*. Die Interpunktion von Bartsch, der ich folge, lehnt Wesle im Apparat seiner Ausgabe aus (nicht erläuterten) »inhaltlichen« Gründen ab und fügt den alternativen Vorschlag hinzu, die Rede Turpins »schon mit 6623 anzufangen und dort *nimer* zu lesen statt *do* 6625 zu ergänzen«. Da der Wortlaut der Hs. P sehr wohl einen guten Sinn ergibt, sind solche Eingriffe abzulehnen.

6638 Von Roland ist die Rede, »er wird im Kampfgedränge fortgerißen« (Bartsch).

6646–6648 Die Passage entspricht ChdR 2095–2098, ist also kein »absolutes Novum« und kann deshalb auch nicht »den welfischen Drang nach höfischer Repräsentation« dokumentieren (Ernst, 1988, S. 220). Daß jedoch jede Erwähnung des Heiligen am Welfenhof auf ein gewisses Interesse stoßen mußte, ist nicht zu leugnen, da in Braunschweig seit 1115 ein Ägidiuskloster bestand und der hl. Ägidius seit 1115 als Stadtpatron erscheint. – Zu Quellenfiktion und Wahrheitsbeweis vgl. Kartschoke (1989) S. 198.

6647 Grimm identifizierte *Leun* (afrz. *Loüm* bzw. *Loün*) mit Lyon, weil der Stricker Ägidius *ze Provinze in eime hol* (8241) sitzen läßt, als der Auftrag des Himmels (und nicht Karls!) ihn erreicht, die Geschichte aufzuzeichnen. Die Romanisten denken an Laon, »résidence de Charle-magne« (Segre I, 1989, S. 306).

6658 f. Möglich wäre auch, diese beiden Verse Turpin in den Mund zu legen.

6692 Oder: ›Eifrig versuchten sie, einander zu überholen‹?

6704 Bartsch kommentierte mit der dunklen Anmerkung: »*berunnen* præt. conj. von *berinnen*, überlaufen«. Ich lese *berunen* ›überschütten‹ wie in 4577.

6716 Vgl. Kchr. 3930 und 14349.

6725 Hier ist wie 7298 Paligan gemeint. Das *admarite* der Hs. ist – wie die Störung des Reims beweist – Schreibfehler. Wesle scheint den Titel – anders als in 7298 – als Name aufgefaßt zu haben.

6730 Die Formulierung wird besonders zur Bezeichnung der Demutsgeste im Gebet verwendet (680, 3048, 3937, 6966, 6990, 7077, 8141, 8712). Besonders die Wiederholung des Vorgangs (*dicke*) würde, wie in 7077, auch hier dafür sprechen, wenn nicht jeder Hinweis auf ein Gebet Turpins an dieser Stelle fehlte.

6734 Die Ungenauigkeit – Roland gehört ja selbst zu den Zwölfen – ist auch sonst im RL zu beobachten.

6746 P überliefert den Plural *wainent*, die Konjektur *weinet* von Bartsch in Analogie zu 6622 hat Wesle übernommen.

6760 Grimm erwog: *ûz im vielen / al daz krefte in im was*; Bartsch las: *thie getherme ûz im vielen, / al daz in im was*, entsprechend ChdR 2247 *Defors sun cors veit gesir la buële.* Wenn man den nächsten Vers der ChdR – *Desuz le frunt li buillit la cervele* ›aus der Stirne quillt ihm das Gehirn hervor‹ – hinzunimmt, ist die verallgemeinernde, resümierende Formulierung Konrads durchaus sinnvoll und verständlich. Wesles Crux ist daher zu streichen.

6766 Lk. 16,22: *Portaretur ab Angelis in sinum Abrahae.*

6767 Vgl. 104 und 5772.

6768 Vgl. 5760 und 7006.

6770 Ps. 44,5: *Specie tua et pulchritudine tua et intende, prospere procede et regna propter veritatem et mansuetudinem et iustitiam.* Der Nachweis gelang schon Ottmann; Leitzmann (1917/18) S. 45 wiederholte ihn, offenbar ohne Ottmanns Kommentar befragt zu haben. Unverständlicherweise bekannte Geppert (1956) S. 366 Anm. 1, sie habe »diese Worte weder in der Bibel noch in der Liturgie nachweisen können, obwohl ein wörtliches Zitat vorliegen wird«. Das Problem liegt aber nicht im Nachweis, sondern im Verständnis des Sinnes, in dem hier auf das Psalmistenwort zurückgegriffen wird. In der Exegese wird dieser Psalmenvers auf Christen bezogen.

6771 So ChdR 2266.

6774 Bartsch: »er konnte kaum den Augenblick des Todes erwarten«. Dagegen las Wesle »eher *better* als *beiter*«, doch ergibt das keinen Sinn vor der großen Abschiedsrede.

6779 Der Heide hatte sich mit Blut bestrichen, um sich – wie es in ChdR 2275 deutlicher heißt – totzustellen, um zu überleben.

6780 Vgl. Kchr. 7772 u. ö.

6808 Das ist zu verstehen im Sinne von 6817 ff.

6811 Wörtlich: ›Es (das Schwert) merkte es überhaupt nicht‹.

6832 Oder: ›die berühmten Poiteviner‹.

6851 Bartsch: »mit Bezug auf die sagenhafte Abkunft der Franken von Troja. Es ist also der Zug Karl's nach dem Orient gemeint, der franz. Text nennt hier Constantinopel V. 2329«. Ebenso Graff mit der weitergehenden Überlegung: »On pourrait aussi y voir une allusion à une croisade à laquelle les Francs Ripuaires auraient pris part.«

6855 ChdR 2332: *Et Engletere, quë il teneit sa cambre.*

6858–6860 Vgl. Anm. zu 3302 f.

6862 ff. Die Verleihung des Schwerts unmittelbar durch Gott diskutieren Bertau (1968) S. 14 ff. und I (1972) S. 467 ff.; Ott-Meimberg (1980) S. 229 und Canisius-Loppnow (1992) S. 78 ff., die einen Zusammenhang mit der »Zweischwerterlehre« vermutet: »Diese Lehre, die in den Bereich der politischen Theologie gehört, besagt, daß es in Auslegung von Lukas 22,38 zwei Schwerter gibt: ein geistliches und ein weltlich-materielles. Während der Gedanke, daß diese *duo gladii* die oberste Straf- und Gerichtsgewalt in der Welt symbolisieren, und die Vorstellung, daß Papst und Kaiser jeweils ein Schwert führen, seit dem 11. Jahrhundert allgemein anerkannt wurden, blieb die Frage nach der Rangordnung und der Ableitung der beiden Gewalten lange Zeit heftig umstritten. Im Gegensatz zum weltlichen Herrscher, nach dessen Auffassung Gott dem Kaiser und dem Papst je ein Schwert übermittelt hat, geht die kurialistische Partei davon aus, daß nicht Gott, sondern der Apostel Petrus dem Inhaber des apostolischen Stuhls und dem Kaiser die entsprechende Waffe gegeben hat. Der Pfaffe Konrad scheint zur kaiserlichen Interpretation des Gewaltenverhältnisses zu tendieren« (S. 78 f.).

6874–6880 Die Reliquien waren im verzierten Griff untergebracht, wie man noch heute an erhaltenen Prunkschwertern sehen kann (vgl. Schultz II, 1889, S. 15). In ChdR 2346–2348 bestehen die Reliquien aus einem Zahn des Apostels Petrus, Blut des hl. Basilius, Haaren des hl. Dionysius, einem Gewand(stück) der Gottesmutter Maria.

6875 Die Ersetzung des hl. Basilius durch den hl. Blasius hat Leitzmann (1917/18) S. 46 als Hinweis auf »Otlohs Gebet« und die »in Regensburg verehrten patrone« gedeutet. Bertau (1968) S. 17: »Der heilige Blasius aber ist der persönliche Schutzpatron Heinrichs des Löwen. Ihm überreicht der Herzog sein Evangeliar [. . .], das er um 1175 in Helmarshausen malen ließ. Diesem heiligen Blasius war auch die Stiftskirche der Burg Dankwarderode, der Dom zu Braunschweig [. . .] geweiht. Nach seiner Rückkehr aus Palästina, 1173, ließ ihn der Löwe neu erbauen.« Minis (1972) S. 233 erinnerte daran, daß auch die »Karlamagnussaga« hier den Heiligennamen *Blasi* einsetzt. – Bartsch nahm Anstoß an *hêrscaft*, »da es auf alles zusammen bezogen V. 6880 wiederkehrt«. Bertau (1968) S. 17 f. erklärte dies als Reminiszenz an den gesamten Reliquienschatz, den Heinrich der Löwe seinem Heiligen geweiht hatte: »Alle diese Reliquien waren im strengsten Sinn des Wortes *herschaft sent Plasien*, Heiligtümer des heiligen Blasius. Kaum zufällig und kaum vor 1172/73 wird dem Clericus Konrad solch Quidproquo in den Calamus gekommen sein.«

6882 *adelhêrre* scheint eine Prägung Konrads zu sein. Die feudale Gottesbezeichnung hat im engeren Zusammenhang der Sterbeszene Rolands ihren besonderen Sinn, da der *miles Dei* mit dem Handschuh sein ›Lehen‹ an Gott zurückgibt (6889 ff.).

6885 Vgl. Anm. zu 933.

6889–6891 Vgl. Anm. zu 1417. Die Rückgabe des Handschuhs entspricht dem Rechtsvorgang der Rückgabe eines Lehens. Da Gott selbst den Kriegszug gegen die Heiden befohlen hat, gibt Roland diesen Auftrag (*lêhen*) auch an Gott zurück.

6894 Die Berufung auf *daz buoch* kann nur die Primärquelle Konrads meinen, wenn diese schon den Hinweis auf die christliche Verehrung Rolands enthielt.

6895 Vgl. Anm. zu 6493.

6901–6903 Dreireim!

6904 f. Vgl. Heinrichs »Litanei« 1419 f.

6914 Vgl. Lk. 16,22. Fliegners (1937) S. 72 Hinweis auf die liturgischen Sterbegebete gilt nur für das Zitat von Lk. 16,22 (*in sinum*

Abrahae angeli deducant te). Der andere Nachweis (*ad dexteram tuam te sorte constituat*) beruht auf einem Mißverständnis von 6915.

6916–6919 Anklänge an das Sterben Christi, vgl. Joh. 19,30: *Et inclinato capite tradidit spiritum* und Lk. 23,46: *Pater, in manus tuas commendo spiritum meum.*

6917 Vgl. Anm. zu 5788.

6918 f. Vgl. Anm. zu 5967. 1. Petr. 4,19: *Itaque et hii, qui patiuntur secundum voluntatem Dei, fideli Creatori commendant animas suas in benefactis.*

6920–6922 In ChdR schickt Gott dem sterbenden Roland die Engel *Cherubin, Michel* und *Gabriël.* Raphael erscheint nur in der nordischen Überlieferung.

6924 ff. Das Sterben des Märtyrers wird von Wunderzeichen begleitet, die denen beim Tode Christi ähneln (Mt. 27,45.51 ff.; Mk. 15,33.38; Lk. 23,44 f.) und an das Jüngste Gericht gemahnen.

6927 Zur Dehnung des Vokals in *erdbîbe* vgl. Wesle (1925) S. 110 und Mhd. Gr. § 46.

6932 Das Wort *stalboum* ist bis heute nicht befriedigend erklärt. Beiträge zur Aufhellung besonders von Haupt (1872) S. 257 f. und Leitzmann (1917/18) S. 40–42. Der Stricker sagt dafür *die starken boume grôz* (8272).

6934 f. Vgl. Kchr. 15342 f.

6937 Das absolut gebrauchte Verbum *gebresten* ist höchst ungewöhnlich. Die Übersetzung folgt einem Vorschlag von Leitzmann (1917/18) S. 46, ist aber durchaus ungesichert.

6938 f. Vgl. Kchr. 1724 f.

6944 Bartsch: »zeigten sich offen, wiewol es Tag war«.

6950–6952 Bartsch ergänzt in 6951 *gâheten*, Wesle streicht statt dessen in 6952 *dô*. Möglicherweise liegt wieder eine gewollte Ellipse vor.

6956 Bartsch liest *ane thie baren erthe*, Wesle notiert eine Crux, da das Substantiv *bar* sonst nicht nachgewiesen ist. Wörtlich: ›auf die Blöße der Erde‹.

6996 Ps. 68,25: *Effunde super eos iram tuam, et furor irae tuae conprehendat eos*; Jer. 10,25: *Effunde indignationem tuam super gentes quae non cognoverunt te* (vgl. Röm. 1,18; 1. Thess. 2,16 u. ö. Die Nachweise von Backes sind unzureichend).

7000 Wieder eine Reminiszenz an die Passion Christi: Als Christus in Gethsemane betete, *Apparuit autem illi angelus de caelo confortans eum* (Lk. 22,43).

7003 f. Jes. 49,1: *Dominus ab utero vocavit me, de ventre matris meae recordatus est nominis mei*; 49,5: *Formans me ex utero servum sibi* (vgl. Ps. 21,11; Jer. 1,5; Gal. 1,15).

7006 Vgl. Anm. zu 5760 f.

7015 f. Vgl. 5813.

7018–7024 Jos. 10,12 f.

7018 Bartsch: »die Sonne stieg wieder zur Mittagshöhe empor; in der Ch. d. R. bleibt sie nur stehen.«

7029 Vgl. Anm. zu 5278.

7041 Ähnlich u. a. Hartmann von Aue, »Klage« 751 ff.: *man sol ez* [sc. *daz heil*] *ze nôtstrebe / genendeclîchen erloufen / mit kumber sælde koufen.* Dazu Fedor Bech (Hrsg.), »Hartmann von Aue. Zweiter Theil«, Leipzig [3]1891, S. 73 z. St. im Anschluß an Lexer II, 144: »nôtstrebe stf. scheint eine solche Lage zu bezeichnen, in welcher das gehetzte Wild von Noth gezwungen Halt machen und sich wehren oder ergeben muß [. . .]. Daher wohl hier: man soll das Glück kühnlich zu erfassen versuchen dadurch, daß man es wie ein Wild oder einen Feind in die Enge treibt und es zwingt sich zu ergeben.«

7049 Vgl. Anm. zu 308 f. *Tervagant* erscheint zum erstenmal in der ChdR und hält sich in der frz. Literatur bis ins 17. Jh. Offenbar handelt es sich um ein Produkt der gelehrten Polemik gegen den Islam zur Verteidigung des ersten Kreuzzugs. Dem monotheistischen Islam wird Polytheismus unterstellt. Umstritten ist die Namensform und ihr gelehrter Hintergrund. Jacob Grimm, »Deutsche Mythologie«, 4. Ausg. bes. von Elard Hugo Meyer, Bd. 1, Berlin 1875, S. 124 dachte an den Beinamen *Trismegistus* des Hermes/Merkur. Danach Denecke (1930) S. 81: »Tervagant ist eine an den Namen Trismegistos in der Bildung sich anschließende Neuerfindung für den sonst mit Apollo und Jupiter zusammen auftretenden Merkur, dessen eigentlicher Name wegen der Übereinstimmung mit dem christlichen Heiligen Merkurius unterdrückt wurde.« Dagegen schlug Henri Grégoire, »L'étymologie de Tervagant (Trivigant)«, in: »Mélanges d'histoire du théatre du Moyen Age et de la Renaissance offerts à G. Cohen«, Paris 1950, S. 67–74 vor, von der italienischen Namensform *Trivigante* auszugehen und die Schwester des Apoll, *Diana Trivia*, als Namensgeberin des – männlichen! – Gottes in Erwägung zu ziehen. Weitere Versuche bei Charles Pellat, »Mahom, Tervagan, Apollin«, in: »Primer Congreso de Estudios Arabes e Islamicos, Cordoba 1962«, Madrid 1964, S. 265–269; Paul Kunitzsch, »Namenkundliche Anmerkungen zu P. Bancourt, Les Musulmans . . .«, in: ZfrPh 103 (1987) S. 267.

7078 Der Vers sagt das Gegenteil dessen, was er sagen will. Bartsch: »sobald die Müdigkeit von ihm wich: vor zu großer Ermüdung konnte er anfangs nicht schlafen.« Dagegen Wilmanns (1909) S. 137 f. mit der Spekulation, es könne sich um ein – sonst nicht belegtes – Verbum *entwîgen* ›ermatten‹ handeln oder es sei zu konjizieren: *als er der müede entweich.*

7080 In ChdR 2526 ist von *Seint Gabriël* die Rede; auch Konrad spricht in 7123 im Singular: *der heilige engel.* Da Str. 8496 an dieser Stelle ebenfalls den Singular hat, habe ich P entsprechend emendiert. Die Verwirrung mag durch die Form des maskulinen Artikels *di* veranlaßt worden oder auf das Streben nach Reimglättung zurückzuführen sein.

7084 ff. Mißverständnisse der mutmaßlichen Vorlage registriert Wilmanns (1908) S. 139 ff. Zu den Träumen allgemein vgl. Anm. zu 3030 ff.

7085–7090 Vgl. Gen. 19,24 f.; Lk. 17,29 ff.; Gen. 2,23 ff.; Ps. 10,7; Offb. 8,7 ff., 20,9 u. ö.

7111 Die Anmerkungen von Wilmanns (1908) S. 138 und Leitzmann (1917/18) S. 46 zu *toten* ›Paten‹ oder ›Puppen‹, sind von Wesle (1925) S. 122 widerlegt worden.

7114 Wilmanns (1909) S. 140 ff. erklärte das ›wilde Tier‹, das in der frz. Überlieferung nicht vorkommt, als Übernahme aus dem »Alexanderlied« 5020 ff.

7137–7141 Das ist gesprochen in offenbarer Umkehrung des Herrenworts Mt. 7,6: *Nolite dare sanctum canibus, neque mittatis margaritas vestras ante porcos, ne forte conculcent eas pedibus suis.*

7147 *geverte* ist hier entweder in der Bedeutung ›Weg‹, ›Fahrt‹, ›Schicksal‹ oder in der Bedeutung ›Gesamtheit der *geverten*‹, ›Gefolge‹ zu nehmen.

7150–7152 Wesle zog 7150 f. in einem Vers zusammen. Dazu zwingt weder der Dreireim noch der Reimklang.

7154 Die Hauptstadt der Heiden heißt Babylon (vgl. 1871 und 2272).

7166 ff. Bartsch und Wesle zogen 7166 f. zum Vorhergehenden. Der Sinn verlangt aber die syntaktische Einheit von 7166–7168. Vielleicht ist in 7168 zu lesen: *der hervart*?

7187 Ich fasse *recke* prägnant als ›Einzelkämpfer‹ auf.

7188 Für die hier aufgezählten Schiffstypen gibt es keine nhd. Namen, deshalb die pauschale Übersetzung.

7197 Vgl. Kchr. 9197 und 16927 f.

7199 Das ist sicher nicht persönlich gemeint, sondern will nur sagen:

ihr seid aus meinem Reich, geboren und aufgewachsen auf der von mir beherrschten Erde.

7204 In 3747 war davon die Rede, daß Karl über sieben Jahre in Spanien gewesen war, als man sich zur ersten Schlacht rüstete.

7208 Wieder betont ein Mann des Hochadels, er habe »selbst« gelesen. Vgl. Anm. zu 2113.

7265 Oder Singular: ›Sie hätten ihren lieben Herren verloren‹? Aber noch lebt ja der König.

7271 f. Eine bislang mißverstandene Stelle. Bartsch kommentierte 7272 *ime ze vâre* mit »um ihn zu beobachten: um zu sehen was es für einen Eindruck auf ihn machen würde«. Das verwischt die durchweg negative Bedeutung des Ausdrucks, der von ›Nachstellung‹, ›Gefährdung‹, ›böse Absicht‹ etc. abzuleiten ist. Ebenso negativ besetzt ist das Adverb *undâre* ›unfreundlich‹, ›unpassend‹, ›ungehörig‹ etc. Der darauf folgende Gruß (7273–7275) ist aber alles andere als unfreundlich und verrät keinerlei böse Absicht. In ChdR O 2710 heißt es: *Par bel amur malvais saluz li firent* ›Sie entboten ihm in schöner Freundschaft einen bösen Gruß‹. Auch das haben die Übersetzer und Kommentatoren nicht immer richtig verstanden. Zutreffend erläuterte Klein (1963) S. 153: »In den Augen des christlichen Verfassers ist der Gruß schlecht, weil sie dabei heidnische Götter anrufen.« So hat es auch Konrad verstanden. Er (oder schon seine Vorlage) hat allerdings die negative Sicht auf den Vorgang noch verstärkt. Die Übersetzung versucht etwas mühsam, diesem Sinn der Verse nahezukommen.

7283 Ein Latinismus, dem offensichtlich ein absoluter Ablativ der lateinischen Zwischenversion zugrunde liegt.

7299 Vgl. 177.

7321 f. Vgl. Kchr. 5147 f. mit dem gleichen losen Anschluß des nächsten Satzes.

7352 Das bezieht sich wohl darauf, daß auch die Heiden inzwischen Genelun als Verräter empfinden.

7357 Vgl. Kchr. 3809.

7365 Bartsch: »*mêiske*, medische: *mêdiske* will E. Steinmeyer lesen«. Einen absurden Vorschlag machte E. Ochs (1961) mit seiner Ableitung des unbekannten Adjektivs von ›Mai‹: »*mêiske môre* [...] sind keine ›medischen‹ Moren, sondern ›ausgelassene wilde‹«. Das Wort muß weiterhin als unerklärt gelten.

7366 *stôre* ist Nebenform von *stôrje*.

7369 Bartsch: »Naturspil«.

7384 *Adalrôt* oder *Jorfalir*. Aber warum spricht Konrad im Singular?

7390 Die Schutzmantelgeste ist in der darstellenden Kunst seit dem 13. Jh. bekannt und beliebt, besonders im Typus der Schutzmantelmadonna. Zur literarischen Verwendung des Motivs Bumke (1986) S. 184 f.

7397 Gemeint ist der Kaiser, »den der Dichter schon im Sinn hat, wenn er auch erst V. 7399 genannt wird« (Bartsch).

7413–7417 Zur abweichenden Interpunktion von Wesle vgl. Kartschoke (1969) S. 419.

7413 Vgl. Anm. zu 7384.

7417 Wörtlich: ›ziemt großem Ansehen‹.

7423 Vgl. Kchr. 14608.

7429 f. Ich vermute hier wieder eine sprichwörtliche Redensart oder zumindest die Abwandlung einer solchen. Jedenfalls bezieht sich das Verspaar auf die Ratschläge des Marsilie zur Sicherung seines Reichs.

7447 Karl war in voller Rüstung vom Schlaf übermannt worden (7076).

7448 Vgl. Anm. zu 6493.

7455 Ich lese gegen die Hs. P mit Grimm und Bartsch Singular, vgl. Str. 8910: *ez schînt wol daz ich sündec bin*; Km. 465,22: *dat is myner sunden schulde.*

7456 f. Eine wenig logische Aussage, denn selbst Gott kann in Karl nicht dessen Vorfahren strafen, sondern den Kaiser nur stellvertretend auch für deren Sünden die Strafe erleiden lassen. Entsprechend liest man in Km. 465,22 f.: *So we ich id entgan got erschulde / Off de altueder myne.* Ich lese deshalb in 7457 *mîner* statt *mîne*.

7470 Wesle faßt diese Stelle »als reminiszenz an die sage vom jungfrauenheer«, wie sie Kchr. 14939 ff. erzählt: Kaiser Karl ist in Spanien von den Heiden vernichtend geschlagen worden. Er beweinte sein Unglück auf einem Stein sitzend, der noch heute von seinen Tränen naß ist (vgl. RL 7566 f.), als ein Engel ihm erschien und ihm riet, alle Jungfrauen zum Kampf aufzufordern. In der Tat schlug daraufhin der Kaiser die Feinde allein durch den Anblick dieses Heeres in die Flucht. Störend ist nur, daß die Vorstellung kämpfender Frauen hier von den Christen auf die Heiden übertragen ist.

7473–7484 Der ganze Abschnitt hat keine Entsprechung in der frz. Überlieferung.

7483 f. In Km. 456,53 ff. wird die Existenz einer solchen Reliquie als *vabel ind sage* bezeichnet, dennoch aber nicht rundweg abgelehnt. Das Kreuz, so heißt es, werde mit anderen ehrwürdigen Reliquien im Liebfrauenmünster aufbewahrt (*Beslossen vlysliche*) und am

Jüngsten Tag direkt an Gott zurückfallen. Damit wird offenbar erklärt, daß niemand das Kreuz gesehen habe. Was den Pfaffen Konrad zu seiner Mitteilung bewogen hat, ist nicht zu klären.

7489 Zu den Trauergebärden vgl. Ute Schwab, »Zwei Frauen vor dem Tode«, Brüssel 1989, S. 83 ff. und dies., »Einige Gebärden des Totenrituals in der ›Rabenschlacht‹«, in: »Helden und Heldensage, Fs. Otto Gschwantler«, Wien 1990, S. 379.

7508 f. Vgl. 7549. Eine Trauergebärde oder »Ritualgeste beim *wuof*« (Ute Schwab, vgl. Anm. zu 7489), allerdings ist das Verbum *wandeln* in diesem Sinn sonst nicht belegt. Der Stricker 10552 f. sagt: *er want in mit sînen handen / vil dicke hin und her.*

7511–7521 Zur Totenklage vgl. H. W. Klein (1979) mit weiteren Literaturangaben.

7514 Tob. 5,23: *Baculum senectutis nostrae tulisti.*

7517 Vgl. 2974. Auch in der ChdR und im »Pseudo-Turpin« wird Roland als *le destre braz del cors* bzw. *bracchium dextrum corporis mei* vom Kaiser beklagt.

7518 Wieder spricht – durch den Mund des Kaisers – der buchgelehrte Kleriker.

7527–7530 Dreireim. Bartsch nahm an, daß ein Vers ausgefallen ist.

7532 f. Wieder eine Christusanalogie, Lk. 22,44: *Et factus est sudor eius, sicut guttae sanguinis decurrentis in terram.* Dagegen verweist H. W. Klein (1979) S. 116 f. auf die Tradition germanisch-deutscher Heldendichtung: »›Blutige Tränen weinen‹, ein noch heute im Deutschen lebendiger Ausdruck, ist in der gesamten altfranzösischen Literatur unbekannt [. . .]. Bei den ›blutigen Tränen‹ ist ganz deutlich der Einfluß deutscher Epentradition auf Konrad und den Stricker sichtbar, denn das Nibelungenlied bietet ein Beispiel: *ir liehten ougen vor leide weinten dô bluot* (NL 1069,4).«

7539 ff. Ein Kompositum *swertwahs* im Sinne von ›scharf mit dem schwerte‹ (Lexer II, 1367; vgl. BMZ III, 532b ›mit scharfen schwertern versehen‹) ist Hapaxlegomenon. Ich nehme eine Lücke in (oder nach) 7540 an, denn es kann nicht heißen, Roland habe für den Frankenherrscher die Franken unterworfen, während dies mit Recht von Karl/Roland für die *Sachsen* (1773, 5215, 6842), aber auch für die *Beieren* (1774, 6840) und die *Swâben* (1774) gesagt werden kann. Als Roland in seiner Sterbestunde seine Eroberungen aufzählt, fällt die Aussage über die Franken (6849 bis 6851) denn auch aus der Liste heraus. (Da im RL das Enjambement noch gemieden wird, ist es nicht möglich, in 7541 *Swâbe* auf 7540 und *Franken* auf 7542 zu beziehen.)

7541–7543 In ChdR 2921 befürchtet Karl, daß sich die Sachsen, Ungarn, Bulgaren etc. – nicht aber der eigene Stamm der Franken – gegen ihn erheben werden. Konrad verschärft also die Aussage.

7549 Das bezieht sich auf 7508. Die Anmerkung von Fliegner (1937) S. 73 »damit ich dem Toten zu seinem *wandel* verhelfe« mit Hinweis auf 933 und 6885 führt gänzlich irre.

7550–7557 Fliegner (1937) S. 74 f., betont die Anklänge an die Liturgie (»Traditionen des Totenrituals«).

7551 f. Vgl. Kchr. 751 f.

7558 Graff machte hier – wie zu 7734 – darauf aufmerksam, daß die Hs. P *amen* in eine Form abkürzt, die dem rätselhaften AOI in der Oxforder Hs. der ChdR ähnelt: *aoj* oder *aoy* (in Wesles Apparat erscheint dafür immer *am̄*, was aber nur zu 7930 korrekt ist). »Ce détail de graphie semble établir qu'on a une copie directe du modèle français. En tous cas, cette interjection controversée n'a pas été comprise par K.« Es wäre merkwürdig, wenn dieses »unverstandene« graphische Detail sich über mehrere Überlieferungsstufen gehalten hätte, da kein Schreiber an den bezeichneten Stellen anders als *amen* hat lesen können. Dennoch ist die Entdeckung von Interesse für die romanistische Forschung, die m. W. in der langen und kontroversen Debatte über AOI nie darauf eingegangen ist.

7564–7567 Vgl. Anm. zu 7532. Shaw (1977) S. 134 f. erwog die Herkunft dieses Motivs aus der Aegidiuslegende.

7580 *karnære*, lat. *carnarium* ›Beinhaus‹ (›Kärner‹). Da aber nur die Eingeweide in der *gruobe* (7595) bestattet werden, erscheint ein *karnære* nicht der richtige Ort der Bestattung. Offenbar hat sich Konrad treu an die frz. Wortwahl gehalten (ChdR 2954 *ad un carner*).

7583 Die *gelêrten* sind zu der Zeit immer noch identisch mit den ›Kirchenleuten‹, vgl. Anm. zu 2113.

7588 Hld. 5,1: *Messui murram meam cum aromatibus meis.* Williram von Ebersberg, »Paraphrase des Hohen Liedes« 70: *sámo mírra unte aloé behaltont dîe tôten lîchamon a putredine et a uermibus.*

7589 ff. Zur Bestattungsszene im Vergleich mit der afrz. Version vgl. Krüger (1933).

7594 In ChdR sind es die Herzen.

7596 f. Hier werden zentrale Legendenbestandteile benannt: die Wunderzeichen beim Sterben des Heiligen und die Bestätigungswunder (*miracula*) nach seinem Tod.

7600 Gemeint ist die Fürbitte der Heiligen bei Gott für die noch in Sünden befangenen und die in Sünden gestorbenen Gläubigen.

7606–7614 »Auch hier hat Konrad die nur aus dem V. 2929 bestehende korrespondierende Stelle des französischen Rolandsliedes beträchtlich erweitert, indem er dafür neun Verse [...] einsetzte. Ihr Inhalt ist teilweise aus dem Johannesevangelium 19,39 ff. entnommen, wo erzählt wird, daß der Leichnam Jesu mit Myrrhe und Aloe gesalbt und mit leinenen Tüchern umwickelt wurde. Offenbar hat der deutsche Bearbeiter, was die vorliegende biblische Entlehnung anbetrifft, lediglich aus seiner Erinnerung geschöpft, und tat er dies ebenfalls bei seiner Angabe, daß neben den Spezereien und Salben, womit die Leichen der gefallenen Edlen bestrichen wurden, auch *daz tiure alabaster* verwendet worden sei. Konrad stellte sich an dieser Stelle seines Rolandsliedes vor, Alabaster diene zum Einbalsamieren Verstorbener, und beruht die hier bei ihm zutage tretende irrige Meinung darauf, daß er der in Matthaeus 26,6–7 erwähnten Salbung Jesu durch die Sünderin gedacht hat, worüber die Vulgata berichtet: *accessit ad eum mulier habens alabastrum unguenti pretiosi, et effudit super caput ipsius recumbantis* [...]. Erst Konrad von Megenberg hat in seinem Buche der Natur über den Alabaster zutreffende Angaben gemacht und denselben hinzugefügt: *auz dem stein hat Mariâ Magdalênâ ein pûhsen, dâ was diu salb inn, die si unserm herren auf daz haupt gôz.* Das laut der Vulgata sich auf die in einer Vase enthaltene Salbe beziehende Beiwort *pretiosus* hat Konrad mit *alabaster* in Verbindung gebracht, weil ihn auch hier sein Gedächtnis irregeführt hat« (Krüger, 1933, S. 107 f.; das mhd. Zitat habe ich stillschweigend berichtigt).

7647 Das heißt genauer: er wird deine Bürg mit *mangen* (vgl. Anm. zu 7659) erobern lassen.

7651 Zu dieser Gebärde des Zorns vgl. Anm. zu 1154–1156.

7659 Zur *mange* ›Steinschleuder‹ als Belagerungsmaschine vgl. Schultz II (1889) S. 396 ff.

7661 »Alle die Maschinen, die zur Belagerung oder Vertheidigung einer Festung erbaut werden, heissen Antwerc« (Schultz II, 1889, S. 423), insbesondere Maschinen, in denen oder mit denen Seile gespannt wurden (ebd., S. 203).

7672 Bartsch: »machen heute einen sehr übelen Vertrag«.

7685 f. Hier ist offenbar an eine Kombination der Herrenworte Lk. 13,24: *Contendite intrare per angustam portam* (und das Folgende) mit Lk. 11,9: *pulsate, et aperietur vobis* (vgl. Mt. 7,7) zu denken. Die Belege bei Backes beziehen sich zum größeren Teil nur auf das Wort *porta* im AT und NT.

7687 Vgl. 5826 f.

7691–7696 Was als wörtliches Zitat einer Herrenrede ausgegeben wird (7689), ist wieder eine Kombination verschiedener Schriftworte (dazu Sudermann, 1988, S. 203 f.). Zugrunde liegt jedoch das Abschiedsgebet Jesu Joh. 17,9 ff. bes. 24: *Pater, quos dedisti mihi, volo ut ubi sum ego, et illi sint mecum, ut videant claritatem meam.*

7694 Offb. 22,14: *Beati, qui lavant stolas suas, ut sit potestas eorum in ligno vitae, et portis intrent in civitatem.* Diese Anspielung verbindet sich mit der allgemeinen Verwendung von *stam* ›Herkunft‹, hier mit dem Blick auf 7696 *erbekint.*

7696 Vgl. Röm. 8,17; Jak. 2,5; 1. Petr. 3,22.

7700 f. Ps. 33,22: *Mors peccatorum pessima, et qui oderunt iustum delinquent.*

7702 f. Mt. 10,28: *sed potius eum timete, qui potest et animam et corpus perdere in gehennam.*

7711–7714 Ps. 2,2: *Astiterunt reges terrae, et principes convenerunt in unum adversus Dominum, et adversus christum eius* (zitiert in Apg. 4,26).

7718 f. Ps. 2,3: *Dirumpamus vincula eorum et proiisciamus a nobis iugum ipsorum.*

7720–7722 Ps. 2,4: *Qui habitat in caelis inridebit eos, et Dominus subsannabit eos.*

7724 f. Jak. 1,12: *Beatus vir, qui suffert temptationem.*

7726 f. Mt. 20,16: *Multi enim sunt vocati, pauci autem electi* (ebenso Mt. 22,14).

7729 f. Lk. 21,17 f.: *et eritis odio omnibus propter nomen meum; et capillus de capite vestro non peribit.* Vgl. auch zu 5154.

7734 Vgl. Anm. zu 7558.

7746 f. Vgl. Anm. zu 3442 f.

7754 f. Vgl. Anm. zu 943.

7756 Vgl. 5934 f.

7761 Danach könnten einige Verse ausgefallen sein, die Km. 469,53 bis 470,5 und teilweise auch Str. 9101 ff. bewahrt haben (von der Burg, 1975, S. 328).

7772 In 6804 wurde gesagt, daß der Olifant zerstört sei.

7790 f. Die sagenhafte Abstammung der Baiern von den Armeniern findet auch im »Annolied« 309 f. und in Kchr. 317 ff. Erwähnung. Dazu František Graus, »Lebendige Vergangenheit. Überlieferung im Mittelalter und in den Vorstellungen vom Mittelalter«, Köln/Wien 1975, S. 109–111 mit den nötigen Literaturangaben.

7801 *Wate* ist eine Gestalt der deutschen Heldensage, die aus der

»Kudrun« 205,1 bekannt ist. »Es steht nicht fest, daß es sich bei dem *Wate*, der hier als Verwandter Oigirs erscheint, um den gleichen Wate wie den der ›Kudrun‹ handelt. Da aber der *Oigir* des Rolandsliedes aus Dänemark stammt und der Wate der ›Kudrun‹ zu den *mâgen* des Dänenkönigs Hetel gehört, darf man wohl annehmen, es sei wirklich der aus der ›Kudrun‹ bekannte Wate gemeint. Auch was wir über seinen Charakter hören – freundlich, solange man ihn nicht herausfordert –, paßt zu dem Bild, das uns vom Wate der ›Kudrun‹ vor Augen steht« (Karl Stackmann, Hrsg., »Kudrun«, 5. Aufl., überarb. und neu eingel., Wiesbaden 1965, S. LIII; vgl. hier auch S. LXX–LXXII).

7813 Anders als Bartsch – »ihr Erbe, ihr Land, ist ihnen infolge ihrer edlen Abstammung zugefallen« – beziehe ich *erbe* auf das ererbte Recht, Vorkämpfer zu sein (zur Formulierung vgl. 9047).

7846 ff. Man erwartet eigentlich auch im folgenden den Konjunktiv.

7851 Die Namen des Markgrafen Otto und der Rheinfranken erinnerten E. Schröder (1883) S. 73 »an Otto von Rineck, den schwager Richinzas und somit oheim Heinrichs des stolzen gemahlin Gertrud«. Dagegen Lintzel (1926) S. 18.

7855–7858 Das Vorrecht der Schwaben, Vorkämpfer zu sein, ist alte deutsche Überlieferung, vgl. Kchr. 14623 ff.: *do verlêch der chunc Karle / Gêrolde dem helde, / daz die Swâbe von rehte / iemer suln vor vehten / durch des rîches nôt.* Vgl. auch »Schwabenspiegel«, cap. 31.

7870 Der Konjunktiv steht hier wohl nur des Reimes wegen.

7875 ff. Vgl. Kchr. 7102 ff.

7882–7894 Dazu Backes, S. 74–77.

7882 f. Vgl. Anm. zu 5764. »Wie nur die in Ronzeval verblutete Nachhut als Karlinge mit dem Attribut *suoze* ausgezeichnet wird, so erscheinen auch nur diese hier mit den brennenden Lampen direkt identifiziert; den übrigen Karlingen gönnt Vers 7882 f. lediglich einen Vergleich mit den brennenden Öllampen [. . .]. Dies aus dem Grunde, weil sie zwar Gesinnung und Bereitschaft der Martyrer besaßen, nicht selber aber wie die Nachhut den Martertod gestorben waren« (Backes, 1968, S. 31). Neben den einschlägigen Bibelstellen wäre wie immer auch ihre exegetische Verarbeitung zu bedenken. Backes zitiert u. a. aus der Schrift eines Pseudo-Hraban (12. Jh.): *Per lampades corda sanctorum, ut in Cantica: ›lampades ejus lampades ignis atque flammarum‹ (Cant. 8,6), quod qui vasa veritatis existunt, et intus bonum desiderium et foris bonam actionem habent.* ›Unter den Lampen sind die Herzen der

Heiligen zu verstehen, entsprechend dem Wort aus dem Hohenlied: »Ihre Glut ist feurig und eine Flamme«, weil diejenigen, die als Gefäße der Wahrheit leben, innerlich voller frommer Sehnsucht sind und äußerlich gute Taten tun.‹

7885–7888 Joh. 12,23.

7889 Vgl. Kchr. 1805 und Anm. zu 5169 und 8683. Hier wird auf das Gleichnis von den anvertrauten Talenten angespielt (Mt. 25,14 bis 25,30).

7892 Gal. 5,16 f.: *Dico autem: Spiritu ambulate, et desideria carnis non perficietis. Caro enim concupiscit adversus spiritum, spiritus autem adversus carnem; haec enim sibi invicem adversantur.*

7895–7902 In ChdR 3093 ist von der *orieflambe* die Rede, die einst St. Peter gehört und den Namen *Romaine* getragen habe. »Die Karlsfahne ist für den Dichter gleichbedeutend mit der französischen Königsfahne seiner Zeit. Dennoch setzt er sie mit der Petersfahne gleich, nimmt also an, sie wäre vom Papst verliehen« (Erdmann, 1935, S. 178 und ff.). Die frz. Königsfahne, die Oriflamme, war wohl bildlos. Daß der Pfaffe Konrad sie mit dem Bild Christi in der Gloriole oder Mandorla (Folz, 1950, S. 247 Anm. 64 hielt wohl zu Unrecht die *flammen* für die »franges de la bannière d'Empire«) schmückte, ist vielleicht als Explikation des Namens *orieflambe* zu erklären: die Aureole, die sich der deutsche Autor vorgestellt haben wird, verlangt nach einem bedeutsamen Zentrum, von dem der Goldglanz strahlenförmig ausgeht. Die Hinzufügung des Apostels Petrus mag auf dessen Erwähnung in der ChdR zurückzuführen sein (so Nellmann, 1963, S. 177 Anm. 55). Vgl. jetzt auch Canisius-Loppnow (1992) S. 106–122.

7901 Bartsch: »dargestellt in der Situation, wie Christus ihm das Schlüsselamt übergab«.

7907–7930 Zur Gebetsform mit Berufung auf heilsgeschichtlich bedeutsame Exempel vgl. Lutz (1984) S. 143 f.

7908 Vgl. Kchr. 10015 und 10553.

7909–7912 Jon. 2,1 ff. Zitiert bei Mt. 12,40.

7913 f. Dan. 3,1 ff., wo aber nicht Gott, sondern sein Engel – *Angelus autem Domini* (3,43) – bei den drei Männern weilt.

7915 Nebukadnezar, vgl. Dan. 4,31–34 und bes. Jon. 3,1–10.

7917 Mt. 14,28–31. Das Verbum fehlt. Der Stricker hat das ganze Gebet stark verändert. Die 7917 entsprechenden Verse 9354 f. lauten: *du lôstest Petern ûz dem mer, / do er sêre vorhte den tôt.* Ähnlich Km. 472,60 ff.: *Du erloestes mit dyner gewalt / Van groessen ruwen / Sente Peter dynen getruwen / Vsser des meres vnden.* Es ist deshalb sehr wahrscheinlich, daß parallel zu 7909, 7913 und 7915 zu lesen ist: *du (er)lôstest sent Petern uz des meres unden.*

7918 Mt. 26,69–75 (Mt. 14,66–72; Lk. 22,56–62; Joh. 18,15–18). Es ist unnötig, mit Bartsch und Wesle – analog zu Km. 472,66 – *dîn* zu ergänzen.

7919 Vgl. Kchr. 10272. Dan. 3,43: *Et erue nos in mirabilibus tuis.* »Die *manunge* des Beters erinnert Gott an seine Helfer-Eigenschaft [. . .]. Das beschwörende Moment des Betens, das noch im Mittelalter allein schon im Aussprechen des göttlichen Namens liegen kann, kommt in der *manunge* des Paradigmengebets (und nicht nur in ihm) besonders deutlich zum Ausdruck« (Lutz, 1984, S. 144).

7920–7922 Die wunderbare Rettung des hl. Johannes Evangelista aus dem Kessel mit siedendem Öl in Rom und vor dem Tod durch den Giftbecher in Ephesos erzählen u. a. die »Legenda aurea« des Jacobus de Voragine und das deutsche »Passional« 238 f.

7926 Num. 10,35: *Surge, Domine, et dissipentur inimici tui*; Ps. 67,2: *Exsurgat Deus, et dissipentur inimici eius* u. ö.

7947 Das Auftauchen eines Syrers (so schon ChdR 3131) ist nur aus der zeitgenössischen Kreuzzugserfahrung zu verstehen (Graff).

7960 Latinismus: *nolens volens.*

7979 ff. Vgl. Kchr. 499 ff.

8006 Vgl. Anm. zu 5577. Mir scheint gerade hier das Epitheton *riterlîch* eindeutig negativ konnotiert zu sein. Anders W. Schröder (1972) S. 339: »Ich würde hier eher eine antithetische Steigerung vermuten, dahingehend, daß das furchterregende Aussehen des orientalischen Gewaltherrschers durch *ritterliche* Umgangsformen gemildert scheint und eben darauf der Anspruch gründet: *Yspaniam scolt er uon rechte han* (v. 8010).« Da aber dieser Anspruch dem christlichen Erzähler als unberechtigt, ja frevelhaft gilt und hier nur als Meinung der Heiden zitiert wird, kann von einer ritterlich ›gemilderten‹ Charakterisierung Paligans nicht die Rede sein.

8046 Abgesehen von der fabelhaften Physis dieses Heidenvolkes ist zu bedenken, daß der Vergleich mit dem Wildschwein nichts Ehrenrühriges hat, sondern zum traditionellen Repertoire heimischer Heldendarstellung gehört.

8056 f. Hier spricht Paligan wieder zu Malprimes.

8084 Es fehlt die ›neunte‹ Schar. Möglicherweise ist nach 8082 ein Verspaar ausgefallen. Beim Stricker erscheinen die Namen teilweise in veränderter Form und in anderer Reihenfolge, außerdem zählt er nicht zweimal zehn, sondern zwanzig Scharen auf. Zwischen den aus *Clamersê* und *Turkopel* wird kein anderer Name genannt. Aus der Aufzählung Km. 477,1–33 läßt sich aus ähnlichen Gründen ebenfalls keine Klarheit gewinnen.

8098 Ist hier an ›Giganten, Riesen‹ zu denken?

8103 Vgl. Anm. zu 2660.

8108–8110 Den Einschub verstehe ich nicht. Weder beim Stricker noch im »Karlmeinet« findet sich eine Entsprechung. Ein weiterer Name ist überzählig, in der frz. Überlieferung findet sich nichts den *Deusen* Vergleichbares. Ich vermute einen Fehler in *PA. Es ist auch kein Grund erkennbar, warum die *Alemani* (*Alemanni* A) hier hervorgehoben werden.

8137 PA haben hier eine Initiale. Sie würde nur passen, wenn nach den beiden elliptischen Versen 8137 f. im folgenden ein oder mehrere Verspaare verlorengegangen sind. Da aber weder Str. 9652 noch Km. 478,42 eine Initiale haben, muß man von einem Fehler in *PA und *Str. ausgehen.

8144 f. Vgl. Ps. 17,39 und 46,4 u. ö.

8153–8155 Vgl. Jos. 7,9: *atque delebunt nomen nostrum de terra*; ähnlich Ps. 108,13: *In generatione una deleatur nomen eius.* Ist hier an den Gegensatz zu denken, daß die Namen der Christen ins ›Buch der Lebenden‹ (vgl. 3259) geschrieben werden und die Namen der Heiden von ›der Lebenden Erde‹ vertilgt werden?

8162 Ps. 113,11: *Omnia quaecumque voluit, fecit*; Mt. 19,26: *apud Deum autem omnia possibilia sunt* (Mk. 10,27).

8180 Vgl. Anm. zu 4402.

8181 f. Dan. 6,16–23 und 14,42.

8183 f. Ottmann dachte an Dan. 1,5–16: David weigert sich, von der Tafel des Königs Nebukadnezar zu essen und nimmt nur pflanzliche Nahrung und Wasser zu sich. Die aber kommt nicht ›von weit her‹ (vgl. »Kudrun« 805,1 *über daz vierde lant*). Möglicherweise hat Konrad hier den Propheten Elias im Sinn gehabt, den Gott durch Raben ernähren läßt, 1. Kön. 17,6 f.: *Corvi quoque deferebant panem et carnes mane, similiter panem et carnes vesperi, et bibebat de torrente*; oder er hat beide Paradigmata vermischt.

8208 f. Das nun gerade findet sich nicht in der ChdR.

8210–8214 Der Vergleich ist ungewöhnlich. In anderm Interesse wird die Rodung im Gedicht »Vom Recht« 96–194 zitiert. Ein Zusammenhang besteht sicher nicht, vielmehr wird Konrad an die entsprechende Bibelmetapher (Jer. 31,28; 42,10 u. ö.; Mt. 15,13) angeknüpft haben.

8239 f. Vgl. Kchr. 16824 f.

8247 Vgl. Kchr. 7064.

8248 Vgl. Kchr. 4822 und 4992.

8260 Bartsch: »so geläufig auch *wulvîne plikke* ist [vgl. 1418], so ist doch nicht abzusehen, wie dieselben großen Schaden thun konnten. *pikke*, Stiche, Hiebe (vgl. *ortpikke* V. 5110), wird daher das echte sein, und *wulvîn* hier furchtbar bedeuten.«

8268 Bartsch: »*bî ime*: ist dies auch noch Antel? Aber die folgenden Zeilen beziehen sich offenbar auf einen Heiden, den Regenbalt erschlägt (vgl. 8277), ohne daß bestimmt ein solcher genannt wäre. Man muß daher eine Lücke annehmen«. Nach 8277 P muß es sich um einen König gehandelt haben (A hat hier *haithene*; vgl. Kartschoke, 1969, S. 419 f.). Der Stricker hat die Episode ausgelassen.

8275 Anders Bartsch: »trügerisch hergeführt«.

8280 Vgl. Anm. zu 5577.

8286 *von Beieren* gehört wohl zu Naimes, weshalb schon Scherz ein *unt* eingefügt hat. Die Namensformen *Ansgis, Ansgir* und *Anseis* sind offenbar auf einen Namen (afrz. *Ansëis*) zurückzuführen. Sie haben sich im RL jedoch zu verschiedenen Personen verselbständigt.

8291 f. Vgl. Anm. zu 265 f.

8310 Vgl. Anm. zu 4529.

8325–8328 Keine ganz zuverlässige Reminiszenz. In 3651 ff. hatte Herzog Malprimis den König Marsilie um das Vorrecht gebeten, Roland töten zu dürfen. In 7223 hatte Malprimes seinem Vater Paligan geraten, Paris, Aachen und Rom zu zerstören bzw. zu erobern.

8354 Danach folgt in Str. 9967–9977 und Km. 482,8–33 die Erzählung von der Kampfbegegnung zwischen Karl und Kanabeus (vgl. ChdR 3443–3450) und dessen Tod. Offenbar ist die Episode auf dem Weg der hs. Überlieferung verlorengegangen (von der Burg, 1975, S. 328), denn in 8360 ff. bringt ein Bote die Nachricht des Verlustes zu Paligan.

8364 Vgl. 8375 und Anm. zu 8354.

8381 Wesle notierte ohne jede Not eine Crux.

8402 Zum Fatalismus der Heiden vgl. 5836 ff. und Anm. z. St.

8403 Für E. Schröder (1883) S. 76 schien *Amhoch* »eine gedankenlose neubildung nach analogie von *Chadalhoh, Erchanhoh, Adalhoh, Gerhoh, Chunihoh* zu sein, die gerade in Baiern so viel begegnen«. Ähnlich Minis (1947b) S. 68.

8416 Vgl. 2833.

8420 Vgl. Anm. zu 4529. Die Lesart von P ist aus der gängigeren Formel des Herrengebets leicht zu erklären.

8422 f. Das at. Beispiel Gideons Ri. 7,15–23 hatte Konrad schon 5013 ff. herangezogen.

8425–8427 Die Erklärung von Bartsch – »der sterbende Gottesstreiter pflegte etwas Erde zu ergreifen« – ist völlig abwegig. Nicht an die ›Erdkommunion‹ wie in »Helmbrecht« 1904–1908: *einer begunde brechen / eine brosmen von der erden: / dem vil gar unwerden / gap er si zeiner stiure / für das hellefiure*, ist hier zu denken, sondern an die letzte Lebensfrage: ›Wie viel Erde braucht der Mensch?‹ So viel mein Körper (im Stehen, Sitzen, Liegen) bedeckt.

8431–8435 Vgl. 7017–7020. Der Kaiser bittet also um eine Wiederholung des Josuawunders.

8480 Vgl. Anm. zu 195 und 3428.

8481 Vgl. 5762.

8482 f. 1. Kor. 6,20: *Empti enim estis pretio magno*, und besser in den Kontext passend 1. Kor. 7,23: *Pretio empti estis, nolite fieri servi hominum.* Weitere Belege bei Backes.

8494 Die Stelle ist hoffnungslos verderbt. Die späteren Bearbeitungen lassen nicht erkennen, ob ihnen etwas anderes vorgelegen hat: Str. 10212 f.: *nune hâstu doch niht mêre / wan einen blôzen halsperc an dir.* Km. 486,7 f.: *Dir en helpent neit dyne halsbergen. / Du enkans dich neit verbergen.* Es spricht alles dafür, daß auch ihnen schon der unvollständige Vers zu schaffen gemacht hat.

8500 Vgl. Anm. zu 3894.

8519 Zum Kopfschutz, der unter dem Helm getragen wurde, vgl. Schultz II (1889) S. 51.

8549 Vgl. Anm. zu 8144 f.

8559 Warum *in vieriu*? Entweder es heißt prägnant ›in vier Teile‹, was mit einem Hieb nicht gelingen, aber für Helm und Kopf stehen kann; oder man faßt die Aussage als allgemeine Angabe auf: ›entzwei‹.

8566 Spr. 15,29: *Longe est Dominus ab impiis et orationes iustorum exaudiet.*

8587 f. Vgl. Kchr. 15636 f.

8592 Vgl. ähnlich 7046 f.

8622 f. Vgl. die lange umstrittenen Verse des Epilogs 9069 f.

8627 Vgl. 21–23.

8630 Vgl. Kchr. 8295.

8634 Vgl. 8622 und 9070.

8638 f. Vgl. 5169 und 7885–7889 und Kchr. 3135–3140 und 13426.

8651 Bartsch: »einen solchen Gedanken hat Karl allerdings in der Ansprache an sein Heer (V. 7681 f.) ausgesprochen, aber Brechmunde (oder vielmehr der Dichter) irrt, wenn sie dies vernommen haben will.«

8652 Weish. 3,1: *Iustorum autem animae in manu Dei sunt, et non tanget illos tormentum mortis.*

8653 Der *gewære* Tod der Gläubigen steht in Opposition zum *tôtlîchen* Verderben der Heiden. Aber was heißt hier *gewære*? Zu vergleichen sind 701 und 9038, in beiden Fällen handelt es sich bei *gewære* um die fromme Eigenschaft eines Lebenden, bedeutet also ›aufrichtig‹, ›treu‹, ›zuverlässig‹. Hier aber ist ›vorläufig‹, ›voll Zuversicht‹, ›selig‹ o. ä. zu erwarten. Der Vorschlag von Grimm: »der wahrhaftige Tod, der Tod der Gerechten, der sie in den Himmel führt«, befriedigt ebensowenig wie der von Bartsch: »aus Treue hervorgegangen«. Der Stricker hat dafür das einzig passende Wort *sældenbære* (10473) eingesetzt. Im Km. 488,47 ff. heißt es: *Ich horte dich seluer sagen, / De gerechten en soulde neman clagen, / Der ende dat guet were, / Sunder der sundere.* Weil der Reim beibehalten ist, kann in der Vorlage nicht *sældenbære* gestanden haben, da der Bearbeiter dann nicht hätte ändern müssen. Man hat deshalb kein Recht, in die Überlieferung einzugreifen. Die Übersetzung freilich bietet nur eine Verlegenheitslösung.

8656 Vgl. Anm. zu 3259 ff.

8666 ›Drei Särge‹ für Roland, Olivier und Turpin.

8667 Die Kirche des hl. Romanus in Blaye.

8670–8672 Vgl. Anm. zu 3259 ff.

8671 f. Vgl. Kchr. 16132 f.

8673 Die pluralische Berufung auf die ›Bücher‹ mag an dieser Stelle motiviert sein dadurch, daß auch die ChdR 3742 von schriftlichen Quellen für die Erzählung spricht: *Il est escrit en l'anciëne geste* (Klibansky, 1925, S. 59 f.).

8683 Hier ist offensichtlich die Sippe Geneluns gemeint, die Konrad »irreführend als *di Karlinge* bezeichnet (8683, 8732, 8872, 8904; anders 8879). Dieser Sprachgebrauch ist neu und kann aus der Chanson nicht erklärt werden« (Nellmann, 1963, S. 189 Anm. 105).

8684 Vgl. Kchr. 16823.

8692 Die mhd. Formulierung suggeriert, daß Alda bereits Rolands Ehefrau ist. Wie aus der ChdR und aus der bei Konrad folgenden Erzählung hervorgeht, war sie ihm jedoch erst verlobt. Dazu ausführlich Canisius-Loppnow (1992) S. 138–151.

8714 Vgl. Anm. zu 8692 f. Das Wort *wine* kann sowohl Freund, Geliebter, wie auch Ehegatte bedeuten.

8720 f. Daß Alda ihre Seele nicht ihrem Schöpfer und Erlöser empfiehlt (vgl. 6918 f.), sondern Maria, die zudem Königin der Engel statt *regina caeli, des himmels kûniginne*, genannt wird, ist auffällig, hat aber in der zeitgenössischen Marienverehrung und – auch volkssprachlichen – Mariendichtung seine Parallelen, vgl. Peter Kesting, »Maria-frouwe. Über den Einfluß der Marienverehrung auf den Minnesang bis Walther von der Vogelweide«, München 1965 (Medium aevum 5), S. 55 ff. P. schreibt irrtümlich *aller engel chunc gimme*, weil *gimme* ›Edelstein‹ geläufiges Beiwort und Sinnbild Marias war, vgl. Anselm Salzer, »Die Sinnbilder und Beiworte Mariens in der deutschen Literatur und lateinischen Hymnenpoesie des Mittelalters, mit Berücksichtigung der patristischen Literatur«, Programm Seitenstetten 1886–93, S. 199–279 und 419 f.

8734–8736 Den Protest gegen die Fesselung Geneluns erklärt Klibansky (1925) S. 60 f. als Versuch Konrads, den Widerspruch seiner Vorlage abzumildern, in der Ganelon gebunden vorgeführt (ChdR 3735 f.) wird, aber in der Gerichtsszene frei ist (ChdR 3763 f.): »die Fesselung des Verklagten kam in deutschem Recht, wie sich aus 8735 f. ergibt, ohne weiteres einer Ueberwindung desselben gleich«. Dazu vgl. auch Canisius-Loppnow (1992) S. 228 bis 232.

8744 f. Vgl. 1396 ff., 1420 ff. und 1641 ff. Dagegen aber 2747 f.: »Den Heiden gegenüber gibt Genelun also zu, daß er keine Fehde angesagt hat« (Nellmann, 1963, S. 186 Anm. 93).

8746 Damit können der Kaiser oder auch die versammelten Reichsfürsten gemeint sein (Nellmann, 1963, pass.).

8752–8754 »Daß schriftliche Gesetze den Urteilen zugrunde gelegt wurden, entspricht ganz der Vorschrift Karls des Großen [. . .]. Ob der deutsche Dichter diesen Rechtsbrauch aus seiner Vorlage oder einer anderen Ueberlieferung kannte, läßt sich nicht entscheiden. In der Chanson hören wir jedenfalls nichts davon« (Klibansky, 1925, S. 61 f.).

8764–8767 Geneluns Frau ist die Schwester Karls.

8774 f. Zum ›Gold aus Arabien‹ vgl. Buschinger (1983) S. 57.

8795 Vgl. Anm. zu 8734–8736.

8815–8820 Eine sehr undeutliche Stelle. Der Stricker interpretierte sie anders: Str. 11762 ff.: *ich wil rîchen alle die / und lône in iemer mêre, / die ir triwe und ir êre / hie behaltent ganzlîche / an mir und an dem rîche. / die wil ich iemer minnen. / füerent sin alsô hin-*

nen, / daz wil ich iemer gote klagen / und wil ouch niemer mê getragen / weder küneges namen noch krône. Im »Karlmeinet« ist der Schluß so verändert, daß ein Vergleich hier nicht in Frage kommt.

8823–8825 In ChdR ist *Tierris* ein Bruder des *Gefrei*, von einer wie immer gearteten Beziehung zu Roland ist nicht die Rede.

8847–8850 1. Sam. 17,1 ff.

8858 St. Dionysius als Schutzheiliger der Franzosen.

8907 f. Vgl. Kchr. 8502 f. und 11276 f.

8926 f. Vgl. Anm. zu 8162.

8990 ›In allen Sprachen‹, denn es sind – wie es in ChdR 3793 ff. heißt – Baiern, Sachsen, Poiteviner, Normannen, Franken, Alemannen und Niederländer am Prozeß beteiligt.

8994 Die *sentphlihte* sind diejenigen, die das Recht finden und dem Gerichtsherrn (*im*, das Bartsch wohl fälschlich auf Genelun bezieht) vorlegen. Die Terminologie scheint darauf hinzuweisen, daß der Pfaffe Konrad das kirchliche »Sendgericht« (H.-J. Becker, »Send, Sendgericht«, in: HRG IV, 1990, Sp. 1630 f.) vor Augen hatte. Möglicherweise dachte er bei den *sentphlihten* an die Sendschöffen (*iurati, testes synodales*). Da gerade beim Sendgericht das Gottesurteil eine wichtige Rolle spielt, lag die Verbindung um so näher. Auch die geistliche Umrahmung mit einem Nonnengebet (8887) spricht dafür, daß Konrad, stärker als nötig und passend, Vorstellungen des geistlichen Gerichts einfließen läßt. Daß *sent* oder *senet* auch das weltliche Gericht meinen könnte, ist eine ungesicherte rechtsgeschichtliche Vermutung, die sich hauptsächlich auf diese Stelle des RLs stützte (Jacob Grimm, »Deutsche Rechtsalterthümer«, Bd. 2, [4]1899, S. 462).

9009–9014 Vgl. Kchr. 6353–6358 und 12565–12570. Dazu u. a. E. Schröder (1895) S. 59; Wesle (1924) S. 240–243; Kartschoke (1965) S. 80–83; Ohly (1987).

9016 »Der Dichter scheint ursprünglich die Absicht gehabt zu haben, ganz hinter seinem Werk zurückzutreten, anonym zu bleiben wie die Verfasser der Kaiserchronik. Vielleicht hat ihn erst der Wunsch, seinen Auftraggeber zu ehren, und zugleich eine neue Zeitströmung, die die Namensnennung nicht mehr scheute, veranlaßt, den Epilog noch anzuschließen« (Eggers, 1981, S. 10 f.).

9017 ff. Der Epilog des RLs gehört zu den am häufigsten und intensivsten behandelten Versen der gesamten deutschen Literatur des 12. Jh.s. Über das Gesamtproblem gibt das Nachwort Auskunft. Der folgende Kommentar versammelt nur die wichtigsten Nachweise und Verständnishilfen aus der vorliegenden Forschung zum Detail der einzelnen Formulierung. Bei der Fülle des Materials ist hier noch weniger eine auch nur annähernde Vollständigkeit zu erreichen. Ein ausführlicher Kommentar, der die bis dahin erschienene Forschungsliteratur verarbeitet, findet sich bei Kartschoke (1965) S. 5–41.

9017 Der Epilog setzt in Gebetsform ein und endet als Gebet. Das ist zu der Zeit noch die Regel, vgl. die Beispiele bei Käthe Iwand, »Die Schlüsse der mittelhochdeutschen Epen«, Berlin 1922 (Germanische Studien 16), und nicht in besonderem Maße kennzeichnend für das RL.

9018 Zur alten Kontroverse, ob hier an Heinrich den Stolzen, Heinrich Jasomirgott oder Heinrich den Löwen zu denken sei, vgl. das Nachwort.

9020 f. Die *matteria* bezieht sich offensichtlich auf den Erzählstoff, die *süeze* auf seine geistliche Bedeutung. Literatur zur Semantik von *süeze* in Anm. zu 254.

9022 Zur Doppelbedeutung von *vortragen* – ›herbeischaffen‹ oder ›rezitieren‹ – vgl. Kartschoke (1989a) S. 204–206.

9025 Die scheinbar unbestimmte Formulierung ist in Donationsformeln geläufig. Beispiele bringt Bertau (1968) S. 7 f.

9026–9030 Zum Engelgeleit vgl. Kartschoke (1965) S. 10–13 mit einschlägigen Belegen. Ganz ähnlich lauten die Schlußverse von Priester Wernhers »Driu liet von der maget« (ed. Wesle) A 4903 f.: *daz er vns ellenden / sine helfe gerůche zesenden / vñ sine englische schar, / div vns laite vnde bewar, / vñ vns bringe an die stat / vbi cum patre regnat.* Anders dagegen Kern (1971) S. 419: »In Wirklichkeit dürften aber die *liechten himil wizen scaren* identisch sein mit den *erwelten gotes kinden*, die nach dem Bericht der Apokalypse vor dem Thron des Lammes stehen: *amicti stolis albis* (Apoc. 7,9). Es sind die, *qui venerunt de tribulatione magna* (Apoc. 7,14: *nach werltlichen arbaiten!*), die das Lamm *reget . . . et deducet [laiten!] . . . ad vitae fontes aquarum* (Apoc. 7,17) und von denen es heißt: *absterget Deus omnem lacrimam ab oculis eorum* (Apoc. 7,17), was der Pfaffe Konrad, in positiver Wendung, wiedergibt: *da si di ewigen mandunge uinden.* – Das *mit* in Vers 9026 ist also gleichbedeutend mit dem *unter* in Vers 9029 und muß als ›zusammen mit‹, nicht als ›von‹, aufgefaßt werden.«

9026 Grimm und Bartsch streichen *wîzen*; dagegen Leitzmann (1917/18) S. 47.

9032 Vgl. Anm. zu 9022.

9034 Nicht »die deutschsprachige Fassung« (Neumann, 1962, S. 306) des RLs dient der ›Ehre des Reichs‹, sondern die Tatsache der Vermittlung eines derart heilsdienlichen Stoffes und die Feier des jüngst heiliggesprochenen Kaisers Karl (vgl. Kartschoke, 1965, S. 14–16). Ob die staufische *honor-imperii*-Formel (vgl. Anm. zu 1314) hier mitschwingt, ist umstritten. Abwegig ist die Deutung von *rîche* auf die Person des heiligen Kaisers: »Durch die deutsche Übersetzung [!] des Rolandsliedes wurde Karl der Große geehrt« (Wisniewski, 1964, S. 114; dazu kritisch Nellmann, 1965).

9039–9042 Zum Davidvergleich als »Topos des Herrscherlobs« ausführlich Nellmann (1965) S. 274 ff. »Der Davidvergleich ist vorzugsweise ein Königvergleich« (S. 278). Konrad betont diese Tatsache durch die Opposition der Titulaturen: *dem küninge – den herzogen.* »Das braucht nicht zu heißen, daß Konrad welfische Aspirationen auf das Reich unterstützt. In jedem Fall aber bedeutet es eine höchste Steigerung des Fürstenpreises« (S. 279). Wenn man freilich bedenkt, daß Heinrich der Löwe um seine genealogische Repräsentation als Nachkomme Karls des Großen bemüht war (vgl. Bertau, 1968), erhält auch der Davidvergleich seinen eigenen Anspruch.

9043 f. »Es handelt sich dabei um einen Topos, der in den biblischen Erzählungen von David häufig variiert wird und der auch im Vergleich mittelalterlicher Könige mit David seine Stelle hat« (Nellmann, 1965, S. 279 mit Nachweisen der einschlägigen Schriftstellen).

9045 f. Wenn man – wie heute üblich – die Aussagen auf Heinrich den Löwen bezieht, kann dies nur als Hinweis auf die Wendenzüge des Herzogs verstanden werden (dazu ausführlich Ashcroft, 1986).

9048 Heinrich der Löwe als Nachfahr des Heidenbekehrers Karl des Großen führt gleichsam dessen Erbe fort (Bertau, 1968, S. 10; Nellmann, 1984, S. 304; Ashcroft, 1986, S. 193).

9050–9063 Der Preis des ›Hofes‹ wird unterschiedlich aufgefaßt. Im allgemeinen denkt man an den Herzogshof, da der Kontext die Fortsetzung des Herrscherlobs verlangt. »Was im Mittelstück des Davidvergleichs anklingt, ist der C. Psalm, welchen Luther (Ps. 101) ›Davids Regentenspiegel‹ genannt hat. Diesen Psalm mit der Person des Herzogs im Lobtopos zu verknüpfen, lag für den Clericus Konrad vielleicht ebenso nahe wie für den Helmarshäuser Maler, welcher im Psalter Heinrichs des Löwen auf den C. Psalm das Bild des Herzogspaares folgen ließ« (Bertau, 1968, S. 11). Ganz anders Haack (1953) S. 120 und besonders Ohly (1987) S. 104 ff. mit dem Hinweis auf Apok. 21,23–27: »Der vermeintliche Welfenhof ist das Himmlische Jerusalem« (S. 105). Mir scheint das ganz und gar unwahrscheinlich zu sein. Die Beschreibung des Himmlischen Jerusalem in Apok. 21,23 enthält zwar die Feststellung, daß dort niemals Nacht werde (21,25), weil die Herrlichkeit Gottes leuchte (21,33). Alle anderen Aussagen und Formulierungen sind schlechterdings nicht den Versen des RLs zu parallelisieren.

9050–9052 Im frühmhd. »Lob Salomons« 216 ff. heißt es vom Himmlischen Jerusalem, als dessen Allegorie der Hof Salomons erscheint: *in sinemo hovi niwirt nimmir nacht, / da ist inni daz ewigi licht, / des niwirt hini vurdir ziganc nicht.* Die Parallele beweist nicht, daß auch in den Versen des RLs der ›Hof‹ Gottes gemeint sein müsse. Daß das ewige Licht auch in den Herzen der Frommen schon leuchtet, ist aus der geistlichen Literatur bekannt (Kartschoke, 1965, S. 22 f.). Bertau (1968) S. 11 Anm. 35 erwog sogar eine ganz konkrete »Anspielung auf eine analoge Stiftung wie die für Jerusalem«. Neben den von Ohly ausschließlich in Anspruch genommenen Stellen Offb. 21,23 und 25 (vgl. auch 22,5: *Et nox ultra non erit; et non egebunt lumine lucernae neque lumine solis, quoniam Dominus Deus inluminabit illos*) ist auch an die at. Definition der Weisheit zu erinnern: *Candor est enim lucis eternae* (Weish. 7,26).

9053 f. Vgl. Ps. 100,3 f.: *Non proponebam ante oculos meos rem iniustam; facientes praevaricationes odivi, non adhaesit mihi cor pravum* (Nellmann); Offb. 21,27: *Nec intrabit in ea aliquid coinquinatum aut faciens abominationem et mendacium*, ebenso 22,15 (Ohly).

9055–9057 Bertau (1968) S. 11 vergleicht Ps. 100,2: *Perambulabam in innocentia cordis mei, in medio domus meae.*

9059 Das *state* der Hs. kann *state* (Bartsch) oder *stæte* (Grimm) gelesen werden.

9060 Das *gehucht* der Hs. ist schwer verständlich. Ohly (1987) S. 106 ff. schlägt mit gutem Grund und vielen Parallelbelegen vor, *genucht* zu lesen, wie es auch im »Lob Salomons« 155 f. heißt: *In sinim hovi was vil michil zucht, / da was inni allis guotis ginucht* (vgl. u. a. Kchr. 15172 f.).

9064 f. Vgl. 9036 f.

9066–9068 Nellmann (1965) S. 277: Die Psalmen beschäftigen sich mehrfach »mit der rechten Art des Opfers. Die Kernstelle steht im 50. (51.) Psalm, dem großen Bußpsalm, welchen David spricht, als der Prophet Nathan ihn wegen des Ehebruchs mit Bathseba zur Rede stellt (vgl. 2. Reg. 12,1–15). Gott wolle kein Brandopfer, sagt der Psalmist (50,18). Ein ihm wohlgefälliges Opfer sei ein zerknirschter Geist, ein gedemütigtes Herz: *sacrificium Deo spiritus contribulatus: cor contritum et humiliatum* (50,19). Ich halte es für wahrscheinlich, daß Konrad diesen Gedanken im Epilog frei nachbildet und den Terminus *spiritus* (*cor*) des Psalmenwortes erweitert zu der Doppelformel *sêle unt lîp.*« Die Doppelformel kann, über den Anschluß an den 50. Psalm hinaus, aber noch prägnanter verstanden werden und eine durchaus auch körperliche Bußleistung – wie den Pilgerzug Heinrichs des Löwen – meinen (vgl. 78 f.; 120 f.; 930 f.; weitere Belege bei Kartschoke, 1965, S. 24–28).

9069 f. Die beiden Verse enthalten den Schlüssel für die lange umstrittene Frage, ob der gefeierte Herzog Heinrich sich noch unter den Lebenden befindet oder ob schon seines Seelenheils gedacht wird. Alles hängt an den Ausdrücken *sich versûmen* und *ze gerichte stân*, deren geistliche Bedeutung ›sich versündigen‹ und ›sich rechtfertigen‹ lange nicht richtig verstanden wurden (dazu Kartschoke, 1965, S. 28–34 und – mit vielen zusätzlichen Belegen – Ohly, 1987, S. 110–130).

9072 Erst im 12. Jh. wird das Wort *gericht* im geistlichen Kontext des Endes der Tage geläufig. »Es setzt sich verhältnismäßig schnell im bairischen Sprachgebiet fest« (Rosemarie Scherrer, »Altdeutsche Bezeichnungen für das Jüngste Gericht«, in: Beitr. 85, Halle 1963, S. 248–312, hier S. 265). In 8670 heißt es dagegen noch: *an dem jüngesten urtaile.*

9079 *phaffe* meint jeden Gelehrten, d. h. Lese- und Lateinkundigen, der nicht Mönch ist. Im Lat. entspricht diesem Wortgebrauch *clericus*, das im neuenglischen *clerk* fortlebt.

9080–9083 Dazu ausführlicher Kartschoke (1989a).

9084 f. Selbst hier liegt eine hochfeierliche Bibelreminiszenz vor. Die Offenbarung des Johannes endet mit der Warnung, den Wortlaut zu verfälschen: 22,18 f.: *Si quis adposuerit ad haec, adponet Deus super illum plagas scriptas in hoc libro. Et si quis deminuerit de verbis libri prophetiae huius, auferet Deus partem eius de ligno vitae.* Zugrunde liegt eine at. Formel (Dtn. 4,2; 13,1; Spr. 30,6; Pred. 3,14), mit der die Unverfälschtheit einer heiligen Schrift bekräftigt wird.

9086–9090 Auffällige Übereinstimmungen ergeben sich mit Kchr. 10619–10624 und 17165–17169.

9092 Vgl. Anm. zu 271.

9094 Ps. 40,11: *Tu autem, Domine, miserere mei*, der übliche Lektionenschluß (so schon Ottmann und Folz, 1950, S. 244). »Dies täglich und bis heute im Stundengebet und bei der Tischlesung der Mönche und Kanoniker am Ende der Lesungen aus dem Alten Testament, aus der Heiligenlegende oder aus den Schriften der Kirchenväter vom Lektor gesprochene Gebet wirft, einmal in seinem liturgischen Charakter erkannt, auf das Rolandslied und seine Lebensform ein neues Licht. Dies Schlußgebet stellt es in die Tradition der liturgischen Lesungstexte des Offiziums und den Dichter in die des Lektors einer geistlichen Gemeinde« (Ohly, 1973, S. 27). Den praktischen Zusammenhang mit der Tischlesung in geistlichen Gemeinschaften wie dem Templerorden und dem – freilich erst 1190 gegründeten – Deutschen Orden konkretisiert Kolb (1990).

Abkürzungen der biblischen Bücher

Die erste Spalte verzeichnet die im »Verfasserlexikon« (Bd. 1, ²1978) bzw. in der Stuttgarter Vulgata-Ausgabe (»Biblia Sacra iuxta vulgatam versionem«, rec. Robertus Weber, Stuttgart 1969 u. ö.) verwendeten Abkürzungen der biblischen Bücher. In der zweiten Spalte sind die gebräuchlichen deutschen Abkürzungen nach dem »Ökumenischen Verzeichnis der biblischen Eigennamen« (»Loccumer Richtlinien«, ²1981) aufgeführt; in der vorliegenden Ausgabe wurde jeweils ein Abkürzungspunkt hinzugefügt.

Gn (Genesis)	Gen.	Das 1. Buch Mose
Ex (Exodus)	Ex.	Das 2. Buch Mose
Lv (Leviticus)	Lev.	Das 3. Buch Mose
Nm (Numeri)	Num.	Das 4. Buch Mose
Dt (Deuteronomium)	Dtn.	Das 5. Buch Mose
Ios (Iosue)	Jos.	Das Buch Josua
Idc (Iudicum)	Ri.	Das Buch der Richter
Rt (Ruth)	Rut	Das Buch Rut
I Sm (Samuel I)	1. Sam.	Das 1. Buch Samuel (1. Könige)
II Sm (Samuel II)	2. Sam.	Das 2. Buch Samuel (2. Könige)
III Rg (Regum III)	1. Kön.	Das 1. Buch der Könige (3. Könige)
IV Rg (Regum IV)	2. Kön.	Das 2. Buch der Könige (4. Könige)
I Par (Paralipomenon I)	1. Chr.	Das 1. Buch der Chronik
II Par (Paralipomenon II)	2. Chr.	Das 2. Buch der Chronik
I Esr (Esdras I)	Esr.	Das Buch Esra
II Esr (Esdras II)	Neh.	Das Buch Nehemia
Tb (Tobias)	Tob.	Das Buch Tobit (Tobias)
Idt (Iudith)	Jdt.	Das Buch Judit
Est (Esther)	Est.	Das Buch Ester
I Mcc (Macchabeorum I)	1. Makk.	Das 1. Buch der Makkabäer
II Mcc (Macchabeorum II)	2. Makk.	Das 2. Buch der Makkabäer
Iob	Ijob	Das Buch Ijob (Hiob)
Ps (Psalmi)	Ps.	Die Psalmen

Prv (Proverbia)	Spr.	Das Buch der Sprichwörter (Die Sprüche Salomos)
Ec (Ecclesiastes)	Koh. (Pred.)	Das Buch Kohelet (Der Prediger Salomo)
Ct (Canticum Canticorum)	Hld.	Das Hohelied (Das Hohelied Salomos)
Sap (Sapientia)	Weish.	Das Buch der Weisheit (Die Weisheit Salomos)
Sir (Sirach)	Sir.	Das Buch Jesus Sirach
Is (Isaias)	Jes.	Das Buch Jesaja
Ier (Ieremias)	Jer.	Das Buch Jeremia
Lam (Lamentationes)	Klgl.	Die Klagelieder des Jeremia
Bar (Baruch)	Bar.	Das Buch Baruch
Ez (Ezechiel)	Ez.	Das Buch Ezechiel (Hesekiel)
Dn (Daniel)	Dan.	Das Buch Daniel
Os (Osee)	Hos.	Das Buch Hosea
Ioel	Joel	Das Buch Joel
Am (Amos)	Am.	Das Buch Amos
Abd (Abdias)	Obd.	Das Buch Obadja
Ion (Ionas)	Jon.	Das Buch Jona
Mi (Michaeas)	Mi.	Das Buch Micha
Na (Nahum)	Nah.	Das Buch Nahum
Hab (Habacuc)	Hab.	Das Buch Habakuk
So (Sophonias)	Zef.	Das Buch Zefanja
Agg (Aggaeus)	Hag.	Das Buch Haggai
Za (Zaccharias)	Sach.	Das Buch Sacharja
Mal (Malachias)	Mal.	Das Buch Maleachi
Mt (Mattheus)	Mt.	Das Evangelium nach Matthäus
Mc (Marcus)	Mk.	Das Evangelium nach Markus
Lc (Lucas)	Lk.	Das Evangelium nach Lukas
Io (Ioannes)	Joh.	Das Evangelium nach Johannes
Act (Actus Apostolorum)	Apg.	Die Apostelgeschichte
Rm (Ad Romanos)	Röm.	Der Brief an die Römer
I Cor (Ad Corinthios I)	1. Kor.	Der 1. Brief an die Korinther
II Cor (Ad Corinthios II)	2. Kor.	Der 2. Brief an die Korinther
Gal (Ad Galatas)	Gal.	Der Brief an die Galater
Eph (Ad Ephesios)	Eph.	Der Brief an die Epheser

Phil (Ad Philippenses)	Phil.	Der Brief an die Philipper
Col (Ad Colossenses)	Kol.	Der Brief an die Kolosser
I Th (Ad Thessalonicenses I)	1. Thess.	Der 1. Brief an die Thessalonicher
II Th (Ad Thessalonicenses II)	2. Thess.	Der 2. Brief an die Thessalonicher
I Tim (Ad Timotheum I)	1. Tim.	Der 1. Brief an Timotheus
II Tim (Ad Timotheum II)	2. Tim.	Der 2. Brief an Timotheus
Tit (Ad Titum)	Tit.	Der Brief an Titus
Phlm (Ad Philemonem)	Phlm.	Der Brief an Philemon
Hbr (Ad Hebraeos)	Hebr.	Der Brief an die Hebräer
Iac (Epistula Iacobi)	Jak.	Der Brief des Jakobus
I Pt (Epistula Petri I)	1. Petr.	Der 1. Brief des Petrus
II Pt (Epistula Petri II)	2. Petr.	Der 2. Brief des Petrus
I Io (Epistula Ioannis I)	1. Joh.	Der 1. Brief des Johannes
II Io (Epistula Ioannis II)	2. Joh.	Der 2. Brief des Johannes
III Io (Epistula Ioannis III)	3. Joh.	Der 3. Brief des Johannes
Iud (Epistula Iudae)	Jud.	Der Brief des Judas
Apo (Apocalypsis Ioannis)	Offb.	Die Offenbarung des Johannes (Apokalypse)

Literaturhinweise

Literaturgeschichten und Rezensionen sind nur in Ausnahmefällen aufgenommen worden. Der Stellenkommentar und das Nachwort zitieren mit Verfassernamen und Erscheinungsjahr. Wenn ein Titel mehrfach erschienen ist, wird nach der letzten Ausgabe zitiert, das Jahr der Erstpublikation aber jeweils hinzugefügt. Wenn zu einem Jahr mehrere Publikationen des gleichen Verfassers verzeichnet sind, werden sie in den Zitaten des Anhangs nach der Reihenfolge der Bibliographie mit alphabetischen Indices versehen. Die Abkürzungen entsprechen den im »Verfasserlexikon« gebräuchlichen Siglen (Auflösung Bd. 1, [2]1978, S. XI–XXIII).

Ausgaben

Chanson de Roland (in Auswahl)

Stengel, E[dmund] (Hrsg.): Das altfranzösische Rolandslied. Kritische Ausgabe. Bd. 1: Text, Variantenapparat und vollständiges Namenverzeichnis. Leipzig 1900.

Hilka, Alfons: Das altfranzösische Rolandslied nach der Oxforder Handschrift. 6., verb. Aufl. bes. von Gerhard Rohlfs. Tübingen 1965. (Sammlung romanischer Übungstexte. 3/4.)

Mortier, Raoul (Hrsg.): Les textes de la Chanson de Roland.
T. 1: La version d'Oxford. Paris 1940.
T. 2: La version de Venise IV. Paris 1941.
T. 3: La Chronique de Turpin et les grands chroniques de France – Carmen de prodicione Guenonis – Ronsasvals. Paris 1941.
T. 4: Le manuscrit de Châteauroux. Paris 1943.
T. 5: Le manuscrit de Venise VII. Paris 1942.
T. 6: Le texte de Paris. Paris 1942.
T. 7: Le texte de Cambridge. Paris 1943.
T. 8: Le texte de Lyon. Paris 1944.
T. 9: Les fragments Lorrains. Paris 1943.
T. 10: Le texte de Conrad. Traduction de Jean Graff. Paris 1944.

Segre, Cesare (Hrsg.): La Chanson de Roland. Edition critique. Nouvelle édition revue. Traduite de l'italien par Madeleine Tyssens. T. 1: Introduction, texte critique, variantes de O, Index des noms propres. T. 2: Apparait de la rédaction β et recherches sur l'Archétype. Genève 1989. (Textes littéraires français. 368.)

Klein, H(ans) W(ilhelm): La Chanson de Roland. Übers. München 1963. (Klassische Texte des romanischen Mittelalters in zweisprachigen Ausgaben.)

Pseudo-Turpin

Klein, Hans-Wilhelm (Hrsg.): Die Chronik von Karl dem Großen und Roland. Der lateinische Pseudo-Turpin in den Handschriften aus Aachen und Andernach ediert, kommentiert und übersetzt. München 1986. (Beiträge zur romanischen Philologie des Mittelalters. 13.)

Das Rolandslied des Pfaffen Konrad

Grimm, Wilhelm (Hrsg.): Ruolandes liet. Mit einem Facsimile und den Bildern der pfälzischen Handschrift. Göttingen 1838.

Bartsch, Karl (Hrsg.): Das Rolandslied. Leipzig 1874. (Deutsche Dichtungen des Mittelalters. 3.)

Piper, Paul (Hrsg.): Die Spielmannsdichtung. Zweiter Teil: Spielmannsdichtungen geistlichen und ritterlichen Ursprunges. Berlin/Stuttgart [o. J.]. (Deutsche National-Litteratur. 2,II.) S. 14–91.

Wesle, Carl (Hrsg.): Das Rolandslied des Pfaffen Konrad. Bonn 1928. (Rheinische Beiträge und Hülfsbücher zur germanischen Philologie und Volkskunde. 15.) 2. Aufl. bes. von Peter Wapnewski. Tübingen 1967. 3., durchges. Aufl. bes. von Peter Wapnewski. Tübingen 1985. (ATB 69.)

Maurer, Friedrich (Hrsg.): Das Alexanderlied des Pfaffen Lamprecht. Das Rolandslied des Pfaffen Konrad. Leipzig 1940. (Deutsche Literatur in Entwicklungsreihen. Reihe geistliche Dichtung des Mittelalters Bd. 5.) Unveränderter reprogr. Nachdruck. Darmstadt 1964.

Flämig, Walter (Hrsg.): Das Rolandslied des Pfaffen Konrad. Nach der Ausgabe von Carl Wesle. Halle 1955. ^{2}1963. (Altdeutsche Texte. 3.)

Die Fragmente

Scherz, Joh. Georg (Hrsg.): Fragmentum de bello Caroli Magni Contra Saracenos. In: Joh. Schilter (Hrsg.): Thesaurus Antiquitatum Teutonicarum. 2. Ulm 1727. S. 1–51.

Lisch, G(). C(). F().: Ruland oder Karl der Große, vom Pfaffen Konrad. Bruchstück aus dem Großherzogl. Archive zu Schwerin, mitgetheilt. In: Jahrbücher des Vereins für Meklenburgische Geschichte und Alterthumskunde 1 (1836) S. 152–172.

Liersch, C().: Ein neues bruchstück des Rolandsliedes. In: ZfdPh 10 (1879) S. 485–488.

Walther, P().: Arnstädter Bruchstücke. I. Bruchstück einer Handschrift des Rolandsliedes. In: Germania 35 (1890) S. 385–387.

Grotefend, Dr.: Bruchstück des Rolandsliedes. In: Quartalbericht des Vereins für Mecklenburgische Geschichte und Alterthumskunde 57,3 (1892) S. 4–10.

S(chröder), E(dward): Ein neues Fragment der Schweriner Roland-Handschrift. Mitgeteilt von Wilhelm Teske. In: ZfdA 50 (1908) S. 382–385.

Nass, Klaus: Die Fragmentenfunde aus dem Nachlaß Martin Last herausgegeben. In: ZfdA 118 (1989) S. 286–318, hier S. 289–295: I. Pfaffe Konrad: ›Rolandslied‹.

Facsimilia

Mortier, Raoul: Les textes de la Chanson de Roland. T. 10: Le texte de Conrad. Paris 1944.

Werner, Wilfried / Zirnbauer, Heinz (Hrsg.): Das Rolandslied des Pfaffen Konrad. Vollfaksimile des Codex Palatinus Germanicus 112. Wiesbaden 1970. (Facsimilia Heidelbergensia. 1.)

Werner, Wilfried (Hrsg.): Das Rolandslied in den Bildern der Heidelberger Handschrift mit verbindendem Text und Erläuterungen. Wiesbaden 1977.

Übersetzungen

Ottmann, Rich. Eduard: Das Rolandslied des Pfaffen Konrad. Nach der altdeutschen Vorlage zum erstenmale übersetzt. Leipzig [1890].

Graff, Jean: Le texte de Conrad. Paris 1944. (Les textes de la Chanson de Roland édités par Raoul Mortier. 10.)

Kartschoke, Dieter: Das Rolandslied des Pfaffen Konrad. Mittelhochdeutscher Text und Übertragung. Hrsg., übers. und mit einem Nachw. Frankfurt a. M. 1970. (Fischer Bücherei. 6004.)

– Das Rolandslied des Pfaffen Konrad. Mittelhochdeutscher Text und Übertragung mit einem neuen Vorwort und einem Index nominum. München 1971.

Richter, Horst: Das Rolandslied des Pfaffen Konrad. Text. Nacherzählung. Wort- und Begriffserklärungen. Wortliste. Darmstadt 1981.

Hilfsmittel

Richter, Horst: Kommentar zum Rolandslied des Pfaffen Konrad. Tl. 1. Bern / Frankfurt a. M. 1972. (Kanadische Studien zur deutschen Sprache und Literatur. 6.)

Wisbey, R[oy] A[lbert]: A Complete Concordance to the Rolandslied. (Heidelberg ms.). With wordindexes to the fragmentary manuscripts by Clifton Hall. Leeds 1969. (Compendia. 3.)

Bearbeitungen

Unger, C. R. (Hrsg.): Karlamagnus saga ok kappa hans. Fortællinger om Keiser Karl Magnus og hans jævninger. I Norsk bearbeidelse fra det trettende aarhundrede. Christiania 1860.

Koschwitz, Eduard: Der altnordische Roland. Ins Deutsche übers. In: Romanische Studien 3 (1878) S. 295–350.

Bartsch, Karl (Hrsg.): Karl der Große von dem Stricker. Quedlinburg/Leipzig 1857. Neudr. mit einem Nachw. von Dieter Kartschoke. Berlin 1965.

Keller, Adalbert (Hrsg.): Karl meinet. Zum ersten mal herausgegeben. Stuttgart 1858.

Zagolla, Rüdiger (Hrsg.): Der Karlmeinet und seine Fassung vom Rolandslied des Pfaffen Konrad. Göppingen 1988. (GAG 497.)

Bachmann, Albert / Singer, Samuel (Hrsg.): Deutsche Volksbücher. Aus einer Zürcher Handschrift des fünfzehnten Jahrhunderts. Stuttgart/Tübingen 1889. (BLV 185.) S. 1–114: Das Buch vom heiligen Karl.

Forschungsliteratur

Zum deutschen Rolandslied

Ackermann, Otto: Germanische Gefolgschaft und *ecclesia militans* im Rolandslied des Pfaffen Konrad. In: GRM 26 (1938) S. 329–341.

Ashcroft, J(). R().: Questions of method – recent research on the *Rolandslied*. In: Forum for Modern Language Studies 5 (1969) S. 262–280.

– *Miles Dei – gotes ritter*: Konrad's *Rolandslied* and the evolution of the concept of christian chivalry. In: Knighthood in medieval literature. Ed. by W. H. Jackson. Woodbridge 1981. S. 54–74. Wiederabgedr. in: Forum for Modern Language Studies 17 (1981) S. 146 bis 166.

– Konrad's *Rolandslied*, Henry the Lion, and the Northern Crusade. In: Forum for Modern Language Studies 22 (1986) S. 184–208.

Backes, Herbert: Bibel und Ars praedicandi im Rolandslied des Pfaffen Konrad. Berlin 1966. (Philologische Studien und Quellen. 36.)

– Dulce France – suoze Karlinge. In: Beitr. 90 (Tüb. 1968) S. 23–42.

– Rez. Nöther (1970). In: ZfdPh 92 (1973) S. 124–128.

– Teufel, Götter und Heiden in geistlicher Ritterdichtung. Corpus Antichristi und Märtyrerliturgie. In: Albert Zimmermann (Hrsg.): Die Mächte des Guten und Bösen. Vorstellungen im XII. und XIII. Jahrhundert über ihr Wirken in der Heilsgeschichte. Berlin / New York 1977. (Miscellanea Mediaevalia. 11.) S. 417–441.

Bartsch, Karl: Zum Rolandsliede. In: Germ. 91 (1874) S. 385–418.

Bauer, Georg Karl: Kaiserchronik und Rolandslied. In: ZfdPh 56 (1931) S. 1–14.

Bauerreiss, Romuald: Die Siegburger Klosterreform in Regensburg, die »Kaiserchronik«, das »Rolandslied« und der »Pfaffe Konrad«. In: Studien und Mitteilungen zur Geschichte des Benediktinerordens 82 (1971) S. 334–343.

Baumgarten, Bruno: Stilistische Untersuchungen zum deutschen Rolandslied. Halle a. d. S. 1898.

Becker, Ph(ilipp) Aug(ust): Zum deutschen Rolandslied. In: Beitr. 68 (1945/46) S. 134–138.

Beckers, Hartmut: Zum Wandel der Erscheinungsformen der deutschen Schreib- und Literatursprache Norddeutschlands im ausgehenden Hoch- und beginnenden Spätmittelalter (rund 1170 – rund 1350). In: Niederdt. Wort 22 (1982) S. 1–39, bes. S. 4–6.

Beckers, Hartmut: Rez. Geith (1977). In: Beitr. 104 (Tüb. 1982) S. 301–309.

Beckmann, Gustav Adolf: Der Bischof Johannes im deutschen Rolandslied – eine Schöpfung des Pfaffen Konrad? In: Beitr. 95 (Tüb. 1973) S. 289–300.

Bertau, Karl: Die Datierung des deutschen Rolandsliedes. In: Et. germ. 23 (1968) S. 616–620.

– Deutsche Literatur im europäischen Mittelalter. Bd. 1: 800–1197. München 1972.

– Das deutsche Rolandslied und die Repräsentationskunst Heinrichs des Löwen. In: DU 20 (1968) S. 4–30. Wiederabgedr. in: Literarisches Mäzenatentum. Ausgewählte Forschungen zur Rolle des Gönners und Auftraggebers in der mittelalterlichen Literatur. Hrsg. von Joachim Bumke. Darmstadt 1982. S. 331–370. (WdF 598.)

Besch, Werner: Beobachtungen zur Form des deutschen Rolandsliedes. In: Fs. Friedrich Maurer. Düsseldorf 1968. S. 119–134.

Bieling, Alfons: Das deutsche Rolandslied im Spiegel des französischen Rolandsliedes. Diss. Göttingen. Düsseldorf 1936.

Brall, Helmut: Genelun und Willehalm. Aspekte einer Funktionsgeschichte der mittelhochdeutschen Chanson de geste-Dichtung. In: Literatur und Sprache im historischen Prozeß. Vorträge des Deutschen Germanistentages Aachen 1982. Hrsg. von Thomas Cramer. Bd. 1. Tübingen 1983. S. 400–417.

Bumke, Joachim: Studien zum Ritterbegriff im 12. und 13. Jahrhundert. Heidelberg 1964. [2]1977. (Beihefte zum Euphorion. 1.)

– Die romanisch-deutschen Literaturbeziehungen im Mittelalter. Ein Überblick. Heidelberg 1967.

– Mäzene im Mittelalter. Die Gönner und Auftraggeber der höfischen Literatur in Deutschland 1150–1300. München 1979.

– Höfische Kultur. Literatur und Gesellschaft im hohen Mittelalter. Bd. 1,2. München 1986. (dtv 4442.)

Buschinger, Danielle: L'image du musulman dans le ›Rolandslied‹. In: Images et signes de l'Orient dans l'Occident médiéval. Littérature et civilisation. Aix-en-Provence 1982. (Sénéfiance. 11.) S. 59–73.

– Le Curé Konrad, adaptateur de la »Chanson de Roland«. In: Cahiers de civilisation médiévale 26 (1983) S. 95–115.

– L'Or dans la littérature allemande entre 1170 et 1220: Quelques jalons. In: L'Or au Moyen Age: Monnaie, métal, objets, symbole. Aix-en-Provence 1983. (Sénéfiance. 12.) S. 55–74.

Canisius-Loppnow, Petra: Recht und Religion im Rolandslied des Pfaffen Konrad. Frankfurt a. M. [u. a.] 1992. (Germanistische Arbeiten zu Sprache und Kulturgeschichte. 22.)

Clark, Susan L.: »Genelun erbleichte harte«. The Dark Figure and the Responsibility for Carnage in ›Das Rolandslied‹. In: The Dark Figure in Medieval German and Germanic Literature. Ed. by M. Edward, R. Haymes and Stephanie Cain Van d'Elden. Göppingen 1986. (GAG 448.) S. 1–26.

Czerwinski, Peter: Die Schlacht- und Turnierdarstellungen in den deutschen höfischen Romanen des 12. und 13. Jahrhunderts. Zur literarischen Verarbeitung militärischer Formen des adligen Gewaltmonopols. Diss. FU Berlin 1975. Berlin 1976.

Decker, Wolfgang: Über Rolandslied und Pseudo-Turpin. In: Euph. 72 (1978) S. 133–142.

Denecke, Ludwig: Ritterdichter und Heidengötter (1150–1220). Leipzig 1930. (Form und Geist. 13.) S. 67–86.

Dozoby, Maria: The Role of King in selected Middle High German Epics. Diss. Univ. of Kansas. 1978. [Masch.]

– The Structure of the Crusade Epic and the Function of the King. In: Neoph. 67 (1983) S. 90–108.

– Full circle: Kingship in the German Epic. Alexanderlied, Rolandslied, »Spielmannsepen«. Göppingen 1985. (GAG 399.)

– The Meaning of *Virtus*. Heroic Vocabulary in Konrad's ›Rolandslied‹. In: Archiv 224 (1987) S. 241–253.

Dufauret, V().: Les variantes allemandes de la légende de Roland. In: Rev. polit. et. litt. 12 (1899) S. 413–416.

Egberts, Johannes: Das Schema der Botensendung, Botenfahrt, Fahrt, Reckenfahrt und Heerfahrt in der Kaiserchronik und in den Epen König Rother, Rolandslied, Münchener Oswald, Salman und Morolf, Orendel, Kudrun, Wolfdietrich A, B, D. Diss. München 1972.

Eggers, Hans: Zahlenkomposition im deutschen Rolandslied? In: Interpretation und Edition deutscher Texte des Mittelalters. Fs. John Asher. Hrsg. von Kathryn Smits, Werner Besch, Victor Lange. Berlin 1981. S. 1–12.

Endres, Rolf: Zum Wortinhalt von »angest« im Rolandslied des Pfaffen Konrad. In: Psychologie in der Mediävistik. Gesammelte Beiträge des Steinheimer Symposions. Hrsg. von Jürgen Kühnel, Hans Dieter Mück, Ursula Müller, Ulrich Müller. Göppingen 1985. (GAG 431.) S. 79–105.

Erdmann, Carl: Die Entstehung des Kreuzzugsgedankens. Stuttgart

1935. (Forschungen zur Kirchen- und Geistesgeschichte. 5.) Nachdr. Darmstadt 1955 [u. ö.].

Ernst, Ulrich: ›Kollektive Aggression‹ in der Chanson de Roland und im Rolandslied des Pfaffen Konrad. Die Idee des Gottesfriedens als Legitimationsmodell für Reconquista und welfische Expansionspolitik. In: Euph. 82 (1988) S. 211–225.

Ertzdorff, Xenia von: Les princes et l'empereur dans la *Chanson de Roland* allemande du 12e siècle. In: Travaux et mémoires de l'Université de Limoges. Coll. allemand. No. spéc. Limoges 1980. S. 9 bis 24.

Färber, Elisabeth: Höfisches und »Spielmännisches« im Rolandslied des Pfaffen Konrad. Zugleich ein Beitrag zur Klärung der Beziehungen zwischen Kaiserchronik und Rolandslied. Diss. Erlangen 1933. Erlangen 1934.

Fliegner, Gotthart: Geistliches und weltliches Rittertum im Rolandslied des Pfaffen Konrad. Breslau 1937. (Deutschkundliche Arbeiten A. 9.)

Folz, R[obert]: Le Souvenir et la légende de Charlemagne dans l'Empire germanique médiéval. Paris 1950. (Publications de l'Université Dijon. 7.) Réimpr. Genève 1973.

Freie, Magrita J().: Die Einverleibung der fremden Personennamen durch die mittelhochdeutsche höfische Epik. Diss. Groningen. Amsterdam 1933.

Geary, Patrick: Songs of Roland in Twelfth Century Germany. In: ZfdA 105 (1976) S. 112–115.

Geith, Karl-Ernst: Rolands Tod. Zum Verhältnis von ›Chanson de Roland‹ und deutschem ›Rolandslied‹. In: ABäG 10 (1976) S. 1–14.

– Carolus Magnus. Studien zur Darstellung Karls des Großen in der deutschen Literatur des 12. und 13. Jahrhunderts. Bern/München 1977. (Bibliotheca Germanica. 19.)

– *daz bůch . . . gescriben ze den Karlingen.* Zur Vorlage des deutschen »Rolandsliedes«. In: Albrecht Schöne (Hrsg.): Kontroversen, alte und neue: Akten des VII. Internationalen Germanisten-Kongresses, Göttingen 1985. Bd. 9: Deutsche Literatur in der Weltliteratur. Kulturnation statt politischer Nation? Hrsg. von Franz Norbert Mennemeier und Conrad Wiedemann. Tübingen 1986. S. 137 bis 142.

– Zur Stellung des Rolandsliedes innerhalb der Überlieferung der ›Chanson de Roland‹. In: Wolfram-Studien 11 (1989) S. 32–46.

– Die Träume im Rolandslied des Pfaffen Konrad und in Strickers

Karl. In: Träume im Mittelalter. Ikonologische Studien. Hrsg. von Agostino Paravicini Bagliani und Giorgio Stabile. Stuttgart 1989. S. 227–241.

Gellinek, Christian: The Epilogue of Konrad's *Rolandslied*: Commission and Dating. In: MLN 83 (1968) S. 390–405.

– Herrschermodelle im *Rolandslied*. In: Germanic Studies in honor of Otto Springer (1978) S. 141–148. Wiederabgedr. in: Ch. J. Gellinek: Essays zur Literaturkritik des europäischen Mittelalters. Poznan 1980. S. 44–50.

– Konrad's Rolandslied and the Babenbergers. In: Ch. G.: Herrschaft im Hochmittelalter. Essays zu einem Sonderproblem der älteren deutschen Literatur. Bern [u. a.] 1980. S. 47–59.

Geppert, Waltraud-Ingeborg: Christus und Kaiser Karl im deutschen Rolandslied. In: Beitr. 78 (Tüb. 1956) S. 349–373.

Gernentz, Hans-Joachim: Formen und Funktionen der direkten Reden und Redeszenen in der deutschen epischen Dichtung von 1150–1200. Habil.-Schr. Rostock 1958. [Masch.]

Glatz, Gabriele: Die Eigenart des Pfaffen Konrad in der Gestaltung seines christlichen Heldenbildes dargestellt auf Grund eines Vergleichs mit sämtlichen überlieferten Handschriften der altfranzösischen Chanson de Roland. Diss. Freiburg i. Br. 1949. [Masch.]

Golther, Wolfgang: Das Rolandslied des Pfaffen Konrad. Ein Beitrag zur Litteraturgeschichte des XII. Jahrhunderts. München 1887.

Gottzmann, Carola L.: Ordo caritatis im Rolandslied des Pfaffen Konrad. In: ABäG 12 (1977) S. 71–100.

Green, D(). H().: Rez. Ott-Meimberg (1980). In: Medium Aevum 51 (1982) S. 272–274.

Grimm, Wilhelm: Der Epilog zum Rolandsliede. In: ZfdA 8 (1843) S. 281–288. Wiederabgedr. in: W. G.: Kleinere Schriften. Bd. 3. Berlin 1883. S. 200–207.

Grünewald, August: Die lateinischen Einschiebsel in den deutschen Gedichten von der Mitte des 11. bis gegen Ende des 12. Jahrhunderts. Diss. Göttingen 1908.

Haacke, Diether: Weltfeindliche Strömungen und die Heidenfrage in der deutschen Literatur von 1170–1230 (Rolandslied – Graf Rudolf – Trierer Floyris – Eraclius – Wolframs Willehalm – Reinbots Heiliger Georg). Diss. FU Berlin 1951. [Masch.]

Haas, Alois M.: Todesbilder im Mittelalter. Fakten und Hinweise in der deutschen Literatur. Darmstadt 1989. S. 130–137.

Hall, Clifton: fröude, êre and saelde in Konrad's Rolandslied and Stricker's Karl der Große. Diss. Michigan 1966.

Hall, Clifton: The Saelde-Group in Konrad's »Rolandslied« and Stricker's »Karl der Große«. In: Monatshefte 61 (1969) S. 347–360.

Harder, Franz: Ein Schwabenstreich. (Hieb von oben bis unten). In: Zeitschrift des Vereins für Volkskunde 37/38 (1927/28) S. 107 bis 111.

Harris, Kathleen: Das Problem der Spiegelbildlichkeit im Rolandslied. In: Neoph. 48 (1964) S. 305–312.

Harrison, Kathleen: Quelques aspects de l'éthique du Rolandslied. In: Actes du Colloque des 9 et 10 avril 1976 sur ›L'adaptation courtoise‹ en littérature médiévale allemande. Centre d'études médiévales de l'université de Picardie. Amiens 1976. S. 185–197.

Hatzfeld, Helmut: Le *Rolandslied* allemand. Guide pour la compréhension stylistique de la *Chanson de Roland*. In: Cultura Neolatina 21 (1961) S. 48–65.

Haug, Walter: Literaturtheorie im deutschen Mittelalter von den Anfängen bis zum Ende des 13. Jahrhunderts. Darmstadt 1985. (Germanistische Einführungen.) S. 75–90.

Haupt, Barbara: Das Fest in der Dichtung. Untersuchungen zur historischen Semantik eines literarischen Motivs in der mittelhochdeutschen Epik. Düsseldorf 1989. (Studia humaniora. 14.) S. 36 bis 69.

Haupt, Moriz: Ährenlese. In: ZfdA 15 (1872) S. 246–266.

Hellmann, Manfred W.: Fürst, Herrscher und Fürstengemeinschaft. Untersuchungen zu ihrer Bedeutung als politischer Elemente in mittelhochdeutschen Epen. Annolied – Kaiserchronik – Rolandslied – Herzog Ernst – Wolframs Willehalm. Diss. Bonn 1969. S. 28–32, 80–92.

Hempel, Wolfgang: *übermuot diu alte* . . . Der superbia-Gedanke und seine Rolle in der deutschen Literatur des Mittelalters. Bonn 1970. (Studien zur Germanistik, Anglistik und Komparatistik. 1.)

Henschel, Erich: Mittelhochdeutsche Kleinigkeiten 2. In: Beitr. 75 (1953) S. 484, 487–489.

Hinterkausen, Siegfried: Die Auffassung von Zeit und Geschichte in Konrads Rolandslied. Diss. Bonn 1966. Bonn 1967.

Holthausen, F().: Zum Rolandsliede. In: Germ. 31 (1886) S. 120.

Ibach, Helmut: Reckentum und Reichsdienst. Beobachtungen am deutschen Rolandslied. In: Neues Abendland 8 (1953) S. 680 bis 686.

Jacobi, Johannes: Über die Bezeichnung der verschobenen Verschluß- und Reibelaute in den Handschriften des Rolandsliedes. Diss. Bonn 1904.

Kartschoke, Dieter: Die Datierung des deutschen Rolandsliedes. Stuttgart 1965. (Germanist. Abh. 9.)
– Zum *Rolandslied.* In: Euph. 63 (1969) S. 406–420.
– Rez. Ott-Meimberg (1980). In: GRM 34 (1984) S. 202–207.
– *in die latine bedwungin.* Kommunikationsprobleme im Mittelalter und die Übersetzung der ›Chanson de Roland‹ durch den Pfaffen Konrad. In: Beitr. 111 (Tüb. 1989) S. 196–209.
– Pfaffe Konrad. In: Deutsche Dichter. Leben und Werk deutschsprachiger Autoren. Hrsg. von Gunter E. Grimm und Frank Rainer Max. Bd. 1: Mittelalter. Stuttgart 1989. S. 81–88.
– Noch einmal zum Rolandslied. (Zur Kritik der Heidelberger Handschrift.) In: ZfdA 122 (1993) S. 1–16.
Keller, Hans-Erich: La place du *Ruolantes liet* dans la tradition rolandienne. In: Le Moyen Age 71 (1965) S. 215–246, 401–421. Wiederabgedr. in: H.-E. K.: Autour de Roland. Recherches sur la chanson de geste. Paris 1989. S. 203–234.
– Der Pfaffe Konrad am Hofe von Braunschweig. In: Wege der Worte. Fs. Wolfgang Fleischhauer. Hrsg. von Donald C. Riechel. Köln/Wien 1978. S. 143–166. Wiederabgedr. u. d. T. »Le prêtre Conrad à la cour de Brunswick« in: H.-E. K.: Autour de Roland. Recherches sur la chanson de geste. Paris 1989. S. 175–201.
Kern, Peter: Anregungen für eine bessere Übersetzung des Rolandsliedes. Eine Auseinandersetzung mit der Übertragung Kartschokes. In: Beitr. 90 (Tüb. 1971) S. 409–428.
Kesting, Peter: Rez. Backes (1966). In: AfdA 80 (1969) S. 115–120.
Kirchenbauer, Lina: Raumvorstellungen in frühmittelalterlicher Epik. Diss. Heidelberg 1931. S. 21–43.
Klassen, Ernst: Geschichts- und Reichsbetrachtung in der Epik des 12. Jahrhunderts. Diss. Bonn, Würzburg 1938. (Bonner Beiträge zur Deutschen Philologie. 7.)
Klein, Hans-Wilhelm: Motive der Totenklage Karls um Roland in altfranzösischer und mittelhochdeutscher Epik. In: Studien zur deutschen Literatur des Mittelalters. In Verb. mit Ulrich Fellmann hrsg. von Rudolf Schützeichel. Bonn 1979. S. 108–120.
– Herzog Naimes als ›Bayer‹ im französischen und deutschen Rolandslied und im Pseudo-Turpin. In: Romania ingeniosa. Fs. Gerold Hilty. Bern 1987. S. 171–178.
Klein, Thomas: Untersuchungen zu den mitteldeutschen Literatursprachen des 12. und 13. Jahrhunderts. Habil.-Schr. Bonn 1982. [Masch.] S. 297–397.
– Ermittlung, Darstellung und Deutung von Verbreitungstypen in

der Handschriftenüberlieferung mittelhochdeutscher Epik. In: Volker Honemann und Nigel F. Palmer (Hrsg.): Deutsche Handschriften 1100–1400. Oxforder Kolloquium 1985. Tübingen 1988. S. 121, 130 f.

Klibansky, Erich: Gerichtsszene und Prozeßform in der erzählenden Dichtung des 12.–14. Jahrhunderts. Berlin 1925. (Germanische Studien. 40.) S. 59–63.

Klinnert, Ernst: Freude und Leid im Rolandslied des Pfaffen Konrad. Diss. Frankfurt a. M. 1959.

Knappe, Karl-Bernhard: Repräsentation und Herrschaftszeichen. Zur Herrscherdarstellung in der vorhöfischen Epik. München 1974. (Münchener Beiträge zur Mediävistik und Renaissance-Forschung. 17.)

Knorr, Friedrich: Das deutsche ›Rolandslied‹. In: ZfdGw 2 (1939/40) S. 97–117. Wiederabgedr. in: Rüdiger Schnell (Hrsg.): Die Reichsidee in der deutschen Dichtung des Mittelalters. Darmstadt 1983. (WdF 589.) S. 83–109.

– Zum Reichsgedanken des deutschen Rolandsliedes. In: ZfdGw 4 (1941/42) S. 61–66.

Köneke, Bruno: Untersuchungen zum frühmittelhochdeutschen Versbau (›Erinnerung an den Tod‹, ›Priesterleben‹, ›Rolandslied‹, ›Straßburger Alexander‹). München 1976. (Studien und Quellen zur Versgeschichte.)

Köster, Rudolf: Karl der Große als politische Gestalt in der Dichtung des deutschen Mittelalters. Hamburg 1939. (Hansische Forschungen. 2.) S. 4–20.

Kokott, Hartmut: Literatur und Herrschaftsbewußtsein. Wertstrukturen der vor- und frühhöfischen Literatur. Vorstudien zur Interpretation mittelhochdeutscher Texte. Frankfurt a. M. [u. a.] 1978. (Europ. Hochschulschriften. 1,232.) S. 137–149.

Kolb, Herbert: Rolandslied-Lesung im Deutschen Orden. In: IASL 15 (1990) S. 1–12.

Kray, Anne-Marie: Der Glaubenskrieg und seine Darstellung in den Kreuzzugsepen des Mittelalters. Diss. Freiburg i. Br. 1950. [Masch.]

Kraemer, Alex: Der Typus des falschen Ratgebers, des Hoch- und Landesverräters im altdeutschen Schrifttum. Diss. Bonn 1941.

Krüger, A(). G().: Die Handschuhepisode und die sie betreffenden Reminiszenzen im Rolandsliede. In: Neuphil. Mitt. 34 (1933) S. 145–153.

– Die Bestattung der bei Ronceval gefallenen kaiserlichen Paladine nach dem Rolandsepos und seiner Übertragung durch den Pfaffen Konrad. In: ZfdPh 58 (1933) S. 105–116.

Leitzmann, Albert: Rolandstudien. In: Beitr. 43 (1917/18) S. 26 bis 47.

Lintzel, Martin: Zur Datierung des deutschen Rolandsliedes. In: ZfdPh 51 (1926) S. 13–33. Wiederabgedr. in: M. L.: Ausgewählte Schriften. Bd. 2: Zur Karolinger- und Ottonenzeit, zum hohen und späten Mittelalter, zur Literaturgeschichte. Berlin 1961. S. 489–506.

– Edward Schröders Datierung des deutschen Rolandsliedes. In: ZfdPh 54 (1929) S. 168–174.

– Die Mäzene der deutschen Literatur im 12. und 13. Jahrhundert. In: Thüringisch-Sächsische Zeitschrift für Geschichte und Kunst 22 (1933) S. 47–77. Wiederabgedr. in: M. L.: Ausgewählte Schriften. Bd. 2: Zur Karolinger- und Ottonenzeit, zum hohen und späten Mittelalter, zur Literaturgeschichte. Berlin 1961. S. 506–532. – Joachim Bumke (Hrsg.): Literarisches Mäzenatentum. Ausgewählte Forschungen zur Rolle des Gönners und Auftraggebers in der mittelalterlichen Literatur. Darmstadt 1982. (WdF 598.) S. 33 bis 67.

Lohse, Gerhart: Das Nachleben Karls des Großen in der deutschen Literatur des Mittelalters. In: Wolfgang Braunfels / Percy Ernst Schramm (Hrsg.): Das Nachleben. Düsseldorf 1967. (Karl der Große, Lebenswerk und Nachleben. Unter Mitw. von Helmut Beumann, Bernhard Bischoff, Hermann Schnitzler, Percy Ernst Schramm hrsg. von Wolfgang Braunfels.) S. 337–347.

Lutz, Eckart Conrad: Rhetorica divina. Mittelhochdeutsche Prologgebete und die rhetorische Kultur des Mittelalters. Berlin / New York 1984. (Quellen und Forschungen. NF 82.)

Mager, Elisabeth: Das Ethos des mittelhochdeutschen Rolandsliedes verglichen mit dem der Chanson de Roland. Diss. Berlin 1962. [Masch.]

– Zum Rolandslied des Pfaffen Konrad. In: Beitr. 86 (Halle 1964) S. 225–246.

Mandach, André de: Naissance et développement de la chanson de geste en Europe I: La geste de Charlemagne et de Roland. Genève 1961.

– Encore du nouveau à propos de la date et de la structure de la Chanson de Roland allemande. In: Société Rencesvals IVe Congrès international. Actes et Mémoires. Sonderdr. Heidelberg 1969. S. 106–116.

Margetts, John: *ze beder sit:* Mengenbezeichnung oder *visio mundi*? In: ABäG 23 (1985) S. 153–173.
– A note on *Macbeth I.ii.22.* In: Philip Edward [u. a.] (Hrsg.): KM 80. A birthday album for Kenneth Muir. Tuesday, 5 May, 1987. Liverpool 1987. S. 92–97.
Massman, H. F.: Eraclius. Deutsches und französisches Gedicht des zwölften Jahrhunderts (jenes von Otte, dieses von Gautier von Arras) nach ihren je beiden einzigen Handschriften, nebst mittelhochdeutschen, griechischen, lateinischen Anhängen und geschichtlicher Untersuchung. Zum ersten Male herausgegeben. Quedlinburg und Leipzig 1842. (Bibliothek der gesammten deutschen National-Literatur. 6.) S. 559–561.
Maurer, Friedrich: Zum deutschen Rolandslied. In: Beitr. 69 (1947) S. 491.
– Leid. Studien zur Bedeutungs- und Problemgeschichte, besonders in den großen Epen der staufischen Zeit. Bern/München 1951. S. 81–84, 268 f.
– Zur Form von Konrads Rolandslied. In: Fs. Siegfried Gutenbrunner. Heidelberg 1972. S. 165–181.
McDonald, William C. with the Collaboration of Goebel, Ulrich: German Medieval Literary Patronage from Charlemagne to Maximilian I. A Critical Commentary with Special Emphasis on Imperial Promotion of Literature. Amsterdam 1973 (Amsterdamer Publikationen zur Sprache und Literatur. 10.) S. 98–103.
Merci, Paolo: Il »Ruolandes liet« di Konrad e lo stemma della »Chanson de Roland«. In: Medioevo Romanzo 2 (1975) S. 193–231, 345–393.
Minis C(ola): Rolandslied 3651 *Malprimis* uon Ampregalt.* In: Leuv. Bijdr. 37 (1947) S. 35–37.
– Ueber einige Namen aus dem *Rolandslied* des Pfaffen Konrad. In: Neoph. 31 (1947) S. 67 f.
– Französisch-deutsche Literaturberührungen im Mittelalter I. In: Romanist. Jahrb. 4 (1951) S. 55–123. Wiederabgedr. in: C. M.: Zur Vergegenwärtigung vergangener philologischer Nächte. Amsterdam 1981. (Amsterdamer Publikationen zur Sprache und Literatur. 46.) S. 88–156, bes. S. 69–89.
– Der Pfaffe Konrad (Nachtrag). In: VL[1] 5. 1955. Sp. 537–544.
– Französisch-deutsche Literaturberührungen im Mittelalter II. In: Romanist. Jahrb. 7 (1955–56) S. 66–95, bes. S. 163–165. Wiederabgedr. in: C. M.: Zur Vergegenwärtigung vergangener philologischer Nächte. Amsterdam 1981. (Amsterdamer Publikationen zur Sprache und Literatur. 46.) S. 157–186.

Minis C(ola): Über Rolands Horn, Burgers Passio Rotolandi und Konrads Roland. In: Mélanges de linguistique et de littérature romanes à la mémoire d'Istvan Frank offerts par ses anciens maîtres, ses amis et ses collègues de France et de l'étranger. Saarbrücken 1957. (Annales Universitatis Saraviensis. 6) S. 439–453. Wiederabgedr. in: C. M.: Zur Vergegenwärtigung vergangener philologischer Nächte. Amsterdam 1981. (Amsterdamer Publikationen zur Sprache und Literatur. 46.) S. 218–232.

– Romanisch-germanische Karlsgeschichte. Zu Paul Aebischers Publikationen über die skandinavischen Karlsgeschichten und ihre Beziehung zur französischen Karlsepik. In: GRM 53 (1972) S. 221 bis 240.

– Der Pseudo-Turpin und das ›Rolandslied‹ des Pfaffen Chunrat. In: Mittellat. Jb. 2 (1975) S. 85–95. Wiederabgedr. in: C. M.: Zur Vergegenwärtigung vergangener philologischer Nächte. Amsterdam 1981. (Amsterdamer Publikationen zur Sprache und Literatur. 46.) S. 207–217.

Missfeldt, Antje: Ein Vergleich der Laisseneinheiten in der Chanson de Roland (Hs. O) mit der Abschnittstechnik in Konrads Rolandslied. In: ZfdPh 92 (1973) S. 321–338.

Moisan, André: La mort de Roland selon les différantes versions de l'épopée. In: Cahiers de civilisation médiévale 28 (1985) S. 101 bis 132.

Moser, Hugo: Georges Zink, Un problème ardu: la date du Rolandslied. In: Et. Germ. 16 (1961) S. 127 f.

Müller-Römheld, Walter: Formen und Bedeutung genealogischen Denkens in der deutschen Literatur bis um 1200. Diss. Frankfurt a. M. 1958. S. 76–83.

Murdoch, Brian: The Treachery of Ganelon in Konrad's *Rolandslied*. In: Euph. 67 (1973) S. 372–377.

– Rez. Ott-Meimberg (1980). In: Studi medievali 23 (1982) S. 497 bis 499.

Naumann, Hans: Der wilde und der edle Heide (Versuch über die höfische Toleranz). In: Vom Werden des deutschen Geistes. Fs. Gustav Ehrismann. Berlin/Leipzig 1925. S. 80–101.

– Kurzer Versuch über welfische und staufische Dichtung. In: Elsaß-Lothr. Jb. 8 (1929) S. 69–91.

Nellmann, Eberhard: Die Reichsidee in deutschen Dichtungen der Salier- und frühen Stauferzeit. Annolied – Kaiserchronik – Rolandslied – Eraclius. Berlin 1963. (Phil. Studien und Quellen. 61.) S. 164–192.

Nellmann, Eberhard: Karl der Große und König David im Epilog des deutschen ›Rolandsliedes‹. In: ZfdA 94 (1965) S. 268–279. Wiederabgedr. in: Die Reichsidee in der deutschen Dichtung des Mittelalters. Hrsg. von Rüdiger Schnell. Darmstadt 1983. (WdF 589.) S. 222–238.

– Pfaffe Konrad. In: VL² 5. 1985. Sp. 115–131.

– Rez. Ott-Meimberg (1980). In: Beitr. 106 (Tüb. 1984) S. 297 bis 305.

Neumann, Friedrich: Wann entstanden Kaiserchronik und Rolandslied? In: ZfdA 91 (1961/62) S. 263–329.

Nöther, Ingo: Die geistlichen Grundgedanken im Rolandslied und in der Kaiserchronik. Hamburg 1970. (Geistes- und sozialwissenschaftliche Dissertationen. 2.)

Ochs, Ernst: *mêiske môre.* In: Archiv 197 (1961) S. 14.

Oguri, O().: Das Geschichtsbild des Rolandsliedes. In: Doitsu Bungaku 45 (1970) S. 13–27.

Ohly, Ernst Friedrich: Zum Reichsgedanken des deutschen Rolandsliedes. In: ZfdA 74 (1940) S. 189–217. Wiederabgedr. in: Die Reichsidee in der deutschen Dichtung des Mittelalters. Hrsg. von Rüdiger Schnell. Darmstadt 1983. (WdF 589.) S. 110–147.

Ohly, Friedrich: Zu Rolandslied v. 3944 ff. In: ZfdA 86 (1955/56) S. 79 f.

– Zu den Ursprüngen der Chanson de Roland. In: Mediaevalia litteraria. Fs. H. de Boor. Hrsg. von Ursula Hennig und Herbert Kolb. München 1971. S. 135–153.

– Zum Dichtungsschluß *Tu autem, domine, miserere nobis.* In: DVjs 47 (1973) S. 26–68.

– Die Legende von Karl und Roland. In: Studien zur frühmittelhochdeutschen Literatur. Cambridger Colloquium 1971. Hrsg. von L. P. Johnson, H. H. Steinhoff, R. A. Wisbey. Berlin 1974. S. 292–343.

– Bemerkungen eines Philologen zur Memoria. In: Memoria. Der geschichtliche Zeugniswert des liturgischen Gedenkens im Mittelalter. Hrsg. von Karl Schmid und Joachim Wollasch. München 1984. (Münstersche Mittelalter-Schriften. 48.) S. 9–68.

– Beiträge zum Rolandslied. In: Philologie als Kulturwissenschaft. Studien zur Literatur und Geschichte des Mittelalters. Fs. Karl Stackmann. Göttingen 1987. S. 90–135.

– The death of traitors by dismemberment in mediaeval literature. In: Atti Accademia Peloritana dei Pericolanti Classe di Lettere, Filosofia e Belle Arti 63 (1987) S. 9–27.

Oppermann, Ernst: Die Versschlüsse der Form x́x̀(x̀) im deutschen Rolandsliede. Diss. Greifswald 1913.

Ott-Meimberg, Marianne: Kreuzzugsepos oder Staatsroman? Strukturen adeliger Heilsversicherung im deutschen ›Rolandslied‹. München 1980. (MTU 70.)

– Karl, Roland, Guillaume. In: Mertens, Volker / Müller, Ulrich (Hrsg.): Epische Stoffe des Mittelalters. Stuttgart 1984. (Kröners Taschenbuchausgabe. 483.) S. 81–110.

– *di matteria di ist scone.* Der Zusammenhang von Stoffwahl, Geschichtsbild und Wahrheitsanspruch am Beispiel des deutschen ›Rolandsliedes‹. In: Hahn, Gerhard / Ragotzky, Hedda (Hrsg.): Grundlagen des Verstehens mittelalterlicher Literatur. Literarische Texte und ihr historischer Erkenntniswert. Stuttgart 1992. S. 17 bis 32.

Palgen, Rudolf: Willehalm, Rolandslied und Eneide. In: Beitr. 44 (1920) S. 191–241.

Peters, Ursula: Rez. Ott-Meimberg (1980). In: AfdA 94 (1983) S. 14 bis 22.

Pörksen, Uwe: Der Erzähler im mittelhochdeutschen Epos. Formen seines Hervortretens bei Lamprecht, Konrad, Hartmann, in Wolframs Willehalm und in den »Spielmannsepen«. Berlin 1971. (Philologische Studien und Quellen. 58.)

Pütz, Hans Henning: Die Darstellung der Schlacht in mittelhochdeutschen Erzähldichtungen von 1150 bis um 1250. Hamburg 1971. (Hamburger philologische Studien. 15.)

Richter, Horst: Das Hoflager Kaiser Karls. Zur Karlsdarstellung im deutschen Rolandslied. In: ZfdA 102 (1973) S. 81–101.

Riezler, Sigmund von: Naimes von Bayern und Ogier der Däne. In: SB der bayer. AdW. Phil.-hist. Kl. 1893. S. 713–788.

Ritter, Richard: Die Einleitungen der altdeutschen Epen. Diss. Bonn 1908.

Röhr, Helmut: Die politische Umwelt des deutschen Rolandsliedes. In: Beitr. 64 (1940) S. 1–39.

Saran, Franz: Deutsche Heldengedichte des Mittelalters: Hildebrandslied, Waltharius, Rolandslied, König Rother, Herzog Ernst. Halle (Saale) 1922. (Handbücherei für den Deutschen Unterricht. 1,1.) S. 99–115.

Schäfer-Maulbetsch, Rose Beate: Studien zur Entwicklung des mittelhochdeutschen Epos. Die Kampfschilderungen in »Kaiserchronik«, »Rolandslied«, »Alexanderlied«, »Eneide«, »Liet von Troye« und »Willehalm«. Göppingen 1972. (GAG 22/23.)

Scherer, Wilhelm: Rolandslied, Kaiserchronik, Rother. In: ZfdA 18 (1875) S. 298–306.

Scheunemann, Ernst: Der Pfaffe Konrad, Verfasser des Rolandsliedes (9094 Verse). In: VL[1] 2. 1936. Sp. 870–887.

Schiehle, Birgit: Der Gebrauch von ›wellen‹ in der Wiener Genesis, im König Rother und im Rolandslied. Zur Darstellung psychischer Vorgänge in frühmittelhochdeutschen Quellen. Diss. Göttingen 1971. 1970. [sic!]

Schlyter, Kerstin: Les énumerations des personnages dans la Chanson de Roland. Étude comparative. Lund 1974. (Études Romanes de Lund. 22.)

Schmid, Gertrud: Christlicher Gehalt und germanisches Ethos in der vorhöfischen Geistlichendichtung (Vorauer Alexander, Rolandslied, Herzog Ernst A, König Rother, Salman und Morolf, Münchner Oswald). Erlangen 1937. (Erlanger Arbeiten zur deutschen Literatur. 9.)

Schmidt-Wiegand, Ruth: Prozeßform und Prozeßverlauf im ›Rolandslied‹ des Pfaffen Konrad. Zum Verhältnis von Dichtung und Recht im Mittelalter. In: Recht, Gericht, Genossenschaft und Policey. Studien zu Grundbegriffen der germanistischen Rechtshistorie. Symposion für Adalbert Erler. Hrsg. von Gerhard Dilcher und Bernhard Diestelkamp. Berlin 1986. S. 1–12.

Schneider, Karin: Gotische Schriften in deutscher Sprache. I. Vom späten 12. Jahrhundert bis um 1300. Textbd./Tafelbd. Wiesbaden 1987.

Schreiber, Hans: Studien zum Prolog in mittelalterlicher Dichtung. Diss. Bonn. Würzburg/Aumühle 1935.

Schröder, Edward: Die heimat des deutschen Rolandsliedes. In: ZfdA 27 (1883) S. 70–82.

– (Hrsg.): Kaiserchronik eines Regensburger Geistlichen. Hannover 1895. (MGH SS vern. ling. tom. I). Unveränd. Nachdr. Berlin/Zürich 1964. (Deutsche Neudrucke.) S. 51 ff.

– Die Datierung des deutschen Rolandsliedes. In: ZfdA 65 (1928) S. 289–296.

– Aus der Überlieferung des Rolandsliedes. In: ZfdA 76 (1939) S. 300 f.

Schröder, Franz Rolf: Die Datierung des deutschen Rolandsliedes. In: Beitr. 78 (Tüb. 1956) S. 57–60.

Schröder, Werner: Zum *Ritter*-Bild der frühmittelhochdeutschen Dichter. In: GRM 53 (1972) S. 333–351.

Schubert, Martin J.: Zur Theorie des Gebarens im Mittelalter. Analyse von nichtsprachlicher Äußerung in mittelhochdeutscher Epik. Rolandslied, Eneasroman, Tristan. Köln/Wien 1991.

Schürer, Heinrich: Die Sprache der Hs. P des Rolandsliedes. Progr. Komotau 1887.

Schulte, Wolfgang: »Epischer Dialog«. Untersuchungen zur Gesprächstechnik in frühmittelhochdeutscher Epik. (Alexanderlied – Kaiserchronik – Rolandslied – König Rother). Diss. Bonn 1970.

Schultz, Alwin: Das höfische Leben zur Zeit der Minnesinger. 2., verm. und verb. Aufl. Bd. 1,2. Leipzig 1889.

Schulze, Ernst: Wirkung und Verbreitung des deutschen Rolandsliedes. Diss. Hamburg 1926. Hamburg 1927.

Shaw, Frank: Das historische Epos als Literaturgattung in frühmittelhochdeutscher Zeit. In: Studien zur frühmittelhochdeutschen Literatur. Cambridger Colloquium 1971. Hrsg. von L. P. Johnson, H. H. Steinhoff, R. A. Wisbey. Berlin 1974. S. 275–291.

– Arles und Regensburg in der Entstehung einer Karlssage. In: GRM 27 (1977) S. 129–144.

Sijmons, B().: Vraagpunten uit de middelhoogduitsche letterkunde. In: Taalkundige Bydragen 1 (1877) S. 300–314. S. 300–309: »De dagteekening van het Rolandslied«.

Singer, S(amuel): Arabische und europäische Poesie im Mittelalter. In: ZfdPh 52 (1927) S. 77–92.

Sinisi, Lucia: Aspetti propagandistici delle crociate nel *Rolandslied* di Pfaffe Konrad. In: Annali della Facoltà di lingue e letterature straniere 7 (1986) S. 99–120.

Sitte, Eberhard: Die Datierung von Lamprechts Alexander. Halle (Saale) 1940. Neudr. 1973. S. 27–38.

Speer, Lothar: Zum »Herzog Heinrich« im Epilog des deutschen Rolandsliedes. Untersuchungen zur Entstehungszeit. In: Literaturwissenschaftliches Jahrbuch 17 (1976) S. 348–355.

Spencker, Franz: Zur Metrik des deutschen Rolandsliedes. Diss. Rostock 1889.

Spielmann, Walter: Der ›Rat‹ als Forum politischer Auseinandersetzungen. Die ›Chanson de Roland‹ und das ›Rolandslied‹ im Rahmen eines systemfunktionalen Literaturmodells. Diss. Salzburg 1984. [Masch.]

Stackmann, Karl: Karl und Genelun. Das Thema des Verrats im *Rolandslied des Pfaffen Konrad* und seinen Bearbeitungen. In: Poetica 8 (1976) S. 258–280.

Stein, Peter K().: Rez. Ott-Meimberg (1980). In: ZfdPh 103 (1984) S. 131–136.

Stein, Siegfried: Die Ungläubigen in der mittelhochdeutschen Literatur um 1050–1250. Diss. Heidelberg 1932. Unveränd. Nachdr. Darmstadt 1963. S. 37–45.

Steinhoff, Hans-Hugo: Die Darstellung gleichzeitiger Geschehnisse im mittelhochdeutschen Epos. Studien zur Entfaltung der poetischen Technik vom Rolandslied bis zum ›Willehalm‹. München 1964. (Medium aevum. 4.) S. 96–119, 124–126.

Steinmeyer, (Elias): Konrad. In: ADB 16 (1882) S. 638 f.

Strauss, Dieter: Redegattungen und Redearten im »Rolandslied« sowie in der »Chanson de Roland« und in Strickers »Karl«. Studien zur Arbeitsweise mittelalterlicher Dichter. Göppingen 1972. (GAG 64.)

Sudermann, David P(): Rez. Ott-Meimberg (1980). In: Spec. 57 (1982) S. 648–650.

– Meditative Composition in the MHG *Rolandslied*. In: Modern Philology 85 (1988) S. 225–244.

Taylor, Archer: »All is not gold that glitters« and *Rolandslied* (1956). In: Romance Philology 11 (1957/58) S. 370 f.

Teske, Hans: Die andere Seite. Der Reichsgedanke des Mittelalters in welfischer Dichtung. In: Deutsches Volkstum 17 (1935) S. 813–817.

Thamhayn, Willy Ernst: Über den Stil des deutschen Rolandsliedes nach seiner formalen Seite. Diss. Halle 1884.

Uhde-Stahl, Brigitte: Raum- und Zeitstruktur in Konrads *Rolandslied* und Wolframs *Willehalm*, unter Berücksichtigung der gleichzeitigen Malerei. In: Court and poet. Selected proceedings of the 3rd congress of the International Courtly Literature Society. (Liverpool 1980). Ed. by Glyn S. Burgess. Ass. ed. A. D. Deyermond [u. a.]. Liverpool 1981. S. 319–328.

Urbanek, Ferdinand: The Rolandslied by Pfaffe Conrad – Some Chronological Aspects as to its Historical and Literary Background. In: Euph. 65 (1971) S. 219–244.

– Lob- und Heilsrede im *Rolandslied* des Pfaffen Konrad. Zum Einfluß einer Predigt-Spezies auf einen literarischen Text. In: Euph. 71 (1977) S. 209–229.

Victor, Ulrich: Das Widmungsgedicht im Evangeliar Heinrichs des Löwen und sein Verfasser. In: ZfdA 114 (1985) S. 302–329.

Wahlbrink, Gudrun: Untersuchungen zur ›Spielmannsepik‹ und zum deutschen Rolandslied unter dem Aspekt mündlicher Kompositions- und Vortragstechnik. Diss. Bochum 1977.

Wald, Wilhelm: Über Konrad, den Dichter des deutschen Rolandsliedes. Wandsbecker Programm 1879.

Wapnewski, Peter: Der Epilog und die Datierung des deutschen Rolandsliedes. In: Euph. 49 (1955) S. 261–282.

Wareman, P().: Das christliche Heldenepos des Pfaffen Konrad. In: Leuv. bijdr. 72 (1983) S. 425–428.

Weiss, A(). M().: Die Entwicklung des christlichen Ritterthums. Studien über die Rolandsage. In: Historisches Jahrbuch der Görresgesellschaft 1 (1880) S. 107–140.

Welzhofer, Heinrich: Untersuchungen über die deutsche Kaiserchronik des zwölften Jahrhunderts. München 1874. Bes. S. 57 bis 66.

Wenk, Irene: Der Tod in der deutschen Dichtung des Mittelalters dargestellt an Werken des Pfaffen Konrad, Hartmanns von Aue und Wolframs von Eschenbach. Diss. Berlin 1956. [Masch.]

Wentzlaff-Eggebert, Friedrich-Wilhelm: Kreuzzugsdichtung des Mittelalters. Studien zu ihrer geschichtlichen und dichterischen Wirklichkeit. Berlin 1960.

Werner, Wilfried / Zirnbauer, Heinz: Das Rolandslied des Pfaffen Konrad. Einführung zum Faksimile des Codex Palatinus Germanicus 112 der Universitätsbibliothek Heidelberg. Wiesbaden 1970. (Facsimilia Heidelbergensia. 1.)

Wesle, Carl: Kaiserchronik und Rolandslied. In: Beitr. 48 (1924) S. 223–258.

– Frühmittelhochdeutsche Reimstudien. Jena 1925. (Jenaer Germanistische Forschungen. 9.)

Wilmanns, W().: Zum Rolands- und Alexanderlied. In: ZfdA 50 (1908) S. 137–145.

Wisniewski, Roswitha: Der Epilog des deutschen Rolandsliedes. In: ZfdA 93 (1964) S. 108–122.

Woelker, Eva-Maria: Menschengestaltung in vorhöfischen Epen: Chanson de Roland, Rolandslied des Pfaffen Konrad, König Rother. Diss. Leipzig 1940. (Germanische Studien. 221.)

Wolff, Ludwig: *Ze gerichte er im nu stat.* Zur Datierung des Rolandsliedes. In: Beitr. 78 (Tüb. 1956) S. 185–193. Wiederabgedr. in: L. W.: Kleinere Schriften zur altdeutschen Philologie. Berlin 1967. S. 136–142.

Zandt, Gertrud: Bemerkungen zu einer Neuausgabe einiger Abschnitte des Rolandteils aus der Karlmeinet-Kompilation. In: ABäG 30 (1990) S. 151–158.

Zastrau, Alfred: Das deutsche Rolandslied als nationales Problem. Diss. Königsberg 1935. Potsdam 1937.

Zink, Georges: Un problème ardu: la date du *Rolandslied*. In: Mélanges de linguistique et de philologie. Fernand Mossé in memoriam. Paris 1959. S. 518–532.

Zink, Georges: *Rolandslied* et *Kaiserchronik*. In: Et. Germ. 19 (1964) S. 1–8.

Zur Rolandikonographie

Bertemes, Paul: Bild und Textstruktur. Eine Analyse der Beziehungen von Illustrationszyklus und Text im ›Rolandslied‹ des Pfaffen Konrad in der Handschrift P. Frankfurt a. M. 1984.

Kern, Peter: Bildprogramm und Text. Zur Illustration des Rolandsliedes in der Heidelberger Handschrift. In: ZfdA 101 (1972) S. 244–270.

Lejeune, Rita et Stiennon, Jacques: La Legende de Roland dans l'art du moyen âge. I/II. Bruxelles 1966.

Lengelsen, Monika: Bild und Wort. Die Federzeichnungen und ihr Verhältnis zum Text in der Handschrift P des deutschen Rolandsliedes. Diss. Freiburg i. Br. 1972.

Owen, D[ouglas] D[avid] R[oy]: The Legend of Roland a Pageant of the Middle Ages. London 1973.

Ross, D(). J(). A().: The Iconography of Roland. In: Medium Aevum 37 (1968) S. 46–65.

Schröbler, Ingeborg: Ikonographische Bemerkungen zur Komposition der Vorauer Bücher Mosis und zur bildlichen Darstellung der Rolandssage. In: ZfdA 100 (1971) S. 250–269.

Zur Nachwirkung

Ammann, J(). J().: Das Verhältnis von Strickers Karl zum Rolandslied des Pfaffen Konrad mit Berücksichtigung der Chanson de Roland. Wien/Leipzig [o. J.]. [Zuerst 1885–1901 Progr. Krumau.]

Bartsch, Karl: Über Karlmeinet. Ein Beitrag zur Karlssage. Nürnberg 1861.

Brandt, Rüdiger: »Erniuwet«: Studien zu Art, Grad und Aussagefolgen der Rolandsliedbearbeitung in Strickers ›Karl‹. Göppingen 1981. (GAG 327.)

Burg, Udo von der: Strickers Karl der Große als Bearbeitung des Rolandsliedes. Studien zu Form und Inhalt. Göppingen 1974. (GAG 131.)

Burg, Udo von der: Konrads Rolandslied und das Rolandslied des Karlmeinet. Untersuchungen und Überlegungen zu einem über hundertjährigen Problem. In: Rhein. Vjbll. 39 (1975) S. 321–341.

Eikelmann, Manfred: Rolandslied und später Artusroman. Zu Gattungsproblematik und Gemeinschaftskonzept in Strickers ›Daniel von dem blühenden Tal‹. In: Wolfram-Studien 11 (1989) S. 107 bis 127.

Schreier-Hornung, Antonie: Mittelalter für die Jugend: Auguste Lechners Nacherzählungen von Nibelungenlied, Rolandslied und Kudrun. In: Mittelalter-Rezeption 3 (1988) S. 181–197.

Stecher, Christian: Des Pfaffen Konrad Rolandlied oder Karls des Großen Zug nach Spanien. [o. O.] 1880. (Deutsche Dichtung für Christliche Familie und Schule. 1.)

Nachwort

Geschichte und Gedächtnis

Im Jahr 778 unternahm Karl der Große einen Kriegszug gegen das islamische Spanien. Anlaß war das Hilfeersuchen des Ibn-al-Arabi gegen den Emir Abderrahman von Cordova, Ziel die erst später vollzogene Sicherung der spanischen Mark. Das Unternehmen mißlang nach ersten Erfolgen, weder konnte Saragossa gehalten werden noch verlief der Rückzug reibungslos. In Einhards »Vita Karoli Magni« liest man darüber:

> Während er unaufhörlich und fast ohne Unterbrechung mit den Sachsen zu kämpfen hatte, griff er, nachdem die Grenze an den geeigneten Plätzen durch Besatzungen gedeckt war, mit möglichst großer Heeresmacht Spanien an, wo sich ihm nach der Überquerung der Pyrenäen alle Städte und Burgen, die er angriff, unterwarfen, und kehrte dann ohne Verlust mit seinem Heere wieder heim. Nur in den Pyrenäen selber mußte er auf dem Rückzug etwas von der Treulosigkeit der Waskonen verspüren. Als nämlich das Heer in langem Zuge, wie es die Enge des Orts eben zuließ, einher marschierte, stießen die Waskonen, die sich auf dem Gebirgskamm in Hinterhalt gelegt hatten, – das Land ist nämlich wegen der dichten Wälder, deren es dort sehr viele gibt, zu Hinterhalten geeignet – von oben auf das Ende des Trosses und die Nachhut, drängten sie in das Tal hinab und machten in dem Kampf, der nun folgte, alles bis auf den letzten Mann nieder, raubten das Gepäck und zerstreuten sich dann unter dem Schutz der einbrechenden Nacht in höchster Eile nach allen Seiten. Den Waskonen kamen dabei die Leichtigkeit ihrer Waffen und der Ort der Tat zustatten; die Franken dagegen waren durch das Gewicht ihrer Waffen und die Ungunst des Orts in allem

> den Waskonen unterlegen. In diesem Kampf fielen neben vielen anderen des Königs Truchseß Eggihard, der Pfalzgraf Anshelm und Hruodland, der Befehlshaber im bretonischen Grenzbezirk. Und dieser Vorfall konnte für den Augenblick nicht gerächt werden, weil sich der Feind nach Ausführung des Streichs so zerstreute, daß nicht die geringste Spur darauf leitete, wo man ihn hätte suchen können.[1]

Wohl um 1100 ist die älteste überlieferte Fassung eines volkssprachlichen Gedichts über diese Niederlage Karls des Großen entstanden, die altfranzösische »Chanson de Roland«. Auch hier ist nicht so sehr von den vorausgehenden Kriegshandlungen die Rede, als von Verschwörung und Verrat, Überfall und Rache. Hruodland ist zum Epenhelden Roland geworden, ihm zur Seite steht sein treuer Kampfgefährte Oliver oder Olivier, und die Treulosigkeit der Basken erscheint personifiziert im Verräter Guenes oder Ganelon. Die historisch ausgebliebene Rache wird poetisch nachgetragen, gesteigert im Sieg des christlichen Kaisers Charlemagne über die gesamte heidnische Welt und deren obersten Repräsentanten Baligant, vertieft im Gottesurteil über den Verräter Ganelon.[2]

Die seit je bewegende und mit wechselnden Hypothesen beantwortete Frage gilt der Form des Gedächtnisses und dem Weg seiner Tradition über die dreihundert Jahre zwischen dem historischen Ereignis und seinem poetischen Niederschlag. Gab es analog schriftloser germanischer Heldendichtung eine romanische Heroik um Charlemagne? Ist folg-

1 »Einhardi vita Karoli Magni«, cap. 9. Hier frei zitiert nach der Übersetzung von Reinhold Rau, »Quellen zur karolingischen Reichsgeschichte Erster Teil: Die Reichsannalen – Einhards Leben Karls des Großen – Zwei ›Leben‹ Ludwigs – Nithard, Geschichten«, Darmstadt 1961 (FSGA A, Bd. 5), S. 177 f.

2 Eine breit den historischen Hintergrund entfaltende Darstellung jüngeren Datums stammt von Paul Aebischer, »Préhistoire et protohistoire du ›Roland‹ d'Oxford«, Bern 1972 (Bibliotheca Romanica 12).

lich die »Chanson de Roland« das spät und eher zufällig verschriftlichte Produkt oraler Poesie und kollektiven Schöpfertums? Oder ist sie schon von ihrer Entstehung her bewußt kalkuliertes Gelehrtenwerk, zweckbezogene Legendenbildung zur Markierung der Pilgerstraßen nach dem spanischen Wallfahrtsort Santiago de Compostela und Propagandainstrument für die aufkommende Kreuzzugsbewegung des 11. Jahrhunderts? Dann hätte die »Chanson de Roland« in ihrer ältesten Gestalt einen individuellen Autor, dessen Genie eine Dichtung zu verdanken ist, die in der Folgezeit durch den noch weitgehend oral bestimmten Gebrauch verändert, durch Unwissen beschädigt oder bewußt bearbeitet worden wäre. Oder lassen sich die beiden Anschauungen vermitteln in der Vorstellung einer vorangehenden und fortlebenden Tradition unfester Sagenbildung, die durch einen begabten und nachweislich gelehrten Dichter ihre – relativ feste – literarische Gestalt erhielt? Diese Positionen einer traditionalistischen, individualistischen oder neotraditionalistischen Hypostasierung der Entstehung des volkssprachlichen Epos bestimmen noch heute die literarhistorische Forschung.[3] Auf sie ist hier nicht weiter einzugehen, denn am Eingang der deutschsprachigen Rezeption der poetischen Roland-Karl-Tradition steht ein bestimmter Text, *daz buoch*, ›die‹ »Chanson de Roland«.

Chanson de Roland

Wenn im folgenden von der »Chanson de Roland« die Rede ist, meint das die Fassung einer im 12. Jahrhundert (die Datierungen schwanken ungewöhnlich stark zwischen dem ersten Viertel und der zweiten Hälfte oder gar erst dem Ende des 12. Jahrhunderts) in anglonormannischem Dialekt ge-

3 Eine knappe Darstellung der Forschungsgeschichte und der wechselnden Epenentstehungstheorien findet sich bei Erich Köhler, »Mittelalter I«, hrsg. von Henning Krauß, Stuttgart [u. a.] 1985, S. 63–71.

schriebenen Handschrift, die heute in Oxford (Bodleian Library, Digby 23) aufbewahrt wird (O). Sie gilt als ältester, aber nicht unbedingt in jedem Detail ursprünglichster Textzeuge. Die zehnsilbigen, assonierenden Verse sind in Laissen (Abschnitte) untergliedert, die in sich geschlossene Erzählabschnitte darstellen.

Ihr treten jüngere Versionen an die Seite, die ihrerseits älteres Traditionsgut enthalten können (vgl. in dieser Ausgabe insbesondere das Namenregister). Sie werden im folgenden vollständig aufgezählt,[4] auch wo der einzelne Text für die deutsche Überlieferung keine Bedeutung hat.

Die Version aus einer franko-venezianischen Handschrift aus der ersten Hälfte des 14. Jahrhunderts in Venedig (V 4) steht O am nächsten, folgt im zweiten Teil aber schon den sich durchsetzenden Reimfassungen. Zwei gleichfalls franko-venezianische Handschriften aus der Zeit um 1300, die heute in Châteauroux (C) und Venedig (V 7) aufbewahrt werden, stellen die ältesten Bearbeitungen in zehnsilbigen Reimversen dar. Vollständige, wenn auch z. T. in sich gekürzte altfranzösische Versionen bieten die Handschriften des 13. und 14. Jahrhunderts aus Paris (P), Cambridge (T) und Lyon (L). Fragmente von drei weiteren Handschriften (*l*, F und B) gehören teilweise ebenfalls noch ins 13. Jahrhundert.

Hinzu kommen Übertragungen und Bearbeitungen in anderen Sprachen. Am Anfang steht das deutsche »Rolandslied« des Pfaffen Konrad. Ihm folgen Prosaübersetzungen ins Norwegische und später Schwedische (»Saga af Runzivals bardaga« als Teil der »Karlamagnussaga«) aus dem 13. Jahrhundert. Aus etwa der gleichen Zeit stammt der wallisische Karlsroman in Prosa, der auch eine gedrängte Wiedergabe der »Chanson de Roland« enthält (»Cân Rolant«). Von einer

4 Die Angaben erfolgen nach der kritischen Ausgabe von Cesare Segre I (1989) S. 47–62. Hier finden sich die maßgeblichen Editionen der einzelnen Versionen verzeichnet (vgl. auch die Sammelausgabe von Raoul Mortier).

flämischen Versübersetzung sind nur Fragmente erhalten; einzelne Teile sind in das »Volksboek« des 16. Jahrhunderts eingegangen.

Selbständige Bearbeitungen des Stoffes stellen das wohl noch dem 12. Jahrhundert angehörende lateinische »Carmen de prodicione Guenonis« und ein jüngeres provenzalisches Epos dar, dessen zweiter, nicht vollständig überlieferter Teil dem Kampf bei Ronceval gewidmet ist (»Ronsasvals«).

Für sich steht auch der »Liber Sancti Jacobi« aus Compostela, dessen viertes Buch dem Erzbischof Turpin von Reims, dem Kampfgefährten von Roland und Olivier, zugeschrieben ist. Dieser »Pseudo-Turpin« erzählt vom Zug Karls des Großen nach Spanien, von den Kämpfen zwischen Christen und Sarazenen, von der Schlacht bei Ronceval und vom Heldentod der Paladine, allen voran Rolands. Der Text ist im 12. Jahrhundert entstanden, enthält Reflexe der volkssprachlichen Epik und hat durch seine immense Verbreitung auch wieder Einfluß auf sie genommen. Unter den vielen volkssprachlichen Übersetzungen, die er im späten Mittelalter erfahren hat, fehlt allerdings eine deutsche Version. Der lateinische Text war jedoch schon im 12. Jahrhundert in Deutschland bekannt und hat bei der Vorbereitung der Kanonisation Karls des Großen eine nicht unerhebliche Rolle gespielt.[5] Man hat deshalb immer wieder einen Zusammenhang zwischen dem lateinischen »Pseudo-Turpin« und dem deutschen »Rolandslied« vermutet, der sich zweifelsfrei bis heute jedoch nicht hat beweisen lassen.[6]

Der Inhalt der »Chanson de Roland« (O) entspricht im großen ganzen dem, was auch der Pfaffe Konrad – freilich mit gewissen Erweiterungen und Umdeutungen – erzählen wird: *Carles li reis, nostre emperere magnes* (V. 1), hat sieben Jahre in Spanien Krieg geführt und das Land unterworfen. Nur Saragossa steht noch unbezwungen. Hier herrscht der

5 Vgl. die Edition von H.-W. Klein (1986), die auch die wichtigsten sachlichen und bibliographischen Informationen enthält.

6 Kartschoke (1965) S. 42–73; H.-W. Klein (1987).

heidnische König Marsilie, der sich auf den Rat eines seiner Vasallen dem Kaiser ergeben will. Eine Botschaft wird an Karl geschickt, die Bereitschaft ausgesprochen, Tribut zu zahlen, Geiseln zu stellen und die Taufe anzunehmen. Karl berät sich mit seinen Fürsten, unter ihnen befinden sich Roland, Olivier, der Erzbischof Turpin und Guenes (Ganelon), ›der den Verrat beging‹ (V. 178). Das Angebot des Marsilie wird angenommen, die Antwort soll auf Rolands Vorschlag Ganelon überbringen. Dieser fürchtet für sein Leben und schwört Roland Rache. Die Botschaft wird ausgerichtet und die Franzosen ziehen ab. Auf Vorschlag Ganelons bleibt Roland mit der Nachhut zur Sicherung der spanischen Mark zurück. Der Kaiser hat unheilverkündende Träume. Marsilie versucht, Ganelons heimtückischem Rat folgend, die christliche Nachhut zu vernichten. Aus Stolz weigert sich Roland, Karls Heer durch ein Hornsignal zu Hilfe zu rufen. Turpin verheißt den kampfbereiten Christen himmlischen Lohn. Die zahlenmäßig weit unterlegenen Christen werden im Kampf besiegt. Mit letzter Kraft bläst Roland sein Horn. Der Kaiser hört das Signal und kehrt mit seinem Heer zurück. Währenddessen finden die letzten der Getreuen, Roland, Olivier und Turpin, den Tod. Wunderzeichen geschehen, die Seelen der toten Helden gehen in den Himmel ein. Karl klagt um die Toten, verfolgt die flüchtenden Sarazenen und – die Sonne hält ihren Lauf an – vernichtet sie. Marsilie ist tödlich verwundet. Ihm kommt sein Lehnsherr Baligant zu Hilfe mit unermeßlicher Heeresmacht aus allen heidnischen Reichen. In einer grausamen Racheschlacht siegt der Kaiser. Die Christen werden in Ronceval bestattet, Roland und seine Kampfgefährten finden in Saint-Romain de Blaye ihre letzte Ruhestätte. Rolands Horn wird dem Ritterheiligen St. Severin in Bordeaux übergeben und dort noch heute von den Pilgern verehrt. In Aachen hält der Kaiser Gericht. Ganelon beruft sich darauf, daß er Roland öffentlich Fehde angesagt habe. Ein Gottesurteil in Gestalt eines stellvertretenden Zweikampfes besiegelt das Schicksal Ganelons. Er wird gevierteilt. In der Nacht erscheint der Erzengel Gabriel dem Kaiser und bringt ihm einen neuen Auftrag Gottes. Im Schlußvers nennt sich ein Turoldus – als Spielmann? Schreiber? Verfasser?

Alle Aussagen über die »Chanson de Roland« sind geprägt durch die jeweilige Vorstellung von der Entstehung des Gedichts. Wo man der Auffassung war, hier liege ein über die Jahrhunderte in oraler Tradition weitergereichtes Heldenlied vor, bemühte man sich, die einfache Kernfabel zurückzugewinnen und die dafür in Frage kommenden späten Aufzeichnungen von allen jüngeren Zutaten zu reinigen. Verdächtig war insbesondere die Baligant-Episode als dem ›Urlied‹ fremde epische Doppelung. Solche in der jüngeren Forschung schon ad acta gelegten Überlegungen bekamen unerwartet in den fünfziger Jahren dieses Jahrhunderts neue Nahrung durch den Fund einer kurzen Eintragung in eine Handschrift aus dem nordspanischen Kloster San Millán da la Cogolla.[7] Diese inzwischen berühmte »Nota Emilianense« hat folgenden Wortlaut:

> Im Jahre 778 kam König Karl nach Saragossa. Er führte damals zwölf Neffen an, und von diesen jeder dreitausend gepanzerte Ritter. Die Namen einiger von ihnen lauten Roland, Bertran, Ogier mit dem kurzen Schwert, Wilhelm mit der krummen Nase, Olivier und Turpin, der Bischof des Herrn. Und jeder von ihnen diente dem König mit seinen Gefolgsleuten je einen Monat. Es geschah nun, daß der Feind in Saragossa den König und die Seinen aufhielt.[8] Nachdem einige Zeit vergangen war, rieten die Seinen, er möge die vielen Geschenke annehmen, damit das Heer

7 Dàmaso Alonso, »La primitiva épica francesa al la luz de una nota emilianense«, in: »Revista de Filología Española« 37 (1953) S. 1–94.

8 Ich weiche hier von der gängigen Interpretation des lateinischen Textes ab; vgl. Hans-Wilhelm Klein, »Der Kreuzzugsgedanke im Rolandslied und die neuere Rolandforschung«, in: »Die neueren Sprachen« 5 (1956) S. 265–285; wiederabgedr. in: Henning Krauß (Hrsg.), »Altfranzösische Epik«, Darmstadt 1978 (WdF 354), S. 195–224. Die nicht ganz treffende Übersetzung auf S. 219 f. zitiert unverändert Köhler (1985) S. 72.

> nicht vor Hunger umkomme, sondern in die Heimat zurückkehren könne. So geschah es. Dann ordnete der König zum Schutz des Heeresgefolges an, daß Roland, der tapfere Krieger, mit den Seinen die Nachhut bilden solle. Als aber das Heer den Paß von Sizer überquert hatte, wurde Roland in Ronceval von den sarazenischen Haufen erschlagen.

Der Eintrag wird in die zweite Hälfte des 11. Jahrhunderts datiert (zwischen 1065 und 1075) und gilt als wertvollstes Zeugnis für die mündliche Verbreitung zumindest des epischen Kerns der Rolandsage, wenn nicht sogar einer Vorform der »Chanson de Roland« lange vor der Aufzeichnung der Oxforder Version.[9] Ein solcher Proto-Roland hätte sich ganz erheblich von der jüngeren Chanson unterschieden. Olivier wäre als Kampfgefährte noch nicht fest an Roland gebunden gewesen, das Motiv des Verrats und die Figur des Verräters fehlten ebenso wie die Racheschlacht und gar deren Doppelung in der Baligantepisode. (Auch sind Wilhelms- und Karlsgeste noch nicht getrennt.)

Im kollektiven Gedächtnis, dessen Medium die heroische Dichtung ist, vermischen sich Zeiten und Ereignisse. Der greise Kaiser des Rolandsliedes hat nichts zu tun mit dem jugendlichen König Karl der Zeit um 778. Der historische Bischof Turpin oder Tylpin von Reims hat unseres Wissens nicht am Spanienzug teilgenommen. Hinter Oiger de Danemarche scheint jener fränkische adlige Autcharius auf, der im Jahr 771 die Witwe und die Kinder Karlmanns zum Langobardenkönig Desiderius in Sicherheit gebracht und damit den Langobardenkrieg mit veranlaßt hat. Das Urbild Ganelons könnte der historische Bischof Wenilo von Sens sein[10],

9 Dazu kritisch André Burger, »La question rolandienne. Faits et hypothèses«, in: CCM 4 (1961) S. 269–291.

10 Eine andere Identifikation bei Suzanne Martinet und Bernard Merlette, »Ganelon évêque de Laon, contemporain de Charlemagne«, in: »La chanson de geste et le mythe carolingien«, Mélanges René Louis, Vol. 1, Saint-Père-sous-Vézelay 1982, S. 67–84.

der treulos von Karl dem Kahlen abgefallen war und dafür im Jahr 859 zum Tode verurteilt wurde usw. Heroisch ist nach solcher Anschauung das Ethos des Gedichts, Kriegergesinnung, reckenhafte Selbstbehauptung, Kampf um Heimat und Ehre. Auch der Stil, die Einfachheit und Strenge, der Lakonismus und die Formelhaftigkeit, die Inkonsequenzen und Wiederholungen scheinen Ursprünglichkeit zu garantieren.

Anders lautet das Urteil, wo man die »Chanson de Roland« als Buchepos und Werk eines individuellen Dichters auffaßt. Als Verfasser kommt zu jener Zeit nur ein Geistlicher in Frage. Dann verdankt die »Chanson de Roland« als Dichtung über den Kampf zwischen Christen und Heiden alles dem literarischen Vorbild der Heiligen Schrift, insbesondere den geschichtlichen Büchern des Alten Testaments. Sie lieferten ihr nicht nur ganz generell »Farben und Formeln für Kriegerlob« (Ernst Robert Curtius), sondern auch viele Einzelmotive im besonderen. Allein der Vergleich der »Chanson de Roland« mit den ersten beiden Makkabäerbüchern, dem Vorbild der christlichen Märtyrergesinnung, führt zu einer Fülle von Übereinstimmungen, die nicht zufällig sein kann: Gemeinsamer Nenner ist die Verbindung von Frömmigkeit und Grausamkeit. Der Rigorismus in der Vernichtung der Gottlosen und das unbedingte Vertrauen auf die göttliche Hilfe und den endlichen himmlischen Lohn gehören ebenso dazu wie die Gebete vor dem Kampf und die predigtartigen Ermahnungen der Krieger zur Tapferkeit mit dem Hinweis auf die wunderbare Errettung Davids, der drei Männer im Feuerofen, Daniels in der Löwengrube, Josuas usw. Hier wie dort gibt es kämpfende Priester und die Zuversicht gegenüber einem zahlenmäßig überlegenen Feind; gibt es das ständige Eingreifen Gottes in Gestalt von Himmelszeichen und Erdbeben; gibt es so charakteristische Motive wie das Funkeln der Rüstungen in der Sonne und den Lärm der Waffen, die Ohnmacht und Erblindung des geschlagenen Kriegers, das vom Feind eroberte und das vom Himmel verliehene

Schwert; gibt es die kruden Details von herausquellenden Eingeweiden, abgeschlagenen Köpfen, Leichenbergen und Blutströmen. Hier wie dort findet sich die Drohung, den Leichnam des Gegners unbestattet zu lassen und den Vögeln und wilden Tieren zum Fraß vorzuwerfen. Selbst die hyperbolischen Zahlen bei der Schilderung der aufeinanderprallenden Heere sind identisch: vier-, acht-, neun-, elf-, zwanzig-, fünfunddreißig-, vierzig-, achtzig-, hundert-, hundertzwanzigtausend Mann treten gegeneinander an, kämpfen, fallen. Neutestamentliche und apokalyptische Motive treten hinzu. Anderes entstammt gelehrter Tradition wie die Namen der zu Götzen und Dämonen degradierten Götter, die für den zu Unrecht behaupteten Polytheismus der Sarazenen stehen müssen.

Schließlich ist die »Chanson de Roland« in ihrer ältesten Gestalt aber auch Zeitgedicht, Medium der Reflexion der historischen Wirklichkeit im 11. und frühen 12. Jahrhundert in Nordfrankreich. Die Entstehung des Kreuzzugsgedankens steht in enger Verbindung mit der Entwicklung der nationalen französischen Geschichtsdichtung. Kriegerische Spanienzüge gab es seit 1064, also schon eine Generation vor dem ersten Kreuzzug nach Jerusalem. Der gerechte Krieg gegen die Ungläubigen, der Martyriumsgedanke und der Kreuzzugsablaß, die von Erzbischof Turpin verkündet werden, gehören zu den propagierten und zunehmend populären Vorstellungen in Dichtung und Wirklichkeit. Das in der zweiten Hälfte des 11. Jahrhunderts sich herausbildende christliche Ritterideal hat deutliche Spuren in der »Chanson de Roland« hinterlassen, die ihrerseits viel zu seiner Verbreitung beigetragen haben wird. Damit aber ist sie »nicht Heldendichtung, sondern Ritterdichtung« (Ernst Robert Curtius). Man ist noch weiter gegangen und hat aus dem Widerstreit von dichterischem Ideal und historischer Wirklichkeit auf zeitgeschichtliche Reflexe in der »Chanson de Roland« geschlossen. So gelesen scheinen in den großen Beratungsszenen und im zentralen feodalen Konflikt um Ganelon ganz reale politische

Spannungen zum poetischen Austrag zu kommen. »Der Charlemagne des Rolandslieds trägt die Züge des zum christlichen Universalkaiser mythisierten karolingischen Herrschers und ist als solcher zugleich Wunschbild eines Königtums, das auch inmitten seiner tiefsten Ohnmacht die vergangene Größe und den sich daraus ergebenden Anspruch nicht aus den Augen verliert, den Bindungen des gegenwärtigen Zustands der Feudalgesellschaft jedoch Rechnung trägt.«[11]

Das »Rolandslied« des Pfaffen Konrad

Der Epilog des deutschen »Rolandsliedes« gehört zu den kostbarsten Zeugnissen des frühen deutschen Literaturbetriebs. In einer Zeit, da selbst die größten Autoren volkssprachlicher Dichtung – Hartmann von Aue, Gottfried von Straßburg, Wolfram von Eschenbach, ja selbst Walther von der Vogelweide trotz der berühmten Pelzrocknotiz – als historische Personen nur faßbar sind über das, was sie selbst in ihren Werken über sich zu erkennen geben, sind alle Auskünfte über Stand und Auftraggeber des Dichters, Quelle und Anlaß der Dichtung, gar über das Verfahren und den Zweck ihrer Arbeit von unschätzbarem Wert. Dies zumal dann, wenn solche Auskünfte so detailliert sind wie hier. Wir erfahren also, daß Herzog Heinrich auf Bitten seiner Gemahlin, Tochter eines mächtigen Königs, das französische Manuskript habe herbeischaffen lassen; daß sie beide für die Verbreitung der frommen Geschichte auch in deutscher Sprache Sorge trugen; daß der Herzog königgleichen Rang eingenommen (Davidvergleich!) und sich zur Zeit der Abfassung (des Gedichts? des Epilogs?) einer ungewöhnlichen Bußleistung unterzogen habe. Wir erfahren, daß der Autor den Namen Konrad trug, daß er *phaffe* war und den franzö-

11 Köhler (1968) S. 34 f.

sischen Text zunächst ins Lateinische und aus dem Lateinischen ins Deutsche übersetzt und sich dabei um äußerste Treue bemüht habe. Dies alles sei zur Ehre von Kaiser und Reich und zum Heil aller gläubigen Seelen geschehen.

Wer nun aber war der mächtige Herzog, wer die ihm vermählte Königstochter, wer und was der Autor? Die Meinungen darüber gingen lange Zeit weit auseinander; denn so genau die Angaben zu sein scheinen, so vieldeutig sind sie auch. Nach der vorgängigen (aber nicht unumstrittenen) Lokalisierung des »Rolandsliedes« im bairischen Raum kommen drei Baiernherzöge in Frage, die zum Leidwesen der Literaturhistoriker alle mit Frauen aus Königshäusern vermählt waren: Heinrich der Stolze (1126–1138) mit Gertrud, der Tochter Lothars von Supplinburg; Heinrich Jasomirgott (1143–1156) mit der verwitweten Gertrud (gest. 1143) und danach mit Theodora Komnene, der Nichte des byzantinischen Kaisers Manuel I.; Heinrich der Löwe (1155–1180) mit Mathilde, der Tochter Heinrichs II. von England seit 1168. Obwohl alle Aussagen des Epilogs am besten auf Heinrich den Löwen zu beziehen sind, den schon Wilhelm Grimm als Auftraggeber des Pfaffen Konrad erklärt hatte, schien eine Datierung des »Rolandsliedes« um 1170 nicht vereinbar zu sein mit der Rückständigkeit seiner Vers- und Reimtechnik. Deshalb schlug Karl Bartsch eine Datierung um 1130 vor, und viele Literaturhistoriker sind ihm darin gefolgt. Andere widersprachen, was zu dem späten Kompromißvorschlag einer mittleren Datierung um 1150 geführt hat.[12] Die Debatte kann hier nicht im einzelnen referiert werden.[13] Seit den 60er Jahren haben sich die Gewichte immer mehr zugunsten der Spätdatierung verschoben,[14] an der heute nur noch selten gezweifelt wird. Da die Frühdatierung endgültig widerlegt scheint, wird gelegentlich nur noch

12 Wapnewski (1955).
13 Forschungsbericht bis 1964 bei Kartschoke (1965) S. 5–41.
14 Kartschoke (1965); Bertau (1968/82); Bumke (1979); Th. Klein (1982) u. a.

die Datierung um 1150 erwogen,[15] doch die Argumente dafür können nicht überzeugen.
Es ist also davon auszugehen, daß Heinrich der Löwe der Auftraggeber des Pfaffen Konrad war. Daß die Anregung dazu von Mathilde kam, der französisch sprechenden Tochter der Eleonore von Poitou (seit 1152 vermählt mit Heinrich Plantagenet), hat ebensoviel Wahrscheinlichkeit für sich wie die Vermutung, daß der Herzog sich für ein Gedicht interessieren mußte, in dem Karl der Große gefeiert, seine Heiligkeit begründet und der Kampf gegen die Heiden als heilsdienliches Martyrium verklärt wird. Denn Heinrich der Löwe beanspruchte den großen Karl als Spitzenahn seines Geschlechts und förderte eine entsprechende Bildrepräsentation[16], er beteiligte sich an den Vorbereitungen zu seiner Heiligsprechung[17] und bekämpfte selbst über Jahre hin die ›heidnischen‹ Slawen. Der Wendenkrieg von 1147 war offiziell als Kreuzzug anerkannt worden, und auch die späteren Unternehmungen mag der Herzog unter diesem Vorzeichen gerechtfertigt haben.[18] Der Pfaffe Konrad machte sich also keiner eigenmächtigen Übertreibung schuldig, als er im Epilog den Herzog als Heidenbekehrer in direkter Nachfolge seines großen Ahnen (V. 9046 f.) feierte. Die außergewöhnliche Bußleistung aber, deren der Autor so auffällig gedenkt, wird die Pilgerfahrt gewesen sein, die den Löwen im Jahr 1172 nach Jerusalem geführt hat, wo er eine Reihe frommer Stiftungen tätigte, von denen die Chronisten zu berichten wissen.[19] Unter diesen Aspekten fügt sich das deutsche »Rolandslied« der »Repräsen-

15 Wapnewski (1955); Neumann (1961/62); Gellinek (1968); Ashcroft (1969); McDonald/Goebel (1973); Speer (1976).
16 Zuletzt J. Fried, »›Das goldglänzende Buch‹. Heinrich der Löwe, sein Evangeliar, sein Selbstverständnis«, in: GGA 242 (1990) S. 34–79.
17 J(ürgen) Petersohn, »St. Denis – Westminster – Aachen«, in: DAEM 31 (1975) S. 420–454.
18 Reflexe davon mögen im »Rolandslied« aufzuspüren sein, vgl. Ashcroft (1986).
19 H. E. Mayer, »Die Stiftung Herzog Heinrichs des Löwen für das Heilige Grab«, in: W.-D. Mohrmann, »Heinrich der Löwe«, Göttingen 1980 (Veröffentlichungen der Niedersächsischen Archivverwaltung, 39), S. 307–330.

tationskunst Heinrichs des Löwen«[20] ein, und es ist nicht erstaunlich, daß der Epilog in Haltung und Einzelformulierungen Analogien zu andern Widmungsgedichten an den Herzog in lateinischer Sprache aufweist.[21]

Sehr viel weniger läßt sich über den deutschen Bearbeiter der »Chanson de Roland« sagen. Daß er sich *phaffe* nennt, heißt nicht viel mehr, als daß er Weltgeistlicher war. Ob er ein kirchliches Amt ausgeübt oder der herzoglichen Kanzlei angehört hat und stärker mit Verwaltungsaufgaben betraut war,[22] bleibt ganz ungewiß. Daß er kein Priesteramt bekleidet haben soll,[23] ist ein Schluß, der schwer mit dem homiletischen Ton[24] und der Fülle von Bibelzitaten und -anspielungen über weite Strecken des »Rolandsliedes« in Einklang zu bringen ist. Dagegen scheint, ungeachtet der aus der Quelle stammenden zentralen Rechtsproblematik, seine Kompetenz in Rechtsfragen einigermaßen überschätzt zu werden.[25] Trotz dieser allgemeinen Unsicherheit hat es nicht an Versuchen gefehlt, den Pfaffen Konrad als historische Person zu identifizieren.[26] Die bislang vorliegenden Ergebnisse ermutigen nicht, diese Bemühungen fortzusetzen.[27]

20 So der Titel von Karl Bertaus wegweisender Abhandlung von 1968; Geith (1977) S. 114–120; zuletzt Peter F. Ganz, »Heinrich der Löwe und sein Hof in Braunschweig«, in: »Das Evangeliar Heinrichs des Löwen. Kommentar zum Faksimile«, im Auftrag der Eigentümer – der Bundesrepublik Deutschland, des Freistaates Bayern, des Landes Niedersachsen und der Stiftung Preußischer Kulturbesitz – und für den Inselverlag hrsg. von Dietrich Kötzsche, Frankfurt a. M. 1990, S. 28 bis 41.

21 Victor (1985).

22 So E. Schröder (1928) S. 291; Neumann (1961/62) S. 326 f.; Bumke (1979) S. 89 u. a.

23 So besonders E. Schröder (1928) S. 91 und Neumann (1961/62) S. 326.

24 Backes (1966) und Urbanek (1977).

25 So zuletzt Canisius-Loppnow (1992). Zum Verfasser hier S. 45–48.

26 A. de Mandach (1961) S. 206. Dagegen u. a. Neumann (1961/62) S. 326; Kartschoke (1965) S. 34 f.; Bumke (1979) S. 89. Ganz abstrus ist der Vorschlag von Bauerreiß (1971), der zu Recht keinerlei Beachtung gefunden hat.

27 Ein neuer Identifikationsversuch ist von Jeffrey Ashcroft zu erwarten.

Daß der Pfaffe Konrad in engem Kontakt mit dem Regensburger Großunternehmen der deutschen »Kaiserchronik«, dem umfänglichsten Buchepos seit dem karolingischen »Evangelienbuch« Otfrids von Weißenburg, gestanden haben muß, steht angesichts der vielen wörtlichen Übereinstimmungen außer Frage. Zwar wird die alte These, Konrad sei auch deren Verfasser gewesen,[28] heute nicht mehr aufrechterhalten. Aber die Möglichkeit, daß er als Beiträger oder Redaktor beteiligt war, ist nicht von der Hand zu weisen. Freilich gibt es auch keinen Beweis für eine zumindest partielle Verfasseridentität. Wer immer der Auftraggeber der »Kaiserchronik« gewesen ist,[29] dem sächsisch-bairischen Herzog kann sie nicht unbekannt geblieben sein. Nichts lag also näher, als den Auftrag zur deutschen Übertragung der »Chanson de Roland« an ein bewährtes Mitglied des Regensburger Literaturkreises zu vergeben.[30] Ob der Pfaffe Konrad selbst aus Baiern stammte und ob er in Regensburg oder am Braunschweiger Welfenhof[31] gearbeitet hat, sind daneben wohl nur zweitrangige Fragen. Fraglos ist die sprachliche Grundlage der Rolandsliedüberlieferung oberdeutsch geprägt, ebenso unbezweifelbar sind die mittel- und niederdeutschen Elemente schon in der Vorlage von PAS[32]. Erst die jüngste Forschung hat Klarheit darüber geschaffen, daß dies die Kennzeichen der im mittel- und niederdeutschen Raum verbreiteten frühen Literatursprache waren.[33]

Es ist nicht leicht, die Leistung des deutschen Bearbeiters zu würdigen. Wir kennen die französische Vorlage des Pfaffen Konrad nicht, wissen aber, wie variabel die Versionen der »Chanson de Roland« sind, und müssen deshalb die Möglichkeit in Rechnung stellen, daß alles, was wir als Zutat,

28 E. Schröder (1895) S. 56 u. ö.
29 Dazu ausführlich Bumke (1979) S. 78 ff.
30 Ähnlich Bumke (1979) S. 89.
31 So vor allem Keller (1979/89).
32 Vgl. in dieser Ausgabe S. 616 ff.
33 Beckers (1982) und Th. Klein (1982).

Interpretation, Verschiebung der Handlungsmotivation, Neubegründung des zentralen Konflikts etc. verbuchen,[34] so oder ähnlich schon in der altfranzösischen Quelle angelegt war. Jedenfalls haben wir keinen Grund, die ernste Beteuerung Konrads, er habe nichts hinzugefügt und nichts weggelassen (V. 9084 f.), als Gemeinplatz zu entwerten. Wenn auch der mittelalterliche und zumal volkssprachliche Begriff von Textidentität ein anderer war als der unsere, so wird man doch davon ausgehen müssen, daß der Pfaffe Konrad sich als treuer Vermittler verstand, der ja durchaus von seinem Primärpublikum kontrolliert werden konnte. Die Herzogin Mathilde und ihre engere Umgebung sprachen französisch und haben sich *daz buoch, gescriben ze den Karlingen* (V. 9022 f.) sicher auch im Original vortragen lassen. Der Epilog spricht in auffälliger Doppelung und Doppeldeutigkeit von seiner Aneignung.[35]

Die Treue des deutschen Bearbeiters kommt nicht zuletzt dort zum Vorschein, wo er offenkundige Fehler seiner Vorlage übernimmt und, so nahe es gelegen hätte und so leicht es gewesen wäre, nicht korrigiert. Es ist kaum denkbar, daß ihm nicht aufgefallen sein sollte, daß die in den Versen 5915 und 5922 in den Kampf eingreifenden christlichen Helden Beringer und Gergers zuvor bereits gefallen waren; das gleiche gilt für den Heiden Grandon.[36] Man kann das nur so erklären, daß dem Pfaffen Konrad die französische Vorlage als unantastbar galt. Im Lichte dieser Grundeinstellung wird man die Eingangspartie (V. 31–360) keinesfalls als Erfindung[37] und wohl auch nicht als Ergänzung aus einer Nebenquelle[38] ansehen dürfen, sondern annehmen müssen, daß sie aus einer entsprechend erweiterten Version der »Chanson de Roland«

34 Vgl. den knappen Überblick bei Nellmann (1985) Sp. 124 ff.
35 Dazu Nellmann (1985) Sp. 119 und Kartschoke (1989).
36 Dazu Geith (1976) und (1986).
37 Bartsch, Ausgabe, S. XV.
38 Golther (1887) S. 114 ff.; Minis (1955) Sp. 539 ff.; A. de Mandach (1961) S. 199.

stammt.[39] Gilt das vielleicht auch für die nicht minder auffällige Einführung des Bischofs St. Johannes, der freilich in der gesamten französischen Rolandtradition nicht erscheint? Dann wären die Erklärungsversuche hinfällig, die hier das geistlich, hagiographisch oder historisch motivierte Interesse des deutschen Bearbeiters am Werk sehen.[40] Am ehesten wird man den Pfaffen Konrad für Zutaten wie die Kreuzreden und geistlichen Ansprachen verantwortlich machen können, und sicher stammt von ihm die Ersetzung der *dulce France* durch das himmlische *erbelant*. Die veränderte Grundhaltung mußte die ursprüngliche Konzeption, die Logik der Ereignisse und die Motivation der handelnden Figuren, so wie wir sie aus der Oxforder Version der »Chanson de Roland« kennen, erheblich stören. Für Konrad sind die Paladine des Kaisers ausschließlich *milites Dei, gotes helde (kempfe, degen)*, vorbildliche Kreuzritter, die als Märtyrer in den Tod gehen und mit der Krone des ewigen Lebens belohnt werden. Damit sind die prominenten Protagonisten ihres Eigenlebens beraubt. Nichts mehr von heroischer Kühnheit Rolands, nichts von weiser Zurückhaltung Oliviers, nichts von fraglosem Groll und fragwürdigem Recht Geneluns als den notwendigen epischen Triebkräften. Die Motive sind zwar erhalten geblieben, aber funktionslos geworden. Genelun ist der Böse schlechthin, dessen weltliche Vorbildlichkeit dem Pfaffen Konrad anstößig war und ihn zu breiten Interventionen veranlaßte: Genelun ist wie Judas; er verbreitet trügerischen Glanz wie falsches Gold, wie ein äußerlich grüner, aber innen hohler Baum; der Wurm ist in ihm, der Teufel hat ihn in seiner Gewalt (V. 1924 ff.). Rolands trotzige Weigerung, dem Rat Oliviers zu folgen und mit einem Hornsignal Karls Heer zur Unterstützung und Rettung zurückzurufen, ist nicht mehr Angelpunkt der Handlung, sondern Episode, Akt siegesgewisser Glaubens-

39 Keller (1965/89) S. 225 im Anschluß an Graff (1944) S. XVI.

40 Geppert (1956) S. 361 ff.; Kartschoke (1965) S. 129–140; Beckmann (1973).

zuversicht. Nicht irdische Ruhmsucht, heroischer Selbstbehauptungswille oder blinde Hybris treiben Roland, sondern die fromme Bereitschaft zu Martyrium und Tod.
Man mag diese Umstilisierung als Verarmung begreifen, dennoch verbürgt sie die besondere Authentizität des deutschen »Rolandsliedes«. In keine zweite deutsche Dichtung des 12. Jahrhunderts ist ähnlich ausführlich und anschaulich die Erfahrung der ersten Kreuzzüge eingegangen. Kreuzpredigten, Kreuznahme, Gebete und alle Bekundungen von Glaubenszuversicht und Martyriumsbereitschaft sind aber nicht Mittel aktueller Kreuzzugspropaganda, sondern dienen der allgemeineren geistlichen Lehre von der Nachfolge Christi, für die der Herzog mit seinem Pilgerzug ins Heilige Land ein treffendes Beispiel gibt. Darüber hinaus ist das deutsche »Rolandslied« Vorbilddichtung im Sinne eines noch ausschließlich geistlich orientierten Rittertums. Karls Frömmigkeit wird den Fürsten als Beispiel vorgestellt, die nur nach weltlicher Ehre streben (V. 2995 ff.). Das aktuelle Fürstenlob des Epilogs ist in diesem Sinne der notwendige Abschluß des Gedichts, Feier musterhafter Erfüllung der am historischen Exempel erteilten Fürstenlehre durch den gepriesenen Herzog Heinrich (V. 9036 ff.). In ihm sind alle weltlichen und geistlichen Tugenden versammelt. Der in einem Fürstenpreis ungewöhnliche Hinweis auf die Sünden des Gefeierten (V. 9069), die durch entsprechende Bußleistungen schon auf Erden gesühnt werden, stellt den Herzog explizit in die Nachfolge Davids und implizit in die Karls des Großen, der seinerseits durch den Kreuzzug gegen die Sarazenen ein unaussprechliches Vergehen (V. 2999 ff.) gesühnt haben soll.
Das weltgeschichtliche Exempel bedarf des heilsgeschichtlichen Verständnisses, wenn man sich seiner Gültigkeit für die Gegenwart versichern will. Die geistliche Interpretation liegt in den vielen, schon der »Chanson de Roland« angehörenden und vom Pfaffen Konrad verstärkten Rückbindungen an alttestamentliche Erzählungen und neutestamentliche Leh-

ren offen zutage. Mit geheimem Sinn scheinen die Analogien zur neutestamentlichen Konstellation Christi und seiner Jünger aufgeladen zu sein. Schon in der »Chanson de Roland« ist die Zwölfzahl der Pairs unübersehbar, und unüberhörbar ist die Judasparallele bei der Einführung Ganelons, »der den Verrat beging« (V. 178). Im deutschen »Rolandslied« tritt neben den Erzbischof Turpin, der sich in seinen Kreuzpredigten besonders ausführlich des ersten Petrusbriefes bedient,[41] der Bischof St. Johannes, »der dem Kaiser lieb war« (V. 1251). Man hat im Anschluß an die christliche Hermeneutik des Mittelalters von Typologie gesprochen.[42] Das setzt voraus, daß solche Rückbeziehungen literarischer Texte auf die Heilige Schrift der Zeit geläufig waren und vertretbar schienen. Darüber gehen die Meinungen der Literaturhistoriker weit auseinander.

Unbezweifelbar ist die Verstärkung der Legendenzüge gegenüber den uns bekannten Versionen der »Chanson de Roland«, die ihrerseits alle Anknüpfungspunkte dafür bot. Ob man deshalb das deutsche »Rolandslied« eine Legende nennen darf,[43] ist jedoch höchst zweifelhaft.[44] Genauso problematisch aber ist seine Zuordnung zu einer Reihe von Texten, die Hugo Kuhn mit dem nicht sonderlich glücklich gewählten Terminus »Staatsroman« bedacht hat und zu denen er im engeren Sinn »Herzog Ernst«, »Dietrichs Flucht« und »Rabenschlacht«, im weiteren auch das »Nibelungenlied« rechnete.[45] Auch die alte und neue Bezeichnung »Kreuzzugsepos«[46] bleibt allzu ungenau, um auf Dauer zu befriedigen. Die deutsche Literatur seit dem ausgehenden 11. Jahrhun-

41 Kartschoke (1970) S. 404.
42 Besonders Geppert (1956) und Richter (1972).
43 So wiederholt Friedrich Ohly (1973, 1974) u. ö.
44 Nellmann (1985) Sp. 126 f.
45 »Tristan, Nibelungenlied, Artusstruktur«, in: SB d. Bayer. Akad. der Wiss., phil.-hist. Kl. 1973/5; wiederabgedr. in: Hugo Kuhn, »Liebe und Gesellschaft«, hrsg. von Wolfgang Walliczek, Stuttgart 1980, S. 12 bis 35.
46 Dagegen Ott-Meimberg (1980), dafür Nellmann (1985) Sp. 127.

dert bis ins dritte Viertel des 12. Jahrhunderts war ein großes Experimentierfeld, in dem sich feste Gattungskonventionen noch nicht hatten etablieren können. So konnte auch der Pfaffe Konrad selbst nicht an einem festen Texttypus anknüpfen. Er mußte vor dem Horizont einer so gut wie ausschließlich geistlich interessierten Literatur die französische Chanson de geste der Erwartung seines Publikums anpassen. Das erklärt den eigenartig unentschiedenen Texttypus des deutschen »Rolandsliedes«.

Nachwirkung

In Frankreich begründete die »Chanson de Roland« eine weit verbreitete und lange tradierte Gattung von Geschichtsdichtung, die sog. Chanson de geste. Das »Rolandslied« hat in der deutschen Literatur nicht entfernt so folgenreich gewirkt. Zwar ist es erstaunlich schnell und breit rezipiert worden, veraltete jedoch ebenso rasch, so daß in den ersten Jahrzehnten des 13. Jahrhunderts der Stricker eine modernisierende Neubearbeitung vornahm, die nun allerdings zu einem der größten Leseerfolge des deutschen Mittelalters wurde. Dennoch hat das »Rolandslied« kaum Spuren in der deutschen Literatur hinterlassen. Mit zwei Ausnahmen. Die eine ist der »Willehalm« Wolframs von Eschenbach, der direkt an das »Rolandslied« anschließt und eine Reihe von Namen und Formulierungen mit ihm teilt[47]; die andere Ausnahme ist eine im 14. Jahrhundert entstandene niederdeutsche Kompilation von Karlsgeschichten (»Karlmeinet«), deren fünfter Teil längere Auszüge aus dem »Rolandslied«

47 Vgl. die Register in: Wolfram von Eschenbach, »Willehalm«, Text der 6. Ausg. von Karl Lachmann, Übers. und Anm. von Dieter Kartschoke, Berlin 1968; und: Wolfram von Eschenbach, »Willehalm«, nach der Handschrift 857 der Stiftsbibliothek St. Gallen, mittelhochdeutscher Text, Übers., Komm., hrsg. von Joachim Heinzle, Frankfurt a. M. 1991 (Bibliothek des Mittelalters 9).

enthält, die wohl aus einer verlorenen niederrheinischen Bearbeitung des frühen 13. Jahrhunderts stammen. Ob das »Zürcher Buch vom hl. Karl« neben Strickers »Karl« auch das alte »Rolandslied« benutzte, ist unsicher; einige Lesarten sprechen dafür.

Der Weg Rolands durch die Weltliteratur nahm seinen Ausgang von der »Chanson de Roland«. Er führte über die Königsgeste und die späteren romanhaften Bearbeitungen zu den beiden berühmten Renaissanceepen, Boiardos »Orlando Innamorato« (1486) und Ariosts »Orlando Furioso« (1516), die ihrerseits für die Folgezeit vorbildlich wurden. Im 17. und 18. Jahrhundert bemächtigten sich Schauspiel und Oper des Stoffs – von Lope de Vega bis Händel. Im 19. Jahrhundert belebten romantische Lust am Mittelalter und antiquarisches Interesse noch einmal das poetische Gedächtnis an Roland, Karls Paladin. Große Dichtungen sind dadurch nicht inspiriert worden.

Das deutsche »Rolandslied« ist nach seiner Wiederentdeckung im 18. Jahrhundert und durch seine wissenschaftlichen Editionen und Übersetzungen im 19. und 20. Jahrhundert nie auch nur annähernd so populär geworden wie andere Dichtungen des europäischen und deutschen Mittelalters. Und das zu Recht. Denn so bedeutsam es ist für die Geschichte der deutschen Literatur, so wichtig als Markstein auf dem Weg zu einer nicht mehr nur geistlich interessierten Buchepik, so wenig möchte man ihm ein Nachleben als Lesestoff für die »christliche Familie und Schule«[48] und darüber hinaus wünschen – es sei denn, es fände ausschließlich Leser, die mit Scham und Trauer auf die bestürzende Aktualität der Geschichte von Karl und Roland zu reagieren bereit und in der Lage sind.

48 Stecher (1880).

Register zum Kommentar

Aufgenommen wurden außer sachlichen Stichworten und mhd. Wörtern auch die Autorennamen und Werktitel ma. Texte mit Ausnahme der durchgehend verglichenen Werke »Chanson de Roland«, »Kaiserchronik«, »Karlmeinet« und Strickers »Karl«. Die nur im Kommentar zitierte Forschungsliteratur wird durch die Nennung der Verfassernamen aufgeschlüsselt.

Namenregister

Der mhd. Namenform folgen in Parenthese alle Varianten der Handschriften (Siglen vgl. S. 616 ff.) sowie, durch einen Gedankenstrich davon getrennt, die ihr am nächsten stehenden Namenformen der afrz. Überlieferung (Siglen vgl. S. 782). Die nur im deutschen Text erscheinenden Namen sind nicht gesondert gekennzeichnet.

ABIRON (Abiron P – Balbiun O, Abiron C) 4218 *heidnisches Land*

ABRAHAM 6914 *at. Patriarch*

ABYSSE (Abysse PA – Abisme O) 5490, 5506 *heidnischer Herzog*

ACHE (Ache PA, Ache/Ake S – Ais O) 537, 762, 1522, 2048, 2121, 3068, 7230, 7302, 7483, 8681 *Aachen, Residenz des Kaisers Karl*

ADALRÔT (Adalrot/Adelrot / *akk.* Alroten/Alterot P, Aldarot/Alterot / *akk.* Alroten A – Aelroth O) 2701, 3540, 4020, 5849, 5866 *heidnischer König, Sohn des Marsilie (?)*

AFFRICÂ (Affrica PA – Affrike O) 5297 *Land des Heidenkönigs Alfric*

AGRENTÎN (Agrentin P) 4309 *Herkunftsname des Heidenherzogs Ilmar*

AJÛNE (Aiûne/Aíune P, Aíune S, Aiuno A – Anjou O) 1182, 6831 *Anjou, Herkunftsname von Gotefrit, dem Fahnenträger des Kaisers*

ALBONIE (Albonie PSA) 1181 *Herkunftsname des Ivo, eines der zwölf Pairs*

ALDÂ (*nom.* Alda/Alten / *gen.* Alden P, Alda/alde S – Alde O) 3868, 6012, 8685, 8696 *Oliviers Schwester, Rolands Braut*

ALEMANNIA (*akk.* Alemanniã P – Alemaigne O) 6845 *Alemannien*

ALERÎE (Alerîe P, alerie A) 2649 *heidnisches Land, Herkunftsname eines Königs*

ALEXANDER (Alexander P) 3974 *Alexander der Große*

ALEXANDRIÂ (Alexandriná P – Alixandre O, *vgl. adj.* alexandrin O) 7163 *Stadt in Ägypten*

ALFABÎN (*akk.* Alfabinem P, Alfabinen A – Alphaïen O) 5887 *heidnischer Kämpfer*

ALFRIC (Alfrich / *akk.* Alfrichen P, Alfric/Alfrichen A, *vgl.* Affrike O) 5297, 5319 *heidnischer König von Africâ*

ALGAFILES (Algaphiles/Algasiles P, Algaphiles A – *vgl.* Algalife O) 2198, 2882 *Heide, Gefolgsmann des Marsilie*

ALGARICH (Algarich P – *aus* l'algalifes O) 6372 *heidnischer König*

ALMANNE (Almanne/Alemani P, Alemanni A – Alemans O) 7828, 8108 *Alemannen*

ALMARÎE (Almarie/Almerie P, Almarie SA) 1062, 4287 *die Stadt Almeria in Südspanien*

ALMARISK (almariske P) 7604 *aus Almeria*

ALMICE (*akk.* Almicem P – Almace O, Almice CV 7) 6642 *Name von Turpins Schwert*

ALRICH (Alrich/Alrin P, Alrin A) 4509, 4949 *christlicher Held von Normandie*

ALRICH (Alrich PA) 2597 *heidnischer Held, Herr von Pande*

ALTECLÊRE (Alteclere / *akk.* Altecleren P, Alteclere / *akk.* Alteckleren/ Altaclere A – Alaclere V 4, Halteclere O) 885, 5369, 5384, 5575, 5579, 5883, 5904, 6200, 6381 *Name von Oliviers Schwert*

ALTEROT *s.* Adalrôt

AMAREZUR (Amarezur PA – *aus* l'almacur O) 4589, 4612 *heidnischer Heerführer*

AMHOCH (Amhoch P, Anhoh A) 8403 *heidnischer Fahnenträger*

AMMIRAT (Ammirat P, Ainmirat A – *aus* un amurafle O) 3665 *heidnischer Fürst aus Palvir*

AMPELGART (Ampregalt/Ampelgart PA – Brigal O, Mont-Brigal V 7, Mont-Pregal C) 3651, 4487 *Herkunft des heidnischen Herzogs Malprimis*

AMURAFEL (Amurafel PA – *aus* l'amurafle O) 4538, 4569 *heidnischer König*

ANSEÎS (Anseis/Ansis P, Anseis S, Anseis/Ansis/Griseis A, Ansis E – Anseïs O) 113, 847, 1191, 3270, 4689, 4720, 4722, 5137, 5299 *einer der zwölf Pairs*

ANSGIR (Ansgir PA) 1192 *einer der zwölf Pairs*

ANSGIS (Ansgis PA) 8286 *Ratgeber des Kaisers, identisch mit Ansgir?*

ANSHELM (Anshelm P – Anselmus *Einhards Vita Karoli Magni Cap. IX*) 125 *einer der zwölf Pairs*

ANTEL (Antel PA – Antelme O) 8255 *christlicher Held*

ANTELUN (Antelun P, Antelin A) 2609 *Heidenfürst von Horre*

ANTOÎR (Antoir PA) 5339 *christlicher Fürst von Valtia, Oliviers Schwager*

APOLLO (Apollo/Appollo / *dat. akk.* Appollen/Apollon P, Apollo / *akk.* Apollen A, Apollen S – Apollin O) 308, 806, 1039, 1998, 2364, 2372, 2481, 4683, 7140, 8137 *Gott der Heiden*

ARABISK (arabisk PSA – *vgl.* Arabe O) 6790, 8775 *arabisch*

ARGUN (Argun P – Argone O) 7863 *christlicher Held*

ARMENIEN (Armenien P) 7791 *Armenier*

ARTHAN (Arthan P) 4129 *christlicher Held*

ASCHALBAIES (Aschalbaíes PS, Ascalbaies A) 1187 *Herkunft von Milun*

ATTO *s.* Hatte

BABILONIE (Babilonie P, Babilonia A – Babilonie O) 1871, 2272 *Hauptstadt der heidnischen Welt*

BAIEREN (Baieren/Baigere/Baigeren/Baire/Beier/Beiren/Beigeren/Beire P, Beieren/Beiren/Beier/Beiere S, Baieren/Beieren/Beiere A, Beieren T – Baiver O) 1011, 1019, 1111, 1116, 1127, 1177, (1597), 1598, 1774, 2771, 2923, 6840, 7792, 8286 *das Land Baiern, seine Bewohner, Herkunftsname von Naimes*

BAIGERISK (*akk.* baigerisken P, baierisgen A) 8339 *adj. bairisch*

BEIRLANT (Beirlant P) 7788 *Baiern*

BAIZIEL (Baiziel P, Balziel A – Bacïel V 4) 575 *Bote des Königs Marsilie*

BALDEWÎN (Baldewin PS, Baldewin/Paldewin A – Baldewin O) 1394, 1450, 1476, 1694, 2567, 2713 *Geneluns Sohn*
BASANZI (Pasanzi P, Basanzi S, Basanza A – Basant O, Basans V 4) 1454 *Bote des Kaisers*
BASILIE (Basilie PS, Basile A – Basilies O) 1454 *Bote des Kaisers*
BEHAIM (Behaim P) 6848 *Böhmen*
BERINGÊR (Peringer/Pernger / *gen.* Beringeres / *akk.* Peringeren P, Berenger / *akk.* Beringeren A, Beringir E – Berenger O) 3269, 4973, 4997, 5337, 5922 *christlicher Held*
BETÛWE *s.* Petûwe
BILISEN (Bilisen P, Binisen A) 8112 *heidnisches Land*
BINABEL (Binabel PS, Binabel/Pinabel A – Pinabel O) 8785, 8826, 8865, 8873, 8921, 8959 *Verwandter und Vertreter Geneluns im gottesgerichtlichen Zweikampf*
BLANSCANDÎZ (Blanscandiz PA, Blanschandiz S, Pl... T – Blancandrins O, Blancardin[s] V 4 C) 443, 504, 581, 709, 963, 1758, 1822, 1918, 1996, 2202 *Bote des Königs Marsilie*
BLASIUS (*gen.* Plasien P – Basilie O) 6875 *der heilige Blasius*
BOELAN *s.* Polan
BRECHMUNDÂ (Brechmunda, Brechmunde, Brachmunt P, Brahmunt A, Precmunda, Prehmunda S – Bramimunde O) 2569, 7134, 7312, 7380, 7403, 8597, 8617, 8636 *Frau des Königs Marsilie*
BRITTANIÂ (Brittania, Pritania, Prittannia, Brittane P, Brittania S, Britannia A – Bretaigne O) 122, 1193, 6847, 7831 *Bretagne*
BRITTEN (Britten PSA – Bretun O) 1582 *Bretonen*
BURGUNDER (Burgunder P) 7847 *die Burgunden*

C *s.* K

DALVERGIE (Daluergie P – d'Alverne O) 7838 *Auvergne (?)*
DANIEL (*akk.* Danielē P, Danielem A – Daniel O) 8181 *at. Prophet*
DARMOLOTEN (Darmoloten P, Dormaloten A – *aus* d'Ormaleis O) 8975 *heidnisches Volk*
DATHAN (Dathan P – Datliun O, Dathan V 7 C) 4218 *heidnisches Land*
DAVÎD (Dauid / *dat.* Dauite P, Dauid/David A) 262, 2383, 3453, 4982, 7707, 8847, 9040, 9069 *at. König, Prophet und Psalmist*
DEDEN (Deden PA) 8065 *Heidenvolk*
DEGIÔN (*akk.* Degionem P – *aus* Digun O) 6265 *christlicher Held von Pilme*
DEMPLES (Demples P) 8050 *Stadt oder Land der Heiden*
DENEMARKE (Tenemarche P, Denemarke SA – Denemarche O) 1178 *Dänemark, Herkunftsname des Königs Oigir*
DEUSEN (Deusen P, Devsen A) 8110 *Heidenvolk*
DIEBALT (Diebalt/Diepold / *akk.* Dipolden P, Diebalt S, Teibat A) 846, 1184, 7616 *christlicher Graf von Remis*
DIERRÎCH (Dierrich PS, Thierich A – Terriz CV 7, Thierris P) 1179 *»der Starke«, christlicher Held*

DIONISIUS (*gen.* Dyonisien/Dionisien/Dionisii P, *gen.* Dyonisien/Dionisius A – Denise O) 3739, 4011, 6876, 8858 *der heilige Dionysius*

DORCANIVESSEN (Dorcanivessen PA – *aus* d'Orquenois CV 7) 8061 *heidnisches Land*

DURENDART (Durendart / *dat.* Durindarte/Durndart/Dundarte / *akk.* Durndarten P, Durendart / *dat.* Durendarte / *akk.* Durendarte/Durendart A, Durindart E – Durendal O, Durindart V 4) 884, 3301, 3391, 3898, 4046, 4097, 4140, 5061, 5179, 5251, 5294, 5353, 5602, 5909, 6258, 6287, 6595, 6678, 6777, 6784, 6806, 6824, 6869, 7770 *Name von Rolands Schwert*

EBELIN (*akk.* Ebelinen P) 6213 *heidnischer Held*

EGERIS *s.* Gergers

EGIDIE (Egidie / *dat.* Egidien P – Gilie O) 3005, 6646 *der heilige Aegidius*

EKERÎCH (Ekerich / *akk.* Ekerichen P, *akk.* Ekkeriken A) 3268, 5353 *christlicher Held*

ENGELIRS (Engelirs/Englirs/Engelris/Engelrirs / *akk.* Engelirsen P, Engelirs/Angelirs / *akk.* Engelirsen A, ...gliers E – Engeler[s] O) 121, 3267, 4767, 4786, 4799, 4811, 5593, 5862, 5894, 5907 *einer der zwölf Pairs*

ENGELLANT (Engellāt/Engellant PST – Engleterre O) 1776, 6855 *England*

ENTERCADOR (Entercador P – *aus* en Tencendur O, En Tenchadur V 4) 7759 *Pferd des Kaisers Karl*

ERMINES (Ermines PA – Ermines O) 8050 *Stadt oder Land der Heiden*

ESCHERMUNT (Eschermunt PA – Escremiz O) 4763, 4769, 4794 *heidnischer Herzog von Valterne*

ESTORGANT (Estorgant PA – Estorgant O) 4877, 4906 *heidnischer König*

ESTORKE (*akk.* Estorchen PA – Esturguz O) 5572 *heidnischer Held, Bruder des Torke*

ESTROPIZ (Estropiz PA – Ynstropiz V 4, Eudropin O) 571 *Bote des Königs Marsilie, Vater des Stramariz*

ETTHIOPIÂ (Ettiophia P – Ethiope O) 6338 Äthiopien

VADUNE (Uadune O – *aus* Marsune O?) 7761 *heidnisches Land*

FALBIN (*akk.* Falbinen P – Faldrun O, Fabrin CV 4) 6212 *heidnischer Held*

VALCHART (Ualchart P, Ualchart/Valchart S, Ualkart A) 1061, 1128 *Guadalquivir (?)*

VALDEBRÛN (Ualdebrun/Valdeprun P, Waldebrun/Waldeprun/Vadelprun A – Valdabrun O) 2199, 2518, 2541, 5285 *Ratgeber des Marsilie*

VALETERNE (Ualteterne/Ualterne P, Ualterne SA – Valterne O) 1212, 4765 *heidnische Stadt, Herkunftsname des Herzogs Eschermunt*

VALLEFUNDE (Uallefunde P, ualle funde A – Val Fronde O, Valfonde V 4 P) 3522 *heidnisches Land (allegorischer Name?)*

VALLEPECÊDE (Uallepecede P, ualle pecede A – *aus* Val Ferree O?) 5580 *Herkunftsname des Heidenkämpfers Justîn*

VALLEPENÛSE (Uallepenuse P, Ualle Penuse A – Val Penuse O) 8104 *heidnisches Land*
VALPOTENRÔT (Ualpŏtenrot P – Butentrot O) 8040 *heidnisches Land*
FALSARON (Falsaron/Valsaron/Walsaron / *gen.* Falsorotes P, Valsaron/Falsoron A, *gen.* Falsarotes W – Falsaron O) 2198, 2701, 3595, 3826, 4217, 4300, 4360 *heidnischer Herzog*
FALSEN (Falsen PA – *aus* Val Fuït O?) 8062 *heidnisches Land*
VALTIA (Ualtia P, Valtia A) 5339 *Herkunftsname von Antoir*
PHARAON (*akk.* Pharaonem P, Pharonem A) 5746 *Pharao*
VASTMAR (Uastmar P, Vastmar A) 4929 *christlicher Held*
VELENTICH (Uelentich/Uelentih P, Velenthih/Velentih A, Ualentic E – Veillantif O, Valentis V 4 V 7, Vailantig V 4) 3331, 5344, 5595, 5985, 6319, 6712 *Name von Rolands Pferd*
VENERANT (Uenerant PE, Uenerat A) 3291 *Name von Rolands Helm*
FERREN (Ferren PA – *aus* Avers O?) 8068 *Land der Heiden*
VIGENNE (*dat.* Uigennen P) 4324 *Vienne, Herkunftsname des christlichen Grafen Marcelle*
PHILÊ (Phile PA) 2637 *heidnisches Land, Herkunft eines Heidenkönigs*
PHILÊNE (Philene PA) 2627 *heidnisches Land, Herkunft eines Heidenherzogs*
PHILÔN (*akk.* Philonin P, Philonem A) 3640 *Heidenkönig*
FLÆMINGE (Flaminge P – Flamengs O) 7842 *die Flamen*
FLECHSEN (Flechsen P, Flehsen A) 8062 *heidnisches Land*
FORE VALDANT (fore ualdant P) 4328 *Schlachtruf der Heiden*
FRANKEN (Franchen/Francken/Franken/Uranchen/Uranken P, Francke/Franken/Fraken/Franzen/Franke A, Uranken/Franzen S – Franceis O) 478, 622, 752, 1166, 1346, 1585, 2982, 4066, 6849, 7541, 8106, 8460, 8855 *Franken, Franzosen*
FRANCRÎCHE (Francriche P, Frangriche A – France O) 3206, 3749 *Frankreich*
FRANCZISCH (*dat.* franczischer P) 9081 *französisch*
FRIESEN (Friesen P – Frise O) 6852, 7843 *Friesen, Friesland*
FUNDE (Funde P, Uunde A – *vgl.* Vallefunde?) 2655 *heidnisches Land, Herkunftsname eines Heidenkönigs*
FUNDEVALLE (Fundeualle P – Valfunde O) 444 *Land des Marsilie*

GABRIÊL (*dat.* Gabriele P – Gabrïel O) 6921 *Erzengel*
GALESPRÎZE (*dat.* Galesprize P, Galezprize A) 2669 *heidnisches Land, Herkunft eines Heidenkönigs*
GARMES (Garmes PSA) 1185 *Herkunftsname von Heinrich, einem der zwölf Pairs*
GARPÎN (Garpín P) 4083 *heidnischer Herzog*
GEBEWÎN (Gebewin / *akk.* Gebewinen P, Gebwin A – Gebuïn O) 7030, 7618 *christlicher Held*, neve *Rolands*
GEDEON (Gedeon / *akk.* Gedeon P, Gedeon / *akk.* Gedeone A) 5013, 8422 *at. Richter und Heerführer*
GENEASIN (*akk.* Geneasín P – *vgl.* Gemalfin O) 7359 *heidnischer König*

GENELÛN (Genelun/Genelune / *gen.* Genelunes / *dat.* Genelune / *akk.* Genelunen PSAM – Guenes/Guenelon/Guenelun O) 1093, 1194, 1244, 1367, 1382, 1406, 1416, 1431, 1442, 1496, 1540, 1568, 1608, 1611, 1636, 1648, 1668, 1748, 1750, 1757, 1858, 1921, 1924, 1937, 1952, 1960, 1978, 1983, 2062, 2063, 2157, 2177, 2187, 2191, 2205, 2224, 2241, 2265, 2285, 2336, 2366, 2414, 2519, 2542, 2546, 2561, 2739, 2761, 2774, 2816, 2826, 2838, 2847, 2853, 2895, 2917, 2921, 2929, 2972, 2979, 3034, 3039, 3202, 3213, 5216, 5242, 5478, 5694, 5725, 5860, 6080, 6285, 8731, 8739, 8755, 8769, 8791, 8828, 8864, 8953, 8960, 8998, 9009 *Schwager Karls, Stiefvater Rolands*

GERGERS (Gergers/Gergirs/Egeriers/Egeries P, Gergirs S, Gergers/Gergeis/Egeriers A, Gergis E – Gerers O) 115, 848, 1190, 3267, 3977, 4537, 4543, 4554, 5915 *einer der zwölf Pairs*

GERGIS (Gergis/Gernis / *gen.* Gernises/Egeris/Egers PA, Gergis S, Garniers E – *vgl.* Gerins O) 1190, 3268, 4495, 4499, 5331, 5334 *einer der Ratgeber (Pairs?) des Kaisers*

GERGLANT (Gerglant P, Gerglano A – Guarlan O) 574 *Bote des Königs Marsilie*

GERHART (Gerhart / *akk.* Gerharten PA, Girart E – Gerard O, Girart V 4 CV 7) 3271, 6203, 6262 *einer der zwölf Pairs, von Roslin oder Roselinen*

GERSÎZ (Gersiz PA) 2201 *heidnischer Herzog*

GERUNDE (Gerunde P) 281 *die Garonne*

GIGANDEN (Giganden PA) 8098 *heidnisches Land*

GLESSEN (Glessen PA – *vgl.* d'Englez O) 8078 *heidnische Völkerschaft*

GLIBON (Glibon PA – Cleborin V 4, Clibons C) 2200 *Ratgeber des Marsilie*

GOLIAS (*dat.* Golie PA) 8849 *der biblische Riese Goliath*

GOTEFRIT (Gotefrit P, Godefrit A – Gefrei/Gefreid O) 129, 337, 849, 1182, 7866, 7895, 8187 *einer der zwölf Pairs, Fahnenträger des Kaisers, von Ajune (Anjou)*

GRANDON (Grandon PA – Grandonie O) 5220, 5333, 5349, 5832 *heidnischer Herzog bzw. König von Cappadocia, Fahnenträger des Marsilie*

GRATAMUNT (Gratamunt P [A] – Graminund O) 5286 *Name des Pferdes von Valdebrun*

GWIMUT (*akk.* Gwimuten P, Gwimoten A – Guiun O) 5342 *christlicher Held*

HAIMUNT (Haimunt PA – Hamon O, Hyaumont P) 7841, 8229 *Anführer der Flamen*

HAINRÎCH (*dat.* Hainriche / *akk.* Hainrichen) 9018, 9042 *Herzog Heinrich (der Löwe)*

HATTE (Alto/Hatte / *akk.* Hatten P, Ato/Hatte/Hate / *akk.* Hatten A – Otes O, Hatons P) 3269, 4852, 4889, 4901, 4908, 4959, 4966, 5137 *einer der zwölf Pairs (?)*

HEINRICH (Heinrich PS, Heinric A – Henri O) 1185 *einer der zwölf Pairs, von Garmes*

HERMAN (Herman PA – Hermans O) 7811, 8196 *christlicher Held, von Sutria*
HERÔDES (Herodes PA) 4758 *Herodes Antipas, Tetrarch von Galiläa.*
HILLUNC (Hillunc PA) 4929 *christlicher Held*
HORRE (Horre PA) 2609 *Herkunftsname des Antelun*
HYSPANIA *s.* Yspaniâ

ICLARIONS (Iclarions P – Clarifan O) 7241 *Vertrauter Paligans*
IERLANT (Ierlant P) 6853 *Irland*
JHERUSALM (Jherusalm P, Ierusalem A – Jerusalem O) 823 *Jerusalem*
ILAZ (Ilaz PA) 2607 *heidnischer Heerführer, von Zamne*
ILMAR (Ilmar PA) 2603 *heidnischer Heerführer, von Ultor*
ILMAR (Ilmar P) 4308 *heidnischer Herzog von Agremuntin*
IMANZEN (Imanzen PA – *vgl.* de Marmoise O / Marmonoisse CV 4) 8105 *heidnisches Land*
INGRAM (Ingram P) 850 *christlicher Held*
JOCERANS (Iocerans PS – Jozeran O) 7843, 8217, 8222 *Anführer der Friesen*
JOGEÎN (Iogein P) 6565 *Gebirge*
JOHANNES (Iohannes/Johannes PA) 3508, 7920 *der Evangelist*
JOHANNES (Iohannes / *akk.* Iohannen P, Iohannes / *akk.* Iohanne S, Johannes / *akk.* Johannen A) 1055, 1247 *der Bischof St. Johannes*
JOIOSE (*gen.* Ioíosen P – Joiuse O) 8525 *Name von Kaiser Karls Schwert*
JOLEUN (Ioleun P, Johelim A – Jangleu O) 8374, 8385 *Gefolgsmann Paligans*
JOMEL (Iomel P, Jomel A – Loenel C, Loenes V 7) 579 *Bote des Königs Marsilie*
JONAS (*akk.* Jonam P) 7911 *at. Prophet*
JORDAN (*dat.* Iordane P, Jordane A) 719 *Jordan*
JORFALIR (Iorfalir P – Jurfaleu O) 6268 *Sohn des Marsilie*
JORICÔP (Ioricop P, Joricop A – Jericho O, Jericos V 4) 8051 *heidnisches Land (Jericho)*
JOSIAS (Iosias P) 322 *ein alter Heide*
JOSUA (*dat.* Iosuê P) 7020 *at. Heerführer*
JOVINUS (Jouínus PA) 2651 *Jupiter*
IREN (Iren PA) 5103 *christliches Volk*
JUDAS (Iudas/Judas PA) 1925, 1936, 6103 *Judas*
JUSTÎN (*akk.* Iustinen P, Justinen A – Justin O) 5581 *heidnischer Held von Vallepecede*
IVO (Iuo/Iue / *akk.* Iuen P, Ivo SE, Iuo/Jue A – Ive/Ivon O) 850, 1181, 3270, 5119, 6204, 6263 *einer der zwölf Pairs (?)*

CALARIÂ (Calaria P, Salaria A) 2613 *Herkunftsname eines Heidenkönigs*
CAMPANIE (Campanie P, Kampaniæ A) 2665 *Herkunftsname eines Heidenkönigs*
KANABEUS (Chanabeus P, Kanabeus A – Canabeus O) 8129 *Bruder des Paligan*

CAPADOCIÂ (Capadocia P, Kapadocia A – Capadoce O) 5329 *Herkunftsname des Heidenkönigs Grandon*
CARBÔNE (Carbone PA – Clarbone O) 8113 *heidnisches Land oder Stadt*
KARL (Karl / *gen.* Karles / *dat.* Karle / *akk.* Karlen/Karelen/Karln PSA – Carle[s] O) 11, 17, 47, 55, 65, 674, 1404, 1486, 1565, 1606, 1635, 1812, 2010, 2071, 2119, 2228, 2244, 2259, 2286, 2318, 2573, 2790, 3719, 3740, 3753, 3781, 3800, 4074, 5208, 5228, 5233, 5308, 5719, 5721, 6026, 6289, 6364, 6378, 6391, 6501, 6633, 6856, 6867, 7026, 7160, 7196, 7210, 7309, 7313, 7324, 7362, 7399, 7946, 8466, 8689 *Kaiser Karl*
KARLINGE (Kaerlinge/Karlinge / *dat.* Karlingen/Charlingen P, Kaerlingen/Karlinge / *dat.* Kerlingen S, Karlinge A, Kerlinge T) 1355, 1629, 1866, 2747, 2901, 2932, 3153, 3721, 5206, 5235, 5289, 5360, 5702, 5807, 5945, 5977, 6027, 6095, 6206, 6222, 6363, 6440, 6512, 6621, 6746, 6909, 6930, 7113, 7228, 7301, 7622, 7644, 7844, 7938, 7943, 7945, 8530, 8683, 8706, 8732, 8872, 8879, 8904 *Franzosen, Frankreich*
KARTAGEIN (Kartagein P – Kartegene O) 6336 *Karthago*
KARTAN (Chartan P, kartan A) 5372 *heidnischer Held*
CERNUBILES *s.* Zernubele
CICIRON (Ciciron P, Ciceron A) 4503, 4511 *heidnischer Held*
CLAMERSÊ (Clamerse PA – Clavers O, Esclavés CV 7) 8081 *heidnisches Land*
CLAPAMORSES (Clapamorses P – Dapamort O, Clapamors V 4, Campamorz C) 8034 *heidnischer Heerführer*
CLARGIS (Clargis/Clargirs P, Elargis/Clargirz A – Clarcis V 4) 570, 2200 *Bote des Königs Marsilie, Herr von Parguel*
CLARGIS (Clargis P) 4129 *christlicher Held*
CLARIENS (Clariens P – Clarïen O) 7241 *Vertrauter Paligans*
CLARMÎE (*dat.* Clarmie / *akk.* chlarmiel P, *dat. akk.* Clarminen A) 4801, 4807 *Name des Schwerts von Engelirs*
CORDERS (Corderes/Corders PA – Cordres O) 609, 2588 *die spanische Stadt Cordova (oder Cortes bei Saragossa?)*
CORNUBILES *s.* Zernubele
KRIECHEN (Krichin P, Kriechen ST) 1771 *Griechen (hier Bewohner Süditaliens)*
CHUNRÂT (Chunrat P) 9079 *der Pfaffe Konrad*
CURLENES (Curlenes P – Torleus O) 8033 *heidnischer Heerführer*
CURSABILE (Cursabile P, Cursable A – Corsablis O) 3625, 4371 *heidnischer König*

LAGIURE (Lagúre P, Lagure A) 2641 *heidnisches Königreich*
LANCPARTEN (Lancparten P – Lumbardie O) 6835 *Lombardei*
LATERÂN (Lateran/Latran P, Latran A) 5211, 7303 *Lateran*
LAURENTIE (*gen.* Laurentien P) *der heilige Laurentius*
LEBERE (Lebre PA) 2667 *heidnisches Königreich*
LEUN (*dat.* Leune P – Loüm O) 6647 *Laon (oder Lyon?)*

LOTRINGE (Lotringe P – Loherengs O) 7845 *Lothringer*
LUCIFER (*akk.* Luciferen P, Luciferun A) 4605 *Luzifer*
LUDEWÎC (Ludewic PA) 4826 *christlicher Held*
LUDEWÎC (*dat.* Ludewîge PS, *akk.* Ludewigin P, Lvdewigen S, Luthewigen A – Loëwis O) 8704, 8708 *Sohn des Kaisers Karl*
LUVÎN (Luuín P) 1874 *heidnisches Land (Indien?)*

MACHMET (Machmet/Mahmet / *gen.* Machmetes / *dat.* Mahmete / *akk.* Machmeten/Mahmeten P, Mahmet / *akk.* Machmeten/Mahmeten S, Mahmet/Mahumet / *akk.* Machmeten A – Mahum[et] O) 309, 806, 921, 1037, 1998, 2275, 2485, 2559, 2590, 2617, 2648, 2719, 3469, 3493, 3544, 3565, 3607, 3617, 3677, 3684, 3715, 3724, 3805, 3816, 4022, 4050, 4058, 4072, 4157, 4173, 4398, 5498, 6313, 7140, 7273, 7332, 8136 *Mahomet, Gott der Heiden*
MADELGÊR (Madelger PSA) 1600 *der Regensburger Schmied des Schwertes Mulagir*
MAGLIRTE (Maglirte PA – *für* Malquiant O?) 2623 *heidnischer König*
MALBRANT (Malbrant PA – Malbien O, Malbruçant V 4, Marprinant CV 7) 576 *Bote des Königs Marsilie, von dem Meer*
MALPRIMES (Malprimes PA – Malprimes O) 7224, 8022, 8325, 8338 *Sohn Paligans*
MALPRIMIS (Malwil/Malprimis P, Malwir/Malprimes A – Malprimis O) 3651, 4487, 4501 *heidnischer Herzog von Ampelgart*
MALPRÔSE (Malprose PA – Malprose O) 8099 *heidnisches Land*
MALRÔSEN (Malrosen PA – Maruse O) 8107 *Heidenvolk*
MALSARÔN (Malsaron PA – Malsarun O) 5562 *heidnischer Kämpfer*
MALTRENS (Maltrens P – Maltraïen O) 7242 *heidnischer König, Vater von Iclarions und Clariens*
MALVE (Malue P – Melf V 4) 6837 *Amalfi (?)*
MANBRAT (Manbrat P) 6564 *Gebirge*
MANTEL (Mantel P, Mantiel S) 1626 *römischer Vorbesitzer von Taskprun, dem Pferd Geneluns*
MARCELLE (*akk.* Marcellen P) 4323 *Graf von Vienne*
MARGARÎZ (Margariz P, Margariz/Margaris/Gargaris A – Margariz O) 2673, 3725, 5045, 5067, 5079, 5635 *heidnischer König von Sevilla und Taceria*
MARÎE (Marie / *gen.* Marien P – Marie O) 6161, 6634, 6877 *die heilige Jungfrau Maria*
MARS (Mars PA) 2651 *Gott der Heiden*
MARSILIE (Marsilie/Marssilie/Marssilies / *gen. dat. akk.* Marsilien/Marssilien P, Marsilie/Marsilies / *gen. dat. akk.* Marsilien A, Marsilie / *gen. akk.* Marsilien S, *akk.* Marsilien T – Marsilie[s] O) 381, 391, 487, 568, 585, 734, 763, 791, 815, 831, 833, 901, 912, 961, 1003, 1030, 1141, 1148, 1216, 1230, 1283, 1503, 1518, 1846, 1993, 2016, 2018, 2052, 2068, 2111, 2223, 2255, 2367, 2707, 2801, 2819, 2863, 2875, 2887, 3139, 3543, 3563, 3627, 3673, 3709, 3733, 3793, 4024, 4235, 4673, 4788, 5207, 5425, 5435, 5481, 5491, 5641, 5669, 5740,

5829, 6098, 6127, 6165, 6176, 6243, 6267, 6276, 6282, 6302, 7128, 7148, 7156, 7205, 7244, 7334, 7378, 7405, 8095, 8595, 8958 *heidnischer König in Spanien*

Marsilie (*gen.* Marssilien P, Marsilien A) 2633 *Marseille (?), hier eine Insel*

Martian (Martian P, Marcian A) 4831 *christlicher Held*

Matheus (Matheus PA – Maheu O, Mathé V 4) 577 *Bote des Königs Marsilie*

Maximîn (Maximin P) 4293 *christlicher Held*

Meres (Meres P – Micenes O?) 8043 *heidnisches Land*

Michael (*gen.* Michelis / *dat.* Michahele P, *gen.* Michelis/Michahelis A, *gen.* Micheles S – Michel O) 542, 1082, 6920 *der Erzengel Michael*

Milun (Milun / *akk.* Milonē P, Milun SA – Milun O) 1187, 7617 neve *des Grafen Diebalt, (Graf) von Aschalbaies*

Mores (Mores PA – Mors O) 8054 *heidnisches Land*

Moriana (Moriana P – Moriane O) 6862 *ein Tal*

Morinde (Morinde PSA – Morinde V 7, Merinde C) 1211 *heidnische Stadt*

Moringen (Moringen P) 127 *Herkunftsname des Anshelm*

Mulagir (Mulagir PS, Mugelar A – Murglies O) 1584 *Name von Geneluns Schwert*

Muralan (Murlana PA) 4564 *christlicher Herzog*

Murmur (Murmur PA – Marmorie O) 5332 *Pferd des Heidenkönigs Grandon*

Nables (Nables PS, Mables A – Noples O, Nobles CV 7) 1211 *heidnische Stadt*

Naimes (Naimes PS, Naimes/Neimes A – Naimes/Neimes O) 1011, 1111, 1597, 1604, 2775, 2809, 6101, 6983, 7787, 8285, 8337 *Herzog von Baiern*

Nêre (*akk.* Neren) 4827 *heidnischer Held*

Nerpa (Nerpa P, Herpa A) 4833 *heidnischer Held*

Nevelun (Neuelun P – Nevelun O) 7833 *Anführer der Bretonen*

Ninivê (Niniue P – Niniven O) 7915 *heidnische Stadt*

Nobiles (Nobiles P – Nubles O) 8047 *heidnisches Land*

Normandîe (Normandîe P, Normandie A – Normendie O) 4949 *Normandie, Herkunftsname des Alrich*

Normanne (Normanne P – Normans O) 7824 *Normannen*

Oigir (Oigir P, Oiger S, Oiger/Oigier A – Oger O, Ogiers CV 7) 1178, 7462, 7799, 8191 *christlicher König von Dänemark*

Oliboris (Oliboris PA – Climborins O, Cliboïs C, Clebois V 7, Cleborin V 4) 2543 *heidnischer Held*

Olivant (Oliuant / *gen.* Oliuantes / *akk.* Oliuanten P – olifan O) 6054, 6673, 6755, 6776, 6785, 6804, 7772, 7937, 8014, 8168 *Name von Rolands Horn*

OLIVIER (Oliuir / *dat.* Oliuire / *akk.* Oliuiren P, Oliuir/Olivir/Oliuer/ Oliuier / *dat.* Oliuire / *akk.* Oliuiren/Oliueren A, Olefir S, Olivir EW, *dat.* Olivire T – Oliver O) 110, 872, 885, 937, 1188, 1310, 1320, 1860, 1950, 1988, 2267, 3273, 3382, 3586, 3845, 3967, 4227, 4265, 4272, 4350, 4357, 5069, 5081, 5340, 5367, 5381, 5522, 5565, 5576, 5579, 5687, 5875, 5881, 5941, 5995, 6005, 6196, 6269, 6374, 6387, 6392, 6399, 6453, 6466, 6480, 6492, 6666, 6739, 6970, 7345, 7602 *einer der zwölf Pairs, Schwager Rolands*
ORPHALIS (Orphalis PA – Jurfaleu O) 2199 *Ratgeber des Marsilie*
ORTE (*akk.* Orten P) 4289 *christlicher Graf*
OTNANT (Otnant P, Otrant A) 4951 *christlicher Heerführer*
OTTO (Otto / *akk.* Otten P, Otto A – Otun O) 848, 5119, 7619, 7849 *Markgraf, Führer der Rheinfranken*

PALERNE (Palerne P – Palerne O) 6837 *Palermo*
PALIGÂN (Paligan/Paligar / *gen.* Paliganes / *akk.* Paliganen P, Paligan / *gen.* Paliganes A – Baligant O) 7150, 7168, 7169, 7239, 7292, 7298, 7320, 7330, 7353, 7374, 7630, 7656, 7668, 7985, 8004, 8011, 8031, 8060, 8091, 8123, 8236, 8329, 8349, 8363, 8373, 8439, 8449, 8491, 8517, 8531 *Oberhaupt der gesamten Heidenschaft*
PALIGEÂ (Paligea PA – Balide O, Baligera V 4) 8055 *heidnisches Land (Stadt?)*
PALSWENDE (*akk.* Palswendin P, Palswenden A) 3698 *Name des Schwerts von Targis*
PALVIR (Paluir PA – Balaguez O, Balaguer V 4) 3665 *heidnisches Land (Stadt?)*
PALWISCH (*adj.* palwischiu PA) 3678 *zu Palvir gehörig*
PANDE (Pande PA) 2597 *Herkunftsname des Alrich*
PANDOLT (Pandolt PA) 4831 *christlicher Held*
PARGUEL (Parguel PA – Balaguet O) 570 *heidnisches Land, Herkunftsname des Clargis*
PARIS (Paris PA – Paris O) 5703, 7229 *Paris*
PASANZI *s.* Basanzi
PEGÔN (Pegon / *akk.* Pegonen P – Besgun O, Begon V 4) 6204, 6264 *christlicher Held*
PEREN (Peren PA – Pers O) 8066 *Heidenvolk*
PERINGER *s.* Beringer
PERSIÂ (Persia P – Pers O) 1873, 7153 *Persien*
PETER (Peter / *gen.* Petres / *akk.* Petern P – Perre/Pierre O) 4030, 4070, 6874, 7901, 7917 *der Apostel Petrus*
PETÛWE (Petuwe/Betŵe P – Peitou O) 6832, 7835 *Poitou, Herkunftsname des Regenbalt*
PILLUNC (Pillunc P, Billung A) 4952 *christlicher Held*
PILME (Pilme P – Belne O) 6265 *Herkunftsname des Degion*
PÎNE (Pine PSA – Pine O) 1212 *heidnische Stadt*
PIPIN (Pipin P) 17 *Pippin I., Vater von Kaiser Karl*
PLAIS (Plais P – Bruns O) 8048 *heidnisches Land*

Plangirz (Plangirz PA) 2202 *Ratgeber des Marsilie*
Plasius (*gen.* Plasien P – Basilie O) 6875 *der heilige Blasius*
Polan (Polan/Boelan P, Boelan S – Puillanie O) 1772, 6848 *Polen*
Porta Cesaris (porta Cesaris P – porz de Sizer O, port de Cisre/Cesarie V 4) 3031 *Portziser*
Portaspere (Portaspere PA – porz d'Espaigne O, porti d'Aspre V 4) 3609 *Stadt in Spanien*
Preciosâ (Preciosa PA – Preciuse O) 7991, 7993, 8000, 8166, 8462 *Name von Paligans Schwert, Schlachtruf der Heiden*
Priamur (Priamur PA – Priamun O) 573 *Bote des Königs Marsilie*
Progetanea (*akk.* pgetaneam P – Equitaigne O) 6834 *Aquitanien (?)*
Promten (Promten PA – Proparte CV 7 ?) 8069 *Heidenvolk*
Provincia (*akk.* puinciam P – Provence O) 6833 *Provence*
Prussen (Prussen PA – Bruise O) 8079 *Heidenvolk*
Prutan (Prutan PA) 4553, 4568 *heidnischer Held*
Pulle (Pulle PA – Pulie V 4) 5211, 6836 *Apulien*

Raines (Raines PSA – Reins O) 1186 *Reims*
Raphaêl (*dat.* Raphehêle P) 6922 *der Erzengel Raphael*
Rapoto (Rapoto P – Rabels O, Raimbauz V 7) 7766 *christlicher Heerführer, der mit Wineman an Rolands Stelle tritt*
Regenbalt (Regenbalt PA – Rembalt O) 7835, 8262, 8268 *christlicher Heerführer, von Poiton*
Regenfrit (Regenfrit P, Regenfrid A) 4924 *christlicher Held, von Tagespurc*
Regenher (Regenher P – Reiner O) 6741 *Vater Oliviers*
Regensburc (Regensburch PS, Regenesburh A) 1602 *Regensburg*
Reimunt (Reimunt PS, Raimunt A) 1193 *christlicher Held, von Bretagne*
Remis (Remis PSA – Reins O) 1184 *Reims, Herkunftsname von Diebalt*
Richart (Richart P, Richard A – Richard O) 7817, 8239, 8245 *der Alte, Anführer der Normannen*
Rînfranken (Rinfrancken P) 7851 *Rheinfranken*
Ritschart (Ritschart PS, Ritscart A – Richard O) 1183 *christlicher Held, von Tortûne*
Riuzen (Růzzen P, Růzen S, Ruczen T) 1772 *Reußen*
Rodanus (Rodanus PA – Rosne O) 5341 *Rhone*
Ruolant (Rŏlant/Rolant/Růlant / *gen.* Rŏlandes/Rŏlantes / *dat.* Rŏlande/Rŏlante / *akk.* Rŏlanden/Rŏlanten P, Rolant/Rulant/Ruolant / *dat.* Rolande/Rolante / *akk.* Rolanten S, Rolant/Rulant / *dat.* Rolande/Rolante / *akk.* Rolanden/Rolanten A, Růlant / *dat.* Rulande E, *dat.* Rulande T – Rollant O) 109, 146, 305, 867, 883, 911, 1109, 1115, 1138, 1140, 1188, 1298, 1307, 1327, 1364, 1383, 1384, 1420, 1427, 1446, 1462, 1468, 1510, 1840, 1860, 1949, 1985, 2035, 2264, 2355, 2370, 2373, 2435, 2539, 2553, 2562, 2578, 2631, 2672, 2712, 2939, 2961, 2973, 3023, 3097, 3113, 3145, 3149, 3181, 3203, 3245, 3256, 3265, 3274, 3279, 3369, 3472, 3559, 3568, 3586, 3605, 3612, 3632, 3653, 3661, 3670, 3676, 3687, 3702, 3718, 3777, 3788, 3795, 3845, 3864, 3871, 3961, 3985, 4003, 4021, 4043,

4077, 4095, 4130, 4139, 4160, 4167, 4172, 4195, 5047, 5059, 5171, 5240, 5290, 5296, 5343, 5352, 5363, 5441, 5497, 5519, 5521, 5574, 5586, 5595, 5647, 5674, 5722, 5737, 5806, 5900, 5941, 5976, 5981, 6053, 6085, 6132, 6168, 6210, 6232, 6259, 6266, 6280, 6292, 6301, 6366, 6399, 6428, 6443, 6463, 6473, 6491, 6507, 6517, 6531, 6540, 6572, 6591, 6609, 6651, 6661, 6665, 6673, 6687, 6706, 6709, 6717, 6724, 6731, 6735, 6755, 6771, 6783, 6788, 6791, 6866, 6892, 6895, 6924, 6970, 7066, 7345, 7489, 7507, 7602, 7767, 7784, 7939, 7958, 8435, 8580, 8691, 8710, 8823 *einer der zwölf Pairs, Neffe des Kaisers Karl, Schwager Oliviers, Stiefsohn Geneluns*

ST. ROMÂNE (Romane PS – Seint Romain O) 8667 *St. Romain*

RÔME (*dat. akk.* Rome PSAT – Rome/Rume O) 973, 1849, 2025, 4031, 4042, 7232, 7303, 7653 *Rom*

RŒMÆRE (Romere/Romare P, Romer S, Romare A – Romain[s] O) 1626, 8089 *Römer*

RŒMISCH (*adj.* romische/-me/-n P, romischen/růmischen S, romische/-m/-n A) 960, 1380, 1566, 2010, 7232 *römisch*

ROSLÎN (Roslin/Rosselinen P – Rossilon O) 6203, 6262 *Roussillon, Herkunftsname des Gerhart*

ROSSE (Rosse P – Blos O) 8047 *heidnisches Land*

RUNZEVAL (Runfual/Runzeualle P – Rencesvals OV 7, Roncesvals V 7 C, Roncesval V 7) 6952, 7485 *das Tal Ronceval in den Pyrenäen*

SACHSEN (Sachsen P, Sahsen SA, Sahshen T – Saisnes O) 1773, 5215, 6842, 7539 *Sachsen*

SAIBRE (Saibre/Saibere / *dat.* Saibra / *akk.* Saibere P, *akk.* Seibere S – Sebre O, Seybre V 4) 7044, 7171, 7191, 8593, 8608 *Ebro*

SALOMON (Salomon PA – Salomon O) 671 *biblischer König*

SALVETERRE (Salue Terre P, Salueterre A – la tere certaine O?) 3523 *heidnisches Land (allegor. Name?)*

SAMSÔN (Samson/Sampson PA – Sansun O) 111, 3272, 4625, 4630, 5101, 5288 *einer der zwölf Pairs, Herzog*

SARRAGÛZ (Sarraguz PA, Sarreguz S – Sarraguce O) 377, 955, 1520, 5242, 5858, 7130, 7257 *Caesaris Augusta, Saragossa, Herkunftsname des Thibors*

SATURNUS (Saturnus PA) 2652 *Gott der Heiden*

SAUL (*akk.* Saulē PA) 8850 *König Israels*

SCARPULÔN (Scarpulon PA) 5102 *König der Iren*

SCOTTEN (Scotten P) 6853 *Schottland*

SIBILIA (Sibilia / *dat.* Sibiliæ P, Sibilia A – Sibilie OV 4) 2677, 3725 *Sevilla, Herkunftsname des Margariz*

SIGEBANT (Sigebant PA) 4952 *christlicher Held*

SIGELOT (*akk.* Sigeloten P, Sigelot A – Siglorel O) 5591 *heidnischer Held*

SORBES (Sorbes PA – Sorbres O) 8049 *heidnisches Land*

SORBÎTEN (Sorbiten P) 6839 *Heidenvolk*

SORDIS (Sordis PA – Sorz O) 8049 *heidnisches Land*

SPEMVALRÎZ (Spemualriz P, Spemvalriz A – Esperveris O, Aspremereins V 7) 5593 *heidnischer Held*

STALMARÎZ (Stalmariz PA – Astramariz O) 4995 *identisch mit Stramariz*
STRAMARIZ (Stramariz PA – Estramarin O, Estramariz V 4) 572 *heidnischer Held, Sohn des Estropiz*
SULTEN (Sulten PA – Soltras O) 8067 *Heidenvolk*
SURIÂN (Surian P – Sulians O, Surians PT) 7947 *Syrer*
SURSE (Surse PA) 8100 *heidnisches Land*
SUTRIA (Sutria P – Trace O, Traspe V 4) 7811 *Herkunftsname des christlichen Helden Herman*
SWÂBEN (Swaben/Swabe P, Swaben A) 1774, 7541, 7855 *Schwaben*

TACERIA (Taceria P, Tazeria A – *aus* Cazmarines O?) 2678 *heidnisches Land*
TAGESPURC (Tagespurc P, Tagespurh A) 4924 *Herkunftsname des Regenfrit*
TARGILISEN (Targilisen PA – d'Argoilles O) 8111 *heidnisches Land*
TARGÎS (Targis/Largis P, Targis/Thargis/Largis A – Turgis O) 3681, 4660, 4669, 4713, 4719, 4721, 4725 *heidnischer Markgraf von Tortosa, Schwiegersohn des Marsilie*
TARMARKE (Tarmarche P, Tarmarke A) 2619 *heidnisches Königreich*
TASKPRUN (Taskprun P, Taskbrun S – Tachebrun O) 1649 *Name von Geneluns Pferd*
TEBESELÎNE (Tebeseline P, Thebeseline A) 2645 *heidnisches Land*
TECLAVOSSE (Teclauosse P – d'Esclavoz O) 8048 *heidnisches Land*
TERVAGANT (Teruagant PA – Tervagan[t] O) 7049, 7142, 7273, 8134, 8495, 8506 *einer der heidnischen Götter*
THABERISK (*adj.* thaberiske P, taberiske A) 3734 *zu Taceria gehörig*
THIBORS (Thibors PA – *aus* Climborins O?) 5858 *heidnischer Held, aus Saragossa*
TIELSARKE (Tielsarke PA) 2521 *heidnisches Königreich*
TIRRICH (Tirrich / *dat.* Tirriche P, Tirrih *dat.* Thirrike A – Tierris O) 7863, 8821, 8869, 8875, 8890, 8921, 8929, 8947, 8966, 8979 *Verwandter Rolands, Gegner Binabels im gottesgerichtlichen Zweikampf*
TORKE (*akk.* Torchen PA – Turgis O, Torchis C) 5571 *heidnischer Held, Bruder des Estorke*
TORTAN (Tortan P) 4287 *heidnischer Held, von Almarie*
TORTOLÔSE (Tortolose/Tortulose P, Tortulose A – Torteluse O) 303, 3681, 4660, 4670, 4681 *Tortosa (?), Toulouse (?), Herkunftsname des Targis*
TORTÛNE (Tortůne P, Tortune S, Virtune A) 1183 *Herkunftsname des christlichen Helden Ritschart*
TURKOPEN (Turchopen P, Turkopen A) 8034 *heidnisches Land*
TURPÎN (Turpin / *gen.* Turpines / *akk.* Turpinen P, Turpin SAE – Turpin O) 969, 1186, 1222, 1332, 1362, 2267, 3273, 3382, 3899, 3970, 4383, 4385, 4401, 4421, 4477, 5155, 5259, 5309, 5391, 5517, 5553, 5591, 5729, 5785, 5956, 6033, 6184, 6202, 6269, 6296, 6348, 6356, 6400, 6450, 6463, 6625, 6641, 6666, 6709, 6717, 6729, 6732, 6753, 6764, 6971, 7603 *Erzbischof von Reims*

Inhalt